General History
of Science Education
in China

中国科学教育通史

曲铁华 等著

中国社会科学出版社

图书在版编目（CIP）数据

中国科学教育通史 / 曲铁华等著. -- 北京：中国社会科学出版社，2024.10. -- ISBN 978-7-5227-3947-2

Ⅰ.G529

中国国家版本馆 CIP 数据核字第 2024P1H940 号

出 版 人	赵剑英
责任编辑	耿晓明
责任校对	冯英爽
责任印制	李寡寡

出　　版	中国社会科学出版社
社　　址	北京鼓楼西大街甲 158 号
邮　　编	100720
网　　址	http://www.csspw.cn
发 行 部	010-84083685
门 市 部	010-84029450
经　　销	新华书店及其他书店

印　　刷	北京明恒达印务有限公司
装　　订	廊坊市广阳区广增装订厂
版　　次	2024 年 10 月第 1 版
印　　次	2024 年 10 月第 1 次印刷

开　　本	710×1000　1/16
印　　张	44.25
字　　数	750 千字
定　　价	198.00 元

凡购买中国社会科学出版社图书，如有质量问题请与本社营销中心联系调换
电话：010-84083683
版权所有　侵权必究

前　言

科学教育作为现代教育的重要内容，在我国国民经济发展中具有十分重要的作用。尤其近年来，随着中国教育改革的不断深入，科学教育受到高度重视。科学教育是怎样发展起来的？怎样才能使科学教育兴旺发达？这些问题越来越引起人们的注意。科学教育发展是一个动态的历史性过程。今天科学教育的成果是千百年来人类智慧的结晶，只有站在前人的肩膀上，中国科学教育事业才能持续推进，这也正是我们研究科学教育发展史的目的。

本书以丰富的第一手资料为基础，对中国科学教育发展史进行深入挖掘，是一部综合性的科学史著作。本书分为四卷，共十六章，按照历史的顺序论述中国科学教育的发展历程。主要内容如下：

导论。首先，提出了本书的研究缘起和研究意义，指出对中国科学教育史进行整体、系统而深入研究的必要性和时代价值；然后对相关研究现状进行梳理，分别从中国古代科技教育的相关研究、中国近现代科学教育的相关研究和中国当代科学教育的相关研究三个部分展开，明晰本书在窥见中国科学教育发展史全貌、深入挖掘对未来科学教育发展启示方面的意义。其后，对科学、科学教育等概念进行了界定。最后，简要概括了本书的主要内容。

第一卷，中国古代科技教育。中国古代有许多彪炳史册的科学伟绩，科技教育也积累了不少经验。先秦时期的科技教育可以概括为四个字——百家争鸣。最典型的莫过于儒、墨、道、法和阴阳五家。秦汉及魏晋南北朝时期，以董仲舒为代表的一批经学大儒在研读经书、解读经典和传授经学的活动中宣传科学知识，开展科学教育活动。隋唐时期，科技教育进一步发展，科技教材、专门学校等科学教育形式开始出现，并涌现许多著名科学家。宋元时期是中国古代科技教育发展的全盛时期，科技教育通过多种形式的传播被社会大众广泛吸收和接纳。明清时期，科技教育在新旧思想的碰撞中发展，早期启蒙思想家们以强烈的忧患意识积极推动科技教育的发展。

第二卷，中国近现代科学教育。中国近代科学教育是在清政府抵御外侮、救亡图存的政治背景，以及传统农业经济向近代工业经济转变的历史背景下产生和发展的。科学教育经历了鸦片战争时期的酝酿、洋务运动时期的萌生、维新运动时期的起步、新政时期的发展、五四运动时期的高涨和南京国民政府时期缓慢前行等历史阶段。在这个过程中，科学教育实现了科学教育思想的勃兴、科学共同体的形成和社会科学建制的发展。

第三卷，中国当代科学教育（上）。新中国的成立意味着中国社会完成了建立民族国家的任务，开始了中华民族在社会主义道路上实现伟大复兴的历史征程。此后，大力发展科学教育是社会主义现代化建设的应有之义。新中国成立以来，通过探索课程模式、尝试教学教法和编写修订教材等措施，促进了科学教育的合理化、专业化和体制化。同时，党和国家意识到要想在科学技术领域赶上世界水平，必须使全体国民掌握必要的科学技术，开始以灵活多样的措施推行科学教育普及工作。而且，高士其等一批"新"探索者从普及科学教育、改革中小学科学教育、筹设科学研究机构等实践过程中，形成了独具特色的科学教育思想。

第四卷，中国当代科学教育（下）。改革开放以来，我国学校科学教育历经不同时期、不同程度的变革，取得了巨大的成就，形成了鲜明的特点：在目标上，由精英转向大众；在内容上，由分科课程一统天下转向研究开发综合课程；在教育方法上，由教师单一讲授转向学生多元探究；在师资上，仍以兼职为主，积极培养专职。而且，科学教育逐渐从单一的学校教育向多元的社会化方向发展。本卷最后直面当前我国科学教育发展的难题，如科学教育基础设施不完善、科学教师培训缺乏长效机制、学生科学实验操作及创新能力不够等。认为重新审视科学教育的实施与规划，加强科学教育尤其是中小学科学教育势在必行。

一部《中国科学教育通史》，是一部中国人的智慧史。在这个历史过程中，中国科学教育实现了从古代科技教育向现代科学教育的转换，并确立了中国现代科学教育体系。要解决当前我国科学教育实践中出现的诸多难题，就必须梳理中国科学教育的发展历史，把握科学教育发展的规律，深入探究推动科学教育发展的动力，为中国当前深化科学教育改革提供指导和借鉴。

本书是曲铁华教授等多年来关于中国科学教育研究的结晶,由曲铁华统稿及定稿。参加各章执笔的作者,按卷顺序为:

导论:曲铁华、龚旭凌

第一卷:曲铁华、李娟、杨洋、张诗妍

第二卷:曲铁华、马艳芬、杜宇宁、王瑞君、李彩玉

第三卷:曲铁华、袁媛、姜涛、黄晶

第四卷:曲铁华、袁媛、于萍、殷俊晓、李绍勇

本书在著述过程中,认真研读和参考了国内教育史学界的相关研究成果,在此一并表示衷心的感谢。特别感谢中国社会科学出版社的耿晓明编辑为本书的编辑与出版所付出的教育智慧和辛勤劳动。深致谢忱!

最后,由于编者水平有限,本书难免存在不当之处,敬请学界各位专家同人批评指正!

曲铁华

东北师范大学田家炳书院617室

目　　录

导　论 …………………………………………………………（ 1 ）
　　第一节　问题的提出 …………………………………………（ 1 ）
　　第二节　研究意义 ……………………………………………（ 3 ）
　　第三节　相关研究现状 ………………………………………（ 5 ）
　　第四节　相关概念的界定 ……………………………………（ 21 ）
　　第五节　研究的主要内容 ……………………………………（ 24 ）

第一卷　中国古代科技教育

第一章　先秦时期的科技教育 ……………………………………（ 31 ）
　　第一节　"六艺"教育中的科技知识传授 …………………（ 33 ）
　　第二节　畴人之学——专职科技教育 ………………………（ 41 ）
　　第三节　儒家与科技教育 ……………………………………（ 45 ）
　　第四节　墨家的科技教育 ……………………………………（ 50 ）
　　第五节　黄老卫生教育 ………………………………………（ 53 ）
　　第六节　《管子》中的科技教育 ……………………………（ 55 ）
　　第七节　邹衍与阴阳五行 ……………………………………（ 58 ）

第二章　秦汉及魏晋南北朝时期的科技教育 ……………………（ 60 ）
　　第一节　经学大儒的科技教育活动 …………………………（ 60 ）
　　第二节　"小学"中的博物常识传授 ………………………（ 69 ）
　　第三节　数学教育 ……………………………………………（ 72 ）
　　第四节　天文教育 ……………………………………………（ 82 ）

第五节　劝课农桑与农业科技教育 …………………………………（ 87 ）
　　第六节　医学教育的发展 ……………………………………………（ 97 ）

第三章　隋唐时期的科技教育 …………………………………………（ 106 ）
　　第一节　科技教材的选编 ……………………………………………（ 106 ）
　　第二节　科学专科学校的建立 ………………………………………（ 111 ）
　　第三节　实科教育的其他形式 ………………………………………（ 117 ）
　　第四节　李淳风的科技教育思想 ……………………………………（ 120 ）
　　第五节　孙思邈的养生教育 …………………………………………（ 121 ）

第四章　宋元时期的科技教育 …………………………………………（ 130 ）
　　第一节　理学与科技教育 ……………………………………………（ 130 ）
　　第二节　宋元四大数学家的科技教育思想 …………………………（ 136 ）
　　第三节　笔记里的知识世界：《梦溪笔谈》 …………………………（ 139 ）
　　第四节　科技专科学校的发展 ………………………………………（ 144 ）
　　第五节　蒙养教材中的科技教育 ……………………………………（ 148 ）
　　第六节　民间农业教育普及的兴盛 …………………………………（ 155 ）
　　第七节　科技教育的传播 ……………………………………………（ 158 ）

第五章　明清时期的科技教育 …………………………………………（ 161 ）
　　第一节　实学思潮中的科技教育 ……………………………………（ 161 ）
　　第二节　明清专科学校与科技教育 …………………………………（ 171 ）
　　第三节　乾嘉学派科技教育的发展与实践 …………………………（ 175 ）
　　第四节　宋应星《天工开物》的"家食之问" ………………………（ 181 ）
　　第五节　西学东渐影响下的中国科技教育 …………………………（ 186 ）

第二卷　中国近现代科学教育

第六章　中国近现代科学教育的发展脉络 ……………………………（ 197 ）
　　第一节　科学教育的酝酿与萌生 ……………………………………（ 197 ）
　　第二节　科学教育的起步与发展 ……………………………………（ 214 ）
　　第三节　科学教育的高涨与偏颇 ……………………………………（ 227 ）

第七章　学校中科学教育的实施……………………………………（246）
　　第一节　学前教育中的科学教育……………………………（246）
　　第二节　中小学的科学教育…………………………………（266）

第八章　科学教育的普及……………………………………………（305）
　　第一节　科学教育团体与研究机构的创立与作用…………（305）
　　第二节　科学教育刊物的发行与影响………………………（342）
　　第三节　其他科学教育普及形式……………………………（370）

第九章　科学教育的推动者…………………………………………（400）
　　第一节　科学领域人员的科学教育思想及实践……………（400）
　　第二节　教育领域人员的科学教育思想及实践……………（417）
　　第三节　教育管理者及社会人士的科学教育思想…………（436）

第三卷　中国当代科学教育（上）

第十章　学校中科学教育的新发展…………………………………（453）
　　第一节　学前教育阶段科学教育的尝试……………………（453）
　　第二节　小学教育阶段科学教育的曲折发展………………（458）
　　第三节　中等教育阶段科学教育的多样态实施……………（473）

第十一章　科学教育普及的新发展…………………………………（486）
　　第一节　科学教育普及的使命与功能………………………（486）
　　第二节　科学教育普及的措施………………………………（493）
　　第三节　科学教育普及的主要载体…………………………（507）

第十二章　科学教育的"新"探索者…………………………………（525）
　　第一节　高士其的科学教育思想及实践……………………（525）
　　第二节　竺可桢的科学教育思想及实践……………………（532）
　　第三节　戴伯韬的科学教育思想及实践……………………（541）

第四卷　中国当代科学教育（下）

第十三章　学校中科学教育的改革与发展……………………（553）
　第一节　幼儿教育阶段科学教育的改革与发展 …………（553）
　第二节　小学教育阶段科学教育的改革与发展 …………（566）
　第三节　中学教育阶段科学教育的改革与发展 …………（581）
　第四节　学校中科学教育改革与发展的特点………………（592）

第十四章　科学教育的"社会化"发展 ……………………（597）
　第一节　关于科学教育的研究和探讨………………………（597）
　第二节　科学教育基础设施的"社会化"发展 ……………（607）
　第三节　科学教育途径的"社会化"发展 …………………（619）

第十五章　新时期科学教育思想的"新"发展 ……………（635）
　第一节　杨叔子的科学教育思想及实践……………………（635）
　第二节　董纯才的科学教育思想及实践……………………（643）

第十六章　中国科学教育发展追问 …………………………（653）
　第一节　科学教育发展的动力………………………………（653）
　第二节　科学教育发展的实践者……………………………（658）
　第三节　科学教育发展的路向………………………………（667）

参考文献 ………………………………………………………（689）

导　　论

在中国教育史上，科学教育经历了一个曲折的发展过程。在伴随着中国社会政治、经济、文化剧烈变革的历史中，科学教育作为变革的需要，参与并促进了这种变革。科学教育在中国教育史上占有重要地位，并适应社会发展的需要而得到发展。

第一节　问题的提出

一　世界各国高度重视科学教育

20世纪中叶以后，科学与技术迅猛发展，推动着人类社会由农业经济时代、工业经济时代迈入知识经济时代。进入21世纪，新科技更是如浪潮般涌现，无论是从国家层面还是个人层面，其重要性越发凸显。从国家层面来看，科学技术实力和科技人才储备，是衡量一个国家综合实力的重要指标，进而影响国际竞争力和国际地位。从个人层面来看，科学技术影响到个人的就业机会和能力，乃至每个人的日常生活。世界各国越是重视科技发展，对公民科学素养提升的要求就越高，而提升公众科学素养的重任，需要科学教育来完成。

由此可见，科学教育与国家的繁荣、公民的个人发展，都有着密切的联系，承担的历史使命，也重于以往任何历史时期。自20世纪50年代始，科学教育成为各个国家教育改革的热点之一，越来越受到重视，许多国家都把科学教育作为提升国民的科学素养、培养科学技术人才的重要手段，甚至把科学教育与本国科学技术事业的发展、人力资源的培养等结合在一起，制定一些倾斜政策，通过设立专门的学校、成立专门的项目，乃至增加财政投入等方式，以培养科学技术人才。

二 推进中国科学教育发展的需要

中国是具有五千年文明的历史悠久的文明古国。在中国古代社会，科学技术已经领先同一时代的其他文明和国家。不断出土的文物可以证明，早在三千多年前，中国的冶炼技术、切割技术、雕刻技术就已经达到了惊人的水平。近代以来，先进的知识分子，对封建教育制度展开激烈批判，认为科举制度下根本不讲求科学和技术，导致中国社会只能在西方列强的坚船利炮下被动挨打，由此呼吁科学精神，这种努力在五四运动时期达到高峰。

中华人民共和国成立之后，科学与民主精神得到张扬，科学教育在学校教育中占据重要地位，甚至有一段时间，"学会数理化，走遍天下都不怕"一度成为全国流行的口头禅。然而，科学教育的发展，是否已经十分充分？实则不然。学校中普遍存在重理轻文现象，相对于语文、政治、历史这些学科，学生们把更多的时间用来学习数理化知识——但是，我国国民的科学素养，仍然不够理想。

在教育实践中，科学教育表现出以下弊端。第一，科学教育只是作为一门学科知识传授给学生，并未带领学生深入探讨科学的本质和价值；第二，科学教育并未与技术革新紧密结合，二者出现一定的脱节，造成资源浪费甚至内耗；第三，在科学教育的环节中，忽视科学史、科学教育史的讲授，学生只知其然，不知其所以然；第四，在长期以来应试教育的影响下，科学教育畸变成了科学知识的记忆和解题技巧的训练，忽视学生科学精神的培养，更遑论科学素质的提升。因此，应高度重视加强中小学科学教育，进一步推进中国科学教育的发展。

三 科学教育具有借鉴价值

教育历史是教育科学研究的基石，是教育科学学科发展的原动力。开展对科学教育发展史的全面构建，尤其对中国历史上突出的科学教育成就，尽可能将其完整真实地还原出来，能够更好地丰富和指导科学教育学的研究。

学科的建立及其在整个学科场域内话语权的获得，必须依赖完整的学科体系和厚重的研究。对中国科学教育史的研究与探讨，无论对于科学教育学而言，还是对于中国教育史的学科发展而言，都有其合理性和必要性。中国的科学教育，历史悠久，随着中华文明的发展而发展，也因社会情势的变迁而变迁。回顾、总结、审视漫长而曲折的中国科学教育史，以史为鉴，能够对今天我们如何更好地定位、实施、评价科学教育带来重要的启迪。

第二节　研究意义

一　理论意义

教育实践呼唤教育研究的开展和教育理论的指导。作为现代教育制度重要组成部分的科学教育，除了受一般教育理论和其他教育科学分支学科理论的影响外，也必须建立自己的研究园地，探索自身的教育规律。科学教育学植根于科学教育实践活动中，同时，又超越科学教育实践，起到提升科学教育实践和改革科学教育的作用。

当前世界各国都非常重视科学教育，都把科学教育看作提高国际竞争力的重要途径。中国在科教兴国战略的指引下，党和国家对科学教育的重视程度，提升到了一个新的高度，然而，学界对于科学教育本身的研究，却显得比较薄弱，受制于中国传统的学科设置，中国的科学教育研究，长期分散在各学科教育研究和一些普通教育研究中，体系化的综合型科学教育研究相对薄弱，由此导致中国科学教育的发展，缺少科学理论的指导。相比于发达国家，中国科学教育研究显得相对落后，这必须引起教育理论界的高度重视。

近些年来，学术界对于中国科学教育史的研究，一直还停留在个别问题、局部领域的研究上，以整个中国科学教育史的发展历程，作为主要研究对象，进行整体、系统而深入的梳理和研究还不多见。中国科学教育发展史上，在科学课程和科学教育改革方面，在研究人才培养方面，积累了丰富的经验，也有不少的教训，吸取这些经验和教训，对于推动中国科学教育学的学科建设，推进科学教学和课程改革，都具有不可忽视的积极作用。

《中国科学教育通史》即从研究中国科学教育发展的历史进程入手，整理和发扬历史上优秀的科学教育经验，建立适合中国科学教育发展的原创性科学教育理论体系，探索新时代背景下科学教育的发展方向，为当前科学教育学的建设发展，提供借鉴和参考。

二 实践意义

科学教育作为现代教育的重要内容，在中国的国民经济发展中，具有十分重要的作用。古代中国作为世界四大文明古国之一，其科学技术的发展，曾长期处于世界的领先地位。但由于受多种因素的影响，近代中国的科学技术，却远远落后于西方各国。在西方列强军事、文化的疯狂侵略下，一些有识之士认识到发展科学教育的重要性，由此，科学教育在近代中国学习西方的热潮下，缓慢发展开来。在当代社会，世界各国间的竞争异常激烈，这种竞争的实质，就是科技和人才的竞争，科技的发展靠人才，人才的培养靠教育。因此，科学教育在当代教育中尤显重要。科学素养越来越成为现代人必须具备的基本素质之一，科学教育的目的，已经逐渐由培养社会中少数科技精英转变为面向每一个人，成为培养合格公民的基本要求之一，肩负着提高公民科学素养、培养科学探究的精神、关心周围事物发展的态度、能对生活做出明智判断和选择等任务。

科学教育的发展，是一个动态的历史性的过程，今天的科学教育，正是由过去的科学教育不断改革发展而来的。要解决中国当前科学教育中存在的诸多问题，就必须了解科学教育发展的历史。实际上，当前中国科学教育的现状，一方面经由社会政治、经济和文化影响，另一方面，是在传承五千年科学教育发展经验的成果。对科学教育史进行研究，不仅仅是对科学教育的内容、特点、轨迹等方面的聚焦，更是基于更广阔的视野，俯视社会发展同科学教育之间的关系，从学校科学教育、社会科学普及和科学教育研究等多方面考察，当前中国科学教育为什么会是这样，深刻把握科学教育的结果同科学教育演进历程之间的关系。只有这样，才能对科学教育的现实情况，进行科学解释，从而对未来科学教育的发展变革，做出有效干预。

科学教育在实践过程中积累了丰富的经验，取得了不少成绩，但同时也存在诸多不足，如缺乏科学精神、科学意识等，这在一定程度上，阻碍了中国科学教育的发展。因此，研究和梳理中国科学教育的发展历程，探寻其发展规律或特征，为科学教育实践提供服务，这是当代科学教育发展需要，也是当代科学教育发展的必然。对于我们今天更好地实施科学教育，具有重要的意义。

第三节 相关研究现状

中国科学教育自产生以来，便引起了一些教育史研究者的关注，其研究取得了不少成果。但从形式上来说，这些研究成果基本上都散见于中国教育史、中国教育思想史、教育家文集以及一些教育杂志的相关文章中。从整个中国科学教育产生、发展的历程入手，以专著形式来研究这一问题的还不多见。

一 关于中国古代科技教育的研究

（一）对中国古代科技教育史的整体性研究

梅汝莉、李生荣的《中国科技教育史》[①]对夏朝至清朝的科技教育史进行了系统的考察，一方面，该著作从学校科技教育、职官科技教育和社会科技教育三个角度，对长达两千多年的封建社会科技教育史进行了系统地梳理。其中，对职官科技教育的研究，可谓该著作的一大亮点。研究认为，畴人之学和"宦学"中有着丰富的科技教育内容，对于提高官吏素质发挥重要作用。研究通过对覆盖多种形式的技术人才教育体制的论述，反映了中国古代社会特有的"大教育观"。另一方面，该著作通过探究科技教育思想和科技教育实践活动，较为完整地呈现了中国科技教育的演进历程，展现了中国古代社会丰富多元的科技教育成果。

孙宏安的《中国古代科学教育史略》[②]，对远古至明清时期中国科学教育发展史进行了比较系统地研究。研究将中国科学教育的发展，分为六个历史阶段，远古至先秦时期是科学教育的奠基期，秦汉时期科学教育体系形成，魏晋南北朝时期科学教育进一步发展，隋唐时期科学教育呈现专门化倾向，宋元时期科学教育走向辉煌，明清时期科学教育走向衰落，但在西学东渐之下，开始新的起步。该著作在方法论上，遵从"截取—解释"和"大文化背景分析"结合的原则，对中国古代科学教育进行多角度的探讨，提出了很多独到的见解。

---

① 梅汝莉、李生荣：《中国科技教育史》，湖南教育出版社1992年版。
② 孙宏安：《中国古代科学教育史略》，辽宁教育出版社1996年版。

程刚的《中国科技教育史中的李约瑟情结》①认为，李约瑟对中国古代科技成就的充分肯定和赞誉，在中国科技教育史的研究工作中，产生了情绪化的影响，导致在中国古代科技教育的认识和评价方面，出现片面夸大和"拔高"的现象。这种倾向对中国科技教育史学科自身的建设及其学术价值，带来了某些负面效果。应该以理智的态度，全面认识和总结中国历史上科技教育的得失利弊及其经验教训，那样，才可能为提高中华民族的科学文化素质，落实"科教兴国"战略提供有益的借鉴和理论资源。

李朝晖的《意识形态与中国古代科学教育》②一文认为，在知识社会学的视域中，一切知识（包括自然科学知识），就其社会意义而言，不仅取决于人们的社会地位、身份及阶级利益，而且根植于特定的文化类型之中。研究以这一论断为预设前提，着力分析中国古代科学知识生产与科学教育的历史文化语境。中国传统科学发展的路径与范型，不仅是其自身逻辑发展的结果，其根源亦在于社会权力及意识形态对于知识的控制和规约，而中国古代科学教育不仅成为控制的一种重要手段，同时，也由于这种控制导致了自身的形态与地位。

李朝晖的《古代科学教育组织方式考》③一文，在对史料进行拣析、梳理的基础上，将中国古代科学教育概括为四种组织方式，即百工相传的科学教育、民间教化中的科学教育、私学与家学中的科学教育，以及官办科学教育，并归纳分析了各种组织方式的特点与形态，从而概略地描摹出一幅中国古代科学教育的整体图景。

（二）对代表人物、学派的科学教育思想的相关研究

张彩霞的《儒学对我国科技教育的影响及启示》④一文认为，儒学在其产生及演变的过程中，对科技教育的影响，是多侧面的，积极的影响是传播了古代的自然哲学观，一定程度上，促进了科技教育的发展；消极的影响是片面撷取和扩大了儒学中的德化部分，并使之处于诸学独

---

① 程刚：《中国科技教育史中的李约瑟情结》，《河北师范大学学报》（教育科学版）2000年第1期。
② 李朝晖：《意识形态与中国古代科学教育》，《高等工程教育研究》2006年第3期。
③ 李朝晖：《古代科学教育组织方式考》，《教育评论》2011年第1期。
④ 张彩霞：《儒学对我国科技教育的影响及启示》，《中国高校科技与产业化》2011年第5期。

尊的地位，形成教育内容单一、教条化的局面，限制了科技教育的发展。在进行科技教育时，客观分析、认识儒学的影响，汲取其"以人为本、天人合一、修身力行"的思想精华，对树立全面的科技教育思想大有裨益。

黄世瑞的《孟子科学思想初探——兼论孟子对墨家科学思想的继承》[1]，从《孟子》中探讨孟子的科学思想，并通过与《墨子》的比较，探求孟子对墨家科学思想的吸收继承。研究认为，孟子的科学教育思想可概括为两大要点，一是用养结合，注意环境和资源保护的思想，二是相信客观世界可以认识，主张尊重客观规律，因势利导而不违背客观规律。黄世瑞认为，孟子虽然对墨家极尽口诛笔伐之能事，但对墨家的科学思想包括论辩方法，却并不排斥，而是采取了积极吸收的态度。因此，孟子和墨家在科学思想方面，显示出一定的继承性。具体来看，"立辞明类"的思想、主张比较要在同一基础上进行的思想、重视环境对人的影响的思想、关于分工的思想等，都是孟子从墨家继承并发展的。

关瑞凤等的《墨家的科学精神和科技构型》[2]认为，科学技术的发展，有多个源头，中国先秦时期的墨家学派，开创了认识自然、改造自然的科技传统，是最重要的支系之一。研究将墨家的科学精神，概括为坚持物质本体的科学理念、坚持可知论、重视逻辑方法和科学方法、重视科学技术在生产劳动中的作用。墨家的科技构型包括：拥有共同拥护的首领，将观察和实验作为科技活动的最基本方法，总结归纳和演绎等逻辑方法，建构具有科学性的认识论纲领等。墨家在逻辑学、数学、物理学、力学、光学、军事技术等领域的成就，是其他学派无法相比的。

吕锡琛的《论道家思想中的科学精神》[3]一文，对中国古代"百家"中"道家"的科学精神进行研究。研究认为，道家思想中蕴含着值得珍视的科学精神，它陶铸着中国古代科学家所必备的气质，开启着科学家的智慧，激发着他们弃旧图新的创造精神，就是中国古代具有道家思想倾向的科技文化人才，灿若群星的奥秘之所在，也是道家思想为不少西方现代科学家所推崇的深刻原因。研究将道家思想中的科学精神，概括为六大要

---

[1] 黄世瑞：《孟子科学思想初探——兼论孟子对墨家科学思想的继承》，《自然辩证法研究》1996年第7期。
[2] 关瑞凤等：《墨家的科学精神和科技构型》，《理论探讨》2001年第6期。
[3] 吕锡琛：《论道家思想中的科学精神》，《哲学研究》2000年第4期。

点，即道统万物，尊道循道的理性精神；率性而行，探玄索隐的人生旨趣；兼收并蓄，公正不偏的倾向；不为物役，宠辱不惊的独立风骨；贵和有度，谦下不骄的协作胸怀；求真尚朴，绝伪弃诈的价值观念。

王永祥的《董仲舒的科学思想初探》[1]认为，董仲舒的科学思想，主要体现他的天论和"天人感应"及阴阳五行说之中。首先，董仲舒的"天"论，严格说是有中国特色的自然神论，绝非"正宗神学"；其次，董仲舒的"天人感应"论，所说"非有神，其数然也"，显然是对有神论的拒斥，并提出了研究事物间"数"的关系的任务；最后，董仲舒有关"十端"的"天"及宇宙图式的构成，将其作为一个整体和相互关联的系统来对待，这对形成中国传统的整体性和系统性的科学思想，无疑具有重大和深远的影响。

（三）对古代科技教育具体内容的研究

王艳的《中国古代科技专门教育研究》[2]一文认为，中国古代科技专门教育以算学、医学、天文、历法为主体，隋唐、宋元时期有了较大发展，明清时期趋于衰落。古代科技专门教育，一方面标志着科技教育有了合法地位，专业化程度提高，科技队伍愈益壮大，促进了应用学科的发展，适应了社会的需求；另一方面，由于官办性质，极易受到政治因素的干扰，并强化了科技的实用性质，把专业人员推入"吏"的阶层。它的管理制度、教学方法、教学内容，对科技发展也有消极的影响。

文娟的《宋代数学教育及成就》[3]一文，对宋代的官学和私学中的科学教育发展情况进行考察。研究认为，宋代数学教育具有规模扩大、管理完善，课程设置增多，注重实用性，政府重视等新特点。此外，还对宋代数学教育高峰出现的原因进行剖析，认为社会政治经济发展对数学发展起到促进作用，北宋王朝社会秩序稳定、数学思想方法发展，为中国数学教育发展到中国古代社会的顶峰，准备了条件。

王明强主编的《中国古代医学教育思想史》[4]一书，对中国古代科学教育思想中的重要内容——医学教育思想进行研究。按照历史发展脉络，

---

[1] 王永祥：《董仲舒的科学思想初探》，《河北大学学报》（哲学社会科学版）2004年第3期。
[2] 王艳：《中国古代科技专门教育研究》，《福建师范大学学报》（哲学社会科学版）2004年第2期。
[3] 文娟：《宋代数学教育及成就》，《历史教学》2004年第2期。
[4] 王明强主编：《中国古代医学教育思想史》，中国中医药出版社2018年版。

该书全面而又清晰地展现了我国古代医学教育思想的历史风貌。从基本模式来看,中国古代医学教育分为家传模式、学校模式、讲学模式和自学模式四类。从基本特点来看,中国古代医学教育思想形成了文化性、实践性和零散性三大特点。从人才观来看,中国古代医学教育要求为医者医德为先、精于"道""术"、具备灵悟的思维能力。从教学方法来看,中国古代医学教育形成了符合医学特质的教学方法,例如,言验结合、直观形象化教学、医案教学法等。从教学内容来看,中国古代医学注重基础理论学习,经典为本,旁涉各家,强调精而专、博而约。

二 关于中国近现代科学教育的研究

对于中国近代科学教育的研究成果,虽然较多,但从研究内容上来看,这些成果的研究,往往都是把研究的目光集中于中国近代科学教育的某一问题或局部领域上,具体说来体现在如下几个方面。

(一) 对近代科学教育的整体研究

个别学者通过多视角地审视近代中国社会对西方近现代科学观念的接纳、吸收和理解,对中国近代科学教育的发展,进行了整体性的概括和把握,认为中国近代科学教育经历了一个由表及里、由现象到本质的逐步深入的过程,并由此认识到科学教育的重要地位和作用。

孙宏安的《中国近现代科学教育史》[①] 一书,探讨了从鸦片战争到中华人民共和国成立并完成了国民经济发展的第一个五年计划期间的科学教育。在此期间,中国科学教育发展的最主要的特点,就是实现了从古代科学教育向现代科学教育的转换,并确立了中国现代科学教育体系。

曾琦在《二十世纪我国科学教育回顾》[②] 一文中,回顾了我国科学教育一百多年的发展历程,并根据我国科学教育的主干——物理、化学、生物、自然、地理等学科教育的发展趋势,将我国科学教育的发展划分为八个阶段。其中,近代占了两个阶段,即:(1) 萌芽阶段 (1856—1910)。标志是1856年江南制造局成立并初设机器学堂,讲授物理、化学等课程。在这一时期,理化生等学科的教育在教材体例、教学组织形式、考试制度方面,已经初步形成了一定的体系。(2) 形成阶段

---

① 孙宏安:《中国近现代科学教育史》,辽宁教育出版社2006年版。
② 曾琦:《二十世纪我国科学教育回顾》,《学科教育》1999年第8期。

(1912—1948)。标志是1912—1913年，由民国教育总长蔡元培制定实施的壬子癸丑学制。作者还对不同阶段科学教育发展的特点，进行了剖析，揭示了科学教育的重要性，并指出了在我国科学教育进一步发展中有待解决的主要问题。

曲铁华、王健在《中国近现代科学教育发展嬗变及启示》[①]一文中认为，在明末清初，西学东渐使中国知识分子提出了在教育内容、教育目的、教学方法、考试制度等方面，迥异于传统教育的教育思想。洋务运动时期，洋务派通过开设各类新式学堂，建立适应近代工业发展的科技教育实体，雇佣洋人教习，翻译近代科学书籍，使中国人掌握西方近代科学技术，而且通过派遣留学生出国，开辟近代科学教育新途径。而到了维新运动时期，资产阶级改良派通过广设学堂，提倡西学，改革科举制度，废除八股取士，进行科学教育改革。变法尽管失败，但迫使清政府建立了"新教育制度"。五四运动时期，科学教育随着民主、科学思潮的发展形成科学教育思潮，大学的科学教育，成为科学发展的基础。到了国民政府时期，高等教育和科研机构逐步发展，科学教育虽然受到一定的重视，但发展受战争和时局的限制，却十分缓慢。

一些学者还从科学教育的价值角度，对近现代科学教育进行了系统阐述。历史地看，近现代国人对科学教育的认识，经历了一个由简单否定到初步认同再到多元理解的过程。如刘德华在《20世纪前后我国科学教育的价值取向》[②]一文中，将20世纪前后国人对科学教育的价值取向的演变过程，定位为从负向价值取向到正向价值取向，从物质层面的价值取向，到思想层面的价值取向，从单一维度的价值取向，到多元维度的价值取向，从社会救亡的价值取向，到个人生活的价值取向。

(二) 对科学教育思想产生及发展历程的研究

舒新城在《近代中国教育思想史》[③]一书中，从科学教育思想产生的背景、变迁及影响几个方面，阐述了近代科学教育的发展概况。任时先在《中国教育思想史》[④]一书中，从科学教育思想产生的背景、演进的情形等

---

① 曲铁华、王健：《中国近现代科学教育发展嬗变及启示》，《东北师大学报》(哲学社会科学版) 2000 年第 6 期。
② 刘德华：《20 世纪前后我国科学教育的价值取向》，《教育评论》2003 年第 1 期。
③ 舒新城编：《近代中国教育思想史》，中华书局 1929 年版。
④ 任时先：《中国教育思想史》，商务印书馆 1937 年版。

几个方面,阐述了近代科学教育的概况。

关于这一问题,学术界观点比较一致,即认为中国近代科学教育思想源于清末的西艺教育思想,经过清末教育改革,民国初年得到发展,到"五四"时期达到高潮。从内容上来说,由器物即注重科学知识的一般应用到注重科学方法、科学精神的培养。到"五四"时期,受新文化运动"科学"与"民主"两大主题的影响,在教育领域内普遍重视"教育的科学化""科学的教育化"问题。

(三) 集中研究中国近代科学教育效果不佳的原因

对于这一问题,大多数研究者认为,当时科学教育成效较小的主要原因,是传统文化特点的限制、科举制的影响,以及人们对西方科学的认识不深等。也有论者在此基础上提出,由于当时教育方法不良、缺乏良好的师资、缺乏科学的设备、旧教育旧社会遗毒的影响、工商业不发达以及国内政局不稳等,都在一定程度上阻碍了近代科学教育的发展,是造成科学教育效果不佳的原因。如冯品兰的《现代教育思潮》、王凤喈的《中国教育史大纲》和《中国教育史》等。

王凤喈在《中国教育史大纲》和《中国教育史》[①]中,指出了科学教育在近代教育中的重要性,具体分析了科学教育在中国失败的原因。他简要概括为五点,一是教育方法不良,教授理科,多为讲演式的教授,不重自动的研究,不重考察与实验。二是缺乏良好的师资。三是缺乏科学的设备。四是学生受旧教育旧社会的遗毒,对理科多采取漠视或厌恶的态度。五是工商业不发达,需要科学人才的地方不多。冯品兰在《现代教育思潮》[②]一书中,重点分析了中国科学教育不仅落后于欧美,而且落后于日本,成效较小的原因。最主要的原因在于我国一直以来有"读书为学"的传统,然而科学应该实地观察试验,国人抱有错误的科学方法,科学教育因此难以发达。

(四) 对某一时期的科学教育思想及实践的研究

一方面,对近代科学教育思潮进行研究。王炳照等主编的《中国教育思想通史》[③]第6卷第七章,把科学教育思潮作为专门一章进行研究,

---

① 王凤喈:《中国教育史大纲》,商务印书馆1928年版;王凤喈编纂:《中国教育史》,国立编译馆1945年版。

② 冯品兰编著:《现代教育思潮》,大华书局1933年版。

③ 王炳照、田正平主编:《中国教育思想通史》第6卷,湖南教育出版社1994年版。

从早期科学教育思想的演变轨迹、中国科学社的成立、新文化运动时期的科学教育思潮、"科玄论战"及影响几个方面,阐述中国近代科学教育发展的状况。董宝良等主编的《中国近现代教育思潮与流派》① 一书中,第十四章专门讨论科学教育思潮,从其形成与发展、主要内容、影响及评价三个主要方面,论述了中国近代科学教育思潮的发展状况。孙培青教授主编的《中国教育史》②、李华兴主编的《民国教育史》③、卢绍稷的《中国现代教育》④、朱经农的《近代教育思潮七讲》和《教育思想》⑤、吴洪成的《中国近代教育思潮研究》⑥ 等著作中,都论及了科学教育思潮。

另一方面,对特定历史阶段的科学教育实践进行研究。洋务运动时期的科学教育,"五四"时期的科学教育,京师同文馆、京师大学堂的科学教育,留学教育、教会学校中的科学教育,以及传教士通过办报纸、办学会、办出版印刷机构等方式进行的科学宣传等问题的具体研究。

例如,对洋务运动时期的科学教育进行的研究。作为一场政治运动,洋务运动虽然最后以失败告终,但作为中国近现代科学发展史的一个环节,这一时期的科学教育,具有极其深远和重大的意义。曲铁华、李娟在《洋务运动时期的科学教育及其主要特征》⑦ 一文中,就对此进行了深入分析。作者指出,科学与民主是中国社会近代化的重要起点,是近代西方科学在中国制度层面的发展,源于洋务运动时期的科学教育。该文在此基础上,对这一时期科学教育的特征,及对中国的影响进行了分析。在教育内容及实践方面,西方近代的科学技术知识,被正式列入学校的课程,并且成为最主要的教学内容,是从京师同文馆开始的。这标志着近代课程设置,开始逐渐向西方先进的课程体系靠拢。

因此,一些学者深入地探讨了京师同文馆在中国近现代教育史上的历

---

① 董宝良等主编:《中国近现代教育思潮与流派》,人民教育出版社1997年版。
② 孙培青主编:《中国教育史》,华东师范大学出版社2008年版。
③ 李华兴主编:《民国教育史》,上海教育出版社1997年版。
④ 卢绍稷:《中国现代教育》,商务印书馆1933年版。
⑤ 朱经农:《近代教育思潮七讲》,商务印书馆1941年版;《教育思想》,商务印书馆1948年版。
⑥ 吴洪成:《中国近代教育思潮研究》,西南师范大学出版社1993年版。
⑦ 曲铁华、李娟:《洋务运动时期的科学教育及其主要特征》,《东北师大学报》(哲学社会科学版)2003年第6期。

史地位，尤其是对中国近代科学教育的重要影响。如王凤玉在《京师同文馆与中国近代科学教育》①中指出，学习西方科学文化必先从教育改革入手，京师同文馆的建立，就为传统教育打开了一扇吸纳新学气息的天窗，使中国士人学子开始正式接受西洋的语言文字和科学技术教育，中国文化从此出现了一个巨大的转折。作者认为，在某种意义上，京师同文馆使中国文化特别是科学文化进入了一个新的发展阶段，它首开中国文化现代化之先河。京师同文馆作为中国新教育的起点，开拓了一种学习西方的新风气。

五四运动是一场伟大的思想解放运动。五四时期，中国的科学教育思想，成为一种社会总体教育思想的倾向，形成了一种时代的潮流，从一定程度上，改变了中国传统的教育观念，以及中国教育的发展方向，在中国近代教育的历史上，具有承前启后的划时代的意义，为中国教育的发展开辟了道路。因此，学者们纷纷展开了研究和讨论。

董宝良、周洪宇主编的《中国近现代教育思潮与流派》②一书中，第十四章"科学教育思潮"就从形成与发展、主要内容和影响等方面，对五四时期的科学教育思潮，展开了详细论述。从中国科学社的成立和《科学》杂志的创刊开始，随着新文化思想启蒙运动的兴起，在陈独秀、李大钊、鲁迅等的推动下，科学教育思潮向纵深方向发展。作者将其主要内容归结为四个方面：(1) 倡行科学教育，批判传统教育。(2) 注重科学内容的传授，尤重科学方法、态度和精神的提倡。(3) 尊重理性，反对盲从。(4) 培养研究科学的人才，用科学方法解决教育问题。同时，笔者也对其进行了正确的历史性评价，既肯定了五四时期科学教育思潮推动中国教育近代化的划时代意义，也指出了它的不足之处。例如，推崇"科学教育救国论"，"泛科学主义"，轻视社会科学等。

（五）对具有代表性的历史人物的科学教育思想的研究

在这一问题上，研究者对近代科学教育史中推动科学教育发展起着重要作用的一些代表性人物的科学教育思想，进行了深入挖掘和研究。如蔡元培、严复、任鸿隽等的科学教育思想。

---

① 王凤玉：《京师同文馆与中国近代科学教育》，《沈阳师范学院学报》（社会科学版）1999年第6期。

② 董宝良、周洪宇主编：《中国近现代教育思潮与流派》，人民教育出版社1997年版。

蔡元培是推动近代科学教育发展的先驱，他的科学教育思想及实践，对中国近现代科学教育的发展，产生了广泛而深刻的影响。程斯辉在《蔡元培与中国近代科学技术教育》[①] 一文中，从科学技术教育的角度，对蔡元培的科学教育思想，进行了系统阐述，将其概括为教育的科学化和科学技术教育的社会化。曲铁华、梁清在《论蔡元培科学教育思想的内涵及现代价值》[②] 一文中，将蔡元培的科学教育思想总结为：（1）重视科学在社会发展中的作用，提倡科学知识的学习。（2）大力提倡学术研究，注重科学精神的培养。（3）重视科学的方法。（4）追求"求知识以外，兼养感情，治科学以外，兼治美术"的科学教育。文章通过对蔡元培科学教育思想的探究和阐释，揭示了其科学教育思想的基本内涵及现代价值。

陈友良、林鸿生在《略论严复的科学教育思想》[③] 一文中，对严复科学教育思想的形成、科学教育的目的、科学教育的内容和方法等方面，进行了分析阐述。曲铁华、王建颛在《论任鸿隽的科学教育思想》[④] 一文中，认为任鸿隽一生致力于中国的科学事业和科学教育事业。他针砭时弊，探讨中国无科学的原因；主张科学与教育联系，倡导科学教育为近代社会生产及生活服务。与前人相比，任鸿隽更加重视科学精神的养成和科学方法的运用，在中国近代科学教育思潮形成的过程中，发挥了重要的作用。

此外，梅汝莉等著的《中国科技教育史》[⑤]、吕达的《中国近代课程史论》[⑥]、王建军的《中国近代教科书发展研究》[⑦] 著作中，都涉及了中国近代科学教育发展的相关内容。同时，还有一些相关文章刊登在相应的教育杂志上，从中国近代科学教育的不同侧面进行了研究和论述。

[①] 程斯辉：《蔡元培与中国近代科学技术教育》，《河北师范大学学报》（教育科学版）2000年第4期。
[②] 曲铁华、梁清：《论蔡元培科学教育思想的内涵及现代价值》，《河北师范大学学报》（教育科学版）2004年第1期。
[③] 陈友良、林鸿生：《略论严复的科学教育思想》，《福建师范大学福清分校学报》2002年第1期。
[④] 曲铁华、王建颛：《论任鸿隽的科学教育思想》，《沈阳师范大学学报》（社会科学版）2007年第4期。
[⑤] 梅汝莉、李生荣：《中国科技教育史》，湖南教育出版社1992年版。
[⑥] 吕达：《中国近代课程史论》，人民教育出版社1994年版。
[⑦] 王建军：《中国近代教科书发展研究》，广东教育出版社1996年版。

三 关于中国当代科学教育的研究

（一）对当代科学教育的演进历程进行研究

刘德华的《基于人文立场的科学教育变革》①一书第二章，对科学教育的历史进行回顾，研究认为，中华人民共和国成立初期，小学自然课程受苏联教育影响较大，教材内容取材自儿童生活常见的自然现象和事物。20世纪50年代末至70年代，小学自然课程内容远离日常生活经验，降低了学生学习兴趣。20世纪70年代末，小学自然教学大纲颁布，自然课程研究专家引进"探究式"教学法，打开中国科学课程改革新局面。20世纪90年代初开展的"九年义务教育课程与教材改革"，激发了学生的科学创新精神。

王耀村的《浙江省综合科学课程改革30年》②一文认为，浙江省综合科学课程改革30年的实践探索，实现了我国科学课程的多样化，开创了推进科学课程的路径，拓展了科学课程学习的内容，形成了科学本质教学的新范式，培养了一支适应综合科学教学的教师队伍，提高了学生的科学素养。但在实践中，也遇到了综合科学课程本土化理论研究的缺乏、人们认识观念转变难、综合科学教材编制难、科学教师开展合科教学难等现实问题，亟待人们进一步探索。展望未来，综合科学课程的深化发展，必须坚持改革方向，顺应课程发展；完善课程结构，开好两类课程；聚焦核心概念，优化教材结构；注重教师培养，适应综合教学；改进考试评价，保障课程实施。

（二）对科学教育中某一学科的演进历程进行研究

李鉴的《从科普期刊看我国近年天文教育的发展》③一文，通过对综合性科普期刊的调查和对《天文爱好者》杂志读者调研的分析，从一个侧面，看到了我国天文科普近年的发展。1996—2003年，我国综合科普期刊中天文科普文章所占的比例从4.3%增加到12.4%。但我国对天文感兴趣的群体数量，仍然相对较少，大多数（62%）的天文爱好者，认为自己身边对天文有兴趣的人很少。研究认为，我国天文科普的力度，还有待进一

---

① 刘德华：《基于人文立场的科学教育变革》，湖南师范大学出版社2016年版。
② 王耀村：《浙江省综合科学课程改革30年》，《课程·教材·教法》2018年第12期。
③ 李鉴：《从科普期刊看我国近年天文教育的发展》，《北京师范大学学报》（自然科学版）2005年第3期。

步加大。

黄琼的《1978—2018年中国高等医学教育政策变迁——基于历史制度主义分析框架》[①]一文认为，1978—2018年我国高等医学教育政策变迁，主要表现为以政府为主导的自上而下的强制性政策变迁，呈现出渐进性与断裂性更替的变迁轨迹。回报递增形成了制度的路径依赖，而关键行动者和关键性节点的重要作用，导致了制度的断裂。从结构分析来看，高等医学教育政策的演变，是在与环境、制度和行动者三者彼此制约和互动影响中的变迁。宏观背景的改变，是政策变迁的诱因和外部压力，微观行动者间的互动，是政策变迁的内生动力，外部压力和内生动力在制度复合体中，融合并形成合力最终导致政策变迁。高等医学教育发展变革应进一步提升人才培养质量，坚持精英化理念和注重本土化构建。

张德利的《数学教育70年》[②]中，回顾了中华人民共和国成立以来，我国数学教育70年发展历程，梳理了新中国数学教育从借鉴起步，到探索初步形成中国特色，到稳步普及，再到深化改革的过程，展现了新中国数学教育一路走来的艰辛与奋斗历程。中华人民共和国成立70年以来，中国数学教育取得了巨大的成就，并积累了丰富的经验，形成了一套行之有效的数学教育制度和机制、一套具有中国特色的数学教育理论，以及中国的数学教育实践特色。本书总结了我国数学教育70年的经验与成就，并从制度、理论、创新实践、教育现代化及杰出人才培养等视角展望未来。

（三）对科学教育课程的相关研究

高守宝等的《70年来小学科学课程中学科能力的沿革与发展——基于课程标准的文本分析》[③]一文，运用质性分析软件，对1949年以来10份小学科学课程标准，进行文本分析，将小学科学课程标准的发展，划分为两个阶段。其中，1949—2000年是科学教育的"青年期"，2001—2017年是科学教育的"成年期"。基于布鲁姆教育目标分类、加涅学习结果分类和国际学生评估项目PISA2018的测试框架，制定学科能力的分类标准，从基本能力、综合能力、问题解决、认识论、创造性思维五种能力，对课

[①] 黄琼：《1978—2018年中国高等医学教育政策变迁——基于历史制度主义分析框架》，《中国卫生事业管理》2019年第12期。

[②] 张德利：《数学教育70年（二）——成就、经验与展望》，《基础教育课程》2020年第2期。

[③] 高守宝等：《70年来小学科学课程中学科能力的沿革与发展——基于课程标准的文本分析》，《上海教育科研》2019年第12期。

程目标文本进行深度研究，考察了我国小学科学课程中学科能力的沿革和发展。研究认为，70年来小学科学课程对基本能力的要求表述，逐渐规范化、对问题解决能力由低级到高级、对认识论的要求，逐渐深入、对创造性思维的要求，十分重视。

张正严、李侠和孙玉涛的《70年来我国科学家参与中小学理科课程标准制定的模式研究》[①]一文，采用案例研究方法，以我国中小学理科课程标准的制定作为研究对象，通过收集各种文献资料，考察了新中国成立以来，我国科学家参与中小学理科课程标准制定的历史变迁。研究发现，在历史上，我国科学家参与中小学理科课程标准制定的模式，依次出现了借力模式、阀门模式、外压模式、内参模式四种模式。该文进一步提出思考与建议：尊重科学家作为利益相关者参与中小学理科课程标准制定的权力；建立科技界和教育界协同合作机制，促进科技团体参与中小学理科课程标准制定的体制化。

杨季冬和王后雄的《高中科学教育课程标准（2017版）中的课程价值取向——基于NVivo11.0的编码分析》[②]一文中，采用NVivo11.0编码统计分析，通过对2017版高中物理、化学、生物课程标准进行研究，发现认知取向是三个课程标准中体现最多的课程价值取向，之后依次是人文主义取向、社会重建取向、学术理性主义取向、科技发展取向，呈现出多元价值取向的特点，这有利于新课程理念的落实。建议课程相关材料采用多元化价值取向设计，实践中关注人文主义取向和社会重建取向，在科学教育课程标准中适当增加科技发展取向。

段发明和刘倩的《我国小学科学教科书70年回顾与展望》[③]一文认为，中华人民共和国成立后，小学科学教科书经历了过渡、苏化、本土化、改革开放再到素养教育的发展阶段。70年来，小学科学教科书在不同阶段依据不同的核心编写概念，依次是"知识就是力量""像科学家一样"和"科学素养为核心"。发展至今的小学科学教科书，实现了学习目

---

① 张正严、李侠、孙玉涛：《70年来我国科学家参与中小学理科课程标准制定的模式研究》，《自然辩证法通讯》2020年第6期。

② 杨季冬、王后雄：《高中科学教育课程标准（2017版）中的课程价值取向——基于NVivo11.0的编码分析》，《教育科学》2018年第6期。

③ 段发明、刘倩：《我国小学科学教科书70年回顾与展望》，《课程·教材·教法》2019年第7期。

标、内容、方法、场所的四大超越，从而完成了从科学知识教育向科学文化教育的转型。

胡红杏和王子君的《我国中学化学课堂教学变革 70 年：历程、特征与启示》[1] 一文认为，中华人民共和国成立以来，我国中学化学课堂教学经历了以"双基"为导向、以"能力"为导向、以"科学素养"为导向，以及以"化学核心素养"为导向的发展阶段，体现了素质教育在化学课堂教学逐步落实的演进轨迹。化学课堂教学变革呈现出价值取向从崇尚知识逐渐转变为关怀生命，教师角色从"为教而教"走向"为学而教"；学生主体性从被动接受学习到主动建构学习，以及教学内容从注重化学学科知识走向渗透 STSE 等特征。研究进一步总结：对科学本质的认识变化，是化学课堂教学变革的内在动因；课堂范式的转型，是化学课堂教学变革的外部条件；着力培育化学学科核心素养，开展"素养为本"的教学，是新时代化学课堂教学变革的主题。

（四）对科学教育政策法律的相关研究

裴娣娜的《我国学校科学教育的政策与改革思路》[2] 一文指出，社会转型和经济结构的变革，对人才素质提出了新的要求。以人的素质提高、生存方式和文化模式转型为主要内涵的人自身的现代化，尤其是青少年儿童创新能力的发展、科学素养的提高，已成为 21 世纪教育改革的重要问题。《基础教育课程改革纲要（试行）》的颁布，为我们指明了科学教育课程改革的方向。研究对我国科学教育的理念与策略、科学教育课程的设计与实施进行剖析，总结出我国科学教育课程改革政策的五个基本特点：课程目标价值取向实现由"学会生存""学会关心"到"学会发展"的根本性超越，对提高国民科学素养十分关注，多元主体参与学校课程开发，在国家基本要求指导下实行多样化教材，构建起国家、地方和学校三级课程管理框架。

朱效民的《30 年来的中国科普政策与科普研究》[3] 一文，对 1978—2008 年我国科普政策的演进历程进行研究，重点分析了科普演进的现状，涉及科普目标、科普主体、科普的市场化、科普定位等问题。研究认为，未来，一方面需要在理论研究上进一步扩展学术资源、大胆开拓思路，加

---

[1] 胡红杏、王子君：《我国中学化学课堂教学变革 70 年：历程、特征与启示》，《当代教育与文化》2020 年第 1 期。
[2] 裴娣娜：《我国学校科学教育的政策与改革思路》，《课程·教材·教法》2003 年第 7 期。
[3] 朱效民：《30 年来的中国科普政策与科普研究》，《中国科技论坛》2008 年第 12 期。

强相关、相邻学科如传播学、科技哲学、教育学、管理学、政治学、社会学、经济学等相互之间的交叉融合、突破创新；另一方面，需要针对我国科普工作中的具体实际情况，开展大量深入细致的田野调查、案例分析，并将理论探讨与实践需求结合起来。

丁邦平的《我国科学教育改革需要立法保障》[①] 一文中指出，当前我国学校的科学教育，存在多种问题，而这些问题只有通过专门的科学教育立法，才有可能得到根本解决。因此，呼吁全国人民代表大会重视对学校科学教育进行专门立法，制定《中华人民共和国科学教育法》，并促使各级政府和学校有效实施。

张会亮的《我国科学教育政策的梳理分析》[②] 一文，对1999年以来，我国颁布的"科学课程""基础教育""素质教育""科学与技术发展""科学技术普及""科学素质"等与科学教育相关的政策文本进行研究。研究发现，培养具有科学素质的公民，已经成为我国科学教育的目标，科学教育理念逐渐与国际接轨，非正式学习情境下的科学教育，比较灵活和多元。未来，我国科学教育应当加强重视程度、实现跨部门协作、吸引更广泛群体参与非正式科学学习。

（五）对科学教育改革与展望的研究

张伟达等的《STEAM教育对我国科学教育改革的启示》[③] 一文，介绍了STEAM教育这一起源于美国的教育理念，指出它是一种基于科学（S）、技术（T）、工程（E）、艺术（A）和数学（M）的跨学科教育理念。强调以探究式教学方法培养学生的素养和解决实际问题的能力。STEAM教育在培养学生科学素养中，起到了至关重要的作用。目前，中国的基础教育科学课程，正经历着从分科到综合的改革过渡期，批判地吸收STEAM教育中先进的理念和经验，可为我国的科学教育改革提供借鉴。

常珊珊的《学习进阶：我国科学教育课程发展的新蓝图——基于美国〈K—12科学教育框架〉中"地球与空间科学"的分析》[④] 一文，通过对

---

① 丁邦平：《我国科学教育改革需要立法保障》，《科学与社会》2017年第3期。
② 张会亮：《我国科学教育政策的梳理分析》，《科普研究》2017年第4期。
③ 张伟达等：《STEAM教育对我国科学教育改革的启示》，《东南大学学报》（哲学社会科学版）2017年第S2期。
④ 常珊珊：《学习进阶：我国科学教育课程发展的新蓝图——基于美国〈K—12科学教育框架〉中"地球与空间科学"的分析》，《地理教学》2018年第3期。

学习进阶的内涵及本质、学习进阶统整下美国科学课程的内容构成及特点等方面,进行深入阐述,结合我国科学教育的现状,从课程标准研制、课程内容组织、课程实施方式和课程评价模式四个维度,提出了美国学习进阶对我国科学课程发展的启示,即开拓基于实证研究的课程标准研制思路、围绕核心概念组织整体连贯的课程内容、提倡由探究走向实践的课程实施方式、开发注重过程和表现的课程评价模式。

严晓梅等的《我国科学教育发展问题的思考与建议》[①] 一文指出,目前我国科学教育内容的组织及活动,大多以知识传授为中心,与科学教育目标和国际科学教育发展趋势不相符合,与塑造科学文化和科学精神的教育理念不一致。该文从理论和实践的多个维度,分析我国基础教育阶段科学教育的现状与问题,提出促进我国科学教育创新发展的建议,未来,应加强科学教育基础理论研究、建立完善的科学教育课程体系、建设多样化的科学教育开放平台。

张湘的《智能科技教育发展的特点、问题与对策研究》[②] 一文指出,智能科技教育的发展,能够对科技知识进行再造与丰富,使思维模式实现多元发散与拓展,对主体差异保持尊重与习惯,最终达到有效教育、有序创新。在实际推进中,智能要素与教育元素的结合并非充分融合、完美互补,而是存在科技代替人性、个性代替制度、智能代替系统等制度主导性丧失的问题,也存在教育对象个人素养下滑、人际关系认知发生错位、教师群体示范效用降低等主体行为规范性弱化的隐患。高校应该改进智能科技教育的原则,进一步完善智能科技教育的途径,突破智能科技教育的重点。

上述研究成果无疑将成为本书研究的重要研究基础。但由于先行研究成果对中国科学教育的认识尚不够全面、系统,大多数研究都是集中在某一问题、某一领域或人物上,当然也有个别整体论述者,但有些问题的探讨,还需进一步深入,尤其对于中国科学教育史的特征问题、科学精神的缺失问题等尚缺乏深入分析和探讨。因此,难以窥见中国科学教育史发展的全貌,更难以深入挖掘其对未来科学教育发展的启示。

---

① 严晓梅、裴新宁、郑永和:《我国科学教育发展问题的思考与建议》,《科学与社会》2018年第3期。

② 张湘:《智能科技教育发展的特点、问题与对策研究》,《教育理论与实践》2018年第27期。

第四节　相关概念的界定

一　科学的内涵[①]

科学为人类提供知识、技能和方法，是人类认识自然和改造自然的一股重要力量。明晰科学的概念和特点，对科学教育史的研究至关重要。

"科学"，最早可追溯至世纪拉丁文"scientia"。英文"science"，德文"wissenschaft"，法文"science"都是由此演变而来，其本义为"学问""知识"。科学在西方最早其实并未获得独立地位，而是生长在哲学的羽翼之下，称为自然哲学。直到近代，为了区别科学和哲学，科学家们才将科学从哲学中分离出来。随着社会生产力水平的提升和科学事业不断取得突破，"科学"一词被广泛使用。

大多数人认为的科学，即关于自然现象的系统化的知识体系，反映了人们对自然、社会和思维等领域客观事实和规律的认识，或者说是对于表达自然现象的各种概念之间关系的理性研究。也有人反对把科学看成知识体系，认为科学是指知识的加工过程。知识并不是科学，而是科学的产物。"科学"是一个动态的过程，而不是静态的知识。还有人认为前两种定义都只从一个方面反映科学的本质，因而都是片面的。科学不仅是知识体系，而且应该包括动态的知识加工过程。

事实上，知识本身并不等于科学的全部。从科学史的发展来看，科学的直接职能是不断探求和系统总结关于客观世界的知识，是人类活动的一个范畴。"科学"不仅包括获得新知识的活动，而且还包括这个活动的结果，即知识体系；科学这种知识体系还可以物化为社会生产力。科学是人对客观世界的认识，是反映客观事实和规律的认识；科学是反映客观事实和规律的知识体系；科学是一项反映客观事实和规律的知识体系相关活动的事业。它们分别侧重的是科学的认识对象、科学的知识形态和科学的社会建制。简言之，科学是知识体系和由知识体系所转化的生产实践活动的统一。可见，对科学含义的理解与对其知识特性的认识密切相关，但同时又不能把科学单纯地归结为知识。

并非任何知识都具有科学理论价值，只有那些被时间证明了的，能

[①] 曲铁华、李娟：《中国近代科学教育史》，人民教育出版社2010年版，第14—16页。

够反映客观事物内在本质联系的知识，才能最终纳入科学知识的理论体系。但是，科学的客观性不是机械的、完全脱离主体的、照相式的。科学要依赖于实验和经验，其对象是经验事实，但作为知识体系来说，科学并不仅仅停留在经验上，科学还要使用严密的、逻辑的、理性的方法，对经验材料进行整理。通过这样的整理，经验的观察材料形成一种严密的逻辑体系，亦即有系统的科学理论形态，而不是只限于对观察事实的记录。

《辞海》中对科学的定义是"关于自然、社会和思维的知识体系。它适应人们生产斗争和阶级斗争的需要而产生和发展，是实践经验的结晶。每一门科学通常都只是研究客观世界发展过程的某一个阶段或某一种运动形式"。"科学的任务是揭示事物发展的客观规律，探求客观真理，作为人们改造世界的指南。"自然科学是"研究自然界的物质形态、结构、性质和运动规律的科学。包括数学、物理学、化学、天文学、气象学、海洋学、地质学、生物学等基础学科，以及材料科学、能源科学、空间科学、农业科学、医学科学等应用技术科学，是人类改造自然的实践经验即生产斗争经验的总结。它的发展取决于生产的发展，并反过来推动生产的发展"[1]。

更广义的科学概念，是一种对待事物的基本态度与方法，与迷信、盲从相对立，即科学精神与科学态度。科学教育界，一致认为完整的"科学"定义应包括：科学态度、科学探究的过程及方法、科学探究的成果（科学知识体系）这三个重要组成部分。

上述争论反映了学界对"科学"概念理解的深化。随着人类社会探索与实践的进一步发展，科学也会随之不断进步，人们对"科学"概念的理解也会越来越深入，越来越完善。对"科学"难以定义的状况，正好说明科学的博大和无限生机。

二 科学教育的内涵[2]

传统的科学教育是指物理、化学、生物等自然科学学科教育的统称。随着时代变迁，科学教育与社会、经济、政治和文化的联系日益密切，传

---

[1] 参见《辞海》，上海辞书出版社1979年版，第1746、1897页。
[2] 曲铁华、李娟：《中国近代科学教育史》，人民教育出版社2010年版，第23—26页。

统的学科边界被逐渐打破。科学教育的内涵不断丰富，外延不断扩大。要有效地实施科学教育，必须正确地理解科学教育的内涵。

从目前国内外学术界对科学教育的理解来看，一般认为，科学教育是系统传授数学、自然科学知识，实现人的科学化的教育活动。有人认为，科学教育主要是指各级各类学校进行的数学和自然科学教育。如日本《教育学大事典》指出："科学教育是指初等、中等学校阶段的自然科学教育。即在任何学校阶段和家庭、社会所进行的自然科学和数学的教育。"有人认为，科学教育是一项传授科学知识、培养科技人才的社会活动，是一种潜在的科学能力。有人认为，"科学教育是指传授科学技术知识和培养科学技术人才的社会活动"；或认为，"科学教育是一种有目的地促进人的科学化的活动"；或认为，"科学教育是培养科学技术人才和提高民族科学素养（包括科学知识、科学观念、科学的价值观、科学方法、科学精神和科学道德等）的教育"；或认为，"科学教育是从科学发展的角度出发，研究科学教育与科学发展的关系"。

如果从科学—技术—社会（STS）的角度来认识，还可以将其定义为：科学教育涉及个人需要、社会问题、就业准备以及学术深造基础四个领域，因此是一种向学生传授用于日常生活和未来科技世界的科学知识，教育学生如何处理科学与社会问题，让学生具有今后择业所必需的科技基础与继续学习科学所必备的理论基础的教育。

目前学术界将科学教育定义为："科学教育是一种通过现代科技知识及其社会价值的教学，让学生掌握科学概念，学会科学方法，培养科学态度，且懂得如何面对现实中的科学与社会有关问题作出明智抉择，以培养科技专业人才，提高全民科学素养为目的的教育活动。"[1] 另有定义为："科学教育是关注科学技术时代的现代人所必需的科学素养的一种养成教育，是将科学知识、科学思想、科学方法、科学精神作为整体的体系，使其内化成为受教育者的信念和行为的教育过程，从而使科学态度与每个公民的日常生活息息相关，让科学精神和人文精神在现代文明中交融贯通。"[2]

科学教育的定义，不是绝对一成不变的，是随着科学在整个人类社会中地位作用的变化而不断变化的。在现阶段我们可以把科学教育定义为：

---

[1] 顾志跃主编：《科学教育概论》，科学出版社1999年版，第16页。
[2] 中国科学院：《2001科学发展报告》，科学出版社2001年版，第187页。

科学教育是一种通过现代科技知识及其社会价值的教学，让学生掌握科学概念，学会科学方法，培养科学态度，且懂得如何面对现实中的科学与社会有关问题作出明智抉择，以培养科技专业人才，提高全民科学素养为目的的教育活动。[1]

笔者在本书中将科学教育内涵界定为三个方面的内容：一是科学知识教育，二是科学方法教育，三是科学精神教育。

（1）科学知识教育。科学知识包括客观现象、科学事实、科学概念、科学原理、科学定律、科学假说等构成要素。科学知识是科学教育的重要组成部分，但并不是科学教育的全部内容。通过科学知识教育、理解有关概念、原理、定理、定律等知识，可以发展人的智力，培养他们的科学能力，为科学文化素质的发展和提高奠定坚实的基础。

（2）科学方法教育。科学方法主要是指科学研究需要的方法。科学方法教育是科学教育的重要内容。现代科学之父培根（F. Bacon，1561—1626）认为科学要依靠感觉和经验，要通过实验来探寻事物的规律；对于所获得的经验材料的加工和处理，唯一的科学方法是归纳法。[2] 科学教育中的方法主要指观察法、实验法和归纳法。随着科学方法在科学教育中的地位越来越受到重视，20世纪50年代，美国科学促进协会（AAAS）把科学方法详细分为14种：观察、测量、应用数值、分类、应用时空关系、交流、推理、预测、理解数据、建立模型、下定义、建立假说、控制条件、实验。[3]

（3）科学精神教育。科学精神教育在科学教育的整体框架中居于核心地位，是科学教育的灵魂。科学精神并不是脱离具体活动的抽象观念体系，而是在科学探索过程中，在对科学本质的认识不断深化的过程中，孕育起来的推动科学进步的价值观和心理取向。科学精神的内涵主要包括理性精神、实证精神、批判精神、创新精神等。

第五节　研究的主要内容

本书分为四卷，分别介绍了中国古代的科技教育、近现代和当代的科

---

[1] 顾志跃主编：《科学教育概论》，科学出版社1999年版，第16页。
[2] 郑长龙、梁慧姝：《科学方法教育思想的由来及发展》，《化学教育》1998年第6期。
[3] 彭蜀晋等编译：《现代理科教育的进展与课题》，重庆出版社1990年版，第136页。

学教育发展历程。阐述、总结了各历史阶段的科学教育制度的变迁和科学教育思想的演进。在广泛搜集史料的基础上，通过制度、思想两个层面，宏观与微观相结合地将中国科学教育史进行相对全面而具体、严谨而生动地呈现，进行深入思考与总结，从而为当今科学教育的发展完善，提供更精要的历史经验及启示。

一 中国古代的科技教育

第一卷是中国古代的科技教育。按照朝代先后的纵向思路，介绍了先秦、秦汉及魏晋、隋唐、宋元、明清各个时期在科技教育方面最有代表性的内容。

第一章先秦时期的科技教育。对儒家、墨家、道家、阴阳家等不同学派的科技教育进行考察，以各学派代表人物的科技教育著作为参考，剖析了先秦时期科技教育的成就，涉及天文历法、光学、力学、数学、农学等多个领域。

第二章秦汉及魏晋南北朝时期的科技教育。首先对董仲舒、王充和郑玄三位经学大儒的科技教育活动进行研究。他们在研读经书、解读经典和传授经学的经学活动中，宣传科学知识，开展科学教育活动。然后，对这一时期的各类科技教育，进行系统分析，具体而言，包括博物知识传授、数学教育、天文教育、农业科技教育和医学教育。

第三章隋唐时期的科技教育。隋唐时期，社会生产力的发展，对科学技术提出了更高的要求，科学技术得到进一步发展，科学技术的进步，也催生了科技教育的发展。科技教材的选编、专科学校的建立，以及其他形式存在的科技教育，无一不体现了这一点。隋唐时期出现了许多著名科学家，李淳风作为天文历法算学方面的代表备受推崇，孙思邈的养生卫生教育，更是代表了古代医学的杰出成就。

第四章宋元时期的科技教育。这一时期，理学大师在讲授儒家经典义理的实践中，传授了科学知识，促进了科学知识的普及。与此同时，一些大数学家，如秦九韶、李冶、杨辉、朱世杰的教育思想，也充实了科学教育的内容。一些文学作品也呈现出科学教育的思想，比如《梦溪笔谈》。科技专科学校发展迅速，蒙养教材里也蕴含了与科学教育相关的多方面知识。此外，由于农业科学技术知识的广泛流传，民间农业教育知识日益得到普及。总之，科学教育在宋元时期不仅取得了显著的进步，并且通过多种形式的传播与普及而被大众广泛吸收与接纳。

第五章明清时期的科技教育。这一时期，实学教育思潮兴起，主张从经书中的博物常识汲取治世之道，造就为民生利的治术人才。实学的学术领域，由经书扩展到自然社会科学，如天文、地理、风俗、兵革、田赋以及典章制度等。由于科举制度的日益固化，明清专科学校整体发展呈现倒退趋势。以古典考据学为重点的乾嘉学派兴起，其内容涉及范围较广，包括经学、史学、文字学、文物学、历算学、地理学等，为明中叶以来沉寂的科技教育，带来了一丝曙光。此外，西学东渐促进了中西文化的交流与渗透，促进传统文化的反思与进步。但由于闭关锁国政策，唯一点燃科技复兴的星星之火也被熄灭。

二 中国近现代的科学教育

第二卷是中国近现代的科学教育。首先，厘清清末与民国时期科学教育的发展脉络；其次，重点阐述这一时期各级各类学校中的科学教育；再次，论述这一历史时期科学教育的普及所采取的一些措施、策略；最后，探讨对科学教育发挥了推动作用的代表人物的贡献。

从第六章到第九章主要是对中国近代科学教育的具体情况进行分析研究，具体涉及以下几个方面的问题。

第一，中国近代科学教育的发展嬗变历程。在中国教育史上，科学教育经历了一个曲折的发展过程，本书着重从鸦片战争时期的科学教育的酝酿、洋务运动时期科学教育的发轫、维新运动时期科学教育的发展、五四时期科学教育的高潮、国民政府时期科学教育的前进五个阶段来研究，在梳理其发展历程的同时，探究每个时期科学教育的发展特征。

第二，近代学前教育和中小学教育中的科学教育实施。政府及教育界都认识到科技型人才对于提升国家竞争力的重要价值，因而通过学制改革、课程改革、教材改革、教法改革，重视科学实验教育、注重理工科发展等多种方式，发展我国的科学教育，提高国民的科学素质。

第三，科学教育团体与研究机构、科学教育刊物和其他科学教育普及形式。在科学教育发展的历程中，科学教育团体与研究机构对科学教育的宣传与实践，起着非常重要的作用，贡献较为突出的有中国科学社、中央研究院和中华自然科学社，通过发行科学教育刊物，传播科学知识，推进科技进步。此外，近代化的图书、电影、图书馆、博物馆等，也为科学教育创造了更多的发展机会。

第四，中国近代科学教育思想。自科学教育在近代中国之兴起，掀起了科学教育倡导、宣传、践行的热潮，一批有识之士纷纷从不同方面研究科学教育，并形成自己独特的科学教育思想。本书主要对近代中国科学教育有着重要作用的人物的科学教育思想进行阐述，主要包括任鸿隽、杨杏佛、胡明复、蔡元培、陶行知、陈鹤琴、严复、马相伯等的科学教育思想。

三　中国当代的科学教育

第三卷和第四卷都是中国当代的科学教育，即中华人民共和国成立以来的科学教育，以1978年为划分点。

第三卷的内容，主要包括中华人民共和国成立至改革开放前各级各类学校中科学教育的新发展，面向人民大众的科学教育普及举措，科学工作者、教育工作者和教育管理者及社会人士在学校科学教育、科学教育普及方面的思想见解与作为，等等。

第十章主要对学前教育阶段、小学阶段和中等教育阶段的科学教育发展历程进行考察。其中，学前阶段的科学教育，在课程设置和教学教法的探索上，作出了新的尝试。小学科学教育曲折发展，科学教育课程的设置、内容的编排、教材的编写、方法的探索，经历了一个"跌宕起伏"的过程。相比学前与小学科学教育，中等教育阶段的科学教育，明显呈现出多样化的特点，主要表现为课程设置的广泛与多样、教材的丰富与多元、教学方法的普适与创新。

第十一章对社会层面的科学普及工作进行研究。中华人民共和国成立之后，政府始终高度重视科学技术的普及工作。注重通过科学教育，破除迷信，引导人民群众崇尚科学，提高人民群众的生产技术，推动社会主义建设，挖掘科学人才，促进科学研究工作。科学教育的普及工作，采取了灵活多样的措施，包括建立科学组织、开展科学讲座、举办科学展览会、开展"技术上门"活动，等等。科学教育普及工作丰富多彩，建立在电影、幻灯、广播、报纸、图书和期刊等多种载体之上。

第十二章主要介绍了高士其、竺可桢、戴伯韬这三位当代著名的教育家、科学家的科学教育思想及实践活动。

第四卷主要对改革开放之后，各级各类学校中科学教育方面的改革与发展、科学教育的"社会化"发展态势，以及新时期科学教育思想的发展进行研究，还结合当前科学、教育及科学教育的发展情况，参照我国科学教育发展的历史经验及教训，分析科学教育发展的动力何在，分析如何提高科学教育实践成效，探索科学教育的未来发展路向。

第十三章对改革开放以来幼儿教育阶段、小学教育阶段和中学教育阶段的科学教育改革历程进行考察。总结认为，学校科学教育历经不同时期、不同程度的变革，在发展过程中逐步形成了鲜明的特点：在学校科学教育目标上，由培养精英转向普及全体；在学校科学教育内容上，由分科课程转向综合课程；在学校科学教育方法上，由教师讲授转向学生探究；在学校科学教育师资上，由全部兼职转向专职为主；在学校科学教育评价上，由相对忽视转向重点推进。

第十四章主要对改革开放以来科学教育社会化的实施进行考察。研究发现，40多年以来，科学教育社会化的主体范围，从专业科学技术工作者拓宽至全体公民，实施方式也呈现出多元化趋势。国家通过建设科普画廊、自然类博物馆、科学技术馆、科普大篷车等基础设施，极大地调动了全社会参与和兴办科普事业的积极性。此外，图书、电影、电视等科普传媒设施也在科学教育社会化的过程中起了重要作用。

第十五章主要介绍了当代著名的教育家杨叔子和董纯才的科学教育思想及实践活动。其中，杨叔子提出的科学与人文相融合的绿色教育思想，提供了我国科学教育发展的新思路。董纯才提出切实加强中小学科学教育的主张，阐明要通过继续研究和制定中小学科学教育教学计划及教育大纲、培养教师及提高其水平，以及改进教学方法等途径，加强我国中小学科学教育，并投身科学教育实践活动，为我国学校科学教育水平提升作出了卓越的贡献。

第十六章对我国科学教育的未来发展进行追问。科学教育在我国学校教育中的课程地位逐步提升。高校设置科学教育专业，培养综合性科学教师，并通过设置硕士和博士点，培养科学教育学术人才。此外，国家对科学教育事业的经费投入逐渐增多。这些因素都是科学教育事业步入良性发展轨道、不断取得突破的动力。当然，中国目前科学教育的发展，还面临着基础设施不完善、科学教育课程标准实施难、科学教育中科学实践存在缺失等困境。通过坚持科学教育课程的优先地位，建立科学教育研究和管理机构，加大科学教师培养培训力度等措施，终将绘就科学教育发展的理想蓝图。

第一卷 中国古代科技教育

第一章　先秦时期的科技教育

中国古代科技教育源于人类科技意识的觉醒，而科技意识的产生源于生产生活斗争的需要。上古时期，原始人类在生产力水平低的条件下，为了认识自然、改造自然，开始有意识地向自己的后代传授有关生产、生活的经验和技术，从而产生了萌芽形态的科技教育。

原始社会早期，人们就开始利用自然"茹草饮水，采树木之实，食蠃蚘之肉"①，并由女性作为教育的主体，传授一些采集、捕捉的知识。进入氏族制后，氏族中个人根据生存环境特征，将实际生活中产生的任何一项偶然的、有助于提高劳动效益的生产技术或谋生技巧传给氏族部落的全体有关成员，进行低级形态的生产技术方面的专业性教育。"宓羲之世，天下多兽，故教民以猎"②，表明开始进行专门的狩猎教育，掌握有关的经验技能，蕴含了生物知识的萌芽。

新石器时代，随着"科技"的不断进步，早期科技教育开始逐渐发展起来，科技教育的内容也不断丰富，农业的出现、家畜饲养业的兴起、陶器的发明都传授科技知识。

第一，在农业教育方面，有经验的长辈或首领在教民农作、制造农业生产工具的过程中传授相关的科技知识。炎帝曾教导民众如何播种五谷、选育良种、如何辨别土地的贫瘠肥沃、如何选取最近水源灌溉等。"神农乃始教民播种五谷，相土地"③，这一过程即为早期农业科技教育的缩影。此外，部落首领还向民众传授制作农业生产工具的经验，"包牺氏没，神农氏作。斫木为耜，揉木为耒，耒耨耕之利，以教天下"④。在介绍农业生

---

① 《淮南子·修务训》，顾迁译注：《淮南子》，中华书局2009年版，第263页。
② 《尸子·君治》，(宋)李昉：《太平御览》卷832，第3842页。
③ 《淮南子·修务训》，顾迁译注：《淮南子》，中华书局2009年版，第263页。
④ 《易·系辞》，黄寿祺、张善文：《周易译注》，上海古籍出版社2001年版，第572页。

产工具的过程中，贯穿了刀耕火种、耜耕的技术知识，还有耦耕的操作技术。此外，从相关资料记载中可以看出农业生产技术教育，不仅局限于生产工具制作和操作，还包括一些有关气候、季节以及植物知识，蕴含了早期科技知识的萌芽。

第二，随着"拘兽以为畜"的畜牧业的发展，有了相应的畜牧知识技术的传授活动，相传伏羲氏就是传授驯养技术的能手。

第三，在石器制造业方面，据考证，当时"北京人"开始将石器进行分类，根据其种类采取不同的加工制作方法，在加工这些石质木质工具的时候，人们根据材料的质地、形状，有意无意地运用和积累了压强、杠杆、硬度等科学知识，蕴含着力学、矿物学和地质学知识的萌芽。此外，弓箭的发明更是代表了原始社会科技发展的一个高峰，距今28000年的山西朔县峙峪遗址就发现了弓箭，它利用了弓的势能转化、箭弦的传动功能和箭镞的工具作用，可以说是人类最早利用科技知识发明科技成果的伟大创举，彰显了原始先民的科技智慧。

第四，先民们为了盛食物、水、祭品，产生了制作容器的需要，这也就促进了制陶业的发展。制陶的四道工序包括淘洗、制坯、装饰、烧制，这几道工序都有严格细致的工艺要求。那么对制作者来说，进行技术训练，使其掌握制陶的专业技能就十分必要。与此同时，在制作陶器的过程中，原始形态的自然科学知识也得以传承，如"制陶轮、砌窑、烧窑，需要传授物理学方面的'知识'；掺入色剂或者天然矿物烧制彩陶，需传授数学方面的'知识'等"①。所以，进入新石器时代，无论农业还是手工业，科技教育不仅局限在传授经验式的科技知识，还增加了更为系统的自然科技知识，而且对科技人才提出了更高的技能要求，这就要对其进行专门的技能训练，可见，萌芽形态的科技教育前进了一大步，走向专门化。

此外，科技教育的内容有科学知识、方法，但科学精神和科学态度往往容易被忽略，实际也是其重要组成部分。在原始社会，由于人们认识和改造自然的能力十分有限，面对一些自然现象或是生理疾病，更多的是畏惧，巫师就承担起占卜和治病的职责。而巫术是依靠一些主观臆测的因果联系来实现某种愿望的，虽然大多数巫术将人们引入了错误的因果联系

---

① 梅汝莉、李生荣：《中国科技教育史》，湖南教育出版社1992年版，第2—3页。

中，但是巫术毕竟是依靠物与物之间的横向"因果关系"去幻想改变事物的，表明人们愿意去探索遥远事物之间的联系，这与一味地祈求神灵有着本质的区别，具有一定科学精神，也表明人类的科学思维步入一个新阶段。

可以看出，在原始社会，由于条件所限，并未形成系统专业的科技教育，而是借助口耳相传以及神话故事及歌谣等，记载并传播以往的知识或经验，形成早期的经验性科学教育，但这种萌芽形态的科技教育却发挥了重要作用，为后代科技教育的发展奠基。

第一节　"六艺"教育中的科技知识传授

中国经历了漫长的原始社会后，约在公元前2070年，建立了第一个奴隶制王朝——夏朝，由此进入奴隶社会时期，生产力与社会管理分工较原始社会有了飞跃性的发展。在人们生产实践的基础上，科学思想逐步发展，科学知识与技术经验迅速积累，科技发明不断涌现，正是科学技术的不断进步，促使萌芽形态的科技教育终于转化为具有独立性及专门化的科技教育。据考释，促进科技教育产生的社会条件有以下几个方面。

首先，科技教育依赖于生产力水平的提高。在原始社会，人们首要任务是解决温饱问题，所进行的萌芽形态的科技教育也只不过是为了谋生的需要。但是，到了奴隶社会时期，伴随着生产力水平的提高，人们的需求也相应地提高，在基本温饱需求的基础上提出了更高的要求。

《尚书·禹贡》中关于进贡物品的记载，在一定程度上反映了夏代物质资源的丰富。其中有"皮服、漆、丝织品、盐、细葛布、海产、大麻、锡、松、山桑、弧桐、纤缟、金、银、铜、美玉、象牙、犀牛皮、鸟羽、牛尾"[1]，这足以显示夏王朝在奴隶劳动的基础上，创造了比原始社会远为富足的社会物资。这就为教育提供了物质条件，并要求教育要有相应的发展，尤其是科技教育，不再依附于社会物质生产生活的其他领域，不再以非正式的口头传说、神话故事作为传授途径，不光是传授经验性科学知识，而要促使科技教育专门化。即用独立于社会物质生产与生活过程的专门途径，传授系统化、专门化的科技知识，以培养科技专门人才的教育。

---

[1] 《尚书·禹贡》，李民、王健：《尚书译注》，上海古籍出版社2012年版，第46—58页。

其中专门的传授途径包括学校教育、职官教育、世袭家传等。而且这些途径培养的人,不仅是生产能手,还有一批从事科技工作或科技管理工作的人才[①],这样就促使专门化的科技教育应运而生。

其次,科学技术的发展是科技教育产生的前提条件。"脑体分离"是在原始社会末期和奴隶社会前期的一项巨大的进步。随着生产力水平的提高,社会生产的需要,可供养一部分人专门进行脑力劳动,其中就有一部分人从事精神生产,开始整理、总结过去零星、分散的生产经验和感性的科学认识,并且进行深入研究,汇编成各种门类的科学知识。这就意味着科学和技术分离,从而为科技教育实现专门化、专业化创造了条件。

例如,在天文学方面,夏商西周时期,就出现了整理天文、历法知识的专职人员,他们有的是记录历史的专业人员,有的是祝、史、巫、卜等宗教人员。这些专职人员从事天象观测和计算,推动了天文学的发展。其中最具代表性的著作《夏小正》,其中描述了很多夏朝的天象,总结了一些天文历法知识。此外,周代发明了用圭表测影的方法,来确定冬至和夏至。《诗经·小雅·十月之交》最早记载了"朔日"和日食。这些科技成果表明,科学技术的不断发展,专职人员从事科学研究,传授专门的科技知识,促使新形式的独立化的科技教育得以产生。

再次,知识分子的出现是科技教育产生的关键。上面提到"脑体分离"是这一时期社会的显著进步,这些掌握一定文化知识,并从事精神生产的脑力劳动者,他们从原始的体力劳动中脱离出来,专门传授文化知识,其中有不少人从事科技知识的传授工作,这就使得科技教育的实施有了专门的人员,向专门化的方向发展。畴人(又称畴官或世官,世承官职的人)之学的兴起,就使得科技教育逐步独立于社会的其他生产部门,走向专门化。畴人之学指的就是世袭制度下的职官性科技教育。他们通过世代承递将自然科学知识和生产技术经验,一代一代传下去,促进科技教育发展。后文将对畴人之学做详细阐述,这里就不再赘述。

最后,通过文字来记录、传授科技知识,进行专门化的科技教育是奴隶社会区别于原始社会科技教育最显著的特征。

汉代文字学家许慎在《说文解字》中提到汉字源于古人对自然现象的观察,模拟各种自然物而构成了汉字。但是,发明汉字除了再现这些自然

---

① 梅汝莉、李生荣:《中国科技教育史》,湖南教育出版社1992年版,第4页。

现象之外，最主要的目的是使人们借此认识天地万物，例如，日字表现的是日象，记载着日中有黑影；月字表现的是月相，记载着月亮的圆缺变化，等等。这就说明汉字字形显示自然现象，凝结着先民的自然科学知识成果，人们在识字的同时，学习科技知识，接受科技教育，这就极大地促进了科技教育专门化。

随着科学与技术的分离，萌芽形态的科技教育脱胎于母体中，以独立的形态出现在民众视野中，而知识分子的出现、文字载体的记录使得科技教育走向专门化、专业化，并且促使传授科技知识成为人们进行科技教育的重要活动。在先秦时期，六艺是主要的教育内容。在"六艺"中书教和数教和科技教育最为相关，通过书教和数教传授一些科技知识，培养科技人才，促进早期科技教育的发展。

一 "六艺"书教中的科技知识传授

（一）书教的含义

书指的是书写文字，那么书教主要进行识字、著文的教学。六书的总名是在《周礼·地官·保氏》中提出的，把书排为六艺之五，称为"六书"。后代学者对六书的名称，顺序解析不一，但都认为汉字构成有六种方法：象形、指事、形声、会意、转注、假借。而书教的主要内容就是学习每个汉字的字音、字形、字义。

（二）书教中所传授的科技知识

1. 传授天文、地理知识

有的汉字是根据天地万物的形状绘制而成。所以在讲授这类字时，会给学生先讲其来源、形成的过程，在了解背景知识的基础上再书写。在这一过程中，向儿童传授了很多和天这类字有关的天文知识，和"地"这类字有关的地理知识。甲骨文将"月"写作"☽""☽""☾""☽""☾"，金文将"月"写作"☽""☽"。这个字描绘了月有上弦、下弦等变化的情况，学生写这个字时，根据字形就可以了解天文知识，知道月相变化周期。此外，还有一些字，是古人根据自身观察和经验总结而造出来的字，这些字涉及一些地理知识。例如，雨字，甲骨文写作"雨"，金文写作"雨"，石鼓文写作"雨"。用"一"象征天，"丨"表示地气上升，"冂"为天气下降，地气上升至天，气团交汇，生成雨。此外，用"⋮⋮"描绘了雨的形状。可见一个雨字，不仅描绘了雨之形，还向人们传授和雨有关的气象知识。

2. 传授生理知识

在古代，有一类文字是象形文字，许慎在《说文解字·序》曰："象形者，画成其物，随体诘诎。"① 古人非常善于观察，会根据事物的形状和特征来造一些字，随着人们认识水平的提高，开始由关注神到关注人本身。根据自身的生理特征造一些象形字。例如，甲骨文"❤"字，这个字和人心的形状十分相似，也是今天的"心"字。再如，"齐"字，古时写作"齐"，这个字的籀文，指咽喉。这个字形象地描绘了人的咽喉部位。上面像人的口腔，下面像人的脖颈，而中间恰似人的咽喉。讲解这个字形由来时，潜移默化地向儿童传授生理知识，了解人身体的部位。胃字也是这样，古字写作"胃"，介绍了胃的部位与构造，知道人的胃在身体的哪个部分，其大致形状如何。简单的一个字却蕴含丰富的生理知识。

3. 传授动植物知识

在甲骨文、金文中，一些表述动植物名称的字，依原物之形而造，儿童在习读这些文字时，自然而然就粗知了有关动植物形状或构造方面的知识。特将一些文字列表综述如下：

从这个表中就可以看出，儿童在学习"燕"字写法时，就可以知道这个动物拥有翅膀，可以飞行；在写"犬""马""狐""鸡"字时，就可以知道这些动物都拥有足，可以在陆地行走。此外，蒙学课本对字的解释惟妙惟肖，图文并茂。古人所造的字形象生动，激发儿童学习的兴趣。不过，书教所传授的科技知识远非上述几个方面，其内容十分丰富。

(三) 关于书教教材的考释

在夏代，没有把书写、识字作为一个专门的科目来讲授，所以并没有专门的有关书教的教材。但是，古人把文字书写在竹帛上，以竹帛作为文字传承的媒介，流传于后人，可以说是书教教材早期的雏形。

殷商时期，祖先们把文字刻在动物的骨头上和乌龟的龟板上。据考证，书教早期的教材是在商代甲骨遗存，保留了殷人子弟习刻文字的"作业"，他们所学的文字课本称为六甲表。

西周时期，青铜器大量使用，把文字刻在青铜的钟鼎和石鼓上即"金文"。《左传》记载，宣公三年周人王孙满，介绍过鼎的轻重大小，并说

---

① 《说文解字·序》，(汉) 许慎：《说文解字》，中华书局 2012 年版，第 314 页。

"铸鼎象物"。这种以青铜的钟鼎和石鼓为书写工具的文字汇编在一起，是书教教材的雏形。除了这种文字学习工具外，还有指导性的文字学专书《尔雅》。但对于《尔雅》的成书时间尚未有统一定论，大部分学者认为《尔雅》不会早于战国，因为书中所使用的资料《楚辞》《庄子》《吕氏春秋》等都是战国时代的作品。但是当代著名文字学家唐兰先生说："《尔雅》据说是周公做的，所记草木鸟兽虫鱼的名称，很多是新造的形声字。"① 这说明《尔雅》有一部分内容萌发于西周前期，与周公有很大关系，并且包含较多的自然科学常识，是西周时期最重要的文字学专书。

但是，据史料记载，我国第一部书教教材是周宣王太史籀所作的《史籀篇》，其主要是供小学书写文字的教材。有关《史籀篇》的记载最早见于汉代刘向校书中的著录："建武之世亡六篇，章帝时王育为作解说。"班固《汉书·艺文志》载："《史籀》十五篇。"自注云："周宣王时（前827—前782）太史籀作大篆十五篇，建武时亡六篇。"又注："《史籀篇》者，周时史官教学童书也，与孔氏壁中古文异体。"② 据考释，《史籀篇》字体繁复、左右均一，少图画性，多符号性。文体为四字一句，押韵，便于学童诵习。后代的《仓颉》《爰历》《博学》都仿此。这是我国有史料记载的对文字形体汇编整理、以教学童的第一部教科书③。

二 "六艺"数教中的科技知识传授

（一）数教的含义

数是数术（或术数）的简称，这个字的含义在古代和今天大有不同，在今天数学的含义包括计算和几何，但古代"数"的含义十分广泛，天文、历谱、五行、蓍龟、杂占和形法都包括在内。

（二）数教中所传授的科技知识

1. 传授数学知识

《周礼·地官·保氏》把数定为六艺之六，称为"九数"。据史料记载，"九数"之目是"方田、粟米、差分、少广、商功、均输、方程、赢不足、旁要。"在这里，每一个条目都涉及和数学相关的知识。其中"方

---

① 唐兰撰：《中国文字学》，上海古籍出版社2005年版，第9—10页。
② 《汉书·艺文志》，（汉）班固撰，（唐）颜师古注：《汉书》，中华书局1962年版，第1721页。
③ 姚孝遂主编：《中国文字学史》，吉林教育出版社1995年版，第29页。

田"讲的是各种形状的田地面积计算问题,涉及数学计算。"粟米"讲的是粮米交换的折算法——按比例交换问题,涉及比例计算。"差分"又叫"衰分",讲的是等级——按比例分配问题,也是涉及比例计算。"少广","少"为"多少","广"为"宽广"讲的是在体积计算时运用开平方、开立方的方法问题,涉及平方和立方的公式。

"商功","商"是"商贾","功"是"工程",讲的是过程的计算尤其是体积的计算问题。"均输"讲的是按人口、路途等条件,合理安排运输赋粟和分配徭役的问题,涉及数学应用题。"方程"讲的是联立一次方程以及正负数问题。"嬴不足"又叫"盈不足",讲的是根据盈亏两次假设求解两个未知数的问题,涉及数学求未知数。"旁要"讲的是勾股弦问题。① 可见,"九数"是我国最早的数学雏形,六艺之教包括数学教学,在进行数教的时候,传授一些数学知识。

首先,识数教育。《礼记·内则》记载:"六年,教之数与方名。"②在西周,贵胄子弟六岁时,就要学习数数,要求是从一数到十。但"数"这一概念的出现并不是在西周时期,在远古时代结绳记事,就已有数的概念。只不过后来生产力发展,龟甲兽骨代替绳子,儿童学习刻在甲骨上的数字。据考古发现,在殷商的卜辞中,最大的数字是三万,古人竟然掌握到如此较大的数字,数学的发达程度令人慨叹,识数的重要不言而喻③。

其次,记数法教育。在发掘的殷墟甲骨文卜辞中,所有大于10的自然数没有例外都用十进位制。这些记数文字和后世文字最主要的不同在于形体,除此之外,把这些记数文字中表示位置的成分(又、加)去掉,那么写法几乎与后世的十进位位置制记数法相同。

到了西周时期,所使用的钟鼎文字同甲骨文只是字形上有很大差别,但记数方法不变,仍然采用的是十进位制。科技史家李约瑟认为,我国"殷商代的数字系统是比古巴比伦和古埃及同一时代的字体更为先进、更为科学"④。马克思将这种记数法称作人类"最妙的发明之一"。可见我国

---

① 李继闵:《〈九章算术〉导读与译注》,陕西科学技术出版社1998年版,第23页。
② 《礼记·内则》,王文锦译解:《礼记译解》,中华书局2001年版,第397页。
③ 李俨:《中国古代数学史料》,科学技术出版社1963年版,第1—2页。
④ [英]李约瑟:《中国科学技术史》第3卷,《中国科学技术史》翻译小组译,科学出版社1978年版,第29页。

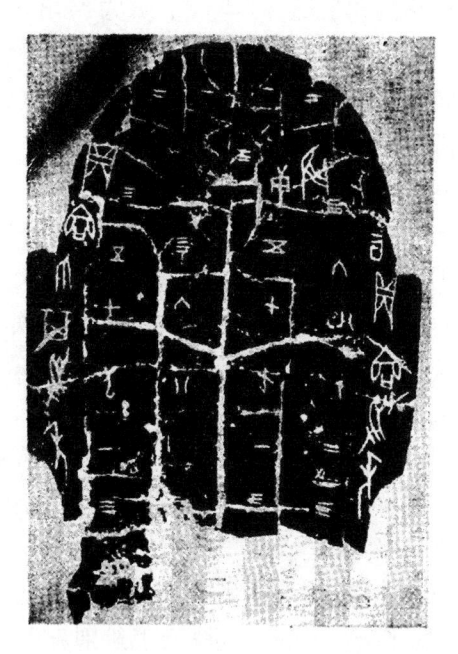

图 1-1　甲骨文中的数字

数字教学是很先进、很科学的。

再次，计算方法教育。《礼记·内则》记载："十年，出就外傅，居宿于外，学书计。"① "书计"的"计"基本解释为"一般计算能力"，但实际上这种能力具体化为一些计算方法，主要是用这些计算方法来解决实际生活中遇到的问题。这些方法主要有四则运算、九九歌诀等算术和简单代数。四则运算的出现大致在西周时期，《孙子算程》和《夏侯阳算经》里详细叙述了乘除法则，至于加减法则是从筹算的乘除法中推算出的。古代的乘法口诀和现在的乘法口诀顺序相反。在古代乘法、除法是数字计算的两个重要法则，对于学生来说，熟悉乘除算法是学习数学的基本条件②。

最后，几何知识教育。作为课程或教学科目的"数"，不仅指的是算数知识，还包括规矩在内的几何知识。关于几何知识，西周初，人们就从

---

① 《礼记·内则》，王文锦译解：《礼记译解》，中华书局 2001 年版，第 397 页。
② 钱宝琮主编：《中国数学史》，科学出版社 1964 年版，第 10 页。

实际生活中发现了特殊的勾股数 3、4、5，并总结出来勾股定理；还发现了直角三角形和圆。因为数学产生于生产实践之中，和社会生活有密切的关系。所以，就要向儿童传授这些几何知识，接受专业的数学教育，以满足实际生产生活的需要。

2. 传授天文、历法、地理知识

《礼记·内则》记载，西周的贵族子弟从九岁开始学习"数日"，即学习记日方法，包括干支纪日法、月的计数等有关历法知识及朔望等天文知识[①]。干支是我国特有的计时方法，用干支记日，反映了我们的祖先对天地自然变化周期的认识，一直延续至今。商代根据实际天象制定的阴阳合历其年有平年十二个月，有些年加有闰月，月有大小月之分，其中大月 30 日，小月 29 日，大小月相间安排，并有连大月设置。并用置闰法来调整朔望月和回归年的长度，这种阴阳合历在中国一直沿用至今，形成了具有中国特色的历日制度体系[②]。

此外，贵族子弟还要学习"方名"——东西南北四方之名。在学习"方名"时，不仅掌握了天文知识，还学会了辨别方向的地理知识。此外，由于政治和军事的需要，发展了地图知识。设有许多与地理相关的专门官职，如"司徒"（金文作司土）、"司马"、"土训"等。

（三）关于数教教材的考释

《周髀算经》和《九章算术》是和"六艺"数教最相关的教材。

1. 关于《周髀算经》教材的考略

明代大科学家朱载堉认为《周髀算经》"为周公遗文"。清代《数理精蕴》也说《周髀算经》"成周六艺之遗文"。这些学者都明确指出《周髀算经》是周公时代所作。但何以证明《周髀算经》是"六艺"数教使用的教材，他们的依据主要是该书有周公学数的记载。

2. 关于《九章算术》教材的考略

《九章算术》保留了一些古老的科学知识内容，大部分和数学知识相关。对于《九章算术》可追溯至"九数"这一概念。《周礼》记载："周公作九数。"据考证，周公为了规范礼仪，颁布有关田制、贡赋、治水土、建城池等所用的数量标准。这些数量标准是宣教材料，算是早期的数教教

---

① 马忠林等：《数学教育史》，广西教育出版社 2001 年版，第 8 页。
② 董作宾：《卜辞中所见之殷历》，《安阳发掘报告》1931 年第 3 期。

材。那至于"九数"和《九章算术》是何关系？魏晋数学家刘徽认为，"周公制礼，而有九数，九数之流，则九章是矣。"这就说明"九数"是《九章算术》的古老渊源，《九章算术》的主要内容就包括"九数"所涉及的那几个方面。但是，周公制礼为什么要作九数？这需要考释一下"礼"这一内涵。

在古代，"礼"主要包括政治、经济制度，而经济制度还涉及度量衡以及单位名数换算等计算问题。《礼记·明堂位》记载："周公践天子之位以治天下。六年，朝诸侯于明堂，制礼作乐，颁度量，而天下大服。"[1] 就是说周公制礼其中就包括颁布度量衡。此外，《周礼·冬官考工记第六》还记有制造量器的事情：栗氏为量，改煎金锡则不耗，不耗然后权之，权之然后准之，准之然后量之，量之以为鬴（釜），深尺，内方尺而圜其外，其实一鬴。其臀一寸，其实一豆。其耳三寸，其实一升。重一钧。其声中黄钟之宫。概而不税。其铭曰："时文思索，允臻其极，嘉量既成，以观四国，永启厥后，兹器维则。"

文中就提到制作量器要用纯精的金属，此外铸造斗、升等量器所用模子的尺寸规格也有严格规定，显然，这都需要数学知识。

通过上述考释，"六艺"数教的宣教材料和《周髀算经》《九章算术》有某种源流关系，但是，数教是否像书教一样有专门的教材，还有待进一步考证。

第二节　畴人之学——专职科技教育

一　畴人的传承

夏商西周出现我国专职的科技教育——畴人之学。"畴人"一词，最早出现于司马迁著的《史记·历书》："史不记时，君不告朔，故畴人子弟分散，或在诸夏，或在夷狄。"[2] 首先，对于"畴"的解释。清代阮元所著的《畴人传》对"畴"字注解有以下四种：第一，"畴，类也"（吴人韦昭）。第二，"家业世世相传为畴。律年二十三，传之畴官，各从其父学"（三国时魏人如淳）。第三，"同类之人，俱明历者也"（唐朝司马贞

---

[1] 《礼记·明堂位》，王文锦译解：《礼记译解》，中华书局2001年版，第437页。
[2] 《史记·历书》，（西汉）司马迁：《史记》，中华书局1959年版，第1258—1259页。

《史记索隐》）。第四，"畴，昔知星人也"（乐彦）。① 其中广为认可的是三国时魏人如淳的解释，凡世世相传之事皆得谓之畴。那么畴人所传何事？何事才需家族世袭传承，不宜在学校广为流传？

据考释，在夏商周时期，中央集权政治与宗教神学挂钩，统治者根据天象、天意统治民众。那么精通天文历算的人必须保密有关国运社稷之事，就决定这一行业不宜在社会公开学习，只能是口授家传，在家学这一渠道里得以延伸，而且因天文历算之学专业性强，学习时间长又关乎国家社稷，所以修习子弟多为上层贵族。后人将他们这类人叫作畴人。继承他们事业的子弟被称作畴人子弟，所传的知识技能便是畴人之学的内容。畴人主要传承当时的自然科学知识和生产技术经验，这不同于一般的世袭之学，历史所记畴人之学，多指世袭的科技教育知识。如《史记·历书》和《汉书·律历志》对"畴人"的记述是和"记时""告朔"相联系的，推断"畴人"的意思应该是特指家业相传从事天文历算之人，是科技教育的传人。

在这种观念影响下，畴人传承的主要内容就是科学技术及其教育。畴人也成为科技人才或科学技术知识的传人的代名词。但应指出，畴人这个概念，有广义和狭义之分。狭义的畴人专指研究天文、历法或天算的科学家，清代学者阮元撰写的《畴人传》，搜集了453名天文历算学家，阮元所称的畴人，是专指天算家。广义的畴人则是指精通各行各业的所有科技人才。继阮元之后，另一位清代学者撰写了《畴人传四编》，列举了传说中的著名医师岐伯，地理学家裴秀，墨家学派的创始人墨翟，范蠡的老师、善于计算的计然……这里所述畴人之学，专指夏商西周时期职官世袭的科技教育，它有别于封建社会的职官科技教育②。

二 畴人之学的主要内容

既然畴人是古代科技人员的代称，畴人之学则是科技教育的代名词，那么，畴人之学到底传授了哪些科技知识？

（一）传授天文历法的知识

夏商周天文教育均依托于畴人完成。自夏代开始就设立了"告朔之

---

① （清）阮元：《畴人传·上》，商务印书局1935年版，第1页。
② 梅汝莉、李生荣：《中国科技教育史》，湖南教育出版社1992年版，第23—24页。

政",天子设置专官研究天文、历法、物候,基于各月的天象和物候,以历法的形式规定诸侯以及天下臣民各月应做的大事(主要为农事和祭祀)。这些研究天文、历法、物候的官员被称为天官或史官,其职位居六卿。在天官治下,世代传习天文、历法、物候等科技知识,为天子实施"告朔之政"和朝廷管理农业生产服务,这种世袭家学,是畴人之学的主体。《史记·天官书》专门记载了一些著名人士:"昔之传天数者:高辛之前,重黎;于唐、虞,羲、和;有夏,昆吾;殷商,巫咸;周室,史佚、苌弘,于宋,子韦,郑则禆灶;在齐,甘公;楚,唐昧;赵,尹皋;魏,石申。"从这段记载可以看出,这些人世代传习天文知识,未曾中断。

到西周,这种传天数的活动规模增大,其内容也更为丰富,所以设置太史。后来随着天文历法科学的发展,在其下设冯相氏和保章氏。太史总管天文、历法,负责修正岁年(地球公转与自转的时间),制定日历,按照自然历安排百姓四时的农活与生活("正岁年以序事"),并且将此颁行至官府和都鄙。太史下设冯相氏和保章氏,其中冯相氏的职责是确定太岁星、日、月会期、纪月、纪日,确定二十八宿,确定日月星辰在天体中会合的情况、冬至和夏至立表测日影、春分和秋分测月影。保章氏负责五种占卜,即占天星、占里土、占十二岁星(太岁星)、占五种云气、占十二种风。太史、冯相氏、保章氏都是世袭,他们掌握的天文、历法知识便是家学,代代相传。

(二)传授医学知识

夏殷之际,医巫不分且名巫辈出。《山海经》记载,巫师为人祈禳,治病,跋涉于荒山穷谷之间,采药求知归来向弟子讲授奇闻怪异之事,并传授医学知识与技术。西周伴随着巫与医的逐渐分化,独立的医生与医事制度形成,负责医疗和传授医学知识。西周最大的医疗机构则设在天官冢宰门下。《周礼·天官冢宰》记载:"医师,上士二人,下士四人,府二人,史二人,徒二人。"其中,医师,众医之长负责治疗和医学知识的传授,不仅有负总责的医师这样的职官,《周礼·秋官司寇》还记载了负责环境卫生的职官,这些世袭职官担任医学教育的职务。

(三)传授农业技术知识

我国奴隶社会实行的是奴隶主国家所有制,国家控制各行各业生产。不仅是农业生产,甚至是农副业生产都设置官员进行管理。例如,被列为朝廷的要政之一的养蚕业,由专官负责。为更好地管理生产,这些官员需要掌握有关农业、水利、地理等自然科学知识。西周时期，农业科学知识的传授也是其职官教育的内容之一，并设置司徒一官来管理农业生产。"辨土"和"任地"是基本的学习内容。因为学习了分辨土壤质地才能据此安排种植和贡赋的种类。此外，这些官员还积累了很多土地整治和农田水利技术，以及选种、除草、灭虫、施肥等多项耕作技术，并世代沿袭相传。

此外，畜牧业在农业生产中仍占相当比例。《夏小正》和《周礼》中保留了许多牲畜饲养、管理和繁殖等技术的记载，特别是《周礼》，还明确指出这些技术都是职官世传。值得注意的是，当时为了征伐天下，无论是农官还是武官，都需要掌握畜牧知识。

三　畴人之学的影响

（一）培养了大批科技人才

畴人之学传授科技知识的途径主要是世代家传。父亲带儿子，儿子再带孙子，为社会、为国家输送科技人才。这些人才为科技领域的发展贡献才能，同时也推动社会进步。在清代阮元所著的《畴人传》中，就列举了著名的天文学家243人，如夏代的昆吾，商代的贤臣巫咸，周武王时的太史尹佚等人。不仅包括天文学家之外，也培养了其他领域的科技人才，例如农业科学家、地理科学家、医学家等。畴人之学虽然至春秋时期不复存在，但培养的这些科技人才却对社会起巨大的推动作用，推动"学在官府"向私学兴起的转变，对"文化下移"产生不可估量的效用。

（二）总结和传播了科学技术知识

畴人之学的主要内容就是科学技术知识。涉及天文历法知识、医学知识、地学知识等。在夏商周时期，人们信奉天地神灵，认为"天命不可违"，君主也要按照天的旨意实行统治，为此设置研究天文历法的专职人员，因这一行业的敏感和保密性，只能通过家学、世代沿袭这一途径得以传播。在这个过程中，畴人将积累的经验编写成文书档案，推动了天文科学知识的发展。

此外，医学与人的生命息息相关，在医学水平不发达的时期，畴人更加注重医学知识的总结，各种药物有医师掌管，并分门别类，列出用途，治疗各种疾病的情况都上报给政府专职人员，记入史料保存，这种世袭职官的医学教育促进了医学经验的积累与传播。地学的情况也大体相同，畴人为了使地理科学知识得以传承，编纂《尚书·禹贡》，这是我国最早的经济地理学的雏形。

第三节 儒家与科技教育

自汉武帝独尊儒术后，儒家对我国古代的文化、教育，乃至中华民族的心理发展，都产生过深远的影响。此外，儒家作为当时的显学，其所倡导的兼容思想，在一定程度上对我国古代科技教育的发展也产生了不可忽视的作用。

一 儒家科技精神与方法

（一）博学、审问、慎思、明辨、笃行

《中庸》"博学之，审问之，慎思之，明辨之，笃行之"，这五个环节可以看成寻求知识的过程，也是探求科技教学的重要方法。此外，"有弗学，学之弗能，弗措也；有弗问，问之弗知，弗措也；有弗思，思之弗得，弗措也；有弗辨，辨之弗明，弗措也；有弗行，行之弗笃，弗措也。人一能之，己百之；人十能之，己千之。果能此道矣，虽愚必明，虽柔必强"[1]，具体论述了由于其他事情耽误了学习，或者说虽然已经学习，但还没有达到"能"的程度，就应当继续努力，不能搁置休废，达到"能"为止，另外几个方面问、思、辨、行也是如此。因此，"学问思辨行"是一个不断学习、反复实践的认识世界的过程。

（二）格物致知

"格物"（"格致"）出自《礼记·大学》中"致知在格物，格物而后知至"。这句话的本意在于指出认知世界、获取知识的方法。明确指出，欲要"致知"，在于"格物"。"知至"在"物格"之后。《礼记·大学》中论述，"物有本末，事有始终，知所先后，则近道矣"，又强调"知止"，即知其所止。这里的"止"是"止于至善"。如何达到"知"呢？唯有通过"格物"才能做到（致知在格物）。考察《礼记·大学》的中心思想是要培养治国平天下的人才，这些人才要求具有全面的知识，是需要

---

[1]《礼记·中庸》，（汉）郑玄注，（唐）孔颖达正义：《礼记正义·中庸》，上海古籍出版社2008年版，第2022页。

参与社会活动和生产管理活动甚至是直接的生产活动，从而在活动中获取知识。因此，"格物致知"成为儒家学派认识世界、获取知识的重要方法。

二 儒家经典中的科学内容

（一）《易经》的象数之学

《易经》为占筮之书，《易经》最初的目的和功用是占筮，这个占筮既有迷信，也充斥着科学的色彩。而占筮道具所显示出来的征兆或表现出的迹象名为象数。古代人认为其体现了神鬼的旨意，人们可以根据象数并按照一定的规则来推断吉凶，饱含神秘色彩。而具体的象、数内容，主要有以下："象"指卦象、爻象，指构成八卦的阴阳爻画所组成的表象系统及其所代表的物象、自然现象或自然形态。《周易》有六十四个卦象，象有"八卦之象""六画之象""爻位之象""反对之象"等；"数"，主要指筮数，包括大衍之数、天地之数、先天之数等，两者结合在一起称为"象数"。

最初的象数是为占筮服务，是占筮迷信的附庸。随着象数学不断拓展，象数不断规范化、逻辑化、系统化，人的理性和思维理论不断提高，象数逐渐走出占筮的范围，演变成为表征宇宙万物和人事变化的符号体系，并逐步成为一种专门的学问象数之学。象数之学内容十分宽泛，其中"占星术"含有人们对天文星象的观测研究；"数卜法"含有对数学的研究；"占卜风水"含有对地质地理学的研究……象数之学构建我国古代天文学、数学、生理医学、药学、地质学、物理学等科学门类，塑造了简约而深邃的古代科学理论体系。

《易经》里面的科技教育，并不是传授具体、精确的科学知识和生产技术，真正目的在于实施科技基础理论的教育和对科技人才进行世界观与方法论的训练。《易经》基本上囊括我国传统科学中最基本的概念、观点。例如，《易经》关于自然万物"生生"不已的观点，为中国传统医学提供恒动论、病因说理论依据；《易经》天地人三才统一的整体观，构建了中医学、"四时一体""六气一体""万物一体""五脏一体"的理论。

此外，《易传》中的"观象制器"是历史上发明创造经验的总结，而其中的"象"，指的是自然万物的现象及变化规律，古代人根据"象"制造各种器物，后代人又将自然之象演变为"卦象"。《易传》中的"象"，可以说是物"类"的形象，集共性及个性于一体。其中，《易传》中列举"观象制器"多种例子。例如，伏羲氏"作结绳而为网罟，以佃以渔"，是取法于"离"卦。"观象制器"揭示了人们通过认识自然现象及规律，进而进行发明创造的道理。

《易》教促进了科技人才整体系统思维的提高，要求人们研究自然科学时，从五行与阴阳、时间与空间、主体与客体结合的角度出发，进行整体性、系统性的综合分析。

(二)《诗经》的名物之教

孔子将《诗经》作为教材，告诉学生《诗经》可以"多识于鸟兽草木之名"①，赋予诗教名物常识的责任。而"名物"是指一切生物的名称、物形、物色等，识别名物，可以学到多种自然科学知识及制作工艺。《诗经》中包含丰富的动植物知识，具体而言，据清代学者顾栋高在《毛诗类释》中统计，《诗经》提到的动植物多达334种，其中蔬菜38种、花果15种、鸟42种、兽41种、谷类25种、鱼16种、药物17种等。孔子让学生"识鸟兽草木之名"，就是让学生从《诗经》中学习动植物知识。我国古代生物学分类，源于《尔雅》释名，是按照鸟、兽、草、木划分，当孔子教授学生"雅言"时，也就相应地传授一些生物知识。因此，后代儒生遵循孔子教导，丰富其相关的动植物知识，有关人士专门编纂《诗经》中鸟兽草木鱼虫类书籍，以供学生读《诗经》时使用。

《诗经》中同样也包含了丰富的物候、历法、天文知识。例如，在《豳风·七月》中生动描绘了"七月流火"的天文特征。还记载了我国最早的、用诗歌记载的物候历，"八月剥枣""九月授衣"等，学习《诗经》可以获取丰富的自然博物常识。

此外，先秦儒家还编"科学诗"教授门徒。例如，《荀子·赋》记载了"云""蚕""针"，这是荀子学习科学技术的心得，也是教育门徒的"科学诗"。具体到《蚕赋》，先描写蚕的外形，"无羽毛，体态柔婉"，接着介绍其生长情况，"冬伏而夏游，夏生而恶暑"，并介绍蚕的习性，"喜湿而恶雨"。除此之外，《蚕赋》还赞扬了蚕"功立而身废，事成而家败"的献身精神。荀子在传授科学技术知识的同时，注重德艺兼求。

儒家运用诗歌这种生动活泼、朗朗上口、易于传诵的形式，实施科技教育，经先秦儒家的提倡，形成了我国古代读《诗经》辨名识物的教育传统。

---

① 《论语·阳货》，杨伯峻译注：《论语译注》，中华书局1980年版，第185页。

（三）《礼记》的科学综合

儒家注重礼教，礼的社会覆盖面十分广泛，如城市房屋建设的范围、乐器、兵器、生产与生活使用器具的制作规范等，这些都在礼的典章制度之内。这些典章制度之中，包含着丰富的科学技术知识，而《考工记》是其典型代表。《考工记》堪称世界范围内的"一部最古老的技术书籍"[①]，记载钟、弓、箭、车辆、农具等生产技术及操作规范，是先秦手工业集大成者，其收藏于《周礼》中。《周礼》全书共6篇，分别记载天、地、春、夏、秋、冬六官。其中，冬官司马，掌管工程建设及土地、水利等，"冬官司马在汉时发现时已缺，当时取《考工记》抵充"[②]。

《考工记》记载的诸如染色、织造、车辆、钟、弓、箭等生产技术内容，极具中国特色。在古代时期，由于地理、气候的差异，其生产技术在材料选择、器具形状上皆有不同。例如，古代可以作战车的重要交通运输工具——木车，《考工记》中记载："规之，以眂其圜也；萭之，以眂其匡也；县之，以眂其幅之直也；水之，以眂其平沈之均也。"[③]

清代的儒家学者，为提倡经世致用，钻研和传授《考工记》。其中比较著名的有戴震著《考工记图》和程瑶田著《考工创物小记》。此外，先秦儒家礼教的典章制度之学，除《周礼·考工记》外，其他篇章也有科技内容的记载。例如，我国早期病理、药理及治病原则的论述，在《周礼·天官》中进行论述。

先秦儒家开创的典章制度之学，为后世儒家所继承发展，成为倡导实学的重要途径，也成为儒家实施科技教育的重要依据。

三 "六府""三事"涵盖的科学教育范畴

六府三事，是古代的政教纲目。六府具体指"水、火、金、木、土、谷"，府为"储藏货财之处，此六者为货财所聚，故名"[④]。而三事指"正德、利用、厚生"。可以用"六府三事"来概括先秦儒家对科技教育内容及指导思想的见解。从明清之际著名实学家李塨的解释看，"六府"几乎

[①] 关增建：《考工记：翻译与译注》，上海交通大学出版社2014年版，第1页。
[②] 钱穆：《周官著作时代考》，《燕京学报》1932年第11期。
[③] 关增建：《考工记：翻译与译注》，上海交通大学出版社2014年版，第8页。
[④] 教育大辞典编纂委员会编：《教育大辞典：第9卷中国古代教育史》下，上海教育出版社1992年版，第81页。

包括了我国古代各种应用性的科技活动,这是我国科技教育的主要内容。

李塨论述六府,"言水,则凡沟洫、漕挽、治河、防海、水战、藏冰、醝榷诸事统之矣。言火,则凡焚山、烧荒、火器、火战,与夫禁火、改火诸燮理之法统之矣。言金,则凡冶铸、泉货、修兵、讲武、大司马之法统之矣。言木,则凡冬官所职,虞人所掌,若后世茶榷、抽分诸事统之矣。言土,则凡体国经野,辨五土之性,治九州之宜,井田、封建、山河、城池诸地理之学统之矣。言谷,则凡后稷之所经营,田千秋赵过之所补救,晁错、刘晏之所谋为;屯田、贵粟、实边、足饷诸农政统之矣"[1]。

至于"正德、利用、厚生"三事,主要涉及科技活动及科学教育原则。"正德"居于统师地位,要求从仁政德治的需要出发进行科技教育,保障其政治方向。"利用",则指科技活动应以利用自然为目的,进而创造物质财富。"厚生"以养民,指出科技活动及其教育要为统治阶级的惠民政策服务,其非公然以科技利己,一定程度上体现了民主的精神。

此外,"六府""三事"的科技教育内容及教育原则,对我国古代科技教育有着深远的影响。

首先,开创了科技教育服务于政治的传统。"正德以率下""利用"与"厚生",体现出政治性和功利性色彩。以"三事"为指导思想,在我国古代虽然没有像西方那样培养出"为科学而科学"的科学家,但培养出来的致力于科技事业的人才,大多具有富国利民的政治理想,其中不少科学家兼为开明的政治家,视科学技术为改良弊政的重要工具。科技教育可以以此为目标,培养大批富于社会责任心、品德高尚的科技人才。此外,"六府""三事"又促进了科技人才与政务、法规的密切结合,对科技人才提出从政的要求。因为"六府"之事属于朝廷管辖的政务,设立专门官员管辖,并颁布相应法规。所以,相应官员必须熟悉相应的政务。

其次,倡导了科技教育侧重民生日用的思想。由于"六府"皆为民生日用的应用技术,其发展逐渐形成了我国古代科技教育重应用、重服务于民生的特点,并促成了"然奇技似无益于人,而百艺则有济于用"[2]的价值观,这句话的意思是,再奇巧的技能对人没有益处也是没有价值,而百工的技艺看起来没有那么巧妙却也是有价值的。正是在这种价值观的影响

---

[1] 朱义禄:《颜元、李塨评传》,南京大学出版社2006年版,第77—78页。
[2] (明)程登吉原本,(清)邹圣脉增补:《幼学琼林》,岳麓出版社1986年版,第179页。

下，民众更加看重技艺，越来越多的人基于谋生的需要，学习技艺。由此培养了大批能工巧匠，使我国古代工农业生产技术发展蔚为壮观。但由于其忽视系统科学理论的传授，在一定程度上阻碍了我国科学技术的进步及科技教育的发展。

最后，规定科技教育的任务是利用自然。"利用"是"三事"的重要内容，明确规定科技活动的任务是利用自然，而不是改造自然，体现出我国独特的自然观。

从夏商周开始，我国古代一直处于农业社会中，靠天吃饭成为天然法则，因此强调人与自然的和谐统一。总体上，在先秦儒家眼里，科技教育占有一定的地位，以孔子为代表的儒家大师，曾经向弟子传授知识时，也包括一些科技常识。其所倡导的科技教学的方法，"六府""三事"涵盖的教育内容，展示了古代科技很强的适应性，以及人与自然和谐统一的传统。但由于儒家侧重政治教育，德育是其教育的中心。所以，相关科技教育活动的内容，在一定程度上，称作星星之火。

第四节 墨家的科技教育

春秋战国时期，原有的"工农商官"逐渐解体，民间手工业兴起，出现了"百工居肆，以成其事"[①]的社会活动，标志着独立手工业者队伍的形成。作为"农与工肆之人"代表的墨家，登上了历史的舞台。

墨翟，墨家学派的创始人。在战国诸子百家中，墨子与他所创立的墨家学派，被认为可与儒家匹敌，并称为"显学"的学派。与儒家侧重道德教育不同，墨家教育的核心内容是科技知识。墨子是一位"科技发明家""科技教育家"。在研究筑城、兵器等器械制造的实践经验中，总结了力学、光学、几何学等自然科学知识。现代著名史学家范文澜称墨子的著作，是"当时有关社会和生产的重要知识，做了一个近乎全面的总结"。墨子本人在科学上有很深的造诣，他的门徒和生产劳动保持着密切联系，这是其他学派所不具备的。

研究墨家的科技教育主要依据墨家学派集体创作的《墨经》，记录了战国时期自然科学和手工业生产技术知识，反映了墨家实施科技教育的大

---

① 《论语·子张》，杨伯峻译注：《论语译注》，中华书局1980年版，第200页。

致面貌。

一　墨家科技教育的目的

墨家的教育目的是培养"兼士"或"贤士"。还从"厚乎德行""辩乎言谈""博乎道术"，即道德、思维辩论、知识技能三方面进行要求。其中知识技能就与科技教育相关，要求兼士具有投身社会实践，有兴利除害的实际能力。兼士投身于社会实践的前提，是具有相关的知识技能，这就需要墨家进行相关的科技教育。

二　墨家科技教育的内容

墨家所传授的科技内容广，《墨经》一书作为其教育内容的载体，主要包括力学、光学、数学等自然科学以及心理学。

（一）光学

《墨经》一书有八条阐述了光学内容，几乎囊括了几何光学的基本内容。第一条至第五条，介绍光、物、影三者之间的关系，属于"论影"部分；第六条至第八条，介绍平面镜、凹凸镜中物与像的关系，属于"论像"部分。墨家传授的几何光学，系统概论了由影论到像论的框架，堪称科技教育史上少而精的典范。

（二）力学

墨家最重视生产实践，在生产技术的教育中，直接应用各种机械，因此特别注重对力学理论的总结。阐明了力的定义，指出"力，刑之所以奋也"[①]，讲述杠杆与衡器的利用关系，从力与力矩的关系，阐述杠杆平衡道理。此外，墨家还对物理学中的加速度、动力学的作用力与反作用的关系、动力学与弹力、浮力等问题进行阐述。

（三）数学

《墨经》中表示数学概念和理论性较强的知识是几何学，共19条，包括定义几何图形，点、线、面、体、方、圆、平行、相交、重合、相切等。这些知识具有科学的定义，直到现在，在基础数学的范围内，仍然是正确的。另外，还有关于数的高深理论，如倍数的定义、变数的理论、极限的概念，甚至一些计算方法，均进行详细地阐述。墨家的数学理论知

[①]《墨经·经上》，（清）孙诒让撰：《墨子间诂》，中华书局2001年版，第314页。

识,"超出当时的世界水平,或者说,是当时的世界先进水平"①。

（四）心理学

与教育理论直接相关的是墨家关于心理学的论述,讲述的内容涉及心与物的关系、梦的定义、睡眠状态中的"知"、感情的本质、人的感觉与感情的区别、思维的作用及思维与语言的关系,等等。在两千五百年前,墨家有关心理学的论述系统朴实,没有神秘色彩以及荒诞不经的语言,能达到这样的水平,难能可贵。

三 墨家科技教育的方法

（一）科学实验的方法

墨家在教学的过程中,通过实验,传授科学道理。其中最为著名的就是小孔成像实验。其原理是,光具有直线传播的特性,当来自景物或来自发光体的光线通过一个小孔时,在其对面便会形成一个清晰的影像,但与物体呈颠倒状。《墨经》的《经下》与《经说下》还保存了墨家进行各种镜面成像的实验记录,例如,它指出凹面镜成像,当物体放在球心外时,得到的是比物体小的倒立像;当物体在球心内时,得到的是比物体大的正立像,准确说明了凹面镜成像的部分情况,指出球心与焦点（燧）的区别。遗憾的是,它并没有说明物体在球心、焦点以及球心与焦点之间的成像情况。

（二）直观形象的方法

墨家传授的科学知识具有很强的直观形象性,这和他们运用形象概况（或具体概括）的方法有关。墨家有关几何学的各种定义直观形象。例如,将"点"称作"端",把"线"称作"尺",把"面"称作"区"等。这使人们容易联想到各种绳子的起点、尺子的边、地区的平面等。

善用举例深入浅出地阐明深奥的道理,是墨家科技教育生动、形象的一个重要原因。因为力不易见,就以"下"与"举"为例,"下"就是物体的落体运动,"举"就是举起物体的运动,其中均包含重力,由重而知力的存在。因此说,"下举重,奋也"②。并且用仓库东西的搬进搬出,来比喻物体的置换运动,"库,易也";又用"户枢"来说明物体的运动必

---

① 杨向奎:《绎史斋学术文集》,上海人民出版社1983年版,第432页。
② 《墨经·经说上》,高亨:《墨经校诠》,科学出版社1958年版,第43页。

须在一定的空间内运行。这种种例子，均体现了墨家科技教育的形象性与直观性。

第五节 黄老卫生教育

黄老之学，是黄帝与老子相结合的学派，大约形成于战国齐威、宣时期，是适应当时齐国政治与文化发展需要的产物。此外，据《史记》记载，老子的原籍属于陈国，田氏之祖正是由陈国迁到齐国。因此，田齐政权将老子学说与当时流行的黄帝学说结合起来，作为统治国家的思想武器。黄老之学分为两部分：外经，用于治国；内经，用于健身治病，后者是本节卫生教育的主要内容。

一 黄老卫生教育的内容

黄老学派，将保养身体的"养形"之术，称为"卫生之学"，这里的"卫生"和现在的卫生似有大不同。古代的卫生教育，内容丰富，既有理论，又有技术，包括心理卫生、气功引导、中医学等内容，是我国古代科技教育的精粹。

（一）生命理论的教育

稷下黄老学派，生命理论来源于老子的"道""气"观。这在黄老学派的重要著作《管子》、《心术》上下、《内业》《枢言》等篇中均有体现。《内业》中论述，"凡道，无根无基，无叶无荣，万物以生，万物以成，命之曰道"。这里提出了"道"，它是世间万事万物生命的根基，有它万物得以生，得以成长。

《枢言》又论述，"道之在天者，日也；其在人者，心也。故曰：有气则生，无气则死，生者以其气"，进一步将"道"和人身体建立联系。人生命的核心在于"气"，有"气"就会生存下去，可见"气"是客观存在的，而"道"也是像"气"一样，是实有的，两者是一体的。"气"于人之重要等同"道"于之人。但气分精粗，将"气"与人的生死建立联系。"凡人之生也，天出其精，地出其形，合此以为人。和乃生，不和不生"[1]。天之气与地之气构成人的精与形，当两者和谐共存时，人才得以生存，如

---

[1] 孙波注释：《管子：全文注释本》，华夏出版社2000年版，第281页。

果两者混沌不合，人就会死亡。由此可看出，黄老的精气学说，不仅揭示了生命理论，还为中医学理论奠基。

(二)"重生"思想的教育

"重生"思想自远古就有之，远古人类进行求神祈福的祭祀活动，目的是祛病益寿。到了春秋战国时期，封建神学色彩减弱，人们开始怀疑神灵掌管人的寿命，神鬼导致人生病的说法。这就促使当时的思想家，开始从理论上阐述生命的意义，提出"重生"思想。据《淮南子·氾论训》记载，"全生葆真，不以物累形，杨子所立也"。最早提出"重生"主张的人是杨子，即杨朱（道家的代表人物）。他阐述了物质和生命的关系，两者孰轻孰重，他认为"物轻生重"，当两者冲突时，应保重人的身体和生命。虽然他的观点受到孟子的批判，但其对人身体与生命的高度重视，可谓当时未曾有过的声音，是一种进步思想，创我国古代养生之道的先河。

道家思想形成体系之后，《老子》《庄子》相继问世，继续阐发"全生葆真"的"重生"思想。《老子》将"长生久视"作为养生的最高目标，包含着依靠人自身的力量来健康长寿的合理成分，这相比于那些听天由命，将自己的生命寄托于天地神灵的思想，进步一大截，而且还能推动人去探求健康和生命的秘密，学习有关知识技术，这对古代卫生教育的兴起，起着推动作用。只不过这种唯心主义的幻想，后来被方士、道教利用，成为大搞"长生不老"或"长生不死"迷信活动的依据，这也成为黄老"重生"思想的糟粕。

另外，战国时期的稷下黄老学派，注意剔除前期道家唯心主义思想，将这种保身、养生学说进一步扩充，应用到内外两个方面：对外用以治国，对内用以健身。当其用于治国理政时，一些官员都开始学习养生知识，进一步扩大了"重生"思想的普及。黄老学派创立了精气学说，从理论上论证了"重生"的合理性和可能性。

"气"是人生存的基础，但是气分精粗，人身体内的精气只有分工合理，依序进行，人才不会生病。所以为了不生病，人要保存精气，"心平气和"，多运动，才能增强生命力。《管子·内则》指出，"形气"构成人的身体，它是精气驻留的场所，成为"精舍"。黄老学派从理论上阐明了"重生"的意义与途径，用自然客观存在揭示人生死奥秘的观点、方法，对宗教迷信有力一击，促进了巫、医的分离和中医学科的发展。

（三）养生保健知识的传授

《老子》记载，"其安易持，其未兆易谋，其脆易泮，其微易散。为之于未有，治之于未乱"。治病在于防病，中医讲究"防患于未然"，这实则暗含养生保健知识。道家和黄老之学注重养生，并创立一套方法——修道持静。据《史记·老子韩非列传》记载，"老子百有六十余岁，或言二百余岁，以其修道而养寿也"。庄子也曾说，"静则无为……无为则俞俞，俞俞者忧患不能处，年寿长矣"。认为保持静是最好的养生方法。道家还汲取了春秋以前民间流行的宣导养生术的精华，创立了一套顺乎自然的气功养生法。

二 黄老卫生教育的影响

稷下学派创立的精气说，为进行精神卫生学、气功导引术以及中医学等学科的教育提供了理论基础。我国医学教育的经典教材《黄帝内经》和黄老之学有着密切关系。

《黄帝内经·四气调神大论》中论述："是故圣人不治已病治未病，不治已乱治未乱，此之谓也。夫病已成而后药之，乱已成而后治之，譬犹渴而穿井，斗而铸锥，不亦晚乎？"它将治身与治国联系到一起，将治病和治乱相比喻，体现了黄老学派的特点。其中防病重于治病的思想，也是师承老子之言。此外，《黄帝内经》的病理学说、病因学说等重要内容，与黄老学派的精气说，有着密切关系，这说明稷下学者有功于我国古代医学教育。

黄老学派的精气说，流传很广，屈原的诗作中就有精气的思想，是其传播到南方的证明，《吕氏春秋》中的养生理论，又是它传播到东方的证明。上自统治阶级，下至庶民百姓，对黄老学派的精气说，均有不同程度的了解。例如，名医扁鹊曾受到齐国文化的熏陶，《史记·扁鹊仓公列传》记载，"为医或在齐，或在赵"。此外，还有游学稷下学宫的孟子，著有"养气论"，是他运用黄老精气说于伦理教育所做的努力。这些例子，均表明黄老卫生教育影响深远。

第六节 《管子》中的科技教育

《管子》主要是汇集从春秋到秦汉各家学说的一部论文集。《管子》依名管仲，但非其本人所著，却是以管仲思想及管仲相齐的历史资料为主干，绝大部分是管仲及管仲学派思想的记录及反映。《管子》内容庞杂，博大精深，记载了春秋末期至秦汉时期的天文、数学、农业、经济等内容，是研究我国先秦农业、科技、文化的珍贵史料，具有很高的史学价值，在中国古代科技史占有重要地位。

一 《管子》主张治术人才须有科技修养

《管子》中主张治术人才必须具有科技素养，《管子·牧民》将科技修养列为从政治国的重要条件。据记载，"故知时者可以为长，无私者可置以为政。审于时而察于用，而能备官者，可奉以为君也"，这里的科技修养主要指掌握天气、时令、节气等科学知识。因为通晓天时，适时耕作，保证粮食产量，达到财多、仓实的目的才能为长、为政、为君。可见《管子》的主张反映了新兴地主阶级对科技教育的重视。

二 《管子》中的科技教育内容

（一）天文历法知识

《管子·幼官》记录了我国古老的十月太阳历。《幼官》是最早论述我国"节气"的著作。不过在那时一年是有三十个节气，其中包括地气发、小卯、天气下、清明、始卯等节气。又规定每一个节气是十二天，那么三十个节气为三百六十天，一年有三百六十五天，将最后的五至六天定为过年天，不计算在节气内。设置节气的目的在于，规定每一个节气相应的活动，例如，"小卯"，应"出耕"；"白露下"，要"收聚"。除了安排农业活动之外，还有政事的规定。例如，"绝气下"应当"下爵赏"；"始寒"应当"尽刑"等。

《管子·幼官》还记载了"五方星"，即中方黄后倮兽、东方青后羽兽、西方白后介虫、南方赤后毛兽、北方黑后麟兽。这与商周时期流行的星座名称截然不同，但同样直观形象。另外，《管子·幼官》还有关于十方图的记载：中方本图、中方副图、东方本图、东方副图、南方本图、南方副图等。本图与副图合为一组，各代表一个月，共十个月，表现了一年之中太阳要完成的一周运动。

（二）农业知识

《管子·地员》介绍了农业土壤的知识，根据土色、质地、结构、孔隙、盐碱、肥力的性质，并考虑地形、水文、植被等自然条件，将土壤分为三等十八级。其中最适宜耕种的优质土为"息土"，最贫瘠的土为"埴土"。并且按同样的方式把平原的土壤分为六类，把丘陵地区的土壤分为九类，把高原的土壤分为五类。这种细致的分类方式反映了管子学派对土壤有着全面而深刻的认识。《管子·地员》对土壤的分类比较符合实际，有相当的科学性。其记载具体形象，便于学习与运用。如记载干而润泽的土性，"不泞车轮，不污手足"，记载重黏土，"甚泽以疏，离圻以臒"，意思是土壤充水才能松散，干后易裂。这种教学内容，切合实际，易学易记。

《管子·禁藏》记载粮食生产、农作物的栽培都离不开水土的道理，也在对土壤的类别作详细的划分的基础上，说明了每一种作物的生长需要什么样的土壤。例如，《管子·禁藏》论述，"夫民之所生，衣与食也；食之所生，水与土也。所以富民有要，食民有卒"。认为要想获得更多的财富，应根据土地的特点，采取不同的举措，正所谓因地制宜。

《四时》《幼官》等篇还提出农业生产要"顺天之时，约地之宜"的思想，农业生产活动应适应四时节气的变化，做到"四时事备"，就能"民功百倍矣"；如果"不知四时，则失国之基，不知五谷之故，国家乃路"。

（三）水利知识

《管子·度地》将春秋战国时期兴修水利工程的经验加以概括总结，并上升到理论，阐述了开渠、筑堤等技术。渠首工程必须做到抬高上游的水位，"高其上，领瓴之"。并提出渠的坡度有具体数据，"尺有十分之三，三里满四十九者，水可走也"，坡降为1‰，以保证水流畅行。此外，《度地》还提出不仅要修堤，还要搞好护堤。在堤上种植树木，既可以加固堤身，又可以在汛期充作防汛堵决的材料。

此外，《度地》指出天下的水有五种类型，"经水""枝水""谷水""川水""渊水"，可以因地制宜加以利用，要根据不同的水性，发挥其利处。那如何利用水，在于知道水流的规律。水流在行进过程中遇到障碍时，会产生相应的水文现象，有时候会出现灾害，"水妄行则伤人"。因此，需要传授防治水害、兴修水利的理论。《度地》篇所传授的水利知识，既有理论性，又很实用，集生产管理与工程技术为一体，便于封建王朝的都匠水官使用。

（四）数学运算

《管子》中涉及的数学运算主要有：整数加减法、乘法、正反比问题和分数。《管子》书中包括"三九二十七""六八四十八""四八三十二"等句子，九九乘法口诀得以记录和保存，供世人数学计算。

三 《管子》科技教育的特点

（一）应用性

《管子》中的科技教育内容应用性很强，十分适合封建官吏管理工农业生产之用。军事科技教育内容，可以作为兵器匠丞的工作指南。水利知识的传授，也为都匠水官提供了教本。

（二）兼容性

《管子》所传授的天文历法知识，具有很强的民族兼容性。在稷下学宫学术开放、兼容并包的办学方针的影响下，不仅有商周以来中原各族的天文历法成果，还吸收夏历与十月太阳历的成果，体现了中华民族科学技术兼容各民族的优良传统。

（三）理论与实际相结合

《管子》科技教育内容理论与实践经验相结合，在很多例子上得到体现。例如，在兵器制作过程中，富有智慧的古人利用材料学相关知识，根据材料的特性和兵器的功用，选取最适合的材料锻造；古人利用植物学的相关知识，进行农业生产，培育良种，增加粮食产量。此外，在水利工程技术中包含水性、水文的一些论述。古人的实践操作，都基于理论知识，真正做到了理论与实际的结合。

（四）教学方法的开创性

《管子·幼官图》开创了科技教学的新方法——图示法。《幼官图》原文虽已亡佚，但相关的文字说明比较详尽，我们可以得知，在当时，教师讲授科技知识时，结合有形象的"挂图"，一个月有一幅，教学更加直观，这与墨家的科学实验相互补充，显示了先秦科技在教学方法上的先进性。

第七节 邹衍与阴阳五行

邹衍（前305—前240），阴阳家的代表人物，也是稷下学士中著名学者。他提出了"五德终始"说，将"五行"学说用来解释社会历史变迁，甚至王朝的兴替，这对后世有显著的影响，称为"禨祥制度"。由于这一学说经常用在政治制度上，人们往往忽略邹衍的阴阳五行，也有科技知识的影子，主要体现在天文和地理两方面。

在天文方面，《史记·孟子荀卿列传》记载邹衍，"深通阴阳消息，而作怪迂之变"。他将天比作阳，地比作阴，用天地变化来阐述阴阳之变，具有朴素的自然观的思想。

在地理方面，邹衍关于山、川、虫、鱼、草、兽等地理知识的论述，广为流传，传至海外，令人大开眼界。《史记》记载，"先列中国名山、大川、通谷、禽兽，水土所殖，物类所珍，因而推之，及海外人之所不能睹"。推动人们去开发未知的领域，极具进步意义。

邹衍曾抨击儒墨之士不了解地理知识，"晚世之儒墨，不知天地之弘，昭旷之道"，认为他们孤陋寡闻，犹如"将一曲而欲道九折，守一隅而欲知万方"，就像是"无准平而欲知高下，无规矩而欲知方圆"①。邹衍还以自然科学知识来比附人类的历史发展。诚如《史记》所说，邹衍"称引天地剖判以来，五德转移，治各有宜，而符应若兹"②。

从这段记载，我们还可以了解邹衍传授自然科学知识的基本特点。

其一，邹衍对大自然各物所作的论述，提出的有关地理方面的见解，不能称为科学知识，因为没有一定的科学依据，没有基于实践的考证，没有微观详细的阐述，而其广为流传也是因为他在稷下学宫的名气效应，引起世人的广为注意，所以只能将其称为"自然观"。

其二，邹衍的阴阳五行思想，又不能纯粹称为自然观。因为他用"五行相生"的观点，解释自然变化，用"五行相克"解释历史上政权更迭，创立了五德终始说。这个学说杂糅了自然与社会、科学与迷信，是自然观与社会历史观的"混合物"。

其三，邹衍在传授科学知识时，还运用了科学方法——"已知推未知"。"先验小物，推而大之，至于无垠"。他在讲授地理知识时，"先列中国名山、大川、通谷、禽兽，水土所殖，物类所珍，因而推之，及海外人之所不能睹"，这对培养人才科学的思维，有一定的积极影响。

---

① 《盐铁论·论邹》，王利器校注：《盐铁论校注》，中华书局1992年版，第551页。
② 《史记·孟子荀卿列传》，（西汉）司马迁：《史记》，中华书局1959年版，第2344页。

第二章 秦汉及魏晋南北朝时期的科技教育

秦汉时期，既是中国历史上统一的封建国家形成和确立的时期，也是封建教育制度化和定型化的时期。这一时期，经历了由秦朝的法治教育、汉初的宽松"无为"教育政策，到汉武帝"独尊儒术"的教育政策等多次转变，不同的文教政策下学校教育的面貌各不相同。秦汉教育确立了中国封建教育的雏形，特别是汉代教育的宗旨、官学和私学的设施、教育的内容、组织形式和教学方法等各方面均为后世整个封建时代的教育，奠定了坚实的基础。魏晋南北朝时期，是我国历史由统一转为长期分裂和战乱的时期，是中国历史上政权更迭最频繁的时期。由于长期的封建割据和连绵不断的战争，使这一时期中国文化的发展，受到特别的影响，儒家一尊的局面打破，刺激多种文化因素的蓬勃生长，其突出表现则是玄学的兴起、佛教的传入、道教的勃兴。这个时期学校教育总的趋势是衰落了。但是也促使在这一历史时期学校的设置和制度方面，出现了一些新的情况，并在学校教育发展史上具有重要的意义和影响。[①] 秦汉魏晋南北朝时期的科技教育，主要包括经学大儒的科技教育活动、"小学"中的博物常识传授、数学教育、天文教育、农业科技教育及医学教育的发展。

第一节 经学大儒的科技教育活动

经学具有极强的包容性，集人文知识与自然科学知识于一体。因此，古代的儒者做学问，体现了通学的特点，尤其是像董仲舒、王充和郑玄这

---

① 曲铁华主编：《新编中国教育史》（第二版），东北师范大学出版社2016年版，第15、22页。

样的经学大儒，他们研读经书、解读经典和传授经学的经学活动，必然涉及自然科学方面，也在一定程度上，宣传科学知识，开展科学教育活动。

一 董仲舒的科技教育活动

董仲舒（公元前179—前104），汉代著名政治家、思想家、哲学家、教育家。汉景帝时任博士，讲授《公羊春秋》。他专注研读学术，设学从教。从政后依然讲学收徒。晚年他辞官归家，致力于讲学著书。公元前134年，董仲舒在汉武帝征求治国方略中，脱颖而出。他在《举贤良对策》中，提出了天人感应的天人关系论，同时，主张罢黜百家、独尊儒术，实现真正的"大一统"。其中，他主张的天人感应和君权神授的论述，带有强烈的神学色彩。但是，董仲舒有关阴阳五行、天地的论述，具有自然科学的成分。正因为他解读经书时已将自然科学融入其中，其在教授经学时，宣传天人感应学说的同时，也传授了科学知识。

（一）隐形宣扬自然科学知识

董仲舒解读儒家经典，提出天人感应理论，其中也有科学成分。其中，"天"是自然物质性、封建人伦性和自然神论性三者的混合。其中，自然物质性体现天是由十端构成，"天为一端，地为一端，阴为一端，阳为一端，火为一端，金为一端，木为一端，水为一端，土为一端，人为一端，凡十端而毕，天之数"①。

可以看出，他所指的天是由天地、阴阳、五行和人构成。天地的最初状态，是由气体组成，不断分裂演化成宇宙。封建人伦性体现在将天地赋予人的道德品格。"是故，孝子之行，忠臣之义，皆法于地也。地事天也，犹下之事上也。"其将忠孝之义赋予天地，以此将天伦理化。自然神论体现在天的至高无上的地位，天是凌驾在人之上的绝对权威，君主的权力，并非人为所能达到，而是由天赋予。总之，自然物质性乃是董仲舒之"天"的依托；封建伦常性是其天论的本质；而自然神论性是"天"的作用形式。②故而，董仲舒所言的天并非全是神论，他也探索和承认了天的自然物质性。

董仲舒运用了同类相动的方法，以证明天人感应，"百物去其所与异，

---

① （西汉）董仲舒：《春秋繁露·官制象天》，上海古籍出版社1989年版，第45页。
② 王永祥：《董仲舒的科学思想初探》，《河北大学学报》（哲学社会科学版）2004年第3期。

而从其所与同，故气同则会，声比则应，其验皦然也。试调琴瑟而错之，鼓其宫，则他宫应之，鼓其商，而他商应之。五音比而自鸣，非有神，其数然也。美事召美类，恶事召恶类，类之相应而起也"(《春秋繁露·同类相动》)。"类之相应"说明董仲舒已经有类别概念，同类呼应同类。"气同则会，声比则应"符合声学的共振原理，他以当时社会认可的科学成果，引出了"美事召美类，恶事召恶类"的天人感应。的确，董仲舒将自然属性类推的客观规律，引入社会属性不符合科学推理。但是，他所提出的天人感应，是在当时的科学成果之上推理而得，同类相动的推理中，包含着对事物之间关系的科学探索。"非有神，其数然也。"突破了神的束缚，探讨了事物之间关系"数"形成同类呼应的现象。

董仲舒提出"人副天数"的学说。数是数量，副是符合，人副天数是指人与天在数量关系上相契合。如"求天数之微，莫若于人。人之身有四肢，每肢有三节，三四十二，十二节相持而形体立矣。天有四时，每一时有三月，三四十二，十二月相受而岁数终矣"(《春秋繁露·官制象天》)。将天与人建立数量符合的关系，最终目的在于说明天人是一类。"天数"这一概念本身，就是自然科学进步的产物。[①] 虽然，他提出天数的概念，只是为了将人与天视为同类，以便于证明天人感应。但是，以天数为连接天与人为同类，在一定程度上，反映了他认识到数这一关，以数为连接点，无形中蕴含着自然科学知识。

另外，董仲舒为了解释五行之间的关系，对自然数之间的关系加以说明。"天有五行，一曰木，二曰火，三曰土，四曰金，五曰水。"一到五这五个数表示出了五行的次序和地位关系，"木，五行之始也；水，五行之终也；土，五行之中也"(《春秋繁露·五行之义》)。他还提出，"比相生而间相胜"的关系，按照木火土金水的天次顺序，相邻两者前者生后者，如此循环相生。所谓"间相胜"，即是按照上述之序，中间隔一个，前者胜后者。具体说就是：木胜土，土胜水，水胜火，火胜金，金胜木，木又反回来胜土，如此循环相胜。[②]

董仲舒利用自然数的次序，表示五行的次序，五行的关系，通过自然数的排列规律清楚表述，这表明他已经发现 10 以内的自然数的合理关系，

[①] 李申：《中国古代哲学与自然科学》，上海人民出版社 2001 年版，第 187 页。
[②] 王永祥：《研究汉代大儒的新视角：董仲舒自然观》，海天出版社 2014 年版，第 103 页。

探讨数的变化规律。故而,董仲舒虽然宣扬的天人感应理论,具有浓厚的神学色彩,但是,其对天的物质性认识,论证天人感应理论中透露着科学性认识,在一定程度上,宣扬了自然科学知识,体现了其科学教育活动。

(二) 研究阴阳学说,推动古代科学学科的发展

董仲舒将阴阳、五行思想纳入儒家思想,以此将自然变化与人事吉凶联系起来。阴阳五行是古代科学的重要学科,董仲舒探索阴阳五行变化规律,讲授科学知识,也是其科学教育活动的重要表现。董仲舒将阴阳和五行看作自然物质。如上文所述,董仲舒认为,天有十端,阴阳和五行也是构成天的物质。"天地之气,合而为一,分为阴阳,判为四时,列为五行",阴阳是天地所蕴含之二气,五行即金、木、水、火、土是万物的物质性元素。[①] 董仲舒正是以天地、阴阳和五行建构自然物质世界,这是董仲舒阴阳和五行学说的科学性所在。

同时,董仲舒认为,自然物质的阴阳五行,有其自然运行规律。他在原有的阴阳学说的基础上,提出了阴阳变化的新特点和规律。他认为,新的阴气是始于东南而非西南,阴阳是相反运行的并且有南、北两个结合点。董仲舒将五行与四时相结合,"木居东方而主春气,火居南方而主夏气,金居西方而主秋气,水居北方而主冬气……土居中央为之天润"。董仲舒认为,五行变化具有自然客观规律,并非神力所为,表明了其学说具有一定的自然科学性。

董仲舒的自然科学思想与哲学思想是密不可分的,他吸收和借助阴阳五行学说,将儒家伦理道德赋予天地、阴阳和五行,以建构符合儒家的天人关系。他将自然科学领域中的现象和客观规律,引入社会人文领域,虽然是束缚了自然科学的发展,但是,以当时的自然科学成果为基础,探索和揭示了天、阴阳和五行中的客观规律,有一定的自然科学性,也在自己讲学授经过程中,教授和宣扬了自然科学知识。

二 王充的科技教育活动

王充(公元27—约97),字仲任,会稽上虞人,是中国东汉时期杰出的哲学家、教育家。出身小地主家庭,但是家道中落,生活较为艰辛。王充六岁入学,聪明好学,孝敬父母,有"乡里称孝"之美称。青年时,为

[①] 王永祥:《研究汉代大儒的新视角:董仲舒自然观》,海天出版社2014年版,第104页。

了求学而来到洛阳，于太学深入研读经书，并且拜史学家班彪为师。在洛阳期间，他刻苦读书，广涉百家之言，也正是在此期间，他接触到天文学书籍，从此一直思考研究天文学问题。后入仕途，在郡县充任功曹等地方小官，但因其不贪图富贵，不趋炎附势，故一生仕途不顺，未得重用，晚年罢官告老还乡，从事著述和教育事业。王充的著作有《政务》《讥俗》《论衡》《养性》等书，但留存下来的仅有《论衡》一书。他依据当时的科学成果、哲学理论和自身的生活实践，坚持唯物主义的自然观和认识论，对汉代盛行的谶纬迷信，进行了广泛而深刻地揭露和批判。他的著作蕴含科学内容，运用科学方法论，彰显了严谨求真的科学精神。

（一）批判谶纬，传播自然科学知识

王充根据之前的科学成果，从天文、气象、地质、生物等方面，研究自然规律，在充斥谶纬迷信色彩的汉代，发出超时代的科学之声。《论衡》一书，凝结了王充科学教育思想，具有重要的科学价值。《论衡》是一部综合性著作，内容庞杂，英国著名的科学史专家李约瑟明确指出，《论衡》是一部"非常重要的科学著作"[①]。

在天文学方面，汉代对天体的认识，有盖天说、宣夜说、浑天说三种，当时也流行探讨天文地动等自然现象。正是在这种氛围熏陶下，王充在已有的天文学基础上，提出了方天说。在洛阳求学期间，王充对天文学产生兴趣，并且认真研读相关的书籍，如《山海经》《周髀算经》《禹纪》等。另外，王充将所学天文学理论与实践观察相结合，他观察研究天体的运转规律，如二十八星宿、日月等。

经过观察，王充撰写了《说日》，形成了独特的天文学认知。他打破原有将天作为如云烟之气的认知，而提出了天是固体的说法。在天地本原论宇宙观方面，他是第一个提出元气自然论者，他认为，天地是由气构成，天具有物质性，反对天人感应的有神论。"万物之生，皆禀元气"，他将元气作为世界万物的起源，"天地，含气之自然。"天地是气构成的自然物质。天地既然是自然物质，必没有人为意志。故而，王充以天的自然物质性，对天人感应提出了挑战。

在气象方面，王充记载了民间预测气象的方法，通过对云雨的观察和

---

① ［英］李约瑟：《中国科学技术史》第 1 卷，《中国科学技术史》翻译小组，科学出版社 1978 年版，第 11 页。

猜想，解释了雨露霜雪的成因。"故天且雨，蝼蚁徙，丘蚓出"①，通过蚂蚁等虫物预测雷雨大风的科学方法一直延续至今。"雨从地上不从天下，……初出为云，云繁为雨……夏则为露，冬则为霜，温则为雨，寒则为雪。"他认为，雨是由云变化而来，是由地上蒸发的水汽形成的，符合水循环的科学规律。王充对天气等自然现象做出科学解释，以科学事实批判天人感应，指出风雨等天气变化是自然规律，并不是天对人功过的奖惩。

在生物、医药方面，王充根据生活经验，观察记录生物生长情况，总结生物生长规律。如"虫之种类，众多非一。鱼肉腐臭有虫，醯酱不闭有虫，饭温湿有虫，书卷不舒有虫，衣襞不悬有虫，蜗疽蝼蝼癥虾有虫"。就记录了虫子的种类以及生活环境等特征。"蚕食桑老，绩而为茧，茧又化而为蛾；蛾有两翼，变去蚕形。"记录了蚕的生长规律。他还总结了生物生长变化的规律，"夫物以春生夏长，秋而熟老"和"牝牡之会，皆见同类之物"。即植物季节变化和动物同类繁衍的规律，并且进一步提出了"凡万物相刻贼……夫物之相胜，或以筋力，或以气势，或以巧便"的生物进化的初步观念。②王充对医药颇有研究，并记载了有关医药知识。他记录分析生病的原因，是在于"希有不由风湿与饮食者"和"血脉不调，人生疾病"。

在物理方面，王充对热学、光学等都有所研究和记载。比如，他对雷电现象做过专门研究。《雷虚》详细记载了雷电现象，将雷电看作自然现象。他认为，"雷者，火也"，"夫雷之发动，一气一声也"，有力地批判了有关雷电的各种迷信说法，指出："然则雷为天怒，虚妄之言。"直到18世纪国外才开始揭开雷电之谜，可见，王充关于雷电的科学探索，远远领先于国外，对我国自然科学具有开创性的影响。

（二）坚持严谨求真的科学精神

王充批判谶纬迷信之风，主张培养学习者求真的科学精神，以科学的方法探索科学规律。王充主要是采用观察方法研究自然科学，"如无闻见，则无所状"，他认为，人必须通过感觉器官接触外界事物，才能感知事物的真实现状，了解其变化的客观规律，"须任耳目以定情实"。比如，王充观察日月运行、北极星和二十八星宿，了解星象变化，从而提出方天说独

---

① （西汉）王充：《论衡·变动》，上海人民出版社1974年版，第229页。
② （西汉）王充：《论衡·偶会》，上海人民出版社1974年版，第22、35、50页。

特看法。"入山见木，长短无所不知，入野见草，大小无所不识。"要了解草木生长的情况，就得亲自到山野观察草木。他认为，科学知识的学习，必须亲自感受，不可盲目相信他人之言，要以感觉器官感受事实。

王充还采用实验方法，比如"夫近水则寒，近火则温，远之渐微"，通过控制与水火的距离，探讨温度的变化。科学研究需要在事实的基础上，推理演绎，探索现象背后的实质规律，也就是王充提出的"开心意"。他重视"案兆察迹，推原事类"，"揆端推类，原始见终"，以便通过比较鉴别，探索真理，把感性认识提高到理性认识。再如"人中雷而死，即询其身，中头则须发烧燋，中身则皮肤灼燌燌，临其尸上闻火气，一验也。道术之家，以为雷烧石色赤，投于井中，石燋井寒，激声大鸣，若雷之状，二验也。人伤于寒，寒气入腹，腹中素温，温寒分争，激气雷鸣，三验也。当雷之时，电光时见，大若火之耀，四验也。当雷之击时，或燔人室屋，及地草木，五验也。夫论雷之为火有五验，言雷为天怒无一效。然则雷为天怒，虚妄之言"[①]。以五点进行验证并分析雷的本质是火，并非由于上天的愤怒。王充探索出首先通过感觉器官观察，初步分析现象，再通过实验验证，最终将感性认识上升为理性认识的一条完整的科学研究链条，环环紧扣，体现了王充严谨的科学精神。

王充不盲目迷信盛行的谶纬之风，而是以一种大胆问难的勇气，探索自然科学。他坚持唯物主义自然观，以具有近代科学意义的观察、试验、推理等研究方法，从各个方面探索物质世界的自然规律。王充对自然现象的解释，并非完全符合当代科学认知，但在东汉时期已经是相当先进。可以说，王充是科学研究的超前者，体现了近代敢于反抗和追求真理的科学精神，在当时传授科学知识，一定程度上扩大了科学的影响力。

三 郑玄的科技教育活动

郑玄（127—200），字康成，北海高密人，东汉著名经学家。他出生在清贫之家，从小天资聪颖，酷爱读书。他好学书数，书即古代六书，数即九数之学。八九岁时，他就精通加减乘除等数学运算知识，十三岁能诵读五经，他还喜欢天文、占候、隐术等占验之术。因善写文章，十六岁获"神童"之称。十八九岁开始在乡里做差役，但他志不在为官，仍一心向

---

① （西汉）王充：《论衡·雷虚》，上海人民出版社1974年版，第102、398—399页。

学，执着读书。后幸得地方官员杜密的赏识，他方可全心向学，他先在洛阳太学学习，随后四处游学，遍访名师。

他曾经跟随第五元先（汉京氏易传人·东汉京北人）学习《京氏易》《公羊传》《三统历》《九章算术》，师张恭祖学习《周官》《礼记》《左氏春秋》《韩诗》《古文尚书》，最后在大儒马融门下学习七年。在结束游学生涯之后，他回归家乡，教授做学。① 他为六经、三礼做注，可谓遍注群经，汲取今古文经学之长，形成独特的"郑学"，他也是汉代最后一位经学大儒。郑玄为学具有兼顾文数的特点，因此，他在遍注各经时，将数学、物理、气象学等知识进行科学注解，在经学活动中融入自然科学观念，传授知识。

（一）解读数学，传授数学知识

郑玄爱好数学，数学储备丰富。他自幼学习有关数学知识，在太学学习期间，他师从名师，认真钻研《九章算术》。《九章算术》是汉代重要的算学著作，该书包含二百四十六个算数命题，涉及方田、粟米、衰分、少广、商功、均输、盈不足、方程、勾股等九章。通过学习《九章算术》，他基本掌握汉代先进的数学知识，有助于后来他为诸经涉及数学的部分，进行准确注释。《周礼·冬官·考工记》是我国第一部专业性极强的工程技术著作，内容涵盖了手工业部门的技术成果，代表了当时先进的科学技术。这本著作记录当时车、乐器等的制造方法，其中包含大量的度量衡、角度等实用数学知识，郑玄以其深厚的数学功底，将其中的数学知识解释清楚，在教育教学中传播数学知识。

一方面，郑玄对器物制造尺寸进行详细注释。《考工记·轮人》谓："弓长六尺，谓之庇轵，五尺谓之庇轮，四尺谓之庇軫。"郑玄对其做出详细的注释："轵，毂末也。舆广六尺六寸，两毂并六尺四寸，旁减轨内七寸，则两轵之广凡丈一尺六寸也。六尺之弓倍之，加部广，凡丈二尺六寸。"② 他不但解释轵的位置，还详细解读车轮各个零件的尺寸，便于后世按照该尺寸打造车轮。

另一方面，郑玄利用自己的数学知识，考证所注内容的正确性，纠正前人记载的失误。《周礼·秋官》谓："凡颁良马而养乘之。乘马一师四

---

① 史应勇：《郑玄通学及郑王之争研究》，巴蜀书社2007年版，第6—7页。
② 闻人军译注：《考工记》，上海古籍出版社2008年版，第10页。

围；三乘为皂，皂一趣马；三皂为系，系一驭夫；六系为厩，厩一仆夫；六厩成校，校有左右。驽马三良马之数，丽马一圈，八丽一师，八师一趣马，八趣马一驭夫。"郑玄发现其中计算错误，注释说："校有左右，则良马一种者，四百三十二匹，五种合二千一百六十匹。驽马三之，则为千二百九十六匹。五良一驽，凡三千四百五十六匹，然后王马大备。驽马自圈至驭夫，凡马千二十四匹，与三良马之数不相应，'八'皆为'六'，字之误也。"郑玄正是通过数学运算推算其中的数量，纠正了其中错误之处，增加注经的准确性，为后人学习数学知识提供科学的讲解。

(二) 钻研天文历法，传播科学天文知识

郑玄对天文历法有专门研究。年少时，郑玄研读天文书籍，预测气象变化。在游学期间，他曾跟随第五元先学习《三统历》，晚年向刘洪学习历法知识。郑玄亲自撰写过《天文七政论》，注释过《乾象历》，这两本著作都未能保留至今。但是，郑玄在注经过程中，融入了天文和历学的知识。

郑玄对天文和历法的一些概念，做出了正确解读。他对古天文仪——土圭的注释甚是详细准确。土圭是古代测量日照长度的仪器，其他著作仅仅笼统描述土圭作用，但没有详细介绍其使用方法和制造方法。反观郑玄的注释，他利用自己的天文知识，详细解读土圭的制作方法和使用方法。郑玄认为，土圭是"于四角立植……于所平地之中央，树八尺之臬，以县正之，视之以其景，将以正四方也"。他所提供的准确定位和尺寸，便于后人建造土圭。对于土圭使用方法，郑玄加以详细说明："致日景者，夏至景尺有五寸，冬至景丈三尺，其间则日有长短。"他将土圭在一年四季的一日变化的数据和方位，进行详细记录，揭示了太阳变化规律。可见，他具有深厚的天文学基础。

郑玄坚持天人合一观，将自然与人联系在一起，甚至把自然的"天"和支配社会及世界一切现象的有意志的"天"，完全混同起来。如他在注释《诗·小雅·十月之交》，"十月之交，朔月辛卯。日有食之。亦孔之丑"一语时说：他准备解释日食这一天文现象，但他将日和辰分别看作君和臣，将天人直接联系在一起，这种说法使其充满神秘主义。可以说，郑玄一方面对自然天象进行正确注解，另一方面，受谶纬之学的影响，天文气象学说蒙上神秘主义的色彩，这也反映了郑玄科学教育的局限性。

(三) 发现弹性定律，传递物理知识

数学是科学王冠上的明珠，郑玄掌握当时先进的数学知识，为他解读经书中物理学知识奠定坚实基础。目前，郑玄是我国乃至世界最早的发现和记载弹性定律的人。

《考工记》中有大量关于车轮、兵器制造的记载，其书不乏力学相关的知识。在注释《周礼·冬官·考工记》的"量其力，有三均"一句话时，他说："有三，为'又参'……假令弓力胜三石，引之中三尺，弛其弦，以绳缓擐之，每加物一石，则张一尺。"郑玄的注释，清晰描述了物体随着对其施加的力大小变化而变化。郑玄认识到，每增加一石重的物体，弦就扩张一尺。虽然郑玄没有用科学数据准确说明应力与形变具有正比关系，但也是暗含了对这一关系的认识。

直到 17 世纪末，英国物理学家胡克提出，在固体材料受力时，如其应力在弹性范围内，则应力与形变成正比关系，即著名的胡克定律。郑玄发现的弹性定律，比胡克定律早约 1500 年，是目前为止最早关于弹性定律的探讨。郑玄的弹性定律，也被收入到中国大百科全书出版社出版的《力学词典》。

郑玄的学问，体现古代学者文理兼容的通学特点，他研读各种经书，又精通数学、天文学和物理学，可谓是通才。他是中国古籍整理的奠基人，传承儒家经典。同时，他利用自己的自然科学知识，对经书进行准确解读，便于后世了解先人的科学成果，也教授和传播了自然科学知识。

第二节 "小学"中的博物常识传授

"小学"主要是以标准的语言，解释人们生活中常用而不自知的事物的文字学，相当于百科全书式的大辞典。"小学"中的博物常识，囊括动植物、器物、天文地理、医学等领域，种类繁多，其目的在于便于世人以标准语言解读古代典籍，认识用而不知与罕见而不识的事物，丰富认知，开阔眼界。

一 《尔雅》等"小学"之书的兴盛

秦灭六国，于公元前 221 年，建立了我国历史上第一个统一的多民族国家，汉代进一步发展统一大业。随着秦汉帝国统一大业的推进，我国各

地域文化逐渐融合，文化的交流碰撞，促使新鲜事物进入大众视野。秦始皇南征北战，打造中国新版图：向北抗击匈奴，建立"新秦"，向南征战岭南，收复并建置桂林、南海、象郡。汉代开辟丝绸之路，派遣张骞出使西域，月氏、大宛、乌孙等偏远小国的自然风俗等各方面的信息传入中原，尤其是葡萄、石榴、胡桃等异域物产随之而来；设河西四郡，开发西南地区，加强与东北各族的联系，后东汉进一步加强与周边各少数民族的联系，促进了统一多民族国家的建立。不同地域文化带来新鲜的事物，开拓了人们的视野，丰富了博物常识。

随着各地域文化的交流增多，为便于交流和认识新鲜事物，"释古今之异言，通方俗之殊语"的文字学逐渐兴盛。文字学又称"小学"，以生动形象的文字介绍博物常识。汉代的经学推动了文字学的发展。在汉代，"小学"主要是依托经学，通过经书传授博物常识，在魏晋时期摆脱了经学的附庸地位，出现了众多的含有丰富博物学知识的著作。

汉魏时期可谓我国"小学"的昌盛时期，六部著名的"小学"书都成书于汉魏：《说文》《尔雅》《小尔雅》《方言》《释名》都成书于汉代，《广雅》为魏初博士清河张揖所撰。① 尤其是《尔雅》一书具有"辨别名物，取资多识"的特点，被视为"七经六揆度，学问之阶路"。可以说，该书是一部博物常识教材。为《尔雅》做注和模仿《尔雅》的活动，历代相传，形成了"雅学"。"雅学"教育活动关注自然科学，在古代重人文、轻自然科学的学术传统和氛围中，可谓是一股清流。"雅学"教育活动实际上是古代的科技教育，丰富古代自然科学知识，对后世影响深远。

二 "小学"书中的博物常识

"小学"书以生动形象的文字，呈现各种自然现象和名物，涉及自然界植物、动物、自然景观、日常生活用品等博物常识。

《尔雅》一书是用先秦时期的标准语言，解释方言、古语和专用词语，是一部百科全书式的词典，目的是帮助人们阅读古书和辨识名物。该书共有十九卷，包罗万象。其中，前三卷是关于语言学，四到七卷是关于礼仪制度，余下十二卷是关于博物知识。

可见，自然科学占《尔雅》的绝大部分。《尔雅》一书最大的特点，

---

① 梅汝莉、李生荣：《中国科技教育史》，湖南教育出版社1992年版，第198页。

是以分类的概念解释名物。《释天》《释地》《释丘》《释山》《释水》分别介绍天文地理中的专用名词,将地理上的山川、丘陵和河流分卷详细描述。《释草》和《释木》是属于植物类,《释虫》《释鱼》《释鸟》《释兽》四卷介绍了野生动物,《释畜》则是专门描写家养动物。该书介绍物种分类的同时,还引入"属"的概念,以属划分各种类事物的具体分类,如将家养动物划分为马属、牛属、羊属、鸡属等。

总之,该书以明确的分类方法,详细记载古代自然界中的动植物和天文地理,这种分类方法与现代科学分类方法极为相似。从内容看,《释天》列举了各种天气类型,并解释不同气象形成的原因,对后世的气象学发展,具有一定的推动作用。

《尔雅》中动植物名称接近六百种,大大超过《诗经》中所记载的数量。不仅仅列举自然事物的名称,还涉及这些事物的习性特征等,如"土蜂,木蜂"。"土"和"木"两个字清楚交代蜂的住所和种类;"貘,白豹",郭璞为其作注为"似熊,小头庳脚,黑白驳,能舐食铜铁及竹骨"[①]。该动物描述与大熊猫极为相似,为研究大熊猫类动物提供重要参考资料。《尔雅》也因其内容丰富,有"中国博物学的先驱,中国文化的百科全书"之誉。

《小尔雅》《广雅》《释名》等都是对《尔雅》的模仿与扩充,其中包含大量博物常识。《小尔雅》共有十三卷:广诂、广言、广训、广义、广名、广服、广器、广物、广鸟、广兽、度、量、衡。其中前十卷是对《尔雅》扩充,度量衡是《小尔雅》新增内容。在动植物方面,《小尔雅》在《广鸟》一卷中,增加了阳乌、慈乌、雅乌及燕乌,并对鸟的外形及生活习惯的描述;《广兽》卷是对释虫、释鱼、释兽、释畜诸篇的兼类增益,如增加猪的种类,并介绍了鸡、兔等动物生活习性;《广物》一卷介绍谷、禾、蔬菜农作物,对于研究生物学和农学都有促进作用。在器物方面,《广器》解释习射、兵器、车船、绳索等工具类词语。值得一提的是,度、量、衡三卷是《小尔雅》所特有的篇章,解释当时的数量词和计量方法,如"两有半曰捷,倍捷曰举"[②]。

除了生物学、数学、气象学方面的博物知识,"小学"书中还有医学

---

① 徐朝华:《尔雅今注》,南开大学出版社1987年版,第301、333页。
② 梁红:《〈小尔雅〉述评》,硕士学位论文,辽宁师范大学,2006年,第10页。

知识,《释名》《说文》等书,就涉及人体器官等医学知识。《释名》又名《逸雅》,是汉代经学大儒郑玄的弟子刘熙的著作,该书仿照《尔雅》,全书共分二十七篇,包括释天、释地、释山、释水、释丘、释道、释州国、释形体、释姿容、释长幼、释亲属、释言语、释饮食、释采帛、释首饰、释衣服、释宫室、释床帐、释书契、释典艺、释用器、释乐器、释兵、释车、释船、释疾病、释丧制。

该书有一部分与《尔雅》一书相似,但值得一提的是,该书还包括解释一些常用却不知的医学知识。《释形体》一章解释人体的生理结构,把人体结构分为头颈、四肢、躯干、脏器、其他五个部分。同时,《释名》也涉及泌尿、妇科等多种疾病的论述。《说文》一书也提及疾病相关知识,如《说文·口部》:吐,写(泻)也,是对呕吐的描写。《说文·疒部》:"瘧(疟),热寒休作。从疒从虐,虐亦声"是对疟疾这一急性传染病成因的解释。

"小学"书中的博物常识,大都是解释人们日常生活中常用或是较为新奇的事物,宣传了博物常识。通过对《尔雅》《小尔雅》《释名》和《说文》等著作中博物知识的总结,不难看出,"小学"书中的博物知识,涉及范围广,内容庞杂,为生物学、医学、农学、数学等自然科学方面的研究,提供了大量的历史资料。"小学"为基础的"雅学"教育活动,传递了古代的自然科学知识,从一定意义上来看,推动了古代自然科学的发展。

第三节 数学教育

秦至唐这一时期,是中国古代数学教育发展的过渡时期,上承先秦数学的辉煌成就,下启唐宋的数学发展新局面。数学教育家探索和论证记录先秦以来数学成就的经典著作,以科学严谨的数学方法,论证数学原理。其中,两个最典型的代表,是赵爽注《周髀算经》和刘徽注《九章算术》。赵爽和刘徽论证和研究数学著作时,一方面阐明数学教育为博物和成才重要学科,另一方面,创新数学论证方法,提出数学教育的原则和学习方法。这一时期,数学教育已经形成以算法为主,归纳演绎为论证方法,突出实用性、启发诱导为教育原则的独特数学教育体系,《周髀算经》和《九章算术》,成为后世的数学教科书。

一 赵爽的《周髀算经》

《周髀算经》原名《周髀》，唐初将其作为国子监算科的教学用书，故改名为《周髀算经》。相传该书约成书于西汉时期（公元前 1 世纪），可谓中国最古老的算学类教材。《周髀算经》将天文与数学集为一体，内容丰富，涵盖算学、测量、历法和天体学说等领域的知识，融多种科技知识于一书，而数学是贯穿其中的证明工具。《周髀算经》通过运用分数运算，论证当时四分法的历法学说，其认为一年为 365 又 1/4 天，平均分给二十四节气；沿用先秦时期的土圭测量法，发明重差术以测量日、月等天体高度的方法，利用大量的数学运算，计算天体的距离。

在数学领域，该书首提勾股定理，还介绍开平方法、数学运算法等数学知识。也正是将数学融入其他领域，才得以用科学数据证明所记载的历法和天文学说的科学性，李约瑟赞誉："《周髀》的伟大在于它著于占星术与卜卦占支配地位的时期，而讨论天地现象却不带迷信的成分。"[①]《周髀算经》一方面记录和创造先进的科技知识，另一方面，诠释数学教育的重要性和培养数学人才的方法，可以说，该书是我国古代科学教育方面的一颗璀璨明珠。

《周髀算经》作为学习数学和天文知识的主要用书，不乏一些学者为其作注，以便于讲解和传授数学知识。其中，赵爽所著的《周髀算经注》，具有极大的价值。关于赵爽的史料，相对缺乏，大部分学者认同其是三国时期吴国人，字君卿，是我国古代著名的数学家和天文学家。据考证，他曾经研究过"东汉张衡的天文数学著作《灵宪》和刘洪的《乾象历》"[②]，为注《周髀》奠定数学和天文学基础。

他逐段注释原文，遵从《周髀》本身的意蕴，还结合当时科学成果，创造性作注。他依经作图，创造性地将数学与图形相结合。尤其是他所注的勾股圆方图，以简短精悍的 500 余字，采用图形割补法，有力地证明勾股定理的科学性。鲍澣之称赞其为"算学之宗师也"[③]。赵爽所注的《周髀》，不仅仅是专注数学知识的传递，也蕴含了数学教育思想在其中，对

---

① ［英］李约瑟：《中国科学技术史》第 3 卷，《中国科学技术史》翻译小组译，科学出版社 1978 年版，第 54 页。
② 董国玉、卢静：《赵爽与〈周髀算经注〉》，《兰台世界》2014 年第 14 期。
③ 鲍澣之：《中国历代算学集成第一册影印》，山东人民出版社 1996 年版，第 51 页。

我们仍具有价值。

（一）以数裁制万物，以数练达智胜之道的学数大义

数是出于圆方，为万事万物所用，在日常生活和治国之道中，发挥了重要的作用。《周髀》开篇探讨数从何而来的问题，善数而闻名的商高认为，"数之法，出于圆方"。数是抽象的事物，为了将其表述清晰，商高将数赋予圆方，以圆方作为数的具体方法。赵爽为方圆说注释，"万物周事而圆方用焉，大匠造制而有规矩"。圆方可为万物所用，是最基本的图形。匠人以圆方变化制造而形成规矩，小到锅碗瓢盆，大到房屋桥梁，都是运用方圆加以改变创造。数寓于圆方，那么数即为万事万物所用。数还可测量事物的高度与深度等，"平矩以正绳，偃矩以望高，覆矩以测深，卧矩以知远，环矩以为圆，合矩以为方"①。这表明了数是测量工具的功用，以数表示长、宽、高等，是裁制衡量万物的工具。

数还在治国之道中发挥重要作用。《周髀算经》认为，"禹之所以治天下者，此数之所生也。"大禹运用数学知识疏通河道，"望山川之形，定高下之势"②并且在治水过程中探索了勾股定理。数学是在实践中探索而来，表现于方圆之形，存在于治国之道，也存在于日常生活。数具有广泛应用价值，研习数学的重要性不言而喻。

数学是智慧之学。数学出于方圆，天为方，地为圆，《周髀》曾言"知天者智，知地者圣"，而数可知天地之形，可测天之高大，地之广远，数怎能不是智胜之学呢？《周髀》和赵爽都强调善数者乃智胜之人。商高是善数者，《周髀》赞其"能通乎微妙，达乎无方，无大不综，无幽不显"③。数无处不在，存于细微之处，存于广阔宇宙，最为考验人的思维。善数学者可觉察细微变化，可综合万物之形，通达万物之理。赵爽极力赞赏和推崇数学，并为《周髀》作注，目的也在于将其中精妙的数学之法传予后世，以丰富博物知识，希望人们能以数练达智胜之道。

（二）启发诱导，培养归纳演绎的数学思维

数学的教学之道不在于直接答疑解惑，而在于启发诱导。《周髀》记载荣方向陈子问天地之数，陈子认为，荣方必须具备利用算术自我解答难

---

① （汉）赵爽：《周髀算经》，商务印书馆1955年版，第1、10—12页。
② （汉）赵爽：《周髀算经》，商务印书馆1955年版，第3、11页。
③ （汉）赵爽：《周髀算经》，商务印书馆1955年版，第11页。

题的能力，劝其累思。在荣方思而不得，二次求教时，陈子依然未给出直接答案，他认为，荣方虽然已经有所思考，但是，并未达到深思的程度。他教导荣方，望远起高之术与勾股之意是同类之学，而荣方未能求解是因其"未能通类"。在这一教学案例中，赵爽认为，陈子遵循"凡教之道，不愤不启，不悱不发"①的教学法。教学者应关注学习者已有知识经验，启发学习者不断思考问题，养成累思的习惯；不能直接传授算术答案，而应指点迷津，循循善诱，指出学习者的不足之处，培养学习者自主主动思考问题的能力。

赵爽还强调教学者，应注意培养学习者的数理推理能力，尤其是归纳和演绎的推理能力。归纳是在众多事物中找寻共同之处，概括出一般规律，演绎是散发性思维，由一般原理推演个别事物。陈子分析荣方思而不得的原因，是其不会通类，不能做到举一反三。算术的计算能力，是数学学习的基本能力，更为重要的是归纳演绎的通类思维。赵爽明确指出，数学的学习，应达到"引而伸之，触类而长之，天下事毕矣"②的境界。

他在研究勾股术时，将归纳演绎运用得淋漓尽致，"勾股各自乘，并之为弦实，开方除之即为弦"③，这就是从个别到一般的推理过程，而验证数学命题的真伪，主要通过演绎推理来实现，赵爽在其《勾股圆方图注》中，有十多个命题，采用演绎推理的方式，给出了证明④。故而，他认为，教学者应启发学习者熟思，在教学过程中教授归纳演绎的思维，培养学习者做到举一反三的数理能力，不依赖于算术之法，真正知晓"问一事而万事达"⑤的蕴意。

（三）博学于数，研习熟思的学习方法

《周髀》中将数学学习环节，概括为"学、博、习、知"，而"思"是贯穿整个学习过程。⑥ "学"是数学的起始环节，学习基本的运算、几何证明等数学学习基础。在此基础上，博学于数是数学学习的基本要求。

---

① （汉）赵爽：《周髀算经》，商务印书馆1955年版，第17页。
② 佟建华：《算学宗师赵爽的数学教育思想》，《纪念〈教育史研究〉创刊二十周年论文集（2）——中国教育思想史与人物研究》，2009年。
③ （汉）赵爽：《周髀算经》，商务印书馆1955年版，第3、12—15页。
④ 齐晓东、魏俊领：《"数学宗师"赵爽的科学创造与历史价值》，《兰台世界》2014年第3期。
⑤ （汉）赵爽：《周髀算经》，商务印书馆1955年版，第16页。
⑥ 佟建华、杨春宏、崔建勤：《中国古代数学教育史》，科学出版社2007版，第65页。

《周髀》言"夫道术难通者,既学矣,患其不博"①。数上可知天之高,下可知地之厚,中可知万物变化,其覆盖面何其广泛,不"博"怎通数学。赵爽也感叹算术之道确实是难以通达,一旦学习者学习数学就会担心其不能博学于数。他要求做到博学,学习数学应开阔视野,涉足多个领域,博览群书,既能明晓数形微妙变化,又能关注天地宏观道理。的确,古代算术之学似各种学术的熔炉,其中包含算术运算、几何图形等,也蕴含着天地万物运行规律于数之中,广博地学习数学,才能更好地理解数学,掌握算术背后的道——万物变化运行的规律。

博学之上是研习熟思,研习与熟思结合是数学学习的主要方法。"既博矣,又患其不习,既习矣,患其不能知。"② 博学在于扩展学习视野,研习是在此基础之上深入研究学习,熟思是更进一步地将数学钻研透彻。做学问需要研究学习该领域的专业知识,尤其是在学习数学这一数理性极强的学科,更需要深入研习算术之学。

仅仅是研习还不能完全知晓算术之道,反复思考是钻研数学必要的步骤。学习与思考应是相互结合的,学而不思则罔,赵爽反对只学习不思考,算术之学是智慧之学,需要对数理关系深入思考。"算术足以知此矣,若诚累思之。"③ 学习者研习算术之学,不能止于学习,更为重要的是思考,并且是日积月累地思考问题,而不是一蹴而就地思虑,"思"始终贯穿数学学习的全过程。赵爽还鼓励学习者调动学习主动性,能独立思考问题,有助于学习者最后达到"知",即领悟数学之道。

(四) 以图解题,数形结合的教学法

赵爽在《周髀序》中明确指出"依经作图",将数与图形结合,直观明了地解释《周髀算经》中的数学问题。他所作的《周髀算经注》是我国留存至今最早采用图解法的天算教材,其中有勾股圆方图、方圆图、七衡图等等图解。将图形与数学相结合的方法是我国数学史上的重大突破,也是数学教学方法的进步。

《周髀》以周公与商高问答形式讲解勾股之法:"勾广三,股修四,径隅五",即"勾^2+股^2=弦^2"这一定理。赵爽为其作出500余字的注释,附

---

① (汉) 赵爽:《周髀算经》,商务印书馆1955年版,第16页。
② (汉) 赵爽:《周髀算经》,商务印书馆1955年版,第15页。
③ (汉) 赵爽:《周髀算经》,商务印书馆1955年版,第2页。

以六张图，清晰明了地证明勾股之法。"按弦图，又可以勾股相乘为朱实二，倍之为朱实四，以勾股之差自相乘为中黄实，加差实，亦成弦实。"他自制一张弦图，将四个直角三角形称为朱实，中间的小正方形称为黄实，以弦为边的正方形称为弦实（如图2-1）。赵爽运用数形结合之法，以清晰简洁的形式展开推理证明。相较于希腊数学家毕达哥拉斯证明的直角三角形斜边平方等于直角边平方和的结论，赵爽的证明之法，要早相当一段时间。

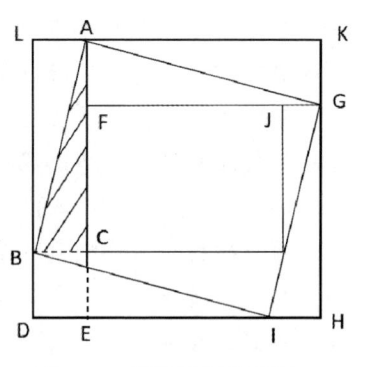

图2-1 赵爽绘制的弦图

数学与图形相结合是数学教学法的创新，打破单纯语言讲授的局限，将图加入数学教学，使得教学方法直观明了。数形结合的教学法，是几何学中必不可少的教学方法，以图形的变化，解决数学难题，一方面可以培养学习者的空间想象能力，另一方面可以锻炼学习者的思维习惯，形成数理思维。

《周髀算经》以师生问答的形式，揭示数学原理，它是数学学习的教材，而赵爽为其详细作注的《周髀算经注》，是教学辅导书。赵爽和《周髀算经》证明和解答勾股定理、望高术等数学问题，不仅极大推动数学的发展，还阐释数学是裁制万物、实用性强等意义，注重引导学习者博学、研习、熟思，最终通晓数学原理。赵爽更是创造性地提出以图解经，数形结合的教学法，在当今数学教育中依然不可或缺。赵爽是一位数学家，也是一位发自肺腑唤出"言无吾隐"的倾尽全部才学，为学习者答疑解惑的数学教育家。总之，赵爽和《周髀算经》，推动数学教育向前迈进一大步。

二 刘徽《九章算术》注

《九章算术》流传于汉代，其总结了周秦以来的数学成就，是中国古代数学最重要的著作，标志着中国传统数学逐渐形成完整体系。《九章算术》在流传过程中，出现众多注释版本，但是，最为著名的是刘徽注。刘徽是魏晋时期的数学家，生卒年不详。他以演绎逻辑为主要方法，证明了《九章算术》的算法，为中国传统数学的成就，做出系统精确的阐释。

同时，他还开创性地引入极限思想和无穷小分割法证明数学问题。刘徽创造性解读数学经典，标志着中国传统数学进入发展新阶段。刘徽不仅是一位数学家，在数学教育方面也做出了重大贡献。他在作注过程中，对数学教育提出很多创造性的见解，从数学教育作用、教学原则、教材编写、数学证明方法等方面丰富数学教育理论，推动中国数学教育的发展，是中国传统数学教育界的第一人。

（一）"其用博矣"的数学教育作用论

数学教育是古代教育的重要组成部分，是培养"博物君子"的重要学科。数学起源于通达世界变化规律和描摹万物情状的八卦之学，"算在六艺，古者以宾兴贤能，教习国子"[①]。教育内容确定为礼、乐、射、御、书、数，显而易见，数学在此时就是教育的重要学科之一，是国家选拔人才和教育贵族子弟的重要内容。学习数学可以"穷纤入微，探测无方"，数学的功用，可以细微如纤尘，亦可无限如宇宙。数学学习有助于培养学习者细致入微的洞察力和综合贯通的推理力。他认为，虽当时多博学之人，但喜好研究数学之人却少之又少，故而，真正达到才学融会贯通之人并不多。而"博物君子，详而览焉"，博学之人应能详细研读算术之学，窥探数学的深邃道理，能从细微之处与无限空间中，探索数学变化发展的规律，才学通达的基础上，达到融会贯通的境界。

数学是日常生活必不可缺的部分，刘徽结合实际论述数学教育的作用。他认为，应将数学理论与实际相结合。日常生活离不开测量事物高低深浅，重差术正是解决测量高深等问题的理论。"凡望极高、测绝深而兼知其远者必用重差、勾股。"[②] 重差术最终目的是望高测深，而不是成为被人们束之高阁的理论。刘徽将"术"附属实物的含义，将日常生活中的事物与数学教育相呼应，探索数学与事物之间的普遍联系，以现实事物的例子，解释数学理论问题，将数学的作用引向日常生活，感叹"其用博矣"。

数学是日常生活广泛应用的学问，数学教育潜移默化地渗透在人们的日常生活中，小到一、十、百、千、万也，以算数事物，大到立规矩，准方圆，谨法度，约尺丈，立权衡，平轻重，数学教育有助于人们掌握基本计算、测量工具，也有助于维持日常生活有序开展。

（二）据实论证，严谨科学的数学学习态度

刘徽在论证数学问题时，遵循严谨求证的原则。他独立思考，以严密

---

① 郭书春译注：《九章算术译注》，上海古籍出版社2009年版，第5页。
② 郭书春译注：《九章算术译注》，上海古籍出版社2009年版，第8页。

的推理过程,论证数学问题,以严谨求实的态度,研究数学。在为《九章算术》作注时,他认为,圆周率应为精确数字,而非约等于3。"然世传此法,莫肯精核;学者踵古,习其谬失。"他指出学习者散漫不知核验的学风,不肯开展精确核验,从而沿袭古人的谬误。他"谨按图验,更造密率"。他反复切割图形,利用简陋的计算工具,反复运算,慎之又慎,最终所得有效数字竟达十二,将圆周率精确表述。另外,在《九章算术·少广》一卷,刘徽还曾质疑东汉著名数学家张衡的观点。张衡认为,正方体和内切球的体积之比是"八分之五",刘徽言"衡说虽有文辞,斯乱道破义,病也"[①]。他以立体图形的模型详细论证,证明了张衡说法并不准确。

刘徽既不盲信先贤的结论,也勇于承认自身的不足。在缺乏足够的准确性时,他从不轻易得出结论。在开圆术(从圆面形求圆圈的方法)证明过程中,他无法判定立体体积准确数据,表态说:"欲陋形措意,惧失正理,敢不缺疑,以俟能言者。"刘徽在自己无法确认推论的准确性时,坦言承认不足。可见,刘徽以数据论证为数学的话语,严谨论证数学原理,哪怕是一个数值,也要精确无误。研习数学必先有严谨求证的态度,传授精确的数学知识,是数学教育的重要任务。

(三)归纳推理,创新数学学习方法

古代数学以计算为主要学习内容。刘徽在采用计算之外,还提出归纳、类比等演绎推理等的逻辑思维论证方法,使得很多数学公式和难题得以证明。

归纳和类比是思维训练的重要方法,刘徽认为,数学学习应明晓类比与归纳的重要性。类比一般被认为是人类最早使用的逻辑思维,刘徽言:"方以类聚,物以群分。数同类者无远,数异类者无近。远而通体知,虽异位而相从也;近而殊形知,虽同列而相违也。"[②]

归类和类比可以根据事物各自不同的特性分为不同种类。数学变量之间虽相距甚远而能相通者,虽处在不同位置,却能相互依从;相距很近却形态不一的数学变量,虽处于同一位置,却相互背离。同类与异类相比,或是相通或是相违背,其中蕴含着这类比的思维。刘徽在实际运用类比思维时,主要以两种形式出现:一种是从一般事物的类比中,推断出个别事

[①] 郭书春译注:《九章算术译注》,上海古籍出版社2009年版,第44、153、157页。
[②] 郭书春译注:《九章算术译注》,上海古籍出版社2009年版,第21页。

物，一种是从个别事物中推断出一般事物。

归纳方法主要目的是由特殊到一般，将小范围的数学定理，推广到更大范围。《九章算术卷第八·方程》中有这样一道题："有牛五、羊二，直金十两。牛二、羊五，直金八两。问牛羊各直金几何。"此为牛和羊两个未知数的二元方程，刘徽通过归纳法，给出了一般二元方程的解题思路。[①]

刘徽自幼便习《九章算术》，领悟到"事类相推，各有攸归，故枝条虽分而同本干知，发起一端而已"。事物之间可按照类别，各有归属。但是，数学变量之间的相互联系，就像树枝发端于同一根源。[②] 在数学学习过程中，刘徽强调学习者不仅仅掌握数学计算和论证的方法，更重要的是，领悟数学的内在联系，利用逻辑推理的方法，由已知推测未知，由具体数学运算推测一般原理，以类比的方法，做到"各有攸归"，以"归纳"方法意识到"发起一端"。

在复杂数学论证中探寻简易方法，刘徽学习数学知识遵循简易的原则，便于更多人掌握。数学问题的解答方法，往往不止一种，学习者不应"拙于精理"，否则会"暗于设通而专于一端"。他告诫学习者，不拘泥于古人流传的一种解答方法，造成只专于一端，而不能通晓全面的情况。而在数种解答方法中，简易的方法应是首选。他以庖丁解牛为例，将数学方法比作刀刃，数学方法"易简用之"，才能达到"游刃理间"的境界。数学教学过程中，教学者应为学习者提供多种解题思路，敢于启用新的解题方法。最终的落脚点在最简便的方法。

（四）直观性和启发性的数学教学原则

刘徽认为，数学教学不仅要"析理以辞"，还要注意"解体用图"，遵循直观性教学原则。他曾言"凡物类形象，不圆则方"[③]，任何实物都有规则或不规则的形状，大概形状或圆或方。其中的物类形象，一种是平面图形，另一种是立体模型。细览《九章算术注》，他运用大量图形和立体模型等直观方法，论证数学问题。例如，论证割圆术时，刘徽反复强调"又按为图""谨按图验"等，利用图形进行严密论证。

在论证勾股定律时，他利用图形"出入相补，各从其类，其余不移动

[①] 董英哲、姚远：《刘徽的数学思想》，《曲阜师范大学学报》（自然科学版）1987年第4期。
[②] 佟健华、杨春宏、崔建勤：《中国古代数学教育史》，科学出版社2007年版，第133页。
[③] 郭书春译注：《九章算术译注》，上海古籍出版社2009年版，第344页。

也"的方法，证明如何求得勾、股和弦。值得关注的是，刘徽不仅仅是直观地利用图形求解，还为图形涂上朱、黄、青等不同颜色加以区分，并且图形分解成小图形，便于移动、增补等，更为直观地展示图形的变化。刘徽还善于利用立体模型解题，面对复杂的立体几何问题，刘徽指出"其用棋也"①。棋指立体模型。立体模型的操作与平面图形基本相同，将含义不同的部分，涂上不同颜色并可切割拼凑，多用于求得复杂立体图形体积。

数学教学应遵循引导性原则。刘徽曾言，数学因"规矩度量可得而共"，故而"非特难为也"。他认为，讲授数学问题，不应局限于具体单个问题，而要注意"可得而共"，引导学习者认识数学知识存在共同之处。"度高者重表，测深者累矩，孤离者三望，离而又旁求者四望。触类而长之，则虽幽遐诡伏，靡所不入。"② 教学者引导学习者触类旁通，根据测高和深的方法，推测"孤立者"和"离而旁求者"的测量方法，从一类事物推理和引申其他事物，刘徽曾将均输章三率连比推广到多率。数学是相互联系的整体，测量、计算、图形等有共同的规律，数学教学应引导学习者将数学知识结成密密麻麻的关系网，并能总结其中的共同的规律，从而由此推理彼，由一推二，达到"告往而知来，举一隅而三隅反"的境界。③

（五）系统规范，贴近实际的数学教材编译方法

刘徽的《九章算术注》，是数学教材的典范，为中国古代数学教材的编写，体例提供了范本，且《九章算术注》的编写，体现了我国传统数学求实的特点，他所编写的《海岛算经》，虽已失传，但曾在唐代被列为国子监的算学教材。

界定数学概念和推理证明数学原理，是刘徽对古代数学教材的重大贡献。《九章算术》本是按照应用分类，刘徽未改变《九章算术》原著的顺序，但在作注的过程中，体现数学的规范性和系统性。《九章算术》原著中，没有一个定义和论证过程。数学概念混乱，没有明确界定，基本沿用传统数学约定俗成的表述。刘徽打破这一传统，为《九章算术》中的名词加以规范，清晰界定幂、方程、正负数等等概念的含义。例如，把"率"定义为"凡数相与者谓之率"。定义简洁明了，且具有极强的抽象概括性。

---

① 郭书春译注：《九章算术译注》，上海古籍出版社2009年版，第5、178页。
② 郭书春译注：《九章算术译注》，上海古籍出版社2009年版，第8页。
③ 佟健华、杨春宏、崔建勤：《中国古代数学教育史》，科学出版社2007年版，第136页。

刘徽还采用多种归纳法、推理法等方法对《九章算术》中的数学原理，进行严密的推理论证。例如，他利用割补法和极限法，推导出圆面积公式为周长乘以半径。刘徽的证明或是直接证明，或是间接证明，或取综合法，或取分析法，灵活多样，除个别失误，大都十分严谨，合乎逻辑。[①] 同时，刘徽的论证过程，揭示了数学的系统性，论证过程由简单到复杂，层层深入，难度逐渐递增。

《九章算术》的例题，多以日常生活事物为例，与土地面积计算、粮食兑换、食物分配、税收、罚款、土木工程计算等社会生活实践密切联系。刘徽论证数学问题，也是与现实生活事物加以联系，并未完全脱离实际，以抽象的数字代替，实用性比较强。例如，利用方程解答问题，刘徽依然是以羊、狗、麻、麦等日常生活中的具体事物为计算对象，而非以抽象符号代替，其计算方法是实际生活可用的方法。这对我们今天教材的编写，启发性很大，数学教材应该能为日常生活所用，而非纸上空洞的运算结果。

刘徽研习《九章算术》，利用多种数学方法为其论证。我国当代数学家吴文俊在《九章算术·注释》序中指出："《九章算术》的刘徽注是数学上的又一伟大成就，从对数学贡献的角度来衡量刘徽应该与欧几里得、阿基米德相提并论。"

第四节　天文教育

我国是世界上最早研究天文学的国家之一，早在先秦时期，就注重对天文和历法的研究，以便为农业的发展提供历法参考。秦汉以来，天文学蓬勃发展，天文学家致力于观测天象，推测历法，研制天文仪器以及培育天文学人才，推动天文研究日益完善，天文教育随之发展。"科圣"张衡就是此时期的杰出代表。

张衡（78—139），字平子，河南南阳西鄂（今河南南阳）人，因晚年曾做过三年河间相，前人又称他为张河间，乃东汉时期著名的天文学家、文学家。张衡本出身名门望族，而后家道中落。幼年时代，他生活清苦，但刻苦向学。

[①] 郭书春：《试论刘徽的数学理论体系》，《自然辩证法通讯》1987 年第 2 期。

据《后汉书·张衡传》记载，少年时代的张衡虽研读儒家经典，但缺少兴趣，反而对文学极其热衷。他认真研读司马相如、杨雄等文学家的著作，奠定了深厚的文学基础，故而他撰写的科学著作具有极强的文学审美意蕴。他16岁时，独自外出游学，先是游学当时文化中心三辅（今陕西西安一带），而后入洛阳，虽不能入太学就读，但拜访经学大师，请求个别指导，兼采百家之长，结果达到"贯五经，通六艺"[1]的境界。

在此期间，张衡结识了精通天文、历算和数学的崔瑗，对天文学产生浓厚的兴趣。后曾做八年南阳太守的主簿，在任职期间"致力于天文、阴阳、历算等学问"[2]；汉安帝时，他两任太史令，太史令是我国古代职官性天文历法科技教育的最高主持人，相当于现在国家天文台台长兼天文学院院长。他"不慕当世"[3]，其任太史令达14年，认真掌管天文、历法和典籍。

同时，他专注科学研究，很多科学研究成果诞生于此时期。他创造了水运浑天仪，发明了世界上第一架测试地震的仪器——地动仪，还撰写《灵宪》这一科学著作。在他去世后，他的好友崔瑗为他撰写了碑文，称他"数术穷天地，制作侔造化"。[4] 他为中国的天文学发展，做出了卓越贡献。

一 创制天文仪器和图注，体现直观教学法

张衡认为，研习天文学应注重天文学理论与技术发明结合，发明创造科学仪器，一方面通过实物验证天文理论的科学性，另一方面以实物讲解天文学知识，增加天文研习的直观性，丰富天文学方法。在《灵宪》中，他指出，"将步天路，用定灵轨，寻绪本元，先准之于浑体。是谓正仪立度。"[5] 他主张，通过天文仪器探索天文发展规律和确证天文学说的正确性，准确描述天文现象。为此，他创制了许多技艺高超、构思新颖、造型独特的天文学仪器，大大方便了观察和演示天文现象。浑天仪就是张衡为了方便观测天象的仪器。

---

[1]（宋）范晔：《后汉书》卷59，中华书局2001年版，第1281页。
[2] 杜石然主编：《中国古代科学家传记》（上集），科学出版社1992年版，第72页。
[3]（宋）范晔：《后汉书》卷59，中华书局2001年版，第1282页。
[4]（宋）范晔：《后汉书》卷59，中华书局2001年版，第1312页。
[5]（宋）范晔：《后汉书》卷59，中华书局2001年版，第1898页。

在汉代，浑天仪是浑仪与浑象两种天文仪器的统称。浑仪专门用于测量天体位置，浑象专门用于演示天体运行，类似于当代的天球仪。张衡所制造的浑天仪，实际上是后者，即用来演示天体运行的浑象。张衡制造浑天仪可谓是费尽心思。

他采用模型试验法。首先，他用竹子制作小模型，并标明刻度，称为"小浑"；其次，他根据实际天象的变化，不断调整模型的构造和竹篾上的刻度，以确保"小浑"的准确性；最后，确定最为精确的刻度与数据，以青铜制作仪器。浑天仪几乎演示了当时所能观测的所有星象。为了能让浑天仪自动转起来，他又巧妙地利用水流与齿轮，借助水滴的力量带动齿轮的运转，使得浑天仪可以自己转动起来。经过反复验证，水运浑天仪所演示的天象与人们通过灵台观察到的天象完全吻合，可见，水运浑天仪演示天象相当准确。

这架浑天仪的诞生极大地传播了浑天说，以直观的天文现象，证明浑天说的科学性，取代了盖天说，传递了先进的天文学知识。

浑天仪不仅制造精确，其演示的天象内容也丰富多彩。这架浑天仪与现在的地球仪极为相似，《晋书·天文志》和《浑仪图注》，详细记载它以四分为一度，周长丈四尺六寸一分，十分宏大。水运浑象明确地绘制了南北极、黄道、赤道、恒显圈、恒隐圈、二十八宿中外星官的位置、地平圈、子午圈等，极大增加了天文观测的准确性。天文学学习对象是天文现象，但天文现象有时只是转瞬之间的变化，而模型则可以帮助学习者反复研究试验，学习者可以亲自动手操作制作模型，或者亲自试验操作，探索天体运行规律。

张衡不仅制作结构巧妙、精密组合的天文仪器，也为天文教育绘制了很多精准的图纸。例如，他绘制"地形图"，生动形象，在唐代更被视为名画，他还为所探索的天文学知识绘制"灵宪图"，图文并茂，更直观呈现天体运动情况，改进了单纯理论授课的模式，以图加以辅助，有助于学习者更为直观地学习天文学知识。

二 精确数据，严谨治学

研习天文学要有严谨学习态度。张衡治学严谨，以精确的观测数据，描述天文现象。在制作浑天仪时，他为了保证"小浑"的准确性，将制作模型的竹子，削到最薄的程度，以避免竹子的厚度干扰试验的准确性。在制作铜制的浑天仪时,他反复验证,调整浑天仪的结构,增加浑天仪观测天象的准确性。根据《灵宪》记载,张衡测量日、月的角直径为整个天周的"七百三十六分之一"①,以现代角度单位表示即为29′21″,与近代天文测量的日和月的平均直径值为31′59″和31′5″相比,误差仅仅2′左右。

可见,张衡以两千年前的简易观测设备所得出的观测值的误差极小。"中外之官常明者百有二十四,可名者三百二十,为星二千五百,而海人之占未存焉。"张衡发现的星体数量远远大于前人,而且经过自己观测和整理参考前人的意见,再通过严谨的检验,以准确的数字,整理出了一套当时收罗恒星最多的天文体系。无论是模型制作,还是天象观测,都体现张衡严谨的治学观。天文学习应注重数据的准确性,反复观测检验,最终才能探索出天体运动规律。

三 撰写《灵宪》,蕴含天文知识与审美情操教育

张衡致力于天文学研究,长年累月观测天象,他发现自己观测的数据,与前人的记录有出入。他根据自己多年的观测和试验所得的科学数据,撰写《灵宪》,以记载他实际观测的科学数据和研究成果,表述他对宇宙和天体运动的自然观。《灵宪》成书于公元118年,是我国第一部专门论述天文学理论的著作,见于《后汉书·天文志》一个注以约1500字阐述他对天地起源、结构以及日月星辰的运动等一系列的问题,称《灵宪》"天文之妙,冠绝一代"②。

《灵宪》蕴含丰富的天文知识。在宇宙起源问题方面,张衡主张浑天。天体演化经过三个阶段:第一阶段为溟涬阶段。"太素之前,幽清玄静,寂寞冥默,不可为象……盖乃道之根也。"③ 这一阶段是宇宙演化的根本起始阶段,呈现"虚无"的基本特性,为"道之根"也;第二阶段为庞鸿阶段。"自无生有,太素始萌,萌而未兆,并气同色,混沌不分。"这阶段是宇宙演化的主要阶段,这一阶段的基本特性,是"气色未形,混沌不分,迟速未纪"④,宇宙处于混沌状态,为"道之干也";第三阶段为太玄阶

---

① 杜石然主编:《中国古代科学家传记》(上集),科学出版社1992年版,第75—76页。
② 卢苏:《〈灵宪〉的天文学成就述论》,《南京晓庄学院学报》2008年第3期。
③ (汉)张衡:《灵宪》,载刘昭:《后汉书·天文志》,中华书局1965年版,第3215页。
④ (汉)张衡:《灵宪》,载刘昭:《后汉书·天文志》,中华书局1965年版,第3215页。

段。"元气剖判，刚柔始分，清浊异位"①。这阶段是宇宙演化的结实阶段，其基本特性是"天成地定，万物育成"，为"道之实也"。从中可以看出，张衡以气和物体演化发展为主线，推演宇宙起源过程，以朴素的自然辩证法视角，论述了一个发展变化的完成天体演化过程。他还主张，清气所成的天在外，浊气说成的地在内，这是浑天说的基本主张。在天地结构上面，浑天说与盖天说的区别在于，浑天说将天地设想成椭球结构，天可以转到地下，包括南极和北极，而盖天说的天像一个盖子笼罩着平地，天始终在地的上面。《灵宪》的诞生，也推动了浑天说的传播，为后世研究宇宙起源和天地构成等天文学问题，提供了科学的理论基础。

张衡不仅是一位天文学家，还具有极高的文学造诣，在科学著作中融入文学美感，陶冶学习者的科学审美情操，无疑加强科学审美教育。《灵宪》鲜明地体现了美学与自然科学融合，展示了科学美的魅力。《灵宪》大量运用比喻、对仗、夸张等修辞手法，以生动形象的语言，阐释天文学知识。如"夫日譬犹火，月譬犹水，火则外光，水则含景。故天日宣明于昼，纳明于夜。如有瑕，必露其匿"②。张衡将太阳和月亮分别比作火和水，火自身能发光，水特性为能反光，揭示了月亮本身不会发光，之所以发亮是反射太阳光的原因，将天体的特点与生活中日常事务相联系，清晰地解释月食的基本原理。

同时，《灵宪》也充满了想象烂漫的科学之美。张衡在科学论证的前提下，展开大胆想象，"过此而往者……宇宙之谓也。宇之表无极，宙之端无穷"③，以一种博大的胸怀，给予宇宙浩瀚无穷之美。整篇《灵宪》透露着有序和谐之美，文中描述的自然景象，基本是相对而生的有序排列，例如，"在天成象，在地成形；天有九位，地有九域；天有三辰，地有三形；有象可效，有形可度"。天地、象形相对而成，将气象万千的自然景象，有序和谐排列，使得学习者感受自然有序和谐之美。

张衡通过长年累月的观测，在《灵宪》中将观测到的 2500 颗星，划分为排列有序的星系，以优美语言描绘错落有致的星座画面。张衡的《灵宪》，就是一部探索天文规律、体现科学美的著作，它培养学习者科学审

---

① （汉）张衡：《灵宪》，载刘昭：《后汉书·天文志》，中华书局 1965 年版，第 3218 页。
② （汉）张衡：《灵宪》，载戴逸主编：（南朝）范晔著；雷国珍等译：《后汉书全译》5，贵州人民出版社 1995 年版，第 4051 页。
③ 徐振韬主编：《中国古代天文学词典》，河北科学技术出版社 2013 年版，第 237 页。

美情操，激发学习者探索科学奥秘的兴趣，感受学习天文学的乐趣。

张衡钻研天文学，严谨治学，著书立说，宣传当时先进的浑天说，并创制浑天仪等天文仪器，绘制"地形图"等天文图纸，丰富了科学教育的手段，将天文理论与实践相结合，以直观方法演示天体运行规律，以《灵宪》集天文科技与天文美学于一体，为后世研习天文学提供了绝佳的教材，极大地推动了天文教育的发展。

第五节 劝课农桑与农业科技教育

秦至唐时期，我国农业得到快速发展，经历了以西汉时期《氾胜之书》为标志，和以北魏《齐民要术》为标志的两个农业发展高峰期。农业发展不仅与社会政治经济密切相关，也与当时的农业教育活动有关。这一时期，劝课农桑活动与《氾胜之书》与《齐民要术》，是推动农业教育的两大动力。

一 劝课农桑活动

秦汉时期农业教育获得快速发展，与当时重视农业教育，多种形式开展劝课农桑活动密不可分。劝课农桑的教化活动，主要是有官吏的劝导，农学家著书立说，也有农民的世代相承。丰富多彩的农业教育活动，提高了农业生产水平，促进了农业的发展。

（一）官吏劝农励桑活动

秦汉时期，统治者推行重农政策，专门设置农官以发展农业。秦汉的农官制度，突破了春秋战国之前为保证农业科技知识的传承而形成的世官制。周朝农官一说为"田畯"，职责是管理农用。秦汉时期，农官开始转向领取俸禄的官僚制。统治者把农官管理农事能力作为奖惩的主要依据，督促他们切实推广农业生产技术，提高农业管理水平。从中央的大司农（秦时称治粟内史），到基层的三老、里典、力田，这些专门农官肩负劝农励桑的职责，推广农业科学技术，营造浓厚的重农风气。

赵过是汉武帝时期农官，发明和推广了代田法。《汉书·食货志》记载，汉武帝任命赵过为搜粟都尉，搜粟都尉是当时掌管全国粮草和农业生产的农官。他推广代田法，改进农具，发展牛耕，教民耕植，带动农业发展。代田法要求农民播种前先挖深度和宽度各一尺的沟，种子播种到沟的底部。等到种子发芽并且成长到一定高度时候，采取中耕的方法进行管理。

中耕时去除杂草并将垄上的土移到沟里，以便于培育苗根。直至夏季，农民逐渐将垄上的土全部移到沟里，使得农作物的根系更加坚固。由于此时将垄上的土填平了沟，而垄变为了沟，在第二年播种的时候，就将原来的垄作为沟，而将沟作为垄，便于修整。这种沟垄连年相互移位，相互代替，轮番使用。代田法适用于北方干旱和半干旱地区，便于防风育苗，并且达到增产的效果。

赵过推广代田法时，采取先试验后推广的科学方法，层层推进。首先，赵过亲自试验，据《汉书·食货志》记载，"过试以离宫卒田，其宫壖地，课得谷，皆多其旁田一斛以上"。在确定代田法确实有增产的效果之后，再决定推广代田法。然后，赵过将代田法教授给农官和擅长种地的农民。《汉书·食货志》记载，"过使教田太常、三辅，大农置工巧奴与从事，为作田器。遣令长、三老、力田及里父老善田者受田器，学耕种养苗状"。最后，赵过将已经掌握代田法的人员，分配到各地公田试验代田法，随后在农民私田进行推广。

赵过还改进牛耕和耧车。他改变以往人工撒种的种植方式，发明了可播小麦、大麦、大豆和高粱等的耧车，提高播种的效率。他主张和推广"二牛三人"的耕作方式，提高耕作效率。这两种与代田法相配套的农业技术，加快了代田法的推广脚步。赵过深入研究农业生产实践，推广先进农业生产方式，开展劝农励桑的农业教育活动。

不仅专职农官开展劝农励桑活动，一些地方官员也进行劝农课桑活动。西汉时，召信臣被委任为南阳太守，他重视农耕，"躬劝耕农，出入阡陌，止舍离乡亭，稀有安居时"，亲自深入田间地头，劝教鼓励农民努力耕田。《汉书·召信臣传》记载他"行视郡中水泉，开通沟渎，起水门提阏凡数十处，以广溉灌，岁岁增加，多至三万顷，民得其利，畜积有余"。他亲自视察水泉，建立以六门堨为中心的水利灌溉工程，合理调配农业用水，改变了南阳地区农业面貌，增加该地农业收入。

《汉书·杜诗传》记载，杜诗任南阳太守时，"修治陂池，广拓土田，郡内比室殷足"，劝农力耕，改善农民生活水平。为合理利用水资源，他发明了水排，方便农业灌溉。召信臣和杜诗为农业发展，做出了重大贡献，他们教育农民务农耕田，改善水利条件，造福百姓，因而受到老百姓拥戴，被百姓称为"召父"和"杜母"。东汉明帝时期的九真郡守，劝民务农，教民牛耕之术，《后汉书·王景传》记载了庐江太守王景以犁耕之法教民，极大提高了耕种效率，因而"垦辟倍多，境内丰给"。这些非农官的地方官员，推广先进农业技术，劝耕励农，教导和管理农民，推动了农学知识和技术的传授活动。秦汉时期的农业发展，与这些官吏的劝课农桑的活动，密不可分。

（二）农学家劝农传技活动

农学家开展劝农传技活动，主要是通过两种形式：一种是农学家直接参与农业生产实践，通过亲自试验，将先进农业生产技术传授给普通农民；另一种是农学家通过著书立说，总结生产经验，整理汇集成专门的农书，农学家的劝农传技活动，推动了中国农业的发展。

氾胜之是秦汉时期著名的农学家。他精通农学，一面从事教导地方农业的工作，一面教授农学知识。他重视农业生产，亲自督促和指导农业种植庄稼。《晋书·食货志》记载，"昔汉遣轻车使者氾胜之督三辅种麦，而关中遂穰。"可见，氾胜之劝农勤耕，亲自督促农业生产，并且有所成效。他重视民力，注重提高农民生产积极性，劝教百姓勤耕勿懒。为有针对性地指导农业生产，他深入考察关中平原广大地区的农业生产情况，从而全面掌握了关中地区的农业生产资源的信息，故而，他教育指导关中地区的农业生产时，"得时之和，适地之宜"，符合关中当地的农业生产实际，使得"庶尽地力"，最大限度提高亩产量，达到"田虽薄恶，收可亩十石"①的产量。氾胜之通过亲身农业实践，总结农业生产经验，形成了自己的农业教育思想体系，撰写《氾胜之书》这一我国古代最早的农学专著，以传授先进农业技术，促进农业教育发展。

（三）农书教导与传播活动

农书是农业知识的传承和交流的载体，学习农书也是我国古代比较传统、常见的一种农业教育活动，对促进农业知识的交流和传播，具有重要作用。

专业性较强的农书，一般是由官员研习，掌握先进的农业技术，作为教化百姓的教材。另外，一些地主也会学习农书，以便管理和经营自己的田地。秦汉时期，具有系统专业的农业教育内容的专门农书并不少，这些

---

① 石声汉：《氾胜之书今释》，科学出版社1956年版，第3页。

著作有助于农学技术的传播。成书于公元前239年的《吕氏春秋》，堪称世界最早的农学著作。书中有很多专门记录农业生产技术的篇章，涉及农业经济、农业生产法则等方面。其中，《任地》《辨土》《审时》三章，既宏观介绍了土壤知识、时令知识、植物生长环境等经验，又记录了耕作、种植、收割等具体农业技术，甚至细微到改良土壤、适时种植、抗旱防虫之法，是我国古代农业教育的典范教材。自汉代以来，我国专门农书逐渐增多，据《汉书·艺文志》记载，汉代农家有9家114卷之多。[1] 其中，《氾胜之书》和《齐民要术》为主要代表的专业农书，推动劝课农桑活动的发展。

《氾胜之书》是氾胜之所著，总结其农业生产实践经验。该书运用观察、试验等方法，探索农业发展的规律，详细记载种植方法和先进的农业科学技术，劝导百姓重视农业，提高农业生产力，推动当时农业技术的传播，促进农业教育发展。《齐民要术》总结公元386年以前我国农学经验，收录了典籍经传、农谚资料、老农经验和作者贾思勰的实践经验，是一部集大成的著作。

农家月令书虽不是严格意义的专业农书，但也是农学教育的重要教材。月令是指一月的行程安排，计划该月应做的事情。月令书是在规划政事与生产生活的基础上编写而成。崔寔所作的《四民月令》，是我国第一部正式的农家月令书。崔寔出生于士大夫家庭，家里有大庄园。从小攻读各种史书、典籍，学识渊博，后来开始参与庄园管理。在庄园管理过程中，他一方面要安排农业生产活动，一方面要经营种桑、酿造、纺织等副业的生产活动，还要将庄园生产的物品对外出售。在经过一段时间的经营之后，他逐渐摸索出按照时令组织和安排农业生产活动的程序，并编写成月令书。《四民月令》把农业生产活动和以农业生产为基础的工商业经营结合起来，以农事作物的生产时令为根据，合理安排农业生产活动。

可见，《四民月令》内容丰富，指导庄园管理者经营农业生产和改善农业管理。虽然《四民月令》涉及农业和商业贸易等内容，但以农业生产为主，体现季节鲜明特点，对全年的农业生产，按照月份加以规划，是一部切实可行的计划书。《四民月令》对农业生产和管理，都有借鉴意义，

---

[1] 张景书：《中国古代农业教育研究》，博士学位论文，西北农林科技大学，2003年，第47页。

开创了古代独具特色的面向生产者和生产管理者的农学教材的新体例。

农学并不是古代的主流学科，劝课农桑活动是社会教化活动，具有较强的随机性。用于劝课农桑活动的"农书"，不仅是专业性较强的农书，还包括统治阶级所颁布的诏书、文告等规范百姓农业生产的文件，以规范和约定的形式，劝导百姓按照自然规律开展农业生产。《汉书·货殖传》曾记载："辨其土地、川泽、丘陵、衍沃、原隰之宜，教民种树畜养；五谷六畜及至鱼鳖、鸟兽、䓲蒲、材干、器械之资，所以养生送终之具，靡不皆育。育之以时，而用之有节。"这些规定，体现了朝廷教化百姓，按照时令开展农业生产活动，劝导百姓遵循自然规律。

这些"农学教材"，有的是农学家根据农业生产经验编写的专业性农学专著，有的是根据自身经验总结的有关农学生产和经营的农学著作，有的是朝廷颁发教化农民的诏令文件，官员、农业生产者和经营者，都能从农书中学习农业生产知识，进一步提高农业生产技术，推动我国农业的发展。

（四）农民自身传授农术活动

秦汉时期，农民之间开展的农术传授活动，是最基本的教育活动，也是最直接的传授农业生产经验的活动。并且，农民自身传授农术的活动形式，丰富多样，提高了农民生产技术水平。

家庭传习是主要的传授农术活动的形式。古代一般是"农之子常为农"，农民的孩子，从小跟随父母学习农业生产活动。在生产劳动的实践活动中，父母言传身教将农业生产技术和经验传递给孩子。

农民之间相互求教也是农民教育的重要活动，尤其有经验的老农，对年轻一代进行示范和口授的劝教活动。由于长期从事农业生产活动，一部分农民总结和积累农业生产经验和技巧，结合当地的自然条件，掌握了农作物种植方法和农业生产规律，基本掌握了相对固定的农业生产流程。在遇到困难时候，农民之间互相讨论交流，年轻农业向老农请教种植经验。老农将农业生产技术和经验传授给年轻一代，培养新一代的农业能手，不断推陈出新，推动农业教育的发展。

农谚的传播，是农民传播和教授农术的重要活动。农民将一些耕作经验编成简短易懂且朗朗上口的农谚，其内容涉及粮食作物、经济作物、气象等多个方面，囊括了农业生产活动的方方面面，具有较强的包容性。大多数农谚较短，生动活泼，比较容易识记，便于在传唱过程中传递农业生产经验。例如，"无牛不成农，无猪不成家""猪是农家宝、粪是地里金"等谚语，强调了牛和猪对农业的重要性，教育百姓要重视牛和猪的养殖，以促进农业的发展。农谚的传唱，劝导人们重视农业生产，传播先进农业发展技术，口口相传，世代沿袭，成为大部分目不识丁的农民，劝教和传授农业生产经验的重要活动。

二 《氾胜之书》与《齐民要术》的农业教育

农书对农业教育发展具有重大的作用，《氾胜之书》和《齐民要术》，是我国著名的农学著作，总结了农业生产经验，传授先进农业生产技术，推动中国农业和农业教育的发展。

（一）《氾胜之书》中的农业教育

《氾胜之书》是西汉时期农学家氾胜之深入调查研究，总结实践经验，倾心撰写的农书，是我国古代最早的个人农书专著。它内容丰富，包括土壤耕作、种子选择、播种收获、贮藏、种、区田方法等，涉及禾、黍、稻、豆、麻、瓜、瓠、芋、桑等13种作物的栽培技术。《氾胜之书》教育百姓重视农业，系统传授先进的农业生产技术，是劝课农桑的重要读物。

《氾胜之书》格外强调农业的重要作用，劝课农桑，劝诫人们重视和从事农业生产活动。第十八部分杂项曾言："神农之教，虽有石城汤池，带甲百万，而无粟者，弗能守也。夫谷帛实天下之命。都尉前上蚕法，今上农事，人所忽略，都尉勤之，可谓忠国忧民之至。"这句话意在强调粮食和布帛是人们的生存之本，是国之大计。

农业生产技术是《氾胜之书》重要组成部分，其书中记载了氾胜之发明和总结的农术。如区种法和溲种法、耕田法、种麦法、种瓜法、种瓠法、桑苗截干法等，传授农民当时最先进的生产技术。与其之前的农书相比，《氾胜之书》的农行生产技术教育体现以下特点：

1. 整体性

在研究和传授耕作技术时，该书认为，农业生产活动是环环相扣的整体，注重天时、地利、人力相互结合的农业耕作原则。耕作技术要树立整体理念。"凡耕之本，在于趣时，和土，务粪泽，早锄，早获。"[①] 农业种植分为六类：第一，"趣时"是指掌握时令，及时播种；第二，"和土"

---

① 石声汉：《氾胜之书今释》，科学出版社1956年版，第3页。

是指利用和改良土壤，主张采用区种法；第三是"务粪"，及时施肥，采用"溲种法"；第四是"保泽"，要求及时灌溉，保障水分；第五是"早锄"，及时去除杂草；第六是"早获"，要求及早抓住收获时机。

2. 专业化

《氾胜之书》遵循总论分述的原则，先总体介绍耕田及其原则，再论述播种法与区田法，最后分别谈及种麦、种豆、种瓜以及桑麻等具体作物的栽培技术。并且，每种农作物自成一章，以便于将种植技术要点论述清晰，便于学习者掌握技术，具有很强的针对性和指导性。

3. 精准性

与之前的农书不同，《氾胜之书》将具体的数字，运用在农业技术教育中，如在解释区田法时，"以亩为率，令一亩之地，长十八丈，广四丈八尺；尺直横凿町作沟，沟一尺，深亦一尺。"[①] 另外，该书还清楚地介绍了大豆、芝麻等作物的行距多和株距的具体数值，该书采用准确的数字，解释操作过程，一目了然，可操作性强，便于农民在实际种田过程中加以运用。

4. 通俗易懂，简便易行

《氾胜之书》不仅传授农业科学技术的原理，还以简单易懂的语言阐述具体的实施操作。例如，《氾胜之书》认为"春冻解，地气始通，土一和解"，春天解冻之后，土壤达到适度湿润，这是进行耕地的最佳时机。如何判断地气通顺，土壤湿度适宜呢？该书也教授农民具体的方法"栋橛木长尺二寸，埋尺，见其二寸；立春后，土块散，上没橛，陈根可拔"[②]，把一根一尺二寸长的木桩，打进土里去，让其一尺埋在地面下，二寸露出地面上。立春后，土块碎散，向上泛起，如果把露出地面的二寸木桩埋没了，往年的逾年的宿草也可拔去，那么，就意味着地气通顺。这种方法简单易懂，便于学习者可以通过具体实践的操作，掌握农业技术。

5. 农业生产技术教育与管理教育相结合

《氾胜之书》也教授农业管理的知识，便于农民计算农业投入与产出。书中对作物的施肥、下种、亩产收入等方面，以具体数字进行计算管理，如"区种，天旱常溉之，一亩常收百斛。上农夫区……一亩三千七百区。

---

① 石声汉：《氾胜之书今释》，科学出版社1956年版，第40页。
② 石声汉：《氾胜之书今释》，科学出版社1956年版，第4页。

一日作千区。区种粟二十粒,美粪一升,合土和之。亩用种二升。秋收区别三升粟"①。将耕地的人力、施肥、收成等,投入精细计算,体现我国精耕细作的思想,经营管理的准确程度,达到很高水平,适合我国小农经济的需要,更易受我国农民认可。

此外,该书还有商品生产与成本盈利核算的内容,氾胜之教给农民可以利用薤、瓜、豆三者生产季节的不同,穿插种植,在种瓜瓮的周围种上十株薤。到了五月,瓜将要成熟的时候,为了避免妨碍瓜的生长,可以把薤拔出来卖,也可以在瓜田里种上小豆,把豆叶作为蔬菜来卖,这个方法比只种一亩瓜可以多收约一万文钱。这也体现了综合性的特点,不单纯教授单一种植,而是将多种作物混合经营,更有效地利用土地,增加农民收入。

(二)《齐民要术》中的农业教育

《齐民要术》是中国现存最早最完整的古代农学著作,作者是南北朝时期的贾思勰。据考证,贾思勰曾做过高阳太守。在任职期间,他重视农业生产,开展劝课农桑的活动。在告老还乡之后,他着手整理农业生产经验,并且撰写农业生产著作。贾思勰通过"采捃经传,爰及歌谣,询之老成,验之行事"四个渠道总结农业生产经验和技术,把几十年收集的资料,加以整理分析,历时十一年,终写成《齐民要术》。"齐民"意为平民百姓,"要术"意为谋生的方法技术。《齐民要术》收录了农业生产技术和经验,可作为农业生产的指南,指导和传授农民生产技术。此书深受历代百姓的推崇,成为教导百姓农业科学技术的教材。

《齐民要术》共有十卷,总计九十二篇,约十一万字,主次分明,有条不紊。全书贯穿南北,主要记载了黄河流域下游地区的农业生产知识,也包括了南方及其他地区的农业教育。全书内容几乎涉及农业生产生活的方方面面,主要包括了农艺、蔬菜、果树、林学等知识,可谓是农业的大百科全书式。

1. 重农务农兴农的思想教育

农业关系国计民生,应给予充分关注。《齐民要术》重视农业生产教育。《齐民要术·序》言"盖神农为耒耜,以利天下;尧命四子,敬授民时;舜命后稷,食为政首;禹制土田,万国作乂;殷周之盛,《诗》《书》

---

① 石声汉:《氾胜之书今释》,科学出版社 1956 年版,第 42—43 页。

所述，要在安民，富而教之"①。开篇以神农、尧、舜、禹以及殷周为例，力证农业对于治国安邦的重要性，以此教育百姓重农务农兴农。

农业教育具有重大作用，教导人们务农兴农有利于改善人们生活条件。《齐民要术》以大量的实例，说明劝农课桑，开展农业教育可以帮助人们解决温饱和生存问题。例如，茨充为贵阳令时，当地百姓不重视农业生产，不兴种桑，故而人们没有纺纱织布的原料，人们的穿着简陋，很少穿鞋，很多人被冻到脚裂出血。茨充开展劝课农桑活动，教导人们种植桑、养蚕织鞋，又下令种麻，解决人们缺衣问题。《齐民要术》列举14个案例，说明农业教育为人们生活带来的成效，改善农民生活，以此强调农业教育的重要性。

2. 农业生产技术教育

《齐民要术》系统总结了后魏（386）之前的农业生产技术，又加以创新农业各个方面的技术和方法，详细论述了与农业发展相关的耕作之法，以及各种生产、栽培、饲养技术，还包括了酿酒、制醋、造酱、制糖等。《齐民要术》传授农业生产技术具有以下特点：

第一，突出学习掌握耕作之法的重要性。《齐民要术》首先肯定耕作技术的作用，主张百姓应懂得耕作之法。"人生在勤，勤则不匮，若昧于田畴，则多匮乏。只如稼穑之力，虽未逮于老农。"② 他认为，勤于务农则生活不会匮乏，但只是盲目耕种，凭借人力务农，虽勤快也会匮乏。百姓只有勤于劳作，学习和掌握先进耕作之法才能"不匮"。以此劝导百姓学习先进农业生产之法。

第二，精耕细作，符合我国农业发展实际。精耕细作是中国传统农业的主要特点。"凡人家营田，须量己力，宁可少好，不可多恶。"③ 相比粗放式的种植方式，精耕细作更强调生产技术的运用，注重亩产量的提高，学习和掌握先进的农业生产技术，是提高生产效率的重要方法。贾思勰在传授土壤耕作技术时，符合我国精耕细种的农业生产模式。

《齐民要术》教育人们根据不同的情况，要有初耕和第二遍耕；有深耕和浅耕。"自地亢后，但所耕地，随犁盖之；待一段总转了，即横盖一

---

① 缪启愉、缪桂龙译注：《齐民要术译注》，上海古籍出版社2009年版，第1页。
② 缪启愉、缪桂龙译注：《齐民要术译注》，上海古籍出版社2009年版，第17页。
③ 缪启愉、缪桂龙译注：《齐民要术译注》，上海古籍出版社2009年版，第17页。

遍。计正月、二月两个月，又转一遍。"为了防止干旱，耕完第一遍地之后要盖上，正月、二月还要再耕一遍。"凡秋耕欲深，春夏欲浅……初耕欲深，转地欲浅。"① 耕地深浅根据季节调整，冬季时土地长期不用，深耕将土心翻上，经过冬天风化，使土壤变熟。而春夏耕后要即将要播种，深耕则不利于农作物生长。耕地程序多样，根据不同情况决定耕地的深浅程度，完全适合精耕细作的农业传统，易受到人们的认可，吸引更多人学习《齐民要术》。

第三，注重因时制宜和因地制宜教育。该书教育百姓根据时令开展农业生产活动。例如，书中极为重视农作物的播种时机。"二月上旬及麻、菩杨生种者为上时，三月上旬及清明节、桃始花为中时。"② 可见，该书对明确规定谷物适宜的种植时间，具体到其播种的上时、中时和下时。同时，《齐民要术》教育人们掌握土壤情况，根据不同农作物对土壤湿度、肥薄等的不同要求，进行种植，并且明确农作物所适合的土壤条件。例如，谷可在良田和薄田种植；黍"地必欲熟"；粱秫"并欲薄地而稀"，粱秫要求薄地种植，有助于农民根据土壤的不同，来种植不同农作物，方便实用。

第四，将农业技术教育与农业生产经营教育相结合。该书教育人们合理规划和利用土地，打破单一种植模式，劝导人们实行多种农业经营，提高土地的利用率。书中以十亩地的规划和管理为例，"只如十亩之地，灼然良沃者，选得五亩，二亩半种葱，二亩半种诸杂菜；似校平者种瓜、萝卜"③。可见，《齐民要术》教育人们根据不同的土壤肥力，选种不同的蔬菜，了解不同蔬菜的生长特点，这是农业生产技术教育，同时经营葱、瓜多种农作物，体现农业生产技术教育与农业经营教育相结合的特点。

《氾胜之书》和《齐民要术》的农业教育，内容丰富，涵盖了耕地、作物管理、农业生产经营等各方面内容，传授农业生产技术。两部农书既阐述农业生产技术原理，又提供切实可行的方法，其教育采取讲道理、举事实的方法，一般是介绍做什么，为什么做，怎样做和这样做能取得什么好的效果，符合教育与教学规律，可谓是劝课农桑教材的典范。

---

① 缪启愉、缪桂龙译注：《齐民要术译注》，上海古籍出版社2009年版，第19、30页。
② 缪启愉、缪桂龙译注：《齐民要术译注》，上海古籍出版社2009年版，第52页。
③ 缪启愉、缪桂龙译注：《齐民要术译注》，上海古籍出版社2009年版，第22页。

第六节 医学教育的发展

秦汉时期是我国医学体系的建立时期,此时期《黄帝内经》《伤寒杂病论》等医学著作相继诞生,为医学知识学习提供了教材,也反映了秦汉时期医学教育思想。

一 《黄帝内经》与医学教育

《黄帝内经》简称《内经》,是我国现存的最早的医学典籍,标志着我国基本形成了系统完整的医学体系。《黄帝内经》内容丰富,包括《素问》和《灵枢》两部分。该书记载了"摄生类、阴阳类、藏象类、脉色类、经络类、标本类、论治类、疾病类、针刺类、运气类"[1]等多方面的医学知识;阐述了种类繁多的医学治疗方法,其中详细论述了44类311种疾病的治疗方法,还总结了运用中医传统望闻问切诊断方法的运用经验;提出了"治未病"的预防为主的治疗原则。该书荟萃了战国秦汉时期的医学成就,基本囊括了秦汉时期的医学经验。它是古代医生学习的入门教材,也是深入研究医学的参考书。

可以说,《黄帝内经》标志着我国古代医学教育进入新的阶段,它明确医学教育治民、治身、传后世的功能,规范医学教育内容,所包含的医学教育原则和方法,一直指导我国医学教育的发展,也是当今医学教育重要指南。

(一)认识医学教育的重要性

医学教育承担培养医学人才和传承创新医学知识的任务,是维持医学绵延不断发展的纽带。《黄帝内经》将医学作为"精光大道""大圣之业",充分肯定医学的作用,颂扬医学"上以治民,下以治身,使百姓昭著,上下和亲,德泽下流,子孙无忧,传之后世"[2]。黄帝从社会和个人两方面,论述医学的治民和治身的作用,明确医学治国安民的政治和个人身体康健的作用。培养医学人才和传承医学知识的医学教育的重要性,不言而喻。医学教育培养治病救人的医者,为百姓消除病痛,有助于维护社会

---

[1] 姚春鹏:《黄帝内经》,中华书局2017年版,第7页。
[2] 牛兵占等编著:《黄帝内经》,河北科学技术出版社1994年版,第420页。

安定。同时，医学教育将医术、医道及其核心文化价值"传与后世"，便于学习者继承和创新医学知识。

(二) 培养德术兼备的医者的教育目标

《黄帝内经》认为，医学教育应培养具备深厚的医学理论知识、丰富的医学实践经验和良好的职业道德修养的医者。书中多次强调医学知识的重要性，将医学知识的掌握情况，作为医者的基本标准。同时，该书对学习者在医学知识方面的掌握情况，加以明确区分，分为是"上工"和"下工""粗工"，以十二经脉理论的学习为例，"粗工"学习医学理论时，浅尝辄止，简单学习了十二经脉的皮毛，"上工"深知十二经脉理论复杂深奥，需要深入钻研，"粗之所易，上之所难"[1]。学习医学理论知识不能停留在表层功夫，应该深入研究，以便于掌握精深医理。

《黄帝内经》注重医学理论与实践相结合，记载了大量的实践案例和临床经验。该书教育学习者应掌握临床诊断技术，灵活运用望、闻、问、切多种诊断方法获得患者信息，做出正确的诊断。《黄帝内经》还教育学习者不单单只是使用一种诊断方法，要综合使用多种多样的诊断方法。"知一则为工，知二则为神，知三则神且明矣。"[2] 只知道使用一种诊断方法的是"工"，能够使用两种诊断方法的是"神"，把察色、切脉、诊尺肤三种诊断方法综合运用的医者，才是"神明"的医生。医学诊断治病的前提，对症下药才能药到病除。学习者要想做到"十有九成"，则必须灵活运用多种诊断方法，增加临床实践的经验。

医德是医者的灵魂，合格的医者应具备高尚医德。《黄帝内经》中《疏五过论》和《征四失论》两部分专门论述医德教育。首先，培养学习者认真负责的态度和严谨的工作作风。比如，在针灸时要高度集中注意力，"如临深渊，手如握虎"，既要谨小慎微，又要果断坚定。其次，培养学习者仁德之心，"告之以其败，语之以其善，导之以其所便，开之以其所苦"[3]。耐心对待患者，并且加以开导，建立良好的医患关系。最后，医者应树立严谨的工作作风。如《疏五过论》分析医者治病时常出现五种过错，原因在于"受术不通，人事不明"，医者在未精通医术且不明病因的

---

[1] 张云昌等译：《白话黄帝内经》，河北人民出版社 1995 年版，第 619 页。
[2] 张云昌等译：《白话黄帝内经》，河北人民出版社 1995 年版，第 561 页。
[3] 张云昌等译：《白话黄帝内经》，河北人民出版社 1995 年版，第 131、693 页。

情况下，就为患者诊治极易造成失误。医者应该认真对待患者，严格要求自己，减少和避免出现错误。

(三) 遵循科学性和因材施教的教育原则

《黄帝内经》认为，医学教育应体现科学性的原则。教育学习者懂得自然法则，遵循自然规律。《黄帝内经》开篇探讨了生老病死的问题，科学地阐释了人的身体健康和寿命长短与自然规律相关。如果"法于阴阳，和于术数，饮食有节"，就能"尽终其天年，度百岁乃去"；如果违背养生之道，那就必然"半百而衰"。"向入门学医者进行深入浅出的自然科学观的教育，体现了我国秦汉科技教育的立意高远。"[①] 医学教育应从自然科学出发，遵循科学性的特点，教育学习者根据人的生理变化，进行医学知识的学习。

医学教育还应遵循因材施教的教育原则。《黄帝内经》认为，医学教育对象应慎重选择，《灵枢·官针》提出："得其人乃言，非其人勿传。"[②] 医学技术应传授给合适的人。一旦"传非其人"，则会造成"慢泄天宝"的后果。该书认为，并不是每个人都适合学习医学，应选择合适的人作为医学教育对象，这也是医学专业性的要求。在选择合适教育对象的基础上，各得其人，任之其能。医学教育者根据学习者的不同能力、天赋、爱好等特点，选择适合学习者的教育内容，发挥学习者的特长。比如，《灵枢·官能》详细论述教育者应根据学习者擅长的官能，开展教育活动，目光敏锐的，可以让他望诊；听觉灵敏的，可担任听诊；善于辞令的，可担任咨询、沟通、教学等工作。

医学教育还体现循序渐进和突出重点的教育原则。"善言始者，必会于终，善言近者，必知其远，是则至数极而道不惑，所谓明矣。愿夫子推而次之，令有条理，简而不匮，久而不绝，易用难忘，为之纲纪，至数之要。"[③] 教学过程应是由始至终，由近及远，讲解的内容应条理清晰，层层递进。同时，讲解也要抓住重点，简约明了，便于学习者掌握医学纲纪，记住重点。

(四) 采用多种教学方法

《黄帝内经》主张教亦有方，书中采用了指导观察法、问答法、形象

---

① 梅汝莉、李生荣：《中国科技教育史》，湖南教育出版社1992年版，第201页。
② 张云昌等译：《白话黄帝内经》，河北人民出版社1995年版，第861页。
③ 张云昌等译：《白话黄帝内经》，河北人民出版社1995年版，第311页。

类比法等方法，开展医学教育。

1. 指导观察法

观察法是医学的基本方法，"望闻问切"的诊断过程中，"望"是第一步。指导观察法是教育者培养学习者观察能力的一种教学方法。《黄帝内经》的指导观察法，主要是包括整体性观察指导、分类观察指导和比较观察指导。

第一，整体性观察指导是指从整体出发，全面观察病患。该书教育学习者，不仅要观察病患本身的病情表现，还要与周围环境相联系。比如，书中记载了因饮食好鱼盐而患痈疡的案例："东方之地，天地之所始生也。鱼盐之地，海滨傍水。其民食鱼而嗜咸，皆安其处，美其食。鱼者使人热中，盐者胜血，故其民皆黑色疏理，其病皆为痈疡，其治宜砭石。故砭石者，亦从东方来。"① 这就教育学习者，应树立整体观察的意识，注意从多个方面有层次地开展"望"，将相互联系的事物看作整体，从整体入手观察，以便诊断更为准确。

第二，分类观察的指导。分类观察是具体考察病情的方法，便于深入研究各项病理。《黄帝内经》为学习者提供了分类观察的以天、地、人为分类依据的具体类别。如对人的观察分为五脏（肝、心、脾、肺、肾），七窍（目、耳、口、鼻、二阴），五体（筋、脉、肉、皮毛、骨），五声（呼、笑、歌、哭、呻），五志（怒、喜、思、忧、恐），病变（握、忧、哕、咳、栗），病位（颈项、胸胁、脊、肩背、腰股）② 等。分类指导观察有利于学习者定位病因。需要注意的是，分类观察和整体观察应相互配合使用，将整体与局部联系起来，全方位观察研究。

第三，比较观察的指导。教育者指导学习者通过观察区分不同病情，对比不同病情的特征。例如，引导学习者比较观察健康人与患者以及不同患者的气色，掌握不同气色所代表的健康状况。比如，"赤欲如白裹朱，不欲如赭""白欲如鹅羽，不欲如盐"等，通过对比观察不同的气色，学习者直观感受不同气色的区别，便于准确判断病情。

2. 问答法

《黄帝内经》主要采用问答教学方法阐释医学问题，问答法有助于师

---

① 张云昌等译：《白话黄帝内经》，河北人民出版社1995年版，第64页。
② 梅汝莉、李生荣：《中国科技教育史》，湖南教育出版社1992年版，第206页。

生互动，也有助于启发诱导学习者思考医学问题，问答法要有一定的技巧。

首先，要善问，提问应层层递进，由浅入深，由整体到部分，环环相扣，遵循一定的逻辑顺序。例如，黄帝与岐伯探讨人的生老病死这一问题，询问为何现今之人比春秋时期的人的寿命短，认为是缺乏养生之道，问答之间透露了由现象到本质，最终回归人应遵循自然规律的理论。

其次，要好问勤思。《黄帝内经》教育学习者，要发挥积极主动性，主动提出问题，正如黄帝一样，主动发问，积极思考，提出有价值的问题，培养独立思考的能力。

最后，要注重师生研讨式问答法。师生共同研讨问题，学习者可以向教育者提问，也可以分享学习心得，达到教学相长的效果。《黄帝内经》中也有师生研讨的生动教学案例，例如，《阴阳应象大论》就记载了师生互相交流探讨的情况。

3. 取象类比法

《黄帝内经》运用大量比喻修辞手法，以具体形象类比难以描述的抽象理论，便于学习者掌握深奥难懂的医理。该书取象类比主要采用两种方法：形象描绘和形象类比。形象描绘主要是依托具体形象的语言加以描述，如教授学习者掌握五种不同脉象时，书中言"鼓一阳曰钩，鼓一阴曰毛；鼓阳胜急曰弦；鼓阳至而绝曰石；阴阳相过曰溜"[1]。以具体形象的语言，描述了五种脉搏的主要特征，便于学习者掌握诊脉之法。

形象类比主要是通过依托具体事物类比医学原理，例如，岐伯为黄帝解答十二脏关系时认为，心者，君主之官也，神明出焉。肺者，相傅之官，治节出焉。肝者，将军之官，谋虑出焉。胆者，中正之官，决断出焉。膻中者，臣使之官，喜乐出焉。脾胃者，仓廪之官，五味出焉。大肠者，传道之官，变化出焉。小肠者，受盛之官，化物出焉。肾者，作强之官，伎巧出焉。三焦者，决渎之官，水道出焉。膀胱者，州都之官，津液藏焉，气化则能出矣。凡此十二官者，不得相失也。[2] 岐伯将十二脏比作朝廷官员，不仅描述了每个器官的功能，也道出其在人体中的地位，讲解形象生动，将不易接触的事物，以生活中熟悉贴近之物代替，将抽象的医

---

[1] 张云昌等译：《白话黄帝内经》，河北人民出版社1995年版，第45页。
[2] 张云昌等译：《白话黄帝内经》，河北人民出版社1995年版，第47页。

学理论与现实生活相联系，化难为易，化繁为简，便于学习者掌握医学知识，增加学习的趣味性。

4. 五步学习法

《黄帝内经》注重医学学习的步骤，"诵而未能解，解而未能别，别而未能明，明而未能彰，足以治群僚，不足至侯王"①。学习五步即"诵、解、别、明、彰"。第一步，学习者应诵读医书，"每旦读之"，掌握基本的医学理论；第二步，学习者应深入研究，理解深奥医理；第三步，学习者应在理解的基础上，进行比较分析，别异类比，辨别医理的不同之处，增加诊断的准确性；第四步，学习者应明白医理，"见其色，知其病，命曰明"。结合临床实践经验，将医理融会贯通，准确诊断病情；第五步，学习者发扬光大医理，对医理掌握游刃有余，在博采众家之长的基础上，整理分析医理，去故求新，不断更新医理，丰富医学知识，"以彰经术，后世益明"②。在继承的基础上，提高医学水平，将医学发扬光大。这五步是层层递进的关系，前一步的功课，影响到下一步的学习情况，要求学习者每一步都应认真对待，逐步建立医学理论认知结构。

二 张仲景的医学教育思想

张仲景（约150—219），名机，东汉南阳郡涅阳县（今河南省南阳）人，是我国著名的医学家。他从小天资聪颖，后拜当时著名医师张伯祖为师学习医学。他刻苦钻研医理，精通脉理，颇有造诣。他生活的时代战争频发，疾病流行，百姓生活苦不堪言。据《后汉传·五行志》记载，从汉元帝初六年到献帝建安二十二年这短短的一百年的时间就暴发大疫10次。③

张仲景深受触动，决心为百姓解除疾病问题。他潜心研究医学，勤学古训，博采众方，不断积累实践经验，形成系统完整的医学体系。他的著作《伤寒杂病论》，是我国第一部理法方药完备，且阐述外感疾病与内伤杂病辨证诊治的经典临床著作。他为百姓诊治疾病，还收徒教学，传授医学知识。因学术高超，道德高尚，张仲景被后世尊称为"医圣"。

---

① 张云昌等译：《白话黄帝内经》，河北人民出版社1995年版，第499页。
② 张云昌等译：《白话黄帝内经》，河北人民出版社1995年版，第561、499页。
③ 杜石然主编：《中国古代科学家传记》（上集），科学出版社1992年版，第120页。

(一) 注重医德教育

张仲景医德高尚，不重名利，弃官从医，专心研究医学，为百姓消除病痛。他教育医者不应追名逐利，要潜心研习医理，以救死扶伤为己任。他严斥当时医学不振，风气败坏的现象，"当今居世之士，曾不留神医药，精究方术……但竞逐荣势，企踵权豪，孜孜汲汲，惟名利是务"，他告诫学习者，不应只为名利，追逐富贵。他还从医学的作用方面，阐释医德的重要性，"上以疗君亲之疾，下以救贫贱之厄，中以保身长全，以养其生"①，医学可以治疗君主、贫贱之人，也可救己养生。他将医学置于利国、利民、利己的情景下，以救世的情怀，阐述了医学的作用。故而，他教育学习者要以拯救百姓为己任。

张仲景批评当时医者粗糙的工作方式。"省疾问病，务在口给，相对斯须，便处汤药。按寸不及尺，握手不及足。"②医者看病只是为了口头应付患者，诊治时间短就已开药，诊脉只按寸部不及尺部，只摸手部脉而不管足部脉。诊治如此潦草敷衍，"欲视死别生，实为难矣"。为此，他教育学习者应严谨求实，为患者负责，认真询问患者的病情，望闻问切之后再进行开药，尽最大努力救治患者。

(二) 刻苦钻研，敢于创新的学习观

张仲景教育学习者，应深入研究医理，刻苦钻研，虚心学习前人的医学经验，做到"思求经旨"，掌握医学内在规律和原则，而不仅仅是停留在表面。他认为，医学是复杂深奥的学问，因为医学所面对的是构造复杂的人体。"经络府俞，阴阳会通，玄冥幽微，变化难极"③，人体经脉复杂，时刻在生长变化，每个人都具有特殊性，探究人体构造之理并非难事。只有深入钻研人体结构，研究医学知识，才能将所学之学融会贯通，掌握医理。

博采众方，大胆创新。张仲景认为，学习医学要深入研究，探索医理，在掌握医理的基础上，要大胆创新。他在研究伤寒疾病的药方时，深入研究前人的医书，"撰用《素问》《九卷》《八十一难》《阴阳大论》《胎胪药录》并平脉辨证，为《伤寒杂病论》合十六卷"④。在他之前，关

---

① 强志鹏、时吉萍：《伤寒杂病译释》，甘肃文化出版社2006年版，第3页。
② 强志鹏、时吉萍：《伤寒杂病译释》，甘肃文化出版社2006年版，第4页。
③ 强志鹏、时吉萍：《伤寒杂病译释》，甘肃文化出版社2006年版，第3页。
④ 强志鹏、时吉萍：《伤寒杂病译释》，甘肃文化出版社2006年版，第3页。

于药方的记载和应用并不多见，《黄帝内经》中仅纳入了十几个药方。而《伤寒论》里，就记载有113个药方，在《金匮要略》更是收载有360多个方剂。而且，除了收录之前《本草经》中的药物，他还对众多药方进行整理，对草药的培养比例进行创新，对药物的运用，都有特色的见解，对药剂学的发展，具有重大的作用。

（三）问答与类比教学方法

张仲景为将深奥难懂的医理传授给学习者，采用了秦汉时期流行的教育方法——问答法与类比法。讲解时，他深入浅出，有助于学习者理解医学理论知识。

1. 问答法

问答法是师生互动性较强的教学方法，张仲景主张，应该循循善诱，引发学习者思考。他的提问层层递进，比如，在辨脉法一章中，以连续递进的问题，清楚地描述患者的不同症状。先问"病有战而汗出，因得解者，何也"，再问"病有不战而汗出解者，何也"，又问"病有不战，不汗出而解者，何也"，最后问"脉病欲知愈未愈者，何以别之"①。问题之间存在内在联系，环环相扣，根据不同的病症逐步发问。《伤寒论》中的37个问题，都是类似这种排列，从大到小，从易到难，从应有到理论，逐步阐述医理，富有逻辑性。另外，注意启发诱导，教育者根据学习者的问题，引导学习由表及里，举一反三，为学习者讲解深层的医理，引导学习者深入分析问题。

2. 类比法

与《黄帝内经》相似，张仲景在教学中大量运用比喻的修辞手法，将抽象的医学知识，以具体形象的语言加以描绘。例如，他将人受到恐吓之后的脉象，描绘为"脉形如循丝，累累然，然其面白脱色"②。这一描绘生动形象，学习者可以感受到的手按丝的感觉类比惊恐后的脉象，有助于学习者准确把握脉象。教育者将抽象的医理知识，以具体可感的经验类比，既为枯燥医学理论知识的学习增加趣味性，又让学习者切实感受脉象的变化幅度，增加把脉的准确性。

---

① 湖湘文库编辑出版委员会：《伤寒论·金匮要略·伤寒源流·伤寒杂病论笺》，湖南科学技术出版社2010年版，第14页。

② 湖湘文库编辑出版委员会：《伤寒论 金匮要略 伤寒源流 伤寒杂病论笺》，湖南科学技术出版社2010年版，第18页。

3. 分类比较法

张仲景不仅研究医学理论，还发展了临床医学。临床诊断需要面对复杂多样的疾病，医者在诊断时需要极强的明辨能力，正确地判断疾病的类型。因此，他运用分类比较的方法，培养学习者明辨的能力。

张仲景将医学教育内容分为不同类型，使得学习者直接将不同的医学理论和疾病对号入座。为此，他发明"六经论伤寒"的学说，将伤寒疾病分为六大类，学习者只需将疾病对应到相应的类别中，再加以诊断即可。但是，张仲景也告诫学习者，病情是复杂多样的，不能完全依赖分类进行，要增强辨别的能力，善于比较分析不同病症和病因。

张仲景以分类比较的教育方法，传授医学知识，体现了辨证施治的原则，认识到疾病是变化多样，不拘泥于医理的学习，教导学习者将理论与实践相结合，在诊断的过程中，分辨不同的疾病，灵活地诊断复杂多变的疾病，体现其严谨科学精神。

第三章 隋唐时期的科技教育

隋朝在历史上存在的时间较短，但就整个历史长河而言起到了承前启后的重要作用。隋文帝和隋炀帝在政治、经济、文化、教育等诸多方面，都采取了改革措施，虽然由于战乱等诸多因素的影响，并未得到很好的贯彻落实，但于后世历朝历代尤其是唐朝而言，却起到了重要的作用，其中科学技术的发展，就是一个重要的方面。到了唐朝，社会政治经济更加稳定，科学技术有了进一步的发展。具体而言，社会生产力的发展，对科学技术提出了更高的要求，人们也逐渐意识到，科学技术于日常生活之重要性，提高生产效率，提升生活水平，这都是科学技术应用得当的直观效应，在这样的时代背景之下，隋唐科学技术进一步发展。科学技术的进步，也催生了科技教育的发展，科技教材的选编、专科学校的建立，以及其他形式存在的科技教育，无一不体现了这一点。隋唐时期出现了许多著名科学家，李淳风作为天文历法算学方面的代表备受推崇，孙思邈的养生教育，更是代表了古代医学的杰出成就。

第一节 科技教材的选编

科技教材的选编，是进行科学教育的主要依据，隋唐时期统治者重视科学技术教育，为保证日常教学活动的有效开展，规定了各类专科教育的主要参考书目，算学教育以《算经十书》为主，医学教材则主要包括《新修本草》《司牧安骥集》《甲乙经》等，《步天歌》则是天文学教材的代表。

一 算学教材

据《旧唐书》李淳风本传记载，高宗年间太史监侯王思辨上书，陈述现有的算学著作,杂乱无序且多有错误,不管是用以教学,还是为日常生产活动作指导,都达不到理想的效用,于是,高宗就下令命李淳风与当时的太学助教王真儒、国子监算学博士梁述等人,重新注释和校订十部算经,修订其中的错误,并进行适当的补充,完成之后通行全国。

《算经十书》就是最终的成果,是我国古代十部数学名著的合称,十部著作具体撰写时间不同,分别是汉代成书的《周髀算经》和《九章算术》,魏晋南北朝时期由刘徽编纂的《海岛算经》、编纂者不详的《孙子算经》、张邱建编写的《张邱建算经》《夏侯阳算经》、甄鸾编写的《五曹算经》与《五经算术》(祖冲之、祖暅父子撰的《缀术》)以及唐代王孝通的《缉古算经》。由此可见,十部算经著作大部分成书于隋唐以前,只不过到了唐朝,由专人进行整理而使得其更成体系,其作为科技教材的合法地位,也更加明确化。

其中,《周髀算经》可以算是我国最古老的算学类著作,它作为《算经十书》之首,同时也是我国天文学领域的经典著作。严格来说,它是一本数理天文著作,书中内容大致可追溯到西周初年,经历代增补,于公元前100年前后成书,内容极其丰富。《九章算术》则是中国传统数学体系的奠基之作,是我国古代常见数学问题解法的合集,全书分为方田、粟米、衰分、少广、商功、均输、盈不足、方程和勾股九部分,系统总结了汉初及汉以前的数学成就。

《海岛算经》研究了《九章算术》中没有详细论述的"重差术",著者为刘徽。刘徽发表过很多数学方面具体问题的独到见解,至今仍具有重要意义,现传本《海岛算经》是清代戴震任四库全书纂修官时,由《永乐大典》中抄录出来的九个问题合集。《孙子算经》的内容共分为三卷,"上卷叙述算筹记数的制度和筹算乘除法则。中卷举例说明筹算分数法和开平方法。下卷有'物不知数'问题是一次同余式问题"[①]。

《张邱建算经》,南北朝时北魏张邱建撰,探讨了最大公约数和最小公倍数的算法等差数列的问题,以及关于列方程的"百鸡问题"等。这些问题至今仍是我们中学数学主要探讨的问题,而远在约1500年前的数学家,就关注到这些问题,足以见其优秀的数学涵养。

《五曹算经》可以算是一部通俗实用的数学手册,涉及生活中许多常

[①] 辞海编委会:《辞海·理科分册(修订本)》上,上海辞书出版社1978年版,第9页。

见的数学问题，比如说百姓田亩面积的计算、商品贸易中的交换问题、粮食的税收问题等。《五经算术》是一部学习儒家经典的数学参考书，它的主要内容，是对《诗经》《尚书》《周礼》《论语》等儒家经典中涉及数学问题的地方，进行专门的注释，内容分散。若论其数学价值的话，只能说其有参考价值但极其有限。

《夏侯阳算经》和《缀术》，现已找不到可考的资料，基本上已失传，内容也就无从知晓。《缉古算经》则是一部论述高次方程解法（主要是三次方程解法）的专门数学著作，作者是王孝通，全书共计20个数学问题。

这十部数学著作，汇集了我国唐代以前的主要数学成就，包括各位数学家的理论推算，以及实际中出现的数学问题，是众多数学家的智慧结晶，确实是中国数千年来数学这一学科发展史上的精华所在。李淳风等人不仅是简单地对这十部著作进行整理，而是进行了再创作，纠正了其中一些错误，并对某些问题提出了新的解法，他们的这项工作，可以说对唐以前的数学成就，做了一次全面而深刻的总结，为后世提供了很好的学习书目与研究参考。

656年，唐高宗下令将经过注释和整理的十部算经刊行全国，一方面作为国子监算学生学习的教材，另一方面也作为全国明算科考试的参考书目。唐政府的这一措施，反映了当时整个社会以及统治阶级对于数学的重视，已深刻认识到，数学对于日常生产生活实践的重要性，同时，也深刻意识到应从古典数学著作中汲取养分，促进数学教育的发展。

二 医学教材

（一）《新修本草》

《新修本草》是唐朝重要的医学教材，由苏敬等编著，也称《唐本草》。隋唐以来，政治经济稳定，社会稳步发展，人们的生活经验日益丰富，用药更为细致与专业，新发现的药物品种逐渐增多，再加上隋唐时期中外交流频繁，由国外引进的新药草，日益增多并投入日常使用，然而，此时的旧本草《本草经集注》，却存在着很多问题，如"防葵狼毒，妄曰同根；钩吻黄精，引为连类；铅锡莫辨，橙柚不分"等，同时，民间用药体系等也较为杂乱。这些问题如果不解决的话，以讹传讹，势必会造成无端的灾难。

在这样的情况下，苏敬在显庆二年上书请求修订本草，这一提议得到了高宗的认可，于是，下诏命苏敬、李勣等二十二人参与修订，历经两年的时间修订完成，即为《新修本草》。在整个修订的过程中，广泛收集资料，比如说当时各郡县将当地草药制图并同实物标本一起呈上作为参考资料，同时采纳多方意见，对每一种药物的功效，都详加考证，力求准确真实。编者修订这部本草时对大量的相关资料进行了详细的研究，博采众长并借鉴了当时国内外最顶尖的技术与成果。最终呈现出来的本草图文并茂，便于读者阅读和学习，这种成书方式也为后世所效仿。

《新修本草》全书分三部分内容，即《本草》《药图》《图经》，收集药品数百种，并对每一种药物的产地、习性、疗效等进行了详细记载，是我国古代药物学之大成。成书以后便被列为太医署的教科书，并规定其为平常用药之参考书目。

（二）《司牧安骥集》

《司牧安骥集》，我国现存最早的兽医专著。据《陕西经籍志》记载，是唐李石著，共四卷，是兽医学的重要教材。我国人民从很久之前，就开始用针灸草药等治疗禽兽的疾病，经验丰富。"唐代医学昌明，马政极为可观，本书对马病的诊断治疗有系统的论述。特别对五疗十毒、各种汗症、黄症、结症的论证更为详尽。凡病均有药方和附图。"[①] 本书最重要的内容，就是关于相马与马之常见疾病的论述。值得一提的是，本书对各种病症用歌词表达，易于传播和背诵。

《司牧安骥集》是一部独特的医学类专著，其一是因为其是关于动物的病症诊断及治疗的，其二是因为其行文的诗歌化言语特征，是研究我国兽医学的发展历史必须考究的史料，记录了前人祖祖辈辈由生活积淀的智慧的结晶。

（三）《甲乙经》

在《唐六典·卷十四》太常寺篇中，曾经论述了这个问题，"医博士……掌教授诸生以《本草》《甲乙》《脉经》，分而为业：一曰体疗，二曰疮肿，三曰少小，四曰耳目口齿，五曰角法"[②]。由此可见，《甲乙经》也是当时医学教育的一部重要教材，这是由《甲乙经》本身内容的独特性与先进性所决定的。

---

① 钱玉林、黄丽丽主编：《中华传统文化辞典》，上海大学出版社2009年版，第382页。
② （唐）李林甫等著，陈仲夫点校：《唐六典》卷14，中华书局1992年版，第410页。

《甲乙经》共有十二卷,卷一有十六部分的内容,包括人体五脏六腑等方面的介绍;卷二主要介绍十二经络脉络;卷三介绍人体诸穴,总计六百五十四个穴位,书中详细介绍了各个穴位的位置;卷四是关于经脉及病形脉诊之法;卷五介绍针灸之法,包括一些禁忌及具体操作之法;卷六分十二大论总体介绍人体;接下来的六卷就介绍了具体的病症及针灸之法,不同的病症,有不同的应对之法。比如说人体有四肢发热之病症,每逢风寒就像被火烤一般,这是因为人的阳气盛而阴气虚造成的。热病也有许多种类,始于手臂者,就对手上的阳明穴、太阴穴施针,汗就发出来了;如果是始于头首者,则要从太阳穴入手。

《甲乙经》中内容繁杂但实用价值高,即便于现代而言也是值得参考的针灸学著作,针灸治病要想取得良好的疗效,就必须熟知人体经络及穴位。什么样的病,应从什么样的穴位入手,在《甲乙经》中都有迹可循,明确穴位之后接下来就要看医者的施针手法,这一点就是为医者的个人修养问题,当然有天资聪颖者,但绝大部分还是要靠经验的累积施针,才能更为准确。所以,为医者忌讳的是纸上谈兵之法,许多技能需要实践中消化并掌握。后来此书还传到了日本、朝鲜等国,在国际上的声望也颇高。

三 天文学教材

《步天歌》采用七言的诗歌体,对全天星官进行描述,文辞浅显,通俗易懂,读来不费工夫,朗朗上口,易于背诵。其内容包括对星体的形状、位置、数目、亮度等的描述,具体行文依三垣二十八宿法确定先后顺序,即分紫薇垣、太薇垣、天市垣三垣,二十八宿则一宿一区,共计三十一区,具有十分鲜明的星空分区观念。《步天歌》的产生,既是科学与艺术结合的产物,更是科学走向民众、深奥化为通俗的成功范例之一。

众所周知,唐朝是一个文化极其昌盛的时期,天文学也不例外,《步天歌》正是这种文化繁荣、文化碰撞、文化普及、文化下移之下的产物。作者的本意,是为了使天文星象知识更容易地为更多的人所掌握,而不是简简单单地对知识进行阐发,在行文编排的过程中,充分考虑群众的接受能力。诗歌作为一种老少皆宜且流传度极高的形式,就为作者所青睐。

作为隋唐时期人们学习的重要教材,以上关于数学、医学、天文学等方面的著作,不仅是对前人重要贡献的总结,而且集中了当时当地各行各业领先人才的智慧结晶，不仅对当时数学、医学、天文学等的发展，做出了重要贡献，而且为后人研究提供了重要的史料，具有独特的价值。这些教材内容而先进，兼具理论价值与实际效用，编排方式新颖独特，图文并茂，利于学生的学习与吸纳。

第二节　科学专科学校的建立

到了隋唐时期，逐步形成了系统化进行科学教育的学校体系，主要包括医学、算学、天文历法等专科学校，这些不同种类的科技教育，分别由不同的政府机构掌管，比如医学隶属于太常寺，算学归国子寺管辖。不同类型的专科学校，在具体的规定方面有所差异。

一　医学专科学校的设置

首先，隋唐统治者对于医学十分重视，这为医学专科学校的建立，提供了最基本的前提条件。其次，随着社会经济的发展，人民的生活经验日益丰富，对于医术有着更高的要求，为提高医学水平，专门教授医学也就显得格外重要。而且医学发展到隋唐时期已取得较高的成就，可以广为传播的内容很多，医学专科学校应运而生。

（一）学校的设置

1. 隋朝医学专科学校的设置

隋统一全国以后，政治经济相对稳定，在前代基础之上，建立和完善了太医署。作为主管医学教育的专门机构，太医署承担着教授学生各种医术的使命，这是医学专科学校专门化发展的开端。在《隋书·百官志》中写道，隋朝的太常寺，可以管理太医署，有太医令、丞、主药、医师、药园师、医博士、助教、按摩博士、咒禁博士等职位，分管不同专业的教学工作及日常管理。

隋炀帝时又增设医监、医正的职位作为补充，进一步规范医学专科教育。太医令作为行政人员，掌管太医署的政令，同时掌握各种医疗之法，丞是太医令的助手。医师、医正主要是作为医护人员负责行医治病，而诸博士及助教除行医外，最主要的就是他们教学人员的角色，负责教导学生学习医术。隋朝太医署的医学教育，分医学教育和药学教育两部分，并分设医学科、按摩科、咒禁科、药学科四科。

据《隋书·百官志》记载，医学科有两名博士，两名助教，两百位医师，一百二十名医学生，医博士主管教学任务，教授学生诊病和治疗方法。按摩科设有两名按摩博士，一百二十名按摩师，一百名按摩生，按摩博士主要教授的是人体经络和穴位的按摩方法。当然，要掌握针对不同地方的不同按摩之法，就需要熟悉人体经络的走向及穴位的具体位置。药学科则有两名主药，两名药园师及若干学生，主要教授的是不同种类药材的产地、种植方法、药性等。

2. 唐朝医学专科学校的设置

到了唐朝，社会逐步稳定，经济得到进一步发展，尤其是商品贸易的繁荣，促使整个社会蓬勃发展。在这样的社会背景之下，医学专科学校也进一步规范化和正统化。唐朝的医学专科学校，除正规的学校设置以外，还包括职官性质的学校。

（1）国家教育行政系统的正规学校

首先是中央医学，唐朝的中央医学校继承隋制，仍然设在太医署，太医署由太常寺掌管，也分设四科进行日常教学，即医、针、按摩和咒禁四科，与隋朝所不同的就是针灸单设一科。《新唐书·百官志》中标明，抛开医官来看，相关的教职人员有具体的规定："设立医博士一人，正八品上；设助教一人，从九品上"；"针博士一人，从八品上；助教一人，针师十人，并从九品下"；"按摩博士一人，按摩师四人，并从九品下"；"咒禁博士一人，从九品下"。同时，明确规定了医学招收生员的数额："可招收医生四十人，针生二十人，按摩生十五人以及咒禁生十人。"

医科设有医博士一名，辅之助教一名，教管四十名学生，学生们先学习经典著作再分专业科系学习专业知识。医博士作为医科教师之长，地位尊崇，助教帮助医博士来进行教学。除此之外，还设置了医师二十人，医工一百人，他们不仅要帮助博士和助教进行日常的教学工作，还要指导学生进行实际操作，同时，还承担治疗患者的职责。医科学生所修的公共课程，包括《明堂》《黄帝针经》《素问》《甲乙》《本草》《脉经》。

学习《明堂》是为了了解人体基本穴位，学习《本草》是为了做到最基本的辨别药物，知其形态以及药性，《脉诀》则记载了号脉之法，《素问》《黄帝针经》《甲乙》《脉经》则是巩固前述知识的学习，进行更深入地了解。后又具体细分为不同的专业，包括体疗科（等同于如今的内科）、少小科（等同于儿科）、疮肿科（等同于如今的外科）、耳目口齿科（等同于如今的五官科）以及角法科（等同于针灸科，涵盖拔火罐等项目）五科，学习时间也分别为七年、五年、五年、二年、二年。四十名学生分为两组，每组共二十人，其中分派十一人学习体疗，学习疮肿科三人，分派少小科三人，专修耳目口齿两人，剩余一人习角法。

针科，设立一名针博士，一名助教，十位针师，二十位针工，二十名针生。针生学习的专业课程主要包括《素问》《黄帝针经》《明堂脉诀》《神针》等经典著作及九针之法。九针则是指镵针、圆针、鍉针、锋针、铍针、圆利针、毫针、长针、大针，主要用于临床实践。除此之外，他们还兼习《流注》《偃侧》等图，《赤乌神针》等经。

按摩科，设立一位按摩博士，四名按摩师，十六位按摩工，十五位按摩生。按摩博士由隋朝的二十人变为一人，按摩师由隋朝的一百二十人变为四人，按摩生则由一百人变为十五人，不管是老师也好，学生也好，数量都骤减，由此可见，按摩教学在唐朝已被大大削弱。按摩生主要学习的是导引之术，治疗人的八大疾病，风、寒、暑、湿、饥、饱、劳、逸，以及治疗跌打损伤之法。

咒禁科，设立一位咒禁博士，八位咒禁工，两位咒禁师，十位咒禁生。咒禁生学习的主要是祛除鬼魅之法，包括存思、禹步、营目、掌决、手印五法。在进行教学时，首先要禁止食荤，而后于坛场斋戒，然后，才可进行具体内容的讲授。所学习的内容与形式，在我们今天来看有迷信的成分在，但这是特殊时代的特殊产物，与唐代佛道二教盛行有关。

其次是地方医学。除中央医学外，唐代还建立了地方医学教育制度，政府提倡地方官办医学，而且也鼓励私办学校。《唐六典》载："医学博士以百药治疗平人有疾者，下至执刀、白直、典狱、佐、使，各有其职，州县之任备焉。"[1] 同中央医学相比，地方医学规模一般都较小，医学博士及助教大都各设一人，学生10—20人不等。在实际的发展过程中，地方医学随时局的发展时断时续，在曲折中前进。地方医学一般具有服务百姓的性质，地方医学中的老师和学生，不仅进行教与学的活动，还要为百姓治病配药，缓解民众之疾苦，比如，《新唐书》在叙述地方官制时，强调"掌辽民疾"等。[2]

---

[1] 袁文兴、潘寅生主编：《唐六典全译》，甘肃人民出版社1997年版，第739页。
[2] 王振国主编：《中国古代医学教育与考试制度研究》，齐鲁书社2006年版，第175页。

(2) 属于职官"官学"性质的学校

除了上述的正规教育之外，京师的医学教育，还包括了职官性质的教育，其一，是招收16岁以上普通百姓的子女，到京师的医药园学习，学成毕业以后可直接留在药园作为药师。太医署专设药园一所，承担与药物相关的职责，药园作为一个独立的存在，不仅是栽培种植药材的场所，还承担着培养精通药学专门人才的任务。除此之外，还要为其他各科学生学习期间进行辨药物、识药性活动时提供场所。药园的学生，在药园里边学习药物理论知识，边进行实践活动，最长学习时间为9年，学成以后就可作为药园新的教师。

其二，是根据《新唐书·百官志》记载，在太仆寺设立四名兽医博士，兽医六百人，以及百名学生，学习兽医的学生多为庶人子弟，在入学之前要进行考核，学成之后补兽医，学得特别精进的学生，可晋升为博士，这是我国古代药物学和兽医学专科教育的开始。

这种职官性质的医学教育，作为正统学校的补充，丰富了医学教育的内容和形式，学习药学是学习医学的必要准备，不识药物则无法成为一名合格的医师，至于兽医学的产生，更是一大创举，将治疗的对象，扩展到动物身上，体现了医者强烈的人文情怀，为后世兽医学的发展，奠定了良好的基础。

(二) 学校管理制度

唐朝的医学专科学校，在学生与教师的日常管理上，同样也有一些明确的规定。

首先，关于担任医学"老师"的要求。医博士、按摩博士、咒经博士"取医人内法术的优异者为之"(《养老令·疾医令》)。何谓"法术的优异者"，一是要对医学典籍烂熟于心，二是要有高超的医术，在实践中有丰富的经验，也就是理论与实践都有所长的医者，才可胜任教授别人的官职。

其次，关于学生的要求。医学专科学校明文规定了学生的入学顺序：第一是学生要具有医学世袭职务"药师"称号，也就是子承父业的人才有资格入学；第二是家族三代以上从事医学职业的家族，生长在这样家族的学生，一般医学素养都极为深厚，从小耳濡目染，是优质的生源；第三是录取普通百姓中天资聪颖且年龄在十三岁至十六岁中的子女，但是，这些一般以五品以上的子孙为首选。同传统经学教育中的学生一样，医学生也讲求"束脩"之礼，以示对老师的尊重；并且，要求医学生在进行专业学习的同时，不能从事其他杂事，学医者必须专心致志，深入钻研，投入其中方可学有所成；医学生的课业甚重，但也有休息的时间，与太学生的假期相同，医学生在旬假、田假、授衣假等日期时也会休息。

医学生在学习过程中，不仅要学习规定的课程，还要在固定时间参加考试和实习，考试包括月考、季考和岁考。月考是每月一考，由医学博士主持；季考顾名思义是一季度一考，由太医令丞主持；岁考就是一年一度的终极考试，由太常丞主持。定期参加考试，一月一小考，一季一中考，一年一大考，可以及时对学生的学习成效，进行检测与评估，有利于督促学医者更加努力学习。实习成绩则作为考试成绩的补充，来考查学生，实习成绩的判定，一般是以治愈患者的数量为依据。学生学成毕业以后，根据不同成绩授予不同的职位，可以选择留在太医署任教，也可选择做一个到处行医治病的医者。如果学生学习了九年成绩仍不合格的话，就对其做出不予毕业勒令退学的处分。

二 算学专科学校

随着社会、经济的发展，实际生活的很多方面，都对数学以及数学专门人才提出了更为广泛且更为严格的需求，显然传统单一化的经学教育，已不能满足这一时势，于是，具有专科学校性质的算学教育，便应运而生。隋唐时期中央专门设有"算学"，作为"六学"之一，承担着数学教育的任务。

关于隋朝算学专科学校的建制，依据《隋书·百官志》所写："设有隶属于国子寺的算学博士二人，算助教二人以及学生八十人。"《旧唐书·职官志》载"隋始置算学博士二人于国庠"。可见，算学教育在隋朝已具备一定的规模，对于教的人、学的人、学习的地方、管辖的机构等，都做出了规定。

唐初废算学，656年复置，三年以后又废，龙朔二年又复。从龙朔二年起，唐朝的算学生，分别于两处不同的地方就学，其一是长安，另一处是洛阳。由此可见，唐代算学时兴时废，招生也有多有少，经历了比较曲折的发展。唐代算学的建设，有博士二人，从九品下，助教一人，学生三十人，唐代算学归国子监管辖。

唐代关于算学学生的入学资格，有着明确的规定，八品之下文武百官之子弟及庶人子弟有入学资格。由此可见，算学生的入学资格，要比同时期的国子学、四门学、太学等要求低，给予了普通百姓更多的机会，算学虽然得到发展，但其仍处于跟其他传统经学教育不平等的地位。但也正是由于入学资格条件的放宽，更多的人进入算学教育体系，唐代算学教育才焕发出别样的生机。算学生按照其所学习的课程可以分为两班，第一班学生学习《九章》《海岛》《孙子》《五曹》《张丘建》《夏侯阳》《周髀》和《五经算》；第二班学生学习《缀术》和《缉古》。

此外，两班学生除分别学习上述科目外，还要兼习《记遗》和《三等数》。两班人数，唐前期各十五人。第一班学生的学习年限为七年，这一班学生学习《九章》和《海岛》的年限最长，可达三年，接下来是《张丘建》和《夏侯阳》两部著作，各花一年时间完成，剩下的四本两两合计一年完成，《五曹》《孙子》在一年内完成，《周髀算经》《五经算》同样在一年之内完成。第二班的学习年限为五年，其中《缉古》学四年，《缀术》学一年。

唐代算学要求学生不仅要掌握数理之道，还要会实际运算，理论涵养与实践能力要兼具。同医学教育一样，算学教育也注重考试。算学学生在学期间，十日便一考，称为旬试，除旬试之外每年还有年试，在经历七年或五年的学习，全部学业完成之后，还要参加国子监考试，如果国子监考试成绩也合格的话，便可参加省考。算学专科学校培养了大量优秀的算学人才，弥补了这一人才需求的缺位。

三　天文、历法专科学校

隋朝的太史监，是专管天文历法之机构，在其中设立了专科学校，以培养专门的天文历法人才。到了唐代，太史监屡改名称，前后曾被命名为秘阁局、深仪监、太史监、太史局、司天台等。虽然名称经历了数次变革，但太史监的职能不变，作为一所行政机构的同时承担着研究与教授天文历法的作用，在其中学习的学生毕业以后，既可留在太史监任职，也可到其他部门求职，属于专科学校教育的性质，在该处学习的学生不参加科举考试。大致可分为天文、历法、镂刻三科，均设有博士执掌教学，其中天文博士二人，历博士一人，镂刻博士九人（或六人），学生分别为九十人、五十五人（或六十人）、四十人（或三百六十人）。实际的建制，在不同的时期有不同的变化，具体如下。

太卜署教学生占卜之法和驱鬼术，设有博士、助教和卜师，学生学成以后可选择直接留本署就业。司天台，隋朝称太史监，唐初改为太史局，是最为典型的具有天文历法专科学校性质的机构，名称虽经历了数次变革，但职能不变，担负的是观察天象、确定历法之职，同时也承担天文历法的教学任务。在太史监中设历博士一人，天文博士两人，镂刻博士六人，分别教授历法、天文及镂刻之术。监候是隋朝于太史曹设置的官职，有观察天文气里之职责，其中前文观生有九十人。灵台掌天文星象变化并占候，设灵台郎以教学生，学生在开元时六十人；乾元初五十人。漏刻设漏刻博士掌教学生习漏刻术，漏生四十人，漏刻生三百六十人。学生学习的是漏刻节点，生源以庶民中的少年及青年为主。掖庭局设宫教博士，教宫人书法、算术和众艺。

隋唐的天文、历法专科学校，很多都具有"宦学"的性质，在具体建制方面，不如医学、算学等完备，设置稍有混乱，传授的知识，也不够系统，同时也不够深入，但注重实用性，是我国古代科技教育的一大补充，为后世发展奠定基础，其注重观察与验证的教学方法，更是值得借鉴。

医学、算学、天文历法等专科学校的设置，使得整个专科教育更加专业化，学校体系更加明确化。它标志着新兴的科技教育，在传统的经学教育之外，开始占据一席之地，极大地丰富了人们的学习内容，扩展了教育的对象，为社会生产生活等方方面面，提供了更为细致的指导，适应了社会发展的潮流。科学技术的进步与科技教育的发展，相伴相生，促进社会的进步，并对朝鲜日本等国家产生了直观的影响，意义深远。

第三节　实科教育的其他形式

隋唐时期，官办的科学专科学校，是培养科技人才的主要形式，除此之外，私学家传、佛道传艺、经师兼授、艺徒制，以及蒙养教育中涉及的科技教育、社会性的科普教育等，作为学校教育的补充，都曾培养造就了实科人才。实科人才的培养目标是掌握实用技术、技能，以种类繁多的实践课程体系为主要内容，在专门化学校中学习。

一　私学家传

私学家传包括两种形式，一是私学传授，也就是在某一方面颇有建树的"大家"广收门徒,将自己所学传予弟子;二是世业家传,从小家庭氛围的熏陶以及祖辈所学的传承,都为一代大家的形成奠定了基础。

隋朝天文仪器制作大家耿询师承高智宝,"耿询字敦信,丹扬人也。故人高智宝以玄象直太史,询从之受天文算术"①,此乃私学传授之范例。"张胄元,渤海蓚人也,博学多通,尤精术数……时辈多出其下",当时张胄元博学多才,对天文历法等研究颇为深入,当时的很多大家,都曾跟随其学习,深受其影响。孟诜和卢照邻等人,都曾师承孙思邈学习医术。所谓的私学传授,就是对某一方面(天文、医学等)有兴趣的学子,就去跟随该领域的"大家"去学习,从而精进自己的知识储备,有朝一日也成为一代大师。

唐朝著名天文学家庾俭,出身于一个显赫的天文占星世家,他的先祖庾诜著有《帝历》,是著名的数学家;曾祖庾曼倩注释有一些数学古籍,包括《七曜历术》;祖父庾季才曾为隋朝的著名天文学家;到了唐朝又培养出精通天文、历算的庾俭,被任为唐朝的太史令。②可见,庾姓家族几代都与天文历法密切相关,庾俭从小耳濡目染,受祖辈的教导,最终继承家业,也成为一代著名的天文学家,此乃世业家传之范例。可见,家族私学对学术的继承与传播,起着十分重要的作用。

二 佛道传艺

佛道人士传艺一方面由于隋唐时期佛道盛行,这种大范围传播为其发展提供了良好的条件;另一方面,是因为佛道典籍本身就包含有自然科学知识,在传授佛道经义的时候,这些科学知识自然而然得以传播,比如道教中的炼丹术,就包含有化学的知识。很多我们所熟知的天文历法算学大家,都与佛教或道教颇有渊源。比如,李淳风的父亲李播,就曾弃官为"道",而李播本人天文历法知识就很丰富,李淳风深受其影响才成为一代天文学、数学领域的大家。

再比如唐代杰出的天文学家僧一行,就曾出家为僧,隐居在嵩山,师从普寂。当初,一行到处访求老师,希望能够了解到大衍之数的奥秘,有一次来到了天台山国清寺,听到寺里面的僧人同其弟子进行交谈,并且预

---

① (唐)李延寿:《北史》,中华书局1974年版,第2951页。
② 毛礼锐、沈灌群主编:《中国教育通史》第2卷,山东教育出版社1986年版,第527页。

测到了他的到来，一行甚感新奇，于是，进入寺中拜僧人为师向其学习算法，并最终学有所成。可见，僧一行与佛教颇有渊源。他自身在天文算学领域颇有建树，而他入佛门，随僧人学习，也在算学方面有所长，如此一来，便是佛教人士传艺的典范。

三 经师兼授

经学中的很多内容，都蕴含着分门别类的自然科学知识。因此，历来经师传经都要兼授其中所包含的科学知识。隋唐时期，建立了统一的经学，刘焯、刘炫就是隋朝的经学大师，刘焯通《毛诗》《左传》《礼》等，著有《五经述义》；刘炫自称："《周礼》《礼记》《毛诗》《尚书》《公羊》《左传》《孝经》《论语》，孔、郑、王、何、服、杜等注，凡十三家，虽义有粗精，并堪讲授。"（《隋书·儒林列传》）他们二人对于儒家经史研究深入，且负责讲学，足以见其二人经学造诣之深厚，唐代编撰《五经正义》的一代儒学大师孔颖达，就是刘焯的学生。

他们三人作为当时著名的经学大师，同时也传授自然科学知识，如刘焯极力探索《九章算术》《周髀算经》等书，并将其中的知识，贯穿于日常的教学工作中；刘炫自己就兼修天文历法等学，编有《算术》一卷，在自己的教学中兼授这些知识。这就是所谓的经师兼授技艺。当然经师兼授技艺对经师本身有着更高的要求。首先，要尊重自然科学知识，鄙视自然科学知识的人，绝不可能去传授自然科学知识，态度上的认可，是教授的前提；其次，经师不仅要在经学领域有所成就，还要在某些自然科学领域有所长，这样他才有可教之物。

四 艺徒制

艺徒制是指"在手工工场或作坊中训练徒工掌握技能技巧的制度。"[①] 中国在商周时期就有官营作坊，以父传子或者师授徒的方式，传授手工技艺，这就是最初的艺徒制形式。唐代继承古制，专门设置少府监来管理百工技巧之政，借用皇权在全国范围内，征用各行各业的熟练工匠，并且强制让他们将毕生所学毫无保留地教授学生。

唐朝时社会经济发展迅速，手工业商业都异常活跃，尤其是宫廷之内

[①] 王德有、陈战国主编：《中国文化百科》，吉林人民出版社1992年版，第438页。

各行各业都需要大量的人才,"短蕃匠五千二十九人,绫锦坊巧儿三百六十五人,内作使绫匠八十三人,掖庭绫匠百五十人,内作巧儿四十二人,配京都诸司诸使杂匠百二十五人"①。如此大量的人员需求,仅是传统小型的专科技术学校,已不能满足其需求,而且很多工种并未专门成立专科学校来培养人才。所以,需要艺徒制的方式,来扩大教授范围,才能满足朝廷需要。对于艺徒制而言,师傅与徒弟联系紧密,而且很多教学都是在实际的工作中完成的,是一种技艺传承的直接方式,效果甚好,真正做到了理论与实践相联系。

"诸州市牛皮、角以供用,牧畜角、筋、脑、革悉输焉。钿镂之工,教以四年;车路乐器之工,三年;平漫刀矟之工,二年,矢镞竹漆屈柳之工,半焉;冠冕弁帻之工,九月。教作者传家技,四季以令丞试之,岁终以监试之,皆物勒工名。"② 从这一记载中,可以知道,唐朝的艺徒,主要有五个类型,一是首饰制作工匠,二是制造车辆乐器的工匠,三是制造大刀的工匠,四是制造弓箭油漆之徒,最后是制作衣冠的工人,分别学习四年、三年、二年、半年及九个月。不同的工种学习时间长短不同,这是由工种本身也就是技艺的难易程度决定的,比如制作首饰是一项极其精细的工作,需要掌握难度极大的镂刻、雕花等技术,所以学习的时间最长。

此外,官营作坊训练工徒十分重视考核,既有季试也有岁试,并且要求每一位学徒在自己完成的作品上标注名字,其目的是确保训练出的工匠技能水平。这种艺徒式的工人训练方式,比传统的学校教育更为灵活,与现实联系紧密,同时,打破了家族传承的那种封闭性与保守性,是一种不拘泥于传统先进的教育方式,尤其是对于科学技术相关的教育来说,更是如此。

第四节 李淳风的科技教育思想

李淳风(602—670),岐州雍县(今陕西岐山)人,唐代杰出的天文学家、数学家。他从小天资聪颖,博览群书,著述颇丰。"他的学术研究涉及天文、数学、历法、星占、气象、仪器制造各个方面。"③ 他主持注释

---

① (宋)欧阳修等撰:《新唐书》,吉林人民出版社1995年版,第743页。
② (宋)欧阳修等撰:《新唐书》,吉林人民出版社1995年版,第743页。
③ 陈光崇主编:《中国通史·第六卷·中古时代·隋唐时期》下册,上海人民出版社2015年版,第1189页。

《十部算经》，著作有《天文大象赋》《法象志》《乙巳占》《麟德历》等，其中蕴含着丰富的科技教育思想。

一　天文历法的作用

天文历法的作用，就是通过对自然规律的探究，将其运用于日常生产生活实践中，造福万民。天文历法的本质，就是对自然规律的一种探索。所以，天文历法的最终目的，是探索并运用自然界的规律，并指导人们的生产生活。

二　天文历法的地位

天文历法的最终目的，是通过对自然规律的探索造福万民，那么，天文历法就应该是日常生活中不可或缺的一部分。而生活中精通天文历法的人只在少数。所以，就要开展天文历法的教育，专门培养这一方面的人才。天文历法探究天地阴阳的变化规律，通过对这些规律的掌握，就可以对一些自然现象进行预测，从而规避一些风险。《乙巳占》中将天文历法的起源，追溯到上古时期，人类诞生之日起，便有了天文历法的存在，足以见其重要性。

由于时代的局限性，李淳风的科技思想，不可避免地带有时代的烙印，同当时许多其他科学家一样，他也赋予了天文历法预测王朝兴衰，以及旦夕祸福的使命。他将日月星辰、山花草木、江川河流等每一项具体事物的变化，与人世间的王朝兴衰、吉凶祸福相对应，以说明天文历法的重要性。历朝历代统治者也都认可天文历法这一作用，所以在很多时候民间禁止私学历法，与王权统治息息相关的事物怎可随便掌握在一个普通百姓手中？所以天文历法就蒙上了一层神秘的面纱，这也是李淳风科技思想的局限之处。

第五节　孙思邈的养生教育

孙思邈（581—682），京兆华源（今陕西耀州区）人，是我国古代著名的医药学家，有"药王"的美誉。孙思邈享年 101 岁，跨越隋唐两个朝代，在整个隋唐医学发展史上，占有重要的地位，泽被后世。他生于政治经济相对稳定的年代，由于统治阶级对于医学的重视，以及对于医学人才的尊崇，为医学的发展，提供了一个相对稳定的环境，再加上孙思邈本人从小体弱多病，深感疾病于人之苦，同时，也感悟于穷苦百姓困于疾病的艰难处境，他毅然决然地走上了钻研医学的道路。

孙思邈一生著述颇丰，《备急千金药方》和《千金翼方》是他的代表作，他不仅研读经典医药著作，还进行实地考察，到诸如太白山等地，亲自研究各种药物的属性，在此基础上，进行医学理论的总结与创作。此外，他一生还到处行医治病，积累了丰富的实践经验。孙思邈医术高明，深受统治阶级的重视，多次召他做官，他都婉拒。当在医学研究中遇到一些不得解的问题时，孙思邈深感长安医学著作的丰富。为了能够深入阅读这些著作，他才接受了尚药局"承务郎"这样一个职位，十六年后仍旧借故回归乡里。孙思邈一生淡泊名利，即便是少有的选择做官，也是为了钻研医学著作。

孙思邈在行医的数十年中，始终坚持着为医者的仁心，许多百姓慕名而来。路途遥远，他就让这些病人住在自己家中进行治疗；如果有不便行动的病人，他就到病人家中进行治疗；遇到家庭贫困出不起诊疗费的病人，孙思邈就为他们免费进行治疗。他一生行医八十载，为百姓治疗各种奇难杂症，为后世留下了众多药物、诊疗方法的记录，是一位伟大的医药学家。

一　以生命为本位的医学目的观

孙思邈在《备急千金要方·序》中就明确指出："人命至重，有贵千金，一方济之，德逾于此，故以为名也。"[①] 医学是与生命直接打交道的行业，生命是至高无上的，每一个从事医学行业的人，都应该有此情怀，不看重人命的人实乃愚医。症状的把握、病因的确定，疗法的选择以及药量的控制，针灸的尺度等，其中任何一个环节出错，都有可能导致病者病情的加重乃至死亡，而医术堪忧的人，在诊疗过程中任何一个环节都有可能出错。医德败坏的人，以利益为上，将治病视为一种敛财的方式。对于穷困百姓而言，治病都成为一种妄想。所以，每一位踏入或者即将踏入医学行业的人，都应该树立人命至上的意识，并以此来鞭策自己精进医术与医德，如此才能无愧于万千生命。

[①] （唐）孙思邈：《千金方》，中国中医药出版社1998年版，第8页。

二 "精"与"诚"的医学人才素质观

"大医精诚"是孙思邈对于从医人员的基本要求,是《备急千金药方》卷一序例的第二部分内容,主要是对为医者技术与品德两方面的要求。专业需精,品德贵诚。医生作为一个特殊的行业,始终是与人、与生命打交道。因为生命的可贵,所以对于从医人员各方面的要求,就更加细致也更加严格。

专业素质要过硬,不同病症的不同诊疗,不同药方的不同剂量,不同患者的不同诊治,这些都是要烂熟于心的,其中一旦某一个环节出错,就会造成病人更大的痛苦,甚至付出的是生命的代价。除专业技能要求之外,医者的品德,是更为值得注意的方面。身为医者,要心中有大爱,有"我为人人"的服务意识,对于患者要态度真诚,过分追名逐利称不上一名合格的医者。为医者就要有为医者的责任与意识,了解这个行业的规则,掌握熟练的技术,把握精深的理论,具备从业人员的基本精神与态度。

(一) 专业需"精"

孙思邈《备急千金药方》开篇,就对"欲为大医"之人提出了基本要求,首先,必须熟读《素问》《甲乙》《黄帝针经》等医学名著;其次,对于一些医学常识,诸如人体的十二经脉、三部九候、五脏六腑等,要有深入了解,对于可以用来治病的各种药物,同样也要有深刻的认知;最后,对于古往今来著名的医药学家的理论,要有所了解并能为我所用。张仲景、范江等都是前代著名医学家,他们的经方,都是吸取前人成果并结合自身实践经验的所成,值得深入研究,读经典著作,这是学医的入门之道。

孙思邈认为,医学乃是关系生命的"至精至微之事",容不得丝毫差池,稍有不慎就会造成不可挽回的后果。"病有内同而外异,亦有内异而外同。"病症的诊断,是一件非常复杂的事情,同样的病症出现在不同的病人身上,可能是由不同的原因造成的,这与病人的身体素质、居住环境等很多因素都有关;即便出现不同的病症,亦可能是由同样的原因引起的,因为病症及致病原因之间的关系错综复杂。所以,正确的诊断就变得很困难,传统的望闻问切之法需综合使用,因病制宜,尤其是人体器官结构的复杂性,五脏六腑之盈虚,血脉荣卫之通塞,并不是简单通过观察就可诊断出的。①

行医所涉及的各个环节,从诊断到治疗,从诊断的初期到后期,从治疗的前期到后期,都需"精细"之人才。此处所论之"精",不仅仅局限于技艺层面,而且思维也要"精",所谓的思维要"精",就是指思维要活络,要考虑致病的多重因素,要考虑治疗过程中出现的各种新情况,要把握治疗的时机,要尽己所能提供最佳的适合病人且有疗效的治疗方案。学医之人以及已经走上医学岗位尤其是实践岗的人,都应树立学无止境的意识,不断学习,不断实践,才能在应对各种新的病症时,得心应手。

(二) 态度贵"诚"

首先,为医者应有慈悲之心,真正的医生,不应该追名逐利,在治病之时只有想着生命的可贵,有一种普度众生之信念,方可静气凝神,安心治病。治病救人之事需以爱心作为出发点,对于前来求医的患者,不论其贫富贵贱,长幼老少,亲疏远近,都应该一视同仁,都要尽己所能为其诊治,每一条生命都是值得尊重的存在。

其次,为医者应认真诊疗,"省病诊疾,至意深心。详察形候,纤毫勿失。处判针药,无得参差"②。在整个治病过程中,任何一个环节出错都有可能导致一条生命的逝去。所以,要格外认真。虽说治病要把握时机,但也不可急于求成。病人的症状,要仔细观察,询问其日常生活习惯及饮食习惯,即便是细微之处也应放在心上,这样判断才会更加准确。

最后,为医者应尊重病人隐私,也要尊重同行为医之人,"夫为医之法,不得多语调笑,谈谑喧哗,道说是非,议论人物,炫耀声名,誉毁诸医,自矜己德"③。医者应光明磊落,不要诋毁同行来为自己提升名望,况且名望对于一个医者来说,不是应该追求的东西,对于将性命交付给自己的病人,同样要给予最高程度的尊重。

三 对医学教学内容的丰富与改革

(一) 对药物学的丰富与发展

孙思邈将药物分为三个品类,分别为上药、中药和下药。所谓上药是

---

① (唐) 孙思邈:《千金方》,中国中医药出版社1998年版,第15页。
② (唐) 孙思邈:《千金方》,中国中医药出版社1998年版,第15页。
③ (唐) 孙思邈:《千金方》,中国中医药出版社1998年版,第16页。

为了养生护体，无毒，不管是多服也好，久服也罢，都不会伤及人体；下药则一般为对症药物，即为了治病，多毒，不宜多服；中药则介于上药和下药之间，有有毒的有无毒的，应根据自身的身体状况，斟酌使用。上药、中药及下药可配合使用。不同类型的疾病，使用不同的药物，"夫疗寒以热药，疗热以寒药，饮食不消以吐下药，鬼疰（因不能适应气候或环境而得的病）蛊毒以蛊毒药，痈肿疮瘤以疮瘤药，风湿以风湿药，风劳气冷各随其所宜"①。

此外，孙思邈还对不同类型的药物、药物的使用之法、服用之法、保存之法做了详细的介绍。

比如说"矾石"这种药物，在入药之前必须用赤泥包裹火烤半日，方熟可用，但不能超过半日。如果不事先火烤直接入药的话，会损坏人的心胆。

再比如说橘皮、吴茱萸、椒等药物在熬制之前不需要捶碎，整的就可入药。关于服药之法，在《备急千金药方》卷第一"服饵第八"中有这样的论述："凡服汤法，大约皆分为三服，取三升，然后乘病人谷气强进，一服最须多，次一服渐少，后一服最须少。"②也就是说，在服食汤药的过程中，剂量需逐次减少，方可发挥其最大效用。

再比如说，病人在服食汤药的过程中，也应当注意饮食的配合，该避讳的就要避讳，与药物本身相克的食物，一定不能乱吃。饮食（粥菜肉等）都需要大熟，熟透，食物容易消化与药物可达相辅相成之效，如果生的话，难以消化就会影响药效。关于药物保存之法，孙思邈在《备急千金药方》卷第一"药藏第九"中也有许多论述，比如"诸药未即用者，候天大晴时，于烈日中曝之，令大干，以新瓦器贮之，泥头密封。须用开取，即急封之，勿令中风湿之气，虽经年亦如新也"。没有使用的药物，要在太阳底下进行曝晒，完全干了以后取新的容器，将其放置并密封，在用的时候，取完以后一定要立即封口，以免空气进入引起变质。

（二）重视妇科儿科

重视妇科儿科，是孙思邈养生思想的重要组成部分。"《诸病源候论》

---

① （唐）孙思邈：《千金方》，中国中医药出版社1998年版，第18页。
② （唐）孙思邈：《千金方》，中国中医药出版社1998年版，第26页。

及隋以前的方书，多将妇儿科内容殿于书末"①，孙思邈在他的学术大成之作《备急千金方》及《千金翼方》中，以大量篇幅专门介绍妇科及儿科疾病。

《备急千金药方》卷二、三、四中专门论述了妇女常见疾病及治疗之法，卷五专门讲述了婴儿的相关处方，卷三十在介绍针灸时同样分出来一部分专门介绍针对妇人病和小儿病的针灸之法。在《千金翼方》卷一介绍处方时，提到了很多妇女专用药品，比如女人血闭药品、女人阴冷肿痛药品、女人寒热疝瘕漏下药品等。卷五、六、七、八分四章专门介绍妇人之病及疗法，比如求子、乳疾、产后心闷、虚乏、心悸等。卷十一关于小儿疾病的介绍更为系统详尽，有眼病、鼻病、口病、唇病、齿病、舌病、喉病、耳病等各个方面。

关于妇人之病，孙思邈首先就指出其难治疗的处境，"夫妇人之别有方者，以其胎妊、生产、崩伤之异故也。是以妇人之病，比之男子十倍难疗"②。求子是每一对夫妻重要之事，但求子并不只是妇女一人之事，求子应当夫妇配合，生不出孩子不仅可能是妻子的问题，还有可能是丈夫的问题。夫妇双方均需身体健康，只要双方身体健康，心态放松，生子则是自然而然之事。治疗无子之法，男服"七子散"，女服"紫石门冬丸"。

女子怀胎十月的具体变化，在《千金要方》"妊娠恶阻第二"中也有具体介绍，"半夏茯苓汤"是治疗妊娠阻病、缓解孕妇心中烦闷之良药。妇女养胎之时饮食居处皆有禁忌，怀胎一月时饮食须精熟，宜食大麦，宜居安静之所，到怀胎五月时切记不可针灸太阴脉，阿胶汤可补之。难产、胎位不正、胎死腹中等特殊情况在《千金要方》中亦有记载，从中可以找到治疗之法。妇女产后所引发的虚烦、虚损、恶露、中风、心腹痛、淋渴等不同病症均有不同的应对之法。其中还有关于妇女日常美容养颜之法，足见其内容之丰富。"凡妇人欲求美色，肥白罕比，年至七十与少不殊者，勿服紫石英，令人色黑，当服钟乳泽兰丸也。"③

妇女为求美白，就不可食用含黑色素过高的食物，妇女的美容养颜之术，格外强调食物的忌讳。孙思邈在其《千金要方》及《千金翼方》中，

---

① 李罗力等编著：《中华历史通鉴》第4部，国际文化出版公司1997年版，第3990页。
② （唐）孙思邈：《千金方》，中国中医药出版社1998年版，第29页。
③ （唐）孙思邈：《千金方》，中国中医药出版社1998年版，第64页。

关于妇女方方面面的疾病病症及治疗之法均有介绍，足以见得其对妇女疾病的重视。这在妇女地位低下的封建社会，无疑是一种思想上的进步，对妇女的关注，是之前医者所没有达到的高度，这也体现了孙思邈的人文主义情怀。

"夫生民之道，莫不以养小为大。若无于小，卒不成大，故《易》称积小以成大，《诗》有厥初生民，《传》云声子生隐公。此之一义，即从微至著，自少及长，人情共见，不待经史。故今斯方，先妇人、小儿，而后丈夫、耆老者，则是崇本之义也。"[①] 小儿是一个国家和民族的未来，小时候打好身体基础，长大后亦会少患病。所以，医者要格外关注小儿疾病的问题。婴儿与大人体质不同，接受能力不同，很多疾病需要区别对待。对于小儿与大人的相同病症，不可草率采取相同的治疗之法，尤其是用药剂量方面需格外小心。如果是正常发育的婴儿，在出生60天后如果有人逗引的话就会发笑，100天以后就会自己翻身，180天以后便能坐立，210天后就进入蹒跚学步的阶段。[②]

婴儿刚出生的时候，是容易发生病症的阶段，这个时候的要义，是及时救治，否则容易落下病根。如果婴儿脱胎于母体之时，口中有血残留的话，应该立即清除干净，为新生儿断脐带应以六寸为宜，不可过长也不可过短。

以上这些，都是《千金翼方》中记载的小儿疾病治疗之法，此处只是列举一二。其他还有很多具体的病症及疗法，都可在孙思邈《千金要方》和《千金翼方》中找到。孙思邈对于儿童诸多疾病的论述，都值得我们借鉴，关注儿童的这种情怀，更值得学习。

（三）重视养生及疾病的预防之法

孙思邈重视疾病的预防，并且注重引领人们关注日常养生，这是他重要的医学思想之一。人一旦患病以后再治就比较困难，确诊及治疗都需要经历一个过程，将其扼杀在萌芽状态是最好的方法，在没有明显的症状或者稍感不适之时，就可着手治疗，此时，无论什么病都没有病入内里，容易治疗也可遏制病情的进一步蔓延及恶化。此外，要想患病的次数减少，保持身体健康，就应该重视平时的保养，而养生并非一朝一夕之事，需长

---

① （唐）孙思邈：《千金方》，中国中医药出版社1998年版，第78页。
② 王宪章编著：《孙思邈》，中国国际广播出版社1998年版，第11页。

期坚持。

"夫养性者，欲所习以成性，性自为善，不习无不利也。性既自善，内外百病皆悉不生，祸乱灾害亦无由作，此养性之大经也。"① 注重日常的修身养性，就不易患病，善于养生就是在治疗未患之病，或者说遏制疾病的发生。对于立志养生之人来说，有五大阻碍。一是对于名利的追逐，二是狂喜与暴怒的无常心情，三是贪图声色，四是口欲过盛，五是机关算尽。这五个方面，如果不加以控制任其发酵的话，日积月累就会对人的身体，以及心灵造成伤害从而患病，所以说，这五方面如果不加注意的话，养身之道就无从谈起。在上古黄帝与岐伯的一段对话中，岐伯就谈到了上古之人很多可以长寿的重要原因，就在于他们饮食有度，起居有常。

孙思邈在其《千金要方》中谈到的养生之法，主要包括五种，主要是道林养性、居处养性、按摩养性、调气养性及饮食养性。道林养性包括多方面的内容，"养性之道，莫久行久立，久坐久卧，久视久听。"对于个体居住之所也有细致的要求，"凡人居止之室，必须周密，勿令有细隙，致有风气得入"②。无论是在家还是外出，一旦遇到大风暴雨、电闪雷电、大雾等天气状况，就应该待在室内，关窗闭户，烧香静坐，安心等待。

关于按摩，孙思邈着重笔墨介绍了两种不同的按摩法，分别是天竺国的方法和老子的方法。所谓调气简单来说，就是闭目养神之法。"凡人春服小续命汤五剂，及诸补散各一剂；夏大热，则服肾沥汤三剂；秋服黄芪等丸一两剂；冬服药酒两三剂，立春日则止。此法终身常尔，则百病不生矣。"③ 此乃所谓的饮食之法。养生之法乃循序渐进、非长久践行否则无效之道，如若坚持便有所用，反之则不然。居住环境的清新淡雅、有节有制的日常饮食，再配以淡泊恬静的心态，隔三岔五地按摩舒缓，这样便不容易生病。

关于疾病的预防，孙思邈强调要从卫生出发，无论是个人卫生还是公共卫生都要注意。个人要养成良好的日常生活习惯，吃饭应细嚼慢咽，不要吃得过饱，饭后不可立即睡觉，应留有消化的时间，饮酒要适度，不要吃不熟的肉，不要吃腐烂的食物，来历不明的食物不吃，每次饭后必须漱

---

① （唐）孙思邈：《千金方》，中国中医药出版社1998年版，第440页。
② （唐）孙思邈：《千金方》，中国中医药出版社1998年版，第442、444页。
③ （唐）孙思邈：《千金方》，中国中医药出版社1998年版，第447页。

口，睡觉不要对着风口，尤其是夏天的时候，要注意这一点。如若这些平常不注意，就会容易生病。关于公共区域的卫生，就需要大家共同来维护，不要随地吐痰，不要乱扔垃圾等，这些其实也是我们现在所强调的问题，足以见得孙思邈卫生思想的先进性。

第四章　宋元时期的科技教育

宋元时期是我国古代科技教育发展的全盛时期。在宋元时期，由于封建社会的政治、经济日臻成熟，科技教育取得了很大的进步，并且统治阶级在这一时期制定的政策，也鼓励着科技教育的发展。

提到宋元时期，就不得不提到宋元时期的理学。理学是一门唯心主义哲学，从性质上来讲，会阻碍科技教育的发展。但事物均有两面性，一些理学大师在传授其理学思想的同时，也间接地向人们传播一些科学知识。与此同时，宋元时期一些大数学家（如秦九韶、李冶、杨辉、朱世杰等）的教育思想，也充实了科技教育的内容，他们的出现，极大地推进了科技教育的更进一步发展。在这一时期，一些文学作品也呈现出科技教育的思想，比如《梦溪笔谈》。宋元时期科技专科学校发展迅速，蒙养教材里也蕴含了与科技教育相关的多方面知识。此外，宋元时期由于农业科学技术知识的广泛流传，民间农业教育知识日益得到普及。总之，科技教育在宋元时期，不仅取得了显著的进步，并且通过多种形式的传播与普及，而被大众广泛吸收与接纳。

第一节　理学与科技教育

"理学"的概念有狭义与广义之分。狭义上"理学"是指，周敦颐、程颐与程颢、朱熹、陆九渊、王守仁等人在探讨"理""性""道"等概念时，所产生的哲学思想的总和。广义上的"理学"，"不是一个学派，也不是一家完整的哲学学说，它是我国特定时期（10世纪到19世纪中叶）的哲学史断代的统称"[①]。这种广义概念上的"理学"，是"肇端于唐代中

[①] 任继愈主编：《中国哲学史》第3册，人民出版社2010年版，第160—161页。

期至北宋前期，建立于北宋中期，集大成于南宋，分化于明代中后期，总结于明清之际"①。可见，理学的发展历时久远，而主要的理学家，主要集中于宋明时期。一些理学大师在该时期讲授儒家经典义理的实践中，传授了科学知识，其关于儒家经典义理的阐述也蕴含着丰富的科学常识，这促进了科学知识的普及。

源于《礼记·大学》的"致知在格物，物格而后知至"的"格物致知说"，是宋明理学家展开哲学思想论述的中心。经过几百年的沉寂，"格物致知"学说在北宋理学的兴起与发展，以及理学家的倡导下，得以重新诠释。宋明理学家之一的程颐指出："知者吾之所固有，然不致之不能得之，而致知必有道，故曰致知在格物……致知在格物，非由外铄我也，我固有之也，因物而迁则天理灭矣，故圣人欲格之。"而且，程颐针对"格物致知"表达了自己的见解："格犹究也，物犹理也，犹曰：究其理而已矣……诚意在致知，致知在格物。格，至也……凡一物上有一理，须是穷致其理。"其中，他尤为强调："大凡学问，闻之知皆不为得……闻见之知，非德性之知，物交物则知，非内也；今之所谓博物能者是也。德性之知，不俗见闻。"②所以，程颐的"格物致知"学说，比较注重内省，其主要强调"德性之知"。

朱熹继承并发展了"二程"的"格物致知"学说，并且他将"格物致知"学说放进了《大学》的第五章，即《补大学致知格物传》。关于"格物致知"，朱熹认为："所谓致知在格物者，言欲致吾之知，在即物而穷其理也。盖人心之灵，莫不有知，而天下之物，莫不有理。惟于理有未穷，故其知有不尽也。"而且，他认为，"格物致知"学说也可以在学校教育中使用，他在《南剑州尤溪县学记》中提到："立学校以教其民……必始于洒扫应对进退之间，礼、乐、射、御、书、数之际，使之敬恭，朝夕修其孝悌忠信而无违也。然后从而教之格物致知以尽其道。"③由此可见，朱熹认为，在学校教育中为了达到"尽其道"的目的，只有通过"格物致知"的途径，才能实现。

综上所述，以"格物致知"为理学基础而形成的"程朱"理学哲学思

---

① 许总：《宋明理学与中国文学》，百花洲文艺出版社1999年版，第14页。
② 席泽宗主编：《中国科学技术史·科学思想卷》，科学出版社2001年版，第380页。
③ 席泽宗主编：《中国科学技术史·科学思想卷》，科学出版社2001年版，第381页。

想，对宋代的科技教育产生了深刻的影响，并且其所形成的"格物致知"氛围，也影响了科学知识探索的形式与内容。

一 传授"图书之学"的理学大师

"图书之学"源于象数学，象数学是以象学为基础来建立数学体系的，而"图书之学"即宋明理学家对于象数学的继承与发展。

汉代的儒学家，以"数理"为基础开展《易经》的研究工作，并且在《易经》研究工作的开展过程中，开创了"象数之学"。汉代的儒学家，在讲授《易经》以及注解《易经》的过程中，不仅传播了一些迷信思想，而且也传授了大量的天文、历法和数学等科学知识。到了魏晋时期，王弼将道学引入儒学当中，着重阐述《易经》当中的哲理思想，开创了"义理之学"。

在隋唐时期，"义理之学"一直占据着主导地位。直到北宋时期，周敦颐、邵雍重开"象数之学"。他们的"象数之学"，与汉代儒学家所创立的象数之学，并不完全一致，比较侧重于《河图》《洛书》的研究，世人称之为象数学的又一派别，即"图书之学"。"图书之学"可谓是宋明理学家对于象数学的继承与发展，而这一时期传播"图书之学"的理学家，主要有周敦颐、邵雍、朱震、朱熹、蔡元定等人。

周敦颐（1017—1073）以"太极图"著称于世，并专门为其"太极图"写了一篇说明即《太极图说》。"太极图"图式简单、内涵丰富，它揭示了宇宙、生命、物质的起源，涵盖了宇宙、生命、物质、能量、运动等内容。所以，周敦颐一度被人称为北宋理学的开山祖师。作为宋代理学客观唯心主义体系的奠基人，周敦颐提出了一系列的哲学范畴，其中包括太极、理、气、性、命等内容。这些哲学范畴，最终成了宋明理学家所共同探讨内容的基本范畴。而他的学说之后，经历了程颐、程颢、朱熹等人的继承与发展，最终形成了北宋理学的一大体系。

邵雍（1011—1077）以"先天图"著称于世，他以象数为基础创立独特的数学体系，是宋代理学中象数学体系的开创者。因"伏羲八卦"被称为"先天八卦"，故邵雍所撰制的《伏羲六十四卦方位图》《伏羲八卦方位图》《伏羲六十四卦次序图》《伏羲八卦次序图》《卦气图》等被称为"先天图"，他的这种学说也被称为"先天之学"。

他的这种"先天之学"，包含了丰富的地理、历史、天文、数学等知识，其中数学知识最为宝贵。当代学者评价："他的《六十四卦次序图》体现了二进制的数学方法；他的《六十四卦方图》体现了八进制及八阶矩阵的数学方法；他的'四象'理论体现了数学十六进制的编码原则；他以元、会、运、世作为时间和具体事物的计量单位系统，编制了一套'程序'，开创了宇宙代数学的雏形。"因此，这些先进的科学理论知识，虽然不能与现代电子计算机的开发，相提并论，但二者的思维方式，却有着相似之处，可以说，其是现代计算机原理的萌芽。邵雍的"先天之学"，曾经流传到欧洲，对现代科学的奠基人莱布尼茨，产生了深刻的影响。根据记载，莱布尼茨在1701年把他的二进制表，寄给了来中国的法国传教士白晋，白晋发现二进位制与古代中国的伏羲六爻有关。白晋在11月，从北京给莱布尼茨作了答复，并说明了自己的想法，并将邵雍在《皇极经世》一书中，呈现的伏羲六爻复原图附寄过去。这封信和图直到1703年4月1日，才转到莱布尼茨手中，于是，他"呈交了题为《二进位制计算的阐述》的论文，副标题是'关于只用0与1，兼论其用处及伏羲化所用数字的意义'"①。

上述研究资料可以表明，宋明理学家对于象数学知识的研究和传授，曾叩击过现代科学殿堂的大门，他的学说，促进了理学体系的建立。但囿于其过度地夸大"数"的作用，并且他全部的"数理思想"，均体现在本就带有道教封建迷信思想的卦图和运算当中，他的数理思想，便不具备科学的基础，这导致了千百年来人们对其思想的不甚了解，这种局限性，也相应地阻碍了他的"先天之学"的传播。

邵雍之后讲授与传播"图书之学"的理学家，主要有朱震、朱熹、蔡元定等人。

朱震（1072—1138）将《河图》与《洛书》放在他所著的《汉上易卦图》首页之上，由此来传授其"象数学"。朱震从邵雍那里继承的数学内容并不多，而更多的是对汉代易学家思想成就的借鉴和吸收，诸如焦赣、吴朗、京房、虞翻、范望、荀爽、郑玄、陆绩等人，这在象数学的传承中，起到了继往开来的作用。汉代儒学家使用"象数之学"来研究《易经》，从魏晋时期一直到隋唐时期，《易经》一直被"义理之学"所占据，这就使得汉代儒学家的"象数之学"，得不到继承与发展。因此，关于天

---

① 梅汝莉、李生荣：《中国科技教育史》，湖南教育出版社1992年版，第359—360页。

文、历法、数学等科学知识，也就无法得到很好的传授。而朱震对于前人象数学的传承，很好地将"象数之学"继续传承下去。

作为理学的集大成者，朱熹（1130—1200）除了讲授"义理"之外，还兼讲授"图象之学"。他所著的《周易本义》卷首处，记载了他所辑录的"易图"，一共有九个图，包括河图、洛书图、伏羲八卦次序图、伏羲八卦方位图、伏羲六十四卦次序图、伏羲六十四卦方位图、文王八卦次序图、文王八卦方位图以及卦变图。《周易》原本是用来占卜的，但同时也蕴含着丰富的哲学思想。孔子借助"十翼"阐述了其哲学思想源头《易经》中的哲学思想，朱熹则以《周易本末》进一步阐释孔子的哲学思想。

程颐虽然是朱熹哲学思想的主要来源，但在易学方面，二人观点又有一定差别。王弼以《周易注》《周易略例》两部著作，对"周易"义理作了深入的解释，程颐关于《易经》的思想，主要承继于王弼，其对《易经》有着深刻的理解。然而，朱熹认为，《易经》是一部占卜类书籍，应当归还《周易》原貌，为此他作了《周易本义》。

总而言之，朱熹在讲授这些"义理"时，兼授"图象之学"——"易图"。为了更好地讲授"图象之学"，朱熹门下对数学知识也有涉猎，包括几何、算数、代数等数学知识。尤其是朱熹门下自编的教材"九数算法图"，传授了很多的数学知识。

此外，蔡元定与蔡沈父子作为宋代著名的理学家，其二人在数学方面也取得了很大的成就。蔡元定（1135—1198）是南宋著名的理学家，精于天文、地理、历数、乐律、兵阵之说，博闻强识，并撰有《八阵图说》《律吕新书》《经世指要》《洪范解》《易学启蒙》等书。由朱熹和蔡元定合作编撰的《易学启蒙》一书，是蔡元定的河洛思想的集中体现，其基本观点是以十为河图，以九为洛书，但两者又相互表里，其为一理。根据明代大乐律学家朱载堉的记载，蔡元定还曾计算过九进位制和十进位制的小数换算问题。

蔡沈（1167—1230）继承了其父蔡元定的"象数之学"，将理与数统一起来，将洛书看作数的本原，使河洛之学得到进一步的发展。蔡沈所著的《洪范皇极》一书首页，记载着《洛书》的数阵，用《九九方数图》《九九行数图》《九九圆数图》《九九积数图》等形式来表示，该数阵被称为"洪范皇极图"，由此可见，宋代理学家在数学上的成就。

总之，宋代理学家所传授的"图象之学"当中，包含了丰富的数学知识，他们将这些数学知识应用到天文、历法、音律等中，具有丰富的实用价值。

二　朱门科技教育

朱熹作为理学的集大成者，他在科学上的成就，也是很突出的。为了方便图象之学的传授，朱熹门下也进行包括几何、算数、代数等数学知识的传授与学习，其中，朱熹门下所自编的教材"九数算法图"，所传授的数学知识，尤为显著。朱熹讲授数学知识的主旨，在于提高吏治水平，期望培养出来的人才具有运用数学知识的能力。

所以，朱氏的"九数算法图"，相对劝课农桑来说，是一项必不可少的内容，其具有鲜明的实用性。朱熹曾运用数学知识来为其政治抱负的施展服务。例如，他对南宋初年豪强地主隐田逃税、田赋极为不公的现象深恶痛绝，故"条奏经界状"。朱熹主张，"将现在田土打量步亩，一概均产，每田一亩，随九等高下定计产钱几文，而总合一州诸色税租钱米之数，却以产钱为母，别定等则，一例均敷。每户一文，纳米若干，钱若干，去州县远处递减令轻"[1]。

事实上，他提出的上述计算方式，为数学中的比例分配法。其中，他提出的"经界"法，曾在漳州尝试试行，但由于当地豪强反对而没有实施。朱熹的思想直接影响了数学家秦九韶。在《数书九章》中，秦九韶列举了一个计算问题，叫作"复邑修赋"，他将耕地分为九个等级，按 121：110：100：100 的比例分税，并在各乡中按十到二的比率，为每一亩田地分配应有的苗米、和买、夏税数目，这反映了秦九韶对朱熹思想的继承和发展。

蔡元定、蔡沈父子，被誉为"朱学干城"，是宋代著名的理学家。蔡元定数学造诣很高。根据明代伟大的乐律学家朱载堉记载，蔡元定计算了九进位制和十进位制的小数换算问题，这比德国数学家莱布尼茨早百余年（朱载堉）甚或五百余年（蔡元定）。[2] 宋代朱熹门下的理学家，在科学上的成就，是很突出的。

---

[1] 沈康身主编：《中国数学史大系》第 5 卷，北京师范大学出版社 2000 年版，第 187—188 页。
[2] 戴念祖：《明代大乐律学家朱载堉的数学工作》，《自然科学史研究》1986 年第 2 期。

第二节　宋元四大数学家的科技教育思想

"宋元四杰",是指宋元时期杰出的四大数学家,即秦九韶、李冶、杨辉和朱世杰。他们所取得的数学成就,有很多在世界上都是领先的,他们的数学思想及实践,为我国古代辉煌灿烂的科技教育史,添上了浓重的一笔。

一　秦九韶的科技教育思想

秦九韶(1208—1268),字道古,我国南宋著名的数学家,他在数学上的成就,主要体现在他的著作《数学九章》当中。《数学九章》是秦九韶为母亲守孝时,按照其数学研究成果所撰写的一部举世闻名的数学传世之作,《数学九章》共分为九卷,其中第一卷的"大衍总数术"和第九卷的"正负开方术"是最为突出的数学成果。"开方正负术"也即"秦九韶算法",计算出了一般 n 次代数方程正根的求解方法,其中该 n 次代数方程的系数,可以为正也可以为负。之前,关于一般 n 次代数方程的求解,需要历经 $n(n+1)/2$ 次乘法以及 n 次加法等复杂过程,秦九韶将其简化,此类方程的求解,只需要经过 n 次乘法和 n 次加法便能完成。即使处于计算机时代的今天,秦九韶的这种算法,仍具有现实意义。

秦九韶提出了"大衍求一术",这不仅催发了"中国剩余定理"的诞生,还为求解同余式问题找到了科学的方法。《孙子算经》曾记载,"今有物不知其数,三三数之剩二,五五数之剩三,七七数之剩二,问物几何,答曰二十三"。在这里,孙子只是给出了剩余定理的特殊例子,而"大衍总数术"是秦九韶对孙子剩余定理的一般性描述。西方国家最早提出该定理的是德国著名的数学家高斯(1777—1855),高斯曾在其1801年出版的《算术探究》里,提出该定理,这比秦九韶晚了五百多年。所以,英国传教士伟烈亚力,便将秦九韶所提出的这一定理,命名为"中国剩余定理"。

二　李冶的科技教育思想

李冶(1192—1279),字仁卿,号敬斋,是我国金元时期著名的历史学家、文学家以及数学家。他曾在封龙书院以及中溪书院讲学,传授数学知识,是我国历史上第一次在书院实施科技教育。他在数学上最大的成就，在于其对列方程即"天元术"的总结发展与完善。"天元术"指用数学符号列方程的代数方法。他的著作主要有《测圆海镜》与《益古演段》，这两本书均被用以教学。

《测圆海镜》一共 12 卷，是我国现存系统论述"天元术"最早的数学著作。《测圆海镜》记载了解题所需定义、定理、公式 600 余条，该书集中讨论了勾股容圆（切圆）在各种形式下求圆径的方法。李治还提出了解方程的程序：首先"立天元一"，相当于设未知数 X；其次寻找两个等值的而且至少有一个含天元的多项式（或分式）；最后把两个多项式（或分式）连成方程，通过相消化为标准形式。此外，本书还记录了分式方程，并发明了小数记法和负号。

《测圆海镜》的完成，是"天元术"成熟的标志，也是李治最伟大的成就。李治考虑到《天元书》的重要性，以及《测圆海镜》的深奥性，为了使粗知数学的人看得懂，他在 1259 年，写了一部普及"天元术"的作品，即《益古演段》，这本书一共三卷。

《益古演段》中涵盖了几何图形的圆径、方边和周长等一次、二次方程等问题的求解，书本以浅显易懂的几何方法，对天元术进行阐释，并通过比较来说明使用天元术求解的优势。由于深入浅出的讲解，读者容易理解并乐于使用天元术。正如《益古演段》自序中所阐述的一样："使粗知十百者便得入室哄其文"[①]，《益古演段》是一本初学"天元术"的入门启蒙读物。从《益古演段》到《测圆海镜》，体现了李治在进行"天元术"的教学时，是按照由浅入深、循序渐进的教学原则来进行的，这两部著作可谓是中国古代数学教育的瑰宝。

三　杨辉的科技教育思想

杨辉（生卒年不详），字谦光，南宋著名的数学家和教育家。他在总结民间乘除法、"垛积法"、纵横图等数学知识方面，取得了很大的成就。在世界范围内，杨辉是第一个不仅能够排列出大量纵横图并且讨论其构成规律的数学家。他的著作，主要有《详解九章算法》《日用算法》《乘除通变本末》《田亩比类乘除捷法》《续古摘奇算法》等，后三本共七卷算

---

① 商聚德、张圣洁、李金善等主编：《燕赵思想家研究·宋辽金元卷》下，河北人民出版社 2014 年版，第 150 页。

法著作，一般被合称为著名的《杨辉算法》。

《杨辉算法》一书，易懂有趣，杨辉不但配有许多题图，还为此编撰了很多诗歌，并创立了各种简明计算的方法。例如，他所著的《乘除通变本末》，为"求一除""求一乘"专门编撰了口诀，其中"求一除"算法的口诀为：五六七八九，倍之数不走，二三须当半，遇四两折扭。倍折本从法，为除积相就，用减以代除，定位求如旧。"求一乘"算法的口诀为：五六七八九，倍之数不走，二三须当半，遇四两折扭。倍折本从法，实即反其有，用加以代乘，斯数足可守。

此外，杨辉还以《孙子算经》中"度影量竿"两问为例，在其《续古摘奇算法》中借用"股中容横、勾中容直"原理，计算和证明了岛屿远重差及岛屿高度公式。杨辉撰写了世界上迄今为止最早的数学教学大纲，开创了世界上数学教材的新体例，推动了数学教学的发展。他的这种数学教育思想和方法，促进了我国古代科技教育的发展。

四　朱世杰的科技教育思想

朱世杰（1249—1314），字汉卿，号松庭，是元代著名的教育家、数学家。他一生都从事于数学教育事业，曾以数学家的身份，在各地游历二十多年，慕名前去请教者不计其数。他在当时"天元术"即类似如今设未知数列方程式求解的基础上，提出了"四元术"，即四元高次方程组的列出及求解方法。朱世杰在数学方面的发展创造，还包括高阶等差数列的求和方法即"垛积法"与高次内插法即"招差术"。

他的著作主要有《四元玉鉴》以及《算学启蒙》。《算学启蒙》是从一位数的乘法开始，由浅入深地讲到天元术，全面介绍了数学所包含的内容，其曾被翻印和注释并流传海外，对朝鲜、日本的数学发展，产生过影响，是一部通俗数学名著，也是一本著名的启蒙读物。朱世杰《算学启蒙》一书中的数学知识，系统而全面，由浅入深，包括乘除法的运算法则及简便算法口诀，正负数的乘法运算及倒数的基本性质、概念，总结了根式运算规则和线性方程组解法。

《四元玉鉴》系统论述了朱世杰的"四元术"，即建立并解出多元高次方程组。此外，书中还提及了作为"四元术"创立基础的李冶的天元术和秦九韶的高次代数方程数值求解方法。总而言之，因《四元玉鉴》总结出了"垛积法""四元术"以及"招差术"等数学求解的方法，从而促使其成为宋元时期数学高峰的又一重要标志。美国科学家萨顿评价《四元玉鉴》是中国数学著作中最重要的,同时也是中世纪最杰出的数学著作之一。它是世界数学宝库中不可多得的瑰宝。[1]

综上所述,宋、元两代的数学家们,在中国古代科学史上作出了不可估量的巨大贡献,很多科学知识不仅影响其所在时代,而且具有现实意义。

第三节 笔记里的知识世界:《梦溪笔谈》

作为古代中国最著名的科学家之一,沈括(1031—1095)博学多才,他不仅熟知天文、律历、方志、卜算、医药、音乐等知识,还在科学知识的研究与传播上,作出了突出贡献。《梦溪笔谈》是他的代表作品,这本书蕴含着很丰富的科学知识与科学思想,其被李约瑟称为"中国科技史的里程碑"。《梦溪笔谈》涉及不同学科的科技知识,下文将分类一一列举。

一 数学

《梦溪笔谈》涉及的科学知识,与数学成就相关的主要有隙积术和会圆术。隙积术是关于诸如"累棋、层坛、酒家积罂"之类垛积问题的计算。但沈括没有给出怎样证明这一公式的方法。

沈括隙积术的开创,促进了宋元时期数学家在高阶等差级数求和问题方面取得了成就。实际上隙积术是一个高阶等差级数求和的问题,如果把垛积各层数目依次排列,便组成了一个高阶等差级数数列。"会圆术"是已知弓形的高和圆的直径求算弓形的弦长和弧长(近似公式)问题,元代郭守敬曾将其用于黄道角度的计算。有人认为,"会圆术"可能是由《九章算术》中"方田"章中,关于弓形的近似公式推导得出的。沈括还在军队粮食运输供应问题方面,运用运筹学的思想,从而提出了运粮的方法。

二 物理

在《梦溪笔谈》里,物理学知识被分为光学、声学、磁学等。

《梦溪笔谈》记载了很多光学知识。例如,其记载了"日月之形如丸。

---

[1] 刘建飞、张正齐:《数学五千年》,湖北少年儿童出版社1986年版,第92页。

何以知之？以月盈亏可验也。月本无光，犹银丸，日耀之乃光耳。光之初生，日在其旁，故光侧而所见才如钩；日渐远，则斜照而光稍满。如一弹丸，以粉涂其半，侧视之，则粉处如钩，对视之则正圆。"① 通过类比实验解释了月亮圆缺的科学性。

除此之外，这本书除了解释针孔成像和凹面镜成像的原理，研究和解释光的折射现象、光的直线传播和虹的形成，沈括还仔细地做了凹面镜成像实验，并取得了比《墨经》更先进的成果，"阳燧面洼，以一指迫而照之则正，渐远则无所见，过此遂倒。其无所见处，正如窗隙、橹臬、腰鼓碍之，本末相格，遂成摇橹之势。故举手则影愈下，下手则影愈上，此其可见"②。其中文中的"此"，指凹面镜中心和焦点间的距离，沈括根据实验总结出了规律，物体在凹面镜的焦点之内时成"正像"，物体在凹面镜中心与焦点之间时不会成像，物体在凹面镜中心之外时成"倒像"。

而且，沈括还对透镜的原理做了解释，"此为铸时薄处先冷，唯背文差厚，后冷而铜缩多，文虽在背，而镜面隐然有迹，所以于光中现"③。由于镜子背面的图案，整个镜子的厚度不均匀，所以铸造时镜子的厚度是不同的，并且因其冷却顺序不同以及铜的收缩有异，当它反射光线时镜面也会有同样凹凸不平的纹理显现。

《梦溪笔谈》关于声学知识的记载主要有乐律、古乐钟的发声、古琴的制作与传声、共鸣以及共振实验等。其中，沈括关于共振现象的实验，要比西方国家提前六个世纪左右，"琴瑟皆有应声：宫弦则应少宫，商弦则应少商，其余皆隔四相应。今曲中有声者，须依此用之。欲知此应者，先调弦令和声，乃剪纸人加弦上，鼓其应弦，则纸人跃，他弦即不动"④。沈括关于共振现象的实验操作，简易且形象生动，深受学生的喜爱。

沈括不仅将声学知识运用于教学实验当中，还将其运用于行军打仗中。"古法以牛皮为天服（箭袋），卧则为枕，取其中虚，附地振之，数里内有人马声，则皆闻之，盖虚能纳声也。"⑤ 总之，沈括强调知识的实际应

---

① 沈括：《梦溪笔谈译注》，王洛印译注，上海三联书店2014年版，第104页。
② 沈括：《梦溪笔谈译注》，王洛印译注，上海三联书店2014年版，第33页。
③ 骆炳贤、何汝鑫编著：《中国物理教育简史》，湖南教育出版社1991年版，第17—18页。
④ 骆炳贤、何汝鑫编著：《中国物理教育简史》，湖南教育出版社1991年版，第17—18页。
⑤ 骆炳贤、何汝鑫编著：《中国物理教育简史》，湖南教育出版社1991年版，第17—18页。

用，这对我们开展物理教学很有借鉴意义。

《梦溪笔谈》还涉及磁学知识的记载。沈括为了提高指南针的实用性，做了很多实验。例如，他分别在水面、碗边、指甲等上做了指南针的实验，并与将它悬挂起来做比较，然后分析出不同情况下指南针的效果，"其法取新纩中独茧缕，以芥子许蜡，缀于针腰，无风处悬之，则针常指南"①。这是关于指南针实验记录的最早记载，在今天，这种方法仍然具有现实意义与可操作性。

另外，沈括还发现了"磁偏角"及其原理。沈括发现"磁偏角"要比哥伦布早四百多年，"方家以磁石磨针锋，则能指南，然常微偏东，不全南也，水浮多荡摇……其法取新纩中独茧缕，以芥子许蜡，缀于针腰，无风处悬之，则针常指南。其中有磨而指北者。余家指南、北者皆有之。磁石之指南，犹柏之指西，莫可原其理。"②

三 化学

《梦溪笔谈》记载的化学知识，主要有胆水炼铜、内陆制盐、石油炭黑开发等。《梦溪笔谈》记载了宋代使用胆水炼铜的现象。因经济发展以及货币的铸造，宋代用铜量大幅度增加。于是，胆铜法应运而生，将铁皮放入硫酸铜溶液中，经置换获取铜，这种炼铜法在宋代得到了发展。《梦溪笔谈》记载了山西盐池的发展情况，其记载卤水只有与"甘泉"水（清水和淡水）结合才容易结晶，注意不要与浑浊的"巫咸河"水混合，否则会破坏盐结晶。

《梦溪笔谈》还记载了石油炭黑。石油燃烧后被制作成墨的记录，可能源于沈括参军时的考察和自己制墨实验的结果。在中国古代文学中，这是第一次出现"石油"这个词，也是第一次出现关于其的描述，"生于水际，沙石与泉水相杂，惘惘而出……燃之如麻，其烟甚浓，所沾幄幕皆黑。余疑其烟可用，试扫其煤以为墨，黑光如漆，松墨不及也，遂大为之……此物后必大行于世，自予始为之。盖石油至多，生于地中无穷，不若松木有时而竭"③。

---

① 骆炳贤、何汝鑫编著：《中国物理教育简史》，湖南教育出版社1991年版，第17页。
② 沈括：《梦溪笔谈译注》，王洛印译注，上海三联书店2014年版，第274页。
③ 沈括：《梦溪笔谈译注》，王洛印译注，上海三联书店2014年版，第266页。

四 天文学

《梦溪笔谈》也记载了与天文学相关的知识。沈括的《梦溪笔谈》建议用"十二气"代替十二月一年,一月三十一天,一月少于三十天,即使有两个月连着少于三十天,每年也只有一次,只要一年结束,就不会有剩余。而"永无闰余"可能很难实现。但事实上,这一建议,基本上与现代世界通用的太阳历相同。沈括对自己的想法很有信心,他认为,尽管当时人们可能不会使用它们,"然异时必有用予之说者"。经过仔细观察,沈括发现,太阳日长度是有变化的。但这一发现需要一个非常高精度的定时器来进行如此精确的测量。因此,沈括对刻漏进行了深入研究。沈括在描述《梦溪笔谈》真太阳日长度的变化时说:"余占天候影,以至验于仪象,考数下漏,凡十余年,方粗见真数,成书四卷,谓之《熙宁晷漏》,皆非袭蹈前人之迹。"[1]

在方法上,沈括先"以理求人",然后使用刻漏和圭表加以验证,即"既得此数,然后复以晷影漏刻,莫不泯合,此古人之所未知也"[2]。沈括还创造了"圆法"与"妥法"来计算太阳日的长度。沈括对浑仪的改造,是天文学仪器制造和改进的又一成果。浑仪是我国古代天文观测的仪器,它是一个多层同心环,重叠在一起,然后安装一个"望筒"来测量天体的经度和纬度。

同时,他也提出了在仪器上取消月亮白道环的建议。原因是:白道环绕黄道,每天都有各自的进度,而同心圆环并不能描述这种运动轨迹。月道环每月只能移动一次,不能用来进行准确的日常观测。因此,沈括认为,月亮的运动,只能通过计算来推算。而且,古代浑仪窥管的口径,由上到下是一致的,沈括建议将下孔缩小到上孔的1/5。这样,可以大大减小人眼在下孔中不同位置所引起的误差,做到"人目不摇,则所察自正"。沈括关于浑仪结构的改革,得到了后人的继承与发展,可以说,为郭守敬"简仪"的研制,奠定了基础。

---

[1] 金秋鹏主编:《中国科学技术史·人物卷》,科学出版社1998年版,第348页。
[2] 金秋鹏主编:《中国科学技术史·人物卷》,科学出版社1998年版,第348页。

五　地学

《梦溪笔谈》中关于地学知识的记载不少，包括地理、地图、气象、矿物学、地质学等方面。《梦溪笔谈》记载，熙宁五年，沈括使用逐段筑堰的方法，进行了相关土地测量，"汴渠堤外，皆是出土故沟，令相通，时为一堰节其水。候水平，其上渐浅涸，则又为一堰，相齿如阶陛。乃量堰之上下水面，相高下之数会之，乃得地势高下之实"①。

《梦溪笔谈》还记载了沈括使用木屑、熔蜡、面糊等方法，制作立体地形图，记载了沈括将古代中国"四至八到"的定位方法，细分为二十四至。遗憾的是，沈括所绘制的这些地图，在流传的过程中不幸遗失，一些研究者认为，现存的四川北宋《九域守令图》可能吸收了沈括的地图绘制法。

另外，《梦溪笔谈》还记载了一些地质知识。例如，沈括提出了华北平原是由河流侵蚀沉积而形成的科学推论："凡大河、漳水、滹沱、涿水、桑乾之类悉是浊流。今关、陕以西，水行地中，不减百余尺，其泥岁东流，皆为大陆之土，其理必然。"② 因为发现了竹笋化石，沈括推测，延州"旷古以前，地卑气湿而宜竹"，这与陕北古气候的变化有关。除此之外，沈括的《梦溪笔谈》，还收录记载了很多关于雷、雨、霜、雹、旱、龙卷风、虹、海市蜃楼等方面的知识，既形象生动又兼具科学价值。

六　生物和医药

沈括的《梦溪笔谈》，也记载了动物学、植物（包括药用植物），医药等方面的知识。在动物学上，《梦溪笔谈》不仅描述了动物界的一些珍稀物种和一些有价值的趣事，而且还描述了鹿茸疗效、人体解剖学、步行虫防治害虫等内容。其中，关于人工喉"叫子"的论述最为重要，这可能是对人工喉最早的描述，其记载"世人以竹、木、牙、骨之类为叫子，置人喉中吹之，能作人言，谓之'颡叫子'。尝有病瘖者，为人所苦，含冤无以自言。听讼者试取叫子令颡之，作声如傀儡子，粗能辨其一二，其冤获申"③。

---

① 金秋鹏主编：《中国科学技术史·人物卷》，科学出版社1998年版，第348—349页。
② 沈括：《梦溪笔谈》，上海书店出版社2009年版，第199页。
③ 金秋鹏主编：《中国科学技术史·人物卷》，科学出版社1998年版，第350页。

此外，在植物学上，沈括对各种植物（主要是药用植物）形态的描述，也达到了相当高的水平，如甘草和枸杞、莽草等植物的记载。《梦溪笔谈》还描述了土壤、播种时间、物种习性、地形、生长施肥、气候温度等因素对植物生长发育的作用和影响。

七　工程技术

沈括在其《梦溪笔谈》中记录了很多民间技术人员的创造发明，其关于工程技术知识的收录与记载，不仅促使工程技术知识传播，还完善并丰富了科学技术史的史料记载。我国关于泥活字印刷术的发明，要比西方发明金属活字印刷术提前四百年左右。比如，沈括在该书中记载了毕昇关于泥活字印刷术的发明以及其制作方法："庆历中，有布衣毕昇，又为活板。其法，用胶泥刻字，薄如钱唇，每字为一印，火烧令坚。先设一铁板，其上以松脂蜡和纸灰之类冒之。欲印则以一铁范置铁板上，乃密布字印。满铁范为一板，持就火炀之，药稍熔，则以一平板按其面，则字平如砥。"[①]《梦溪笔谈》还记载了宋代著名建筑师喻皓的相关资料，其关于木结构建筑各部分比例设计和安排——"材分制"的叙述，有助于了解材分制的历史。

此外，《梦溪笔谈》不仅论述了苏昆长堤、漕渠复闸、淤田法等水利工程，而且还介绍了当时的钢铁冶炼锻造技术，比如，灌钢、百炼钢、钢剑、冷锻铁甲等，这些工程技术的呈现，反映了北宋冶金锻造技术的高度发展。

第四节　科技专科学校的发展

由于战争的持续发生和政治领域内的动荡不安，宋元科技专科学校时兴时废。但是，在相对稳定的时间段内，科技专科学校与前一时期相比又有所进步。

一　规模扩大，管理完善

宋元时，由中央开设的科技专科院校开始招生，其招生的人数，较比

[①] 沈括：《梦溪笔谈译注》，王洛印译注，上海三联书店2014年版，第207页。

前一时期增多了。隋唐时期算学只有30人，宋代时期算学最初招生人数就已经定为210人了。关于算学的招生人数，《宋史·选举三》曾记载："生员以210人为额，许命官及庶人为之。"由此可见，宋代的算学规模远超隋唐。隋唐时期，医学只有80人，宋代时期，医学最初招生人数已经定为300人，关于医学招生人数，《宋史·职官四》曾记载："太医局：有丞，有教授，有九科医生额300人。"虽然，之后医学招生人数缩减，但是，其规模与隋唐相比仍具有优势。虽然宋代起初禁止民间研究天文历法，但到了元代，因为由司天监所管辖的中央天文学专科学校的发展，中国古代天文学达到了新的发展高峰。

元代，地方专科科技学校也有了一定程度的发展。这一时期路、府、州、县均设立医学校。另外，元代设立地方阴阳学，由太史局管理，天文与术数是其教学内容，每年将成绩优异者上报朝廷，择优送至司天台就职。

宋元时期，不仅科技专科学校的招生规模扩大了，而且在管理方面也更加完善。宋代时期的算学和医学，一直由国子监管理，行政、教学以及教辅人员的管制方法，仿照"太学立法"。比如，北宋的国子算学，分别设置了官署和职事人，"博士和学正为官署，学录、学谕、司计、直学、司书等为职事人。博士四人，分四科授课，其他人等职责分工也很明确。学生则分三舍编级"[①]。可见，这一阶段科技专科学校在管理上要求严密，并注重管理模式的逐步完善。

我国古代医学教育行政管理机构设立的开端，是元代医学提举司的建立。元代的医学提举司，分别设立了一名提举，一名副提举，主要负责的工作是"考校"医学生，"试验"医学教研人员，审查各地名医所撰写的医学名著，辨别检验各地所生产的药材等等。总之，元代时期医学教育行政管理机构的设立，体现了这一阶段科技专科学校管理制度上的日臻完善。

二 课程设置增多

宋元时期经济繁荣，交通便利，中外交流频繁，这为科技的发展，提供了很好的发展空间。尤其是宋代时期相对较为宽松与开明的文化政策，也为科技的发展提供了政策上的保障与支持。书院自由讲学风气兴起，统

[①] 梅汝莉、李生荣：《中国科技教育史》，湖南教育出版社1992年版，第244页。

治者对人才以及知识的重视与渴求，促使各类人才涌现，同时也促进了各类人才的选拔。

元朝时期，中外交流十分活跃，一些少数民族的文化被吸收引进，地方各类专科学校也得以建立。此外，宋元时期统治者还多次组织专门人员编撰科技类的图书，雕版印刷术的广泛推广，以及活字印刷术的发明，极大地推动了科技知识的推广与传播。

所以，宋元科技专科学校的课程设置，相比前一时期来说是增多了，不仅学科科目增多，每一科目的种类，相比前一时期来说也更加丰富多彩。这既体现了宋元时期国家对科技的重视以及鼓励，也体现了科技在宋元时期拥有着相对较为自由宽松的发展空间。例如，北宋时算学被划分为天文、历算、三式和算法等四科。其中天文是指有关天文的数学知识；历算是指有关历法的数学知识；三式是指有关古人所谓"占候"的计算；算法是指有关计算的数学知识。

此外，宋元时期，还根据患病的缘由及器官的不同，将医学科目细分为多种类别：宋代时期的医学，被划分为大方脉、风科、小方脉、眼科、疮肿兼折疡、产科、口齿兼咽喉科、针灸科、金镞兼书禁科等九科；元代分为大方脉科、杂医科、小方脉科、风科、产科、眼科、口齿科、咽喉科、正骨科、金疮肿科、针灸科、祝由科、禁科等十三科。

另外，宋代在天文方面设有太史局、司天监、天文院等。基本上沿袭了唐代时设置的太史局，内部设置天文博士、历博士、天文观生、历生；宋代还设置了司天监，在其内设置提举官、判监、测验官等；天文生分为监生、正名学生、额外生。

元代设有司天监，司天监设有天文算历、三式、测验、漏刻、阴阳等科目；元代时期地方遍设阴阳学，培养了一大批通晓天文、地理的人才；元代还设立了太史院，学生为星历生。

由此可见，宋元时期算学、医学等课程设置种类繁多、内容丰富，在天文、历法、算学、农学、医学、化学、物理学等方面，均取得了很大的发展，并且在个别领域内，还达到了我国古代科技史上的高峰期，这些反映出了宋元时期科技专科学校的发展。

三 注重实用和技能培养

宋元时期，科技专科学校十分注重科技人才实用技能的培养。素来具有实用精神的天文学,在宋元时期得到很大程度的发展。在宋代时期,司天监主持制造了大型的天文仪器。元代进行了大规模的天文观测活动,这些科研活动极大地提高了科技的实用性与可操作性。美国天文学家海尔曾评价:中国古人测天的精勤,十分惊人。黑子的观测,远在西人之前大约两千年,历史记载不绝,而且相传颇确实,自然是可以征信的。这不仅反映了我国古代天文学科学技术的先进和突出成就,也反映了古代天文学家对天文学科学技术知识的观察和记录的准确性。

众所周知,我国古代医学不仅在理论上有很高的造诣,而且在实际操作上的成就,也很突出。当然,宋元医学的发展也包括在内。宋元时期,学生医疗实践能力的培养,受到重视。医学生每年都要进行临床实践,国家规定"太学、律学、武学生、诸营将士疾病,轮往治之",并详细记录,然后进行考核,再进行奖惩。这有利于提高医学生的临床实践能力和丰富他们的实践经验,也有利于医学技能的培养。算学也具有一定的实用性。首先,算学最终是要为天文、历法等服务的,具有实用性;其次,算学的学习,有利于提高学员的计算能力。

宋元时期,出现了一批有名的算学家,这些算学家编撰了与算学相关的著作,内容丰富且实用性高,比如贾宪的《黄帝九章算经细草》、秦九韶的《数书九章》、李冶的《测圆海镜》与《益古演段》、杨辉的《通俗实用算术》、朱世杰的《算学启蒙》与《四元玉鉴》等。除了天文、算学和医学,宋元时期还有一些其他的科目,这些科目十分注重培养学生的实践操作技能。

总之,注重实用和技能的培养,是宋元时期科技专科学校的一大特色。

四 科学方法的广泛采用

宋元时期,在发展科技专科学校的时候,采用了演示试验、观察观测等科学方法。这些科学方法表现在天文教学上尤为突出。宋元时期天文学家在对天文学生进行教学的过程当中,就采用了演示试验的教学方法。这一时期,天文仪器承担起天文教学的媒介。例如,苏颂就曾奉旨制造出了"元祐浑天仪象",用来观看和演示星象。

元代时期,在郭守敬的主持下进行了大规模的恒星位置观测工作。除了表现在天文学的教学当中以外,这些科学教学方法也表现在医学、地理学的教学过程当中。在医学上著名的医学教具，即针灸铜人。历史上针灸铜人最早产生于宋代医官王惟一之手，用以教授与学习辨认穴位。在地理学上突出表现在传授地理知识的地图上。

《舆地图》是元代时期朱思本花费十年之力所绘制的，它不仅为地理教学提供了形象直观的教具，对于研究当时的地理、历史、文化有着重要的作用，而且还为后世舆图的制作提供了蓝本。朱思本在前人的基础上，重新振兴了测绘地图的方法。他的《舆地图》比前一时期的测绘地图更为详细。

地图上增加了山、川、湖、城区等标注，规划的精确度更高。朱思本使用了计里画方的方法，首先，他绘制了不同部分的地图，然后合成绘制了七英尺长、七英尺宽的《舆地图》。地图以中国为主体，以外国为背景，内容翔实，轮廓准确。它还系统地运用了图例符号，是绘制元明清全国总地图的典范。这种绘制方法经过朱思本的提出与倡导，在元明时期盛行。直到明末意大利传教士利玛窦来到中国，把西方的绘图方式引进我国，一个更加科学的经纬度绘图方式，才渐渐取代了它。宋元时期科技专科学校的教学，很注重演示试验、观察观测等科学方法的使用，并由此产生了各种支撑教学的科学设备及教具。

总之，宋元时期的科技专科学校，虽囿于政治环境的混乱，但在一定的时期内，也得到了一定程度的发展，主要表现在规模的扩大、管理的完善、课程设置的增多、实用技能的培养以及科学方法的广泛采用等等。

第五节　蒙养教材中的科技教育

我国古代十分重视对儿童进行启蒙教育。《周易·蒙卦》就有"蒙以养正，圣功也"之说。古代一般把对八岁到十五岁的儿童进行的基础教育，称为"蒙养教育"，相当于现在的初等教育，而其所使用的教材，就是蒙养教材。宋元时期，蒙养教育得到较大的发展，蒙养教材种类繁多，内容丰富，不仅包括综合性的传统蒙养教材《三字经》《百家姓》《千字文》和伦理道德类、史学类、理学类、名物类蒙养教材，还包括科技类的蒙养教材。儿童在学习识字、伦理道德规范的同时，也要学习科学常识，宋元时期，蒙养教材中含有丰富的科技教育知识。

一　蒙养教材中丰富的科学常识

宋元时期的科学常识教学，主要是通过蒙学来进行的，而宋元时期的蒙学，不仅在数量上得到进一步的发展，而且还形成了官立与私立的制度。为了适应蒙学的发展需求，这一阶段蒙学教材开始按照类别编撰。宋元时期的蒙学教材，除传统的蒙学教材和基本教材课本之外，还出现了专门化教材、辅助教材以及课外读物，这些课本和读物的出现，标志着我国古代蒙学教材的发展进入了一个新的时期。这些蒙养教材，向人们广泛地传授着自然常识与社会常识。例如，《三字经》《百家姓》《千字文》等综合性的蒙学教材；《童蒙训》《童蒙须知》等伦理道德类蒙学教材；《叙古千文》《史学提要》等历史类蒙学教材；《训蒙诗》《小学诗札》《千家诗》《神童诗》《笠翁对韵》《唐宋文八大家钞》等诗歌类的蒙学教材；《名物蒙求》等名物常识类的蒙学教材，以及《耕织图》《王祯农书》《种树书》《农桑衣食撮要》等农学类教材。

除此之外，还有历法类、医学类、律学类等等各种类别的蒙学教材。比如，《名物蒙求》便以介绍自然和社会常识为主要内容，包括地理、天文、鸟兽鱼虫、日用器皿、花草树木、饮食服饰、耕种操作等名物常识。

《三字经》是我国古代流传较广的启蒙教材，在其短短的篇幅内，包含了大量的历史常识、典故以及各科知识，将天地名物、古今世事熔于一炉，历经宋元明清，直至近代，对古今中外都产生了深远的影响；《千字文》以"天地玄黄"开篇，然后分别叙述了天地、历史、人事、读书、饮食、居住、农艺、园林以及祭祀等活动，以识字为主，包括史地、天文、农业常识、道德规范、动植物等常识知识，在叙述上兼具知识性与趣味性。综上所述，这些蒙学教材将科学性与趣味性相结合，形象生动，篇幅短小，语言简易，便于儿童记诵，使儿童学习到农学、医学、律学、算学、天文学等常识。

二　"典故"配图等多种教育方式

（一）运用"典故"向儿童传授科学知识

我们一般把诗中引用的古典故事和有历史渊源的词语，称为"典故"。典故往往是历史名人著名思想的凝结，其中蕴含着丰富的科学知识，反映了当时社会对儿童掌握什么样的科学知识的一般要求。例如，南宋朱熹的

《童蒙须知》，有这样一段话："古人云：'读书千遍，其义自见。'谓读得熟，则不解说，自晓其义也……济阳江禄，书读未竟，虽有急速，必待掩束整齐然后起，此最为可法。"①

上述引文中，朱熹借用了名言"读书百遍，其义自见"，并结合南朝梁人江禄的读书方法，从而总结出他认为较为科学的读书法。例如，《千字文》中记载："布射僚丸，嵇琴阮啸。恬笔伦纸，钧巧任钓。"②该段引文通过简洁的语言，描述将吕布擅长射箭，宜僚擅长玩弹丸；嵇康擅长弹琴，阮籍擅长撮口长啸；蒙恬创制了毛笔，蔡伦发明了造纸；马钧创造了水车，任公子擅长钓鱼等历史故事全部概括出来，使儿童简单快速地了解到如毛笔、造纸术、水车等科学技术的缘起。

《千字文》中还提到："孟轲敦素，史鱼秉直。庶几中庸，劳谦谨敕"③，该句借用孟轲以及史鱼，来讲述为人处世的准则，孟子忠厚又质朴，卫国大夫史鱼性格刚直，为人处世应该向他们学习，为人切忌出风头，平平淡淡才能够感觉到安逸，谦虚谨慎才能减少犯错，行为做事要尽可能地合乎中庸的标准，做到谦逊、谨慎、勤奋，要懂得经常劝诫自己。

可见，宋元时期，善于运用"典故"来向儿童传授科学知识，形象生动地向儿童传授科学知识，并且这种借助"典故"向儿童传授科学知识的方法，也可在日常生活中口耳相传，使儿童记忆深刻。

（二）运用配图的形式向儿童传授名物常识

除了运用典故的形式，向儿童传播科学知识以外，宋元时期的蒙养教材，还运用配图的形式，向儿童传授名物常识。宋元时期蒙养类教材的一大特色，就是图文并茂，许多著名蒙养教材均配有相应图案，以此达到向儿童传播科学知识的目的。

比如，《千家诗》全书共22卷，分时令、昼夜、气候、节气、百花、竹木、天文、地理、宫室、器用、音乐、人品、昆虫、禽兽等十四类。《千家诗》不仅形象生动，而且极富教育和鞭策作用，使儿童在受到文学上以及视觉上的感染与震撼的同时，在思想上受到教育，得到很好的启

---

① 徐梓、王雪梅编：《蒙学须知》，山西教育出版社1991年版，第22—23页。
② （南朝）周兴嗣、（宋）胡寅编纂：《千字文》，岳麓书社1987年版，第42页。
③ （南朝）周兴嗣、（宋）胡寅编纂：《千字文》，岳麓书社1987年版，第33页。

迪，这充分显示了我国古代蒙养教材是寓教于乐的，并且十分注重思想性和科学性统一的特点。《千家诗》记载了宋代朱熹的《题榴花》："五月榴花照眼明，枝间时见子初成。可怜此地无车马，颠倒苍苔落绛英。"① 该诗采用以图配诗的形式，形象生动地将石榴花的样子描绘出来，儿童能够结合图片来理解该诗的含义。

比如，《千家诗》收录了南宋爱国诗人谢枋得的《蚕妇吟》，"子规啼彻四更时，起视蚕稠怕叶稀。不信楼头杨柳月，玉人歌舞未曾归。"② 《蚕妇吟》的作者，将该诗中所提到的"蚕"，绘声绘色地描绘出来，更易于儿童了解记诵。

当然，除了《千家诗》以外，还有很多的蒙养教材，均配有相应的名物图片，这些蒙养教材通过将抽象而又晦涩难懂的名物常识，转化为形象直观配图的形式，来提高儿童学习名物常识的兴趣，以及提升儿童的理解力。总之，这些名物图片的绘制，得到了儿童的喜爱，激发了儿童学习的积极性与主动性，教学效果显著。

三 《名物蒙求》——科技教育为主的蒙养教材

在古代常识类的蒙养教材当中，《名物蒙求》比较注重自然科学常识的辑录，是以科技教育为主的蒙养类知识教材。《名物蒙求》由宋代方逢辰编撰，全书共 2720 字，主要介绍了自然社会当中的各种名物常识，这些名物常识具体涉及人事、天文、鸟兽、地理、花木、日用器物、建筑等方面，内容丰富却不烦琐，采用四言韵律的叙述形式，比较通俗易懂，便于儿童记诵。《名物蒙求》带有自然科学的观念，比如，在讲述自然现象时这样描述："天尊地卑，乾坤定位。轻清为天，重浊为地。丽乎天者，日月星辰。润以雨露，鼓以风霆。云维何兴，以水之升。雨维何降，以云之蒸。物无知者，为草为木。"③ 通过这些句子的描述，该书向儿童解释了雷电、云雨等自然现象形成的原因，儿童可以很清晰地认识到云、雨生成的原因。

《名物蒙求》列举名物的种类较为详尽，比如，在讲述地理知识时其

---

① （宋）刘克庄编：《千家诗》，中国方正出版社 2002 年版，第 57 页。
② （宋）刘克庄编：《千家诗》，中国方正出版社 2002 年版，第 42 页。
③ 田正平主编：《中国小学常识教学史》，山东教育出版社 1995 年版，第 55 页。

记载:"滔滔者水,涓涓者泉。激为滩濑,深为潭渊。有涯有涘,有源有流。渡口为津,沙碛为洲。"① 从中可以看出,它介绍了水、泉;濑、潭;涯、涘;源、流;津、洲等形成的缘由,名物列举的种类,比较详细具体。该书对木类物品种类的列举,也很详尽,其将树木主要分为桐、柚、枫、杞、梓、梗、章、豫、桧、桦、柏等。《名物蒙求》促使儿童了解和认识到更多的自然与社会常识,而且儿童在熟记名物常识的过程中,懂得了做人做事的道理,深受人们的喜爱。

综上所述,《名物蒙求》是对古代常识教材《诗经》的继承与发展,同时也对宋代以后的科技常识教材的编写,产生了积极的影响。

四 《三字经》《百家姓》《千字文》《千家诗》中的科技教育

宋元时期,蒙学教材开始分类按专题进行编写,是我国蒙学教材发展的新阶段,在蒙学教材中影响深远的《三字经》《百家姓》《千字文》《千家诗》即常说的"三、百、千、千",在这一时期全部问世,含有丰富的科学教育知识。

《三字经》相传为宋末大学者王应麟(1223—1296)所撰,在流传的过程中,经过后人的不断修订,开始呈现出不同的版本。《三字经》采用三言诗的形式写成,文字简练,语句通畅,朗朗上口,儿童记诵起来较为方便。

《三字经》一书包含着丰富的自然常识教育。比如,文中有介绍数字的语句:"一而十,十而百。百而千,千而万。"该段语句言简意赅地讲述了中国的十进位算术法,一到十,十到百,百到千,然后千到万,与认知规律相结合,先从基础知识学习,然后,一步一步地逐渐加深难度,最后再学习晦涩难懂的知识。比如,文中有介绍日月天地的语句:"三才者,天地人。三光者,日月星。"天、地、人即为引文中所指的三才,而太阳、星星、月亮即指引文中的三光。比如,文中有介绍四时四方的语句:"曰春夏,曰秋冬。此四时,运不穷。曰南北,曰西东。此四方,应乎中。"② 一年四季,从春天过渡到夏天,从秋天再过渡到冬天,四季都遵循一定的规律,并不断循环。南、北、西、东统称为"四方",这四个方向都以中

---

① 梅汝莉、李生荣:《中国科技教育史》,湖南教育出版社1992年版,第274页。
② 李升召编辑:《三字经》,三环出版社1991年版,第16—17页。

心为基础，相互对应。

比如，文中有记载五行的语句："曰水火，木金土。此五行，本乎数。"金、木、水、火、土即为五行，大地万物的组成与变化都来源于此。五行相生相克，相辅相成，有规则地运转着。比如，文中有介绍六谷六畜的语句："稻粱菽，麦黍稷。此六谷，人所食。马牛羊，鸡犬豕。此六畜，人所饲。"① 稻米、大豆、小米、稷、黍、小麦，是人们食用的粮食，这六种谷类被统称为"六谷"。牛、羊、马、猪、狗、鸡，人们家家饲养，这六种动物被统称为"六畜"。通过阅读与学习《三字经》，儿童能够学习到数字、天地、日月、四时、方向、五行、六谷、六畜等自然常识性的科学知识。

根据历史史料的记载，《百家姓》成文于北宋初，作者不详。《百家姓》采用四言体例，句句押韵，是一篇关于中文姓氏排列的文章，对于中国姓氏文化的传承、儿童识字教学等方面，都起了巨大的作用。根据渊源出处的不同或其特征，《百家姓》中所列姓氏可以分很多种类，其中与科学常识有关的姓氏种类，主要有河名、山名、排行次序、天干地支以及数量词等。比如，乔姓的由来，黄帝身故后被葬于桥山。于是，黄帝子孙中的守陵人，就以桥山的"桥"为姓氏，后人将其简化，去木为"乔"，这便是乔姓的由来。姜姓，因为炎帝神农氏曾经居住在姜水。所以，其后人就以河名姜水的"姜"为姓。还有丙姓、万姓等以天干地支及数量词为姓氏。

成书于南朝的《千字文》，在作者周兴嗣的巧妙编排下，一千个普通实用而又不相同的字，组成了后代流传最广泛的蒙学读物，并且将蒙学提高到一个崭新的地位。虽然《千字文》是以识字为主的，但它在论述的过程当中，也蕴含了自然科学、饮食居住、农艺园林等科学常识教育内容。"天地玄黄，宇宙洪荒。日月盈昃，辰宿列张。"② 这是该书开篇第一句话，该段首先引导儿童思考人类和自然的起源，并逐步让儿童接触自然历史，认识宇宙万物，然后，用我国古代的阴阳学说，向儿童介绍日月星辰的运行变化规律。

除此之外，《千字文》还含有天文、历法、气象等科学知识，例如：

---

① 李升召编辑：《三字经》，三环出版社1991年版，第18、20—21页。
② （南朝）周兴嗣、（宋）胡寅编纂：《千字文》，岳麓书社1987年版，第1—2页。

"寒来暑往，秋收冬藏。闰余成岁，律吕调阳。"可见，周兴嗣用自然界自身的运动变化规律，解释了律历的形成原因，以及自然现象与农业生产之间的联系。另外，其还揭示了云雨露霜的形成缘由，例如："云腾致雨，露结为霜。"《千字文》也记载了很多生物常识，包括珠宝金玉、虫鱼鸟兽、草木山川等，"金生丽水，玉出昆冈。剑号巨阙，珠称夜光。果珍李柰，菜重芥姜。海咸河淡，鳞潜羽翔"①。

总之，周兴嗣以宇宙的起源为开端，不仅使儿童了解到露霜云雨、星辰日月、四时二气等形成原因，又让他们知道珠宝金玉、虫鱼鸟兽、草木山川等事物的存在，使儿童学习到了很多科学常识。

《千家诗》由南宋刘克庄所编，是《分门纂类唐宋时贤千家诗选》的简称，全书共22卷，分为时令、昼夜、节候、竹林、百花、地理、天文、宫室、器物、音乐、人品、昆虫、禽兽等方面，其中包含着丰富的科学知识。该书是对唐、五代及宋朝时期的绝句、律诗的归类整理，历经后代不断地增删，逐渐形成了我们今天所诵读的《千家诗》。其中，该书有这样的描述："清明时节雨纷纷，路上行人欲断魂。借问酒家何处有，牧童遥指杏花村。"② 这首诗是由唐代文学家杜牧所作的《清明》，诗句不仅形象生动，儿童易于理解记诵，而且全诗还穿插着自然气候等方面的科学知识。

此外，唐朝太上隐者《答人》提到了山中日历年岁与外界不同，"山中无历日，寒尽不知年"③。唐代诗人杜甫在其诗《题玄武禅师屋壁》中写道："赤日石林气，青天江海流。锡飞常近鹤，杯度不惊鸥。似得庐山路，真随惠远游。"该诗不仅提到了高山流水等自然景物的美丽景象，还提到了鹤、鸥等动物的生活习性。综上所述，《千家诗》所辑录的诗句，比较符合儿童的年龄特征，儿童在记诵这些诗句的同时，也能学习到很多的科学常识。

总之，宋元时期蒙学读物的兴盛，不仅促进了儿童对于字体的识记，也促进了儿童对于自然社会科学常识知识的掌握。

---

① （南朝）周兴嗣、（宋）胡寅编纂：《千字文》，岳麓书社1987年版，第2、4—5页。
② （宋）刘克庄编：《千家诗》，中国方正出版社2002年版，第16页。
③ （宋）刘克庄编：《千家诗》，中国方正出版社2002年版，第231、253页。

第六节　民间农业教育普及的兴盛

由于宋元时期官府重农政策的鼓励，以及资本主义萌芽时期农业商品经济的发展，该阶段劝课农桑活动在形式上具有多样性。其除了依靠官方的督办与发放农书等形式以外，还借助民间自发的农业普及教育活动形式。此时，民间的农学知识普及活动，主要表现在农学日用通书的兴盛，以及诗赋图谱类农书的产生与发展。

一　日用通书的兴盛

作为一种综合性的科普读物，"通书"与日用类百科全书相似，囊括了民生日用所需的各种科学常识。"日用通书"是在宋元以后日渐兴盛起来的，是普及农学教育知识的重要形式之一。由元代无名氏编撰的《居家必用事类全集》，是一部家庭日用大全式的"通书"，是日用全书的代表之一，全书共十集，以十天干为序第。

《居家必用事类全集》不仅记载了历代名人立身处世的格言，还详细记载了关于养殖、畜牧、种菜、医药、种艺、花草、果木、茶酒等农业生产的知识，这些知识主要集中呈现于书中的丁集、戊集和己集。其中，"丁集"记载了鸡、牛、鱼、鹅鸭等养殖方法。例如，书中记载了如何促使鹅快速长肥的方法："放鹅在内，勿令转侧，门以木棒签定，只令出头吃食。日喂三四次，夜多与食，勿令住口，如此五日必肥。"[1] 戊集是关于"农桑类"知识的记载，其主要阐述了种药、种艺、种菜、竹木、花草、果木等方面的科学知识。例如，其讲述了在桑园里套种茶的方法："若拟于下种茶，即东西行三步种一株，南北环五步为准，图阴密故也。若桑阴未成，即于茶南种雄麻及苎等，取其阴复也，麻苎皆利。"

在"种果木篇"中，其还介绍了防治柑树虫害的方法："柑树为虫所食，取蚁窝于其上则虫自去。"[2] 此外，该书还介绍了与农业相关的手工制作技术，如"己集"的酒曲类和饮食类，"庚集"的染作类等，涉及了农产品的加工技术。所以，作为一部日用类百科全书，《居家必用事类全集》

---

[1] 黄世瑞：《中国古代科学技术史纲（农学卷）》，辽宁教育出版社1996年版，第37页。
[2] 黄世瑞：《中国古代科学技术史纲（农学卷）》，辽宁教育出版社1996年版，第38页。

虽然大部分来源于前人农书的记载，但因其内容丰富多彩，具有较高的实用价值。特别是该书关于农业生产技术的内容，涵盖了不少农家的实际经验，是对官颁农书的重要补充。

二 诗赋图谱农书

除了日用图书的通用以外，宋元时期，民间农学教育的普及，还表现在诗赋类与图谱类农书的产生与发展。

（一）诗赋类农书：《授时历要法歌》《时刻约法歌》等

我国素来就有"靠天吃饭"的说法，这反映了天时与农业生产之间的密切关系。所以，"敬授民时"便成为向老百姓宣讲历法知识的一种途径。"敬授民时"是指将历法付予百姓，使其知时令之变化，而不误农时，后来指颁布历书。我国古代对历法的准确性要求严格，经常会对其进行不断的变革，历法变革之后，对民众进行新历法的推广教化，也是古代政府变革历法之后的重要举措。

将历法变成朗朗上口的诗歌形式，是基于历代推广新历法的经验之举。元代郭守敬等人编撰《授时历》后，并以通俗易懂的诗歌形式普及，如《立春歌诀》《推节气歌诀》《授时历要法歌》《推闰歌》以及《时刻约法歌》等。例如，《授时历要法歌》记载了大月与小月间的不同，"月大三十日无差，如初一日己酉，数至次月朔见己卯，即月大也。月小分明只廿九，如月朔数至次月朔止廿九日，即月小也"。又比如《时刻约法歌》讲述了二十四节气的推算方法，"二十四气渐差除，循环时刻四同途。单逢正四换初一，正三依旧复初"[①]。对于不识字或识字不多的人来说，诗歌除了可以识读以外，还可以通过口耳相传的形式记诵。运用这种形式宣讲科学知识，更加适用于从事农业生产的普通老百姓。另外，由于这些诗赋类农书较为形象生动，兼具科学性与趣味性，儿童记诵起来朗朗上口。所以，其也可以作为儿童的启蒙读物。

（二）图谱类农书：《耕织图》《农器图谱》《农家月令》

图谱农书兴起于宋代时期，它的首创之作，就是南宋楼璹所编写绘制的《耕织图》。该书绘有21幅"耕图"和24幅"织图"，每幅都有一首诗，"图绘以尽其状，诗文以尽其情"，故有人也称其为"耕织图诗"，细

[①] （元）陶宗仪：《南村辍耕录》，上海古籍出版社1998年版，第57页。

腻传神地描绘了农人的耕织生产过程。例如，耕织图诗中的《耕》篇："东皋一犁雨，布谷初催耕。绿野暗春晓，乌犍苦肩赪。我衔劝农字，杖策东郊行。永怀历山下，法事关圣情。"

到了元代时期，农学家王祯编写了中国四大农书之一的《农书》，他在编写《农书》中的《农器图谱》时，继承并发展了《耕织图》的传授方式，运用通诀、图谱的方式，来介绍农业生产知识和农具的构造与使用知识，卓有成效地推动了农业科学及其教育的发展。《农书》的第三部分，即为《农器图谱》，约占全书的80%，包括了当时南北通用的各种类型农具的记载，并首次阐述了一些具有世界先进水平的农家机械，如32锭水力大纺车、3锭脚踏棉纺车等。

《农器图谱》一共分为田制、耰锄、耒耜、杵臼、锤艾、钱镈、蓑笠、麻苎、鼎釜、耙扒、仓廪、灌溉、舟车、稑麦、蚕桑、蚕缫、纩絮、织纴等二十门。在每一门的开端均配有插图，全书共有近三百幅插图，并在每幅图后加以简要文字论述，详细解释每项农器的来源、构造、演变及用法，且部分还配有诗文，图文并茂。

为了使人们更准确地掌握农时，王祯在前人的基础上，总结概括了农业所需的授时和历法问题，创造了一本袖珍的"农家月令"书——"授时指掌活法之图"。因古人是根据北斗星的斗柄指向来确定季节，所以"授时指掌活法之图"是以北斗星为中心的八层圆盘组成；第二层和第三层圆盘上分别写着十天干（甲、乙、丙、丁、戊、己、庚、辛、壬、癸）和十二地支（子、丑、寅、卯、辰、巳、午、未、申、酉、戌、亥）表示天地变化的周期；第四层圆盘为春、夏、秋、冬四季；第五层圆盘为十二个月份；第六层圆盘为二十四节气；第七层圆盘为七十二候；第八层圆盘为各个月份和节气时令时分别所应从事的农业生产活动。该图由内及外，数重圆盘分别代表北斗星斗柄的指向、天干、地支、四季、十二个月、二十四节气、七十二候，并标示不同月份和节气所对应的农业活动，在这幅小图中星宿、季节、物候、农业生产规律紧密联系，简明展示了"农家月令"，可称得上是一项令世人赞赏的创造。[①]

综上，诗赋类农书、日用通书以及图谱类农书的发展，促进了农学图书的编撰和农学的传播，尤其是图谱类农书的产生，为农学教育的普及，

---

① 郭文韬：《中国传统农业思想研究》，中国农业科技出版社2001年版，第201页。

提供了一种崭新的表达与传授方式。图谱类农书将文字难于表达的内容，用直观的图像，简洁明了地呈现在人们面前，能达到文字语言所难以描述的效果。同时，这对于识字不多的儿童来讲，还可以起到启蒙的作用。

总之，宋元时期，民间农书的发展，对后世的农书有着深刻影响，同时也推动了我国古代科学诗赋的发展。

第七节　科技教育的传播

宋元时期，是我国科技教育发展的全盛时期，并且很多方面的成就，在世界上都处于遥遥领先的地位。而这一时期科技教育兴盛的主要原因之一，就是科技教育通过各种形式得到了传播与普及。

一　农学知识的传播

宋元时期，在农学上取得的成就很突出，这主要得益于民间农学教育普及工作的展开。这一时期，农学日用通书的兴盛，使得农学知识得到普及。比如，元代的《居家必用事类全书》等农学日用通书将农业生产技术以及农业发展经验等，通过通俗易懂的形式，传达给从事农业生产的老百姓，几乎遍布村落里巷，既提高了农业生产技术，又传播了科技知识。

在这一时期，诗赋类农书《授时历要法歌》《时刻约法歌》等，以及图谱类农书《耕织图》《授时指掌活法之图》《农器图谱》等纷纷呈现，这些农书将科学性与趣味性结合起来，使得农学知识得到很好地传播。尤其是王祯在编写绘制了图文并茂的科学普及读物《农器图谱》之后，他又精心创制了短小精悍的《授时指掌活法之图》，该图言简意赅，是我国袖珍农书的发端。这些农书编制得绘声绘色，极易于记诵，读起来朗朗上口，成为农学知识普及的主要工具。

中国素来对历法的精准性要求很高，宋元时期尤为更甚。一般新历颁布之后，官府就要开展天文历法知识的普及工作。例如，元朝至元十八年（1281）就颁行了《授时历》，有《立春歌诀》《推节气歌诀》《授时历要法歌》等，这些歌诀便于历法知识的普及与宣传。

二　算学知识的传播

宋元时期，算学上取得的成就，也得到了很好的传播。我国南宋时期著名的数学家秦九韶,创造了一部举世闻名的数学传世之作《数学九章》,并提出了"正负开方术"与"大衍求一术",这为求解同余式的题目,找到了科学的途径。我国南宋著名的数学家和教育家杨辉,是世界上第一个排出纵横图以及讨论纵横图构成规律的数学家。

他的《杨辉算法》,极大地推动了数学教学的发展。我国元代时期著名的平民数学家、教育家朱世杰的《算学启蒙》,全面介绍了数学所包含的内容。从一位数的乘法一直讲到天元术,是一本著名的启蒙读物。这些算学书籍深受群众欢迎,是促进算学传播的科普读物。

三 医学知识的传播

宋元时期,医学知识得到很好地普及。在古代人们常常借助编写医书的形式,来进行医学知识的传播。如北宋末年官方出版的《圣济总录》,和宋代宫廷组织编撰的方剂专书《太平圣惠方》等养生保健读物;《新铸铜人腧穴针灸图经》《针灸资生经》《十四经发挥》等针灸专著;宋元时期周守忠《养生类纂》及《养生月览》、钱称《摄生月令》、刘词《混俗颐生录》、愚谷老人《延寿第一绅言》、姜悦《养生月录》、韦行规《保生月录》、李鹏飞《三元参赞延寿书》、王珪《泰定养生主论》、瞿祐《居家宜忌》和《四时宜忌》等养生专著。

除了国内医学书籍的编撰,宋朝朝廷还刊刻出版了从高丽传回来的医学书籍《黄帝针经》,"窃见高丽献到书,内有《黄帝针经》九卷……此书久经兵火,亡失几尽,偶存于东夷。今此来献,篇帙具存,不可不宣布海内,使学者诵习"。宋代不仅在国内民众间推广与普及医学知识,而且派人去高丽"训导",帮助高丽建立起三级医学官员制度,进而推广医学知识并普及到周边国家。高丽境内流传着一种古老的习俗,人生病不去就医服药,他们相信鬼神、诅咒等传说。自从高丽使者在进贡时看病之后,人们才开始学习医学知识,但并不精通,于是"宣和戊戌岁,人使至,上章乞降医职以为训导。上可其奏,遂令蓝苴等往其国,越二年乃还。自后通医者众,乃于普济寺之东起药局,建官三等:一曰太医,二曰医学,三曰局生"[①]。

总之,医学官职的设立,不仅起到了保存古典书籍的作用,还起到了普及医学知识的效果。

---

① 席泽宗主编:《中国科学技术史·科学思想卷》,科学出版社2001年版,第442页。

综上所述,宋元期间所形成的理学思想,促进了科学教育的发展。我国四大数学家均存在于该时期,在这一时期,科技专科学校也逐渐兴盛起来,蒙养教材与农学书籍当中,蕴含着丰富的科技常识,这些均促进了宋元时期科技教育的传播与普及。

第五章　明清时期的科技教育

明清时期，在中国历史上属于封建社会后期。这一时期，小农经济获得普遍的发展，农具、农田水利以及耕作等农业生产技术均有较大的进展，工商业也较发达。明中叶（16世纪中叶），局部地区手工业作坊萌发了资本主义生产关系。经济的发展，促进了教育和文化的发展。[①] 这一时期的科技教育，主要包括实学思潮中的科技教育、专科学校与科技教育、乾嘉学派科技教育的发展与实践、宋应星《天工开物》的"家食之问"以及西学东渐影响下的科技教育。

第一节　实学思潮中的科技教育

明清之际的实学思潮是对文化传统及价值观念进行理性批判的时代。封建制度没落，理学空疏无用，士子醉心八股时文废弃经学，更无心关注自然科学知识，完全堕入寻章摘句、"游谈无根"的窘境。社会的急剧变革和动荡不安，导致价值观的颠覆。面对教育事业的倒退和科技教育的衰败，新学逐渐从程朱理学或陆王心学的母体中脱离出来，反对理学的空谈心性，主张回归儒家经典的主流思想。

新旧思想的碰撞，导致了价值冲突和社会转向，思想界对唯心主义的程朱理学展开猛烈抨击，加上封建体制的内部革新，最终"合流"成以功利主义为核心价值观的实学思潮。实学教育思潮主张从经书中的博物常识，汲取治世之道，造就为民生利的治术人才。这种主张与理学的束书不观、空谈心性的治世之术，大相径庭。实学的学术领域，更是由经书扩展到自然更广阔的范围，如天文、地理、风俗、兵革、田赋以及典章制度

[①] 曲铁华主编：《新编中国教育史》（第二版），东北师范大学出版社2016年版，第28页。

等。诚然，培养科技人才不是实学教育的根本目的，但实学强调事功趋利，注重农业生产及兴邦立业，是解决国计民生不可或缺的要务。因此，社会上刮起了舍虚务实的新风尚。

从理学藩篱中解放出来的实学思潮，实以汉代儒家"通经致用"为嚆矢，得益于明中叶的资本主义萌芽与西方科学的引进。明清之际产生一大批实学思想家，以"求实""求用""闻道"为目的，借儒经"微言"行治世"大义"。如黄宗羲认为，做学问须"本之经以穷其原，参之史以穷其委"①。直言读经学史乃为学之本。他曾严厉抨击理学发展到明清之际的空谈时风，实学爱国人士鄙视那些空谈心性之腐儒，不去寻求改变现实拯救国家危难的措施，最高的境界也是以死来报君恩。

面对封建专制制度的日益腐败，这批实学思想家们尖锐抨击封建主义及与兴邦治世无关的学问，以严谨的治学态度和科学实证的方法，与西方科技思想接轨，顺应资本主义的发展和经道治世之需要。他们针对这种社会现状，站在民族自救的立场上，以强烈的忧患意识，传承文化经典的复兴精神，挽救王朝危机，纠正传统理学之弊端。明清之际黄宗羲等早期启蒙主义思想家普遍认识到传统儒学空谈误国的积弊，为科技教育思想的活跃，提供了沃土。与此同时，他们还积极践行实学教育，这才引发经学实用思潮全盛发展的契机。

一 明体适用引"经致之学"

"明体适用"讲求教育的实用性。"体"是指封建传统伦理纲常和道德标准，而"用"则指适用于经世救国、教化万民之礼术，即有识士人所应具备的兴邦安国的本领。胡瑗强调："天不降地，无以为育物之理，故有天然后有地。地者，载万物之本也。坤者，地之用也。坤能顺承于天，以生成万品之物……故乾坤者天地之用，万事之本始也。"② 可以看出，地是承载万物的本源所在，意在维护封建伦理纲常之传统地位，捍卫封建制度之文化根基。而用则是崇儒治学，利国为民的事功学问，目的是维护封建统治形成由上而下等级尊卑的有效治理。

胡瑗主张"天人合一"，人应该顺应天命，遵循自然社会的运行法则，

---

① 徐定宝：《黄宗羲评传》，南京大学出版社2002年版，第195页。
② 蔡桂如：《胡瑗"体用"思想探析》，《黑龙江科学》2013年第12期。

服从社会固有的等级尊卑。而这种治理单凭"浮华之词",寻章摘句难以付诸实践,恩泽惠民。胡瑗的"明体适用"思想,虽然以维护封建伦理纲常为根本,但间接扩大封建教育的内容,言明教育应适于治国、治天下,力图通过天地原本存在的等级教化手段,改变人们重文轻理的思想观念,解决"风俗偷薄"的社会流弊,正是"明体适用"的教育理念,引出了"求见事功"的实学思想。

后来逐渐成体系的实学思想,则在"明体适用"思想的基础上,有了新的发展。黄宗羲认为,"道无定体,学贵适用"[1],体用在某种程度上是可以相互转换的,适用的就是所谓的道,他认为,治世的功利之学与传统的礼仪道学,在原则是统一的,其目的均为"救国家之急难"[2]。所以,体和用是可以统一于志士仁人的治国方略中的。

黄宗羲传授经史的同时,精钻数学、历算、天文、乐律等学问,曾撰天文类著作10余部,如《授时历故》,数学类著作6部,如《割圆八线解》,地理类著作5部,如《今水经》。他曾向他的学生讲授"天文、地理、六书、九章至远西测量推步之学"[3] 于甬上证人书院。他涉猎政治、经济、哲学、史学、宗教、数学、历法、地理、音乐等众多领域,同时大力提倡将天文、数学、历算、地理等自然科学知识,列为教育的重要内容。在他看来,被士人看轻的"奇技淫巧",恰恰是最有用的"绝学"。让学有所成的人,入朝廷做官是为了检验他们是否真为人才,这些人可以不通过科举直接任职于各级官府。这一提法,体现出黄宗羲不拘泥于科举制度,意图冲出禁锢思维,以有无实学作为用人标准。

(一) 考辨纪实,尊重规律

黄宗羲在地理方面的成就,相当突出。他所著的《今水经》,系统条理地介绍了全国水道以及各地地形地貌科学考察的结果。他曾纠正郦道元《水经注》中,以及后世众多学者对于中国南北水源脉流的错误描述。《今水经》中谈道:"余读《水经注》,参考之以诸图志,多不相合。是书不异汲冢断简,空言而无事实。其所以作者之意,岂如是哉。"[4] 宋代大理学家邵雍等试图确证整个天体的排列运行方式,而黄宗羲则对此批评道:

---

[1] 梅汝莉、李生荣:《中国科技教育史》,湖南教育出版社1992年版,第379页。
[2] 徐定宝:《黄宗羲评传》,南京大学出版社2002年版,第197页。
[3] 孙培青主编:《中国教育史》,华东师范大学出版社2008年版,第280页。
[4] 吴光:《天下为主——黄宗羲传》,浙江人民出版社2008年版,第227页。

"有宋名臣,多不识历法。朱子与蔡季通极喜数学,乃其所言者,影响之理,不可施之实用。康节作《皇极书》,死板排定亦是纬书末流。"他认为,所完成的作品,如果仅仅是对天文自然现象的"死板排定"的话,那么,这样的书籍,远远称不上是天文著作。他反对任何主观臆测所得出的结论,认为只有经过翔实细密的考察,以客观事实为依据所得出的认知,才能称得上真正的科学研究。《四明山志》就是黄宗羲携其弟黄宗炎、黄宗会游遍浙东四明山实地考察,去伪存真才形成的手稿。其中《丹山图咏序》对四明山有着清晰的概述:"岁壬午(1674),至自燕京,便与晦木、泽望月下走密岩,探石质藏书处,宿雪窦,观隐潭冰柱,大雪登芙蓉峰,历鞠侯岩,至过云,识所谓木介。归而晦木为赋,泽望为游录,余则为《四明山志》。"①

从这些细致地描述中,我们可以看出,黄宗羲的结论都是经过实地勘察,以自身真实经历的感悟,而辑成的文稿。据此,足见黄宗羲对于凭空猜想派做法的批判,他以自身的行动,做出了最好的阐释,做任何学问都要尽可能真实地还原事实真相,要尽量避免断章取义,空谈无依据的时弊之风,永远不值得提倡。

(二) 兼容中西,会众合一

黄宗羲所著的《易学象数论》,前三卷论象,后三章论数,而且还将数学知识运用于"气运"学,如此先进性的认知,开数学知识解决医学理论问题的先河。《象术论》系统分析历代象数学著作,并进行大量考证辨析,延续了《周易》以阴阳五行说为基本框架的行文结构,但具体内容又不拘泥于卦象,并且纠正了传统易学中的神学成分,卦文中所蕴含的哲理,是他更为看重的部分。

与此同时,他又不否认《周易》中的象数,反倒认为,"易之有象数,易之所以成易也"②,只是力图呈现《周易》中的真相。要想呈现出所谓的"真相",就必须得区分"真象"与"伪象"。除此之外,他还专心研究西方的历学和算学。如他在《叙陈言扬句股述》中,谈到有关勾股之学的内容。黄宗羲一方面传承中国古老的历算之学,另一方面又惊叹于西人精准的算学。所以,在实际的为学过程中,他兼容中西,认为当前科技的

---

① 徐定宝:《黄宗羲评传》,南京大学出版社2002年版,第321、322页。
② 王永嘉、陈敦伟:《〈易学象数论〉述评》,《宁波师院学报》1985年第2期。

发展应博古通今,"会众合一",虚心学习西洋正确之法,收为己用。

(三)实得实用,去伪存真

黄宗羲推崇实学之风,反对空虚之学。他主张研究要力求呈现事物真实原委,追根溯源。他格外强调学以致用,在《明儒学案发凡》中指出:"学问之道,以各人自用得着者为真。凡倚门傍户、依样葫芦者,非流俗之士,则经生之业也。"[1] 他主张通过对事物自身属性的研究,来把握事实规律,不可牵强附会。同时,他不信神学,批驳佛老之说,严厉批判宗教邪说及世俗迷信。一直被人们视为"佛光"的磷火,在黄宗羲那里也得到较为合理的解释:"盖草木水土皆有光华,非勃郁则气不聚,目光与众光高下相等,则为众光所夺,亦不可见,故须凭高视之。圣灯岩下,群山包裹如深井,其气易聚,故为游者之所常遇,昼则为野马,夜则为圣灯,同此物也。"[2] 虽然把自然现象归为"气"之产生虽无科学依据,但与鬼神迷信之说,有本质的区别,表明其思想的唯物主义倾向。体现黄宗羲以实学抨击封建迷信之说,竭力宣扬科学技术的地位和作用。

二 道器之辨引"经济之学"

顾炎武受程朱学派的影响,留心经世之学,以"明道救国"为本,以实事求是为宗,倡导与当世之务相结合的经世实学。他严厉批判明代部分士人空谈玄学,终日无所用心,表面看上去是在谈论儒家经典语录,以表示其对儒学圣道的尊崇,但事实上,所谈论问题无不向道佛思想靠拢,以道学、禅学思想为理论依据。顾炎武对脱离社会现实的空谈,以及纯哲学的自我思辨,始终持反对态度,认为终日空谈心性与天道实属误国误民之道。明代士人尚空谈之风,很大程度上,是因为他们不能明辨"道"与"器"的关系,他们将二者割裂开来,道只是道,器则为器,而忽视了"道"与"器"本是相互依存的整体,没有"器"的存在,也就无所谓道之所存。

顾炎武认为,治理国家要协调人与人之间的社会关系,劳动人民从事社会的生产活动,正是实现社会职能的具体体现。因此,他崇尚致用,研究和传习舆地学,他撰写了《天下郡国利病书》和《肇域志》,这两本著

---

[1] 吴光:《天下为主——黄宗羲传》,浙江人民出版社2008年版,第232页。
[2] 徐定宝:《黄宗羲评传》,南京大学出版社2002年版,第323页。

作体现了顾炎武对治国之术的重视，潜心钻研科学以治国之志向。他教授学生什么才是"君子之学"。君子为学，不为己，而为国，要深谙社会现实，探寻历史发展规律，尽己所能救国为民。与此同时，他还继承了宋代舆地学家的"中国山脉论"，提出了"人地相关"思想。这一思想的产生，与他坚信治国之道从社会生产活动着手的思想，密切相关。《天下郡国利病书》具体阐述了地势、地形、水利、兵防以及赋税，与当时经济政治的关系，属于政治地理学，为后世提供了一种以经世致用为价值取向的地理文献模式。

（一）博学于文，史实结合

梁启超认为，明清之际的地理学，严格来说并不能算作是真正的地理学，它只是作为历史学的附庸而存在，研究地理只是为研究历史作一种史料上的补充，就其本质而言，是为历史而地理。以顾炎武为例，他研究地理学的目的，确实是以地理为工具来求救国利民之道，从山川地貌形势中探寻经世致用之方法。而其中最鲜明的特点，便是经验性。通过足之所履，闻见所及来记叙山川河脉，兵势要塞，以此来作为军事政治活动的现实依据。其中《天下郡国利病书》对全国各地的地形地势，兵防力量，尤其是一些关塞要地的统帅布防，都有详细的记录，这与当时敌国外患，东北边防日益废弛，农民起义风起云涌的动荡时局，密不可分，顾炎武认为，抵御外辱与平定内乱一样重要。所以，要格外关注兵防问题，是尽其道而"防之于外"的经世实用思想的具体体现。

顾炎武十分注重实地考察与历史文献相结合，他认为阅读历史书籍，可以扩充知识，再结合实地考察就更为全面，"采铜于山"勘察全国的水利、赋税、兵防、交通、实录等方面的实际状况，再结合以前的文集史料，从而从历史与现实中总结水利兴修、兵防地势等地理知识。

（二）反复考究，质疑独见

顾炎武非常赞同孔子对于君子的基本要求，即广泛的学习，并用礼来约束自己。所谓"约礼"就是要学会融会贯通使得治国方略、利民之策根植于自己的所学所见所想。《天下郡国利病书》就是从兵要地理、国家政策及实行效果中，总结治国经世的方法和经验，通过阐述江浙地区繁重的苛捐杂税，以及江南大部分农村地区土地分配及赋税征收制度，以及屯垦、粮额、租税等项目，说明加税造成农民负担，并从中总结如何使百姓安居的良策。

这样一种方式，实质上是从一手材料中反复斟酌，通过质问而生疑，再借由材料反复推敲，力求精准。他批判近代士人如邯郸学步，尽是模仿，且模仿的仅是皮毛，并未真正体悟到古人理论学说之精髓。他认为，学贵创新，这样才能产生合乎时代需求的见解，再进行系统的科学论证和尝试，才能得以在实践中广泛应用。他的著作《肇域志》，"所考山川、都邑、城郭、宫室、皆出自实践"①。即通过论证时务，而使"独见"具有考据性。任何学问必须以有益于国家社稷、黎民百姓为准则，学问作为真理性的认知，是对于世界的感悟。这种学问必然是要积极服务于国家和社会的，在顾炎武看来，文人的头衔、名誉以及利益，与救国济民相比，实属微不足道之事。

三　格物致理，尊崇实学

老子曾言："闻一物以贯万物，谓之知道。"传统文化中视"道"为天地万物之本源，与道相对应的概念是器。器是形而下的实物，而道则是形而上的存在。道是性命之源头，道生万物，而往往器服从于道，"道本器末"，这是传统理学的基本认知，格外强调道的生命本源意义。然而，明清之际的早期启蒙思想家则认为，道寓于具体的器才具有意义，以往圣人能很好地治理天下，就是因为先王能够基于具体事物以及自然之理，来确立原理原则，根据事物的变化，来进行变通，意在符合时宜。明清之际，王学没落，"矫放纵之敝则尚持守，矫空疏之敝则尊博习"②。由此，出现由王返朱的程朱理学学派。

其中以陆世仪较为著名，他虽精通程朱理学，很多思想也以此为基础，但志在事功。首先，他对于朱熹的格物致知学说是认可的。朱熹认为，由外向内的"即物穷理"和由内及外的"格物致知"的双向兼修，才能获得事物的"理"。陆世仪继承朱熹的"格物致知"学说，通过学与思而得"悟"，而"悟"则需践行。这一思想，批判了晚明心学只重本体，不谈实行的弊端。

他在《思辨录辑要》中指出，古代传统六艺，当今的学者都应该学习，但在学习的时候，不必泥古，应因地制宜做出适当调整。六艺需要学

---

① 项旋校注：《顾炎武研究文献集成 清代卷》，古吴轩出版社2021年版，第469页。
② 梁启超：《中国近三百年学术史》，湖南人民出版社2010年版，第94页。

习但不是学习的全部内容,凡是有益于当今经世治国的知识,均可纳入学习的范畴。学习本身并无单一的宗旨,但凡有益于国家社会人民能匡扶济世的本领,都应该重视。想要"识本心",既要习"心性道德",同时也要了解"名物度数"。他指出:"草木,阴阳五行之所生。阴阳五行不可见,而草木则可见,故察其色,尝其味,究其开落生死之所由,则草木之理皆可得。《本草》所载,《月令》所记,皆圣人穷理之一端也。"① 陆世仪将"格物致知"学说,进一步上升为唯物论的认识方法。

陆世仪的思想体系,超越程朱理学的天理论,以"巧便之器"利"万事万物"。他格外强调数学,认为数学是其他一切学科的基础。"不知算,虽知算而不精,未可云用世也。"② "数"是六艺中最基础同时也最具实用性的知识,他站在理性的角度,认识到"泰西之学"的先进性,主张虚心向传教士学习西方先进的于我国有用的科学技术,他意识到《崇祯历书》中的"泰西几何"所讲的勾股之法,比我国的《九章算术》更为精妙。因此,大力提倡西学历法。

天文学上,陆世仪认为,西方的天文学甚为精密,不能盲目排外。西学认为,诸如日食月食等都是自然现象,以此来判断吉凶实属无根无据之事,这与我国占验的传统有所出入。他纠正了"气转精"旧说,认为日、月、金、木、水、火、土运行于天体之中,并非由气之推动,而是它们本身就具有能动性,有自己的运行轨道。值得一提的是,陆世仪虽然承认西方历法有其独到之处,计算也更为精密,但他并不完全否定我国传统的"占验"之术,认为国家与百姓皆在气运之中。因此,不能说星宿运行与之无关,必然存在"占验",他只承认西人不谈"占验"是为了谨言慎行。由此可见,他的思想只是在一定程度上,接近于近代科学,但仍未冲破封建思想的樊篱。

陆世仪还注重在教育过程中推行实学,讲求教育的实践性,日常教学要与实际生活相结合。既要践"礼",同时也要对"兵、农、钱、谷、水、火、工、虞、天文、地理"等"器物度数"有所涉猎。他继承了胡瑗的"苏湖教法",在小学教育上,针对小学教材多为"古利"而不谈"今俗"、讲义注重心学理性、字词晦涩难懂,难以激发学生学习兴趣等缺陷,

---

① 葛荣晋、王俊才:《陆世仪评传》,南京大学出版社2011年版,第108页。
② 梅汝莉、李生荣:《中国科技教育史》,湖南教育出版社1992年版,第400页。

他着重强调教材首先应做到的就是通俗易懂，编成三五字的韵语，内容生动翔实，寓教于行，使课程更富趣味性。

不仅是"四书""五经"，而且天文、地理、史学、算学等"切于世用"的科目，也应列在所学范围内。对于国学教育，陆世仪仍旧采取胡瑗的"苏湖教法"，推行"二斋四科制"，同样分为经义斋和治事斋，四科即"德行科""政事科""礼仪科""文学科"，并且提出各科要聘请"专家名士"。"只此四科，天下人才已尽于此矣。圣门言语一科，即在礼仪中，不必独设。"①

这说明，陆世仪认为，切于用世的实学内容，是为了"敦实行"，培养"明体达用之士"。他不否认阔谈心性的作用，认为其和其他学科地位相同，都备于国家"训才""储才"之用，学校教育不是为了培养"帖括"空谈之徒，而是需要专精一事的栋梁之材。由此可见，他既讲求修德养性，又强调经世致用的本领。

在"道"与"器"的问题上，颜元认为，"夫不见其器物而习符号，符号不可。用然算术之从横纵者，数也。数具矣，而物器未形，物器之差率亦即无以跳匿。何者，物器丛繁，而数抽象也。夫舍谱以学琴者，自谓习久足以中协音律，此亦离于总槛，欲几息简而数之也。算者，谱者，书者，皆符号也"。他认为，单凭书中的记述，而未曾见过器物之形，没有经过亲身实践，空谈礼和学问，那么，书中所述皆为符号而已，没有实际的功效。他亲身学习，如书射及歌舞表演拳法等，除此之外，还对医学算卜有所涉猎。他批判科举制度存在的弊病是"终身不晓习行礼义之事，至老不讲致君泽民之道。且无一人不弱不病"。颜元一方面提倡学习当以实践为要，认为教育应该离开空泛的讲理，通过实验得到功用，另一方面，又注重学习的实际效用，反对读书人堕入玄虚说理的泥潭。颜元认为，格物致知意在知三物三事，脱离事物空谈道则无用，"吾断以为物即三物之物，格即手格猛兽之格，手格杀之之格。"② 学习的目的在于实践，不能纸上谈兵，应自身亲历才算获得真知。

颜元同时注重"礼"的修养。但"礼"不同于"理"，"道莫切于礼，

---

① 葛荣晋、王俊才：《陆世仪评传》，南京大学出版社1996年版，第235页。
② 陈山榜、邓子平主编：《颜李学派研究文选》上，河北教育出版社2009年版，第1965、2969页。

作圣之事。今人视礼之精巨者曰不能，粗细者曰学不必，是使圣人（三字《学记》作圣人），无从学也。有志者，先其粗，慎其细，得一端，亦可。即如出告、反面，苟行之，家道不亦秩，孝弟不亦兴乎？"当今世人视"礼"为"道"，而不做实事。颜元则将"行礼"与"作圣"相联系，秉承持礼行礼的观念。既是对礼的重视，也体现其注重习行的思想。他强调，"必有事"的实用主义，义利相结合的功利主义价值观，注重"六艺"实学。他认为，"习行经济"目的在于"经世救民"，个人为社会做出事功上的贡献，希冀"建经世济民之勋"。颜元认为，教育的目的是使人成才，为此教学需遵循"实学实用"的标准，办学目的始终要与当时的社会要求相联系，最终学有所成的人，要能够针砭时弊，救国救民。他指出："唐虞之世，学治俱在六府、三事。外六府、三事而别有学术，便是异端；周孔之时，学治只有三物，外三物而别有学术，便是外道。"①

所谓六府是指"金、木、水、火、土、谷"六项，涉及矿物、园艺、水利、建筑、农业等方方面面的知识，三事指"正德、利用、厚生"的经世致用之学，六德指"知、仁、圣、义、忠、和"的德行，六行指"孝、友、睦、姻、任、恤"的人伦道德，而"六艺"则指"礼、乐、射、御、书、数"的实用知识技能。"三物"就是指上述六德、六行、六艺的综合，其中六艺是根本。六艺的实学教育内容形式与内涵并重，注重"践行"，通过形体的锻炼，涵养个体心性，从而获得身心的全面协调发展。六艺的学习内容，注重与日常客观事物相结合，不拘泥于书本上的文字符号，斥责"空寂静悟"。他认为，书本知识只是载运圣道之物和行动的指南，"文"并非文墨古经，而是涉及日常生活相关的方方面面。

颜元提出的学校规制，强调实科知识的教授。他执掌漳南书院时，亲自厘定规制。漳南书院分文事、武备、经史、艺能四科进行日常教学。文事科的内容，包括礼、乐、书、数、天文、地理等科，武备科则主要进行行军作战手段方式之训练，经史科则主要是对传统历史经文典籍的阅读，艺能科主要进行自然科学知识的传授，涉及水学、火学、工学、象学诸方面内容，由此可见，颜元已关注到了自然科学知识传授的必要性。

教学方法上，颜元主张"习行"，而非止于文字符号的理学学习方式。

---

① 陈山榜、邓子平主编：《颜李学派研究文选》上，河北教育出版社2009年版，第2969、2976页。

培养有用的栋梁之材，重在习而不在讲，从读到学再到行，是每个人必不可少的学习步骤。读是准备阶段，继而学，通过反复精思书中的要义，从而掌握熟练的知识技能，最终付诸实践，将所学的知识应用于实践，才能进一步达到炉火纯青，得心应手的地步。

一切的知识技能、道德品行皆离不开躬行实践，观察事物和动手做事，是了解客观事物本质的基本途径，即所谓的格物致知之法。在劳动中对客观事物进行学习称为"习动的教育法"。这是一种实践性的教育法，只读经史来学习穷理处世之道，实则差之千里，他以学琴为例，按照传统方法学琴者把琴谱熟记于心便是学琴，其实不然，应该一面看谱，一面弹琴，通过手指实际的触摸，学习音节和旋律，按照琴谱的要领，反复练习并领会掌握，这才是真正的学习，由此才可最终达到"心与手忘，手与弦忘"的境地。

由此可知，只诵读不习行，读书亦多无用，书本只能作为指导，要经过初步讲解后习行，如遇不懂之处，则再经过讲论弄清楚，即"诗书六艺亦非徒列坐讲听，要惟一讲即习，习至难处来问，方再与讲"[1]。圣言只为行动指南，只读圣言容易陷入空谈之风，要得知天下要义非习行不可。

李塨继承颜元的功利思想和实学精神，强调学以致用的"经济生民"的使命感，力挽社会危机。匡扶济世绝非外力能决定，社会义务的实现，仰仗于发自内心的自我需求，学术当为救国，知识分子承载着治国的使命，个人之命运与国家命运紧密相连。但与颜元不同的是，李塨认为，乡三物不仅是道德工艺，他说："格物之物，非三物而何？"[2] 他认为"格"的对象，应不局限于三物，应网罗世间万物，凡存在之物皆可去探寻。

第二节 明清专科学校与科技教育

明代学校仍以传统的经学教育为主，因此科技专科学校的发展，一直处于低迷状态。明太祖将学校定位为造就人才之正路，试士之法与科举合

---

[1] 陈山榜、邓子平主编：《颜李学派研究文选》上，河北教育出版社2009年版，第3049页。
[2] 梅汝莉、李生荣：《中国科技教育史》，湖南教育出版社1992年版，第385页。

一，导致科举"所取多后生少年，能以所学措诸行事者甚寡"[1]。科举制度的日益固化，造成人才的机械式发展，整个教育发展呈现一种保守之势。明清时期专科学校的整体发展，呈现倒退趋势，虽有康乾时期的短暂前进，却也因科技内容陈旧而最终被近代的新式学堂所取代。

一 明清科技专科学校的一度沉寂

一开始的考试升学制度，是科举与举荐并行，但后来"荐举渐轻"，科举制度逐渐一支独大，成为我国古代教育文明的一大特色，明代科举专用经义为试文之体。因此，学校的课程，集中于八股。八股文一般都是从传统四书五经中选题，要求学生必须模仿古人的行文语气，在整体结构方面也有明确的要求，实质上就是一种命题式作文。这种学习考核方式禁锢士人思想，使之囿于八股而不自知。明朝的学校教育，几乎成为科举考试的附庸，算学、医学、天文、历法等内容则被束之高阁。

明朝时期，国子算学并未专门设立，国学生只需兼学算学即可，无须深入研究，其业主要以《九章》《周髀》及假设为学问，算学已不作为专门的教育内容，自然地位也就较低，《明会典》卷十八记载："洪武二年，诏天下府、州、县立学校，学者专治一经，以礼、乐、射、御、书、术，设科分教。"[2] 算学只是设科"兼习"，要求很低，学生掌握《九章》的基本内容即可，无须深入研究，导致算学学科理论难以深入发展，久而久之就越不受士人重视，专精人才便少之又少。

当然也有一部分学者意识到了算学的重要地位，明朱载堉认为，算学是处于基础地位的学科，他说："一曰律学，二曰乐学，三曰算学，四曰韵学。前二者其书之本原，后二者其书之支脉，所以羽翼其书者也。"《（明）宣宗宣德实录》卷五十八，记载国子监王仙曾质疑科举的考生，只懂记忆背诵之法，对于农业、医学、数学、历法天文等与百姓生活密切相关的学科，却一窍不通，这样的人如何能为官？在宋元时期高度发展的算学，到了明朝，却成为"绝学"，为世人所避讳，令人唏嘘不已。明朝时期的天文、历法专科学校，同样陷入发展的低潮。明代曾明令禁止民间私学天文。沈德符《万历野获编》曰："国初学天文有厉禁，习历者遣戍，

---

[1] 孟森：《明史讲义》，中国三峡出版社2009年版，第45页。
[2] 梅汝莉、李生荣：《中国科技教育史》，湖南教育出版社1992年版，第253页。

造历者殊死。"《大明会典》卷一六五"仪制"曰："私司天文者,杖罚一百。"① 之所以禁止百姓学习天文历法,是因为天文历法被统治者视作与神沟通的重要手段,而只有帝王才能与神沟通,实际上是为了维护统治者权力而采取的一项措施。

明清的钦天监的任务,是观察天象、修正历法,为国家重大典礼仪式选择黄道吉日。《明史》中《天文志》记载:"五星凌犯、日月交食、四季天象。"钦天监的人选,多为世袭制,祖辈执掌天文历法,后辈也应学习天文历法,不得就任其他职位,不按此规定者甚至被处以充军的惩罚。这在一定程度上限制了学习天文历法的生源,关闭了民间人才的求学之路,而世袭生员又未必擅长天文、历法。所以,在一定程度上,降低了钦天监的生员质量。

由此一来,一方面天文历法学员数量少,另一方面,学员质量良莠不齐导致这方面人才奇缺。这类型的人才又是朝廷所需要的,于是,朝廷非常重视并采取相关措施进行补救。弘治十一年曾诏令:"访取世业原籍子孙,并山林隐逸之士,及致仕退闲等项官吏、生儒、军民人等。有能精通天文、历数、阴阳、地理及五星子平、遁甲大定、六壬、龟卜等术者。每府不过一二人。"② 钦天监的学习内容,分四科进行,监侯、司晨、漏刻、回回。但当时所用的教材《大统历》《回回历》等,漏洞百出,以这样的历书为教材,其教学质量可想而知。再加上监内官员对待教学,大多也是敷衍塞责,草草了事,这就造成天文、历法专科学校教育僵化、质量大幅度下降的现实。

但这一时期,天文历法之学也并非没有发展,如明朝编纂的《永乐大典》中,就包含了许多自然科学知识,另外,明朝设有灵台,天文生轮班观天文,对日月星辰、风云蔼雾的观测结果,进行占验,由朝廷设立的观象仪器,自然要比民间先进,且理论应用于实践,可使监生更好地掌握观测天象的方法。

二 明末清初专科学校的短暂进步

明末清初,在资本主义萌芽和西方文化的双重冲击之下,实用学科一

---

① 席泽宗主编:《中国科学技术史·科学思想卷》,科学出版社2001年版,第464、427、427页。

② 路宝利:《中国古代职业教育史》,经济科学出版社2011年版,第286页。

定程度上得到重视，专科学校又逐步恢复了发展。

明代末年，徐光启（1562—1633）主张改历，整顿钦天监的天文、历法教育，挑选能写会算的青年一边修历，一边学习天文、数学等知识，同时，介绍西洋天文、历法，将历书分为五部分"法原""法数""法算""法器""会通"，使教学与科研工作相结合，学以致用，另外，他还更新天文观测仪器，亲自教授观测方法，注重启发学生的思维，为原本沉寂的专科学校，点燃希望之火。

清朝时期，统治阶层对算学天文的关注，使往日消沉的专科学校，得以复苏。康熙九年（1670）初设算学，五十二年（1713）于畅春园蒙养斋设算学馆，皇子、亲王以及八旗子弟要学习算学，《钦定国子监志》卷十六记载："雍正十二年（1734），又在钦天监附近专门设立算学所，设置教习二人，学生额定为满、汉学生各十二人，蒙古、汉军六人。"

乾隆四年（1739），朝廷下令算学隶属国子监，钦天监兼管算学馆，汤大选、李拱辰任钦天监时，都兼管过国子监算学馆。但此时算学还未成为独立学科，而是为钦天监天文生学习天文、历学之用，算学只是工具类学科，只强调其实用性价值，不利于算学理论的深入发展。算学馆一般由皇帝选择一名管理大臣负责，在专立算学馆期间，教习为官学内学习算学者充任。另外，由算学管理大臣和钦天监选择学业有成、优异的学生充任"协同分教"，三年实践后若能"实心训课，勤慎称职，"即可转正。但算学教习没有俸禄，可以看出，在科举占据绝对主导地位的朝代里，算学教习不受重视，地位低下。

康熙皇帝意识到算学历法的重要性并注重其学习，他深知朝廷上下缺乏通晓历学算学人才，也无可用之才利用政余时间，研读数学及天文，掌握造历技术。他认为，天文关系重大，必得选人，专心学习，通晓精微，才能益于国家发展。同时，康熙皇帝还指出，历来天文历法多空言无实，与迷信思想混合，以此推算必然无法得出精确结果。所以，要进行纠偏。康熙皇帝注重"必考其实"，他亲自用仪器测验，力求制定更为精准的历法。注重天文历法的实用性，主张有用者留之，无用之去之。

康熙皇帝的实用主义思想，大大增加了天文历法的实用性与科学性。他重视天文、历法专科学校的建设，亲自视学钦天监，召集中外著名的科学家到宫中讲解科学技术，并要求钦天监师生旁听，而且还诏令组织科技专科学校师生参与国家大型学术活动，承担天文观测、数学计算等科研任务，使学生有充分运用理论联系实践的锻炼机会。清朝初期及中期，很多精通科学的官员，任教或毕业于钦天监，钦天监虽然沿袭世袭制，但乾隆皇帝为确保生源质量，对世袭的生源，提出更高的要求，玩物丧志者予以剔除，这在一定程度上，保证了学员的质量。

另外，康熙皇帝不排斥西学，他既认识到西洋历法的精准，但也意识到其缺陷，通过实际测量纠正了西洋历法分刻度数中的偏差，体现其治学严谨的精神。他懂得为我所用的道理，尽可能充分利用西方的科学技术知识为本国服务，政策上实行开放政策，在科技方面，不仅就自身学科体系不断推陈出新，提出并解决新问题，同时吸纳外国科技人才，为我所用，力求为本国的科技注入新鲜血液。

由于统治阶级对算学历法和钦天监的重视，清初科技得到发展，清代中期以后，官学腐败丛生，科技专科学校随之一起下滑，再加上官学官僚气息浓厚，政局风云变幻，科举至上的空疏学风，专科学校又再次回到落寞状态。

第三节　乾嘉学派科技教育的发展与实践

到了乾隆、嘉庆年间，清政权已基本稳定，经济发展，百姓安居乐业，整个社会相对稳定，出现了书院林立、藏书成风的景象。清朝统治者也积极笼络士人，通过赐匾、赐书籍等方式来鼓励知识分子兴办书院。积极的文教政策，既是统治者的英明所在，也是巩固政权的有效措施。清政府视书院为养贤育才之地，颁布政策来扶植其发展。这一时期，以古典考据学为重点的乾嘉学派兴起，其内容涉及范围较广，包括经学、史学、文字学、文物学、历算学、地理学等，既将实学视为经世致用之学，也将科学知识视为治精的途径手段。

乾嘉学派主要是在反对明季道学的背景下产生的，学风在一定程度上，由空疏变为实干，但中国学者本身具有"艺成而下"的思想，再加上清朝统治者为加强中央集权，对思想文化进行禁锢，所以，乾嘉学派的学者，为避免触犯禁忌，只能将全部精力用于专攻与社会情形无关的古典书籍，这是特定的社会历史环境所决定的。尽管钻研古书对科技教育的发展，带来很大的限制，但乾嘉学派的产生，还是为明中叶以来沉寂的科技教育，带来了一丝曙光。

一　乾嘉学派发轫与鼎盛时期的自然科学研究

江藩认为，清代学术的开山人物，是阎若璩（1633—1714）和胡渭。阎若考订了《古文尚书》的伪造部分，梁启超更是赞美其为思想界之一大解放。此外，阎若璩还精通地理之学，曾编写《四书释地》六卷、《释地余论》一卷等，对于后世研究经学和地理学，都具有很高的参考价值。他最重要的著作《古文尚书疏证》，共八卷，精密论证了《古文尚书》是伪作，其中采取了年代学的方法。

胡渭著《禹贡锥指》二十卷以及《一统志》，并认定《易经》中的河图洛书是道家所作。他的《易图说辨》，批评了《易经》中所述《河图洛书》所具有的神秘色彩，给宋明理学以沉重打击。与顾炎武和黄宗羲等人相比，二人更强调学术本身的意义和经文本身的价值，可算作乾嘉学派的肇始人。他们属于清初经世致用思潮的过渡性人物，对宋儒著作进行批判性解构，使学术更加专门化，开研究经史典章名物之先河。

雍乾之际，苏州兴起了以惠栋为代表的"吴派"，其学术目标是恢复传统"经学"。惠栋认为，古代五经比宋明四书更具有研究价值，五经之内容更近于"圣人"之本意，汉人经注则更接近于古经注的真实含义。为此，他致力于研究汉儒学说，以求得到未经佛道沾染的纯正儒学传统。为此，他专心研究散落在各种典籍中的汉人经说，主要是郑玄学说。他认为，《易经》《尚书》以及《春秋》都掺入"杂质"，成为宋代儒学而非古典儒学，而汉学更接近于儒家原始的经籍。他力求恢复古典儒学，而要想恢复正统儒学就必须恢复汉学。吴派在科学上也有一定的成就，惠栋的弟子钱大昕擅长天文历算，精通音律辞章，可谓"不专一经而无经不通，不专攻一艺而无艺不精"[①]，吴派不仅专于恢复儒学，在科学方面也有一定的建树。

相较于"吴派"，后来出现的"皖派"，更擅长科学研究，它的出现，标志着乾嘉学派发展的高峰。"皖派"擅长"三礼"，即《周礼》《仪礼》《礼记》，精通小说和天算。"皖派"的代表人物戴震，精通算学，在青年时期完成《策算》和《六书论》《考工记图》等著作。其中《策算》对数学中乘除、开平方等知识，引用了大量的古籍进行详细的解说。他早期刊

---

① 梅汝莉、李生荣：《中国科技教育史》，湖南教育出版社1992年版，第407页。

行的《考工记图》，则对中国古代手工业制作及管理的著作《考工记》，进行了详细的研究。为形象呈现古时诸器，戴震画了五十八幅图，其中古人用的战车，更是详细画出每个部件的名称、位置。这样一种研究范式，运用了数学知识解读古书文本，以新的方式，还原古典文献，具有较高的实用价值。

另外，戴震还对天文仪器、农田规划、古物建筑、乐器、玉器等都有详细的考究，中年时期，写出《原象》《历问》《历古考》《勾股割圆记》等著作。他认为，数学是学习六经的基础，六经中的天文历法，无不以数学为基础。他以《少广》中开平方和开立方的方法，以及《旁要》中勾股为例，指出学习数学对于研究制造工艺的重要性。他整理了《永乐大典》中的七部，分别是《校九章算术》《纂校五经算术》《纂校夏侯阳算经》《纂校孙子算经》《纂校张丘建算经》《纂校海岛算经》《五曹算经》，使秦九韶的《数术九章》重见于世。从江、戴开始，数学成为一门专业知识，作为研究经学的基础。

戴震认为，经学的研究范围极广，他欲以文献学和音韵学为基础，重新梳理经文的原意。在戴震看来，不懂天文、古音、典章制度、数学等，就不能读懂《诗经》《仪礼》《考工记》等经学内容。因此，戴震强调文字音训、地理、天文历算对于学经治经的重要性，即通过学习道艺以明经。同时，西学先进知识的输入，如地理学、数学、天文历法、水利、军火制造等，也为中国的学术界，带来讲求实际、求真务实的学术之风。

戴震曾参与秦蕙田主持纂修的《五礼通考》。他认为，汉代观天象制历频有误差，是因为将天文学与算学割裂开来，制历不是关注律元本身，而是探求天时运行的自然规律，天文学又与精准的算学之间，有着密切的关系。因此，天文算学相结合，便可解决"天度之差"的问题。对于"七政"问题，他认为，日、月、五星，二十八宿自有其运行的轨道，他以"岁实"问题为中心，考订了历代历法，写出《古今岁实考》。在戴震看来，他所做的训诂考证，是一种"闻道"的手段，而研究天文地理的目的，在于指导百姓按照天时耕种劳作，目的是"敬天勤民"。

戴震的科学研究，引入考据学，他认为，"理"依存于"物"而存在，无物便无所谓理，要想明理必先剖析事物本身，而剖析也需掌握具体的研究方法，有了"十分之见"才能"尽其实"，通过"溯流可以知源"，这就是科学归纳法的使用。

通过一番考证，戴震纠正了《水经注》中经、注混淆的含义。分别有三例："一是经文首云'某水所出'，以下不更举水名，注则详及所纳群川更端屡举；二是各水所经州县，经但云'某县'，注则年代既更，旧县或湮或移，故常称'某故城'；三是经例云'过'，注例云'迳'。此三例戴氏所独创。"① 即相较于"经"而言，"注"更为繁杂琐碎且多次重复，内容较为细致。以戴震为代表的乾嘉学派的考据学，本质实为实证主义精神与方法的应用，讲求实事求是的态度，真实而充分的证据，以客观存在事实为例证，通过对同类事物的归纳分析，得出事物的含义及规律。举出例证的同时，又从个别事物中形成假设性的通则，再以确凿的证据，证明假设的通则正确与否。通过训诂和校勘力求恢复古文献原貌，做到"无证不信"，这就是乾嘉学派的为学之道。

二 乾嘉学派科学教育的延续与实践

乾嘉学派后期形成以焦循、凌廷堪、阮元为代表的"汉宋合流派"。焦循著《易章句》十二卷，《易通释》二十卷，《易图略》八卷，统名《雕菰楼易学三书》。阮元称其为石破天惊之作，内容均是依据实际考察结果。焦循追随戴震，精通算理和训诂之学，运用客观研究的方法从本经中得出独到见解，他从缘、象、系辞中推勘，得出几个原则，曰旁通、曰相错、曰时行、曰当位、失道和曰比例。同时他还肯定西方的"纯数学"妙用，并加以运用，用西式的数字符号总结古经易学中的成果。凌廷堪精通天算，曾参与《四库全书》的编纂，著有《礼经释例》十三卷、《校礼堂文集》等，精通"勾股""三角"，攻克西洋数学中的球面三角的难题，总结出比前人更为简便易行的算法。同时他还擅长古代礼制和乐律，并且有自己独到的见解。

阮元（1764—1849）是戴震后学的中坚，也是诂经精舍和学海堂的创始人。阮元精通数学、天文学和器械制造，著作有《十三经注疏》416卷、《皇清经解》1400余卷等，对"中西异同，今古沿革，三统六分之术，小轮椭圆之法"② 颇为精通。龚自珍将阮元的学问概括为十个方面："校勘之学、训诂之学、目录之学、史学、典章制度之学、金石之学、九

---

① 刘墨：《乾嘉学术十论》，生活·读书·新知三联书店2006年版，第238页。
② 梅汝莉、李生荣：《中国科技教育史》，湖南教育出版社1992年版，第411页。

数之学、文章之学、性道之学、掌故之学。"①

阮元所著的《畴人传》将18世纪晚期江南士人的自然科学研究推向了高潮，其目的是重申经学教育中天文算学的价值。这是我国第一部科学家传记，辑录了中外二百余位天文历算学家的成就以及天文、历法等自然科学的发展历史。阮元认为天文学本身的研究不能仅以命理学或者说算命之学为依托，而要通过科技的进步寻求更精准的天文测算。阮元虽然偏好数理天文学，但却没有将数理天文学从经学中脱离出来而成为独立的学科领域，就其本质而言，数理天文依旧只是经学的附属品。

另外，在《畴人传》中关于数理天文学家的记述包括西人四卷，收录亚里士多德和托勒密等古希腊学者的介绍，以及哥白尼、南怀仁、汤若望、利玛窦等早期近代欧洲人的科学研究，为中国经学宝库注入了更为丰富的外国学者资料，对欧洲学术的肯定达到了史无前例的高度。阮元并将经学的范围拓宽到程朱理学之外，不仅使本土的数理天文学重获生机，而且将虚心学习西方的态度进一步发展。

阮元任浙江巡抚时在杭州孤山创立诂经精舍，又于道光五年（1825）在广州粤秀山创立学海堂。他所创立的书院学风正派，后为很多书院仿之，书院"以励品学，非以戈功名"②为办学宗旨，反对空疏无用的教育内容，要求书院课程以天文、地理、算学、军事技术等实用知识为主，不习时文帖括等无用之术。在学海堂中为学生提供《十三经注疏》《史记》《汉书》《三国志》等诸多选择，任选其一肄业，这无疑是官学化书院中的一股清流。"他所创建的诂经精舍比清初颜元的漳南书院课程体系更为全面实用，比清代天算大家梅文鼎的天文、数学书院学习范围为更为广泛专深。"③诂经精舍首开书院科学教育之先河，起到筚路蓝缕之功。

诂经精舍学院开汉学风气，提倡笃实之学，汉代的经学大师许慎和郑玄被供奉于舍中。诂经精舍和学海堂条规清楚，治学精良，各地书院很多受其影响，效仿其规制，继承考据学，聘用学术专长的老师来管理书院并任教。诂经精舍的老师都学有专长。

阮元在其任教时，为学生月考亲自拟定理论价值深厚的题目，如学生

---

① 王瑜：《阮元学术思想生成探源》，《北方论丛》2006年第6期。
② 孙培青主编：《中国教育史》，华东师范大学出版社2008年版，第273页。
③ 张立：《杭州诂经精舍的科学教育》，《浙江大学学报》（人文社会科学版）2005年第5期。

月考的文章《炮考》就介绍了炮的历史演进过程及使用方法,朝廷如何引进西洋火炮的过程在其中都有详细论述;孙星衍"深究经史文字音训之学,旁及诸子百家,皆心通其义"①,他不仅通现实诸法,更吸收西人算数,精通器械制造,在诂经精舍主讲经史、文字及音训;王昶擅长金石之学、诗词及考证,因此主讲诗文儒学。精舍的讲学人士前后共计92人,师资雄厚,肄业者又多为两浙隽秀。因此,当时精舍书院教育质量高,学术氛围浓厚,它不仅是一所学府,更是学术研究之圣地、群英荟萃之所在。教师各尽所长,"同司课事",学生"各因资性所近,自择一书肄业",教师因材施教,学生学有专长,《诂经精舍集》则为当时学生的肄业之作兼学术研究成果的合集。

《诂经精舍集》收录文章332篇,涉猎广泛,且遵循实事求是、折中无偏的原则,以考证的文章为主,还包括学生对所读之书的评教和摘录,以及独立进行的著述,创新性的思维和独到的见解不少。赵春沂《孟子周礼田制异同考》、严杰《宋高宗御书石经考》、洪震煊《西汉陶陵鼎考》等均为考证类的文章。诂经精舍和学海堂的教学内容给予自然科学以重要的地位,在复兴汉学的同时,传授笃实的实学知识,为后世的教育史学研究提供了丰富的资源。

三 乾嘉学派科技教育的历史影响

乾嘉学派注重经世致用的实学知识,以吴、皖两派为主的科学人才群体,掀起了明中叶以来未曾有过的科技教育热潮,打破了明朝以来宋明理学排斥科技实学,空谈心性的社会僵局,使散佚于世的古代名著得以传世。仅《四库全书》的第十七所辑"算书之属",就收录了唐宋元明清各朝代的算学著作二十五部,考据法皆为实证,具有务实精神和科学性,对经书的笺释、辨伪、辑佚、校勘,秉承严谨的态度,反对空谈臆论,并运用科学的归纳法,对训诂经学进行了深入研究,与近世的实证主义颇为相似,梁启超称其为"科学的古典学派"。

但与其称乾嘉学派为科学研究,不如说其为科学史的研究。由于时代的束缚,乾嘉学派学者抱有只专诂经不问世事的态度,研究经学缺乏实用,而且对于古籍的研究,专注于可疑的史料,而忽视了许多有价值的真

---

① 孙培青主编:《中国教育史》,华东师范大学出版社2008年版,第274页。

实史料。梁启超批评乾嘉学派过于偏重史料的搜集和考证是"一种病的形态"①,虽然挖掘校勘了大量的古典科学著作,但脱离自然实践规律和科学实验,这种研究就显得空洞无实。

中国古代传统思想就有"艺成而下"的倾向,这也是导致学术研究脱离实践的原因之一,而且,当时朝廷的文教专制政策,也限制士人过问实践。所以,只能转向对诘经的校勘和考证。乾嘉学派的三个缺点:一是研究范围过窄;二是功利性强;三是缺乏必然性的思考及材料。治学方法"虽然是科学的,材料却始终是文字的,科学的方法居然能使故纸堆立时大放光明,然而故纸的材料终究限死了科学的方法,故这三百年的学术而言只不过是文字的学术,三百年的光明只不过故纸堆的火焰而已"②。

乾嘉学派对学术的概括和科学方法的应用,仅限于文字艺术,没有科学实验作为支撑,难以在社会实践中产生效用。如清儒的地理学,严格论之只能称得上是"历史的地理学",一切经学研究都倾向于复古,科学知识的学习,都是作为理解经史的工具,而不是作为独立的学科。与明末清初的早期启蒙思想家相比,乾嘉学派经世意识淡化,鲜少谈论民生利病,严重脱离社会实际。另外,乾嘉学派党同伐异,拒斥宋学,抱门户之见,以恢复汉学为己任,缺乏兼容并包精神的乾嘉学派,在很多方面过于极端,导致本派学术思想良莠不齐,嘉道以后,便逐渐走向没落。

第四节 宋应星《天工开物》的"家食之问"

宋应星,字长庚,早年学习宋明理学,五次上京参加会试都未中举,从此对科举制失望,他认为,地方官学和私塾造就的读书人的数量,已经超出朝廷需求。宋应学曾出任地方民政官,其著作有《天工开物》《野议》《论气》《谈天》和《思怜诗》等,其中最为著名的是《天工开物》。李约瑟称他为"中国的狄德罗",他的《天工开物》被称作"世界上第一部有关农业和手工业生产的百科全书"。与绝大多数在书籍中寻求治国之道的士人相比,宋应星更倾向于在民俗技艺中探求可运用的知识,二者显然是不同的。程朱理学是宋朝的主流文化,也是科举的必考内容,在这样

---

① 朱靖伟:《近代学者眼中的乾嘉学派形象》,硕士学位论文,山东大学,2009年,第12页。
② 朱靖伟:《近代学者眼中的乾嘉学派形象》,硕士学位论文,山东大学,2009年,第15页。

的背景下，经文书籍大量激增，以文求知的情况屡见不鲜，士人名流社会精英都注重研习经书文集，而对实用性题材的自然科学书籍，鲜少关注。关注实践类知识的人，多游离于精英之外，是社会的边缘人士。面对八股取士的故步自封，宋应星转而研究实学，《天工开物》的核心理念，在于强调人力与自然力的密切结合。"天工"是一个词，指万物自然生成的普遍性原则，而天工需要与人工紧密结合，互相配合，才能生产出人们所需要的产品，故"物生自天，工开于人"①。这也就是他所强调的理论与实践相结合，天道与人力相合作的教育思想。

一 "气统说"——产生民俗实学的哲学基础

17世纪，商品经济的发展，激发了人们探索事物本质的热情，学者们开始探索知识本原的问题。但事实上，明朝时期大多数读书人读书的目的，并非为了寻求真知的源头，更多是为了谋求知识所能创造的世俗价值，即通过科举入仕。于是，知识的世俗化与寻求真理之间，就产生了矛盾。面对这种矛盾，部分有识之士强调对真理本原的探究，这也成为当时反对程朱理学的学者的主要依据。与研习时文帖括相比，从民生出发，关注自然物质的实际效用，并从实践中获得真知灼见才是宋应星所追求的。

宋应星认为，世间万物是以"气"为核心的。在探究客观事物以及人自身存在的规律时，人处于主导地位，但当研究整个宇宙的自然进程和机体运转规律时，人又处于行动的地位，可以说，人是主动性与行动性相统一的宇宙组成部分。因此，人只有理解"天工"的规律，才能成就"物"与"事"。

晚明时期，学者们通常引用《易经》《礼记》，来阐释自己关于"理""气"的观点。宋应星同样站在哲学的角度上，来解释"理"与"气"的"实然"问题，他反对明代兴盛的"程朱理学"，以"气"胜"理"，站在与当时政治对立的角度寻求"真理性"的存在。虽然世界万物处于动态变化之中，但还是有普遍性原则存在的。他对于"气"的解释，是宇宙规制与自然事物之间的一种媒介，人必须遵循"气"的规则，才能稳定社会秩序，即"阴阳气"的秩序。"阴"和"阳"只是"气"的两种表现形式，

---

① 梅汝莉、李生荣：《中国科技教育史》，湖南教育出版社1992年版，第338、340页。

而并非二者构成了气。"气"代表物质的统一性,而"阴""阳"则代表物质表现形式的差异性,即这个世界所呈现出来的复杂性。"阴""阳"互补形成"气",而"气"则是包容一切异质性与矛盾性的理论模式,正是阴阳的互动,维持了有机整体的动态平衡。

在宋应星自己看来,他所著的《天工开物》,并非简单地记录民俗技艺,而是揭示事物的普遍规制。但他并非认为匠人等技艺高超的劳动人民,就可称作知识人,虽然劳动人民与承载知识的各种物象联系紧密,但真正对各类物象的普遍规律加以精密论述,并将之上升到哲学和伦理高度的,则是读书人所为。匠人拥有的大多是"体化知识"。虽知其然但不知其所以然,读书人则注重文本研究,可以上升到理论的高度,但这并不代表读书人的研究,就可以脱离实践。相反读书人要想有所成果必须仰仗于实践,正所谓"实践与理论的分野从来没有过非黑即白的分界线"。事实上,宋应星在寻求一种处于底层社会的知识人的身份认同,呼吁读书人追求能真正对社会发挥实际效用的科学实践知识。"对实际的'物'与'事'的描写,就足以揭示条理,而任何对纯粹哲学概念或者抽象模型的讨论,都会让问题变得眼花缭乱。"[①] 他要求读书人对理论的探索,深入到社会生产的物质环境中,从实际生活中寻求真理性认知。

二 培养士子"家食之问"的生产意识

宋应星称他的书斋,为"家食之问堂",主张研究和学习知识,不应以官禄为目的,而应该将其视为培养人自食其力的学问。

《天工开物》是我国第一部视工农业知识为谋生手段的家用学问的书籍,共分为上、中、下三卷,全书18章。书中对生产工业中所用到的工具,有精确的描述,更附以插图解释说明。其中,上卷包括谷物、棉麻栽培、衣料染色、粮食加工以及盐糖制造等;中卷包括铸造锤炼、矿石冶炼、陶瓷工艺、建造舟车等;下卷包括朱墨酒曲、兵器火药制造等。作者按照与民生关系的疏远安排书的顺序及比重,即"贵五谷而贱金玉"。书中讨论了农业和手工业两大生产部门的技术,内容不是空洞的文献堆积,

---

① [德] 薛凤:《工开万物——17世纪中国的知识与技术》,吴秀杰等译,江苏人民出版社2015年版,第27、107页。

大部分都是实地调查的一手资料，记述了各生产领域的工具及技术操作要点，并配以插图原景再现，生动形象地记录了当时工农业生产发展的先进科技成果。

要想传授工农业生产知识，就要先改变人们尤其是读书人的思想观念。宋应星斥责读书人轻视生产劳动的思想，抨击富贵人家的纨绔子弟饱食终日，却轻视农民的观念。他认为，要改变这些人的观念，首先要改变他们对于生产技艺的定位与认知，让他们意识到生产技术的功用和价值，从而改变世人的学习态度，并培养其生产意识。同时，宋应星也讽刺有些读书人高谈阔论，却不结合实际的情况，认为他们自小学习与纺织有关的"治乱""经纶"的字义，但真正见过花机纺织的人，却寥寥无几。

《天工开物》介绍了生产工业的作用和价值，并结合生产实例向世人证明生产知识的重要性。他说："独食盐禁戒旬日，则缚鸡胜匹，倦怠惋然"说明食盐对于人们的重要性；接下来，介绍了海水盐、池盐、井盐、崖盐的制造方法。如海盐制法分为两种，"一法，高堰地，潮波不没者，地可种盐……一法，潮波浅被地，不用灰压，俟潮一过，明日天晴，半日晒出盐霜，疾趋扫起煎炼"[1]。借由食盐的重要性，进而介绍食盐的制法，这就是他阐释的一个基本逻辑。

《膏液》一文中，介绍了油的用处。人们夜以继日的学习和劳作，都离不开油，而草木中的油脂，不能自己流出，需要人借助水火之力和石磨木榨才能获取，这说明天力和人力密切结合，才能获得生活必备的产品。日常生活中，舟车轮转需要油润滑，船只要靠油类堵塞缝隙，烹饪没有油脂更是无从下手，可见，油料乃生活必需品，但其"不能自流"必须依靠人力的作用，才能投入实用。

值得注意的是，宋应星介绍生产的操作程序，很少将手艺人这一独特的职业角色专门提及。在他看来，只有读书人才能将这些日常生产生活中的技艺，上升到理论知识的高度，将其中蕴含的"物""事"，形成系统化理论化的认知，并探求其中蕴含的普遍性原则，工匠艺人并不能代替学者的角色与作用。所以，要求读书人改变空谈心性之风并不是要其去做一个工匠，而是要让他们将理论与实践相联系，这体现出宋应星对学者身份的认同。

---

[1] （明）宋应星：《天工开物译注》，潘吉星注译，上海古籍出版社2013年版，第37—39页。

三 传授"工开于天"的生产技术

《天工开物》记述了各生产领域的技术操作过程、生产工具及原料选取等。生产技术是"兼人与天言之","天工"是自然之力,且自然之力"岂人力也哉",即自然之力不可违,天地万物自有其变化规律,要想制造各种物品,必须有自然力参与其中。人力则是借助自然原料,通过相关技术获得产品。人不能长久自生,要靠五谷来获得生命的延续,同样五谷不能自生,必须靠人力去种植。若想开发有用之物,必须将天道自然与人力巧作相结合,体现了人与自然相互依存的关系。又如《乃粒》中介绍"堰陂障流,绕于车下,激轮使转,挽水入筒,一一倾于枧内,流入亩中。昼夜不息,百亩不忧"[1]。河边的农家,可以借助自然之力,筑坝拦水,让水通过激水轮带动旋转,水引入桶内后分别注入槽中,灌溉田地,这体现了人们巧妙运用自然之力,并通过生产劳动开发自然,并最终应用于自然。

《粹精》中说:"天生五谷以育民,美在其中,有'黄裳'之意焉。稻以糠为甲,麦以麸为衣。粟、梁、黍、稷毛羽隐焉。播精而择粹,其道宁终秘也。"谷粒隐藏于壳中,需要去除外壳才能获得其中的美食,而"播精择粹"需要人力的努力,种植粮食还要因地制宜以保证粮食的产量与质量,"相去数百里,则色、味、形、质随方而变,大同小异,千百其名"。自然之物会因环境而变,且不断适应周围的环境,进化成更有利于生存的物种,体现了早期的进化论思想。"绿豆磨、澄、晒干为粉,荡片、搓索,食家珍贵。"[2] 绿豆经过粉磨成浆,晒干成绿豆粉,加工成粉条等美食,同样也需要人力发挥作用。

在工业中,同样也体现了人力的重要作用,如《五金》中介绍的两步分金法,第一步运用化学反应用硝粉将银中掺杂的铜、铅分离出来,第二步借助金属熔点差异将铜与银分离。虽然当时的劳动人民,不清楚其中物理、化学知识的妙用,但这一技术,可谓是天工与人工的巧妙结合。人工借助于天工,遵循其中的工巧与法则,生产了各种巧夺天工的产品。

从《天工开物》的内容中,随处可见我国古代劳动人民的勤劳与智

---

[1] (明)宋应星:《天工开物译注》,潘吉星注译,上海古籍出版社2013年版,第20—27页。

[2] (明)宋应星:《天工开物译注》,潘吉星注译,上海古籍出版社2013年版,第20—27页。

慧。如《燔石》中介绍了竖井采煤时借用竹管排除井内瓦斯，此外，还安设巷道支护，确保矿工井下作业安全。《乃粒》中记述了农民农耕时的场景。新叶长出后，农民用脚把水稻中掺杂的水草踩弯，使其不能继续生长，而其他杂草则需要手动去除。"执仗于手"的目的，是保持身体的平衡，手脚并用，一边除草一边培土。对于农民来说，耕作过程中受苦的是腰和手，同时，也需要眼睛的配合，明辨杂草而去之。此外，劳动人民还发明了灌溉的工具，可以省人力十倍，且能一举三用，"一节转磨成面，二节运成米，三节引水灌稻田"，这样省时省力的工具"此心计无遗者之所为也"，反映出这种周密的工具，只有心思缜密又富有智慧的人，才能制造出来。

因此，读书人必须进入新的知识领域，跨越知识空疏之篱，将知识与实用技艺相结合。作为日后立志做官的读书人，既要严格规整劳作中的程序，又要以精湛的知识理论为指导，为此，需要将生产技艺纳入自己的知识视野，确保工艺生产的正常运行。宋应星更强调的是学者对于劳动程序的统筹分配，以及加强理论知识与客观事物的联系，强调官员对匠人的科学管理。

总之，宋应星的《天工开物》，是近代实证科学的萌芽，代表当时先进的科学技术水平，也预示着我国科技教育处于转型发展的新起点。

第五节　西学东渐影响下的中国科技教育

自十六七世纪开始，文艺复兴引发欧洲科学技术革命性的变革。与此同时，西方传教士配合欧洲资本主义的殖民扩张，来中国的同时，带来了西方先进的科学文化技术。

此时，中国资本主义萌芽的产生，催生了新兴市民阶层，在与封建思想长期斗争的过程中，批判程朱理学和陆王心学的实学思潮，应运而生。日益严重的社会危机，暴露了封建思想的空疏无用，实学的好异求新与传教士传播西方科技，在某些方面不谋而合。西学不仅开阔了中国人的科技视野，同时西学中的技术，也适应了生产劳动中日新月异的新要求。因此，实学成为中西方文化交流碰撞的契合点，在一定程度上，为中西文化交流扫除了障碍，其崇实黜虚的思想，也为异域文化的移植和吸纳，提供了精神土壤。

一 去糟取精的中西科技文化交流

1582年,利玛窦抵达中国澳门开启耶稣会在华传教之路。他意识到,传教活动要想在中国这一以传统思想为本的文明古国顺利开展,应从学术入手。1601年,利玛窦得以朝见万历帝,并获准留京传教,至此正式拉开了耶稣在华传教的帷幕。他在京的十年间,译、著了大量自然科学书籍,介绍了西方的科学知识。利玛窦发现了明代官方历法《大统历》误差极为严重,但没有被重视。他还了解到,中国民间禁止私习天文,此时,他已经充分认识到天文学对于古代中国而言,不仅是一项科学技术,更是一种无上皇权的象征。耶稣会传教士初入中原,必会受到官僚的反对和钦天监天文历法的挑战。但冲突同样也是一种契机,不仅给传教士接近统治阶层的机会,同时也借此了解并吸收中国科学技术。

1629年,徐光启召请耶稣教士汤若望等人编纂《崇祯历书》,其中介绍了第谷体系,但未过多涉及开普勒行星运动第三定律等先进西方天文学内容,可见,西方传教士在传播西方科学知识时,是有所保留的。出于中国传统文化的限制,编写中不得不保留原有的计时体系和循环制的中国历法,只在技术上融合了一些西方技术,如书中采纳了西方的星历表。《崇祯历书》得到崇祯帝的赏识,经历"鼎革"之变,《崇祯历书》更名为《西洋新法历书》,成为清朝的官方天文书籍。

徐光启与李之藻皆为利玛窦的仰慕者。利玛窦在1582年完成一张包括世界五大洲的地图,后在李之藻的帮助下,于1602年出版,称为《坤舆万国全图》,二人也合译了《同文算指》,这是最早传入中国的西方算术书。徐光启与利玛窦共同翻译了《几何原本》,主要以克拉维乌斯的数学理念作为蓝本,之后利玛窦又翻译了《乾坤体义》,作为对克拉维乌斯《天球论》的译解。

利玛窦认为,宇宙是同心叠套的球层体系,地球处于中心位置,月球、水星、金星、太阳、火星、木星、土星、恒星依次向外,第九层是"宗动天",天体明而无色且坚硬,日月星辰各自有其运行轨道。[①] 但这种源自亚里士多德的"水晶球"说对中国的影响较小。从《崇祯历书》中就可看出,其侧重的仍然是第谷宇宙模式,以第谷模型为基础的"地心说",

---

① 席泽宗主编:《中国科学技术史·科学思想卷》,科学出版社2001年版,第476页。

认为日月、恒星皆以地球为中心，其他五大行星则以太阳为中心，且强调天非实体。

王锡阐虽然主张"日心说"，但与第谷模型的内涵本质上并无差别，他说："五星本天皆在日天之内，但五星皆居本天之周，太阳独居本天之心，少偏其上，随本天运旋成日行规。""本天"即太阳处于中心位置，只是天体运行时依然遵循第谷模型的太阳轨道，而他提出这种学说的目的，也只是为了以"异于西人"的阐述，显示中国天文学的优越地位。"地心说"维系时间较长，至后来乾隆时期的《历象考成后编》，都继续坚持地心体系，但仅限于日月绕地运动的探究，避谈其他行星的运动问题。

地理方面，利玛窦等人16世纪末绘制的中文世界地图，引起满朝文武的骚动，原因在于世界地图的庞大体系，对中国世界中西宇宙论形成挑战。这幅地图于1584年首次出版，译名《舆地山海全图》，"他的世界地图由水平球面投影、平行纬度和弯曲经度组成"。利玛窦还曾对中国地理学家进行培训，李之藻也曾跟随他学习。利玛窦教授中国绘图师经纬圈定位法，创造地理学术语并向中国绘图师介绍欧洲探险家的新奇发现，勾勒五洲地图区域及各板块地理位置。①

与中国传统绘图将中土以外区域列为外围的中国版本地图相比，利玛窦等人绘制的地图不掺杂人为主观因素，客观如实地记录了世界板块的具体位置。因此，更具有实际参考价值。之后的传教士，如艾儒略首次传播了文艺复兴之后的托勒密宇宙学，直观呈现了各洲地理方位并关注到了海洋区域。之后南怀仁借艾儒略的《西方答问》中的地理学知识，撰写了《西方要纪》，并绘制了全面详细的世界地图，比较分析了中国、欧洲的地理版图，并详记世界各地的地名信息。在康熙年间，雷孝恩传授了西方的测绘知识，在康熙的授权下，主持测量并绘制了满洲统治的全国地图，即1718年的《皇舆全览图》，成为20世纪欧洲了解中国地理的主要资料来源。

除此之外，王徵翻译的《远西奇器图说》，以及焦勖的《火攻揭要》，传授了早期西方的物理学及火器知识。南怀仁任钦天监时，收集了科英布拉耶稣会学院翻译的亚里士多德哲学思想，并收录于《穷理

---

① ［美］艾尔曼：《科学在中国》，原祖杰译，中国人民大学出版社2004年版，第160、128页。

学》，将"天主教和经院哲学作为天文学和数学的研究起点"①，并补充了自然神学及医学等内容。另外，南怀仁编写了一部宗教性质的书《性理真全》，以欧洲哲学补充正统的程朱理学，试图借权威之学传递欧洲基督哲学，使之成为科举考试科目且为官场接受的教育。虽然康熙对此持否定意见，但事实上，确有更多的清代文人，关注到了欧洲哲学并产生了浓厚的研究兴趣。

二 会通中西的科技教育

16世纪中叶以后，基督传教士带来了西方先进的思想文化及科学技术，使封建王朝的闭关自守、与世隔绝的状态被打破。明后期残酷的经济剥削，加上政治动荡，知识分子将批判锋芒直指程朱理学。西学拓宽了国人的学术视野，其文化渗透无疑在封建锁国的王朝统治中，刮起了清新的学术之风，传教士注重文化结构和知识素养的训练，对天文历法、地理数学、哲学艺术多有研究，这也成为他们传递宗教思想的敲门砖，以知识传播宗教，同中国本土文化产生碰撞与兼容。

中国文化界对于西学的态度是不相同的。以杨光先为首的宋明理学守旧派，对西方技术持否定态度，揭露了西方传教士借西方技术"做耶稣的勇兵，替他上阵作战，来征讨这崇拜偶像的中国"②。指出，传教士是想借助上层统治者"蛊惑"民心，传播"歪理邪说"。因此，要对之加以警惕，维护民族独立。这些的确是传教士来华的真实目的，但因此阻拦了西方先进科学技术的传播，实际上加剧了中国与西方科技文化之间的差距，不利于我国经济文化的发展。

另一种是全盘接受西学，以徐光启、李之藻为代表。他们认为，以西方文明之长补己之短。西方先进的社会文化和科学技术，有着中国传统文化体系所没有的元素。因此，应从"器物"出发，层层递进，不断向西方学习。徐光启认为，传教士传入中国的西学可分为三种：一是"修身事天之学"，即天主教的宗教伦理，可以作为实学的补充与改进，纳入实学伦理体系；二是"象数之学"，研究和翻译西方的数学，且与中国古典数学

---

① ［美］艾尔曼：《科学在中国》，原祖杰译，中国人民大学出版社2004年版，第177页。
② 张济洲：《明清之际"西学东渐"及其对中国文化教育的影响》，《河北师范大学学报》（教育科学版）2007年第2期。

相结合,有利于推动中国数学理论与实际相结合;三是"格物穷理之学",主要包括西方的气象学、测量学、建筑学及水利工程学等与中国古典天文、物理、医学等知识,补充和发展了中国实学科技内容。①

他们赞同西方的实学精神。徐光启敏锐地认识到,中国传统数学缺乏西方数学的逻辑演绎推理,而"显自法象名理,微及性命宗根"更是中国古籍所没有的。但他们片面强调西方科学的优越,认为中国传统文化"芜陋不堪读",完全没有学习的价值,这种全盘西化的思想,也是错误的。当时,耶稣会教士在华传教有一定的保守性,并未将西方最先进的如哥白尼学说传入中国,而是传播落后的第谷天文体系。而且,传教士并非专业的学者,他们本身对西方科技也是一知半解,不能做到深入研究。因此,囫囵吞枣式的西化思想,不仅缺乏自身知识体系的建构,更容易造成本土文化基础的动摇,撼动本民族根基,失去自己的特点。

第三种思想是最应该被提倡的,这些思想家们对西学并没有盲目崇拜,没有失去本民族的文化向心力。他们以审慎的态度进行取舍,批判地接受和吸纳西学。这一观点的代表人物,有方以智、王锡阐、梅文鼎等。他们对西学进行辩证分析,仔细研究,去伪存真,并从中汲取先进的内容为己所用。梅文鼎(1633—1721)在认同耶稣会传教学术价值的同时,也深刻反思其中的弊端,并对基督教的影响持保守态度。梅文鼎认为,对于中西文化不能厚此薄彼,薄古崇西更是不可取,对于学问的研究和掌握,力求贯通与理解,学习科学文化知识无须区隔古今中西。他的著作《历学疑问补》,力求调和当时盛行的欧洲理论与中国传统儒家学术之间的矛盾;他的《周髀》中的古代宇宙观起源,也是为了证实"西学中源"说。全祖望曾直言:"其后梅征君文鼎本《周髀》言历,世惊以为不传之秘,而不知公实开之。"②虽然这带有一种封建传统文化色彩,但体现梅文鼎不盲目尊西崇西,以本民族文化为本位的民族独立精神。

梅文鼎擅长算学和天文学,他的《历学骈枝》,讨论了《方程论》的优缺点。他重新整理古代方程式的算学技巧,这种代数技巧与耶稣会士介绍的方程式,多有相似之处,甚至耶稣会士的方程式计算方法,还不如宋

---

① 覃小放:《明清实学与西学东渐的相互影响》,《赤峰学院学报》2009年第6期。
② 席泽宗主编:《中国科学技术史·科学思想卷》,科学出版社2001年版,第489页。

元多变量解答高阶多项式的方法简便易算。① 同时，他也意识到中国传统算学的局限性，试图将算学与西方的量学整合，建立互通的数学综合体系。

梅文鼎的《筹算》一书，将西洋筹算中国化，参照中国原有的成就，进行通融改造，便于士人进行改造学习。他注重西学的逻辑演绎推理，撰写《几何通解》，以中国传统的勾股术，证明《几何原本》中西方几何学的许多命题，寻找二者的共通之处，以便西学中化。同时注重数学知识源于实践，即"数学者征之于实"②。梅文鼎与王锡阐共同对第谷体系进行检视，试图把传统的数字计算，转换成宇宙天体的空间立体几何模型，通过建模预测天体现象。

另外，梅文鼎对于西方的科学与文化，是分开考虑的，应用耶稣会科技方法的同时，去除其宗教因素。他赞同一年二十四个节气和闰月的中国历法，学习西法的同时，维护中国传统。他还强调数、理结合，认为中法和西法是并行不悖的，西法通过物体的空间位置预测时间，来测定日月食的时间和位置，而元代郭守敬早已先于第谷开始定期测量星球的位置。③

方以智（1611—1671）是明清之际的另一位会通中西的学者，"凡天文、礼乐、律数、声音、文字、书画、医药，下逮琴剑技勇，无不析其旨趣"④。他不偏倚中国文化，也不尊崇西方文化，而是折中会决，"借泰西为问郯"。他批判中国传统文化的湮灭停滞，希望借西方的科技，复兴中国的文化。方以智向毕方济（1582—1649）学习"历算奇器"，请教汤若望西方医学天文知识，他的《物理小识》，援引了大量传教士带来的西方书籍资料，并批判分析其中的利弊。他认为，西人的实证科学虽然精准，但不利于升华为哲学知识，缺乏辩证性和整体性。因此，要对之进行批判地分析。他提出，自然科学与哲学会通之法在于"质测之学"，王夫之更是指出，"穷理"必通过"质测"得之。

方以智认为，要想"通几"必先以"质测"，先掌握事物的变化规律，才能将"通论"演变为"通几"，"通几"即最高层次的哲学知识。"圣人

---

① ［美］艾尔曼：《科学在中国》，原祖杰译，中国人民大学出版社2004年版，第202页。
② 梅汝莉、李生荣：《中国科技教育史》，湖南教育出版社1992年版，第423页。
③ ［美］艾尔曼：《科学在中国》，原祖杰译，中国人民大学出版社2004年版，第160页。
④ 梅汝莉、李生荣：《中国科技教育史》，湖南教育出版社1992年版，第423页。

虞其荒，故以通论贯质论，而不执以坏质论；果大通乎？随物现形，藏通于质。"他将世间的知识学问分为三种，渐次提高。第一层是"宰理"，即社会各项事物的变化法则，包含社会伦理、道德治教等内容；第二层是"物理"，即事物本身的属性及变化规律，也是西学的核心所在。他说，"物有其故，实考究之，大而元会，小而草木蠡蠕，类其性情，征其好恶，推其常变，是曰质测"；第三层"至理"即"通几之学"，研究普遍规律的科学，体现普遍事物的内在规律及最本质的含义。自然科学与哲学认识论是相辅相成的，自然科学包含了最普遍的"通几"法则，而哲学方法论作为自然科学的指导，推动其更深入地发展，他指责世儒"穷理而不博学"，对知识的把握，只停留在"宰理"的层次，而不善于考究物理时制，不能揭示事物的最本质规律。他的著作《物理小识》和《通雅》，涵盖了天文、算学、医学、声音文字等多方面内容，具有很强的实用价值。其"志艺"之学凝聚了我国古代劳动人民生产生活实践经验，秉承唯物史观，介绍了与日常生活方方面面都息息相关的实用科学知识。与此同时，他还吸取西方的地圆、地动说，在《物理小识》中形象记述了"地动说"，指出，"地亦恒动不止，如人坐舟中，舟行而不觉"。同时，对西方天文学的上帝创世说，予以批判和纠正，"诸如推算日月五星的视位置问题，关于日视差和蒙气差的视位置问题，黄道坐标和赤道的测量和计算问题等"[①]。否认西方"静天"说，讽刺西方创世学说不善"通几"的弊端，体现了方以智的无神论思想和辩证严谨的治学态度。

耶稣会士传授的有限的西方科学知识，只是为了迎合其用精神信仰征服世界的野心。"利玛窦的全部策略实际上是建立在中国古代的伦理格言与基督教教义之间的相似性和'上帝'与天主之间的类比关系上。"[②] 尽管努力寻找两种文化的相同之处，但中国传统文化独尊儒术的世俗性，致使宗教观念淡薄。因此，并未解除中国知识分子对西方思想文化的芥蒂，中西方文化的碰撞与冲突，是不可避免的，但西学东渐促进了中西文化的交流与渗透，以异学的文化视角，开启新的学术之旅，促进传统文化的反思与进步。只是后来的"礼仪之争"，使得西方通过基督教改造儒学的幻

---

① 罗炽：《方以智评传》，南京大学出版社 2001 年版，第 107、108、113 页。
② [法] 谢合耐：《中国与基督教：中西文化的首次撞击》，耿昇译，上海古籍出版社 2003 年版，第 17 页。

想破灭了。

康熙雍正时期，颁行全面禁教的诏令，中国开始闭关锁国，切断与外界的联系，唯一点燃科技复兴的星星之火，也被熄灭，此后一百多年，西方工业革命积累了大量的财富，推动科技的发展，而中国则与世界科技文明的发展，渐行渐远。

第二卷 中国近现代科学教育

第六章　中国近现代科学教育的发展脉络

随着外国资本主义的侵入，中国的自然经济开始解体，并开始向半殖民地半封建社会转变。中国的传统教育，也因政治、经济、文化领域的剧烈变革，开始了长达百余年的近代化历程。五四运动是中国历史的一个转折，标志着中国现代史的开端，中国革命由此进入新民主主义阶段。在此后直到中华人民共和国成立的历史时期内，中国社会经历了长时间的战乱和动荡，思想文化领域也受到涌入的大量西方现代思想的冲击。中国现代时期的教育，就在国家战乱和国外先进教育思想的双重影响中发展、前进。[1] 中国近现代的科学教育，在中国社会政治、经济、文化剧烈变革的历史进程中，充当了变革的参与者和促进者的角色。科学教育在中国近现代教育史上占有十分重要的地位，并因适应近代社会发展的需要而得到迅速发展。

第一节　科学教育的酝酿与萌生

一　鸦片战争时期科学教育的酝酿

近代科学发源于欧洲大陆，随着明末清初的西学东渐之风传入中国。鸦片战争爆发后，外国传教士以传教为目的开办教会学校，客观上使得近代科学得以大量传入中国。以近代科学为内容的科学教育，萌生于洋务运动时期设立的新式学堂。中国近代科学教育是在清政府抵御外辱、救亡图存的政治背景，以及传统农业经济向近代工业经济转变的经济背景下产生、发展的，留下了深深的时代和阶级的印记。

---

[1] 曲铁华主编：《新编中国教育史》（第二版），东北师范大学出版社2016年版，第57、98页。

1840年鸦片战争爆发，清政府惨败，国门在坚船利炮的轰炸之下，被迫打开，西方科学技术的产物，首先进入国人的视野，并对有识之士，形成了极大的震撼。通商口岸的开放，使得各式各样具有现代科技含量的民用物品，开始大规模地进入中国。一方面是外敌入侵而产生的亡国危机，另一方面是经济不振、政治腐败不断造成的国内社会危机，统治阶级和知识阶层亟待寻求救世之方，学习西方近代科学技术成为救命稻草。

开明地主阶层代表林则徐、魏源等，不再沉溺于"天朝大国"的美梦，开始清醒看世界。他们认为，学习西方先进的科学技术，对于挽救民族危亡、振兴国家运势具有重要意义。这些开明人士最早觉察到西方科学技术的价值，并最早提出了学习这些先进科技的思想。林则徐通过组织编写和翻译的《四洲志》，向国人介绍和展示了西方政治制度、自然地理、历史沿革等，让国人对于西方世界有了初步的感知。魏源以"师夷长技以制夷"思想为旨，编写了《海国图志》一书。对于"师夷"，魏源的建议是，不能只是购买西方利炮坚船等先进武器，而应设立自己的船炮制造局，聘请洋教习。"我有铸造之局，则人习其技巧，一二载后，不必仰赖于外夷。"① 在《校邠庐抗议·采西学议》中冯桂芬说道："如以中国之伦常名教为原本，辅以诸国富强之术，不更善之善者哉。"②

在当时的时代背景下，中国人对于西方近代科学技术的认识，主要体现在器物层面。魏源等人学习西方军事技术的思想主张，以学习西方先进科技器物为主要特征，实质上也是科学教育的初衷，是中国近代科学教育思想的初始状态。这些思想的出现，促成了以研究器物文化为特征的经世致用思潮的形成。在江浙、两湖、闽粤等实学文化发达地区，出现了一批在数学、天文、化学、物理等自然科学上较有成就的名家学者。本土自然科学的兴起，为接受西方科学知识奠定了良好的知识基础。③

魏源等早期地主阶级开明人士，对于西方先进科学技术的学习，只是局限于认识层面上，将此种认识付诸行动则始于洋务运动。

---

① （清）魏源：《海国图志》，中州古籍出版社1999年版，第100页。
② 冯桂芬：《校邠庐抗议》，中州古籍出版社1998年版，第211页。
③ 曲铁华、李娟：《中国近代科学教育史》，人民教育出版社2010年版，第85页。

二 洋务运动时期科学教育的萌生

第一次鸦片战争的失败,并没有使清政府的最高统治者,彻底认清现实。直至太平天国运动和第二次鸦片战争后,迫于内忧外患,清政府才掀起了洋务运动,学习西学、兴办洋务以求"自强"成为当务之急。在这一时期,作为开明地主阶级的洋务派,以"洋务"为鲜明的旗帜,极力主张学习西方科学技术知识,以求自强。

洋务派的代表人物,主要有奕䜣、曾国藩、李鸿章、左宗棠、张之洞等。洋务运动过程中,清政府采取了一系列的方法和手段,对经济、政治、军事和教育等领域,实行了全面的改革。"洋务"的内容十分广泛,既包括对外交、外贸以及与商人和传教士有关的一切事务处理及设立和管理外语学堂、军事训练、兵工厂、造船厂、开矿、商船和海军等机构。① 在"自强"思想的指引下,洋务运动的核心内容是军事工业,"自强以练兵为要,练兵又以制器为先"②。学习西方科学技术是自强运动的主要内容。

但是,中国古代传统教育,以儒家经典为主要学习内容,读书人将"学而优则仕"作为实现自我价值的标准,关于自然科学知识方面的内容,则少有人问津。科技教育一直受到传统教育的抑制而发展困难。康有为曾揭露传统教育致人"巍科进士、翰苑清才,而竟有不知司马迁、范仲淹为何代人,汉祖、唐宗为何朝帝者。若问以亚非之舆地,欧美之政学,张口瞠目,不知何语矣"③。面对"数千年未有之变局",一些开明的统治者意识到,传统教育已经无法满足洋务运动对于新式人才的需求,培养洋务人才必须冲破传统教育的思想壁垒,改革教育,施行新式的科技教育,培育社会发展所需的科技人才,这也是洋务运动时期施行科学教育的动力所在。

洋务运动和科学教育不断深化,但是,中西文化的关系问题,却始终未能澄清,这一矛盾严重阻碍着科学教育的发展。处理好西方文化与中国传统文化之间的关系,成为科学教育开展的前提。在总结实践经验的前提下,在1898年张之洞的著作《劝学篇》中,详细阐明了中西文化的关系,

---

① [美]费正清编:《剑桥中国晚清史 1800—1911 年》上卷,中国社会科学院历史研究所编译室译,中国社会科学出版社 1993 年版,第 557 页。
② 《筹办夷务始末·咸丰朝》卷 72,中华书局 1979 年版,第 11 页。
③ 康有为:《请废八股试贴楷法试士引用策论折》,载陈学恂主编《中国近代教育文选》,人民教育出版社 1983 年版,第 102 页。

即"中体西用"的观点。这一主张,受到多数开明地主阶级和知识分子的追捧,成为科学教育的指导思想。"四书"、"五经"、中国史事、政书、地图为旧学,西政、西艺、西史为新学。"旧学为体,新学为用,不使偏废。"[①] 由洋务派创办的新式洋务教育,主要包括兴办洋务学堂、派遣留学生、翻译西书等内容,它们在学习西方科学技术方面,都发挥了重要的作用。

(一) 洋务学堂中的科学教育

洋务派代表人物奕䜣曾言:"因思洋人制造机器、火器等件,以及行船、行军,无一不自天文、算学中来。"[②] 因此,洋务派以"中学为体,西学为用"思想为指导,创建了以学习西方科技为宗旨的新式洋务学堂。这些新式学堂大体可分为三类:外国语学堂、军事学堂和科技学堂。外国语学堂主要有:京师同文馆(1862)、上海广方言馆(1963)、广州同文馆(1864)、新疆俄文馆(1887)、台湾西学院(1888)、珲春俄文书院(1889)、湖北自强学堂(1893)等。军事学堂主要有:福建船政学堂(1866)、天津水师学堂(1880)、天津武备学堂(1885)、广东水陆师学堂(1887)、江南水师学堂(1890)等。科技学堂主要有:福州电气学堂(1876)、天津电报学堂(1880)、上海电报学堂(1882)、湖北算术学堂(1891)、天津医学堂(1894)、南京铁路学堂(1896)、南京储才学堂(1896)、湖北农艺学堂(1898)、湖北工艺学堂(1898)等。其中,尤以京师同文馆、上海广方言馆及福建船政学堂最为著名。

京师同文馆的开办,源自清政府培养翻译人才的需要。鸦片战争前,清政府地方官员与西人打交道尚可依靠略懂西文的商人以及西人翻译。但是,第二次鸦片战争失败后,1858年"天津条约"规定,中外交涉的条约均用英文书写,仅在三年内可以附有汉文。当中英文发生歧义时,要以英文为主。这就使得培养自己的翻译人才变得十分急迫。"欲悉各国情形,必谙其语言文字,方不受人欺蒙。"[③] 1861年,清政府批准在总理各国事

---

① 张之洞:《劝学篇·设学第三》,载陈学恂主编《中国近代教育文选》,人民教育出版社1983年版,第246页。

② 奕䜣:《奏请在同文馆添设天文算学馆折》,载陈学恂主编《中国近代教育史教学参考资料》上册,人民教育出版社1986年版,第182页。

③ 奕䜣:《奏请在同文馆添设天文算学馆折》,载陈学恂主编《中国近代教育史教学参考资料》上册,人民教育出版社1986年版,第26页。

务衙门下,设立京师同文馆,培养专门的外语人才。

洋务派创建洋务学堂的目的,是培养理解并掌握西学的洋务人才,西学格致诸学的内容,必然在各个学堂的课程设置中得以体现。需要指出的是,这一时期所创立的学堂,在课程的安排与设置上,早已具有了近代学校分科教学的特征,体现出科学教育对中国传统经学教育的强烈冲击。在新式学堂之中,科学课程的设立,将促进传统的教学方式、教学内容等全面的革新。其中比较有代表性的是京师同文馆的科学课程,由校长丁韪良制定,科学课程在一定程度上,恰当体现了洋务派官员的办学思想。

最初同文馆只设英文馆,后增设法文、俄文馆,课程内容仅限外国语言文字,尚未设置科学教育相关课程。1866 年 12 月,奕䜣奏请在京师同文馆内增设天文、算学馆,招收满汉举人及所谓"正途出身"的京外五品官员,聘请西方人进行教学。此奏请在朝内招致倭仁等顽固派阻挠,洋务派与之进行了激烈论争,最后以洋务派形式上的胜利而告终。1867 年 6 月 21 日,天文、算学馆正式举行招生考试,虽然招生及毕业情况并不理想,但是,此举标志着京师同文馆由单纯的初级外国语学堂向综合性的实用科学专门学堂迈进了一步。西方科学教育突破了中国传统教育的壁垒,开始进入中国学校。此后,京师同文馆的课程不断丰富,增添了许多自然科学的相关内容[①]:

算学——同治七年(1868),李善兰为教习。

化学——同治五年(1866),中国海关总税务司赫德回英,介绍法国人毕利干(M. A. Billequin)教化学。

万国公法——同治八年(1869),同文馆校长丁韪良讲万国公法。

医学生理——同治十年(1871),德贞(Dr. Dudgeon)讲医药与生理。

天文——光绪三年(1877),添设天文一科,先由美国人海灵敦(Harrington)讲授,旋以费礼饬(Dr. Fritzche)继之。

物理(格致)——光绪五年(1879),欧礼裴(C. H. Oliver)讲授。

1869 年,清政府聘请美国传教士丁韪良任京师同文馆总教习,他依照美国学校中先进的教育模式,对京师同文馆进行改革,重新规划课程内容,根据学龄和学生的具体学习状况,分别制定了八年制和五年制的课程

---

① 曲铁华、李娟:《洋务运动时期的科学教育及其主要特征》,《东北师大学报》(哲学社会科学版)2003 年第 6 期。

表，如下表述：

由洋文而及诸学，共需八年。

首年：认字写字、浅解辞句、讲解浅书。

二年：讲解浅书、练习文法、翻译条子。

三年：讲各国地理、读各国史略、翻译编选。

四年：数理启蒙、代数学、翻译公文。

五年：讲求格物、几何原本、平三角、弧三角、练习译书。

六年：讲求机器、微分积分、航海测算、练习译书。

七年：讲求化学、天文测算、万国公法、练习译书。

八年：天文测算、地理金石、富国策、练习译书。

这种八年制课程主要针对那些"汉文熟谙、资质聪慧者"设置，同时还要求他们要勤奋不断地学习外语。学生对于"天文、化学、测地诸学，欲精其艺者，必分途而力求之；或一年，或数年，不可限定"。八年制课程表仅作为一个大纲，至于实施细则，则要求"各馆教习随时体察，酌量变通可也"。对于那些"年齿稍长，无暇肄及洋文，仅藉译本而求诸学者"，同文馆专门设置了五年制课程：

首年：数理启蒙、九章算术、代数学。

二年：学四元解、几何原本、平三角、弧三角。

三年：格物入门、兼讲化学、重学测算。

四年：微分积分、航海测算、天文测算。

五年：万国公法、富国策、天文测算、地理金石。

由这两个课程表可知，同文馆的教学内容中已包含众多西方科学知识，科学课程包括七大部分：力学、声学、水学、火学、电学、光学、气学。同文馆教学，通过教授各门科学的原理，以达"以利于用"的教学目的。这两种课程表除了讲求知识结构的完整性，注意自然科学基础知识的教学外，还突出了分类指导、循序渐进的特点，标志着近代课程设置开始摆脱传统课程设置的褊狭、单一和陈旧，逐步向西方先进课程体系靠拢。[①]为配合课程的实施，京师同文馆还建立科学馆等教育教学和实验研究的场地，为学校的教师和学生的教学与学习，创设了的物质

---

① 陈学恂主编：《中国近代教育史教学参考资料》上册，人民教育出版社1986年版，第31—32页。

条件。

尽管，京师同文馆开始教授科学知识，但其专业水平尚不及高等专科学校。由于传统教育内容无法与洋务教育相衔接，洋务学堂名为综合性专科学校，实则不仅要承担高等教育阶段的任务，还要"承担自小学程度的教育"。所以，从课程设置、学科内容来看，同文馆实际上只有国外普通中学程度，其科学教育的内容只是各学科最基本的知识。

京师同文馆增设天文、算学馆，为其他洋务学堂引进西方科学知识打开了大门。冯桂芬在任上海广方言馆第一任监督时，十分重视科学教育，他曾这样强调算学的重要性，"西人制器尚象之法，皆从算学出，若不通算学，即精熟西文，亦难施之实用"[1]。

广方言馆总办冯光拟定《课程十条》，其中第九条具体规定，"学生分为上、下两班，初进馆者先在下班学习外国公理、公法。如算学、代数学、几何学、重学、天文、地理、绘图等事，皆用初学浅书教习。若作翻译者，另习外国语言文字等书。诸生每日于午前毕集西学讲堂专心学习，阅七日课以翻译一篇，评定甲、乙，上取者酌给奖赏，至年底考试可取者，察其性情相近并意气所向，再进上班专习一艺"。第十条规定，"上班分为七门：一、辨察地产，分炼合金，以备制造之材料。二、选用各金之材料，或铸或打已成机器。三、制造或木或铁各种。四、拟订各汽机图样或司机各事。五、行海理法。六、水陆攻占。七、外国语言风俗国政。生徒学此各事之时，仍需兼习下班之学，以兼精深"[2]。

相比京师同文馆课程的不同，广方言馆课程专业性极强，更讲求实用、实效，这与其在 1869 年并入江南制造局后需要培养实用人才有关。二者的不同反映出近代学校教育课程改革的趋势。上海广方言馆也由培养一般翻译人才的学堂，逐步转向为培育多层次科技领域人才的综合性学堂。

福建船政学堂由左宗棠奏请创办，成立于 1867 年 1 月，是近代中国第一所海军制造学校，也是洋务派兴办的最早的一所为培育掌握西方工程技术人才的科学教育学堂，最初附设于福州船政局。其存留时间之久，作用

---

[1] 冯桂芬：《采西学议校邠庐抗议》，载陈学恂主编《中国近代教育文选》，人民教育出版社 1983 年版，第 16 页。

[2] 苏精：《清季同文馆及其师生》，福建教育出版社 2018 年版，第 98 页。

之大，甚至超过京师同文馆和上海广方言馆，特别是在科技和军事方面，更是对近代中国产生了巨大影响。

船政学堂分前学堂和后学堂两个部分，两个学堂设置有不同的课程①：前学堂因学习法国的语言文字又称为"法文学堂"，它培养造就了轮船设计、制造的实用人才。其中造船专业学制 5 年，基本课程包括法语、算术、代数、函数、几何、解析几何、三角、微积分、物理和力学。另外，"为了使学生能把学到的理论知识运用到该厂的实际工作中去，还设置了蒸汽机制造的实习课……（和）船体建造实习课"②。

绘事院所要学习的课程内容包括法文、算术、平面几何、画法几何、绘画以及车间实习。设立艺圃，普遍经历 3 年左右的学习，其基础的课程内容包括法语、算术、平面几何、几何作图、代数、绘画和蒸汽构造的主要课程。后学堂，又称"英文学堂"，培养轮船驾驶人员，通习英文。驾驶专业学制 5 年，所学课程包括：英文、算术、几何、代数、解析几何、割维、平三角、弧三角、代积微、地质学、天文学、航海理论等，另有航行实习。并且管轮学堂中的轮机专业以培育高级的轮机技术人员为主要目标，其课程内容主要包括英文、算术、几何、绘画机械图、发动机绘制、船上机械操作规则、计量器使用方法、操纵维修船用蒸汽机、指示器、80 马力及 150 马力轮机装配等。

其他洋务学堂的课程设置，与上述三所学堂并无较大差异，均是在学习西文的基础上，开设算学、天文、地理、物理、化学等自然科学课程。彼时洋务学堂的课程内容中，科学知识比重较大，对于中国现代科学教育的发展，有很大的推动作用。

（二）留学教育中的科学教育

作为洋务教育重要途径的留学教育，开拓了中国近代科学教育发展的新途径。一方面，新式学堂培养的科技人才，不能满足洋务派兴办军事和企业工业的需求；另一方面，聘请外国人花费较大，易受蒙骗，又恰逢"天津教案"发生。因此，曾国藩、李鸿章奏请"选聪颖幼童，送赴泰西各国书院，学习军政、船政、步算、制造诸学，约计十余年，业成而归，

---

① 金林祥主编：《中国教育制度通史·第六卷·清代下 公元 1840 至 1911 年》，山东教育出版社 2000 年版，第 153 页。

② 高时良主编：《中国近代教育史资料汇编（洋务运动时期教育）》，上海教育出版社 1992 年版，第 362 页。

使西人擅长之技，中国皆能谙悉，然后可以渐图自强"①。1872年，容闳等人奉命负责派遣留学生的具体事宜。在留学教育之中主要有公费派遣留学、外国教会资助以及学生自费的三种方式，派遣的方向，主要是幼童留美和船政学生留欧。

清政府十分重视留学事宜，特意设立相关机构实施此事。1872年8月11日，第一批30名幼童由上海赴美留学。随后，清政府分别于1873年、1874年、1875年派出第二、三、四批留学生，每批次30人，第二批中7名和第四批中3名属自费。赴美幼童原本计划留学期限为15年，但由于受到国内官员的诽谤，这些留学生于1881年被悉数撤回，第一次官派留学戛然而止。

此番留美虽未获全部成功，但部分留学生还是学有所成，在美收获赞誉。英文水平合格之后，幼童可进入中小学学习，然后考入大学，专修科学技能，如学习西方先进的制造技艺电学、矿务、土木工程、铁路建筑等。在留欧学生之中的詹天佑和欧阳庚，凭借其努力考入了耶鲁大学并获学士学位，吴仰则进入哥伦比亚大学矿冶学院学习。留美中国学生的努力，获得了来自耶鲁大学校长的赞誉，"自抵美以来人人能善用其光阴，以研究学术。以故于各种科学之进步，成绩极佳"②。这些被撤回的留学生，在国内受到了重视，被天津电报学堂、福州船政局、江南制造总局、天津水师等处留用。具体终身职业分布情况，如表6-1所示。

表6-1　　1872—1875年留美学生终身职业分布情况表③

职业	人数	职业	人数	职业	人数
国务总理	1人	税务司	1人	电报局官员	16人
外交部部长	2人	海关官员	2人	经营商业	8人
驻外公使	2人	教师	3人	政界	3人
外交官员	12人	冶矿技师	9人	医生	3人

---

① 曾国藩、李鸿章：《奏选派幼童赴美肄业办理章程折》，载陈学恂主编《中国近代教育文选》，人民教育出版社1983年版，第112页。
② 毛礼锐、沈灌群主编：《中国教育通史》第六卷，山东教育出版社1989年版，第172页。
③ [美] 勒法吉：《中国幼童留美史：现代化的初探》，高宗鲁译注，台北华欣文化事业中心1982年版，第75页。

续表

职业	人数	职业	人数	职业	人数
海军元帅	2人	铁路局长	3人	律师	1人
海军军官	14人	铁路官员	5人	报界	2人
军医	4人	铁路工程师	6人	不详	4人

从长远来看，此次留学活动为洋务运动培养了一批优秀的科技人才，适应了国内现代化发展的需求，对之后进行的资产阶级改革及革命，也产生了一定的影响，具有突破性意义。

随着幼童赴美留学的开展，清政府还选派了以福州船政学堂学生为主体的三批学生留学欧洲。李鸿章在《奏闽厂学生出洋学习折》中说，"及臣日昌、臣赞诚先后接办船政，察看前、后堂学生内秀杰之士，于西人造、驶诸法多能悉心研究，亟应遣令出洋学习，以期精益求精……中国仿造皆其旧式，良由师资不广，见闻不多，官厂艺徒虽已放手自制，止能循规蹈矩，不能继长增高。即使访询新式，孜孜效法，数年而后，西人别出新奇，中国又成故步，所谓随人作计，终后人也。若不前赴西厂观摩考索，终难探制作之源"①。得到清廷允准后，欧洲留学活动陆续开展起来。

吸取幼童赴美留学的教训，清廷决定选派外语根基较好的学生出国，外语未达标者，先在国内接受培训。此外，还对学生所进学校、所学课程的目标及学习程序等，都做了明确的规定，学习内容主要是西方各个国家的先进的技艺，特别是制造技艺，除却造船技术以外，涉猎了各种先进武器的制造工艺。

1877年3月31日，第一批留欧学生出国，这批学生在欧洲学习情况甚为理想，回国后被委以重任。12名留英学生中11位学生取得了卓著的成绩，其中，"刘步蟾、林泰曾，知水师兵船紧要关键，足与西洋水师管驾官相等，均堪重任"。14名留法学生中，8名学习轮船制造，5名学习矿务，"以陈兆翱、魏瀚为最出色，可与法国水师制造监工并驾齐驱"②。

---

① 李鸿章等：《奏闽厂学生出洋学习折》，载陈学恂主编《中国近代教育文选》，人民教育出版社1983年版，第152页。
② 薛福成：《出使英、法、意、比日记》，载钟叔河主编《走向世界丛书》第1集第8册，岳麓书社1985年版，第205页。

第一批留学生学有所成，福建船政学堂又相继在 1881 年和 1886 年，选派了第二批和第三批留欧学生，第四批留学活动因经费问题而中途被迫停止。具体情况如表 6-2 所示：

表 6-2   1877—1886 年留欧学生情况①

批次	年份	生源及人数	留学国家	专业	年限
一	1877	福州船政学堂前、后堂各 12 人，艺徒 4 人	法、英、西班牙	制造、驾驶	3 年
二	1881	福州船政学堂前、后堂分别为 8 人和 2 人	英、法、德	营造、枪炮、轮机、驾驶、鱼雷	3 年
三	1886	福州船政学堂前、后堂分别为 14 人和 10 人，天津水师学堂 10 人	英、法	驾驶、制造	驾驶 3 年、制造 6 年

有了之前留美活动作为借鉴，福建船政局派遣留欧学生的过程更为顺利，成效也更为可观。到 1900 年为止，除 5 名学生病故外，约 70 名学生顺利完成学业回国受用。留欧活动为中国近代海军培养了众多优秀军事人才和技术人才，有效地支持了中国近代海军的建设，同时也为中国近代科学教育培养了一批像严复这样的人才，推动了科学教育的发展。

总体而言，洋务运动时期的留学活动，从留学规模、留学人数以及学习时长等方面的表现来看，并非一帆风顺，所选取的学生数量较少，学习的时间较为紧张，但依然对中国近代新的社会结构之下的教育，有着重要的借鉴价值。留学教育中的留美与留欧活动，不同程度地推动了中国与西方的文化沟通和民众的思想升华，培育了众多适合我国现实状况的工业技术人才，推进了西方先进工业文明的传入，对中国近代科学教育的发端，具有重要意义。

（三）洋务运动时期科学教育的时代特征

洋务运动兴起的进程之中，孕育了科学教育，但其在整个教育体制中所占比重极小。纵观洋务运动时期，科举仍然是清政府主要实行的选拔人才的制度，其中，八股取士仍然占据一席之位，即使西方文化不断涌入，

---

① 孙培青主编：《中国教育史》，华东师范大学出版社 2008 年版，第 312 页。

科学教育仍无法与传统教育相提并论，在实施过程中也容易受到忽视。并且在洋务派兴办的学堂之中，科学教育的教师和招收的学生人数，都难以得到保证，与此不同的是，官学、书院以及义学、社学或者私塾等传统教育，一直受到广大学子的支持，热度不减，而洋务学堂及科学教育吸引的学子寥寥可数。

1. "中学为体，西学为用"思想贯穿课程设置

"中学为体，西学为用"是洋务派兴办教育总的指引方针，同时也是推行科学教育的总纲领。在此思想指导下，新式学堂除了开设科学课程外，也强调"中学"课程在教学内容中的重要地位。甚至可以看到，相比于科学课程设置得不成熟、不完善，"中学"课程则更完备。京师同文馆和福州船政学堂，同为中国近代著名的新式学堂，前者为近代第一所新式学堂，后者为第一所推行科学教育的学堂，二者课程设置就鲜明地体现了详于"中学"而略于西学的特点。

京师同文馆的课程规划之中，经学课占相当大的比重，"初学者每日专以半日功于汉文"。不止如此，京师同文馆招收的子弟，在入学之始需要"一本包含着三千多条礼仪的书"作为首要学习内容，以达到"一切举措自然动定咸宜"①。齐如山于1895年，在京师同文馆中的后馆研习，所学课程与他处无甚区别，"后馆与外边的私塾一点分别也没有，只是读四书，也间有读经书的，写大小楷，讲书，五天作一回文章，最初仍是八股，光绪戊戌年（1898）才改作论文"②。

福州船政学堂设立之初，便以培养造船和驾驶等科技人才为目标，西方自然科学课程被作为全校教学的主要内容。由于西学课程繁重，因而福州船政学堂并没有开设正式的"中学"课程，但仍规定其学子"除习洋学外，每日仍兼习汉文"③。沈葆桢曾明确地指出："今日之事，以中国之心思通外国之技巧可也，以外国之习气变中国之性情不可也。"所以，"每日常课外，令读《圣谕广训》《孝经》，兼习策论，以明义理"④。郑观应作

---

① 朱有瓛主编：《中国近代学制史料》第一辑上册，华东师范大学出版社1983年版，第73—79、158—189页。

② 陈学恂主编：《中国近代教育史教学参考资料》上册，人民教育出版社1986年版，第45—46页。

③ 朱有瓛主编：《中国近代学制史料》第一辑上册，华东师范大学出版社1983年版，第350页。

④ 沈葆桢：《沈文肃公政书》卷4，光绪庚辰版，第6、7页。

为早期的资产阶级改良派，在其《西学》一书中，深刻揭示了洋务派创建学堂的真实想法，"要亦不过只学语言文字，若夫天文、舆地、算术、化学只不过初习皮毛而已"①。

2. 科举制度和传统观念严重影响科学教育的开展

洋务运动时期的科学教育，一直以来因受科举制度和传统经学的桎梏，发展进程较为迟缓。并且在招收学生的过程中，就屡遭挫折，"世家子弟皆不屑就，恒招募婪人子，下及舆台贱役之子弟，入充学"②。正如前文所提及的，在"中体西用"原则影响下，新式学堂的学子，依旧对研习经学抱有极大的兴趣，以考取功名利禄作为学习目标，并没有对近代科学知识投入应有的热情和精力。在选修西学课程时，京师同文馆的学生，就表现得较为保守，选修人数比例不高。丁韪良于光绪三年（1877），在其与美国公使西华德的报告中表述道，当时京师同文馆共有学生101名，而这些学生当中仅有56名将西学作为选修课程，不足六成。当时的洋务学堂，被迫向学生提供优厚的月廪，增强吸引力，以保证西学课程的正常实施。京师同文馆就曾规定，"定俸饷以资调剂"③。而福州船政学堂则明确"各子弟到局后，饮食及患病医药之费，均由局中给发"，"每名月给银四两，俾赡其家"④。上海广方言馆每月向学生发放一两银子的津贴，但仍难以招收到理想数量的学生。⑤

3. 课程制度很不完善，教学方法的科学性尚需提升

首先，实行科学教育的洋务学堂，在课程设置之中具有较为明显的缺点，缺乏对学习内容的严格规制是问题之一。同文馆对其所修习的西学课程的数目及科目，缺乏具体表述。无论是八年制还是五年制的课程方案中，课程设置唯有纲领性规定，然而，详细的规章，则必须与"与各馆教习随时体察，酌量变通"。包括对学子的规范与引领限定在"天文、化学、

---

① 郑观应：《西学》，载高时良主编《中国近代教育史资料汇编（洋务运动时期教育）》，上海教育出版社1992年版，第32页。

② 《皇朝经世文·西学附注》三编卷2，载张家治等《化学教育史》，广西教育出版社1996年版，第413页。

③ 奕䜣：《奏请设立同文馆折》，载陈学恂主编《中国近代教育史教学参考资料》上册，人民教育出版社1986年版，第29页。

④ 左宗棠：《详议创设船政学堂章程购器募匠教习折》，载舒新城编《中国近代教育史资料》上册，人民教育出版社1961年版，第129页。

⑤ 吕达：《中国近代课程史论》，人民教育出版社1994年版，第65页。

测地诸学，欲精其艺者，必分途而力求之；或一年，或数年，不可限定"。由此而知，京师同文馆学子在主修一门外国语和汉文、算学的前提下，根据自身情况，可自由选修其余外国语言和其余西学课程。京师同文馆于每年举办岁考，不以学生升级为主要目标，其作用局限于"分别优劣，奖叙革留"①。

从考试科目来看，除外国语作为一直保持的科目外，其余科目在类别和数量方面，具有较为明显的改变，可见，京师同文馆课程的制定，仍有调整改善之处。如第一次京师同文馆的提名录记录，光绪四年，共有98名学生参加岁考，其中有62名考生只参加一门科目考试，考两门的15人，考三门的14人，考四门的只有7人。第四次同文馆提名录中记载，光绪十二年，总计有103名学生参加岁考，其中有66名考一科，22名考两科，11名考三科，而只有3名考生参与四科考试。② 与此同时，洋务派创建的学堂，其课程的制定仍具有较大的差异。以天津电报学堂和福州船政学堂为例，前者所开设的课程，包含了电磁学、材料学等16门课程之多，后者则仅限于竖桩、建线等技术课程。

其次，洋务运动时期的科学教育，大多局限于传播西方科技内容，采取传统的死记硬背式的教学方法，而西方科学教育中以实验为主的教学，并未受到重视。以化学课的教学为例，与经学课程的教学，有着相似之处，仅仅注重学生的个别研讨，既没有科别的区分，也没有等级的不同。教师依照教科书"逐段讲解"，而学生的实验则不在日常的教学之中。李广菜于光绪二十二年（1896）在上奏的折内说，"格致制造诸学，或非试验测绘不能精，或非游历察勘不能确，今之诸馆，未备图器，未遣游历，惟日求之于故纸堆中，终成空谈，无自制用"③。广方言馆的学子张君劢，回想所学课程的教学内容，"每一科都好像读四书五经似的，全要熟读"④。

最后，水平不高、专业性不强，也体现了洋务运动时期科学教育的局限性。"洋务学堂虽然在培养目标和课程设置名目上，具有高等教育的性

---

① 奕䜣等：《俄法两馆二年期满清照章奖叙教习折》，载高时良主编《中国近代教育史资料汇编（洋务运动时期教育）》，上海教育出版社1992年版，第62页。
② 苏精：《清季同文馆及其师生》，福建教育出版社2018年版，第33页。
③ 舒新城编：《中国近代教育史资料》上册，人民教育出版社1961年版，第144页。
④ 陈学恂主编：《中国近代教育史教学参考资料》上册，人民教育出版社1986年版，第66页。

质，但教学的实际水平远远达不到西方高等教育的水平。"[①] 并且，在教材的内容仅达到了西方的自然科学基本知识的水平。从专业设置可以看出，学堂相关自然科学的专业并没有独立设置，对于专业的科学知识也没有进行系统的理论研究，严重忽视了科学理论这一重要内容。洋务教育只是单纯地将西方技术引入国内，未能做到将科技的引进和本国科学研究相结合，导致对于国外科研成果的学习，长期处于较低的水平。

4. 注重技术人才的培养，忽视自然科学理论人才的培养

在培养实业人才的理念之下，洋务派着重对科学教育的实用性进行阐发。近代中国的科学教育，产生于特殊的历史时期，并始终在这种特殊的历史背景下，曲折前行。受此影响，中国近代科学教育一直笼罩在强烈的功利色彩之下。洋务教育的目的是培养军事、通信、铁路、造船等方面的实用型技术人才，不重视科学研究人才的培养。在这样的教育目的影响下，洋务学堂在课程设置和教材使用方面，难免存在缺陷，某种程度上妨碍了科学教育向深层次的发展。

在内忧与外患的双重困扰之下，洋务派始终将"自强求富"作为挽救政权危亡的重要手段，他们寄希望于新式学堂能以最小的成本和最高的效率，培养出各类专业人才，来满足现代化军事和工业的需求。在当时西方列强侵略日益紧迫的情况下，洋务学堂的专业设置，也明显体现出了洋务派急功近利的思想，以及尚不成熟的科学教育观。

洋务运动时期，军事与军工是洋务派发展的重点。因此，新式学堂的科学教育，在专业结构方面也侧重于军事技术领域，影响了科学技术在民用领域发挥作用，造成了科学技术与生产生活相脱节的乱象。洋务派片面地强调科学技术对于军事活动的重要作用，而在很大程度上，忽视了促进科学技术自身发展的必要性。在洋务派所建立的学堂之中，唯有京师同文馆设置了自然科学专业，其余的学堂，主要开设军事与军工专业。据已有史料可查，新式学堂中的军事类学堂数量，所占比重接近52%。从毕业学生专业人数占比也可见一斑，其中，军工类毕业生占总人数的53.57%，工程技术类占18.13%，外文类学生也占到了一定的比例，至于自然科学专业毕业生则寥寥无几，这种情况，也导致了几乎没有人进一步从事自然

[①] 曲铁华、李娟：《洋务运动时期的科学教育及其主要特征》，《东北师大学报》（哲学社会科学版）2003年第6期。

科学专门研究的工作。

不可否认的是，洋务运动也在一定程度上，实现了科技与生产的结合，但这并不是适应经济需求，而是为了实现洋务派的政治目的。这一时期，科学技术的发展缺乏成熟的内部机制和外部环境，由于缺乏"经济动因"这一催化剂，科学、技术、生产三者之间没有形成良好的互动连锁反应。同时，洋务学堂水平忽视以学术为宗旨的研究，既缺少发现理论问题的实践探索，又很难以最成熟的理论研究，去直接或间接影响实践的良性循环。[1]

洋务运动时期的科学教育，在众多方面都不同程度地出现了违反近代科学教育发展规律的情况，尤其是忽视了自然科学理论人才的培养，是其在培养科技人才方面最令人诟病之处。当然，虽然洋务运动时期的科学教育，受限于当时的历史背景和社会状况，还远没有达到成熟、完善的地步，但这已然是近代中国开天辟地的创举。中国近代的洋务运动，对此后中国的科学教育产生了深远的影响，具有重要的价值。

（四）洋务运动时期科学教育对中国教育的影响

洋务运动时期，是中国近代科学发展过程中，继往开来的必经阶段，对于整个近代中国科学技术的推动与发展，具有不容置疑的推进作用，并极大推进了近代中国科学的发展，对于中国近代资产阶级政治思想、哲学思想的形成，也产生了直接或间接的影响。

1. 科学教育动摇了陈腐的传统教育观念

从西方文化中传播而来的科学教育，从某种程度上，突破了传统经学教育独霸学堂的状况，对陈腐的传统教育观念，打开了突破口。在中国传统教育中，始终盛行着奉道为本、视器为末的理念。技艺在封建士大夫的观念中，也一直被鄙弃为"奇技淫巧"，这一基本观点，奠定了传统教育的根基。洋务运动时期科学教育初露端倪，虽然封建顽固派曾就洋务学堂中是否开设科学课程的问题，进行过殊死抵抗，但在不可抗逆的历史规律面前，还是败下阵来。新式学堂摒弃了"道本器末"和"夷夏大防"等陈腐、自大的传统观念，将培养近代科学技术人才作为教育目的，引进西方近代科学技术知识来充实教学内容，打破了儒家传统经典一统天下的格局，动摇了中国教育中传统儒学的独霸地位，培养了一批适应近代社会需

---

[1] 李立锋：《悲凉绝唱——关于晚清改革的历史沉思》，南京大学出版社 2000 年版，第 53 页。

求的新式人才，成为封建传统教育的掘墓人。

2. 科学教育冲击了以科举制为核心的封建教育制度

虽然与传统的官学、书院、私塾等教育机构相比，洋务时期所创设的新式学堂数量，并不算多，但学堂却遍及全国各地，以北京、天津为中心，北至珲春，向南到上海，再延伸到福建、广东、台湾，西至乌鲁木齐，新学堂遍地开花。在这些新式学堂中，科学教育成为重要的教学内容之一，所培养的学生也日益增多，毕业生的毕业去向，就成为人们不得不思索的问题之一。这种新的社会现象，迫使一些有识之士，开始提出变通科举，主张打破八股取士的垄断局面，按新法取士的思想，给这些具有新的科学技术知识和技能的学生以功名。

郑观应于1884年，详细地提议出相应的取士之法，"此于文、武正科外，特设专科以考西学……选聘精通泰西之天文、地理、农政、船政、算化、格致、医学之类"[①]。改革的呼声越发的激烈，洋务派中的一些人士以及相应机关，逐渐采用新的方式。李鸿章于1887年在奏折中写道，"似应于考试功令稍加变通，另开洋务进取一格，以资造就"。礼部掌管科举考试，于1888年规定，"各省学臣于考试经古外，加试算学"[②]。总理衙门也在同一年举行的会议中，提出算学取士的详细规章，并通过了皇帝的批准，自然科学初步纳入了科举考试中。同时，在这一年，中国历史上第一名算学举人由顺天府乡试产生，虽然这1人在当年的1500位举人中无足轻重，但这并没有阻挡西学的进程，并且开启了中国历史发展之中的西学与经学同考的先例。科学首次真正纳入国家正规的科举中，顺利开启了中国新式教育。

3. 洋务学堂培养了一批掌握近代自然科学的知识分子

洋务运动时期，新式学堂将培养军事近代化、工业近代化急需的科学技术人才，作为自身的办学目标，取得了显著的成果。这些为数有限的新式人才，长期活跃在中国近代社会的外交、政治、工程生产和教育等各个领域当中，成为传播和发展中国近代科学技术以及科学教育的基础力量。以福州船政学堂为例，作为晚清培养科技人才的摇篮，该学堂仅仅用了5年的时间，就培养了我国近代首批的造船人才和航海人才，在40多年的

---

① 郑观应：《考试》，载辛俊玲评注《盛世危言》，北京华夏出版社2002年版，第127页。
② 朱有瓛主编：《中国近代学制史料》第一辑上册，华东师范大学出版社1983年版，第17、27页。

办学期间，取得了累累硕果；而天津电报学堂作为专门培养通信人才的场所，不仅先后为天津至上海、天津至广州电报线路沿线各地输送了 300 多名优秀毕业生，还有效地满足了全国各地电报局的工作需求，为我国现代通信事业奠定了坚实的人才基础。①

第二节 科学教育的起步与发展

甲午战争中清政府战败，宣告了洋务运动的破产，其科学教育也随之没落。但是，通过对洋务运动时期科学教育活动的反思，中国政府与国民对于科学有了更深刻的认识。维新运动和"新政"时期，科学思想在中国进一步传播，科学教育思想和实践都有了新的发展。

一 维新运动时期的科学教育

维新运动时期的科学教育，体现在变法活动当中。戊戌维新运动中，康有为、梁启超、严复等维新思想家，积极提倡学习自然科学知识和资产阶级社会科学知识，对科学知识、科学方法、科学精神等内容进行了宣传，把自然科学和以自然科学为基础的政治学说，作为他们实施变法的主要思想武器。维新派还初步意识到，科学技术对发展社会生产和变革政治体制所具有的推动作用。这个时期实施的一些教育改革，如翻译书籍、改革科举、成立学会等，为科学在近代中国的普及和发展，发挥了重大作用，形成了科学教育的热潮。维新运动时期的科学教育思想及实践活动，主要有以下几个方面。

(一) 改革科举制度，废除八股取士

戊戌变法要求废除八股取士，改试实务策论。面对内忧外患，封建愚昧的传统教育，已不能解决当时的社会问题。但是，作为唯一的人才选拔标准，八股取士却将读书人牢牢禁锢于四书五经当中，束缚了人们的思想和学术的自由，严重阻碍了近代科学教育的发展。维新派认为，只有改变了考试制度，才能使教育的内容和形式发生改变。因此，维新人士强烈要求变革八股取士制度。康有为直指八股之弊，"中国之割地败兵也，非他

---

① 曲铁华、李娟：《洋务运动时期的科学教育及其主要特征》，《东北师大学报》（哲学社会科学版）2003 年第 6 期。

为之，而八股致之也"①。同时，他认为改采用策论："能通古论今，会文切理，本经原史，明中通外，犹可救空疏之宿弊。"严复在《救亡绝论》中指出八股取士三大弊，"锢智慧""坏心术"和"滋游手"。严复认为："如今日中国不变法则必亡是已。然则变将何先？曰：莫亟于废八股。"②因此，废八股就成为变法维新的首要主张之一。

他们主张废除八股取士的考试制度，将西学和实学作为考试内容，增加西学在教育内容中所占的比重。同时，在维新派关于教育的奏折中，有相当一部分是关于废除科举制度的。康有为曾向光绪帝上书建议，"宏开校舍，教以科学，俟学校尽开，徐废科举"③。梁启超也在《论科举》的"上策"中，提出了一种保留科举名称，废止科举实际主体的建议。根据相关资料的整合统计，维新变法时期，以光绪帝的名义发表的上谕中，有18次之多都是关于废八股、改革教育制度的。

维新派废除八股，不再将诗赋、楷法作为选士标准，删免烦琐的考试程序等一系列的措施，改革了落后的科举制度。在课程内容方面，新政进一步对各类学堂的课程科目，进行了统一的规定，以章程的形式，将西学课程作为主要科目，统一纳入各类学堂的课程计划中。这些措施，促进近代中国科学教育观和科学教育体制的初步形成，起到了十分关键的作用。

（二）广设学堂，提倡西学

维新派认为，培养和教育人才是变法的根本所在，而兴办学校是教育人才的主要途径。因此，在戊戌变法运动期间，维新变法的一个重要举措，就是兴办学校，倡导各级学堂兼习中学和西学。

1895年《万国公报》（月刊）10月刊上，刊登了《兴学校以储人才论》一文，提出"宜专设西学大小数千百书院，务使遍于各省"④的主张。李端棻在《请推广学校折》中提到，学堂应设置中西学相辅的课

---

① 康有为：《请废八股试帖楷法试士改用策论折》，载璩鑫圭、童富勇编《中国近代教育史资料汇编·教育思想》，上海教育出版社1997年版，第136—138、139页。
② 严复：《救亡绝论》，载陈学恂主编《中国近代教育文选》，人民教育出版社1983年版，第188页。
③ 康有为：《请废八股试帖楷法试士改用策论折》，载璩鑫圭、童富勇编《中国近代教育史资料汇编·教育思想》，上海教育出版社1997年版，第139页。
④ 《兴学校以储人才论》，《万国公报》1895年10月第83期。

程，并提出为学堂专门设立配合教学的仪器院，"购藏仪器，令诸学徒皆就试习"①。

在"开民智"的宗旨下，维新派积极创办新式学堂。其中以万木草堂和时务学堂最为著名。1891 年，康有为在广州长兴里创办万木草堂，课程内容设置时注意引进西方先进科学知识，加入了格致学、地理学、数学等自然科学课程，充分体现了他"中西并用"的思想。学生在学习传统古籍，研究经、史学问之外，更重要的是阅读西学著作，学习物理、化学等自然科学知识。

万木草堂课程包括：（1）义理之学，有孔学、佛学、周秦诸子学、宋明学、泰西哲学；（2）考据之学，有中国经学、史学、万国史学、地理学、数学、格致学；（3）经世之学，有政治原理学、中国政治沿革得失、万国政治沿革得失、政治应用学、群学；（4）文字之学，有中国词章学、外国语言文学等。康有为还在《请开学校折》中建议光绪皇帝学习日本建立学校体系，"遍令省府县乡兴学。乡立小学，令民七岁以上皆入学，县立中学，其省府能立专门高等学大学"②。

1897 年，谭嗣同等在湖南长沙建立时务学堂，聘任梁启超担任中文总教习，通过了梁启超制定《湖南时务学堂学约》十条。课程划分为普通学和专门学，以中国传统经、史、诸子及西方国家的政治法律、自然科学为主要教学内容。普通学的学科有诸子学、经学、公理学和中外史志及格算诸学。专门学有：公法学（宪法、民法、刑律为内公法，交涉、公法、约章等为外公法）、掌故学和格算学。此外，严复创办了通艺学堂并亲自授课，以学习西方先进的社会科学和自然科学为宗旨，宣讲"西学源流旨趣，并中西政教之大学"③。这些学堂都以向西方学习为宗旨，教学中兼并中西，传授西方的科学知识，对中国近代科学教育的发展起了重要的推动作用。

在"百日维新"期间，还涌现了一些具有科学教育性质的学堂，如茶丝学堂、蚕桑学堂以及铁路、矿务、农务、医学等专门学堂。并且开设了

---

① 李端棻：《请推广学校折》，载陈学恂主编《中国近代教育史教学参考资料》上册，人民教育出版 1986 年版，第 425 页。
② 康有为：《请开学校折》，载陈学询主编《中国近代教育文选》，人民教育出版社 2001 年版，第 110 页。
③ 中国史学会主编：《戊戌变法》（三），上海人民出版社 1957 年版，第 411 页。

经济特科，倡导各级学堂兼习中学和西学。1898年，李端棻在《请推广学校折》中，向光绪帝谏言设立京师大学堂，光绪帝予以批准，并在《明定国是诏》中强调应首先举办。

京师大学堂于1898年7月创办，是我国第一所高等学府，梁启超为其草拟了《京师大学堂章程》。根据《章程》规定，大学堂以"中学为体，西学为用"为办学宗旨，设置普通学和专门学两类课程，"专门分科凡七：曰政治科，曰文学科，曰格致科，曰农业科，曰工艺科，曰商务科，曰医术科"①。"格致科"包含天文、地质、高等算学、物理、动植物等多门自然科学课程。大学堂科学教育与洋务学堂相比，在内容上有了更深层次的发展，不只局限于技术的学习和传授，各种理论、学问的讲授详略更加得当；在教学方法上，更加注重实验和观察等科学教育方法。梁启超在《章程》中就曾提议，设立博物院"搜集各种有用器物，陈设其中，以备学者观摩"以及仪器院"集各种天算、声光、化电、农矿、机器制造、动植物各种学问应用之仪器，咸储院中，以为实力考求之助"②。

光绪帝在《明定国是诏》中，要求臣民都要兼习中西学问，以中学为根本，博采西学。1898年7月10日，他又下令将各级地方的书院，改为兼学中西的新式学堂。省会书院改为高等学堂，郡府书院改成中等学堂，州县书院修改为小学堂。如湖北自强学堂，1899年，在原本的方言、格致等四门课程的基础上，改设方言、历史、地理、数学、理科、汉文、体操和兵操八门课程。1898年8月10日，命筹议铁路、矿务等专门学堂；1898年9月11日，命各通商口岸及出产丝、茶各省，筹设茶务学堂、蚕桑学堂。这些新式学堂的开办，扩大了科学教育的范围，有力地推动了西方科学文化在中国的传播。

（三）成立译书馆、译书局翻译西书

维新思想家深刻认识到，自然科学对强国富民具有的重要作用，而学习西方自然科学必定离不开西方书籍。因此，维新人士对于翻译西书给予了极大的重视，梁启超更是强调"译书为强国第一义"③。就此维新派开展

---

① 《清史稿·选举志》，载陈学恂主编《中国近代教育史教学参考资料》上册，上海人民教育出版社1986年版，第515页。

② 梁启超：《京师大学堂章程》，载陈学恂主编《中国近代教育史教学参考资料》上册，人民教育出版社1986年版，第436页。

③ 梁启超：《变法通议·论译书》，载《饮冰室合集》，中华书局1936年版，第66页。

了一系列包括各类科学技术的教科书和科学著作的编译工作。其中，贡献最为突出的人物，当属维新派代表人物严复，其著作颇多，影响广泛。严复认为，要想改变民众的愚昧状态，"惟以译书自课"，使"在野之人，与夫后生英俊，洞识中西实情者日多一日"①。严复翻译的赫胥黎的《天演论》，于1898年出版，他在书中介绍了达尔文"物竞天择，适者生存"的学说，并且对斯宾塞的庸俗社会进化论，进行了详细论述。严复第一个把进化理论中生物界优胜劣汰现象，同国家民族的发展存亡，联系起来，用科学的理论，来教育和引导大众要变法以求富强、图生存。

1898—1909年，严复编译了八部西方著作：《天演论》（1898），译自赫胥黎的《进化论与伦理学》；《原富》（1902），译自亚当·斯密的《国富论》；《群学肄言》（1903），译自赫·斯宾塞的《社会学研究》；《群己权界记》（1903），译自约·穆勒的《自由论》；《社会通诠》（1904），译自甄克思的《政治历史》；《法意》（1904—1909），译自孟德斯鸠的《论法的精神》；《穆勒名学》（1905），译自约·穆勒的《逻辑体系》；《名学浅说》（1909）则由耶方斯的《逻辑入门》翻译而来。这些译著以介绍西方资产阶级社会科学为主，也有生物进化论这样的自然科学知识，为当时的科学教育提供了参照，加深了中国社会对于西方科学文化的认识。

梁启超认为，西学是"致治之本，富强之由"②，他于1896年和1897年，分别编写了《西学书目表》和《西政丛书辑成》，介绍西方的科学理论。为了更好地宣传科学，维新派还创立了专门从事印刷自然科学书籍的出版机构。1894年7月4日，下令各省学堂翻译外洋农学书籍，8月16日成立译书局，8月26日，批准在上海开办编译学堂。1896年，六先书局在上海成立。该书局"专售格致、化学、天文舆地、医学、算学、声学、水学、光学、热学、气学、电学、兵学、矿学，一应新译新著洋务各国，无不搜集完备"。③ 1897年，梁启超与康广仁成立大同译书局，同时董康、赵元益在上海设译书分会，以便"采译泰西东切用书籍"④。

维新派所创办的报刊，也经常翻译介绍西方科学论著，如《时务报》

---

① 严复：《与张元济书》，载王栻主编《严复集》第3册，中华书局1986年版，第488页。
② 梁启超：《西学书目表》，载中国史学会主编《戊戌变法》（一），上海人民出版社1957年版，第448页。
③ 《上海新开六先书局专售格致各书启》，《申报》1897年10月24日。
④ 张静庐辑注：《中国近代出版史料二编》，群联出版社1954年版，第90页。

专门聘请英、法、日、俄文的翻译，编译自然科学、哲学、社会科学等文章。这些举措，对启发民智、改良社会风气、推动科学文化在近代中国的传播，起到了不可忽视的作用。

（四）创办科学学会和科学杂志

为促进科学文化的传播，维新派积极成立各种组织和学会。康有为将西方富强归因于科学，而科学学会"以讲格致新学新器，俾业农工商者考求，故其操农工商业者，皆知植物之理，通制造之法，解万国万货之源"[1]，是西方科学发达的原因之一，由此他得出了"泰西所以富强之由，皆由学会讲求之力"[2] 的结论。梁启超也在《论学会》中说道，"道莫善于群，莫不善于独。独故塞，塞故愚，愚故弱；群故通，通故智，智故强"[3]，强调学会对于人才培养、国家振兴的重要所在。在文中他还对学会的具体性工作，如扩大藏书、译印图书、科学试验和对外交流等进行了介绍。

在维新派的倡导下，一些有志于促进科学发展的人士，纷纷组建自然科学学会。1895年，谭嗣同最先在浏阳创办算学会。同年，康有为和梁启超在北京创办强学会，购置翻译的书籍，收藏报刊，介绍西方资产阶级的社会政治学说和科学知识。1896年，罗振玉、徐树兰在上海创办农学会，以发展农业科学技术为宗旨，提倡"采用西法，兴天地自然之利"[4]，向国人介绍西方树艺畜牧、农业、制造等知识。同年，邹化均创办长沙地图公会（又称舆地社）。

1897年成立的学会较多，主要有：董康和、赵元益发起成立的译书公会，提倡翻译英、法、德、日、俄文的自然科学书籍；谭嗣同、杨文会在南京成立的测量学会，专门从事测量工作的研究，购置先进仪器以供观测；武昌质学会，"意在劝学，务崇质实"[5]，主要开展算学、地学、农学、矿学、物理学等方面的普及与研究；上海还成立了医学善会和算学会。

---

[1] 康有为：《两粤广仁善堂圣学会缘起》，载汤志钧编《康有为政论集》（上），中华书局1981年版，第189页。
[2] 康有为：《上海强学会序》，载汤志钧编《康有为政论集》（上），中华书局1981年版，第169页。
[3] 梁启超：《变法通议·论学会》，载《饮冰室合集》（一），中华书局1936年版，第31页。
[4] 《务农会章程》，《知新报》1897年4月22日。
[5] 《武昌质学会章程》，《知新报》1897年7月20日。

1898年成立的学会有：湖南龙南的致用学会，专习算学；罗辉山、何盛林等在湖南郴州创办的算学会，以学习舆算、兵略、农矿、天文学等为主；格致学社，旨在"讲求格致之理，以期互相切磋，有裨实学"①；以及长沙地学公会、福州算学会等。

据不完全数据，全国约有50个自然科学学会在这短短几年中成立。②维新学会的活动，既包括科学研究，又有知识传播教育。与西方专门性的科学学会不同的是，这些学会从成立之初，就同救亡图存的戊戌维新运动密切相关，并承担着宣传变法的任务。但不可否认的是，各个学会积极学习和传播西方自然科学知识，宣扬科学精神，促进了民众科学知识的增长和科学观念的培养。

维新运动时期，报纸、杂志等社会媒体发展已较为成熟。维新派认识到了报纸、杂志在科学宣传中的重要作用，认为报刊"得之则通，通之则明，明之则勇，勇之则强，强则政举而国立，教修而民智"③。为此，维新人士创办了一批具有科学性质的专门报刊，宣传科学知识。如中国的第一种医学杂志《利济堂学报》，于1897年1月在浙江瑞安利济医院学堂创办；第一种农业科技杂志《农学报》，于1897年5月由上海农学会创办；我国自办的第一种数学杂志《算学报》，是1897年7月由黄庆澄在温州创办；中国第一种综合型自然科学杂志《亚泉杂志》，由杜亚泉在1900年创办。④

此外，还有一些非专门性的科学报刊，也设"格致"专栏，积极传播科学文化知识。如1897年创办的《求是报》《新学报》《渝报》《知新报》《经世报》，以及1898年创办的上海《格致新报》《工商学报》《商务报》等报刊。⑤ 上述报刊的创办，对于国人学习西方先进科学知识、树立科学精神起到了介绍和促进作用，在社会层面的科学教育中，起到了重要的作用。

（五）引进科学理论和科学研究方法

"百日维新"运动中，西方先进的科学的基本理论和科学实践成果，

---

① 《格致学社启》，《中外日报》1898年9月23日。
② 中国近现代史大典编委会：《中国近现代史大典》下，中共党史出版社1992年版，第718页。
③ 郑振铎编：《晚清文选》（卷下），中国社会科学出版社2002年版，第208页。
④ 段治文：《中国现代科学文化的兴起：1919—1936》，上海人民出版社2001年版，第27页。
⑤ 吴雁南等主编：《中国近代社会思潮1840—1949》第一卷，湖南教育出版社1998年版，第798页。

在中国得到大范围传播。

首先是具体学科的基础理论逐渐引入中国。数学方面，1896年，周学熙出版了由华蘅芳和傅兰雅合译的《决疑数学》，率先将概率论引进中国。斯特林公式、欧拉定理、二重积分、无穷积分等内容，通过该书第一次被中国人认识。1899年，贾步纬在《弦切对数表》中，介绍了当时最精确的三角函数对数表。戊戌变法时期，近代数学的主要成就，包括解析几何、微积分学、概率论和对数等，大都被引进中国。近代物理学方面，1897年《时务报》，以"曷格司射光"为题报道了德国科学家伦琴（Roentgen）发现的X射线。《光学揭要》《通物电光》等书籍，以及一些报刊随后对有关内容进行了较为全面地介绍。近代天文学方面，康有为、严复、谭嗣同等维新派，将日心说、天体演化学说作为维新变法的理论基础，客观上推动了一些重要理论如哥白尼日心说、开普勒行星运动三大定律等理论在中国的传播。近代生物学方面，1895年，严复在《原强》中，第一次比较明确地介绍了达尔文及其生物进化理论。

在方法论上，维新知识分子十分重视科学的实验方法和逻辑方法，它是近代科学获取经验知识的基本方法。这一时期，实验方法已经得到了人们的重视，"格致实学，咸借试验。无远视之镜，不足言天学；无测绘之仪，不足言地学"[①]。梁启超将中国科学落后的原因，归于缺乏实验，梁启超在其《格致学沿革考略》中论述，"夫虚理非不可贵，然必籍实验而后得其真。我国学术迟滞不进之由，未始不坐是矣。"[②] 维新派的代表严复认识到，实验是科学的基础，"所得之大法公例，往往多误，于是近世格致家乃救之以第三层，谓之试验"[③]。并强调其重要性，"试验愈固，理愈靠实"[④]。一些学会还购置各种科学仪器以供实验之用。如谭嗣同创办的金陵测量会，花费重金购置了天文镜、经纬仪、叠测仪、地平仪、罗盘、陆地记里轮、水银风雨表、量风器、量雨器等科学仪器。上海在1898年，成

---

① 李端棻：《请推广学校折》，载陈学恂主编《中国近代教育史教学参考资料》上册，人民教育出版社1986年版，第425页。
② 梁启超：《饮冰室文集之十一：格致学沿革考略》，载《饮冰室合集》（二），中华书局1989年版，第3页。
③ 璩鑫圭、童富勇编：《中国近代教育史资料汇编·教育思想》，上海教育出版社2007年版，第316页。
④ 璩鑫圭、童富勇编：《中国近代教育史资料汇编·教育思想》，上海教育出版社2007年版，第316页。

立了中国第一个实验机构——育蚕试验场,将实验法付诸农业科学实践。近代科学的另一个重要方法,是逻辑方法,归纳法和演绎法是最基本的逻辑方法。以严复为代表的维新派,十分重视逻辑法。他曾经论道,"及观西人名学,则见其于格物致知之事,有内籀之术焉,有外籀之术焉。内籀云者,察其曲而知其全者也,执其微以会其通者也。外籀云者,据公理以断众事者也,设定数以逆未然者也……迁所谓本隐之显者,外籀也。所谓推见至隐者,内籀也。其言若诏之矣。二者即物穷理之最要涂术也……夫西学之最为切实,而执其例可以御蕃变者,名数质力四者之学是已"①。"内籀"和"外籀"即现今的研究方法中的归纳法和演绎法。

除此之外,资产阶级维新派代表严复,还翻译了西方著名的逻辑学的著作《穆勒名学》以及《名学浅说》。他还于1900年,发起成立了中国第一个逻辑学团体——名学会,并亲自讲授名学。科学实验方法和逻辑方法的应用,极大地支持了科学教育的开展。

(六) 奖励工艺发明

维新派提出,物质激励和法律保障有利于科学发展。康有为率先主张奖励科学技术发明创新。随后,光绪帝在维新人士的建议下谕令奖励工艺,导以日新,鼓励臣民发明创造、著作新书、寻发新地、启发新俗,对有所成就者,奖励功名和爵禄,并准许专利买卖。

1898年7月15日,《振兴工艺给奖章程》正式颁布。《章程》共十二条,第一次以官方形式,在中国确立奖励科学技术创造发明的专利制度。这是中国首次出现奖励发明创造,保护专利权,由政府明令保护发明专利。此举有利于鼓励科技发明创造,推动科学技术革新和科学精神养成,进而促进了科学教育的发展。②

二 "新政"时期的科学教育

(一) 学制改革

面对帝国主义的侵略以及国内日益高涨的反清运动,清政府被迫展开了变革。1901年1月29日,清政府发布变法上谕,标志着"新政"的开

---

① 王栻主编:《严复集》第1册,中华书局1986年版,第93页。
② 曲铁华、佟雅囡:《维新运动时期科学教育论略》,《沈阳师范大学学报》(社会科学版) 2004年第5期。

始。清末新政进行了学制改革，在教育改革上取得了重大的成就，为中国科学教育的体制化奠定了基础。

1902年8月，清政府颁行了由张百熙制定的《钦定学堂章程》，即"壬寅学制"。该学制虽因不完备而并未实际实施，但却是我国教育史上第一个由政府颁布的独立的、比较完整的学制，具有突破性的意义。在"壬寅学制"中，学堂被划定为三段七级。在课程设置上，科学课程所占比重较大，从蒙养院到大学院都设置有科学课程，具有一般性的科学教育，也注重增加科学教育的难度。1904年1月，清政府颁布了《奏定学堂章程》，史称"癸卯学制"。此学制由张百熙、张之洞和荣庆参照日本学制拟定，普通教育分三段七级，共有22个文件，对从蒙养院到通儒院的各级各类学校的学制都做了明确规定。根据"癸卯学制"的规定。

从学制的结构上看，"癸卯学制"在纵向上由初等教育延伸至高等教育，各级学校对于科学内容的课程，在设置上有层次和数量的差别，并且在学制中展现了注重科学教育连续性的理念；横向来看，该学制较为充分地考虑了包括各级各类教育在内的普通教育、师范教育、职业教育，从而满足了广大学生对科学内容的需要，同时也赋予了学生对于各类科学技术的选择权。

从学制的主体内容上看，在不同类型学校的课程设置之中，科学教育通过学校的课程，得以保证实施。在小学堂设立算术、格致等课程，中等学校方面，加强了算学、博物、理化等课程的教学，高等教育阶段开始进行分科学习。另一层面，伴随着普及义务教育思想的初步形成，科学教育的普及，也在一定程度上，得到了制度保障。以初等教育为例，1903年颁布的《奏定初等小学堂章程》中确立，"外国通例，初等小学堂，全国人民均应入学，名为强迫教育；除废疾、有事故外，不入学者罪其家长。中国创办伊始，各地方官绅务当竭力劝勉，以入学者日益加多，方不负朝廷化民成俗之至意"[①]。诸如此类的一系列政策，体现了政策制定者以及教育工作者传播、普及科学教育的进步思想，为学校教育领域中的科学教育得以实施，提供了制度方面的保证，营造了良好积极的政策氛围。

学制颁布后取得了显著的成果，其中，小学、中学阶段开设的科学课

---

① 舒新城编：《中国近代教育史资料》中册，人民教育出版社1961年版，第416页。

程，使得大量学子获得了接触、学习科学知识的机会。同时，实业教育迅速发展，为民族资本企业提供了大量的实用型科技人才。

1904年"癸卯学制"的颁布和实施，使中国教育最终完成了由古典教育向近代化的转轨，也成了中国近代科学教育发展历程中的一个转折点。该学制实施之前，中国的教育，仍然被束缚于科举制之下，陈腐的传统教育，长期居于中国教育体系的主导地位，从地方书院到府州县学直至中央国子监，其教学内容始终难以突破传统经学。虽然能够在新式学堂和部分书院中得以开展科学教育，但仅仅几十所新式学堂的规模，相较于庞大的传统教育体系，无疑是微不足道的。

"癸卯学制"作为中国教育史上第一个以政府法令形式颁布并施行的现代系统学制，以政策的条令，保障了科学教育在教育体系中的地位，为其开启制度化发展和大规模实施，提供了有效保障，成为中国教育走向近代化道路的重要开端。尽管在实际施行的过程中，由于师资短缺、设施匮乏，大多数学校依旧保持原有的课程，教学效果也不尽如人意。但是，从学制本身的角度来看，其所体现的科学教育普及化、制度化思想，以及科学教育联系实际、重视实验与演示等科学方法的主张，足以体现其进步意义。

(二) 废科举，兴学校

科举制自隋唐确立以来，是历代封建王朝选拔官吏的重要途径，时至清末，它束缚了人们的思想自由，严重阻碍了科学教育的发展。废除科举已成为人心所向，"科举不停，学校不广，士心既莫能坚定，民智复无由大开，求其进化日新也难矣"[1]，科举制严重阻碍了新式学校的发展。因此，张之洞与袁世凯上奏，从1903年科举后，逐年减少各项考试的录取名额，"即以科场递减之额，移作学堂取中之额，俾天下士子，舍学堂别无进身之路"[2]。袁世凯等人于1904年1月12日，上奏谏言废止科举、推广学校。1905年9月2日，清廷下令，"著即自丙午科为始，所有乡、会试一律停止，各省岁科考试，亦即停止"，同时要求各省广设学堂。1905年，沿袭了1300多年的科举制就此废除。

科举制度废除后，中国社会掀起一股创办新式学堂的热潮。1905年

---

[1] 金林祥主编：《中国教育制度通史·第6卷清代下 公元1840至1911年》，山东教育出版社2000年版，第333、334页。

[2] 王德昭：《清代科举制度研究》，中华书局1984年版，第187页。

后，新学堂数量和学生数量，都在短期内快速增长，详情见表6-3。

表6-3　　　　　　　"新政"时期新学堂与学生数量[①]

年份	新学堂数量（个）	学生数量（名）
1903	769	31428
1904	4476	99475
1905	8277	258873
1906	23862	545338
1907	37888	1024988
1908	47995	1300739
1909	59117	1639641
1910	42696	1284965

"新政"期间，还利用"庚子赔款"创办了清华学堂，京师大学堂也得以恢复重办，这两所学堂后来都发展成为我国最著名的高等学府。

科举制的废除，从根本上动摇了传统教育制度的根基，推动了教育制度的近代化进程。新式学堂因此得到了发展良机，而科学教育作为新式学堂的主要教育内容，也迎来了发展的良机。

三　维新运动及新政时期科学教育的影响

资产阶级维新派的教育变法与改革，伴随维新运动的失败而搁浅，教育改革所发布的命令和采取的措施，也大都没有实现，但它有力地推动了中国科学教育的近代化历程。腐败的清朝政府，由于经历了戊戌变法的风波，不得不实施新政，其间的一些措施，客观上促进了中国近代科学教育的发展。

首先，维新变法和新政推进了科学技术教育制度化的进程[②]，促进了科学知识的进一步传播。自洋务运动兴起以来，先进的知识分子就提出了废科举、兴学校的建议，但直到戊戌变法失败以后，随着新学制的正式建

---

① 王笛：《清末新政与近代学堂的兴起》，《近代史研究》1987年第3期。
② 曲铁华、佟雅囡：《维新运动时期科学教育论略》，《沈阳师范大学学报》（社会科学版）2004年第5期。

立，这一建议才真正得到了落实。1901年，清政府在整顿京师大学堂的同时，下令各地书院改为学堂，从省到府直至县，逐级设立大学堂、中学堂以及小学堂。戊戌变法失败后，于1898年成立的京师大学堂，也就是如今北京大学的前身，成为获得保留的变法重要成果之一。1902年，张百熙被清政府任命为管学大臣。他上任后主持制定了中国第一套从小学到大学的完整学制——《钦定学堂章程》，并将"激发忠爱，开通智慧，振兴实业"①规定为大学堂的办学方针写入其中。

为了进一步完善学校系统，清政府于1904年1月，公布了由张之洞、张百熙、荣庆等人拟订的《奏定学堂章程》，该章程被通称为"癸卯学制"。直至1905年，清朝政府才明确下令废止沿袭了1300多年的科举考试制度，同时撤销了国子监，设置统管全国教育的学部。1906年，在学部的命令下，各省兴起了兴办实业学堂的热潮。1910年，京师大学堂设置了地质学和化学两科，但作为官方大学科技教育开始的标志，其意义也不容忽视。一系列废科举、兴学堂的教育改革，推动了学校教育的迅速发展，在教育体系中确立了西学的合法地位，正式建立起了第一个在全国范围内实际推行的学制，很大程度上为科学教育的迅猛发展铺平了道路。

其次，迫使清朝政府重新选派留学生。维新变法失败之后，清朝政府迫于形势，继续选派留学生。1899年，清政府共向外输送留学生64人，学习时间也延长到6年。到了1900年，留学生的数量进一步扩大，其中前往日本的留学生数量增加最为明显，1900—1906年，总计有上万名学生赴日留学深造。留学西方国家的人数同样也在增加。获得庚子赔款资助的清华留美学校，作为中国学生赴美的窗口，1909—1924年，15年内共计输送了689名留学生。留学生的数量迅速增加，促进了中国近代科学技术的发展。

在增加留学生数量的同时，清政府也对留学生在国外学习的科目进行了相应的规定，一改过去偏重语言学习的状况，加强了理工科学习。1899年，总理衙门为了改变过去学语言的人过多的现象，曾下令"出洋学生应分入各国农工商各学堂，专门肄业，以便回华后传授"②。1908年，又进

---

① 张百熙：《钦定学堂章程》，载璩鑫圭、唐良炎编《中国近代教育史资料汇编·学制演变》，上海教育出版社2007年版，第243页。

② 中国第一历史档案馆编：《光绪宣统两朝上谕档》第27册，广西师范大学出版社1996年版，第232页。

一步对官费留学的留学生的学习科目进行了规定，令其必须学习理工科。根据1916年的统计，官费留学的留学生中学习理工科的占留学生总数的82%。与此同时，清政府还规定庚子赔款所选派的清华留美学生中，学习理、工、农、商各科的学生，不得低于总人数的80%。

这一时期出国学习的留学生，成绩斐然，后来活跃在中国现代科学研究和科学教育领域，为国家的科学研究，做出了巨大的贡献。由此可以看出，科学技术的发展，促进了体制变革运动的发生，而体制的变革运动，又对科学技术的进一步发展，起到了积极的反作用。

最后，维新运动之后，中国社会掀起了兴办学会的热潮，一大批近代科学技术学会初步建立。中国建立专业科学技术学会的时间，远远滞后于西方。在洋务运动之前和洋务运动期间，西方的传教士，在中国建立了一些具有学会性质的组织，为之后中国近代科学学会的建立，起到了示范性的作用。维新运动之后，中国社会上兴起了一股创办学会的风气，中国的科学技术学会，真正开始建立。具有代表性的有：1899年创办的瑞安天算学社；1904年在上海创办的万国红十字会，后改为大清红十字会；1906年建立的上海医务总会；1907年建立的中国药学会，还有同年创办的欧洲支部以及远东生物学研究会等。1908年，在光绪帝颁布的《宪法大纲》中，明确将给予臣民集会结社的自由写入其中。

自此，学会得到了法律的保障，地位显著提升。《宪法大纲》颁布之后，学会获得了进一步的发展。鼎盛之时，各类学会的总数量一度达到600多个，这也为后来正规的科学技术学会发展，营造了一种有利的社会氛围，如1908年创办的中国地学会，在中国近代科学技术的发展过程中，起到了重要的推动作用。

第三节　科学教育的高涨与偏颇

1919年的五四运动，开启了中国社会发展的新进程，受其影响而进行的学制改革以及科玄论战，助力"民主"与"科学"思想的发展与深化，推动近代中国科学教育进入新征程，促进了科学观念在中国社会的普及与深化。南京国民政府成立后，中国民族资本主义有了一定的发展，但由于战争等损耗了大量人力、物力，科学教育的发展受到一定的阻滞。但经过长期的沉淀和积累，科学教育的发展已经无法阻挡，国民政府也实施了一些促进科学教育发展的措施。1937年，抗日战争全面爆发后，国家陷入混乱，各项社会事业遭到严重打击，科学教育就在国内战乱的环境之中获得发展。

一　五四新文化运动时期科学教育的高涨

（一）科学教育思潮的兴起与发展

中国现代的科学教育思潮，兴盛于20世纪20年代。这一时期的中国社会，深受五四运动"科学""民主"两面思想旗帜的影响，对于科学精神以及科学教育形成了更深刻的认识和理解。

1. 科学教育思潮的形成

洋务运动时期的"西艺教育"，初步具有了近代科学教育的特征，但受到"中体西用"思想的限制，这一时期的科学教育，局限于学习于西方近代科学技术。维新运动时期，虽然对西学内容及科学方法论认识有所提高，但受社会发展水平和思想家自身局限性的影响，这时的科学教育，对近代中国历史影响还比较有限。真正意义上的科学教育思潮的兴起，是以任鸿隽的中国科学社的成立，以及《科学》杂志的创办为标志的。

1914年6月10日，任鸿隽在美国康奈尔大学，发起成立了中国科学教育社，并任社长。它以"传播科学知识、促进实业发展"为要旨，成为近代中国第一个科学教育组织。1915年1月，任鸿隽与胡明复、赵元任、杨铨等人，筹资创办《科学》杂志，"专以阐发科学精义及其效用为主"[1]。该杂志不仅大量刊载自然科学领域的专业和科普论文，而且开设通论、物质科学及其应用、生物科学及其应用、历史传记等专栏，在每期的显要位置，登载探讨科学世界观、科学方法以及科学精神的论文，倡导和促进科学、实业与教育相结合。

1915年，任鸿隽在《科学与教育》中写道，"科学于教育上之重要，不在于物质上之智识，而在其研究事物之方法。尤不在研究事物之方法，而在其所与心能之训练"[2]，主张学校教育内容引进科学知识，在教育领域实施科学的研究方法。至此，"科学教育"这一概念正式形成，并具有了明确的思想内涵。此后，在任鸿隽等人的努力下，中国科学社和《科学》杂志的影响不断扩大，人们对科学教育及其意义的认识也不断深化。科学

---

[1] 任鸿隽：《中国科学社社史简述》，《中国科技史料》1983年第1期。
[2] 任鸿隽：《科学与教育》，《科学》1915年第12期。

教育观念渐入人心，科学教育思想蔚然成潮。①

2. 科学教育思潮的高涨

五四新文化运动兴起后，"民主"与"科学"成为其代名词，民众对于科学有了更为独特、深刻的理解，科学教育思潮也空前高涨起来。

五四新文化运动不仅是一场学术文化的变革，更是人们思想和观念的解放运动。在此之前，人们对科学教育的认识，主要停留在"救国图存、挽救危亡"的层面。新文化运动时期，陈独秀、李大钊、鲁迅等人从近代化和科学启蒙的角度，理解科学教育，深入了解科学教育，对科学教育思潮产生了重大的影响。

鲁迅反思中国近代改革进程后，指出洋务派和维新派所倡导的西学，并未领会"人的解放"这一西方文化的精神实质。陈独秀认为，中国想要通过引进西方的科学技术与器物以实现现代化，是"至为肤浅"的，"国人而欲脱离蒙昧时代，羞为浅化之民也，则急起直追，当以科学与人权并重"，而"近代欧洲之所以优越于他族者，科学之兴，其功不在人权说之下，若舟车之有两轮焉"②，实行民主政治是实现现代化的必由之路。李大钊说，"由来新文明之诞生，必有新文艺为之先声"③。而李大钊所提倡的"新文艺"，正是指西方自由平等的民主学说以及自由理性的科学思想。他们对于科学的新认识，揭示了科学对于人的思想启蒙、人的解放的重要意义，深化了人们对科学及科学教育与社会发展关系的认识，丰富了科学教育的内涵。

借助五四运动"科学""民主"的东风，中国的教育界人士，开始对以往科学教育仅介绍、传播西方科学，机械、简单搬用研究方法的局限，进行反思和总结，并讨论了今后科学教育发展趋势。加强教育与科学之间的融合，即教育的科学化和科学的教育化，认为教育科学的发展，离不开对各学科、专业及各项事业的科学内容本身的探究，主要是将科学的研究方法，运用于教育领域的研究，尤其是教学原理与教学方法问题的研究。

因此，他们大力提倡心理实验、心理测量等手段的应用，以及在教学

---

① 曲铁华：《五四时期科学教育思潮及对当代教育的启示》，《齐鲁学刊》2005年第6期。
② 《陈独秀文章选编》上，生活·读书·新知三联书店1984年版，第78页。
③ 《李大钊文集》上，人民出版社1984年版，第180页。

过程中运用设计教学法、发现法。张准作为代表人物，在《近五十年来中国科学教育》中指出，"欲言教育，必从科学的方法上着手，凡各种科学全恃他人已得之结果，必自己加以研究实验，此盖真正的教育科学开端之时也……要用科学方法解决困难问题——欲使科学教育发达，一方固宜研究科学，一方固宜运用科学方法，解决实际上之困难问题"①。这标志着五四运动时期，科学教育思潮已走上了新的发展阶段。

提倡科学精神的养成，是"五四"前后科学教育呈现出的显著特点。任鸿隽认为，中国严重缺乏科学精神。针对当时社会存在的"重文章而忽实学""笃旧说而贱特思"等不良风气，他提出"科学精神"是"不可学而又不可不学"的，实质是"求真理"②，并在《科学》上借梅加夫的文章指出，"今日之急务，莫如科学精神之普及，俾思想之趋于一偏者，得其平衡，而后有进行可言"③。陈独秀也致力于科学精神的弘扬，他认为，"无常识之思维，无理由之信仰，欲根治之，厥惟科学"④，科学精神在于去伪立真。他还在《新青年》上介绍科学精神和科学思想。如第一卷介绍赫胥黎的《近世思想中之科学精神》，对赫胥黎的科学精神进行了阐释分析。

五四时期科学教育思潮的高涨，与留学欧美学生的纷纷回国宣传科学，以及美国进步教育家的来华讲学，有着密不可分的联系。如陶行知、蔡元培等人的归国，壮大了科学教育团体的力量，引入了西方现代教育理论，为科学教育的发展，带来了新理论、新途径。美国教育家杜威、孟禄、推士、麦柯尔等人先后来华讲学，他们在中国发表了一系列有关科学教育的演讲和文章，给中国教育界带来新理论的同时，也使科学教育思想得以广泛传播。

孟禄和推士强调"科学的教育化"。孟禄在实际调研的基础之上，对中国各门学科、专业的教学内容进行了重点研究，指出中国教育最弱点在中学，其弊在教授方法不善，不能使学生应用；课程也未注重科学。⑤ 推士一方面强调科学教育的重要性，同时，也向中国教育界介绍了美国研究

---

① 舒新城编：《近代中国教育思想史》，中华书局1929年版，第288页。
② 任鸿隽：《科学精神论》，《科学》1916年第1期。
③ 梅加夫：《科学与近世文明》，《科学》1918年第4期。
④ 陈独秀：《敬告青年》，载《独秀文存》第1卷，安徽人民出版社1987年版，第9页。
⑤ 《再志孟禄博士来华后之行踪与言论》，《教育杂志》1922年第2号。

科学教育的方法，并建议中国振兴工业应以农、林、矿三项为先，应偏重农林矿及交通运输等方面的科学教育。① 他们的观点直击要害，影响了中国科学教育的发展。

区别于孟禄和推士，杜威和麦柯尔更重视的是"教育的科学化"。20世纪20年代，杜威的实用主义教育理论对中国教育产生了深远影响，也成为中国教育科学化的理论依据。他在中国的系列活动，他的教学方法、教学实验活动在中国的大力推行，这些都促进了中国教育科学化的发展。麦柯尔于1922年来华，同陈志韦、廖世承等30余位学者合作编制了42种测验，包括智力测验10种，教育测验23种，特别测验及有关材料9种。此外，在中华教育改进社和东南大学合设的"测验之编造与应用"课程中，麦柯尔被公推为陈志韦、陈鹤琴、廖世承、俞子夷等人士组成的导师会主任，积极参与测验人才培养和训练工作。

3. 科学教育思潮的践行

随着新文化运动的深入进行，中国社会对科学理解不断深化，科学教育也进入了新的发展阶段，发展重心从理论宣传转向教育实践。此时的科学教育有三个特点：科学方法应用于教育问题的研究；新的教学方法在各级各类学校中进行广泛试验、推广；重视教育科学研究人才的培养。

在新文化运动时期，实验、测量等科学方法，开始应用于教育问题研究。1917年，北京大学建立了心理学实验室，开设心理学实验课程。1918年，瓦尔科特在清华用推孟修正量表和团体智力测验，对高等科四年级学生进行了测试。"五四"以后，教育测量、智力测验、教育统计、社会调查等教育科学研究方法得到我国教育家的重视。1920年，北高师和南高师创建心理实验室。南高师以廖世承、陈鹤琴为主导而创设了测验课，主张对报考的学子开展心理测验，并于1921年出版《智力测验法》。1922年，北京师范大学、北京大学、东南大学等高校的师生，开始根据比纳量表编制测验。1923年，中国教育改进社开展了全国小学教育调查，对22个城市，11个乡镇的92000名儿童进行了测试。②

新的教学方法，也逐渐在中国教育领域开始施行。五四时期，新教学

---

① 邱若宏：《论五四时期的科学教育思潮》，《大学教育科学》2005年第4期。
② 吴洪成、彭泽平：《试论五四时期的科学教育思潮》，《西南师范大学学报》（哲学社会科学版）1999年第2期。

方法的研究与实验主要在小学。1914年10月,《分团教授之实际》一文对小学分团教授的方法及其实效进行了说明。1914年,俞子夷发文《教授法上之动机自学辅导法之基础》,第二年,江苏省第一师范附小将自学辅导法运用于国文科读法教学中。俞子夷最早开始研究设计教学法,1919年开始在南京高师附小试行设计教学法,随后号召全国各地小学推行设计教学法。1922年秋,舒新城首先在上海中国公学中学部开展道尔顿制实验,引起全国教育会联合会的关注,1923年,全国教育会联合会上得到推荐后,各地掀起了研究和实验道尔顿制的热潮。据统计,到1924年,全国试行道尔顿制的中、小学校多达110余所,遍及江苏、北京、上海等8个省市,并在部分学校坚持长达10年之久。

教育研究及教育实验广泛开展的同时,研究人才匮乏的问题逐渐显现,于是,教育界开始关注教育科学研究人才的培养工作。1920年初,北京高师首开教育研究班,举行入学试验。1921年7月,首届南京高师教育专科37名学生毕业,全部从事教务主任、训育主任、学科教师及教育行政工作。

4. 科学教育思潮的主要内容

(1) 抨击传统教育弊端,大力倡导科学教育

中国传统教育与科学教育存有巨大的差异,大力推进科学教育,首先要批判传统教育。维新思想家严厉批判传统教育,严复力倡教育改革,他在分析中国衰落原因的基础之上,将教育改革作为救亡图存的重要途径。他认为,八股取士制度积弊严重,有"锢智慧、坏心术、滋游手"三大害处,是统治者用来束缚人们的手脚心思、腐蚀人心的工具,必须"痛除八股而大讲西学"①。

五四时期,任鸿隽批判中国传统知识分子偏重文法修辞和自我道德修养,忽视对自然、现实世界的客观分析,重感性、轻理性。他认为,要提高人民的知识和生活水平,必须注重科学教育。陈独秀从培养高素质国民的角度,来批判传统教育,倡导科学教育。陈独秀指出,传统教育"一是犯主观主义,二是犯形式主义"②,是人们追求功名利禄的手段和途径,并不利于科学研究,无法承担改造人、改造社会的使命。

---

① 严复:《救亡决论》,载王栻主编《严复集》第1册,中华书局1986年版,第40页。
② 陈独秀:《教育缺点》,载胡明编选《陈独秀选集》,天津人民出版社1990年版,第104页。

陈独秀进一步提出了变革教育的主张，提倡"自主的而非奴隶的，进步的而非保守的，进取的而非退隐的，世界的而非锁国的，实利的而非虚文的，科学的而非想象的……内图个性之发展，外图贡献于其群"① 的新教育。此外，陈独秀在《新教育的精神》中补充到，新教育不只包括新的教育内容，还包括教学过程中的主动式、启发式的以学生为本的"新方法"，以及"科学和民主"的"新精神"。

鲁迅也对中国陈腐的教育内容，进行了批判，指责其严重阻碍国家科学进步和社会发展。当时中国的教育，充斥着"忠、孝、节、义"和"三纲五常"等落后和反动的教育内容，各级各类学校普遍推行儒学，严重阻碍了科学传播和科学教育实施，限制了社会发展。鲁迅认为："要救治这几至国亡种灭的中国……只有这鬼话的对头的科学！"②

这些科学教育的倡导者们，对传统教育进行了深刻反思与批判，在科学教育思潮演变和科学教育实践开展的过程中，起到了破旧立新的建设性作用。

（2）阐明科学的内涵、功能与价值，确立近代意义的科学观

倡导和推行科学教育，首先要明确何为科学，以及它的功能和价值。任鸿隽在《说中国无科学之原因》中，最早对于科学内涵进行阐述，"科学者，知识而有系统者之大名"③。此后他又详细论述，"就广义言之，凡知识之分别部居，以类相从，井然独绎一事物者，皆得谓之科学。自狭义言之，则知识之关于某一现象，其推论重实验，其察物有条贯，而又能分别关联抽举其大例者谓之科学。是故历史美术文学哲理神学之属非科学也，而天文物理心理之属为科学。今世普通之所谓科学，狭义之科学也"④。陈独秀也从广义和狭义，对科学进行了定义，"狭义的是指自然科学而言，广义的是指社会科学而言。社会科学是拿研究自然科学的方法，用在一切社会人事的学问上，像社会学、伦理学、历史学、法律学、经济学等，凡用自然科学方法来研究、说明的都算是科学，这乃是科学最大的效用"⑤。在当时的时代背景下，任鸿隽和陈独秀对科学内涵的界定，已经

---

① 陈独秀：《敬告青年》，载胡明编《陈独秀选集》，天津人民出版社1990年版，第11—15页。
② 《鲁迅全集》第1卷，人民文学出版社1981年版，第301—302页。
③ 任鸿隽：《说中国无科学之原因》，《科学》1915年第1期。
④ 樊洪业、张久春选编：《科学救国之梦——任鸿隽文存》，上海科技教育出版社2002年版，第19页。
⑤ 陈独秀：《新文化运动是什么》，《新青年》1920年第5期。

较为全面和科学，获得了广泛的认可。

至于科学的功能和价值，鉴于中国社会内忧外患的困境，秉持教育救国论的科学教育倡导者，多从国家富强、社会发展的高度，来认识科学的物质性功能与价值。《科学》发刊词中曾言，"科学者，缕析以见理，会归以立例，有鼹理可寻，可应用以正德利用厚生者也"。"百年以来，欧美两洲声明文物之盛，震烁前古，翔厥来原，受科学之赐为多。"有识之士充分认识到科学有益于人们的生活质量提高，"科学之于人类，其关系犹谷品水饮为生命之必要。科学造成人类之幸福，更罄竹难书"①。

蔡元培更是将科学发展视为国家富强的基础。他明确指出："一个民族或国家，要在世界上立得住脚——而且要光荣的立住——是要以学术为基础的。尤其在这竞争激烈的20世纪，更要依靠学术。"②鲁迅将科学作为推翻反动统治、启蒙人民意识、破除迷信思想的斗争武器。他认为，开展科学教育、普及科学知识，能帮助民众"获一斑之知识，破遗传之迷信，改良思想，补助文明"③。当时，已有论调认为"科学万能"，"实业之发达，政法之改良，军事之进步，无一不待于科学"④。"近代国富之增进，由其工业之发达，而工业之起源，无不出于学问（科学）。"⑤还有人从科学与国民性改造角度来论述科学的价值与作用，"提倡研究科学，可以提高个人道德，增加国民性，尤为吾国今日救弱之急图"⑥。

丁文江等学者，从强调科学指导人生观的角度，来理解科学的功能和价值。张君劢首先在题为"人生观"的演讲中，指责当时社会和知识界出现的"科学万能"论调，对于"科学能否支配人生观"的问题持否定性回答。他提出，人生观是"主观的、直觉的、综合的、自由意志的、单一性的"与"客观的、为论理的方法所支配的，而且为因果律支配，起于对象之相同现象"⑦的科学相对立。与之相反，丁文江深信科学能够指导人生观。因此，作《玄学与科学》论证科学对于人生观的指导作用。他在文中

---

① 任鸿隽：《〈科学〉发刊词》，《科学》1915年第1期。
② 蔡元培：《国民修养二种》，上海文艺出版社1999年版，第20页。
③ 《鲁迅全集》第10卷，人民文学出版社1981年版，第151页。
④ 丁守和主编：《辛亥革命时期期刊介绍》第5集，人民出版社1986年版，第467页。
⑤ 任鸿隽：《科学与工业》，《科学》1915年第10期。
⑥ 吴雁南等主编：《中国近代社会思潮》第2卷，湖南教育出版社1998年版，第637页。
⑦ 张君劢：《人生观》，《清华周刊》1923年第272期。

指出:"科学不但无所谓向外,而且是教育同修养最好的工具。因为天天求真理,时时想破除成见,不但使学科学的人有求真理的能力,而且有爱真理的诚心。"①

(3) 传授科学内容,弘扬科学精神,重视科学方法

科学内容是科学教育的物质载体,科学精神是科学教育所追求的精神目标,科学方法是实现科学教育目的的方法和途径,因此科学教育的提倡者,为推动科学教育发展,积极地在科学课堂引入科学文化知识,注重培养科学精神,强调科学教育实施过程中方法论的研究。

严复作为近代倡导科学教育的先驱,在他的《西学门径功用》中,系统阐述了"自然科学为主,社会科学知识为辅"的科学教育内容体系。同时,他批判落后的传统教育方法,阻碍了科学教育的发展,主张在教育教学和治学过程中应用科学方法,"以中国前此智育之事,未得其方,是以民智不蒸,而国亦因之贫弱。欲救此弊,必假物理科学为之。然欲为之有效,其教授之法又当讲求,不可如前之治旧学"②。

随着科学教育的开展,科学的精神和方法,逐渐成为中国教育关注的重要问题。陈独秀认为,"今欲学术兴,真理明,归纳论理之术,科学实证之法,其必代圣教而兴欤",因此,他鼓励青年"举凡一事之兴,一物之细,罔不诉之科学法则,以定其得失从违"③。任鸿隽也指出,"要之,科学于教育上之重要,不在于物质上之知识,而在其研究事物之方法;尤不在研究事物之方法,而在其所与心能之训练"④。这里提到的"心能之训练",就是指科学精神的培养。科学精神的缺失,严重导致中国科学教育的落后,因此"今日之急务,莫如科学精神之普及"⑤。此外,任鸿隽还用"枝叶"和"根株"来比喻科学知识、科学应用同科学精神、科学方法的关系,"所谓科学者,决不能视为奇技淫巧或艺成而下之事,而与吾东方人之用考据方法研究经史无殊,特其取材不同,鹄的各异,故其结果遂如南北寒燠之互异耳。同时欲效法西方而撷取其精华,莫如介绍整个科学。

---

① 丁文江:《玄学与科学》,载丁文江等《科学与人生观》,亚东图书馆1923年版,第16页。
② 严复:《论今日教育应以物理科学为当务之急》,载王栻编《严复集》第1册,中华书局1986年版,第278—286页。
③ 《独秀文存》,安徽人民出版社1987年版,第8、9页。
④ 任鸿隽:《科学与教育》,《科学》1915年第12期。
⑤ 梅加夫:《科学与近世文明》,《科学》1918年第4期。

盖科学既为西方文化之泉源，提纲挈领，舍此莫由。介绍科学不从整个根本入手，譬如路见奇花，撷其枝叶而遗其根株，欲求此花枝发荣滋长，继续不已，不可得也。"①

任鸿隽提出，物质和方法是科学的依托，但此二者却不是科学，"于斯二者之外，科学别有发生之泉源。此泉源也，不可学而不可不学。不可学者，以其为学人性理中事，非摹拟仿效所能为功；而不可不学者，舍此而言科学，是拔本而求木之茂，塞源而冀泉之流，不可得之数也。其物唯何，则科学精神是"②。任鸿隽认为科学精神的具体内涵包括两个方面：崇实和贵确，就是事实和精准。科学精神就是不盲从、不轻信，以事实为依据，精确计算和严密推理。

胡明复专门论述了科学方法论的含义和重要性。他在《科学方法论》中借用英国科学家卡尔·皮尔逊的言论，申明了科学方法的重要意义。"苟科学方法能成习惯，则凡事皆可成科学。此为科学方法之特点。科学之范围无限，取材无穷，举凡自然之现象，与社会之生活，文化发展之过去与未来，皆为科学之资材。科学之主体在其特异之方法，而不在其资材之为何种。"他认为，科学之所以成为科学，在于科学方法的养成，而不在于其取材范围广泛。胡明复还将科学方法重新界定为真实有效的方法，而不限于任鸿隽所提出的归纳法和演绎法。他说："科学方法之唯一精神曰求真。取广义言之，凡方法之可以致真者，皆得谓之科学的方法；凡理说之合于事变者，皆得谓之科学的理说；凡理论之不根据于事实者，或根据于事实而未尽精切者，皆科学所欲去。"③

总体而言，五四时期科学教育思潮的主要内容，就是推动"科学教育化"和"教育科学化"，它不仅丰富了中国近现代的教育思想和教育理论，而且对民国初年的科学教育事业的发展和新文化启蒙运动的兴起，也有促进作用。

(二) 壬子癸丑学制与壬戌学制的颁布

科学教育的落实，离不开制度的保障，而教育制度的转变，亦可推进教育思想的变革。近代中国科学教育的发展，获得了中央政府不同程度的

---

① 樊洪业、张久春选编：《科学救国之梦——任鸿隽文存》，上海科技教育出版社 2002 年版，第 683 页。
② 任鸿隽：《科学精神论》，《科学》1916 年第 1 期。
③ 胡明复：《科学方法论一——科学方法与精神之大概及其实用》，《科学》1916 年第 2、7 期。

支持。从清政府到民国政府，都在制度上给科学教育发展相应的保障。

辛亥革命推翻了中国两千多年的封建帝制，建立了中华民国。中华民国临时政府建立之初，就积极进行教育改革，建立新学制就是改革的主要内容之一。清末的"癸卯学制"虽然实施情况不佳，但在这个学制中，科学教育以法令形式被纳入教育体系中，使其有了制度保障，是中国教育史上第一个以政府法令形式颁布施行的现代系统学制。

1912—1913 年，中华民国临时政府成立后，实施新教育是当务之急。在此背景下，民国政府教育部制定颁布了"壬子癸丑学制"。它是一个完全实施现代教育学制，明确废除了"忠君""尊孔"的旧教育宗旨，取消经学课程，从数量和种类上增加科学教育课程，促进了科学教育的发展。以中学课程为例，为培养健全的国民，提供社会科学文化水平，"壬子癸丑学制"在中学课程中，设置了丰富的科学教育课程，包括地理、数学、博物、物理、化学、手工等等。

从"壬子癸丑学制"中学课程的内容来看，科学教育课程的种类以及课时数都占有较大的比重，教学内容不仅有理论知识学习，还设置了生产技能内容，体现了科学教育的实用性。该学制的制定，促进了中国教育事业的发展，为中国科学启蒙奠定了基础。

五四时期，科学教育的高涨，对于新学制的内容，产生了直接影响，新学制的制定，也在制度上保障了先进思想的成果。新文化运动高举"民主""科学"两面大旗，深刻影响了国人的思想观念，加之这一时期国外教育家纷纷来华讲学，直接影响了新教育政策的出台。在认真总结新文化运动成果的基础上，1919 年，全国教育会联合会第五次会议再次提出修改学制问题。1921 年，第七届全国教育会联合会制定了一个新学制系统草案。1922 年 11 月 1 日，最终定案的《学制系统改革案》，由北洋军阀政府以大总统令的名义颁布，因该年为壬戌年，因此称"壬戌学制"，又称"新学制"。

"壬戌学制"与旧学制区别最大之处，就在于采用了美国"六三三"制，即小学六年、中学三年、高中三年。"壬戌学制"是中国近代史上使用时间最长、影响最大的学制。

全国教育会联合会颁布了《学校系统改革案》，并成立新学制课程标准起草委员会。委员会在 1922 年 10 月于北京召开了第一次会议。同年 12 月于南京召第二次会议，编写了中小学各个学科的宗旨，并聘请专家制定各类课程的纲要规划。此后在1923年的4月和6月,又召开了第三次和第四次会议,重新修订了从小学到高级中学的课程纲要,最终宣布了《新学制课程标准纲要》(以下简称《纲要》)。

《纲要》规定了小学校课程为国语、算术、卫生、公民、历史、地理、自然、园艺等学科。初级中学课程分为社会科、言文科、算学科、自然科、艺术科、体育科等。高级中学分普通科和职业科,普通科以升学为主要目的,又分为两组:第一组注重文学和社会科学。第二组注重数学和自然科学。职业科的其他课程,包括公共必修科和普通科、专修科目以及单纯的选修科目,主要按照各个学校的实际情况,进行具体的安排。由于大学和专门学校的课程,委员会并没有详尽的实施方案,所以仍然按1912年颁布的标准进行准备,将各个院校的意见结合,交由教育部审核。

此次学制改革很大程度上体现了对科学教育的重视。"新学制"在中等教育阶段实施分科制和选科制,对于推动中学科学教育起到了很大的作用。为推动中学理科教育的发展,教育部限制大学文法教育类招生,增加了理、工、农、医类专业的招生比例。各省教育厅也专门拨款采购仪器,增加理科实验设备,开办理工学校。在中学课程纲要中,如将地理、算学、自然、手工、图画、生理卫生作为科学课程,科学课程在必修课程中所占比例达到40%以上。高中课程还设置了科学概论这样的公共必修课,讲授"科学发达史、当代科学大势、科学精神和科学方法,并且随时重视实验,以期学生获得科学的训练"[1]。在"壬戌学制"的指导下,1929年,我国第一次制定了自然科学教学大纲——《中学暂行课程标准》,课程设置体现了对科学教育的重视。该标准规定的目的、要求和方法,体现了自然科学学科的特点。[2]

我国科学教育制度化自"壬子癸丑学制"起进入探索阶段,1922年的"壬戌学制",成为科学教育制度化的标志,至此,中国现代科学教育制度确立。

(三)科玄论战

20世纪20年代初,伴随五四新文化运动的开展,"科学与人生观"的论战正式开始。中国思想文化界围绕着对科学的认识、对人生观的认识、

---

[1] 吕达:《中国近代课程史论》,人民教育出版社1994年版,第308页。
[2] 曲铁华、李娟:《中国近代科学教育史》,人民教育出版社2010年版,第148—150页。

对科学功能的认识等相关问题进行了一次全面论战。

1. 论战的缘起及发展

五四新文化运动时期,中国先进知识分子对科学以及科学教育,有了更深刻的认识,而不仅停留在器物层面。但大多数中国民众以及知识分子对于科学的认识,仍是"圣学是精神上的文明,科学是物质上的文明"[①]。这两种对立的认识,产生了激烈碰撞。1918 年 12 月,梁启超带领蒋百里、丁文江、张君劢等 7 人,共同游历欧洲。他们亲眼看到"一战"带给欧洲大陆的灭顶之灾,梁启超开始反思甚至质疑西方文明。在《欧游心影录》中,梁启超说科学精神是欧洲文明的核心,但欧洲文明的危机意味着"科学的破产"。因此,他开始思考"科学能否解决人生观问题",这些思考成为"科学与玄学"论战的先导。

"科玄论战"也就是所谓的"科学与玄学"的论争,确切地说就是"科学与人生观"的论争。北京大学教授张君劢在 1923 年 2 月,针对科学与人生观问题,于清华大学进行了讲演,提出科学与人生观不属于同一个世界,科学唯有在现实的物质世界发挥效用。但是"人生为活的",它无法受到因果律的影响。所以,在个体的人的精神世界之中,科学丧失了其效用。张君劢更加强调科学无法解决人生观的所有的问题,进而挑起了这场论战。

而地质学家丁文江于 1923 年 4 月,回应了张君劢的讨论,并在其文《玄学与科学——评张君劢的〈人生观〉》中,论述了 8 个主要观点,即人生观是否能同科学分离;科学的智识论;张君劢的人生观与科学;科学与玄学的战争史;中外合璧形式的玄学及其流毒;针对科学的错误认识;欧洲文化破产的责任以及最后的中国的"精神文明"。丁文江秉持与玄学派截然相反的观点,强调科学是可以支配人生观的,并且阐述玄学是科学的死敌,宣扬"打倒玄学鬼"的口号。

自丁文江的文章发表后,张君劢又以《再论人生观与科学并答丁在君》(上、中、下三篇)进行辩论,后丁文江又以《玄学与科学——答张君劢》回应。在此期间,各学术名家纷纷发表文章,参与辩论,围绕着以张君劢、梁启超为代表的"玄学派"和以丁文江等人为代表的"科学派",双方进行了思想的交流与碰撞。

[①] 曲铁华、李娟:《中国近代科学教育史》,人民教育出版社 2010 年版,第 151 页。

上海亚东图书馆于 1923 年 11 月出版《科学与人生观》，分为上、下两册，陈独秀、胡适为此书作序。同年，上海东泰图书馆于 12 月出版相似内容的《人生观之论战》，张君劢作此书序。这是论战的初始阶段。

陈独秀在序言中，以唯物史观作为科学武器，针对张君劢、梁启超、丁文江、胡适的观点，进行了不同程度的批判。他认为，唯有唯物史观才能科学地解决人生观的问题，然而这一观点又激起了胡适、张君劢等人的反对。在胡适的《答陈独秀先生》和张君劢的《人生观之论战》中，两人都批判陈独秀的观点。对此，陈独秀又写出《答适之》和《答张君劢及梁任公》两篇。之后，瞿秋白的《自由世界与必然世界》和《实验主义与革命哲学》，在《新青年》发文。科玄论战转而进入第二阶段，由原来的资产阶级内部的论战，转为无产阶级与资产阶级的不同派别的论战。

2. 论战的结果

科玄论战的结果，是以科学派的胜利而告终的，科学深入国人内心。通过社会教育所进行的科学教育，对普及科学知识、提高人民大众对科学的认识水平，起到了积极的促进作用。如中国科学社积极传播科学知识，"主要是通过出版杂志，设立图书馆和研究所，举办年会和演讲，积极参加教育活动，以达到传播科学与理性、进行科学启蒙的目的"[①]。一些报刊媒体也开设专栏介绍科学知识，如《申报》每期都设有"科学"专栏，介绍新的科学知识和科学常识，进行科学启蒙。

论战实质上是对科学功能的深入探讨。玄学派认为科学的作用是有限的，在发展科学教育的同时，应当肯定其他人文学科的作用；而科学派则认为科学的精神是形成高尚正确人生观的最好工具，提倡学校普及科学教育，在学习科学知识的同时，更要注重科学方法的使用和科学精神的养成。科学派主张发展科学教育是无可非议的，但是他们片面夸大了科学的作用，否定其他学科的价值，违背了科学精神，使得科学教育走向了片面化发展的道路，造成科学教育与人文教育、现代教育与传统教育的长期对立。[②]

二 南京国民政府时期科学教育的缓慢前行

1927 年，国民党政府宣布成立。此后的 20 多年间，中国社会动荡不

[①] 汪灏：《科学教育半个世纪的潮起潮落》，载杜成宪、丁钢《20 世纪中国教育的现代化研究》，上海教育出版社 2004 年版，第 217 页。

[②] 曲铁华、李娟：《中国近代科学教育史》，人民教育出版社 2010 年版，第 158 页。

安，受长期战争的破坏，中国教育发展较为迟滞。但经过五四运动的洗礼，科学教育的思想已深入人心，国民政府对科学教育的重要性，也有相当的认识。因此，国民政府为推进科学教育采取相应的举措，科学教育得以缓慢发展。

（一）制定教育宗旨与方针

南京国民政府认识到了实施科学教育的必要性，科学教育得到一定重视。教育行政委员会于1927年6月草拟的《国民政府教育方针草案》中指出，"科学教育应特别注意"。① 在1929年颁布的《中华民国教育综旨及实施方针》中提出，"大学及专门教育，必须注重实用科学，充实学科内容，养成专门知识技能，并切实陶融为国家社会服务之健全品格"。② 从这一时期对教育宗旨的规定，可以发现，国民政府对于科学教育的作用，有了更为深刻的认识，将实施科学教育作为发展生产、"裕国民生计"的重要手段，并作为培养公民"为国家社会服务之健全品格"的重要途径。

国民政府基于对实用科学及效用的基本认识，倡导科学和科学教育，特别强调实用科学。中央执行委员会于1931年9月3日提出的《三民主义教育实施原则》中，规定各级各类教育实行的要求，如初等教育（幼稚园小学）"应注重自然科学之教授，以养成儿童爱好自然，利用自然，改造自然的兴趣，及破除对于自然现象一切的迷信"。③ 高等教育"关于自然科学者，一、应注重生产技术的知识和技能。二、应以物质建设之完成为研究或设计之归结。三、应彻底从事科学研究，并致力于有益增进文明之发明发见"。④ 师范教育"施以最新式科学教育及健全的身心训练"。⑤ 社会教育"由物理常识之教学，以破除迷信而养成科学的思想"。⑥ 从上述的教育原则与要旨可见，教育部在抗战前对于小学、中学、大学的课程进行了具体的规定。

抗日战争爆发之前，国民政府对于科学领域的政策方针，主要关注科

---

① 毛礼锐、沈灌群主编：《中国教育史 第5卷》，山东教育出版社1988年版，第249页。
② 毛礼锐、沈灌群主编：《中国教育史 第5卷》，山东教育出版社1988年版，第249页。
③ 毛礼锐、沈灌群主编：《中国教育史 第5卷》，山东教育出版社1988年版，第249页。
④ 毛礼锐、沈灌群主编：《中国教育史 第5卷》，山东教育出版社1988年版，第249页。
⑤ 毛礼锐、沈灌群主编：《中国教育史 第5卷》，山东教育出版社1988年版，第249页。
⑥ 宋恩荣、章咸：《中国民国教育法规选编（1912—1949）》，江苏教育出版社1990年版，第46、49、53、54、55页。

学普及以及科学的实用性，以科技作为提升社会生产力的主要工具。通过科学教育祛除民众传统封建思想，以科学思想指导生活。这一理念与国民政府在成立之初所面对的紧迫任务具有紧密联系，体现了国家应对科学和科学教育的态度。

全面抗战开始之后，一切方针政策围绕战争需要布置。与战争相关的武器装备的制造、卫生救护、战备物资等，需要以技术支持和保障。因此，这一阶段迫切需要培养科学人才，应用科学得到政府的更多重视。所以，国家适当调整了专业、学科设置方面的政策，越发重视科学教育的内容，以满足国家对相关科技人才的需求。

国民党于1938年4月召开临时代表大会，会议讨论通过了《中国国民党抗战救国纲领》，对于教育的规定有以下内容："改订教育制度及教材，推行战时课程，注重国民道德之修养，提高科学之研究与扩充其设备"，明确了战时教育政策。会议同时还通过了《战时各级教育实施方案纲要》，将"以科学方法整理国粹精华，以立民族自信；对于自然科学，依据需要，迎头赶上，以应国防与生产急需；对于社会科学，要取长补短，制度上谋创造，以求适合国情"列为教育指导方针。国民政府还出台了相关政策对科学发明进行奖励与鼓励。1944年7月7日颁布的《教育部订定之著作发明及美术品奖励规则》第二条规定，奖励范围包括自然科学、应用科学及工艺制造等发明。[①] 这些方针、政策的提出，体现了国民政府对于科学教育的重视，但也能看出其偏重应用科学、忽视基础理论研究的不足。

国民政府按照战争的发展要求，对于教育的方针政策不断地加以改善，反映出了其在抗日战争期间，面对科学和科学教育的政策与态度，即科学教育服从于战争的需要。

抗日战争结束之后，国民政府采取了一系列措施，来促进各项事业的恢复与发展。与此同时，国民政府认识到了科学事业在战后重建工作中的重要作用，发布了与科学及科学教育相关的政策，以满足国家发展的需求。

国共两党和民主党派于1946年1月26日举办政治协商会议，在通过

---

① 宋荐戈：《中华近世通鉴·教育专卷》，中国广播电视出版社2000年版，第187、187、201页。

的《和平建国纲领》第七项《教育及文化》中提出："积极奖进科学研究，鼓励艺术创作，以提高国民文化之水准。"[①] 国民政府教育部于1946年7月公布《科学馆规则》，共14条，"规定科学馆进行通俗科学教育并辅导学校科学教育。各省市应设省市立科学馆1所或数所。设两所以上者，应冠以所在地地址名称。各省市人口众多或地域辽阔者，应设县市立科学馆。地方自治机关、私法人或私人亦可设立科学馆"。1947年1月，国民政府颁布《中华民国宪法》，在《教育文化》中提出："教育文化应发展国民之民族精神、自治精神、国民道德、健全体格、科学及生活智能。"[②]

（二）成立专门科学研究机构

中国现代科学史上，由大学创办研究机构的情况较为普遍。1926年创立的交通大学工业研究所，是我国高等教育史上最早设立的科学研究所。该研究所以"促进科学及技术的实验而确立"为宗旨，强调研究高深学术。1927年，国民党中央执行委员会政治会议第90次会议上，批准建立中央研究院，并于1928年4月11日正式成立，蔡元培担任院长。同年6月，召开第一次院务会议。中央研究院在初创阶段成立了包括心理、历史语言、天文、化学在内的9个研究机构，后根据需要又逐渐增设了4个研究所。

除了中央层面的研究院，南京国民政府还设立了一些地区性研究机构。如1929年9月设立的北平研究院。从中央到地方，各个层面的研究机构成立后取得了一系列科研新成果，有力地促进了中国科学事业的发展，成为我国科学技术体制化的完善和中国科学社会化、现代化程度的加强，成为促进科学教育发展不可或缺的社会因素。

尽管抗战时期经济情况不容乐观，但是，国民政府依旧积极为中央研究院、中央林业实验所、国防科学研究所和中国发明协会等研究团体和机构，提供人力、物力支持，结合抗战需要鼓励科学研究和科学教育，促进了科研机构的数量增长和质量提升。同时，国民政府还注重学校科学教育的发展，针对战时需求，调整了教育方向，加强应用科学的研究，提高科

[①] 徐辰编著：《宪制道路与中国命运 中国近代宪法文献选编（1840—1949）》下，中央编译出版社2017年版，第351页。

[②] 宋荐戈：《中华近世通鉴·教育专卷》，中国广播电视出版社2000年版，第274、203页。

学技术人员的待遇和地位，有效地支援了国防建设。此外，国民政府还通过设立科研基金奖励科学研究和发明。①

尽管战争给中国社会带来了严重灾难，但是，教育事业在国民党"战时要当平时看"的思想指导下，仍得到了一定程度的发展。抗战期间，各级各类学校，尤其是高等教育，取得了可观的进步，这也为科学教育的发展，创造了较为良好的环境。国民党统治逐步瓦解后，国统区的教育事业，逐渐由共产党接收，中国科学教育也由此迎来一个新的起点。

三 科学教育的历史影响

（一）促进了科学思想的传播，推动了社会思想解放

科学教育思潮自民国初期形成，不仅促进了西方科学思想在中国的传播，而且推动了社会的思想解放。首先，科学教育思潮在发展过程中已经初步形成了较为完备的思想体系，对于近代科学的基本内涵、价值和作用的阐释，甚至包括科学知识、科学方法和科学精神的应用和说明，都已经超越了前人对于"科学"与"西艺"相等同的粗浅认知，极大地丰富了中国近代的科学思想和科学理论。认识的不断深入，提高了社会对科学和科技事业的重视，激发了人们传播科学、追求科学、发展科学的信心与积极性。

其次，科学教育思潮很大程度上，改变了人们的传统理念，在帮助人们挣脱传统思想的束缚方面，具有重要意义。科学教育思潮在五四时期，呼吁加强学习科学，普及科学知识，弘扬科学方法和精神。这不但适应了新兴资本主义经济发展的需要，加快了我国由传统农业社会向现代工业社会转型的步伐，而且在思想文化层面上，有利于解除传统思想对人们的禁锢，改变国人将追求科学视为"弃本逐末"的思想意识，科学的实证精神、理性精神和怀疑批判精神，渐渐融入中国社会的文化体系中。

（二）推动了中国教育事业的科学化和现代化

国民政府时期进行的学制改革，构建了一个新的教学体系，学制中的课程设置与标准，彰显了资本主义文化和近代学科在教育中的地位。这个教学体系很大程度上，体现了新兴资产阶级在教育领域的意愿和需求，科学、民主的新思想得以凸显。

---

① 曲铁华、李娟:《中国近代科学教育史》，人民教育出版社2010年版，第163页。

民国政府颁布的"壬子癸丑学制",是民国初期的核心学制,它对于教育总体框架的形成、课程的设置,以及教育科学和民主化发展等方面,都起到推动和促进作用。在此学制的引导下,民国时期的科学教育者们,积极进行科学教育改革与实践。在学制制定和实施的进程之中,科学化的影响和发展趋势,体现在学校制度、教育行政制度以及在课程设置等方方面面,推动中国教育现代化的历程。"壬子癸丑学制"和"壬戌学制",摒弃了"忠君尊孔"的理念,无论是教学内容还是课程标准,都增添了自然科学内容,大大提高了科学知识在学校教育中的地位,大量的科技知识涌入校园,成为课堂教学中的重要组成部分。

与此同时,科学的教育教学方法,引起了先进的教育工作者的重视,实践的作用在这一时期再次得到强调。一些国外先进的教学方法,逐渐走入中国学校的课程之中,促进教学模式做出积极改变,极大地活跃了教育教学过程,取得了良好的教学效果。新学制下的教育强调实用性,注重培养专业科学人才,这首先体现出中国近代资本主义快速发展的过程中,对具有科学素养的劳动者的迫切需要;其次也表明了民众对于了解科学知识,提升科学素养的强烈愿望。

(三)促进了科学人才培养和科学教育体系的形成

民国时期的科学教育政策,促进了科学知识普及和科学教育体系的形成,为培养高水平科学人才奠定了基础。民国科学教育政策的制定与实施,使科学知识得到广泛的普及,促进了国民科学素质的提升,为民国中后期乃至新中国培养了大批高水平的科学人才,他们分布在教育界、科学界等各个领域,发挥着不可替代的作用。民国时期科学教育,虽然在战乱时期遭受了种种阻碍,但在政府积极政策的支持和保障下,仍然取得一定的成效。

在这一时期,虽然并没有制定和实施专门的科学教育政策与措施,只是在国家大政方针、总体教育政策,以及学制中有所涉及和体现,形式较为分散,但是,已经对科学教育的宗旨目标、科学教育课程内容、教育教学方式方法、实验仪器设备保障、科学教师资质及培养等方面,作出规定,形成了近代中国科学教育的体系,产生了一系列相关的教育法规政策,初步形成科学教育的政策体系,极大地推进了民国时期科学教育的发展。

第七章 学校中科学教育的实施

从1840年鸦片战争开始，中国就进入了半殖民地半封建社会。清政府开展了一场自上而下的改革运动，以缓和当时国内外日益激化的社会矛盾，晚清改革从此拉开序幕，包括科学教育在内的教育改革是晚清改革的重要组成部分。辛亥革命爆发，清朝灭亡，中华民国成立，自此为中国教育真正走上近代化道路提供了契机，为了救亡图存，政府和有识之士纷纷把目光投向了科学教育。

一个国家在国际上的竞争力，很大程度上取决于这个国家是否拥有科技型人才，而科技型人才的培养，则在于科学教育。所以，从清末到民国，政府及教育界众多有识之士，为了发展科学教育，提高国民科学素质，在教育政策制定过程中，有很多对科学教育的规定，通过学制改革、课程改革、教材改革、教法改革，重视科学实验、注重理工科发展等的革新，体现出对科学教育的重视。

第一节 学前教育中的科学教育

学前教育是整个教育系统中最为基础的教育，而科学教育则为学前教育中较为重要的部分。

一 学制和课程中的科学教育

从制度生成的角度看，中国近代学前教育体制，经过不断地发展和完善，也推动了学前教育中科学教育的进步。

（一）游离于学制外的科学启蒙教育——蒙养院与蒙养园

清政府于1904年，颁布了《奏定蒙养院章程及家庭教育法章程》，其中，规定学前教育要以蒙养院为主体。蒙养院主要招收3—7岁儿童，蒙养家教合一，以蒙养院辅助家庭教育。该章程指出，保育教导条目有游戏、歌谣、谈话（包括修身与博物）、手技四项。其中在谈话中要有博物的内容，以增强儿童对自然知识的了解，是学前科学教育的具体体现。关于"手技"，章程规定："于蒙养院附近之庭院内，播草木花卉之种于地，浸润以水与肥料使观察其发生以至开花，结实等各形象……诸如此类，要在引导幼儿手眼，使之习用于有用之处，为心知意兴开发之资。"[1]

由上述内容可知，当时，科学启蒙教育在学前教育中，已经开始受到重视，该章程标志着中国近代学前教育体制的起步。除政府外，有识之士也开始探讨蒙养院的课程内容。《东方杂志》1907年第3期记载到："三、谈话每日占半小时。关于社会者如长上、朋友、日用事物等，关于天然者如动植矿物及其他现象等。四、手技。每日占半小时。如球、积木、纽、画方、缝纫、剪纸、穿豆、黏土、各细工等。"[2] 这两科的部分教育内容，是关于自然知识及常识的，映射出科学启蒙教育已在学前教育中得以实施。

1903年9月，张之洞、端方等共同创办湖北幼稚园，并起草制定了《湖北幼稚园开办章程》规定，幼稚园招收5—6岁的儿童，保育科目包含了行仪、训话（包括修身与博物）、幼稚园语、日语、手技、唱歌、游戏7门课程。由于深受日本教育模式的影响，所以清末的蒙养院，基本上是仿照日本幼稚园而设的。湖北幼稚园是近代中国第一所公立幼稚园。从该园的课程设置及教学内容可以看出，科学教育已在清末的蒙养院开展起来了。

1905年，端方创办湖南蒙养院，作为一所官办的学前教育机构，招收3—5岁儿童。由蒙养院的两位日本保姆制定课程，通过《教课说略》，对课程及其教材、教法做了具体的规定。其中，谈话课分为修身话与庶物话。庶物话是指教师教授"单简事物之名称"，如"犬能守户、鸡能司晨等事"[3]。此外，还有数数，"单双数之，分合数之，参差数之；此记数之

---

[1] 陈元晖主编：《中国近代教育史资料汇编·学制演变》，上海教育出版社2007年版，第402页。

[2] 陈元晖主编：《中国近代教育史资料汇编·学制演变》，上海教育出版社2007年版，第402页。

[3] 陈元晖主编：《中国近代教育史资料汇编·普通教育》，上海教育出版社2007年版，第14、31—32页。

法。教师指导"①。从这三门课的教学内容可以看出，当时的科学教育，即自然与数学的雏形，已在学前教育中存在了。

孙中山领导的辛亥革命，推翻了清王朝的封建统治，建立了中华民国，以实现民族独立、国家富强为目的，临时政府采取了一系列措施。在教育领域，政府公布了"壬子癸丑学制"。在学前教育方面，该学制将清末的蒙养院，改名为蒙养园，招收未满6岁的儿童，调整了学前教育体制，但它并未详细地规范蒙养园的运作章程，也未将蒙养园纳入学制系统中。

于是，1916年1月，教育部又进一步颁发了《国民学校令施行细则》，明确规定了蒙养园的宗旨、保教内容与方法、设备等内容。这项条令规定蒙养园招收幼儿的年龄为3—6周岁，以"令其身心健全发达，得善良之习惯以辅助家庭教育"为目的。同时，这项条令也将蒙养园的保育项目，具体规定为游戏、唱歌、谈话、手艺。课程名称与清末蒙养院中的课程设置，大体相仿，没有较大的差别。所以，民初学前科学教育，大体上继承了清末的课程设置，仍然是对日本的幼稚园进行仿照。

(二) 纳入学制体系的科学启蒙教育——幼稚园

1919年的五四运动，将民主与科学传扬到了中国，科学的观念深入人心。中国学前科学教育也不断发展。1922年，北洋军阀政府颁布了《学校系统改革案》，即1922年"新学制"（又称"壬戌学制"）。

1922年"新学制"深受欧美影响。新学制对学前教育体制主要做出以下调整：一是将"蒙养园"改称幼稚园。幼稚园招收4—6岁的儿童，并将学前教育纳入学制体系之中，提高了学前教育的地位，大大地推进了学前教育事业的发展。二是提议单独设立"幼稚师范学校"，并将这一构想落实到了实践，张雪门于1920年4月创设宁波幼稚师范学校，虽然该校于1923年毕业一次后即停办，但对后来的幼教师资的专门化培养，产生了推动作用。

结合当时中国学前教育的实际情况，在吸收美国教育家杜威等的教育思想之后，陈鹤琴意识到，"创办中国化的新幼稚园，只有一条路，那就是依靠实验精神，孤行地向前做去"②。1923年春，陈鹤琴在南京创办了

---

① 《湖南蒙养院教课说略》，《东方杂志》1905年第9期。
② 北京市教育科学研究所编：《陈鹤琴全集》第2卷，江苏教育出版社1987年版，第4页。

鼓楼幼稚园,并亲自担任园长。不久,东南大学教育科将鼓楼幼稚园作为幼教实验园地,创建了我国首个幼教实验中心,对幼稚园的课程、设备、故事、读法等方面,进行了实验研究。

1925年,陈鹤琴、张宗麟在南京鼓楼幼稚园开始了为期三年的课程试验,历经"散漫期"(1925年秋冬)、"论理组织期"(1926年春夏)、"设计组织期"(1926年秋冬)的酝酿与探索,"课程中心制"的幼教课程模式最终形成,俗称单元教学法。

在课程实验的推动下,鼓楼幼稚园形成了独特的课程体系,包括游戏、工作、常识、故事、餐点、静息等,其中都包含有科学教育的内容。如在"常识"课中,明确规定,"关于自然方面,常行野外教学,每星期至少出外一两次(须有目的)或游览公园山林、采取标本,或参观农场博物院等。园内布置小农场、小花园、小动物园。苹果花卉,四时不绝,虫鸟鱼兽,因宜而畜,务使儿童生活于自然环境之中时,因自然刺激促发研究之兴趣;并能饲养或培植"[①]。

关于自然常识的教育内容,包括两方面:其一,学前儿童宜常走出园门,接触大自然;其二,在幼稚园内根据需求的差异和季节的变化,创造一个自由的环境来陶冶儿童的情操,培养儿童对于自然万物的兴趣。从常识课的课程内容设置来看,科学教育在学前教育中得到了发展。

幼稚园的自然常识课,有的是按照季节设计主题课程。以9月、10月、11月这一组的课程设计为例,鉴于9月、10月、11月属于秋季。因此,课程是以秋季为主题的。在课程大纲中,自然界的常识部分,包括9月的"秋日的园地""秋分""秋日的昆虫""秋日的鸟类",以及10月和11月的"稻的收成""果树的收成""棉""煤""火"等内容。其中,学习"秋日的园地"这一主题时,在儿童不懂得节气变化的前提下,首先教师带领儿童去园地里感受秋的模样,比如,可以通过让孩子们采集不同种类植物的种子,借助于老师和儿童的讲授,来使大家认识不同种类的种子。或者,鉴于孩子们喜欢桂花浓郁的香气,教师和孩子们可以一起动手做桂花糕;又或者深秋时节,教师可以带领孩子在园地里欣赏五颜六彩的落叶,从中唤起孩子们对大自然的好奇与热爱,进而引导儿童参与到关于

---

① 中国学前教育史编写组编:《中国学前教育史资料选》,人民教育出版社1889年版,第280页。

"落叶作用"的小讨论中来。

从课程的内容就可以看出,这时幼稚园的自然常识课,除了包含了一定的科学知识,对幼儿进行了一定的科学启蒙之外,在课程设计上也生动自然,能够潜移默化地使幼儿受到科学熏陶。

(三) 中国化与制度化科学启蒙教育

新学制较之以往,大有进步的一点,是肯定了学前教育的地位,但它并未对学前教育进行系统而周详的规范,遗留下一些亟待后续解决的问题。近代教育家俞子夷觉察到"学制系统草案"里,没有明晰幼稚园和小学校的关系,他认为:"不过就小孩子身体上想,小学校和幼稚园办法不同了,他的痛苦当怎样?那末我们还是把小学校初年级去就幼稚园呢,还是把幼稚园去就小学校呢?现在一般小学校教一年生的方法,可以说是顶不合一年生的,所以万无叫幼稚园去就小学校的道理。然而,现在幼稚园的办法,也不过从前沿下来的一些骨骼和皮貌,幼稚园的精神早已失却了好久的了。所以,从呆板的小学校方法,变到取貌遗神的幼稚园方法去,也没有什么价值。我们在施行新制以前,又当研究出一个幼稚园和小学校共通的办法,这样才可以得实际上的联络。"[①]

而"壬戌学制"也没有解决这个问题,故此也可将俞子夷的论断,视为对"壬戌学制"中关于幼稚园问题的反思。正因为"壬戌学制"中关于幼稚园的设置,仍需进一步地完善与修订。所以,在学制颁布后,教育部通过颁布各种法令,逐步完善了幼稚园制度,包括学前科学教育,为日后我国幼稚园的中国化与科学化,打下了坚实的基础,进一步促进了我国学前科学教育的中国化与制度化。

1928年5月,陶行知向全国教育会议上提交了"注意幼稚教育案"(共七项)。其中,第七项便是"审查编辑幼稚园课程及教材案",规定"聘请专门人才,搜集国内已有之幼稚园课程与教材,并严格审查"[②]。1929年,教育部通令各省试行暂行的幼稚园课程标准。后续经过一系列修订,1932年10月,教育部正式颁布了我国第一部《幼稚园课程标准》。经过四年修订,于1936年,教育部又颁发了《幼稚园课程标准》。该标准

---

① 俞子夷:《关于全国教育会联合会议决学制系统草案初等教育段的问题》,《新教育》1922年第2期。

② 中国学前教育史编写组编:《中国学前教育史资料选》,人民教育出版社1889年版,第257页。

规定，学前课程主要有音乐、故事和儿歌、游戏、社会和常识、工作、静息、餐点等科目。其中，社会和常识等都包含科学教育的内容，下面以"社会和常识"为例，可窥见一斑。①

（1）目标

（甲）引导对于自然环境和人民活动的观察和欣赏。

（乙）增进利用自然、满足生活、组织团体等的最初步的经验。

（丙）引导对于"人和社会自然的关系"的认识。

（丁）养成爱护自然物和卫生、乐群、互助、合作等的好习惯。

（2）内容大要

（甲）关于食、衣、住、行等生活需要、卫生方法，以及家庭、商铺、邮局、救火组织、公园、交通机关等社会组织的观察研究，与本地名胜古迹的游览。

（乙）日常礼仪的演习。

（丙）纪念日和节日（如元旦、国庆、总理忌诞辰、儿童节，以及其他令节）的研究举行。

（丁）集会的演习（以培养公正、仁爱、和平的态度精神为主）。

（戊）国旗……的认识。

（己）习见的鸟、兽、虫、鱼、花草、树木；日、月、雨、雪、阴、晴、风、云等自然现象的认识和研究。

（庚）月日、星期和阴、晴、雨、雪等逐日气候的填记。

（辛）附近或本园内动植物的观察采集、并饲养或培植。

（壬）身体各部的认识和简易卫生规律［如不吃担上（小贩）的糖果，不吃杂食，食前必洗手、食后必洗脸，不随地便溺，不随地吐痰，不吃手，不用手挖耳、揉眼，早睡早起，爱清洁等］的实践。

（癸）健康和清洁的查察。

（3）最低限度

（甲）认识自己日常生活所用的主要衣、食、住、行各项物品。

（乙）略知家庭、邻里、商铺、工场、农田以及地方公共机关的作用。

（丙）知道四肢、五官的机能作用。

---

① 中国学前教育史编写组编：《中国学前教育史资料选》，人民教育出版社1889年版，第233—235页。

（丁）认识家禽、家畜及五种以上植物，并太阳、风、雨的作用。

（戊）认识……国旗。

（己）对于师长、家长有相当的礼貌。

（庚）有爱好清洁的习惯。

"社会和常识"的课程内容，大部分内含科学教育，例如：要认识和研究习见的鸟、兽、虫、鱼、花草、树木和日、月、雨、雪、阴、晴、风、云等自然现象。要了解身体各部的和简易卫生规律等。学前教育学制与课程中的科学教育，较之以往更加贴合中国儿童的心理与身体发展规律。学前阶段的科学教育在这一时期，已经逐渐发展完善，并为后世在学前教育中进行科学教育，提供了基础及模板。

游戏课程对学前教育中科学教育的实施，也发挥着重要的作用。张宗麟指出，"儿童的生活多数在游戏中，各种作业都来自对于游戏的态度，如果儿童喜欢这个游戏，就会表现得情绪高涨"[①]。因而，幼稚园可以通过设计游戏活动，来使儿童学习最基本的数学知识和自然科学知识，不断扩展视野和提高生活能力。

1936年施行的《幼稚园课程标准》，详细规定了游戏一科的内容范围："下列各种游戏的练习：（甲）计数游戏（如儿童之间来回搬运豆囊、抛掷皮球等的过程中，还一边练习计数）……（丁）感觉的游戏（学前儿童闭着眼睛四处摸索、通过听他人的声音寻找他人等练习儿童的触觉、听觉、视觉等的游戏）……（庚）我国各个地方存在的好玩的具有教育意义和启发儿童智力的游戏。"[②]

其中，最能反映学前儿童科学教育内容的是计数游戏。对于学前儿童来说，计数游戏的目的，不是学习抽象的计数，而是在游戏中拥有计数的实践机会，即在教师的指导下，获得运用计数的经验，来解决日常生活中的一些简单的问题。这种计数游戏的实施场景，极为广泛，如在日常生活中学习计数，在故事中学习计数，利用算术玩具计数，在游戏活动中学习计数等。张雪门指出，"在游戏中可以给儿童适当的提示"，即教师可以采取游戏的形式，来提示儿童掌握计数，比如，采用拍皮球计数、分小组报

---

① 张泸编：《张宗麟幼儿教育论集》，湖南教育出版社1985年版，第6页。

② 中国学前教育史编写组编：《中国学前教育史资料选》，人民教育出版社1989年版，第233页。

数、做游戏猜数字等，另外，还可以通过唱歌游戏来做数字加减法的简单练习"五只小雀子在树上，一只飞去，还剩四只"①。在学习计数过程中，采取游戏的形式，不仅可以充分激发幼儿学习算术的积极性，也可以使他们在游戏中领会到算术的趣味。

学前科学教育中的游戏部分，除了计数游戏用以引起儿童的学习兴致外，还有融合了物理与化学知识的游戏。例如，当时广受学前儿童喜爱的"吹肥皂泡"和"堆雪人"游戏。"吹肥皂泡"操作步骤十分简易，即"准备少量的温水，放一点点肥皂，等到肥皂都溶化了，用麦秆蘸这些肥皂水，吹肥皂泡"②。"堆雪人"就是在冬季下雪之际，带领小朋友一起堆雪人。通过这样的活动和情境，使儿童能够认识下雪这一自然现象。另外，儿童在堆雪人的过程中，会借助适当的工具来完成，这样儿童在学习季节知识的同时，还可以学习到不同工具的用处和使用方法。此外，幼稚园还可以开展一些类似于量水、溜冰、称东西、观察窗子上的冰花等科学游戏，使儿童在获得乐趣的同时，也收获了游戏中蕴含的科学知识。

二 学前科学教育的教材

清末，科学教育仅处于萌芽状态，并没有受到多大的重视。这时蒙养院的教材，仍是以中国传统的蒙养教材为主，科学教材所占比重不大。1902年，商务印书馆成立编译所。同年，商务印书馆由杜亚泉主编了一套蒙学课本，名为《文学初级》，共六册。该课本中的科学知识，具有一定的广度和通俗性，而且还包含简单的教授法。也是这一年，上海文明书局出版了《蒙学科学全书》，其中包括心算、珠算、植物、动物、格致、生理、卫生等科学知识。随着民国的建立，各界对封建思想进行了彻底批判，学前教育教材也开始走向变革。

民国时期，为了促进中国幼稚园的中国化与科学化，一大批学者编写和翻译了大量科学教材。商务印书馆、中华书局、世界书局、儿童书局等，精心策划出版了一套幼稚园读本——《民国幼稚园老课本：学前课本》（共6册），包括《看图识字》《幼稚算术》《幼稚读本》《分类幼稚画》等册目。这套读本为促进民国早期儿童学习文化知识和科学知识提供

---

① 戴自俺主编：《张雪门幼儿教育文集》上卷，北京少年儿童出版社1994年版，第436页。
② 梁世杰：《幼稚园教材研究》，海豚出版社2012年版，第53页。

了重要的助力。此外，还编译了美国的《幼稚教育》和《幼儿教育月刊》。1937年出版的《幼稚园常识》，进一步拓展了学前儿童科学教育的知识范围，使学前教育阶段的科学教育工作，更加顺利地开展起来。此外，民国时期的教育家，一心为公，如陶行知、陈鹤琴等，他们不仅创办幼稚园，也开展了幼稚师范教育，同时也为儿童编写教材。

随着学前教育的不断发展，教材形式不再仅局限于课本。教育家张雪门认为："教材的范围很大，并不限于一首歌曲，一件手工，凡儿童从家到校，又从校到家，在家庭、道路、幼稚园所受的刺激，能够引起儿童生活的要求，扩充儿童生活的经验，潜移儿童生活的意识都是。"① 教材突破了单纯的书本限制，成为融合儿童的日常生活中所见的事物的总和。

除此之外，为了强化幼稚园教师对于学前教育中的科学教育的认识和掌握，商务印书馆于1935年，出版了雷震清编写的《幼稚园的自然》一书，该书的目的，是向学前教育的教师介绍幼稚园自然教育的目的、教材内容、教学原则、方法和设备等内容，是我国第一本供教师使用的幼儿科学教育理论书籍。教材和教师参考书的相继刊行，一方面充实了民国时期学前阶段的科学教育教材，另一方面也拓展了儿童的科学视野。

（一）学前科学教育教材的选择与编订

教材是教学内容的物质载体。陈鹤琴在《我们的主张》中认为："什么东西是幼稚园应当教的，什么是幼稚园不应当教的。这个问题是我们办幼稚园的人首先要注意的。"② 可以看出教材的重要性。所以，在选择幼儿教材，尤其是科学教育教材时，一定要慎重。如关于科学教育教材之一的算术教材的编订，陈鹤琴认为，要重点关注以下几个要点：第一，与儿童原有经验是否衔接；第二，和儿童现在的需要是否适应；第三，能否增强儿童应付环境的能力；第四，是否有利于儿童的算术概念的联络和进展。③ 根据陈鹤琴对算术教材的要求，可以看出算术教材的编订，要使儿童能够在算术教材的帮助下，养成解决简单数学问题的能力。

在《幼稚园自然课程及其教学要点》中，雷震清同样认为，自然课程教材的编订标准，需要恪守以下几个原则："甲、幼稚园教材须就儿童生

---

① 戴自俺主编：《张雪门幼儿教育文集》上卷，北京少年儿童出版社1994年版，第135页。
② 北京市教育科学研究所编：《陈鹤琴教育文集》下卷，北京出版社1985年版，第126页。
③ 戴自俺主编：《张雪门幼儿教育文集》上卷，北京少年儿童出版社1994年版，第439页。

活中取之。乙、幼稚园教材须能随时变换，就地取材。丙、幼稚园教材须合乎时季。丁、幼稚园教材须含有渐进之意味。戊、幼稚园教材须含有混合之性质。"① 总之，幼稚园教材的选择，要以儿童为中心，这是一切要点的前提。

（二）学前科学教育教材的内容

学前科学教育教材，有的是从日本、欧美引用而来的。如苏州景海幼稚园，在儿童的学习与生活方式上，都是参照美国幼稚园的标准，教材也是采用美国出版的《幼稚教育》和《幼儿教育月刊》。此外，也有中国人自己编写的科学教育教材。陈鹤琴曾经说过，"大自然是我们最好的教师。大自然充满了活教材，大自然是我们的教科书，我们要张开眼睛去仔细看看，要伸出双手去缜密的研究"②。学前科学教育教材，绝对不是理论上的科学研究，应该是生活中的科学知识和一些简单的自然与常识等。

学前科学教育教材的具体设置，主要有两种形式。第一种是以时令为主旨的自然教材，这就要求依据时节去学习；第二种是没有季节关联的，不受节气限制，随时可以进行教学的内容。现以民国时期江苏省自然一科的教材内容为例（依据时令），详见表7-1。

表7-1　　　　　　　幼稚园可采用的教材（时令部分）③

月份	气候	动物	植物	衣食住行	科学
一月	冰雪、风北风		芽、蜡梅、胡萝卜等		科学玩具、锣鼓、鞭炮
二月	冰雪融化、风、花朝节		水仙、葱、菜麦地、除草		
三月	春风	燕子、蜜蜂	植树、嫩芽、兰	牛痘	风筝、风车、风向器
四月	春雨	蝴蝶、蚕、孵小鸡	桃花、笋、桑豆花	旅行、扫墓	
五月		蝌蚪、养蚕、黄莺	收麦、蔷薇、下种瓜果	夏衣	

---

① 雷震清编：《幼稚园的自然》，海豚出版社2012年版，第8、15页。
② 北京市教育科学研究所编：《陈鹤琴文集》下卷，北京出版社1985年版，第661页。
③ 雷震清编：《幼稚园的自然》，海豚出版社2012年版，第15页。

续表

月份	气候	动物	植物	衣食住行	科学
六月	黄梅雨	蚊蝇	插秧、水果	灭蚊和苍蝇	
七月	雷、雨、虹	蝉、蚱蜢	荷花、牵牛花、收瓜	清洁	玩水
八月	凉风、露	蟋蟀、纺织娘	凤仙花、鸡冠花、收稻	秋衣、疾病	
九月	明月、潮、秋风	蜗牛、兔子	菱、桂花、山芋、玉蜀黍、棉花	赏月、观潮、煮饭	
十月		雁、蟹虾	菊花、种豆麦、桂花	棉衣、旅行	
十一月	霜	皮虫	红叶、收白菜	腌菜	
十二月	风、雪	羊毛	月季花	火炉、编织	

从这部分自然教材的内容可以看出，依据时令来编写自然教材，可以加强教育内容与时令的联系，使儿童更好地理解科学知识，丰富儿童的日常生活。非时令的科学教育教材，内容大致分为衣食住行、动物、植物、科学四个方面。这些内容与时令无关，可随时教学。

（三）南京鼓楼幼稚园的科学教育教材

自1923年陈鹤琴创办南京鼓楼幼稚园开始，他就开启了为幼稚园的发展呕心沥血的历程。在编订科学教育教材方面，陈鹤琴首先翻译并改编了《世界儿童节奏集》和《世界儿童歌曲》等书籍。同时，为了推进我国幼稚园科学教材走上中国化和科学化发展之路，他将当时民间喜闻乐道的故事或者童话，改编成适合儿童阅读的教材读本，如猜谜画册《好朋友》《小谜语》《儿童工作簿》《儿童故事》等教材，丰富了儿童的学习生活。

三 学前科学教育的教学方法

教学方法是教学实施的重要依托，关系到教育目标能否实现。它不仅包括教师教的方法，也包括儿童学的方式。教学方法对于学前科学教育的实施，可以说是举足轻重的。

（一）注入式教学法

清末蒙养院的教学依旧以修身、行仪等内容为主，而师资大多长期濡染封建伦理纲常。所以，蒙养院的教学方法，自然具有传统灌输式教学的影子。固然赫尔巴特（Johann Friedrich Herbart，1776—1841）的五段教学法在晚清时期已传入我国，但此法仍是一种单向的施教。张雪门在《我国三十年来幼稚教育的回顾》一文中，就较为详细地记载了这个时期的蒙养院教学实施的情形：20世纪二三十年代，"注入式的小学十分类似。他们将谈话、唱歌、识字、积木等科目，一个时间一个时间的规定在功课表上，不会混乱而且也不许混乱的。教师高高地坐在上面，蒙养生很端正地坐在下面。教师教一样，学生学一样，全部活动不脱离教师的示范。儿童不能自己别出心裁，也不许其别出心裁。至于各种工具和材料，如果教师不给，儿童自然不能自由取用，且放置的地方很高，儿童虽欲取而不得"[①]。

由此可以推断清末的学前教育（包括科学教育），仍采用传统教学方法。在教学实施过程中的某些细节上，可以看出是受福禄培尔恩物（Fredrich Froelel，1782—1852）教学的影响。虽然，有外来先进的教育思想和方法，但变动不大。然而，仅仅是这一点点的改变，也为后世科学教育的教学方法奠定了基础。

（二）以"儿童为中心"教学法

民国初期，教会幼稚园和日式的蒙养院仍然在国内存在着。随着新文化运动的开展，教育界的借鉴重心从日本转为欧美。1922年"新学制"颁布，公立与私立的幼稚园在中国遍地开花，逐渐西洋化。

在学前科学教育中，不仅在学制与课程、教材方面进行了变革，而且教学方法也不断发展和丰富。在发展学前教学方法的过程中，我国学前教育领域的有识之士，纷纷探讨幼稚园教学方法中国化的问题，并为之不懈努力。

1. 西洋式教学方法的盛行

"民国时期，公私立幼稚园教学在新文化运动以后，有了较大的变化。加上杜威、孟禄、推士等人来华讲学，儿童中心理论、桑代克的心理学、柏克赫斯特的道尔顿制、克伯屈的设计教学法在当时流行一时，促进了学前教育保教内容与教法的改革。"[②] 而蒙台梭利法和美国的设计教学法，在

[①] 中国学前教育史编写组编：《中国学前教育史资料选》，人民教育出版社1989年版，第196—197页。

[②] 杨佳：《西方元素对中国近代学前教育的影响：中国学前教育近代化研究》，博士学位论文，华中师范大学，2012年，第139页。

幼稚园的科学教育中，也得到了运用。

由于杜威访华，儿童中心理论在中国教育领域盛行起来。杜威倡导儿童个性自由发展，让儿童按自己的兴趣选择游戏和活动等。后来，他的教育思想，被引入到中国的幼稚园教学中。苏州慕家花园幼稚园，就是依据杜威儿童中心理论实施的。该园进行手工科时的情景如下：

"儿童团坐四周，保姆亦杂坐其间，率儿童制作，或折纸或剪纸。是日适为土耀日，故手工科即令儿童复习已授之各种细工。一任其心之所好者，随意为之，俾各自运用其心思，教育者并不为之规定，盖藉是以规儿童之性情意志也。保姆杂坐其间，与儿童共同制作，既以防止儿童不良行为之发生，又以助长儿童学业上之兴趣。团坐矮桌，不取学校内桌椅排列之制，亦所以免致拘束其身心也……（唱歌游戏时）保姆三人，各率儿童一队，每队约十名，鱼贯而入。各挟小凳一，室中地板上本有大圆形，儿童至此，一一置小凳其上，作围圆坐。保姆亦杂坐其中。由一保姆导令作种种游戏，另由一女教师（美国人）按钢琴，各和之而歌。儿童做游戏，不由教师主之，纯由儿童自择。先由保姆问诸儿，'今日将作何种游戏？'一儿童先举手表示其意见，诸儿群起拍掌和之，欢呼雀跃。而游戏遂开始矣，一时间内之游戏，凡三四种，纯出于儿童之自主，而秩序始终不紊，保姆在旁，不过监视助兴而已。"①

从这段记录可以看出，在苏州慕家花园幼稚园中，实行的是以儿童为中心的引导教学方法，保姆就是教师，在教学过程中仅起辅导作用。

民国时期，蒙氏教学法得到了广泛的传播和应用。蒙氏教学法最为独特之处，是在幼稚园的教育实践中，要以一定的方案和组织，作为实施的着力点。"该教学法往往由日常生活训练及感官训练着手，配合'有准备的环境'，促使幼儿在自我操作和摸索中，达到智慧的自我教育，自动学习，建构完善的人格。"② 北平师大附属幼稚园开办了两个蒙台梭利班，对新入园的幼儿进行蒙氏教学，"但以智识感觉口齿以及视听嗅触诸感觉之自由训练，饮食操作户外游戏简单体操之自由运动"③。

---

① 杨芳：《参观苏州慕家花园幼稚园记》，《妇女杂志》1917年第3卷第3期。
② 杨佳：《西方元素对中国近代学前教育的影响：中国学前教育近代化研究》，博士学位论文，华中师范大学，2012年，第142页。
③ 李桂林等编：《中国近代教育史资料汇编·普通教育》，上海教育出版社2007年版，第444页。

设计教学法也在民国的科学教育中，写下了浓墨重彩的一笔，该方法强调发挥儿童的主观能动性，在学前教育和初等教育领域里，应用更为广泛，主要分为两种形式：第一种形式是以作业为中心的大单元教学，它打破了学科间的壁垒；第二种形式是设计式的各种教学，它采取分科设计方法。在学前科学教育过程中，倾向于采取第一种形式的大单元教学方法，进行综合教学。南京高师附设幼稚园就极力提倡设计教学法。例如，以观察太阳为主题，首先要明确此次观察的目的，教师引导学生观察太阳，然后，以讲故事以及唱歌的形式，教授太阳的相关知识。其次，教师引导儿童再次观察太阳，让儿童能够在实践的环境中进行实际操作。最后，让儿童进行表述，并从中获得知识。

2. 本土化教学方法的探索

在20世纪二三十年代，中国教育领域逐渐有了改造中华民族幼稚教育的主张，并在教育家的努力下，逐渐付诸实践。

在陶行知与戴自俺等创办的燕子矶幼稚园、陈鹤琴创办的南京鼓楼幼稚园内，教育家们不但运用蒙台梭利法和设计教学法，还结合中国的国情，采用新的教学方法。如燕子矶幼稚园采用设计组织法的教学方法，同时，还灵活调整教学方法。此外，陶行知提出了"教学做合一"的教学法。

陈鹤琴创办的南京鼓楼幼稚园，也采用设计教学法。在不断地教育研究的过程中，还形成了一种新的教育方法，即"整体教学法"。虽然学前科学教学方法是中国化的产物，但并不意味着"整个教学法"没有吸收外来的教学方法。其实，"整个教学法"就是在设计教学法和德可乐利教学法的基础上，结合中国化幼稚园课程的特点而提出的。

陈鹤琴认为，幼稚生还没有完全将学习任务与生活区分开，所以需要整体地、有系统地去教授他们"所学的东西"，"这种教学法是把各科功课打成一片，所学的功课是无规定时间表的，所用的教材是以故事或社会或自然为中心的，或是做出发点的，但是所用的故事或关于社会自然的材料，总以儿童的生活、儿童的心理为根据的"[①]。换句话说，"整个教学法"就是将幼稚园中的各门课程，在讲解某个主题时，有机地联系结合起来。

---

① 陈鹤琴：《幼稚教育》，载《陈鹤琴全集》第2卷，江苏教育出版社2008年版，第35页。

除此之外，陈鹤琴还提出了随时随教法。这种新的教学方法，是陈鹤琴"活教育"理论与实际相结合而产生的，并运用于自然课的教学中。如教师带领儿童认识动植物，在路上遇见牛的情况下，可以向儿童介绍牛的生长环境、饮食状况及牛的功能等，同时，也可以引申出儿童可以种牛痘预防天花。这样既可以向儿童传授牛的常识，又可以讲解卫生知识。

民国时期的教育家们，尤其是学前教育领域的教育家们，积极引入西方优秀的教育方法，如蒙台梭利法和设计教学法等。还结合中国国情，不断探索新的教育方法，如"整个教学法"、随时随教法等。这些教学法的运用，使得我国学前科学教育的教学方法，呈现出百花齐放的状态。

四 个案分析——养真幼稚园概况

养真幼稚园是1910年商务印书馆创办的，是上海尚公学校的附属幼稚园。下面重点介绍一下养真幼稚园在1922年新学制颁布之后，科学教育的实施情况。

（一）养真幼稚园简章[①]

一宗旨。本园以养护儿童身心辅助家庭教育并慎重试验新教育为宗旨。

二编制。本园分四个学习团凡学完规定课程成绩优良者即行升入本校小学部肄业。

三课程。课程大纲如表7-2：

表7-2　　　　　　　　　养真幼稚园课程大纲

科目	课程大纲
谈话	朝会 查清洁 谈话
游戏	识字游戏 计数游戏 感官游戏 运动游戏
音乐	唱歌 表演 歌舞
故事	识字 语言 物语 童话 谜语 儿歌
观察	自然观察 社会生活
作业	恩物 沙箱装排 美术工艺 园作

---

① 沈百英：《养真幼稚园概况》，商务印书馆1926年版，第53页。

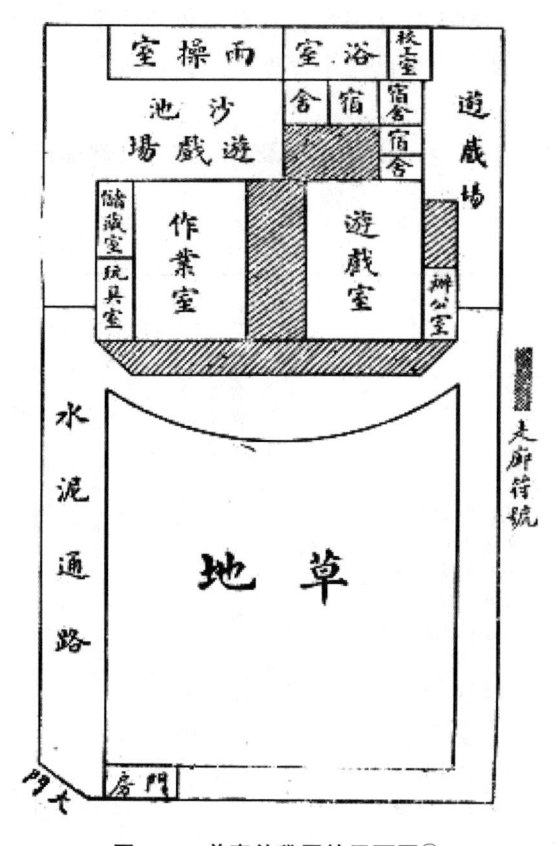

图 7-1　养真幼稚园的平面图①

四上课时间。每日从上午九时起到十二时止，下午一时半起到三时止。

五学额。暂定八十名男女兼收概不寄宿。

六年龄。四岁至七岁。

七纳费。每半年学费五元杂费一元（中途退学概不退还）。

同胞兄弟姐妹有二人同学的学费，可照九折算，三人以上同学的照八折算。

本园为优待本馆同人子弟起见，特设免费学额办法见同人子女教育扶助金管理规则。

---

① 沈百英：《养真幼稚园概况》，商务印书馆1926年版，"序言"第2页。

八休假。星期日国庆日立校纪念日夏节秋节冬节，都休业一天，暑假八星期，寒假四星期并不得已时不变更年假临时酌定。

（二）幼稚园课程

首先，在"故事"这门课程中涉及了一定的自然知识，如表7—3：

表7—3　　　　　　　　　　　故事①

类别	题目	教学要点	参考图书
道德故事	风箱狗 狮子报恩 非力子 义狗传 红帽儿	1. 讲述故事 2. 给儿童想象机会 3. 联络各科发表 4. 能表演即行表演	商务《童话集》
卫生故事	剪去指甲　驱除苍蝇 驱除蚊虫　少食酸物 保护牙齿　痰沫传病 揩去鼻涕　勤洗头发 勤于洗脚　破指疗法 预防伤风　不宜蒙被 预防冻疮　饭后戒跑 不宜多食　湿衣有害 病房卫生　预防目疾 洗澡宜勤　预防耳聋 预防天花　预防传染 提倡运动	1. 演述故事 2. 指导实践 3. 联络各科发表 4. 用挂图 5. 能表演即表演	沈编《卫生故事》及《教学法》商务
算术故事	愚人数数 十个数字 数不清了 到底还是没有 东西买错了	1. 讲述故事 2. 各个练习 3. 指示方法 4. 运做游戏	自编
自然故事	蜗牛　羊　蜂　风 蛇　马　象　雨 燕　牛　雪 蟋蟀　鼠　猴子　太阳 蜘蛛　猫　虎　花 蝴蝶　鸭　兔　草 犬　鸡　萤　树 犬　蚊　蟹 猪　蝇		自编

① 沈百英：《养真幼稚园概况》，商务印书馆1926年版，第23—25页。

续表

类别	题目	教学要点	参考图书
社会故事	司马破缸 灌穴浮球 鹬蚌相持 孔融让梨 爱护幼弟 其他		商务《五彩通俗教育书》

其次，在"常识"这门课程中涉及了一定的自然知识，如表7-4：

表7-4   常识①

题目	教材	教学注意点	教学方法
1. 建造商店	1. 箱子 2. 木块 3. 木板 4. 空匣子 5. 纸袋 6. 泥 7. 糨糊 8. 剪刀 9. 蜡笔 10. 牌子 11. 钉子 12. 书图 13. 故事	1. 选定适当地位 2. 磨合材料 3. 标示名字 4. 匀配色彩 5. 做店中物件 6. 用纸剪各种衣服 7. 用泥做各种水果及肉类 8. 用木做盘子 9. 用纸做筐子 10. 做各种装饰品	1. 参观附近商店 2. 购买应用物品 3. 共同商量装排法布置法
2. 买卖游戏	1. 假钱币 2. 包裹的纸 3. 绳子 4. 袋	1. 表演时要有兴趣 2. 分管理人会计员买客人 3. 研究家中需用物 4. 钱币的价值 5. 练习学说有什么东西，这么一件东西值多少钱，谢谢你的请问 6. 合于卫生的贮物法 7. 诚实待人的习惯 8. 分别小钱铜元小角银元钞票 9. 兑换法 10. 学习包裹法 11. 练习装车的方法 12. 保管钱币的方法 13. 明白驾车的方法	1. 选定几人为店友，余为买客 2. 自制假钱币 3. 写示各种招牌广告 4. 学习买卖礼节 5. 练习几次后更调表演

---

① 沈百英：《养真幼稚园概况》，商务印书馆1926年版，第25—29页。

续表

题目	教材	教学注意点	教学方法
……			
6. 观察鸟类	1. 小鸟 2. 鸟笼 3. 鸟窠 4. 画片 5. 鸟食 6. 故事	1. 辨别集中鸟叫 2. 保护鸟的理由 3. 研究鸟食 4. 识别几种鸟类 5. 造鸟巢的材料 6. 知道鸟的各种名称 7. 讲小鸟的生活	1. 养几只代表的鸟 2. 观察鸟的生活习性 3. 令儿童饲养鸟 4. 讲鸟的故事 5. 联络艺术画鸟 6. 研究鸟的飞翔游戏保证幼雏迁徙等
7. 观察树	树 图 花草 画片	1. 树的用处 2. 树的大小 3. 不要爬树 4. 不要折树枝 5. 树的各部名称 6. 分别常绿树落叶树 7. 伐木的方法 8. 运木的方法 9. 分别树与草之不同	1. 观察大小各种树 2. 收集各种枝叶 3. 保护树的方法
……			
10. 研究昆虫	1. 茧壳虫 2. 蚂蚁 3. 蜜蜂 4. 蜘蛛 5. 蝇	1. 各种昆虫都有家 2. 各种昆虫都知道保卫自身 3. 要仔细观察 4. 不要去捉 5. 有的虫会做茧壳 6. 蝴蝶在春天从蛹里变出来 7. 蚂蚁做了巢保护小蚁 8. 蜜蜂采花做蜜 9. 蜘蛛织网捉小虫 10. 蝇是害虫极力设法驱除他	1. 捉几种昆虫到教室里来 2. 领儿童观察蚂蚁窠蜜蜂洞蝴蝶蛹 3. 讲昆虫的故事 4. 饲养一两种昆虫
……			
12. 四季气候变化	1. 日历 2. 寒暑表 3. 故事	1. 识别四季的名称 2. 研究水之三态 3. 研究雨之利害 4. 讲四季变化之故事	1. 研究穿的衣服 2. 观察花草 3. 研究四季与人生的关系
……			

除了上述"故事"和"常识"中涉及科学教育的内容之外，在"音乐"和"卫生习惯"两门课程中，也包含科学教育的内容，如"音乐"中，关于自然生活和节日时令的歌曲、"卫生习惯"中的身体卫生和衣服

与气候的关系等。由此可见,在1922年新学制实施以后,在学前教育中,很大一部分课程中,都存在着科学知识。

(三) 一天的课

上面已详细地介绍了养真幼稚园关于科学教育方面的基本内容,下面从养真幼稚园一天的课着手,观察在幼稚园中科学教育的具体实施情况。

一天的课①

幼稚园里每天上的课,各不相同,但是,各项步骤,也不过大同小异罢了。所以,就记一天的课,作为代表。时间是十月一日星期四中秋节的前一日,材料是中秋赏月,顺序如下:

1. 早操……办法详见健康教育文中。
2. 朝会……唱国歌,歌毕唱相见歌,歌词均见商务出版幼稚园音乐集中。
3. 点名。
4. 查清洁……逐一检查学生的手帕。
5. 记日记……办法见自然研究文中。
6. 唱歌……你看巧妙的月亮;你的哥哥是太阳,起初像弓弯像眉,月亮团圆到后来,一年四季春夏秋冬;照在地球上。
7. 谈话……中秋风俗谈,赏中秋食品。
8. 早点……各吃月饼一个。
9. 读书……分两组读。甲组读儿歌:月亮亮,月亮亮,家家孩儿出来走月亮。乙组读字句:香,香斗,香烛,香蕉。方法见读书识字文中。
10. 工作……分两种程度,甲组剪贴兔儿,乙组画香蕉及生梨。
11. 游戏……做打猎打到小白兔的游戏。
12. 报告明天的功课。
13. 查清洁。
14. 唱放学歌,散学。

通过在中秋节的前一天,了解月亮的形状变化和出现时间,其中,还

---

① 沈百英:《养真幼稚园概况》,商务印书馆1926年版,第11—12页。

有记日记，这些都涉及了科学教育的内容。可见，这时的幼稚园，在日常生活中注重科学知识的熏陶与教育。

第二节　中小学的科学教育

中小学教育是整个教育体系中极为重要的组成部分。在这一阶段，对学生实施科学教育所产生的影响，是巨大而深远的。在中国近现代中小学的科学教育中，将从学制和课程、教材、教学方法三方面，来阐述科学教育在中小学的实施情况。

一　中小学学制和课程中的科学教育

在中小学学制和课程方面，科学教育经历了三个发展阶段，分别为：非常规化的科学教育、常规化的科学教育及系统化与主体化的科学教育。

（一）非常规化的科学教育

西方列强借由鸦片战争的胜利，打开了中国的大门。有识之士认识到，坚船利炮的重要性，而要发展坚船利炮，就需要科学教育。而当时的中国，擅长科技之人是稀缺的，科学素养需要从小培养。那么，从小培养就需要从基础教育开始，在中小学内进行科学教育。

从1840年到1902年近代学制颁布，这半个多世纪是中国近代中小学科学教育的酝酿与萌发时期。这一阶段的中小学科学教育的突出特征，就是各行其是，即没有一个统一的学制来规范它的实施与发展，缺乏制度性。即便如此，这一阶段的科学教育，在中国教育发展史上同样具有不可或缺的重要意义，它为中国科学教育在中小学顺利实行打下了坚实的基础，是我国科学教育的酝酿、萌生阶段。在此阶段，我国的中小学，在学制与课程方面的科学教育，是非常规化的，不成系统的。

首先，在思想与理论方面，国人纷纷提出见解。

鸦片战争的失败，拉开了中国近代历史的帷幕，西方列强利用不平等条约，纷纷在中国设立了为数众多的教会学校，而且在课程内容中增添了部分的科技知识。此外，开眼看世界的第一人——魏源提出了"师夷长技以制夷"的口号，学习西方资本主义国家的先进军事生产技术。自19世纪60年代起，进步的地主阶级改革派，展开了轰轰烈烈的洋务运动，而洋务教育是洋务运动的重要组成部分。洋务教育以"中学为体，西学为用"为指导思想。秉持以"中学"为根本的原则来学习西学，只是不应该只局限于"坚船利炮"，而应首先学习西方的自然科学、工农生产技术与教育。洋务教育思想把中西方文化结合起来，对西方的认识更加深入，使人们的价值观念和思想认识，发生了变化，加快了中小学教育近代化的步伐。

清政府在中日甲午战争中失利，资产阶级维新派登上了历史舞台。他们主张维新变法，确立君主立宪制，发展资本主义。维新派为了救亡图存，采取了一系列的措施，如兴学校、开民智，以提高国民素质。维新派的代表人物梁启超，在《变法通议》中提出："亡而存之。废而举之，愚而智之，弱而强之，条理万端，皆归本于学校。"[1] 维新派非常重视教育，在维新教育思潮的影响下，出现了第一次兴学热潮。

因为维新运动时期的科学教育，是和维新派的变法运动紧密结合在一起的。所以，维新派认识到了学习自然科学的重要性，并且极力提倡包括自然科学知识和资产阶级社会科学在内的"西学"。1898年，康有为在《请开学校折》中提出，"远法德国，近采日本，以定学制"。主张建立近代三级学制模式，使得中小学教育得到了较大的发展。

梁启超也高度重视科学教育，尤其是小学科学教育。他提出，"求学譬如登楼，不经初级而欲飞升绝顶，未有不中途挫跌者"[2]。从中可以看出，万丈高楼平地起，小学教育还是非常重要的。梁启超也积极介绍西方小学的教育内容和教育规律，以此作为中国近代小学堂创建及实施的蓝本。其中，梁启超为儿童制定了一张课程表。单日教算学、双日教图学。凡习算学，先习笔算，一年以后，渐及代数，每日由师命二题，令学童布算。凡教图学，先习简明总图，渐及各国省县份图。从康有为和梁启超的观点中，可以得出，这一时期的有识之士，已经意识到在小学堂开展科学教育的重要性及必要性了。

与此同时，严复深受西方科学进步思想的影响，翻译了大量的西方书籍，最著名的是《天演论》，对西学的传播起到了非常重要的作用。同时，严复也十分重视教育的作用。他提出了一个完整的近代学校教育体系——

---

[1] 璩鑫圭、童富勇编：《中国近代教育史资料汇编·教育思想》，上海教育出版社1997年版，第193页。

[2] 舒新城编：《中国近代教育史资料》下册，人民教育出版社1981年版，第938页。

三级学制模式（初等学堂阶段、中等学堂阶段、高等学堂阶段）。此外，严复十分重视中学教育。他的课程体系是"以科学教育为核心"①，并大胆主张中学堂"洋文功课居十之七，中文功课居十之三"。因为他认为，近代中国落后挨打与没有进行科学教育密切相关。

其次，在实践方面，中小学的科学教育，得到具体的实施。

1878年，张焕纶在上海创办正蒙书院（1902年易名为梅溪学堂），是中国近代第一所新式小学。史料中记载："先君素抱经一世之志，以吾国人材多汩没于虚浮无用之学，慨然以改良教育为己任。前清光绪四年岁戊寅，与同志数人就家创设私塾，取蒙以养正之义，名正蒙书院，由是绝意进取，专务教育事业。"② 正蒙书院在组织形式上采用班级授课制，教学内容上注重实学、实用，特别是数学和格致，将其作为书院的常设课程。这是科学教育在小学中的具体体现，也标志着中国近代小学科学教育的开端。

19世纪60—90年代举办的洋务学堂，大多属于中等层次，相当于中学教育。京师同文馆、福建船政学堂等就隶属于中学教育，这些学堂属于专门的语言或技术学堂，但同时也教授一些科技知识，如京师同文馆开设了算学课程，福建船政学堂设置了力学、重学等课程，一定程度上具备了科学教育的性质。

王维泰于1896年在上海创办了上海育材书塾。因为当时的知识分子，仍袭科举旧业，一心只读圣贤书。以"国家崇尚实学，饬改各省书院章程，并设专科以鼓舞之"为缘由，王维泰创办了上海育材书塾。该书塾中分设了蒙馆、经馆，培养科技人才。在书塾中，课程是分成两大部分的，半日中学，半日西学。在学习中国传统的知识的基础上，也循序渐进地学习算学、制造。1909年，育材书塾迁新校址，并且改名为育才高等小学。

1895年，盛宣怀建立天津中西学堂，是甲午战败后中国创办的第一所新型普通学校。天津中西学堂分头等学堂和二等学堂，其中二等学堂就相当于中等教育程度，修业年限为四年。二等学堂的功课，比较重视英文和西学课程，如数学、格物等。此外，课程还有"四书"、经史之学等。从

---

① 吕达：《课程史论》，人民教育出版社1999年版，第90页。
② 朱有瓛主编：《中国近代学制史料》第一辑下册，华东师范大学出版社1986年版，第570页。

天津中西学堂的课程设置（表7-5）来看，这个时期中学堂中的西学，在教学中占有一定的比重，并促使人们认识到，科学教育对救亡图存的重要性，使科学教育在中学教育中得到了更为充分的实施。在其他中学堂也出现了科学教育的实践，如上海南洋公学（课程内容就包括一部分西学及自然科学知识）、南洋中学、顺天府中学堂、绍兴中西学堂等。

表7-5　　　　　　　天津中西学堂二等学堂课程安排①

第一年	第二年	第三年	第四年
英文初学浅言	英语文法	英文讲解文法	各国史鉴
英文功课书	英语字拼法	各国史鉴	坡鲁伯斯第一年
英字拼法	朗读书课	地舆学	格物书
朗诵书课	英文尺牍	英文官商尺牍	英文尺牍
数学	翻译英文	翻译英文	翻译英文
	数学并量法启蒙	代数学	平面地量法

总之，维新派所创办的这些具有普通中学性质的新式学堂，标志着近代中国已经拥有中国人自办的新式普通中学校。中等教育特别是中学教育是整个教育体系的关键环节，起着承上启下的作用。并且这些新式学堂的课程中，包含了一些自然科学知识，为科学教育在中学的顺利展开奠定了坚实的基础。越来越多的新式中学堂的兴办，为此后中学科学教育的发展，提供了前提条件。

（二）常规化的科学教育

1901年，面对现实的内忧外患，清政府迫不得已进行教育改革。当时，甲午战争的惨败，促使国人开始探求日本能够快速崛起的原因，由此日本一度成为中国学习和借鉴的对象。国人发现教育在日本快速崛起中起到了重要的作用，从而关注日本在明治维新中所采用的近代化的学校教育制度。1901年5月，罗振玉等人为了详细且系统地介绍日本教育，在上海创办了中国近代第一个教育专刊——《教育世界》。这本杂志介绍了日本

---

① 朱有瓛主编：《中国近代学制史料》第一辑下册，华东师范大学出版社1986年版，第498—499页。

的学制系统、教育法规和条例,为清政府制定近代学制提供了理论依据。

罗振玉在其《学制私议》中提出,"守教育普及之主义,先教道德教育、国民教育之基础及人生必须之知识技能(即小学教育)","由六岁至九岁寻常小学(亦称蒙学)四年,十岁至十二岁受高等小学三年"。在这期间"寻常小学校之教科八。曰修身、曰读书、曰作文、曰算法、曰习字、曰体操、曰地理、曰历史,每日教授时间四点钟"。并且"高等小学校之教科十。曰修身、曰读书、曰算术、曰作文、曰图画、曰地理、曰历史、曰习字、曰体操、曰理科,每日教授时间五点钟"。"由十三岁至十六岁受中等学四年,或受寻常师范学四年"。其课程主要有读书、作文、伦理、外国语、数学、历史、地理、理科、图画、体操、习字。"① 其中,数学与理科相当于科学科目。由此可以推断教学内容中的科学教育,已成为常规课程,更为制度化,科学教育在中小学教育中落地生根。

1902年8月15日,在任管学大臣张百熙拟定了《京师大学堂章程》《高等学堂章程》《中学堂章程》《小学堂章程》等一系列学制文件,称为《钦定学堂章程》,即"壬寅学制"。其中,初等教育分为寻常小学堂和高等小学堂两级,修业年限均为三年。寻常小学堂的课程有修身、读经、作文、习字、史学、舆地、算学、体操。而高等小学堂的课程有11科,分别为修身、读经、读古文词、作文、写字、算学、本国史学、本国舆地、理科、图画、体操。从寻常到高等,从算学一科到算学、理科两科,关于科学教育的内容,在不断地增加。

按照《章程》的规定,中学堂课程包括修身、读经、算学、词章、中外史学、中外舆地、外国文、图画、博物、物理、化学、体操12门。其修学年限为四年。算学、博物、物理、化学四科,都属于科学教育的范畴,科学教育在整个中学教育中占有1/3的比重,比小学中科学教育所占的比重有所提高。可见,科学教育在中学教育中的重要性。

1904年1月13日,由张之洞、荣庆、张百熙主持重新拟定的一系列学制系统文件,在全国颁行,包括《学务纲要》《各学堂管理通则》《初等小学堂章程》《高等小学堂章程》《中学堂章程》等统称《奏定学堂章程》,即"癸卯学制"。《初等小学堂章程》规定,这一阶段的

---

① 朱有瓛主编:《中国近代学制史料》第二辑上册,华东师范大学出版社1987年版,第11—12页。

教育宗旨为"启其人生应有之知识,立其明伦理爱国家之根基,并调护儿童身体,令其发育"。课程包括修身、读经讲经、中国文字、算术、历史、地理、格致、体操等科目。另外,根据各地方情形,可增设手工、图画等1科或2科。此外,贫困地区可设简易科,课程视地方条件酌情削减。

《高等小学堂章程》规定其宗旨是"培养国民之善性,扩充国民之知识,强壮国民之气体"。课程包括修身、读经讲经、中国文字、算术、中国历史、地理、格致、图画、体操等。另外,根据地方情形,高等小学还可加设手工、农业、商业等科,是为不愿升中学者设置的。高等小学堂招收初小毕业生,此外,也为进入中学堂做准备。从以上的两个学堂章程中,可以看出,初等小学堂和高等小学堂,都有算术和格致两门关于科学教育的课程,科学教育的比重,在小学课程中不断上升。

《中学堂章程》规定,中学堂的课程,包含了修身、读经讲经、中国文学、外国语、历史、地理、算学、博物、理化(物理及化学)、法制及理财、图画、体操等科目,其中法制和理财为选修课。其中,算术、博物、理化属于自然知识的教育,在教学中占有一定比重。除此之外,该章程还具体并系统地规定了普通中学课程的教学要求,称为"各学科程度"。根据表7-6我们可以直观看出,科学教育在教学中的实施情况。

表7-6 癸卯学制中学课程表及科学教育所占比重 (单位:课时/周)

科目 学年	修身	读经讲经	中国文学	外国语	历史	地理	数学	博物	理化	法制理财	图画	体操	科学教育总课时	共计	科学教育比重
第一年	1	9	4	8	3	2	4	2	0	0	1	2	6	36	16.7%
第二年	1	9	4	8	2	3	4	2	0	0	1	2	6	36	16.7%
第三年	1	9	5	8	2	2	4	2	0	0	1	2	6	36	16.7%
第四年	1	9	3	6	2	2	4	2	4	0	1	2	10	36	27.8%
第五年	1	9	3	6	2	2	4	0	4	3	0	2	8	36	22.3%

从上表可以看出,数学、博物、理化等科目,在整个教学中占有一定比重,前三学年均为16.7%,第四学年增加到27.8%,第五学年为

22.3%。可见,随着年级的增长,科学教育所占比重大体上也随着增长,表明了我国中学教育遵循了学生身心发展的规律,体现了中学教育的科学性。这时,我国中学教育仍然是"中体西用",传统经学教育仍占统治地位。但是,科学教育已在中学教育中站稳脚跟,更为制度化、法治化,对开阔人们视野,启迪进步精神具有重要作用。

"癸卯学制"中虽然含有科学教育,但这个学制的指导思想,仍然是"中学为体,西学为用",具有浓厚的封建性。自1904年"癸卯学制"开始颁布实行,到1911年清王朝灭亡废止,一直沿用了8年。"癸卯学制"不仅对当时旧中国的学校制度影响很大,而且以后的学校制度,事实上也是由这个学制演变而来的。"壬寅学制"和"癸卯学制"的颁布,是我国近代中小学学制和课程中科学教育的起步,为以后中小学的科学教育奠定了基础。

(三) 系统化与主体化的科学教育

辛亥革命推翻了清王朝的统治,资产阶级登上了历史的舞台,建立了中华民国临时政府,为近代科学教育的发展,提供适合的土壤。教育一向被视为立国之本,由于清末颁布的学制及教育宗旨,具有浓厚的封建色彩,所以,教育改革刻不容缓。有识之士纷纷提出,要改革中国教育,重视科学教育。而政府也制定符合时代的学制与课程。从此之后,我国中小学科学教育在逐步系统化与主体化。

中华民国临时政府成立之初,蔡元培被任命为第一届教育总长。对于中小学教育如何去封建化,蔡元培采取了一系列措施,从根本上对封建旧教育进行改革,将混乱的中小学教育引入正轨。1912年,教育部颁布的《普通教育暂行办法》,彻底清除了清末教育中存在的封建思想。同年,教育部还颁布了《普通教育暂行标准》,对学校开设的课程进行了规定,并且制定出了统一的课程表。该标准规定:"初等小学校之学科目为修身、国文、算术、游戏、体操。视地方情形,得加设图画、手工、唱歌之一科目,或数科目。女子加课以裁缝……高等小学校之学科目为修身、国文、算术、中华历史、地理、博物、理化、图画、手工、体操(兼游戏)。女子加裁缝。视地方情形,得加设唱歌、外国语、农工商之一科目,或属科目。"[①] 该标准强调小学要开设图画和唱歌两门课程,以培养小学生的情

---

① 陈学恂主编:《中国近代教育史教学参考资料》中册,人民教育出版社1987年版,第166—167页。

操。同时加强小学的手工科，算学则一直贯穿于小学课程，自小学第三年起小学算学应兼习珠算。此外，该标准还规定中等学校学制为四年且实行普通教育，中学的课程主要有修身、国文、外国语、历史、地理、数学、博物、理化、图画、手工、法制经济、音乐、体操等科目；此外，女子还增设家政、缝纫两门。其具体情况，如下表7-7所示：

表 7-7　　　　　　中学校各学年每周各科教授时数　　　（单位：课时/周）

科目	第一学年	第二学年	第三学年	第四学年
修身	1	1	1	1
国文	8	8	6	4
外国语	6	6	7	7
历史	3	3	2	2
地理			2	2
数学	4	4	4	4
博物	3	3	—	—
理化	—	—	4	4
法制经济	—	—	—	2
家政	—	—	2	2
裁缝	2	2	2	2
图画	1	1	1	1
手工	男 2 / 女 1	男 2 / 女 1	男 2 / 女 1	男 2 / 女 1
音乐	1	1	1	1
体操	男 3 / 女 2	男 3 / 女 2	男 3 / 女 2	男 3 / 女 2
合计	32	32	男 37 / 女 35	男 37 / 女 35
科学教育总课时	7	7	8	8
科学教育比重	21.9%	21.9%	男 24.2% / 女 22.3%	男 24.2% / 女 22.3%

从表7-7可以看出，数学、博物、理化等科学教育课程，在整个中学教学中占有一定比重，前两学年均为21.9%，第三、四学年增加到男24.2%、

女 22.3%。虽然男女的科学教育课程比重不同，但科学教育课程的课时是相同的。女子这时能够进入中学进行学习，是社会的进步。然而，从课表上仍可以看出男女的差异。这时为了去除教育中的封建残留思想，取消了读经讲经课。在《标准》中，中学科学教育所占的比重，比清末新政时期中学科学教育所占的比重有所提高，可见，中学科学教育的发展。

民国初年，《办法》与《标准》的颁布，是对旧教育制度和教育内容的根本性变革。如小学废除读经科，就是对以传统经学为核心的教育内容的彻底废除。总之，教育内容的变革，有利于从根本上摒弃封建教育，更加有利于科学教育的开展。

由于清末颁布的教育政策具有鲜明的封建色彩，于是1912年2月，教育总长蔡元培，为了加强科学教育，对民国的教育方针做出了系统的设计，发表了《对于教育方针之意见》一文，对清末的"忠君、尊孔"的教育宗旨，进行了有力批判。同时为了加强科学教育，提出要实行实利主义教育，即要学习西方先进的自然科学技术知识，这正是科学教育在民初教育中的体现。

随后1912年9月，教育部颁布了《学校系统令》，因该年是壬子年，所以这一学制又称为"壬子学制"。自该学制公布至1913年8月，教育部又相继颁布了各种学校条例，对"壬子学制"进行了补充和调整，二者合成一个更加完整的学制系统，即"壬子癸丑学制"。

其中，第一阶段为初等教育，分为初等小学和高等小学。初等小学4年，以城镇乡立为原则，招收年满6岁的儿童，可男女同校，实行义务教育，毕业后可升入高等小学校或乙种实业学校；高等小学3年，以县立为原则，毕业后可进入中学校或师范学校、甲种实业学校。初等小学的课程包括修身、国文、算术、手工、图画、唱歌、体操等科目，女子增设缝纫一科。高等小学设置了修身、国文、算术、本国历史、地理、理科、手工、图画、唱歌、体操等课程，男子添设农业一科、女子加设缝纫一科，此外，视地方情形农业可改为商业或不进行教学，也可以加设英语或其他外国语。如遇特殊情况，手工、唱歌可取消开设，但必须增加其他课程的课时。

与清末小学教育课程相比，取消了读经课，尽可能消除教育中封建思想的残余。同时授课时数也略有减少，难度降低，更加符合儿童的身心发展规律，这都体现出了科学教育的思想。

第二阶段为中等教育，1912年12月，教育部颁布了《中学校令施行规则》，明确规定了各学科的宗旨和教学内容。在《中学校令施行规则》所规定的"学科及程度"的基础上，教育部于1913年3月，颁布了"中学校课程标准"，虽然这份课程标准不是很完善，但它是我国近代首次正式颁布的中学"课程标准"。

"中学校课程标准"规定，中学的课程主要由修身、国文、外国语、历史、地理、数学、博物、物理、化学、法制、经济、画图、手工、乐歌、体操等15门课程组成，其中，有关科学教育的课程有数学、博物、物理、化学四门。如下表7-8所示：

表7-8　　1913年3月19日教育部公布中学校课程标准

		第一学年	第二学年	第三学年	第四学年
修身		1	1	1	1
国文		7	男7	5	5
			女6		
外国语	男	7	8	8	8
	女	6	6	6	6
历史		2	2	2	2
地理		2	2	2	2
数学	男	5	5	5	5
	女	4	4	3	3
博物		3	3	2	—
物理化学		—	—	4	4
法制经济		—	—	—	2
图画		1	1	1	男2
					女1
手工		1	1	1	1
家事园艺		—	女2	女2	女2
缝纫		女2	女2	女2	女2
乐歌		1	1	1	1
体操	男	3	3	3	3
	女	2	2	2	2

续表

		第一学年	第二学年	第三学年	第四学年
合计	男	33	34	35	35
	女	32	33	34	34
科学教育总课时	男	8	8	11	9
	女	7	7	9	7
科学教育比重	男	24.2%	23.5%	31.4%	25.7%
	女	21.9%	21.2%	26.5%	20.6%

相比于清末的课程设置，民国初年的普通中学课程取消了读经讲经课，增设了手工、乐歌和女生的家事园艺、缝纫等科目。从表7-8可以看出，数学、博物、理化等科学教育在整个中学教学中占有一定比重，第一学年男为24.2%，女为21.9%、第二学年男为23.5%，女为21.2%、第三学年男为31.4%，女为26.5%、第四学年男为25.7%，女为20.6%。根据这些数据，可以推算出男女的科学教育的比重，均在20%以上，可见，中学对科学教育的重视程度。

此外，女子中学校的课程，无论是在课时安排还是课程内容上，与男子中学校均有不同之处，体现了教育界对女子教育的关注。另外，同清末相比，民国初期的课程名称，也发生了变化。例如，中国文学改称为国文，法制理财更名为法制经济，算学改名为数学等。相比清末时期，民国初期的课程内容和教学时数，也有了变化，以便能更好地适应和促进民族资本主义，使中等教育更具有科学性与进步性。

20世纪20年代初，"壬子癸丑学制"已暴露出越来越多的弊端。而随着新文化运动的勃兴，以及科学教育思潮和实用主义教育思潮的发展，革新旧学制，创建新学制的呼声日趋高涨，全国范围兴起了研究和讨论学制改革的热潮。于是，教育界的知名学者聚集，集思广益，于1921年第七届全国教育会联合会年会上拟定了《学制系统草案》。经过一年的讨论，最终于1922年11月1日颁布了《学校系统改革案》，也就是"壬戌学制"，又称"新学制"。

1922年"新学制"由标准、学制系统、说明等三部分组成。在教育标准部分，"新学制"没有阐明教育宗旨，而代之以七项标准作为改革的指导思想，即适应社会进化之需要；发挥平民教育精神；谋个性之发展；

注意国民经济力；注意生活教育；使教育易于普及；多留各地方伸缩余地。在学制系统方面，"新学制"实行"六三三制"，将整个学制缩短一年。特别是小学修业年限的减少，初等教育改为6年，其中初级小学4年（可单设），高级小学2年，这一改革更有利于普及小学义务教育。

在"多留各地方伸缩余地"的弹性教育理念的影响下，各地方有了更大的自主权，这就提高了地方办学的灵活性。"新学制"的颁布，促进了我国中小学教育的发展。据1924年7月出版的《中国教育统计概览》（中华教育改进社编）统计，1923年全国高小已达10236所，初小167076所，共有学生6581335人。[①] 小学教育在全国迅速铺展开来，小学教育中的科学教育，随着"新学制"在中国大地上快速地发展起来。

"新学制"的颁布，推动了我国真正的学校科学教育的发展。纵览科学教育的发展历程，学校课程观念的不断革新，是科学教育在学校逐步普及并深入的推动力之一。课程对于学校教育的实施，具有关键性的意义，科学教育的具体实施，就需要依赖于学校课程的设置。所以，先进的课程理念，以及科学合理的课程安排，对于科学教育实践有着关键性的影响。因此，1922年"新学制"在中小学科学教育方面，大大加强了自然科学基础理论的课程。

1922年"壬戌学制"颁布后，一些省份向全国教育会联合会提交了关于课程改革的议案。同年10月，全国教育会联合会组建了"新学制课程标准起草委员会"，起草了《中小学各学科课程要旨》，经过1923年两次会议的反复探讨、调整、修订后，于1923年6月，颁布了《新学制中小学课程纲要》。纲要规定，小学的课程包括国语、算术、卫生、公民、历史、地理、自然、园艺、工用艺术、形象艺术、音乐、体育等科目。其中，初级小学为前四年，将卫生、公民、历史、地理四科合并为社会科，将自然、园艺两科合并为自然科。自从科学教育被引进中国以来，代表科学教育的教学课程的名称，在不断变化，其教育内容也在不断地增加。

到了"新学制"颁布之后，小学科学课程的外延和内涵都有扩展。如小学教学内容中，进一步扩充了除物理、化学以外的所有关于自然科学方面的基础知识。小学的授课时间，以分钟计算，初小一、二年级每周至少授课1080分钟，三、四年级至少1260分钟，高小每周至少授课1440分

[①] 庄俞、贺圣鼐编辑：《最近三十五年之中国教育》，商务印书馆1931年版，第30页。

钟。每节课30、45、60分钟不等,短的有10—15分钟的。课时比重为初小社会科为20%,自然园艺科为12%;高小自然科为8%。① 从这些数据,可以看出科学教育在小学教育中比重的增加。

在整个新学制的制定过程中,中学改革力度最大。也可以说"1922年新学制的最精彩部分在中等学校阶段"。"壬戌学制"确立了综合中学的制度,此后,综合中学便成为我国中学的重要模式。② 中学采用"三三制",分为两期,初中三年、高中三年。初级中学虽然实施普通教育,但可根据地方需要,兼设各种职业科。而高级中学则分设普通和职业科,其中,高中普通科又分两组,一组注重文学和社会科学,而另一组则更注重自然科学或数学的教授。此外,中学一律实行选科制和学分制。

随后,1923年颁布了《新学制中小学课程纲要》规定,初级中学课程分为6科:社会科(包括公民、历史、地理)、言文科(包括国语和外国语)、算学科、自然科和艺术科(包括图画、手工和音乐)以及体育科(包括生理卫生和体育)。其具体情况如表7-9。

表7-9　　　　1922年"新学制"初级中学各科目学分分配表③

学科	社会科			言文科		算学科	自然课	艺术课			体育科		选修	合计
	公民	历史	地理	国语	外语			图画	手工	音乐	卫生	体育		
学分	6	8	8	32	36	30	16	12			4	12	16	180
比重(%)	3.33	4.44	4.44	17.8	20	16.7 25.59	8.89	6.67			2.22	6.67	8.89	100

高级中学普通科分为两组,一组注重文学和社会科学,一组注重自然科学或数学。课程都分为公共必修(43%)、分科专修(37%)、纯粹选修(20%)三部分,各科以学分为单位,修满150学分即可毕业。

根据表7-10和表7-11,可以清楚地了解到高级中学普通科第一组(表7-10)和第二组(表7-11)的学科及学分情况。高级中学普通科第一组(以文为主)中的科学教育占有至少10%的比例,而第二组(以理为

---

① 推士编纂:《中国之科学与教育》,商务印书馆1925年版,第123页。
② 金林祥:《评"六三三"学制》,《华东师范大学学报》(教育科学版)1983年第1期。
③ 李华兴主编:《民国教育史》,上海教育出版社1997年版,第168页。

主）中的科学教育，占有至少 41.3% 的比例。

表 7-10　1922 年"新学制"高级中学普通科第一组各科目学分分配表

		科目	学分	
（一）公共必须科目		国语	16	64
		外国语	16	
		人生哲学	4	
		社会问题	6	
		文化史	6	
		科学概论	6	
	体育	卫生法	10	
		健身法		
		其他运动		
（二）分科专修科目	（甲）必修	特设国文	8	56 左右
		心理学初步	3	
		伦理学初步	3	
		社会学之一种	4（至少）	
		自然科学或数学之一种	6（至少）	
	（乙）选修		32（或更多）	
（三）纯粹选修科目			30（或更少）	
毕业学分总额			150	
科学教育总学分			15	
科学教育比重			10%（至少）	

表 7-11　　1922 年"新学制"高级中学普通科第二组各科目学分分配表

科目			学分	
（一）公共必须科目		国语	16	64
		外国语	16	
		人生哲学	4	
		社会问题	6	
		文化史	6	
		科学概论	6	
	体育	卫生法	10	
		健身法		
		其他运动		
（二）分科专修科目	（甲）必修	三角	3	56 左右
		几何	6	
		代数	6	
		解析几何大意	3	
		用器画	4	
		物理	6	12（至少）
		化学	6	
		生物	6	
	（乙）选修		23（或更多）	
（三）纯粹选修科目			30（或更少）	
毕业学分总额			150	
科学教育总学分			62	
科学教育比重			41.3%（至少）	

从表 7-11 的数据，可以看出，算术课和自然科，都属于科学教育。这时，科学教育的比重为 25.59%，相比民初时的科学教育的比重，有了一定的提高。可见，这两组中的任何一组，都重视科学教育的学习，尤其第一组重视文学和社会科学，但是也不忘对自然科学基础理论的课程开

设。"一个与中国传统知识体系完全不同的，以驾驭自然力为归旨的充分外向的西方近代知识体系，在中国各级各类的课程设置及课程标准中，完全占了主干地位。"[1] 至此，科学教育在中国的教育体系中的主体地位，得以确立，成为学生必须学习的基础科目，为国家造就了大量人才。

这一时期，中学的科学课程具体内容，详见于课程标准中。以算术为例的课程标准，初级中学算学课程及高中三角、几何、代数课程纲要[2]。

在壬戌学制中，初中教育是综合课程，名为"算学"，高中则为分科课程，有几何、代数、三角、解析几何大意等。

初中算学课程纲要（由胡明复起草而由"委员会"复订）内容如下：
壹 目的
1. 使学生能依据数理关系，推求事物当然的结果。
2. 供给研究自然科学的工具。
3. 适应社会上生活的需求。
4. 以数学的方法，发展学生论理的能力。
贰 内容和方法

初中算学，以初等代数几何为主，算术三角辅之，采用混合方法。始授算术，约占全部分量1/6，与小学相衔接，加以补充；注重基本原理，并随时输入代数几何观念，借资联络，然后，转入代数几何，余如开方、求积、比例、利息等项，以及其他应用问题，可以插入代数几何中相当地位，以节时间而收速效。代数几何，分量约等，二科关系甚密，参酌并授，尤多便利。再由代数几何，渐渐引入三角大意，三角分量，亦略占全部1/6。以上各科教材，约以下列各项为标准，编制上务宜混合贯通。

1. 算术四则、质数、因数、约数及倍数、大公约、小公倍、分数、小数、比及比例、乘方、开方、求积、利息。
2. 代数符号、式与项、正负数、四则、一次方程、因数、倍数、分数、联立一次式、二次方程、联立二次式、指数、虚数、比例、级数、对数、利息。

---

[1] 吕达：《中国近代课程史论》，人民教育出版社1994年版，第304页。
[2] 课程教材研究所编：《20世纪中国中小学课程标准·教学大纲汇编·数学卷》，人民教育出版社2001年版，第212—219页。

3. 几何公理、直线、角、垂线、平行线、三角形、平行四边形、多边形、平圆、弦切、作图、面积、比例、相似形。

4. 三角角之量法、正负角、弦切割各线、浅近公式、边角相求、三角应用大意。

叁 毕业最低限度的标准

（子）能熟习算术各项演法，应用于日常生活，不致错误。

（丑）能作代数普通应用问题（不包括高次方程）。

（寅）能证解平面几何普通问题。

（卯）略知平面三角初步。

（高中仅以"第二组"必修课程纲要为例。）

锐角三角倚数、直角三角形解法、高低及距离之测量、任意角之三角倚数、三角倚数之关系、斜角三角形、正弦定律、余弦定律、正切定律、三角形之各种性质、诸角三角倚数之关系、和较角之三角倚数、倍角半角之三角倚数、反三角倚数、三角方程式、极限论、指数级数与对数级数、对数表造法、杂数论及马氏定理、航海术、方程式之三角解法。

上述所规定的算术课程纲要，就是新学制实施后，各个中学算术课程遵循的标准，各个中学所学的课程内容，也要根据以上标准实施。

除了上述在理论上科学教育进行改革，科学教育在实践中，也在不断地尝试、实验，为之后的科学教育，提供了蓝本。

政府颁布"壬子癸丑学制"后，一些学校不单开设了学制中规定的所有关于科学教育的课程，并且自主研发了一些基础性和大众性的关于科学教育的学科，为儿童下一阶段学习理科打好基础。如江苏省立第二女子师范学校附属小学校，就深刻意识到，乡土科对于学生学习自然与地理等课程的重要铺垫作用。所以，该校成立特设乡土科研究会。其会主任杨鄂联指出，"历史地理理科之学无一不与乡土有联络之关系"。"登高必自卑，行远必自迩，设有人欲一跃而登泰岱，一步而出国门，未有不颠且蹶者。乃今之教授历史地理理科得无类似。夫儿童之意识界，只有家庭学校邻里乡党，及环境习见之少数自然物而已，初未尝有历史等科之观念存在，今一旦入高等小学，即课以历史地理之要略，自然物之大要，斯时儿童之基本观念，尚未构成，即强灌以不获直观之种种知识，实未见其有效益，何则？知识必由直观而收得，而类化，而发表，循序渐进，乃无跃等扦格之虞。故初等小学特设乡土一科，先授以浅近之历史地理理科知识，并借以发挥其地方之特色，实深合乎教育原理。"① "盖令儿童就实物而直观则知之真，而爱之笃，不独涵养其爱乡心，且可增教授上之兴味，如步测校地可以为算术之应用，接触自然物可以增理科之知识，游近旁山水可以知地势之大要，所有历史地理理科中所欲养成之理解力，判断力，想象力无一不可于直观教授上立其基础，即无一不与乡土科有联络关系者也。"

因此，杨鄂联仿效日本东京高等师范学校附属小学校乡土科的教授规程，拟订了本校乡土科的具体教授要目，其中。广泛涉及了初级理科的内容。下面以初小第一学年为例，来了解该校的教授要目，如表7-12所示。

表7-12　　江苏省立第二女子师范学校附属小学校初等
第一学年乡土科教授要目②

种别月		要目	教授时数	参考书	备记
一	上旬	锡	三	新理科二三册 商务理科教科书第一册	本月无生物可以直观故以矿物充之
	中旬	铁			
	下旬	银			
二	上旬	梅	三	商务理科教科书第一册 博物学大意 新理科第二册	本校校园产
	中旬	兔			
	下旬	羊			
三	上旬	蝌蚪	三	新理科第一二册 图书公司格致二册 新理科三册	
	中旬	金鱼			
	下旬	菜			
四	上旬	蛙	三	集成理科四册 商务理科教科书一册	本月有春假一周
	中旬				
	下旬	麦			

① 杨鄂联：《初等小学乡土教授之研究》，《教育研究》1913年第8期。
② 杨鄂联：《初等小学乡土教授之研究》，《教育研究》1913年第8期。

续表

种别月		要目	教授时数	参考书	备记
五	上旬	豆	四	新理科一册及三册	
	中旬	蚕			
	下旬	桑			
六	上旬	蝶	三	新理科一二册 集成理科八册	
	中旬	枇杷			
	下旬	鹰			
七	上旬	南瓜	二	集成初等理科七册 商务理科教科书一册	
	中旬	蜻蜓			
	下旬				
八	上旬				本月在夏假期内
	中旬				
	下旬				
九	上旬	荷	三	集成理科二册及一册 中华理科一册 小学理科教材上册	鹅需查动物学专书
	中旬	萤			
	下旬	鹅			
十	上旬	鸽	三	新理科一册 新理科二册	鸽需查动物学专书
	中旬	稻			
	下旬	蟋蟀			
十一	上旬	菊花	三	新理科二册 集成初等理科六册 商务理科教科书二册	本校校园产
	中旬	鸡			
	下旬	鸭			
十二	上旬	金	二	新理科二册	本月下旬将放年假
	中旬	铜			
	下旬				

除了江苏省立第二女子师范学校附属小学校在科学教育中有突出表现外，上海尚公小学也是这个时期小学科学教育的典型代表。尚公小学是由

原商务印书馆私立小学师范讲习所的附属小学演变而来的。其宗旨是"以留意儿童身心之发育，培养国民道德之基础，并授以实用之知识技能"①。该学校对于满六周岁及十四岁以内之儿童，根据学生的学业成绩分配各级肄业。上海尚公小学的教学科目有修身、国文、算术、体操、手工、唱歌。二年起增图画，女生增裁缝。第四年增英语。高等小学的教科目第有修身、国文、算术、历史、地理、理科、体操、手工、图画、唱歌、英语。第三年增商业。② 从其教学科目来看，初小有算术，高小有算术和理科，这都是科学教育在小学教育中的体现。

除了算术、地理、理科正式的科学教育课程，上海尚公小学成立少年书报社，购置了大量中外儿童读本，以引导学生读书。少年书报社的书目种类含有十六种，分别为童话、少年丛书、少年杂志、文学、历史、地学、算学、理科、音乐、手工、小说、尺牍、字帖、画帖、写真画、普通杂志。其中，地学、算学、理科均为科学教育的内容。此外，学校还规定学生在书社读书时。应坚持撰写读书心得，以促进其读"精"、读"深"。

从上表可以看出，《儿童教育画册》《中国地图》都属于科学书籍。从缪栽康的"动物不可鞭笞，为其亦知痛也"和黄邱乔的"香蕉不可多食，多食则生病，印度产鼠最多"。可以看出，《儿童教育画册》是关于科学常识之类的书籍，而承经所读的《中国地图》，则是地学范围的书籍。

随着"壬子癸丑学制"的颁布及实施，中学校在中国大地上迅速地发展起来。这一时期，出现了大量的中学校，如江苏省立第一中学校。现以江苏省立第一中学校为例，简要地介绍一下"壬子癸丑学制"颁布以后的中学校的情况。

江苏省之第一中学校是以江苏省经费设立，本着"完足普通教育造成健全国民并养成实用必需之知识技能"的宗旨。招收学生名额定为四百人。该校的课程，除临时添设及课余游艺外，为修身、国文、英语、历史、地理、数学、博物、物理、化学、法制经济、图画、手工、乐歌、体操。其细目及教授时数如表7-13所示：

---

① 范远波：《民国小学语文教材研究》，博士学位论文，华东师范大学，2007年，第30页。
② 尚公小学校编：《尚公记·第2编》，商务印书馆1916年版，第20—23页。

表 7-13　　　　　　　　江苏省之第一中学校课程表

科目\学年	第一学年	每周周数	第二学年	每周周数	第三学年	每周周数	第四学年	每周周数
修身	持躬处世待人之道	1	对国家之责务对社会之责务	1	对家族及自己之责务对人类及万有之责务	1	伦理学大纲本国道德之特色	1
国文	讲读习字作文	8	讲读习字函牍作文	8	讲读作文函牍及各种应用文字	6	讲读作文函牍及各种应用文字源流	6
英文	发音拼字读法译解默写会话文法习字	7	读法译解默写造句会话文法	7	读法译解会话作文文法	8	读法译解会话作文文法文学要略	8
历史	本国史上古中古	2	本国史近古近世现代	2	本国史近世现代东西各国史	2	西洋史	2
地理	本国地理	2	本国地理	2	外国地理	2	自然地理人文概论	2
数学	算术簿记代数	6	代数平面几何	6	代数平面几何	6	立体几何三角	6
博物	生理及卫生人身之构造个人卫生植物普通植物之形态组织生理分类生态分布应用	3	植物同前学年动物普通动物之形态分类组织生理习性分布应用	3	动物同前学年矿物普通矿物及岩石地质学大要	3		
物理化学			化学无机化学	1	物理力学物性热学同前学年	3	物理光学磁学电学化学有机化学大纲	4
法制经济							法制经济大纲	2
图画	自在画临画写生画	1	同前学年	1	自在画同前学年用器画几何画	1	自在画意匠画用器画几何画	1

续表

科目\学年	第一学年	每周周数	第二学年	每周周数	第三学年	每周周数	第四学年	每周周数
手工	竹工	1	木工	1	金工	1	同前学年工业大意	1
乐歌	基本练习乐典歌曲	1	同前学年乐器用法	1				
体操	普通兵式体操	3	同前学年	3	同前学年战术大要	3	同前学年	3
合计		35		36		36		36
科学教育总课时		9		10		12		10
科学教育比重		25.7%		27.8%		33.3%		27.7%

从表7-13可以看出，江苏省之第一中学校的课程情况。其中，数学、博物、物理和化学等科学教育，在整个中学教学中占有相当多的比重，第一学年为25.7%、第二学年为27.8%、第三学年为33.3%、第四学年为27.7%。从这些数据可以看出，科学教育的比重，有了明显的增加，均在25%以上，尤其是第三学年增长到了33.3%，可见科学教育的发展。此外，相比于"壬子癸丑学制"刚出台时期的科学课程设置，江苏省之第一中学校的科学课程，有了变化，比重有了增加。由此可见，随着时代的发展，社会的进步，人们越来越认识到科学教育对个人、对国家、对社会的重大作用。因此，对中学科学教育越加重视。

除了"壬子癸丑学制"实施之后的江苏省之第一中学校之外，在1922年新学制颁布实施后，北京高等师范学校附属中学也成为这一时期的代表。

1922年，该校主任林砺儒主持学校组织新学制讨论会，决定实施"六三三制"新学制。他认为：中学教育是全人格教育，其基本任务是文化教育，是人们需要的普通文化修养的最高水平。学校设初级中学、高级中学。高级中学暂设普通科及女子师范科，普通科分为第一、第二两部。初、高两级修业年限各三年。采用学科制。学科分必修、选修、专习三种，选修科分共同选修及各科选修两种。初级以修满 170 学分为毕业；高级以修满 100 学分为毕业。初级各班，以四十人为定额；高级以三十人为定额。①

此外，林砺儒认为，教育要培养学生发现问题与解决问题的能力，而且要注重学生科学知识的系统建构。在高中增设了第二外国语、解析几何、微积分初步、初等力学、电磁学、分析化学等课程。另外，为引导学生积极锻炼体魄，在全校普及体育活动。

二　中小学科学教育教科书的演变

在中国学习和引进西方先进科学的过程中，近代科学教育教科书发挥了举足轻重的作用。尤其是近代中学科学教科书，在介绍西方自然科学到创建本国科学体系的发展历程中，对名词术语的翻译、确立、传播等方面，产生了积极的影响。

（一）以编译为主的中小学科学教育教科书

由于受到鸦片战争的冲击，中国人开始开眼看世界，除了一些外国传教士带来的科学书籍外，我国的先进知识分子，也陆续翻译了一些外国科学著作，如林则徐译的《四洲志》、魏源译的《海国图志》等，其中，介绍了世界地理及西方的先进科技。但是，这时没有出现专门的小学科学教育教科书。洋务教育中的科学教育的影响，也体现在儿童的教育读物上，这些读本包含了丰富的科学内容，促进了初等教育的近代化。例如，1874年 2 月，在福州创办的《小孩月刊》，其内容就包括了博物和科学，这是中国最早的儿童科普报纸。然而，在这一阶段，虽然传统小学教育受到了挑战，但仍然占据着主导地位。

在维新运动的过程中，随着新式小学堂的兴办与发展，新式教材也应运而生。当时的新式小学堂，为了教学的实际需要，各显神通，有的是学堂自编教材、有的是知识界改编的传统小学教材，有的是文化出版机构编译的教材等。如 1897 年叶瀚编著的《植物学歌略》和《动物学歌略》、1901 年徐继高编著的《算学歌略》等。此外，新的儿童读物，也如雨后春笋般涌现，如《算学报》《蒙学报》《蒙童报》等。这些儿童读物都包含了西学的内容，表现出科学教育已经在新式小学堂中落地生根了。

---

① 《国立北京师范大学附属中学校一览》，京华印书局 1926 年版，第 7—11 页。

在中学，作为洋务学堂的天文算学馆使用的教科书，主要有李善兰编著的《同文馆算学课艺》、李善兰和伟烈亚力译的《代数学》。其中，基督教士对科学教育教科书的启用和发展，起了重要作用。基督教士翻译和编订了很多科学教科书，如《算法全书》《数学启蒙》《代数备旨》等。其中，《代数备旨》备受欢迎，到1907年就刊印十次，直至1917年才结束。

1840—1902年，我国的中小学科学教育教科书，正处于酝酿与萌芽阶段，为以后的中小学科学教育教科书的发展，打下了基础。

随着清末新政的实施，新式小学快速地发展起来。而旧的教科书，已不符合小学教育的需要，编写新的教科书，势在必行。因此，清政府成立编纂处，组织编译教科书。在科学教科书方面，初小有《心算教授法》《小学新理科书》。高小有《最新高等小学珠算教科书》《小学新理科书》《新式矿物学》《实验化学教科书》等书。除了学部编译的教科书，商务印书馆、文明书局等民间机构，也纷纷加入编译教科书的大潮中，1902年，商务印书馆成立编译所。

由于清末"壬寅学制"和"癸卯学制"的颁布，清政府对小学的课程，做出了具体要求。由张元济主持的商务印书馆，根据两个学制规定的学堂章程，编制了一套初小和高小的教科书，名为《最新教科书》。其中初小的科学教科书，有《笔算》6册、《珠算》2册，高小有《珠算》4册、《理科》4册、《算术》3册。1910年，商务印书馆出版了寿孝天编著的《简明初小笔算教科书》4册、严葆成编著的《简明高小格致教科书》1册。

1911年，商务印书馆还出版了《平面几何画法》、查理斯密的《初等代数》译本，还有《实用几何初步》和《高等小学算术书》等。此外，20世纪初，留日的虞和寅编辑《博物学教科书》。在这本书中，每一课动植物的类属，都要标明，对"动物界"的纲目、种属和名称，也会进行简要介绍。这些科学教科书的编译，对当时我国小学的科学教育的发展，起到了重要的推动作用，使科学教育有了具体的载体。

从1902年厘定"壬寅学制"至1911年清朝灭亡这十年内，中学科学教育教科书，翻译或编译的较多，自编的较少。从1904年出版第一册，到1907年，第一套完整的中学数学教科书诞生。"晚清唯一一套完整的，始终是最重要、最有影响的中小学教科书是商务印书馆的《最新教科书》……《最新教科书》由各年级、各课程组成。"① 其中，包括谢洪赉编译的美国费烈伯与史德朗原著的《最新中学教科书三角术》。

随后，中学科学教科书在中国大地上，如雨后春笋般地涌现出来。如国人自编的有：1904 年，上海开明书店出版的秦沅自编的《中学数学教科书》；1908 年，商务印书馆出版的沈玉钰自编的《中学数学教科书》。国人编译的有：1904 年，商务印书馆出版的谢洪赉编译的《最新中学教科书》；1906 年，上海东亚公司出版的周达编译的《新几何学教科书（平面）》；1907 年，商务印书馆出版的谢洪赉编译的《最新中学教科书三角术》；1910 年，文明书局出版的张廷金编译的《几何画教科书（上、下卷）》等。在这十年中，中学科学教育教科书从无到有，到渐入正轨，体现出了国家对中学科学教育的重视。与此同时，也表现出了科学教育在学校中得到了实施与发展。

辛亥革命推翻了封建统治，建立了中华民国。为了发展教育，民国教育部颁布了一系列教育政策，制定了"壬子癸丑学制"。与此同时，在通过的改革教育法令中提到，要按照共和国宗旨废除或修改清末教科书，编写新教科书。同时，国家加强对教科书的管理，强调服务教学的原则，实行教科书审定制。教育部于 1912 年 9 月 13 日，颁布了《审定教科用图书规程》，其中，规定初等小学校、高等小学校的教科用图书，可以自行编著，只需要交由教育部审定；编订教科用图书，根据《小学校令》，须合乎部定学科程度及教则之旨趣；审定有效期限为五年，已经审定的图书，将登政府公报公布，实行教科书审定制。②

民国时期的小学教科书，大部分是由商务印书馆和中华书局编写和出版的，教育部负责审定与发行。1912 年颁布的《普通教育暂行办法通令》中规定，"凡各种教科书，务合乎共和民国宗旨，清学部颁行之教科书，一律禁用"。在这一时期，我国中学教科书采用自由审定制。同年 9 月，教育部颁布了审定教科用图书规程十四条，列举以下几条以了解其原则："一、中学校教科用图书，任人自行编辑，惟须呈请教育部审定。二、编辑教科用图书，应依据中学校教育令……四、图书发行人应于图书出版前

---

① 汪家熔：《民族魂——教科书变迁》，商务印书馆 2008 年版，第 55 页。
② 《教育部公布审定教科用图书规程令：部令第九号（中华民国元年九月十三日）》，《教育杂志》1912 年第 7 号。

将印本或稿本呈请教育部审定……十二、各省组织图书审查会，就教育部审定图书内择定适宜之本，通告各校采用。"①

1912年秋，商务印书馆出版了《共和国教科书》。在科学教育教科书方面，初小有《新算术》《新珠算》，高小有《新算术》《新理科》。1913年，商务印书馆出版了俞子夷译成的《新体算术》。随后1915年，商务印书馆又出版了一些科学教科书，如傅运森编著的《共和国教科书自然地理》1册，北京教育图书社编著的《理科教科书》6册等。由于商务印书馆非常注重质量，其编译的教科书被中小学普遍选用。故此，商务印书馆编译的科学教科书，在中小学广受欢迎，促使科学教育在中小学得到快速发展。

在科学教育教科书发展方面，中华书局也做出了较大的贡献。1912年11月，中华书局在上海成立，相继出版了多种新制教科书，包括《新制初小教科书》《新编初小教科书》《新制高小教科书》《新编高小教科书》等。这些教科书覆盖各个学科，包括科学教科书。例如，《新制高小教科书》中就有顾树森编著的《理科》。

1912年，依照新学制的要求，商务印书馆出版了一套"共和国教科书"，其中，关于中学科学教育教科书就有1913年寿孝天自编的《共和国教科书算术》。这时的中学科学教育教科书，还包括1913年中华书局出版的赵秉良自编的《中华中学代数教科书》，1913年商务印书馆出版的马君武编译的《中等平面三角新教科书》，1915年商务印书馆出版的赵秉良编译的《学算术新教科书》等等。此外，商务印书馆出版的《共和国教科书化学》，中华书局出版的《新制化学教本》和《中华中学化学教科书》，都是当时较为受欢迎的化学教科书。

在这一时期，我国的中学科学教育教科书，得到了有力的发展，以数学为例。据统计，当时中学自编算术9种，代数14种，几何12种，三角9种，编译的共有19种。② 出版商以商务印书馆、中华书局为最多。从此就可以看出，当时中学科学教育教科书之繁荣。

（二）以自编为主的中小学科学教育教材

鸦片战争打开了中国的大门，而中日甲午战争使中国深受刺激，中国

---

① 郑鹤声：《三十年来中央政府对于编审教科图书之检讨》，《教育杂志》1935年第7期。
② 张伟：《中国近现代数学教科书发展史研究》，硕士学位论文，内蒙古师范大学，2008年，第34页。

展开了向日本学习之路。在数学等科学教育方面，清末科学教育教科书的编写，多是仿照日本，带有浓厚的日本教科书的烙印。直到1913年，俞子夷从美国译成的《新体算术》，中国的科学教育教科书，才打破了单一仿照日本教科书的局面，开始引进和翻译欧美等国的教科书，并逐步实现自编科学教育教科书。

随着五四新文化运动的开展，教育领域受到了很大影响，"民主""科学"深入人心。而这时的白话文运动，更为科学教育教科书的编写，提供了有利条件。这一时期的教科书，仍然实行审定制。1920年，为了加快白话文的普及，商务印书馆出版了一套《新法教科书》，以供小学实用。在科学教育教科书方面，初小有《算术》《珠算》《自然研究》，高小有《算术》《珠算》《理科》《自然研究》。同期，中华书局也出版了《新教育教科书》，以供学习使用，其中包含科学教育教科书。1922年"新学制"颁布后，商务印书馆和中华书局，也出版了《新学制教科书》。

1923年，商务印书馆出版了《新学制算术教科书》，包括《新学制初小算术》8册、《新学制高小算术》4册、《新法后期小学算术》4册。从总体上说，这套《新学制算术教科书》较以往的教科书，在难度上有所下降，但是，在教学内容、排版方面都有所创新，有了一定的进步性。除了算术，各地自然科的教科书，主要采用的有1923年商务印书馆凌昌焕编著的《自然》、1924年商务印书馆杜亚泉编著的《自然》和世界书局姜文洪编著的《自然》。此外，各地可以根据实际情况，自行编写教科书。

1922年新学制颁布后，我国中学实行"三三制"，即初中高中各三年。而中学教科书为了适应新学制的要求，也进行了更新。这一时期的教科书的编纂出版工作依旧奉行审定制。此时出版的中学科学教育教科书，主要有商务印书馆出版的《新学制教科书》和《现代初级中学教科书》，中华书局出版的《新中学教科书》。但是，前期所编的教科书，有的也仍继续刊行。

此外，1924年，科学会还出版了一套《实用主义教科书》及一套《中等教育教科书》，其中都包含着科学教育教科书。

具体而言，中学科学教育教科书，还有1923年商务印书馆出版的《现代初中教科书植物学》和段育华自编的《混合算学教科书》六册，1926年商务印书馆出版的张彝编译的《汉译温氏高中几何学》、商务印书馆出版的贾丰臻编写的《初等实用化学教科书》、商务印书馆出版的杜亚泉编写的初中学生用书《自然教科书》6册，等等。在这一时期，中学科学教育教科书，由于受新文化运动与新学制的影响，所以备受重视，并且得到了长足的发展。

在南京国民政府时期，我国小学的科学教育教科书，得到了快速发展，大量优秀的小学教科书涌现。教科书是体现教育内容的最直接的表现形式，1927年，南京国民政府成立后，对于小学教科书，仍实行审定制，南京国民政府为了贯彻党化教育方针，规定要从速审查和编写教科书。1929年，通过了《教科图书审查规程》。1932年6月，设立国立编译馆，建立"中小学教科用书编辑委员会"，审查教科书。

20世纪二三十年代科学教育教科书方面，具有代表性的小学算术教科书，要数商务印书馆出版的《复兴算术课本》，这套课本包括：许用宾等编著的《复兴初小算术》8册、宋文藻等编著的《复兴初小珠算》2册、胡达聪等编著的《复兴高小算术》4册、宋文藻等编著的《复兴高小珠算》2册。

此外，中华书局出版的新课程算术课本、新中华书局出版的算术教科书、世界书局出版的算术课本等，也在部分地区使用，影响颇大。[①] 小学自然教科书的代表，有1933年上海中华书局出版的韦息予、孙伯才编著的《小学自然课本》4册，1930年上海中华书局出版的杨卿鸿等编著的《新中华自然课本》4册。

三　中小学科学教学方法的演变

（一）以记诵为主的中小学科学教学方法

1840年，清政府被迫打开国门，一些有识之士，纷纷展开救亡图存运动。如洋务派在教育领域主张学习西学，但是在教学方法上，仍是原来私塾的讲法。直到新式中小学堂的创办后才采用了新式的教学方法。维新派人士认为，旧的教育方法都以记诵为主，启悟者少，所以主张启发式教学。课堂教学要遵循由浅入深，由俗入雅的原则，采用通俗易懂的口头语言进行课堂讲授，使学生易于理解。

维新派的主要代表人物梁启超十分重视教学方法的改革。他认为，旧

[①] 《教科书介绍》，《教育杂志》1929年第21卷。

的教学方法已不适应社会要求,他说:"中国四万万人之才之学之行之识见之志气,其消磨于此蠢陋野悍迂谬猥贱之人之手者。"① 所以,梁启超采取了新的教学方法,来改变这种情况。他反对体罚,主张学以致用,要引起学生的兴趣,这些关于教学方法的新的想法,表明教学方法是在不断进步中,体现了其科学性的一面。但是,需要指出的是,1840—1902年,在中小学的科学教学方法上,虽然采用了启发式教学,但仍是以记诵为主。

(二) 以讲解为主的中小学科学教学方法——五段教授法

对于中小学科学教学方法,《钦定学堂章程》和《奏定学堂章程》进行了规定。《钦定学堂章程》对班级授课制作了规定。随后的《奏定学堂章程》也明令学校采取班级授课制。其中规定:"初等小学堂的教学,须尽其循循善诱之法,不宜操切以伤其身体,尤须晓以知耻之义。"② 而且还规定"夏楚只可示威,不可轻施,尤以不用为最善"。③ 对于高等小学堂来说,"学童至十三岁以上,夏楚万不可用"。④ 这些教育方法的改良,虽然还不够彻底,但相对以往教学不尊重儿童,滥施体罚的传统,是一个重大的改进。在教学方法方面,强调中小学的教学方法要"以讲解为最要",防止死记硬背。

随着教育改革的不断推进,科学教育在清末时期中小学堂,已经全面地铺展开来。在中小学堂中,不仅开始传授自然科学知识,而且先进的教学方法,也从西方引进而来。从晚清洋务教育到清末"新政"这一时期,以赫尔巴特为代表的传统教育,在西方教育界仍占主体地位,教学形式阶段论、班级授课制等先进教学方法,被引进了中小学课堂,如五段教授法、单级教授法。在科学教育不断发展的过程中,不仅教育内容不断革新,而且教学方法也在实践中不断改良,这些都体现了国人为了救亡图存,在教育方面所做的努力。

现以五段教授法为例具体说明。据参与推行此方法的俞子夷的回忆,在推行该方法的过程中,留日师范生和应聘来华的日本教习起到了重要的推动作用。俞子夷认为:在初期,"五段法仅仅在讲义或口头谈话中推行,小学课本里很少出现"。并且十分肯定在1903年由张謇创办的"南通师范

---

① 陈学恂主编:《中国近代教育文选》,人民教育出版社1983年版,第148页。
② 舒新城编:《中国近代教育史资料》中册,人民教育出版社1981年版,第426页。
③ 舒新城编:《中国近代教育史资料》中册,人民教育出版社1981年版,第426页。
④ 舒新城编:《中国近代教育史资料》中册,人民教育出版社1981年版,第440页。

实习小学里，五段法是常用的"①。但是，这时的五段教授法，并未得到普及，大约1907年以后，"五段教授法"才逐渐在中小学发展起来。

自清末兴办学堂以来，中国教育界就提出教学方法的改良。民国初年，中小学教学方法，历经清末学制改革时期对旧私塾教法的改良，以及赫尔巴特"五段教授法"引入普及后，基本上形成了三种较为典型的教学模式，分别为个别教学法、"五段教授法"、自学辅导法。为了更加详细地了解当时的科学教育的教学方法，现列举两个科学教育的教案。一是1915年，上海尚公小学的理科校外教授案，二是当时运用赫尔巴特"五段教授法"的典型教案。

1. 上海尚公小学校外教授案②

时间：四月

教员：陈文钟

年级：高等小学校第一学年

教材：油菜害虫墓地铁路

目的地：近校之园林（学校西北约三里许有陈家花园，园中有墓地一方，左水池、右菜园，四周遍植冬青树，亭台二三、花木千株，无尘俗气，归时经淞沪铁路旁）。

方法：

（1）油菜当三四月间四野园圃遍地黄色者即油菜之开花也，花瓣有四彼此队列作十字形，等亦四片形状亦如之，故曰十字花，雄蕊六枚，四长二短，名曰四强雄蕊，此为十字科之特性，蕊之上端曰花药，中有花粉，下端旁有绿色小球分泌蜜汁，雌蕊一枚，上曰柱头，下曰子房，子房即结实处也。

（2）害虫菜圃中有食叶之青虫是为害虫。害虫虽非一种，然在油菜叶上者其色青，与菜叶相同，所谓保护色是也，其形如蚕即为螟蛉。

（3）墓地陈氏园中有园主永皋墓，清封资政大夫，想亦一绅宦也。墓高二尺余，周数十步，以塞门德浇成，故平坦无隙，上置瓷凳数具，以备游人休憩也。

---

① 朱有瓛主编：《中国近代学制史料》第二辑下册，华东师范大学出版社1988年版，第321页。

② 陈文钟：《尚公小学校外教授案》，《教育杂志》1915年第6号。

（4）铁路此路为沪宁铁路之支路，曰淞沪铁路。东北连吴淞，长约四十余里，西与沪宁线接，经苏州、常州至江宁长约七百余里。

训练：

（1）油菜之果实为狭长之荚，荚中藏子数粒，可以榨油，其茎叶可充食品，如白菜、荚蔽等其花皆成十字形，与油菜相类，故总称曰十字花科植物。

（2）油菜间食叶之害虫日后变化而为种种之蝶。凡植物之虫媒花，其雄蕊之花粉传达于雌蕊中而后结实，然必籍昆虫为之媒介，蝶喜食花蜜善传花粉，颇有益于植物，故凡物之有害者往往亦有利也。

（3）墓地为祭祀祖先之处，设备当求整齐，今观此墓精洁若斯，其后嗣之孝思于此可见一斑矣。

（4）世界进化交通便利建筑铁路于各方面均有关系，如铁路交通之处商业必发达尤为显著者也。

参考：

（1）油菜之雌蕊子房内储胚珠，开花后所生之种子即胚珠受花粉而结成者也，如油菜桃等因虫类而送花粉者谓之虫媒植物，如松稻麦等则谓之风媒植物。详见表7-14。

表7-14　　　　　　　《上海尚公小学校外教授案》资料

植物	虫媒	花美有香与蜜，花粉重而有黏性
		其量少
	风媒	花不美无香蜜，花粉干而轻
		其量多

（2）此等害虫即蝶类之卵所孵化实为蝶之幼虫也，渐长则外被坚膜，吐丝自缚于篱垣间则为蛹，数日之后脱膜而出羽化成蝶，此等之虫常随生长而变其形态，谓之花虫三变态。

（3）墓地有族葬散葬之别，族葬凡一族之人归之一地，散葬则散在四处也。族葬有二利——占据地面不广，不减灭天产物一也，后世子孙无遗忘之弊二也。今学校中定有春假，值清明扫墓之时报本追远即当于此时期中行之也。

（4）中国铁路自造者少外人承办者多，筹款自造者如京津、京张等路，足外人承办者如沪宁、津浦等路，是统观中国所筑铁路外人承办者约有四之三，筹款自筑者仅有四之一耳，人尝有言"中国铁路所筑之处即为外人势力所到之处"斯言诚不欺也。淞沪铁路清光绪二年由英商怡和洋行经营之，继而清两江总督沈葆桢购回拆毁。至丙午年，以京汉铁路官款二百五十万就原线敷设之，今归并沪宁为支路。

这个教案所展现的理科教学方法与《壬子癸丑学制》规定的"教授理科务须实地观察"是相契合的。儿童借助实地观察，可以得到很多直观具体的经验。这样有助于激发儿童热爱自然、研究自然的兴趣，较之单纯的教室演讲法更具有科学和趣味性，这种教学方法非常适合教授低年级儿童来学习自然科学。

2."五段教学法"物理教案[①]

题目：物体在水中减失重量

预备

物比水轻则浮，物比水重则沉，沉则重水比物，浮则轻水比物。

比水重之物浸于水中，较空气中有何差异。

由何种经验而知物浸水中时必减失重量。

欲证明事实之确否，请观察次之实验。

提示

（1）试观此天秤（天平），成水平面，由是知悬于两端之物，其重量必相等。

今将悬于圆筒下之铜柱，浸入水中则沉（实验）。

其结果如何……令此天秤（天平）失其水平面，悬铜柱之一端渐仰，而他端渐俯。此何故耶？盖铜柱浸入水中，其重量必减少故也（决定）。

（2）然则铜柱减少若干重量，用何法可以计算。

试观次之实验。铜柱可套入圆筒中，是知铜柱之容积与圆筒内空虚之容积相等。（试验时当取铜柱放入圆筒中以示事实之正确）今荡盛水于圆筒中，水之容积与何者相等——与铜柱之容积相等。

如前之试验，再浸铜柱于水中……则天秤仍其水平面……何故。

---

① ［日］森冈常藏：《各科教授法精义》，上海商务印书馆1902年版，第297—298页。

末后所加之水之重量，等于铜柱浸入水中后减少之重量，其理甚明。

然则铜柱浸入水中后，所减少之重量，复与何者相等。就以上实验所已知者，诸生能决定此问题否？

铜柱所减之重量，等于排去之同容器之水之重量（决定）。

连接

滞重之大石，在陆上不能摇动之，在水中可以摇动之。何故？此大石在水中，减少若干重量？

总括

令儿童各出笔记簿，将次之要项记入：

（1）物沉于水中减失其重量。

（2）其所减之重量等于排去之同容积之水之重量。

赫尔巴特的"五段教学法"，是由日本传入中国的，当时的人们普遍认为，"赫尔巴特之五段法，诚适切于理科教授法"①。所以，这份物理教案就采用了"五段教学法"。这种教学方法可以清楚地展示讲授理科知识的详细流程和细节，如实验的部署、对学生的发问、学生的笔记等。赫尔巴特的"五段教学法"，是在中小学进行科学教育的有力方法，体现了中小学科学教学方法的逻辑性及科学性。

此外，"五段教授法"是当时小学教学的主要形式，在教学实际应用中，有"注入式"与"启发式"两种应用形式。在顾树森的《京津小学参观记》中，这两种教学形式都有具体体现。《京津小学参观记》一文中记载的天津模范小学高等第三年级算术课程教授分配比例，"不用教科书，教师先出练习题于黑板，令儿童各录于练习簿额上，然后教师讲解题之意义，用启发式问答，继又令儿童各自演算，教师巡视周围而订正之"②。

此外，还有自学辅导法。自学辅导法是在1914年前后传入小学教育界，主要是在小学三年级以上的各个年级实行。它主张学生自学，在自学的过程中，发现并提出问题，然后，由老师给予指导和讲解。如1916年10月，在《教育杂志》第10号刊登的杨洋《算术科之自学辅导法》一

---

① 罗振玉：《教授训练：理科教授法》，《教育世界》1904年第85号。

② 朱有瓛主编：《中国近代学制史料》第三辑上册，华东师范大学出版社1990年版，第269页。

文，就详细地介绍了这种教学方法的基本结构。无论是"五段教授法"，还是自学辅导法，都是教育方法不断改良的体现，也是科学教育的有力推动条件。

（三）设计教学法和道尔顿制的引入

20世纪20年代前后，中国的有识之士发起了新文化运动，"民主与科学"深入人心，出现了科学教育思潮。科学教育思潮对之后中小学科学教学的改革，产生了两方面的影响：一是科学教育思潮拓展了自然学科的课程内容，并提升了科学知识的意义。二是科学教育思潮把自然科学方法放大成为学校教学的普遍方法。小学科学教育内容的扩展，教学方法的引进与提升（设计教学法、道尔顿制），教材的改编及白话文的普及，都体现了这个时代科学教育所独有的特色与光辉，其中，教学方法的引进与提升，更在其中扮演着重要的角色。

在新文化运动以前，中国社会深受日本影响，而从日本传入中国的赫尔巴特的"五段教学法"，在教育界备受重视。"适切于理科"的"五段教学法"，在中小学关于科学教育的教学活动中，被广泛运用，但由于这种方法本身存在的弊端，以及在教学实践的机械应用，使其逐渐僵化。在教学中只注重教师的主体作用，而忽视学生的主观能动性，对科学教育的发展，产生了阻碍。因此，科学教学方法改革势在必行。设计教学法和道尔顿制因势传入中国，中小学对这些新式教法非常感兴趣，纷纷加入新教学法的实验中。但是，这种新式教法，以儿童为中心，忽视教师的主导作用，一定程度上降低了科学知识学习的程度与质量。

设计教学法的创始人，是美国进步主义教育家克伯屈（William Heard Kilpatrick，1871—1965）。其主张由学生自己决定学习内容与目的，并在学习的过程中，发展自己解决实际问题的能力。设计教学法废除了班级授课制，打破了学科界限。虽然设计教学法是一种新的教学方法，但是它与启发式、注入式教学法，都存在着一定的联系，只是更注重学生的主动性与独立性，旨在培养学生知行合一的能力。1919年后，我国教育界正式研究和试行设计教学法。我国学者把设计教学法分为四步，分别为目的、计划、私信、批评。首先是在由俞子夷主持的南京高等师范附小（即后来的东南大学附小）试行。

1920年，沈百英、顾西林在俞子夷的指导下，在江苏第一师范附小一年级进行设计教学法的实验。沈百英回忆到："没有上课、下课，也没有课内、课外，也不分科目……半年以后，调查一下，学的能力还是不差的。因为他们自己喜欢学，学的效果也就比较好。"1921年，全国教育会联合会颁布了《推行小学校设计教学法案》，呼吁全国开展对设计教学法的研究与实验。1924年，设计教学法的研究与试行达到了高潮。

现以小学算术学习片的编制过程为例，来展现设计教学法在算学科中的运用。①

（1）先编制学习片的内容纲要，共24组。如：第一组。

1）数员的环境事实：每日游戏和作业以及衣、食、用品等所发生的度量问题；参观杂货店、食物店、布店所见的度量器具和依照各种度量衡器具计算的物价。

2）应用的计算单位：切实指导寸、尺、丈、丈尺、尺寸、尺寸分等单位的实际问题。

3）需要的计算：10以内的加减；2的乘法和除法；100以内的加减；加法、减法的算式。

4）做成习惯的材料：用本组材料编制系统的基本四则闪烁练习片。

初步算术练习片。

（2）调查算术学习的时间（新学制规定算术学时占总学时的10%）以及注意事项。

（3）编制学习片。现举第一组里面一篇题为《装饰教室》的内容如下：

装饰教室

今天装饰教室，昨天买来的四张绸纸，该怎么用法？大家想法子。

还有别的装饰品，怎样布置？

现在我们要做下面两件事：①用尺量教室多长？多宽？多高？要量的正确！各人记在练习簿里。②再量绸纸多宽？多长？我们决定剪成一寸宽一条，每张绸纸可剪成几条？每条可伸出多长？各人记在练习簿里。

---

① 马静轩：《设计组织的小学算术学习片编制法》，《教育杂志》1929年第11号。

法子想好了，分组装饰起来！
别的装饰品也在今天装饰好！
大家对丈、尺、寸的计算不纯熟吗？明天我们做练习片子。

道尔顿制的创始人，是美国进步教育家伯克赫斯特。其特点是废除年级和班级授课制，实行个别单位的教学，但是，仍要保持各学科的界限。国内最早试行道尔顿制的是近代教育家舒新城。1922 年 10 月 1 日，道尔顿制正式在吴淞中学国文科试行，紧接着一些小学，如东南大学附小也开始试行道尔顿制。实施道尔顿制的过程中，不同学科也存在着差异，如在算术学科，人们普遍采用谨慎的态度。因为它的理论性较强，如果学生自习时，没有教师的适当指导，不能彻底理解，尤其是在"前后关联处、理论曲折处、公式变化处，以及题之独解与多解"①，需要教师详细说明。1927 年，道尔顿制在全国的试验已基本停止。

设计教学法和道尔顿制，在民国初年广受欢迎，是因为他们迎合了国内反传统教学的潮流，但是，由于没有结合中国实际的情况，没有在中国的大地上生根，不久就悄无声息地消失了。但是，这种新式的教学方法，仍然给我国的教育界，带来了一阵清流，其重视学生的主观能动性，宣扬科学精神对科学教育的发展的做法，仍起到了不可忽视的积极作用。

教学方法是教学具体实施环节中的一个极其重要的因素，对于科学教育而言更是如此。自然科学知识相对于其他文科知识，更具逻辑性与理论性，需要教师进行详细的诠释。因此，更加需要科学的教学方法。如俞子夷曾认为："教材与教法，仿佛是车上的两轮，飞鸟的双翼，相辅而行，缺一不可。"② 可以推断，教学方法的重要作用在这一时期已达成共识。

1927—1937 年，国内处于相对平稳的环境。在科学教育方面，诸多学校采用的教学方法仍然是 20 世纪 20 年代从美国传入的"设计教学法"。1927 年，设计教学法的中心人物，基尔帕特里克访华，进一步推动了设计教学法在中国的广泛传播与运用。

在初等教育阶段，以自然科为例，1932 年颁布的《小学课程标准总纲》，提出了教学通则 15 条，对自然科的教学方法，做了详尽规定。小学

---

① 沈涤生：《道尔顿制下数学学程之讨论》，《教育杂志》1923 年第 12 号。
② 王权主编：《中国小学数学教学史》，山东教育出版社 1996 年版，第 200 页。

的科学教育,要符合儿童的心理发展规律。所以,在自然科的教学方法方面,强调"联络教学"的方法,注重单元设计。在实际科学教学中,小学自然科的教学方法,倾向于"问题教学法"和"单元组织法"。现列举一所实验小学三年级第一学期常识科教学中,关于自然方面所设计的部分问题。①

(1) 怎样布置我们的校园使得美丽?
(2) 怎样种菜?
(3) 怎样种蚕豆?
(4) 燕子到秋天为什么不见了?
(5) 烟酒为什么吃不得?
(6) 棉布是哪里来的?
(7) 稻为什么要在三四月种起?
(8) 我们穿的衣裳,热天大抵是白色的道理?
(9) 不倒翁怎样不会倒的?
(10) 万花筒怎样会有各种花纹的?
(11) 寒暑表怎样可以看温凉的?
(12) 定风针有什么用?
(13) 阴雨天看不见滩羊,是什么道理?
(14) 我们紧闭了嘴,掩塞了鼻管,为什么觉得不好过?

可见,中学课程纲要对于此时各学科教法要点,都做出了规定。例如,在《高级中学物理课程标准》中,就规定了九个教法实施的要点:①各部分之教材应以初中物理学课程内容为起点,逐渐授以物理学上所用之初步方法,使学生对于物理的现象得进一步之了解。教材万不应以大学物理之袖珍缩本;②讲解之时,务必多做简单实验表演,以佐学生了解各原理之意义;③务使学生透彻了解各原理及定义之意义,不宜令其徒小背诵字句;④宜特别注意物理学上之应用,不必高谈理论及学说;⑤宜山教员领导学生前往参观与应用物理有关之场所;⑥须由教员多拟或选简单实用问题为习题,使学生知如何应用各原理以解答之。计算之习题应督促学

---

① 承炳锡:《常识课程选择的一个试验》,《中华教育界》1930年第3期。

生每周按规定时间交入，并能详细改正后发还；⑦应鼓励学生质疑。凡遇学生发问时，应由教员另设较易解决之问题，以逐步引导其自行解答疑难之途径；⑧如遇学生人数超过20人时，问题讨论应分为若干组，每组人数至多以20人为限。分组之时，须由才能相当之学生（例如由其初中物理成绩及初中高中算学成绩制定之）分在同组；⑨应多多举行笔试。试题以属于计算及解释者为宜。背诵定义及定律一类之题目，皆应避免。①

由此可见，官方对于中学物理教学方法的规定，强调实验教学、日常练习和考试相结合。但是，在实际教学中，一般中学的科学教育，只停留在讲述书本知识而不做实验的层面上。

（四）探索新的教学方法

上文提到的上海尚公小学为了启迪学生心智，积极创新教学方法。该校的校长叶圣陶，为进一步探索实验教学，和其他两位老师曾一起带着学生进行"修学旅行"。在进行"修学旅行"之前，老师需要做准备工作。叶圣陶做足了功课，把和这段短途旅程相关的文学、历史、地理、植物等知识联系起来，编制了《校外教授案》。在旅行的过程中，向同学们讲述名胜古迹，并且一起采集动植物作标本。旅行回来之后，让学生写游记、画画等。在远足昆山之后，叶圣陶又带领学生参观上海美华利钟表制造厂、商务印书馆印刷所。

在参观之前，叶圣陶照例写了两份详细生动的《校外教授案》，结合参观内容，重点讲述钟表和印刷术的发展史。在这种活动学习中，教师在探索实验教学，为此进行大量准备，如编制《校外教授案》，以便学生在"旅行"的过程中，能够全面了解及掌握知识。

在对待学生方面，叶圣陶反对教师主观臆断，认为所有孩子都是美好与平等的。他说："决不将投到学校里来的儿童认作讨厌的小家伙，惹得人心烦的小魔王。无论聪明的、愚蠢的、干净的、肮脏的，我都要称他们为'小朋友'。"② 教师高士英也认为训育表现不佳之"劣等"儿童，"不应有技穷之时。人之秉质，无论若何蠢陋，皆可侵淫涵育，使臻纯粹。然则劣等儿童之彷徨歧路，其咎在教师不能考察各人之特性，而活用启发之方，允不疑义矣"。所以，他主张在教学上应注意学生分组，施复式教授；

---

① 《教育部颁行中学理科课程标准新旧之比较》，《科学·教育》1936年第1、2合期。
② 叶圣陶：《叶圣陶教育名篇》，教育科学出版社2007年版，第37页。

养成问答之习惯;授课前之考察;讲解前反复征引,务使得正确之观念;终业后之订正,倘幼童尚未完全明了,有含混处,重为剖析。①

尚公小学在教学上注重引发学生的兴趣和好奇心,因"儿童求学,爱来学校。学校应其求,乃授之以课程。知勉强注入之徒劳也,知利用儿童求知心之事半功倍也"②。在教授方法上,主要采用自学辅导主义,课前令之预备,课后复令温习,务以养成其自力研修之习惯。叶圣陶儿子叶至善曾在尚公小学读书,他后来回忆:"我模糊地体会到,老师们一直在试验一种比较新的教育方法,就是要增进学生对社会的认识,培养学生各种处事的能力。"③

除了上海尚公小学积极探索新的教学方法之外,北京高等师范学校附属中学也积极探索。该校教师"勉尽绵薄以期学生获得关于自然界之常识,固无所谓教学法也,然就所经验者言之,实亦不尽无法"④。第一种方法是讨论式教学法或启发式教学法。这种教学法是指教师在每次授课之前,对教材进行预备,并且参考相关书籍以预储学识。然后,对教材内容进行整理,分其轻重,编成若干问题;在授课时,教师提出问题令学生相互讨论,学生方面宜注重笔记。第二种方法是师是自动式教学法。这种教学法注重学生自主自动,在未授课前教师就教科书拟出若干研究题目,并指定一些书籍为参考书,令学生研究,并将所得各自编成简明之讲义;在授课时让学生报告研究结果。

经过这一系列的努力,高师附中风气逐渐好转,教学质量提高,成为当时一所全国知名的学校。

---

① 尚公小学校编:《尚公记·第二编》,商务印书馆1916年版,第2—5页。
② 朱有瓛主编:《中国近代学制史料》第三辑上册,华东师范大学出版社1990年版,第172页。
③ 黄书光:《中国社会发展变迁的教育动力》,上海教育出版社2014年版,第139页。
④ 国立北京师范大学附属中学:《北京师范大学附属中学四十周年纪念特刊》,1941年,第46页。

第八章　科学教育的普及

伴随着中国近代社会政治、经济和文化的剧烈变革，作为社会变革需要的科学教育，也经历了一个曲折的发展历程。在这一过程中，科学教育也开始从学校走向民间。在新文化运动的影响下，归国留学生形成了一支颇有影响的科学家队伍，通过组建各类社团、发行科教刊物，积极推进科学教育。20世纪30年代后，随着民族危机的加深，科学救国思潮高涨，在大批知识分子和政府官员的推动下，科学化运动蓬勃发展，科普教育也逐渐面向普通大众。这一历程表明，科学教育由学校走向了社会，由学校教育形态拓展至社会教育形态，科学的传播，从深度到广度，得到了极大的加强。

第一节　科学教育团体与研究机构的创立与作用

在中国近现代科学教育的发展历程中，科学教育团体和研究机构，起到的作用是不可估量的。贡献较为突出的有中国科学社、中央研究院和中华自然科学社。

一　中国科学社

中国科学社是中国现代科学史上非常重要的群众性科学团体，也是中国近现代第一个综合性学术团体。它于1914年6月，在美国康奈尔大学创立。1918年，随着主要社员回国，中国科学社迁回国内，1919年办事处设于南京，1929年，总办事处及编辑部迁往上海，1960年，在上海停办。

中国科学社通过《科学》杂志的创办，翻译书籍，著书立说，举办演讲，创建图书馆等活动，向民众普及和宣传科学，直接推动了中国科学教育思潮的兴起,并促进了其继续发展。在中国科学发展史上,留下了不可磨灭的印记。中国科学社历时四十多年,为我国近现代科学事业的创建和发展,做出了重要的贡献。

(一) 中国科学社的创办缘由

中国科学社是由几位留学生于1914年夏,在美国发起组织的。任鸿隽曾在《中国科学社社史简述》里,对中国科学社的发起经过作了简要概述,"中国科学社成立于1915年,事实上,1914年的夏天,当欧洲大战正要爆发的时候,在美国康奈尔大学留学的几个中国学生,某日晚餐后聚集在大同俱乐部廊檐上闲谈,谈到世界形势正在风云变色,我们在国外的同学们,能够做一点什么来为祖国效力呢?于是,有人提出,中国所缺乏的莫过于科学,我们为什么不能刊行一种杂志向中国介绍科学呢?这个提议立刻得到谈话诸人的赞同,他们就草拟一个'缘起',筹集资金,来做发行《科学》月刊的准备"[1]。为了向中国介绍科学和刊行《科学》杂志,科学社成立。任鸿隽、胡明复、赵元任、杨杏佛、过探先、章元善、秉志、金邦正和周仁九人在《〈科学〉月刊缘起》上签名。1914年6月29日,《科学社招股章程》公布,规定社名为科学社(Science Society),宗旨是通过提倡科学,鼓吹事业,审定名词,传播知识。

作为中国近代第一个综合性的、有重要影响力的学术团体,中国科学社为什么会由当时在美国学习的庚款留学生和稽勋留学生在美国创办呢?这与当时国内和国际环境是密不可分的。

一方面,早期"科教兴国"思潮的涌动和清廷遣派留学生的举措,为中国科学社的诞生提供了土壤。[2]

鸦片战争失败后,尘封已久的中国大门,被西方的坚船利炮所打开,中国遭受了几千年未有之变局,国家与民族陷入了前所未有的危机之中。清政府和社会各界,目睹了西方的"奇技淫巧"和坚船利炮。一些开明的知识分子,开始睁眼看世界,他们在认真比较中西方科技的差距之后,提出了"师夷长技以制夷"的口号,提出主动向西方学习。

第二次鸦片战争使中国半殖民地半封建社会的程度进一步加深,民族

---

[1] 任鸿隽:《任鸿隽谈教育》,辽宁人民出版社2015年版,第150页。
[2] 曲铁华、袁媛:《论中国科学社的创办与影响》,《东北师范大学报》(哲学社会科学版)2007年第3期。

危机的紧迫感，日益在国人心中加强，他们逐渐认识到，要挽救中国必须自强，于是，洋务派发起了以"自强"和"求富"为口号的洋务运动。在"中体西用"思想的指导下，创办了一大批外语、军事、实用技术学堂等中国近代新式学堂，以培养外语、外交和科技人才，组建新式军队，维护清王朝的封建统治。在创办新式学堂的同时，清政府还先后向美国、日本和欧洲派遣留学生，以学习外国的先进技术。这一时期，"科教兴国"的思潮逐渐形成与发展。甲午中日战争之后，列强掀起瓜分中国的狂潮，民族危机空前加剧。维新变法顺势而生，但又被封建势力残忍扼杀。随后，内忧外患的清政府，开始实行"新政"，重视兴办新式学堂，主张向西方学习，培养近代新型人才。"科教兴国"思潮日益深入人心。在清末"新政"的刺激下，留学教育勃兴，美国为了改变中国留日学生不断增加的趋势，同时也是为了培植自己的势力，于1908年，提出退还部分庚款，帮助中国发展留美教育，这一举措，推动了中国科学社的产生。另外，留美学生亲眼看见和经历中西差距，直接催生了中国科学社的成立。[①]

20世纪初，中国在经济上仍然是一个落后的农业国家，松散的小农经济仍占据主导地位；在政治上，中国饱受帝国主义的侵略，时局动荡；在思想上，保守落后思想仍盘踞在大部分国民的心里。而此时的美国，经济发达，工农业发展迅速，工厂林立，机器轰鸣，高楼林立，交通发达；在政治上，美国的民主与法制制度逐渐健全；在精神方面，人们思想观念开放。两种完全不同的经济状况、社会制度和思想文化，必然会对留美学生心理造成强烈冲击。

在学校生活上，美国学校无论是师资设备，课程设置，教材选用，教学方法抑或是生活安排都十分严格。留美学生大都刻苦努力，"七时起床，八时前不久，悦耳的钟声响起，第一课解析几何在怀特馆二十四室上课，第一课后，余至史密斯馆一八三教室上德文课，中午校长舒尔曼对全体学生讲话，午饭后，去十号物理实验室，下午，划妥表格以志已做之工作，晚饭后散步，晚读德文及演习解析几何，十一时就寝"[②]。这对他们系统地学习科学知识，树立和养成科学精神，形成崇尚科学的思维方式，起到了

[①] 曲铁华、袁媛：《论中国科学社的创办与影响》，《东北师范大学报》（哲学社会科学版）2007年第3期。

[②] 赵元任：《从家乡到美国——赵元任早年回忆》，上海学林出版社1997年版，第112页。

积极的作用，也让他们清醒地认识到中国科学的落后。国内科学缺少系统而周详的介绍，更缺少必要的研究与教育的现实情况，更加激起了留美学生强烈的爱国精神和忧国忧民意识。中西方文化的差异，使得部分留美学生决心通过创办报刊、学会，向中国传播科学，于是，中国科学社便应运而生。

另一方面，国外的学术团体，尤其是英国皇家学会给了创建者们具体的灵感。①

"科学社"创立于美国并非偶然。任鸿隽曾在中国科学社第一届常年会上，对组织科学社的原因进行了说明："譬如外国有好花，为吾国所未有。吾人欲享用此花，断非一枝一叶搬运回国所能为力，必得其花之种子及其种植之法而后可。今留学生所学彼此不同，如不组织团体，互相印证，则与一枝一叶运回国中无异；如此则科学精神，科学方法，均无移植之望；而吾人所希望之知识界革命，必成虚愿；此科学之所以有社也。"②而当时英国皇家学会机构、管理、组织较为完善，同时，也是民间性学术研究团体，没有实体性研究机构，会员分散于各地，创办刊物进行宣传和交流，经费由会员缴纳会费和社会各界的捐助构成，会长由社员选举产生。任鸿隽曾说，"开始组织时，是以英国的皇家学会为楷模的，即除了介绍科学之外，它着重实行科学研究，并为民众公益事业服务"③。可见，它"一开始就以自觉组织起来的力量，突破科学界限而着眼于科学事业的整体发展"④。

（二）中国科学社的发展概况

1. 创办宗旨

中国科学社总事务所初设在美国纽约州的伊萨卡城，康奈尔大学即在此城。作为一个私人组织的民间学术团体，它的最初名称是"科学社"，以发行《科学》月刊作为主要事业。在《科学》杂志的《发刊词》中，对其办刊缘由和宗旨作了更为明确的说明："同人不佞，赖父兄伯叔之力，

---

① 曲铁华、袁媛：《论中国科学社的创办与影响》，《东北师范大学报》（哲学社会科学版）2007年第3期。

② 《常年会纪事》，《科学》1917年第1期。

③ 任鸿隽：《中国科学社社史简述》，载《任鸿隽谈教育》，辽宁人民出版社2015年版，第151页。

④ 樊洪业：《中国近代科学社会史研究的几个问题》，《自然辩证法通讯》1987年第3期。

得负笈远西，亲睹异邦文物之盛，日知所亡，坎然其不足也。引领东顾，眷然若有怀也。诚不自知其力之不副，则相与攫讲习之暇，抽日月所得，著为是报，将以激荡求是之心，引发致用之理，令海内外好学之士，欲有所教于同人者，得所藉焉。是则，同人所私愿而社稷尸祝之者也。"①

作为一个私人组织的学术团体，中国科学社以英国皇家学会为榜样，主要举办介绍科学、学术研究、服务公益事业等活动。中国科学社社章第二条规定其宗旨是："联络同志，研究学术，以共图中国科学之发达。"

2. 组织架构

成立之初的中国科学社，并没有正式组织，它暂时是以集股公司的形式存在和运转的，社员在入社时需要缴纳股金至少五美元，作为刊行《科学》月刊的经费。从科学社发起之后，在短短几个月的时间里，已经有七十余人入社，很快股金也筹集到了五百多美元，同时，杂志的稿件也足够刊印三期。《科学》月刊于1915年1月正式刊行。

成立之初，科学社是以发行《科学》月刊为主。随着形势的演变，社员日益感到，要谋求中国科学的发达，仅仅靠发行一种杂志是不行的，于是便有了改组学会的建议。他们建议将公司性质的科学社，改组为社团性质的学社。1915年春季，该提议得到大多数人员的赞同。胡明复、邹秉文和任鸿隽三人草拟社章，经多次商榷，最终形成十一章六十条的社章，同年10月25日，经表决通过，中国科学社正式成立。任鸿隽任社长，赵元任担任书记，胡明复为会计，杨铨为编辑部部长。

中国科学社的重要组织，可分为社员，社务，办事机构三项来说明。②社员分为普通社员、永久社员、特社员、仲社员、赞助社员和名誉社员六种。社务即中国科学社拟办的事业，在1915年通过的社章中有以下九项：一是发行杂志，传播科学，提倡研究；二是著译科学书籍；三是编订科学名词以期划一而便学者；四是设立图书馆以供学者参考；五是设立各科学研究所，实施实验，以求学术、工业及公益事业之进步；六是设立博物馆，搜集学术上、工业上、历史上以及自然界各种标本陈列之，以供展览及参考；七是举行学术讲演，普及科学知识；八是组织科学旅行团，为实

---

① 《发刊词》，《科学》1915年第1卷第1期，第7页。
② 任鸿隽：《中国科学社社史简述》，载《任鸿隽谈教育》，辽宁人民出版社2015年版，第151页。

地之科学调查研究；九是受公私机关之委托，研究及解决科学上一切问题。中国科学社的办事机构有董事会与理事会、分股委员会、期刊编辑部、书籍译著部、经理部和图书部。

3. 发展历程

（1）迁回国内

1918年，随着社长任鸿隽、编辑部部长杨铨及大批社员的回国，中国科学社总部迁回国内。返国初期，中国科学社借上海大同书院的房屋，成立了上海事务所，负责经理、会计和图书馆；借了南京东南大学的房屋，成立南京事务所，负责执行董事会决议事件。归国之初的中国科学社，处境艰难，经费严重不足。幸而得到了蔡元培、张謇等社会贤达的鼎力支持。加之南京社员王伯秋等人的倡议和社会上有力人士的赞助，1919年，江苏省政府拨出南京成贤街文德里内的两栋官产洋楼，作为中国科学社的总社所。随后，教育部于1921年10月，拨出200元作为中国科学社的补助费用。1923年以后，江苏省国库每月拨出2000元，作为中国科学社维持和发展科学事业的费用。后由于"九一八"事变的爆发，江苏省财政困难，于1935年停止发放。

（2）进行改组

1922年，在江苏南通召开中国科学社第七届年会，在此会上重新修改社章并对中国科学社进行改组。中国科学社成立了由张謇、蔡元培、梁启超、熊希龄、范源濂、胡敦复、马良、严修等社会名流九人组成的新一届董事会，任期九年，每三年改选1/3。新董事会主要负责资金的筹集和保管，实际上是中国科学社的顾问机构。在他们的多方奔走、不遗余力的努力下，中国科学社的经费问题，得到了一定程度的缓解，既定事业得以次第实现，如1927年10月，财政部拨补助费国库券40万元，作为中国科学社基金，将董事会改为理事会，任鸿隽、赵元任等十一人担任理事。

改组后的中国科学社，组织机构不断得到完善发展，社会影响力也日益扩大。社员由1922年的522人，增至1927年的850人。1922年，中国科学社生物研究所在南京宣告成立。1923年，中国科学社美国分社成立，该分社以"联络驻美社员，协助总社进行，共图中国科学发达"为宗旨。同年冬季，驻美分社成立无线电筹备委员会，中心转移。1929年，中国科学社在上海建新社所，其发展遂转以上海为中心。1930年，中国科学社建造图书馆，后来为纪念杰出领导胡明复而改名为"明复图书馆"。次年，在南京成立生物研究所实验室。1933年8月,《科学画报》正式发行。

(3) 西迁

1937年,抗日战争全面爆发,由于城市的沦陷和社员的流离失所,中国科学社在各地的科学活动受到重创,几乎中断。"上海、南京沦陷以后,中国科学社当时在上海的社所和图书馆,因在法租界之内而暂时幸免于难,在南京的生物研究所,却惨遭浩劫。1938年1月和11月,三幢研究楼相继被烧毁,还没来得及转移的标本资料,被日军抢劫一空……由于人员的迁移和东部许多城市的沦陷,中国科学社在各地的正常活动也完全被打断,到1939年1月,南京、北平、杭州、青岛、苏州、开封、沈阳等社友会的活动,都已停顿。"① 1941年,上海租界被日军占领,中国科学社总部被迫停止活动。1942年,中国科学社总部和《科学》杂志编辑部迁往重庆,科学的星星之火,渐成燎原之势,促进了科学事业在西部的发展,推动了科学在西部的宣传与普及。

(4) 迁回内地

1945年10月,中国科学社总部和《科学》杂志编辑部迁回上海。解放战争期间,中国科学社与其他科学团体联合,刊载揭露国民党发动内战本质的文章,号召科学工作者主动争取民主、自由和平等,要坚决抵制国民党当局迫害科学界进步人士。同时,中国科学社协助人民政府发展生产,积极开展科学教育。

(三) 中国科学社的影响

中国科学社是近代以来成立较早的一个民间性、群众性的综合性学术团体和教育团体。它的一系列传播、普及科学的活动,产生了广泛而深远的影响。

1. 促进了其他学术团体的成长

作为中国近代第一个科学团体,中国科学社的成立和发展,为其他学术团体提供了借鉴。在此之后,其他学会等科学组织如雨后春笋般建立起来,在20世纪二三十年代,我国科学社团得到了全面发展。

(1) 各专门学会纷纷成立

中华医学会(1915)、中华农学会(1917)、中国工程学会(1922)、中国地质学会(1922)、中国气象学会(1924)、中国生理学会(1926)、

---

① 冒荣:《科学的播火者——中国科学社述评》,南京大学出版社2002年版,第90—91页。

以及中国古生物学会（1929）、中国纺织学会（1930）、中国化学会（1932）、中国物理学会（1932）、中国动物学会（1934）、中国植物学会（1933）、中国土壤学会（1945）、中华中国林学会（1928）、中国化学工程学会（1922）、中国矿冶工程学会（1927）、中国水利工程学会（1931）、中国电机工程师学会（1934）、中国机械工程学会（1936）、中国土木工程学会（1912）等专门学会相继建立。其中最主要的科学团体达到42个之多，成为科学发展的有力杠杆。① 此外，还成立了综合性的学术团体，如中国技术协会、中华自然科学社等。这些学术团体在组织机构和运作程序等方面，大都效法中国科学社的章程。

（2）对专门研究机构的影响

据任鸿隽回忆，1926年，在日本东京召开的第三届泛太平洋会议上，"此次太平洋科学评议会，不让中国加入，他们唯一的借口，就是中国没有一个代表全国的科学机关。后来我们虽然把中国科学社抬了出来，搪塞过去，但在外国人心目中，我们中国还是没有一个学术的中心组织的。我们在东京的时候，每每有人问：你们中国有学术研究会议吗？我们的答应是：没有。他们再问：那么，你们有科学院吗？我们的答应还是：没有。说到第二个'没有'的时候，你可看得见失望或轻蔑的颜色，立刻出现于你的问者面上，你自己的颜面上也不免有点赧赧然罢？固然，一个学会的有没有，于一国的文化，并没有什么大关系，但至少可以代表我们学术的不发达，或我们的不注意，所以到了时机勉强成熟的时候，希望我们有这种相当的组织"②。

这一事件也刺激了当时中国科学社社员，他们与社会有志之士共同努力促进了国立科研机构——中央研究院的成立。蔡元培曾积极邀请中国科学社的社员在中央研究院工作，如筹备委员会的40位委员，有35位来自中国科学社。

（3）中国科学社为中国近代科学的体制化进程做出了突出贡献

科学形成和发展的标志之一是科学体制化，这也是科学健康发展的重要前提。在中国科学社的陶染下，许多科学社会团体陆续成立。它们采用规范化、体制化的运作，召开年会、创办报刊会刊、设置奖学金等，都是

---

① 段治文：《中国现代科学文化的兴起（1919—1936）》，上海人民出版社2001年版，第85页。
② 任鸿隽：《泛太平洋学术会议的回顾》，《科学》1927年第12卷第4期。

科学体制化的重要表现。

2. 促进了科学教育思潮的兴起，推动了科学教育运动的蓬勃开展

自中国科学社创立以来，其使命就是传播科学知识、弘扬科学精神。随着它的发展，科学观念逐渐渗透到民众生活之中，加之很多社员都亲身投入科学文化教育事业的队伍，促进了科学教育思潮的兴起，推动了科学教育事业的发展。

（1）促进科学教育思潮的兴起

中国科学社以"提倡科学，鼓吹实业，审定名词，传播知识"为宗旨，"相约为科学杂志之作，月刊一册以饷国人。专以阐发科学精义及其效用为主"①。由此可见，它自成立起就有浓厚的科学教育机构的意味。从《科学》杂志刊发的文章来看，其对于科学教育的贡献，体现在以下五个方面：一是阐发科学内涵，推广科学方法，弘扬科学精神，传播科学理念；二是普及科学知识和原理；三是引进科学技术；四是挖掘中国古代的科学成就；五是推动科学教育。

《科学》杂志发表的文章浅显易懂，普通民众易于阅读和理解，推动了科学教育的普及。除《科学》月刊外，中国科学社还编译各种科学书籍，如《科学画报》等。此外，还举办简单的科学演讲，来对国人进行科学教育，传播科学知识。这些活动打破了国人原有的封建、愚昧的观念，开阔了民众的视野，使科学观念深入民心。作为中国科学社的创始人之一，和中国科学社存在四十多年的主要负责人，任鸿隽的思想，对中国科学教育思潮的形成和发展，起着重要的推动作用。

他的科学教育观有三大要点：一为科学知识的传播，二为应用科学方法研究教育，三为训练培养人的科学态度和科学精神。他的"科学教育化"和"教育科学化"成为教育界人士的共识。"科学教育化"是指科学应通过教育传播给民众，学校应设置科学课程，在教学中运用科学方法，重视学生科学态度和科学精神的训练培养；"教育科学化"是指要将教育作为一门科学，运用科学的方法，本着严谨的科学态度与求真的科学精神加强对教育进行科学研究，从而提高教育自身的科学性，具体包括儿童心理和教育心理研究，各种心理和教育统计与测量的实验及量

---

① 任鸿隽：《中国科学社社史简述》，载《任鸿隽谈教育》，辽宁人民出版社2015年版，第150页。

表的编制应用。①

(2) 推动科学教育运动的蓬勃开展

1923年,张君劢在清华大学做了题为《人生观》的演讲,由此拉开了"科玄论战"的序幕。此次论战吸引了众多科学家、思想家参与其中,中国科学社的很多社员,也参与了此次论战。他们在论战中站在科学派的立场上,宣传科学,捍卫科学在中国刚刚取得的地位。科学家们注重的是介绍科学知识、科学原理,引进科学方法与科学精神,改变传统的思维方式,促进科学在中国的生根发展。②

玄学派指出,科学万能是当前思想界的中心思想,但是,理性和"身"的问题,是能够依靠科学解决的,而玄学则能够解决意识形态、道德、情感等"心"的问题。科学派认为,"心"的问题依靠科学知识和科学精神也能得到解决,未必非得依靠玄学不可。这场论战以科学派的胜利宣告结束。这场胜利促进了科学教育思潮快速传播,加速了中国科学教育运动的发展。

(3) 推动了中国科学教育事业的发展

中国科学社社员回国之初,希冀以其所学救国救民,然而,动荡的时局,不能为他们施展自身才能提供有利的国内环境,很多社员选择投身于教育事业,他们在推进中国教育事业方面可谓厥功至伟,如陶行知、廖世承、陈鹤琴、朱经农、程其保、朱经农、高阳、刘廷芳等,其中以陶行知、陈鹤琴和廖世承的教育活动最具代表性。

陶行知创办了晓庄师范和山海工学团,他提倡的小先生制,是改良当时中国知识分子少、文盲多、封建意识浓厚的国情的有效教育方法。陈鹤琴的"活教育"理论与实践,促进了我国幼儿教育事业的发展,他也因此被称为"中国幼儿教育之父"。廖世承认为,"现时的教育理论及设施,均建立在科学的基础上,所以科学的实验,当尽力提倡","从事教育的人,当注意实地研究,不应作趋时论调"③。他的教育实验研究,极大地推进了教育事业的科学化进程。

中国科学社社员投身教育事业,奋斗在教育一线,大量引入西方教育

---

① 曲铁华、李娟:《中国近代科学教育史》,人民教育出版社2010年版,第216页。
② 范铁权、杨淑敏:《中国科学社与"科玄论战"》,《广州大学学报》(社会科学版) 2004年第9期。
③ 汤才伯主编:《廖世承教育论著选》,人民教育出版社1992年版,第4页。

理论与方法，不断尝试，大胆探索，推动了中国科学教育的专业化、教学管理的科学化，加速了中国科学教育事业的进步和发展，也培养了一大批具有科学理念的新型人才。

3. 促进了中外教育交流

中国科学社发起《科学》（Science）月刊，以提倡科学，鼓吹实业，审定名词，传播知识为宗旨。自创立之日起就担负起了振兴中国科学事业的历史使命，在发展过程中，中国科学社力争融入国际科学界，积极开展与国际学术界的交流与合作。

1920年9月10日，法国著名算学家班乐卫等人来华考察，中国科学社在上海青年会举办欢迎仪式，并且社员们还认真学习了班乐卫所做的名为《中国科学与教育问题》的演讲。班乐卫指出，在当时的中国，应该发展初级教育，同时，在发展小学教育之余还要扩张专门教育。他说："作为开办一切工程实业之预备，并采取世界最新颖最适宜之法，以及应生上之种种机械，流行国中，以促成文明之进步。"[①] 1920年7月2日，美国渥海渥大学教授推士应中国科学社之邀，为社员做《科学事业与科学团体》的演讲。

中国科学社于1922年在江苏召开年会，会上开展了关于科学教育的研讨会，美国的推士教授和中国科学社的王岫庐，分别就中美小学教育的不同状况，进行讨论并提出改进中国小学教育的方法。1929年12月7日，中国科学社邀请十多家学术团体齐聚上海交通大学，欢迎无线电发明家马可尼来华。会后，在交通大学工程馆前建立纪念物，以此纪念马可尼对无线电事业做出的贡献，并由马可尼亲自破土植绿。

外国科学家的来华访问交流，不仅传播了西方的科学原理和科学知识，而且增进了中外彼此的熟悉和了解，加强了中外学术界的交流和合作。在此期间，中国科学社积极主动地参与国际学术交流活动。任鸿隽曾说，"在国民党政府中央研究院尚未成立以前，许多国际会议均由本社派遣代表出席参加"[②]。1926年8月，中国科学社派社员张景钺参加在美国纽约康奈尔大学举行的第四次国际植物学会。1927年，余青松参加在荷兰

---

① [法]班乐卫：《班乐卫关于中国教育问题之言论》，《科学》1920年第12期。
② 任鸿隽：《中国科学社社史简述》，载《任鸿隽谈教育》，辽宁人民出版社2015年版，第168页。

举行的国际天文学会。1929年，竺可桢出席在东京召开的万国工业会议。1930年5月，中国科学社派社员刘咸出席在葡萄牙举办的国际人类学会议。此外，1926年11月，中国科学社派遣翁文灏、竺可桢、胡先骕、陈焕镛、任鸿隽、胡敦复、沈宗瀚等12人为代表，参加在日本东京举办的第三届泛太平洋学术会议，并提交论文8篇，作为中华民国代表。

在中国科学社的热心倡导和积极推动下，科学观念逐步深入人心，中国科学渐趋体制化，同时，中国科学社通过中外学术交流、教育改革等活动，培养了大量有文化、有思想的科学进步人才，为中国各个专业学科的确立，提供可能。中国科学社的活动，在中国科学发展史和教育史上，都占有举足轻重的地位。

二　中央研究院

中国近代史上国家最高学术研究机关——中央研究院，是第一个集自然科学和人文社会科学于一体的研究机关，中国科学体制建设工作由此而初步确立。1927年4月17日晚，南京召开第74次国民党中央政治会议，会上，李煜瀛提议建立中央研究院，由李煜瀛、蔡元培、张人杰三人起草中央研究院组织法。1928年6月9日，中央研究院作为独立机关正式成立。抗日战争期间，中央研究院西迁，抗战胜利后又迁回南京、上海，它为中国培养了一大批卓越的科学研究人才，对中国近现代科学文化教育事业的发展，做出了不可磨灭的贡献。

（一）中央研究院的发展历程

关于中央研究院的发展阶段划分，国内学者意见不一。有学者把中央研究院的发展划分为两个时期：一是大学院中央研究院时期（1927年4月—1928年4月），此时，中央研究院作为大学院的附属机关而存在，没有自身的独立性；二是国立中央研究院时期（1928年4月—1949年4月），这一时期中央研究院是作为独立的国家学术研究机关而存在的。在第二阶段又依据抗日战争时期时局的变动，分为抗战以前、抗战期间和抗战以后三个发展阶段。[①] 有学者把中央研究院的发展，分为建院前后、西迁川滇和战后变迁三个时期。[②] 还有学者以中央研究院作为独立的学术研

[①] 孔庆泰：《前中央研究院的组织机构与重要制度》，《历史档案》1984年第3期。
[②] 孙宅巍：《中央研究院的来龙去脉》，《民国档案》1997年第1期。

究机关为依据，将其发展分为抗战前九年的创建发展时期、抗战八年的曲折发展时期和战后三年的复原终结时期。①各位学者对于中央研究院发展阶段的划分，只是在时间上稍有差别。在此，本章采用第一种划分方法。

1. 大学院中央研究院时期（1927年4月—1928年4月）

孙中山是中国最早提出建立全国最高学术研究机关设想的人，"迨民国十三年，国父北上，倡设中央学术院为全国最高学术研究机关"②。同时，孙中山还命杨铨等人起草建立中央研究院的计划，但遗憾的是，由于孙中山于1925年3月不幸病逝及后来北伐战争开始，计划未能实现。1927年，随着国民政府定都南京，一部分开明的文化人士，意识到当务之急是建立国家学术研究机关来增强国力。

1927年4月17日，南京召开了第74次国民党中央政治会议，会上，李煜瀛提议建立中央研究院，由李煜瀛、蔡元培、张人杰三人起草中央研究院组织法。1927年5月9日，中央政治会议第90次会议决定设立中央研究院筹备处，推定蔡元培、李石曾、张静江、褚民谊、许崇清、金湘帆为筹备委员。同年6月，在中央政治会议第102次和第105次会议上，蔡元培以中央行政委员会委员的名义，提出设立中华民国大学院为全国最高学术教育行政机关。6月13日，中央政治会议第105次会议通过设立大学院议案，此后，又公布了《中华民国大学院组织法》。同年10月，大学院成立。11月，依据大学院的组织条例，蔡元培聘请了王季同、王世杰等人，召开了中央研究院的筹备会。

大会讨论了中央研究院组织大纲及筹备会进行方法，并制定了《中华民国大学院中央研究院组织条例》，确定中央研究院为中华民国最高学术研究机关，其职责为直接从事研究工作和指导、辅助、联系、奖励全国科学研究事业，由大学院院长蔡元培兼任中央研究院院长，由大学院教育行政处主任杨铨兼任研究院秘书长。议决先设立理化实业研究所、社会科学研究所、地质研究所和观象台四个研究机关。推定王小徐、宋吾生、周仁为理化实业研究所常务筹备员，竺可桢、高鲁为观象台常委筹备员，蔡元培、李石曾、周览为社会科学研究所常委筹备员，徐渊摩为地质研究所常

---

① 周雷鸣：《国家图书馆藏国立中央研究院史料丛编·前言》，载刘桂云、孙承蕊选编《国家图书馆藏国立中央研究院史料丛编》，国家图书馆出版社2008年版。

② 朱家骅：《国立中央研究院概况·序》，载国立中央研究院编《国立中央研究院概况（1928—1948）》，国立中央研究院出版社1948年版。

委筹备员。

推定各研究机构筹备委员名单如下：

（1）地质研究所筹备委员：徐渊摩（常务委员）、翁文灏、李四光、朱家骅、谌湛溪、李济。

（2）理化实业研究所筹备委员：王小徐、曾昭抡、温毓庆、赵石民、宋梧生、丁燮林、陈世璋、颜任光、胡刚复、张乃燕、李熙谋、周仁、张廷金、曹梁厦、吴承洛。

（3）社会科学研究所筹备委员：蔡元培、孙科、周览、李煜瀛、胡适、杨端六、陶履恭、马寅初、叶元龙、杨铨。

（4）心理学研究所筹备委员：唐钺、汪敬熙、郭任远、傅斯年、陈宝谔、樊际昌。

（5）观象台筹备委员：高鲁、竺可桢、余青松。[①]

1928年1月27日，在上海设置社会科学研究所、理化实业研究所、地质研究所，在南京设置观象台筹备处。同年2月，将观象台一分为二，天文研究所任余青松为主任，气象研究所任竺可桢为主任。同年3月，在广州设置历史语言研究所，常务筹备员则聘请傅斯年、顾颉刚、杨振声担任。但是，这一时期的中央研究院，是作为大学院的附属机关而存在的，没有自身的独立性。

2. 国立中央研究院时期（1928年4月—1949年4月）

这一时期的中央研究院，是作为独立的国家学术研究机关而存在的。1928年4月10日，国民政府颁布《修正国立中央研究院组织条例》，将中华民国大学院中央研究院改为国立中央研究院，聘任蔡元培为院长，截至1949年4月24日南京解放，国立中央研究院经历了三个发展阶段，分别是抗战前三年、抗战十四年，抗战后三年。通过这三个阶段的发展，中央研究院的机构得到了不断充实与完善。

（1）抗战以前（1928—1930）

1928年6月9日，中央研究院正式成立。同年11月9日，南京国民

---

① 中国第二历史档案馆藏：《国立中央研究院档案》，载孔庆泰《前中央研究院的组织机构与重要制度》，《历史档案》1984年第3期。

政府颁布《国立中央研究院组织法》，明确规定"中央研究院隶属于国民政府，是中华民国最高学术研究机关"①。其任务是：一是进行科学研究，二是指导联络奖励学术之研究。同时，还规定了选拔任用中央研究院工作人员的标准，由国民政府特任院长一人，其余人员不受政府干涉，均依法聘任。除院长之外，还设有三种机构，分别是行政、研究和评议。

行政机构：院设总办事处，选德高望重、管理能力和学术成就强的一人担任总干事，由院长聘任，具体工作为安排具体行政事务。从中央研究院成立到解散的1928—1949年，历届总干事分别为：杨铨、丁燮林、丁文江、朱家骅、任鸿隽、傅斯年、叶企孙、李书华、萨本栋、钱临照。

研究机构：设若干研究所，用以开展各项研究工作，研究所可根据需要设立试验场、实验馆等机构。各研究所设所长一人，管理所内一切行政事宜。1928—1930年，中央研究院先后成立了地质、天文、社会科学、物理、化学、工程、历史语言、心理学8个研究所。

评议机构：组织法规定，国立中央研究院设评议会作为全国最高学术评议机关。选举聘任三十至五十人为评议员。其职责是：

一、决定中央研究院研究学术之方针。
二、促进国内外学术之合作与互助。
三、国立中央研究院院长辞职或出缺时，选举院长候补人三人，呈请国民政府遴任。
四、受国民政府之委托，从事学术之研究。
五、受考试院之委托，审查关于考试及任用人员之著作或发明事项。②

当然评议员由国立中央研究院院长、总干事和直辖各研究所所长担任，评议会议长由中央研究院院长担任，除此之外，院长还聘请了国内专门学者三十人为评议员，其聘任标准为对专门学术有特殊著作和发明，抑或领导或主持过五年以上学术机关并有优异成绩的人。

---

① 国立中央研究院编：《国立中央研究院概况（1928—1948）》，国立中央研究院1948年版，第10页。
② 国立中央研究院编：《国立中央研究院概况（1928—1948）》，国立中央研究院1948年版，第12—13页。

1931年9月，抗日战争爆发；1935年5月，中央研究院颁布《国立中央研究院评议会条例》。同年6月20日，选举产生首届聘任评议员，名单如下：

物理（包括数学）：李书华、姜立夫、叶企孙；
化学：吴宪、侯德榜、赵承嘏；
工程：李协、凌鸿勋、唐炳源；
动物（包括生理）：秉志、林可胜、胡经甫；
植物（包括农学）：谢家声、胡先骕、陈焕镛；
地质：丁文江（后改叶良辅）、翁文灏、朱家骅；
天文：张云；
气象：张其昀；
心理：郭任远；
社会科学：王世杰、何廉、周鲠生；
历史：胡适、陈垣、陈寅恪；
语言：赵元任；
考古：李济；
人类：吴定良。[1]

虽然《国立中央研究院组织法》在1928年11月9日已经颁布，但由于相关条件还不成熟，所以评议会一直没有成立。

（2）抗战时期（1931—1945）

1937年7月，随着日本帝国主义的侵略势头加剧，抗日战争全面爆发，这种环境严重阻碍了中央研究院的发展进程。1937年8月，日军进攻上海，同时还有侵略南京的意图，为了避免遭受日军的洗劫，中央研究院奉命西迁。当时，中央研究院在汉口、香港等地存放了一部分公物，其他则在中央研究院成员的精心安排下，内迁到西南后方，历经数年，最后才在川、桂、滇、黔诸省，分散寻找场所，着手进行恢复工作。

在行政机构方面，由于时局动荡，中央研究院的办事处，曾由南京迁

---

[1] 国立中央研究院总办事处：《国立中央研究院第一届评议会第一次报告》，国立中央研究院总办事处，1937年，第1—5页。

至长沙，又由长沙迁至重庆。由于中央研究院第一任院长蔡元培1940年3月在香港逝世，因此按照《国立中央研究院组织法》规定，中央研究院评议会第一届第五次年会于1940年3月22日至23日在重庆举行，会上选举出翁文灏、朱家骅、胡适三位为院长候选人，此次年会也推选了第二届评议会的人员。由代理中央研究院院长朱家骅和10位研究所所长（物理所丁燮林，化学所吴学周，工程所周仁，地质所李四光，天文所张钰哲，气象所竺可桢，史语所傅斯年，心理所汪敬熙，社科所陶孟和，动植物所王家楫）组成评议员。后经政府决定由朱家骅担任代理院长。

在研究机构方面，物理研究所先迁往湖南，后又迁至桂林，桂林沦陷后，1944年11月迁至重庆北碚。地质研究所先迁湖南，又移迁至桂林，1944年11月迁至重庆。天文研究所先由上海迁往湖南，又迁至桂林，后又迁至云南昆明。历史语言研究所先由南京迁往湖南，又迁至昆明，后又迁至四川南溪县李庄。心理研究所由南京迁往长沙，后又经桂林迁至阳朔，又经柳州迁至三江县之丹洲乡，又经桂林、贵阳，最后迁至重庆。社会研究所从南京迁至湖南，经阳朔到昆明，后再迁至南溪李庄。动植物研究所由南京迁至湖南，转阳朔，后迁至重庆北碚。

在机构的搬迁过程中，各研究所的图书、标本、仪器等设备，都遭到了不同程度的损失，但在抗战的艰苦环境中，中央研究院的机构设置，仍得到了一定程度的发展。1941年，数学研究所筹备处在昆明增设；1944年，在重庆歌乐山龙洞湾上海医学院增设医学研究所筹备处，在南溪李庄增设人类学研究所筹备处；1945年1月，改原工程研究所为工学研究所，改原心理研究所为心理学研究所，改原社会科学研究所为社会研究所。其中，以历史语言研究所的阵容最为充实、庞大，各类人员亦较齐全，其人数占到全院总人数的20%左右；而心理研究所和数学研究所（筹备处）的力量则较为薄弱，其人数只占全院总人数的2%左右。综计，至抗战胜利时，中央研究院共有14个研究所（含筹备处），分置于重庆、南溪李庄、昆明3地。[①]

在评议机构方面，1940年3月，由于院长蔡元培的逝世，中央研究院在重庆举行了第一届第五次年会。在年会上选出了第二任聘任评议员30人。经选举产生的30名聘任评议员为：

---

① 孙宅巍：《抗战中的中央研究院》，《抗日战争研究》1993年第1期。

物理、数学：姜立夫、吴有训、李书华；

化学：侯德榜、曾昭抡、庄长恭；

工程：凌鸿勋、茅以升、王宠佑；

动物：秉志、林可胜、陈桢；

植物：戴芬澜、陈焕镛、胡先骕；

地质：翁文灏、朱家骅、谢家荣；

天文：张云；

气象：吕炯；

心理：唐钺；

社会科学：王世杰、何廉、周鲠生；

历史：胡适、陈垣、陈寅恪；

语言：赵元任；

考古：李济；

人类：吴定良。

1945年春夏，第二届评议会任期届满，但因正值抗日战争期间，不宜进行全国性的改选换届，经国民政府同意后，遂将其任期延长3年。

1945年8月，日本帝国主义宣布无条件投降，9月，经批准，中央研究院回迁南京。此时的中央研究院，仍由朱家骅担任代理院长，总干事由从美国归来的萨本栋担任。结合实际情况，中央研究院将大部分研究机构集中迁回南京和上海。其中迁回南京的研究机构有：中央研究院将总办事处、评议会秘书处及天文、气象、地质、历史语言、社会研究所等五所研究所迁回南京，将数学、物理、化学、动物、植物、医学、心理学及工学研究所等八所研究所迁往上海。

（3）抗战以后（1946—1949）

1946年，研究院在南京举行第二届评议会，会上修改了中央研究院组织法和评议会条例。次年，又通过了《国立中央研究院院士选举规程》。至此，完成了以院长为主持，以院士为主体，以学术评议为评议会之责，各研究所专职学术研究的国家学院体制。此次会议还选出了150名院士候选人，并公告全国。1948年，在第五次年会上，在此选出数理组、生物组和人文组相关人员。其名单如下：

数理组（28人）：姜立夫、许宝騄、陈省身、华罗庚、苏步青、吴大猷、吴有训、李书华、叶企孙、赵忠尧、严济慈、饶毓泰、吴宪、吴学周、庄长恭、曾昭抡、朱家骅、李四光、翁文灏、黄汲清、杨钟健、谢家荣、竺可桢、周仁、侯德榜、茅以升、凌鸿勋、萨本栋。

生物组（25人）：王家楫、伍献文、贝时璋、秉志、陈桢、童第周、胡先骕、殷宏章、张景钺、钱崇澍、戴芳澜、罗宗洛、李宗恩、袁贻瑾、张孝骞、陈克恢、吴定良、汪敬熙、林可胜、汤佩松、冯德培、蔡翘、李先闻、俞大绂、邓叔群。

人文组（28人）：吴敬恒、金岳霖、汤用彤、冯友兰、余嘉锡、胡适、张元济、杨树达、柳诒徵、陈垣、陈寅恪、傅斯年、顾颉刚、李方桂、赵元任、李济、梁思永、郭沫若、董作宾、梁思成、王世杰、王宠惠、周鲠生、钱端升、萧公权、马寅初、陈达、陶孟和。①

1948年秋冬，随着国民党在内战中的节节败退，南京国民政府的统治已经处在风雨飘摇之中，国民党当局试图把中央研究院的人才及设备迁至台湾。作为代理院长的朱家骅，甚至在院务会议上动员全体科研人员迁往台湾，他的提议遭到了大部分人的拒绝。1948年底，部分人员设备迁往台湾。

（二）中央研究院的体制建设

作为全国最高的科学研究机关，中央研究院在成立之初，并没有形成一整套完整的制度体系。中央研究院的制度体系，随着其发展不断完善，主要表现在以下两个方面：一是评议会制度的确立；二是院士制度的建立。

1. 评议会制度的确立

1928年11月9日，南京国民政府颁布《国立中央研究院组织法》，该法明确规定："中央研究院设评议会，为全国最高学术评议机关。"但由于种种条件的限制，评议会制度一直没能得以实现。

为了使《国立中央研究院组织法》中规定的"一、从事科学研究，

---

① 国立中央研究院编：《国立中央研究院概况（1928—1948）》，国立中央研究院1948年版，第23页。

二、指导联络奖励学术之研究"任务得以成为事实，时任总干事丁文江认为设立评议会制度不可再缓。于是1934年，他和蔡元培向国民政府建议，应于最短时间内成立评议会。有学者认为，丁氏对中央研究院评议会之推动主要基于两方面考虑：一是认为中央研究院作为全国最高学术研究机关，应尽量与各大学及研究机构合作，否则，组织法上赋予的"指导联络奖励学术研究"便成为一句空话；二是中央研究院只有设立评议会，才能使院长选举、评议员产生等重大事务制度化，以保证学术独立之实现。①他们正是为使中央研究院充分发挥从事科学研究和指导、联络、奖励学术之研究，才极力敦促评议会制度的确立。

1935年6月19日，中央研究院在南京举行第一届聘任评议员选举会预备会。20日选举出首届评议员30人。通过评议会，中央研究院将全国各个学科的顶尖学者聚集在一起，汇集了全国一流学术人才，从而保证了中央研究院作为全国最高学术评议机构的学术权威。首届评议会评议员皆为国内各学科成就突出之学者，其学科范围包括了中央研究院所研究之所有科目；全国几乎所有重要的学术研究机构、大学及与学术相关的部委都有学者入选。这样的特点，无疑使中央研究院评议会具有学术上的权威性、学科上的全面性和代表上的广泛性。

正是因为中央研究院评议会的学术权威性，从根本上保证了其"指导联络奖励学术之研究"功能的实现，从而使中央研究院的体制建设，得到初步落实。

2. 院士制度的建立

作为全国最高学术评议机关，中央研究院评议会制度的确立和运作为中央研究院院士制度的确立及中央研究院科学体制的建设，奠定了重要的基础。成立之后，中央研究院评议会着力于学术指导和联络的功能上，而没有强调对全国学术研究成果进行"评估"和"奖励"，这为后来中央研究院院士制度的确立，留有了充足的空间。

1946年10月，中央研究院组织召开第二届评议会第三次年会，此次会议探讨了研究院自身体制和整个学术界的状况，"为了对内加强学术研究，对外促进国际上的合作，必须建立院士制度，即在全国学术界成绩卓

---

① 左玉河：《中央研究院评议会及其学术指导功能》，《史学月刊》2008年第5期。

著的人士中，选出若干人为院士，作为中央研究院的构成主体"①。

1948年3月25日至28日，在中央研究院第二届评议会第五次会议中，依照程序以无记名的投票方式，选举首届院士。1948年9月23日上午，"国立中央研究院成立第二十周年纪念会暨第一次院士会议"在南京鸡鸣寺礼堂开幕，至此，全面完成了中央研究院院士制度。中央研究院的第一届院士选举，开中国院士制度之先河，是其科学体制完成的标志，是中国科学发展史上的一座里程碑。院士制度的确立，标志着中央研究院国家学院体制的最终完成，也宣告了中央研究院科学体制建设的完成。

(三) 中央研究院的影响

中央研究院虽然在中国历史上仅存在了二十多年，但却取得了显著的成就。

1. 促进各研究所的建设与发展

数学研究所于1947年正式成立，主要从事数学分析、数理统计、代数专题和几何专题等方面的研究，它在数论、级数论、拓扑学，微分几何学及数理统计等方面，都取得了丰富的研究成果。

天文研究所主要研究银河系、球状星团、特殊恒星，太阳黑子及中国古代天文学，并先后在南京紫金山和昆明凤凰山建立了两个天文台进行天文观测和研究，此外，该研究所还翻译和出版了不少天文学方面的专著。

物理研究所设施完备，所内有各种实验室，如X射线、无线电、光谱、磁学等实验室，进行了对铀矿含量的测定，硝酸铀的纯度检测，以及矿石放射性物质的检定等工作，另外还制造理化仪器。该所科研项目的研究成果除了发表在本所的集刊上之外，还广泛刊载于中外杂志。抗战胜利后，物理研究所的主要工作，集中于对基本原理及近代物理学的研究。

化学研究所基本设备齐全，藏有专门书籍若干，期刊多种，主要从事分子光谱、酵素化学、有机物的提取及综合、应用化学等的研究工作，及国产药材，化学玻璃和浙江平阳矾矿等的研究，成果丰富。

地质研究所成立于1928年1月，所内有微镜、测绘、照相、化验等各种仪器设备，专门图书若干，标本若干。先后对我国的湖北、秦岭山脉、镇宁山脉、云南省西北部、广西、南岭山脉地层、构造和矿产进行了奠基性的调研工作，另外设立了陈列冰川地质标本的庐山陈列馆，还详细研究

---

① 林文照：《中央研究院概述》，《中国科技史料》1985年第2期。

了地层古生物、矿物、岩石、地形等项目。

动物研究所在成立之初，用齐全的设备对动物分类进行研究，后将研究集中于鱼类生物学、昆虫学、寄生虫学、原生物学和实验动物学，学术硕果累累。

植物研究所在高等植物分类、藻类、真菌、森林、植物生理、植物病理、植物形态、细胞遗传等研究项目上，取得了很好的成效。

气象研究所在日常气象、地震、地磁的观测、大气环流、风暴理论、地震波理论、地磁综合等研究上，都取得了丰富的研究成果，对我国气候和天气学的发展做出了贡献。

历史语言研究所分为四组，包括历史学组、语言组、考古学组以及民族学。历史学组以编著古史、中外史和整理史料为主要任务，如《东北史纲》《性命古训辨证》《左氏春秋义例辨》《两汉刺史制度表》《唐宋帝国与运河》等，发表了三百余篇相关论文；语言组的研究对象为语言研究，对方言进行调查，研究汉语史和汉藏语系，曾对两广、江西、湖南、湖北、四川、云南、陕西中部等地区的方言都进行了较为宽泛的调查；考古学组主要研究田野考古挖掘，曾发掘和研究过安阳殷墟、豫北周墓、山东城子牙、敦煌汉唐遗址等，另外，还对殷墟的甲骨、陶器和铜器进行整理，探求其演变历程，并将其分期。此外，在殷代工艺、历法等方面也建树颇丰。社会研究所主要进行经济史、工业经济、农业经济、国际贸易、银行、金融、财政、人口、统计等科目的研究工作。在抗日战争期间研究战时经济问题、估计战时损失和调查沦陷区经济。战后则研究中国国民所得、中国税制、中国政府投资、明清财政史以及地方自治等项目。

医学研究所筹备处在成立之初，主要进行三方面的工作，分别是开展有关神经肌肉系统生理的研究、营养及酵素化学的研究和抗异生素的研究。工学研究所主要进行工学范围内的学理和应用问题研究，重视利用科学成果，以改进国内旧有工业，创建新工业，该所曾对有关化学工业的问题都进行过研究，如陶瓷、钢铁、玻璃、棉纺织、内燃机、木材等。

心理学研究所的研究范围，主要集中在动物学习问题的研究、神经生理的研究、胚胎行为发展问题的研究及神经解剖方面，研究成果丰硕。

2. 为国内培养了大批优秀的学术人才

中央研究院作为中国近代第一个综合性的国家最高学术研究机关，汇集了国内最顶尖的学术人才，如在 1948 年，全国范围内进行的院士选举中产生的 81 名院士，有 21 位来自中央研究院，为中国近代科学事业的发展，培养了大批优秀的学术人才。中央研究院在发展过程中，十分注重对后备科研人员和科学人才的选拔和培养，除了在实际的科研过程中注重对研究人员的学术能力进行锻炼和提高之外，它主要通过以下两种途径培养人才。

首先，为了给中国科学事业发展培养后备军，中央研究院制定了研究生培养制度。

中央研究院在 1936 年 11 月 19 日公布了《国立中央研究院设置研究生章程》，对研究生的资格、考试科目、学习年限等，都做出了明确的规定，标志着中央研究院人才培养制度的规范化、制度化。1936 年 6 月颁布的《国立中央研究院基金暂行条例》中，规定了该院一部分的基金利息，每年要用于特殊重要的讲座、研究生的培养及促进学术进步的奖学金。此外，中央研究院还设立各种奖学金，鼓励学术上有建树的科研人员，如为了纪念已故的总干事杨铨和丁文江，而分别于 1937 年和 1938 年设立杨铨奖金和丁文江奖金。

其次，中央研究院通过对院外科学教育院校的帮助来进行人才培养。

我们知道，科学与教研是相辅相成的，没有科研的教学，很难达到较高的水平，脱离教学的科研，不易明了大学的情形，容易偏离实际。因此，科研与教学是密不可分的。虽然当时中央研究院是作为独立于教育系统的科研机构而存在的，但在当时，其科研工作很大程度上，影响了教育的发展。根据中央研究院历年总报告记录的人事变动情况，可以看出，当时很多在中央研究院工作过的科研人员，后来都转至大学任教。而当时大学的科研水平，普遍很低，这对当时大学知识的补充和人才的培养，影响极大。

3. 促进国内外学术交流

中央研究院自成立以来，就特别重视与国内外学术界的交流与合作，积极参与国际学术交流活动，力求融入国际学术界。

1929 年，翁文灏代表中央研究院参加了在印度尼西亚爪哇召开的第四届太平洋科学会议。同年 10 月，以王季同为代表的中央研究院，参加了日本东京会议，此会议由世界动力协会主办，探讨了有关燃料动力问题。广州国立中山大学心理学教授汪敬熙，在国立中央研究院的帮助下，参加了在美国耶鲁大学举办的第九次国际心理学会议。在中央研究院的资助下，汪敬熙教授到波士顿参加了第十三次国际生物学会议。

中央研究院于1930年，派遣陈焕镛出席英国剑桥大学举行的第五届国际植物学会议。1933年，中央研究院派遣竺可桢等人，参加在加拿大维多利亚和温哥华举行的第五届太平洋科学会议。1934年，派吕炯出席了在波兰华沙举行的第十四届国际地理会议。地质研究所所长李四光于1934年12月应邀去英国讲学，并将其讲稿整理成著名的《中国地质学》一书，在伦敦出版。

1935年，天文研究所和中国天文学会，合派高平子、潘璞参加了在巴黎召开的国际天文协会第五届大会；1936年，陈焕镛再次出席了在荷兰阿姆斯特丹举行的第六届国际植物学会议。天文研究所参加了国际对太阳分光和造父变星的合作观测。

1937年，李济代表中央研究院参加在伦敦举行的国际科学团体评议会大会。1938年，中央研究院派胡适为代表出席在瑞士举行的第八届国际史学会议。1939年，中央研究院传电驻英大使郭泰祺作为代表，参加在伦敦举行的国际研究协会会议。又派赵元任参加了在美国加利福尼亚州的伯克利、斯坦福和旧金山举行的第六届太平洋科学会议。①

4. 创办刊物，传播科学

中央研究院在发展过程中，除了借助国内外的科学活动，进行学术交流之外，还通过创办刊物发表自己的研究成果，向国内外推广介绍学术发展的最新状况。

国立中央研究院的出版物，出版方式分为两种，分别是定期和不定期，主要由院总办事处和各研究所分别出版，总办事处负责普及刊物的出版，各所则负责专门刊物的出版，使用中文和西文刊发研究成果。

中央研究院的院级刊物，主要有《国立中央研究院年度总报告》和《国立中央研究院院务月报》两种。

各研究所的刊物大致如下："物理所、化学所、工程所的《集刊》，地质所的《集刊》《专刊》和《丛刊》，天文所的《集刊》《专刊》及其他出版物，气象所的《集刊》《气象月刊》等，历史语言所的《集刊》《集刊外编》等，动物所的《丛刊》，心理所的《专刊》《丛刊》，社会科学所

---

① 孙宅巍：《中央研究院的来龙去脉》，《民国档案》1997年第1期。

的《专刊》《集刊》……此外，各研究所研究人员的论文，有些也可以在其他中外专门杂志上发表。他们的专著，有些也可以在其他出版社出版，其数量亦相当可观。"①

5. 科学体制建设引领风气之先

中央研究院的科学建制，以及其研究人员的选聘任用制度等，都对后来科学体制的发展，具有很大的借鉴意义。

中央研究院评议会制度的确立，使中央研究院有了作为全国最高学术评议机构的学术权威，是其科学建制的重要一步。中国院士制度的确立，在中国科学史和学术史上，都占据了举足轻重的地位。中央研究院国家学院体制的最终完成，也源于院士选举和第一次院士会议的成功举办，这为我国后来科学事业的发展，奠定了制度基础。

值得注意的是，中央研究院自成立以来，只是作为独立的科学研究机构，而非专门的教育机关存在。然而，实践证明，科学教育与学术研究是相辅相成的，正如蔡元培等人认为的那样，"苟无研究，便无学术；苟无学术，何有教育；苟无学术，何以教育行政；教育行政而不根据学术为标准，何足以言教育"②。由此可见，教育与学术研究是不可分割的。

三 中华自然科学社

五四运动以后，民众头脑中逐渐树立起科学观念，民间出现各种科学社团。"据统计，民国时期成立的科学团体有近200个之多。"③ 中华自然科学社的前身，是华西自然科学社，成立于1927年，到1951年结束。虽然它在中国历史上仅仅存在了25年的时间，但它通过《科学世界》等刊物的创办，翻译书籍，著书立说，举办演讲，创建图书馆等活动，向民众普及和宣传科学，直接促进了中国科学教育事业发展，在中国科学发展史上留下了难以磨灭的印记。

（一）中华自然科学社的发展概况

中华自然科学社的成立，并非偶然，主要有以下几个方面的原因：

第一，当时国人尤其是知识分子对科学的呼吁。五四运动之后，科学

---

① 夷声、欹名：《中央研究院的组织与管理（1928—1949）》，《科学学研究》1985年第2期。
② 转引自金以林《近代中国大学研究》，中央文献出版社2000年版，第166页。
③ 张岱年主编：《中国文史百科》，浙江人民出版社1998年版，第682页。

成为促进新文化运动发展的重要力量。此时,国人尤其是知识分子,对于西方文明的认识进一步深入,如蔡元培曾呼吁"欲求吾族之沦胥,必以提倡科学为关键",认为"科学可以资美育、可以养道德、可以导世界观"①。

第二,先进科技在中国得到广泛传播。在自然科学方面,门捷列夫的"元素周期律",揭示了各种元素之间的内在联系,显示了元素性质由量变到质变的过程,爱因斯坦的"狭义相对论",关于放射性物质的发现与理论、普朗克的量子论、德布罗意的波粒二象性、摩尔根提出的基因论等②,都展示了西方科学技术的发展,以及西方社会的强大,这些坚定了当时知识分子"科学救国"的决心。

第三,受科研机构的影响。当时,一些科学社团已初具雏形,并对社会产生了部分影响,例如,成立于1909年的我国近代第一个专业学会"地协会",1914年由留美学生牵头成立的中国科学社等。

在这些因素的共同影响下,中华自然科学社于1927年在南京成立。

1. 创办宗旨与组织概况

中华自然科学社以研究及发展自然科学为宗旨。它的组织概况,主要有以下几个方面。

(1) 社员

在中华自然科学社章程中,社员有普通社员、永久社员、赞助社员、名誉社员和团体社员五种。而永久社员和普通社员,除在缴纳社费时有所区别之外,权利和义务完全一样,且直到社务结束,也仅有前三种社员。

中华自然科学社对于普通社员的吸收比较谨慎,要求入社者必须具有一定的学术造诣,且热心科学事业。当时的发起者认识到。要发展科学事业,必须秉持大公态度,打破门户之见,广泛选择吸收社员。因此,中华自然科学社的社员,遍布全国各地。

中华自然科学社是由就读于南京中央大学的赵宗燠、李秀峰、郑集、苏吉呈4位学生,于1927年9月发起的,核心刊物《科学世界》也是由在读生和刚毕业的学生创办的。他们认识到,青年学生思想纯洁,有正义感,富有朝气,富有干劲,认为想要成就一番事业,必须以青年社友为中

---

① 王兵:《科学之灵——论科学精神》,东南大学出版社2009年版,第48页。
② 梁川主编:《辛亥革命与当代中国社会发展》,宁夏人民出版社2006年版,第235页。

坚力量。因此，中华自然科学社的一个重要特点，就是注意从学生队伍中吸取社员，为社团的不断发展，输入新鲜血液。

（2）年会

中华自然科学社的最高权力机构是年会。主要任务有两个，第一，在学术上，要组织研讨科学问题，宣读学术成果，举办专题报告和学术演讲，组织科学展览会等。第二，在社务上，根据实际情况，及时调整工作计划，明确经费使用情况，改选理事。

（3）社务会

年会闭会后，最高执行机构由社务会担任，执行年会制定的方针政策和年度计划。社务会理事由7—15人组成，选社长一人，设总务、研究、推广三个部门，从理事会中推选三人分别担任部分主任。1940年，第三届年会在重庆举办，改原来的三部为四部，分别为总务部、组织部、学术部和社会服务部。总务部负责行政事务；组织部负责登记和调查社员，编行《社闻》及一切联络社友和各地组织的事项；学术部负责联络各学组，组织图书征集和编辑刊物的活动，调查科学事业，担任各种研究设计工作，社会服务部负责宣传科学知识，主持科学生产事业。每一部门具有部分自主权，可根据实际情况另设委员会。各部门主任采用聘用制以提高社员积极性，分担社务。

（4）分社及社友会

同一地区至少有五位社友即可设立社友会，有十人则可建立分社；社友区建立在总社和人数较多的地区，每一社友区选任干事一人，负责地区联络工作。达不到建立社友会标准的地区，若有三位社友具备成立组织条件的，也应当成立社友区。在抗战前，共设立了13个分社，国内分社分布在上海、北平、济南、长沙、青岛、成都、杭州、广州、西北等地，国外分社分布在英国、欧陆、美国、日本等地；中华自然科学社共成立社友会5个，分布在桂林、常州、苏州、南昌、武汉等地；共成立社友区4个，分布在天津、重庆、厦门、安庆等地。

1937年，抗日战争全面爆发后，暂时撤销了沿海和中部省份的分社，社友会和日本分社也未幸免，但西南地区新增11个分社，包括重庆、嘉定、李庄、北碚、三台、昆明、贵阳、遵义、安顺、辰谿、江西等。同时，改组美国分社美中（明州）、美西（加州），以缓解人数众多、分布地区广泛的问题。抗战结束后，分别在南京、兰州设立分社，恢复已撤销的部分分社。经统计，国内外共设分社28个。

(5) 学组

为了推动各部门学科的学术发展，又有学组之设。1928年，即已设立数学、物理、化学、地学、生物、心理六组。1930年，增设农学、工学、医学三组。每组设干事三人，组织学术活动，并协助搜集资料，供给各种刊物和丛书的稿件。就其性质来说，每一学组相当于一个专门学会。由于中华自然科学社人数日增，规模日大，为紧密地联系全体社友，开展学术活动，推动各项事业，于1931年刊行《社闻》，作为社内小型刊物。[①]

2. 发展历程

关于中华自然科学社的发展阶段，学者们意见不一。在此，我们采用沈其益和杨浪明的划分阶段。他们认为，中华自然科学社的发展，可分为四个发展阶段，从1927年学社成立到九一八事变爆发是第一阶段；从九一八事变到抗日战争爆发是第二阶段；1937—1945年，即抗日战争时期是社务发展史上的第三阶段；从1946年总社迁回南京到1951年宣告社务结束是第四阶段。[②]

(1) 第一阶段（1927—1930）

1927年9月9日，在南京中央大学就读的赵宗燠、李秀峰、郑集、苏吉呈4位四川籍学生，有感于中国西部自然资源丰富，开发不足，科学比较落后，商议组织成立华西自然科学社。他们准备毕业后返回四川，利用所学发展西南科学建设之事业。[③]

在创立之初，华西自然科学社只有4位社员，每人担任一个职务，即李秀峰任主任，郑集任书记，赵宗燠任会计，苏吉任事务，他们规定要定期召开年会和常务会议讨论社务。社章规定，普通社员每人应缴纳入社费5元、常社费4元。和当时的其他科学团体一样，成立之初的华西自然科学社，发展极其不易。由于社团人员少，导致各项社务无法正常开展，由于经费不足，难以满足社务正常发展的需求。即使在这样艰苦的环境中，它依然顽强地生存了下来。

1928年7月21日、22日，华西自然科学社举行第一届全体社员年会，

---

① 沈其益、杨浪明：《中华自然科学社简史》，《中国科技史料》1982年第2期。
② 沈其益、杨浪明：《中华自然科学社简史》，《中国科技史料》1982年第2期。
③ 杨浪明、沈其益：《中华自然科学社简史》，中国文史出版社1991年版，第62页。

当时的 26 名社员，一致认为，"华西"二字限制了社团的发展，所以年会投票表决，决定用"中华自然科学社"代替"华西自然科学社"。与此同时，为了开展进一步的科学研究，增设学术部。1929 年 7 月，在南京中央大学科学馆，中华自然科学社举办了第二次年会，重新选出 7 名社务会委员，并修改社章，同时，对保管基金的简章也做了明确规定，公开举办学术演讲和宣读学术论文，出版年会学术论文集。

中华自然科学社第三届年会，于 1930 年 7 月在南京举办，此时，社员人数已达 57 人，改选社务会委员 9 人。社务会组织调查社员的联系方式，以便联络各地社员。同时，年会决定把农学、工学、医学增加到学术部中，至此学术部由工、农、理、医组成。

（2）第二阶段（1931—1936）

1931 年，九一八爆发后，中华自然科学社的社员，积极参加反日活动，赵宗燠等人还积极组织参加学生义勇军。同年，中华自然科学社开始发行仅供社员阅读的内部刊物《社闻》，以便联络各地社员，开展学术活动，推动科学事业的普及。科普刊物《科学世界》于 1932 年第五届中华自然科学社年会讨论后出版，同年 11 月，《科学世界》发行。1933 年，在南京举办的第六届中华自然科学社年会，决定成立上海分社和编辑出版委员会。第七届中华自然科学社年会于 1934 年 7 月 21 日在南京举办，年会决议修改本社的组织结构：社务会里分总务部、研究部和推广部，并成立用于编辑初中理科教材的中学教科书编辑委员会。

1935 年 7 月，第八届中华自然科学社年会在南京中央农业实验所举办，此次会议，通过了多条改进建议，其中，包括确立了以"平民化"为发展目标等。1936 年 6 月 27—28 日，中华自然科学社在抗战前的最后一次年会——第九届年会，在南京国立编译馆举办。

（3）第三阶段（1937—1944）

1937 年，抗日战争全面爆发，原定的各项事业无法正常开展。中华自然科学社被迫迁往重庆，重新调整各项社务，全体社员积极投身抗日救亡活动。至此，中华自然科学社也加入"抗战建国"的时代洪流之中。1938 年 11 月，中华自然科学社第十一届年会在重庆巴县中学举行，此时的社员人数，已经达到 700 多人。年会改选社务会委员，并讨论通过了组建西康考察团的决议。在长达半年的准备之下，由中华自然科学社组织的西康科学考察团，于 1939 年 7 月正式成立。1939 年 7 月 8 日，考察团离开重庆，对西康省内西北、西南地区的地形、气象、植物、矿产、水利、森林、畜牧、民族、社会、交通、工程等方面，都进行了详尽考察，同年10月14日返回重庆，这场为期三个多月，总行程达3220千米的考察圆满结束，1940年，15万字的《中华自然科学社西康科学考察报告》出版。

1941年11月30日，中华自然科学社在重庆北碚举行第十四届年会，年会决议增聘朱家骅、翁文灏等9人为中华自然科学社赞助社员，理事会选举沈其益、盛彤笙等社员为理事会理事，胡焕庸、李锐夫等社员连任理事会理事，会议通过了《促进科学教育方案大纲》，举行了数场科学演讲等。

1942年，中华自然科学社通过创办刊物《中国科学通讯》，向国内外及时汇报我国科学研究成果，促进了中国学术界与国内外的及时沟通与交流。1943年11月14日，中华自然科学社在重庆大学举行第十六届年会，并举办了大规模的科学展览会。1944年，中华自然科学社发起组织国际科学工作委员会，委员会主要管理与国外学术界的合作事宜。

（4）第四阶段（1945—1951）

1945年10月16日至18日，中华自然科学社第十八届年会在重庆北碚举行，年会对社员做出四项要求：第一，团结一致开展战后重建工作；第二，争取维护国内外和平稳定以求发展科学；第三，科学发明应造福人类而非为侵略者所用。[①] 1946年5月，中华自然科学社总社迁回南京，开始重新恢复各项工作，重建分社，继续宣传和普及科学知识。同年，《科学世界》在上海复刊。

1946年6月，中华自然社会科学社联合中国科学社，发起全国科技人才调查，以推动"中国科学促进会"计划。中华自然社会科学社还和中国科学工作者协会合作，编辑《科学新闻》，由中央通讯社编发，全国新闻刊物都可借鉴。

1947年8月30日至9月1日，中华自然科学社与中国科学社等科学团体联合举行年会，并举行了成立20周年庆祝大会，至此，中华自然科学社社员人数已达到2000多人。1948年10月，中华自然科学社与中国科学社等十个科学团体在南京举行联合年会，与会期间，还举行了大规模的科学展览会，参会人数众多。

---

① 《二十三年来的中华自然科学社》，《科学世界》1950年第6期。

经过抗日战争的洗礼，中华自然科学社的发展日臻完善，社会影响力也在抗战期间大大提高，它的一系列科学活动，极大地推动了科学事业的发展。中华人民共和国的成立，为科学事业的发展，提供了一个稳定的政治环境。中华自然科学社的发展，也进入了一个新的历史发展时期。

1950年8月17—23日，中华自然科学社组织筹备中华自然科学工作者代表会议。经过近一年的精心准备，第一次中华全国自然科学者代表会议在北京顺利召开，会上成立了分别能提高和普及科学工作的专门学术机构——中华全国自然科学专门学会联合会和中华全国科学技术普及协会。这两个学术团体的成立，为国家科学事业的建设更好地贡献了集体的力量。1951年4月10日，中华自然科学社召开了最后一次大会，会上发表了《结束社务宣言》。[①] 结束社务，《科学世界》随即移交给科联，《科学世界》与中国科学社出版的《科学》合并出刊，定名为《自然科学》。[②] 至此，中华自然科学社正式解散，退出了中国历史舞台。

（二）中华自然科学社的主要活动

1. 召开年会，举办科学讲演

中华自然科学社的年会任务有二：在学术方面，宣读论文，讨论科学问题，向社友及群众作专题报告或学术讲演，以及举办科学展览会。在社务方面，根据社务工作，改定新的工作计划，报告经费支出，进行理事改选。[③] 在中华自然科学社成立后的20多年间，召开了15次年会，但由于国内形势不稳，年会无法如期举行，只能由分社单独举行。

1928年7月，在南京中央大学校内举行第一届年会。年会决议将"华西自然科学社"更名为"中华自然科学社"，另增设学术部以促进学术研究，并设立基金保管委员会。1929年7月，在南京中央大学科技馆举行第二届年会。会上对于社员提出的7项决议案，讨论通过了五项：一，修改中华自然科学社总章的决议；二，掌握学社基金的决议；三，征收基金简章决议；四，基金保管章程的决议；五，临时提议年刊登载论文的决议。会上还选举了中华自然科学社第二届社务会委员5名，主任郑集，书记赵宗燠，会计谢立惠，学术部由霍秉权担任，事务部则由屠祥麟负责。举行

[①] 《结束社务宣言》，载杨浪明、沈其益《民国时期的科学技术团体》，上海社会出版社1989年版，第160页。
[②] 杨浪明、沈其益：《中华自然科学社简史》，中国文史出版社1991年版，第62页。
[③] 沈其益、杨浪明：《中华自然科学社简史》，《中国科技史料》1982年第2期。

科学演讲和宣读学术论文是历届年会工作最为重要的内容，此次社员举行讲演三场，提交并公开宣读五篇学术论文。①

1934年，第七届年会在南京华侨招待所举行。会议进行期间，发表论文二十余篇，引起参会人员的积极参与和热烈讨论。1935年，在南京中央农业试验所举行第八届年会。为实现科学平民化的目的，《宣言》明确提出，普及科学和发展企业的目标是，"第一，普及科学知识；第二，应用科学发展生产；第三，从事科学研究"②。另外，在会议上还分享了22篇论文。

中华自然科学社自创办以来，为普及科学文化知识一直坚持定期举行科学讲演，如赵宗燠、朱炳海、郑集、杜锡桓等人的演讲，这些讲演内容丰富，与生活密切相关。

2. 创办科学刊物，普及科学知识

九一八事变爆发，日本帝国主义加快了侵略中国的步伐，国人纷纷投入救亡图存的斗争。中华自然科学社社员为了能及时宣传抗战救国的精神，决定创建"宣传科学，启发民智"的刊物，在1932年举办的第五届中华自然科学社年会上，决定发行科普刊物，同年11月，在南京出版《科学世界》创刊号。初创时期，《科学世界》定为月刊，规定每月15日出刊。后来，随着抗日战争的全面爆发，由于时局动荡、经费困难等种种条件的限制，《科学世界》改为双月刊。其间，因环境所迫，未能按时刊行。后随社团迁回南京至1951年社团解散，中间虽有回复，但并不稳定。《科学世界》自创刊以来，共出版了19卷137期。

《科学世界》最初由朱炳海任总主编一职，后朱炳海因身兼数职、精力有限而辞职。之后总主编先后由童致诚、熊先珏、薛愚、吴襄、李国鼎、钱宝钧等担任。

《科学世界》是中华自然科学社向国人介绍科学知识的重要阵地。它所刊载的内容十分丰富，涉及领域极其广泛，包括医学、农学、物理学、心理学、化学、数学、地质学、生物学、天文气象学、工学、科技史学，更难得的是文章中还采用了包括科学通论、专题论述、科学纪新、理科教学、调查报告、军事科学、科学文艺、科学谚语、科学名人传、天文预

---

① 《中华自然科学社第二届年刊》，1929年，第6页。
② 《中华自然科学社第八届年会宣言》，《科学世界》1935年第8期。

告、气象月报、科学疑难解答、书报评论等多种形式，努力达成通俗易懂，深入浅出，力求全方面满足读者需求。

在医学方面，《科学世界》通过发表医学文章，大力宣传医学常识、简单病症的治疗，刊载在抗战中如何应用医学等等，是介绍医学卫生知识的主要阵地。这些文章有力地宣传了医学和卫生知识，使民众极大地提高了卫生常识。

在农学方面，《科学世界》也是中华自然科学社宣传农业、农学的重要阵地。如1930年，中华自然科学社新增三组学科，分别是农学、工学和医学，促进了农业的发展。刊载的农业文章，主要以综述农业发展历程为主，包括近代农业机械化的发展、战争年代农业的技术改进、农业的前途等方面，同时，通过研究棉花、茶叶、马铃薯、粮食等，指导农业生产，促进农业发展。

在物理学方面，《科学世界》对物理学的发展，也发挥了重大作用。中华自然科学社社员有的在物理学方面取得了突出成就，如吴有训验证了康普顿效应，同徐瑞璜一起在X射线方面取得重大成果，是中国近代物理学的奠基人。[①]

在数学方面，《科学世界》将大量的精力放置在对数学学科研究成果和研究方法的宣传上，这些努力促进了国人对数学的深入学习。如卓励之关于《数学之基本认识》的演讲稿，用通俗易懂的语言，深刻阐述了数学究竟是什么科学；在《最近五年来数学研究的若干进展》中，陈省身详细介绍了近五年来中国在数学方面取得的成果，指明了未来数学发展的方向。

在天文气象学方面，《科学世界》刊载的文章，有朱炳海的《民国二十五年六月份中国天气概况》《二十五年七月份全国天气概况》，童承康翻译的《气候学上二十五条气象定律》，李杭的《民国三十六年九、十月天象图说》《民国三十七年七月天象图说》等，通过图表解说当时的天气现象。这些文章向时人普及了有关天文气象方面的科学知识，极大地开阔了国人的眼界。

此外，《科学世界》也因地制宜、因时制宜刊行相关文章，普及科学知识，启发民族精神。在抗日战争期间，《科学世界》发表文章的主要目

---

① 徐文镐：《吴有训年谱》，《中国科技史料》1997年第4期。

的，是弘扬民族精神、适应抗战需要，详细地介绍各种知识，如军事技术和防空、防毒、防疫、救护等，同时发表资源调查报告，指导工农业生产，如立三写的《战时工业的位置问题》、蓝天鹤的《战时营养问题》、沈学年、刘秉农合写的《战时农作技术的检讨》、张畔青的《战时科学教育》等，都是为适应抗日战争需要而做出的努力。

3. 组织科学考察

随着抗战的爆发，中华自然科学社被迫迁入西南。我国西南自然资源丰富，科技水平落后，因此形成了各个社团都组织人员考察西南部的风气。中华自然科学社也组织过多次考察。其中以西康科学考察团的影响最大。

1938 年 11 月，在中华自然科学社的第十四届年会上，提出"为尽科学团体报国之责任，应从事边境科学考察工作"议决，决定组织考察团，勘察西康省自然资源。经过半年多筹备，于 1939 年 7 月底，由曾昭抡任团长、朱炳海担任总干事组织西康科学考察团，团员有朱炳海、谢息南、王庭芳、尹钦尚、朱健人、杨衔晋、严忠、冯鸿臣等社员 10 余人，分地理气象、农林畜牧、药物、工程四组，赴西康省东南部作实地考察。①

1939 年 7 月 8 日，考察团离开重庆，开启了历时三个多月，总行程 3220 千米的考察，详细地研究了西康省内西北、西南等地区的地形、气象、植物、矿产、水利、森林、畜牧、民族、社会、交通、工程等方面，于 10 月 14 日返回重庆，圆满完成了考察工作。

考察结束后，由朱炳海等人主编的《中华自然科学社西康科学考察报告》于 1940 年出版，该报告内容丰富，包含地形、气象、森林、畜牧、植病、矿产、水利、民族、社会、交通、工程等各个方面。由于经费不足，更多的考察资料无法付印，曾昭抡测绘的地形图路线图 51 幅，仅有 10 余份送至有关机关，其他 200 余幅照片设法找其他刊物发表。②

考察报告共 15 万字，包括 9 份报告，分别是：朱炳海的《康西之自然环境》《康省资源鸟瞰》《九龙县之民族与社会》，孙博明的《荥经县矿产调查报告》，朱健人的《西康植病所见》，杨衔晋的《康南森林概况》，曾昭抡的《康湛交通问题》《入康途中所见几种工业》和陈钱熙的《天全

---

① 中华自然科学社编：《中华自然科学社西康科学考察团报告》，中华自然科学社 1940 年版，第 3 页。

② 中华自然科学社编：《中华自然科学社西康科学考察团报告》，中华自然科学社 1940 年版，第 3 页。

硫化铁矿调查报告》。《中华自然科学社西康科学考察报告》内容丰富，覆盖面广，便于人们更好地了解西南，为我们留下了宝贵的财富。

4. 开展学术交流

为了促进社团的长远发展，中华自然科学社在创立之初，就十分重视与国内外学术界的联系与交流。如中华自然科学社在 1944 年 3 月成立了国际科学工作合作委员会。该委员会主要负责与欧美各国科学界间的合作问题，通过《中国科学》与《科学文汇》两种刊物，向国内外传播科学。①

1943 年，英国科学家李约瑟（Joseph Needham，1900—1995）带着英国科学工作者协会的信函来华访问，中国自然科学社社员对其进行了热情接待。他此行的主要目的，在于帮助中国建立中英合作科学馆，与中国科学家建立了深厚的友谊。1945 年，英国地理学家罗士培（Percy Maude Roxby，1880—1947）受中华自然科学社社员邀请，作了两次专题报告。加拿大科学工作者协会国际联络部也和中华自然科学社建立起联系。

（三）中华自然科学社的影响

中华自然科学社经过 25 年的发展，社员从初创时的 4 人增至 2680 多人，各项组织不断完善。存在期间，它普及了科学知识，发展了科学事业，推动了中国科学技术和社团发展。它的成立与发展，中国近代科学事业产生了重大的影响。

1. 促进了科学知识的普及

中华自然科学社自成立之日起，即以"唤起大众，普及科学，提高人民生活"为己任。它在 1936 年 8 月的社论《社员的前途》中，进一步声明："中华自然科学社应社会的需求而产生，以服务社会为目的。我们努力普及科学，就是为着提高大众的科学知识，从而改变大众的生活。请全体社员以大众的前途为前途，以大众的出路为出路。"②

社员积极进行科学宣传，主要途径有举办公开演讲、刊印期刊、播放科学电影等。《科学世界》是社员创办的宣传科学知识的科普期刊，是宣传自然科学的重要阵地。中华自然科学社在 25 年里发表的 19 卷《科学世界》一经发售，供不应求，在为广大民众普及科学文化知识方面发挥了重

---

① 杨浪明、沈其益：《中华自然科学社简史》，中国文史出版社 1991 年版，第 76 页。
② 中华自然科学社：《社员的前途》，《社闻》1936 年第 36 期。

要作用。

2. 壮大了科学技术人才队伍

中华自然科学社从初创时的4人增至后来的2680多人,这些人中大部分人是享誉国内外的科学家,他们构成了我国科学发展史上不可忽视的庞大科学团体,对我国近代科学事业的发展,起到了带头的作用。

在数学方面,有熊先珪、李锐夫、张钰哲、陈省身、潘璞、华罗庚、孙光远、马遵庭、曾禾生、闻人乾等人;在地理学、气象学方面,做出突出贡献的有涂长望、任美锷、朱炳海、李旭旦、徐近之、鲍觉民、袁见齐、赵九章、邓启东等人;在化学方面影响较大的有,李秀峰、郑集、曾昭抡、高济宇、吴学周等人;在物理学方面有江元龙、王维克、吕大元、吴有训、余瑞璜、张孝礼、钱学森、钱临照、霍秉权、谢立惠、戴礼智等人;在生物方面,比较著名的有朱树屏、方文培、张肇骞、吴印祥、曾呈奎、吴功贤、曲漱蕙、罗士伟等;在农学方面有沈其益、杨开渠、盛彤笙、马泽芳、张明喜、陈万聪、胡祥壁、叶常丰、屈伯川、钱宝钧、赵宗燠、王新元、王之卓、成希颛、张维、李正雄、陈士骅等人;在医学、卫生方面做出重要贡献的社员有杨浪明、沈其震、吴襄、苏德隆、王有琪、朱壬葆、张昌绍、张子圣、李振翩、金宝善、徐丰彦、郭祖超、唐哲、顾雪箕、顾学裘等人①。

这些优秀人才对中国近代科技的发展,产生了重要的影响,为中国近代科学的发展,提供了宝贵的经验,为我国科技人才队伍的壮大,做出了突出的贡献。

3. 促进了国内外的学术交流

"1947年至1949年,本社先后与中国科学社及天文、物理、化学、气象、地理、动物、植物、解剖、土壤、药学、地球物理等专门学会举行联合年会。"②抗战胜利后,中华自然科学社与中国科学社联合发起组织了中国科学促进会。该会于1946年12月21日成立,计划调查登记全国科学技术人才;出版中国科学人名录;调查国内外科学研究机关,搜罗研究资料,出版科学年鉴;建立科学教育博物馆及大规模科学刊物印刷所;编辑

---

① 何志平、尹恭成、张小梅主编:《中国科学技术团体》,上海科学普及出版社1990年版,第153页。

② 沈其益、杨浪明:《中华自然科学社简史》,《中国科技史料》1982年第2期。

科学丛书；筹设科学服务；协调各界解决技术上之问题；介绍技术人才；改良生产工具；推广各项有关人民生活之科学资料等工作。该会还与中国科学工作者协会合办了三期原由中国科学工作者协会独办的《科学新闻》。①

4. 推动了西南自然资源的开发和利用

1939年，中华自然科学社组建西康科学考察团，详细考察了西康的地形、气象、交通等，真实描绘了战争时期西南的地理特征和人文特征，推动了西南地区抗战事业的开展，促进了我国抗战事业的进行。其后考察报告的出版，更为当地决策提供了重要借鉴和参考。考察团的这些活动，增加了社会各界对西康地区的了解，至今仍具有参考价值。

中华自然科学社在社员的热心倡导和积极推动下，科学观念逐渐深入人心。中华自然科学社在普及科学文化知识、发展科技人才队伍、促进中外学术交流与教育改革，及推动西南自然资源的开发和利用等方面，都发挥了重要作用，对中国近代科学教育的发展，做出了极大的贡献。

四 科学教育团体与研究机构的特点

通过对中国科学社、中央研究院和中华自然科学社这三个科学教育团体的发展概况、主要活动及其影响等情况的梳理，不难发现，它们存在一些共同特点。

第一，它们的宗旨，为联络学者以发展科学研究和普及科学知识，创办科学出版物，出版科学书籍，编译科学著作，很多学会还出版了各类科学专著，开展各种各类科学事业。

第二，开展学术研究和交流。科学教育团体的建立，主要是为了克服因科学研究缺乏必要的研究和交流，而阻碍科学教育事业发展的弊病。

第三，进行科学名词审查，促进科学的规范发展。为了更好地与西方发达国家进行学术交流，科学名词的审定和统一工作，是亟待解决的问题之一。

第四，奖励学术成果，鼓励科学研究。为了进一步推动科学事业的发展，他们都想方设法设立学术基金，以此推动了科学研究的发展。

需要注意的是，除了中国科学社、中央研究院和中华自然科学社这几

---

① 尹恭成：《近现代的中国科学技术团体》，《中国科技史料》1985年第5期。

个影响较大的团体和研究机构之外，中国近代还涌现了许多其他有较大影响的科学教育团体，如大中华科学研究社（1925）、中国科学化运动学会（1933）、世界科学社（1934）、科学生活社（1939）等，在这些团体的共同努力下，大量科学刊物和科学论文陆续发表，对中国科学教育的发展，无疑起到了极大的推动作用。因此，不得不承认，正是科学教育团体和研究机构的一系列科学活动，为中国近现代科学事业的发展，打下了坚实的根基。

第二节　科学教育刊物的发行与影响

科学教育刊物指的是，通过刊登科学类文章普及科学知识、弘扬科学精神以及树立科学理念的报纸杂志。近代科学教育刊物是伴随着近代报纸杂志的出现而产生的。科学教育刊物的出现，对传播科学知识，推进我国科技进步发挥了不可替代的作用。

鸦片战争后，西方文化竞相涌入。传教士这一西方文化的传播者，开始在国内传播其教会教义和资产阶级的思想文化。在这种情况下，近代报纸杂志作为其宣传教义和资产阶级文化的载体出现了。随着近代报纸杂志的不断发展，近代报纸杂志所刊登的文章内容也日趋多样，为科学教育刊物的产生和发展，奠定了重要的基础。

一　科学教育刊物的创办及发展

（一）近代报纸杂志与科学教育刊物的出现

近代化报刊在我国的出现，是与西方国家的入侵同时开始的。一方面，社会政治变革的迫切需求。为我国刊物及科学教育刊物的产生，提供了内在动力。另一方面，西方国家的文化入侵，在冲击我国固有思想文化的同时，为我国报纸杂志及科学教育刊物的产生和发展提供了借鉴。"最先用中文出版的近代化报刊，最先在我国境内出版的近代化报纸，都是外国侵略者首先创办起来的。"[①] 之后，国人意识逐渐觉醒，开始尝试创办报刊，以传播自己的思想和主张。

1815 年 8 月，英国传教士米怜（William Milne, 1785—1822）创办了

[①] 方汉奇：《中国近代报刊史》，山西人民出版社 1981 年版，第 10 页。

《察世俗每月统记传》，这是外国人以中国人为对象创办的第一份中文报刊。在其创刊号的序言中详细解释了"察世俗"三个字的由来，"既然万处万人……自然学者不可止察一所地方之名物，单问一种人之风俗，乃需勤问及万世万处万种人……所以学者要勤考察世俗人道"①。

该报刊为月刊，每期五页，由木板雕印，于 1821 年停刊，先后一共出版了 80 多期。随后，在中国境内出版的第一份外文报刊——《蜜蜂华报》（*Abelha da China*）和第一份英文报刊——《广州纪录报》（*Canton Register*）也相继面世。② 外国人在中国创办的早期刊物都是以宗教刊物。

在科学教育刊物的发展历程中，自然更是如此。外国传教士也为科学教育刊物的产生和发展做出了一定的贡献。首先，传教士借由刊登当时称为"西学"和"新学"的科学知识来扩大宗教刊物的影响力和传播范围，以便吸引更多的知识分子了解西方文化及宗教，提升宗教刊物受众群体的质量。例如，《察世俗每月统记传》在创办的最初就开设了一些"科学""天文地理格致之学"③ 等栏目。其次，也有传教士以促进科学探究精神，普及科学知识为职志创办科学教育刊物。《格致汇编》是我国近代第一份以科技知识为内容，以传播科学知识为宗旨的报刊，由英国人傅兰雅（John Fryer，1839—1928）于 1876 年 2 月 9 日主办，以"欲将西国格致之学广行于中华，令中土之人不无裨益"④ 为办刊宗旨。

中国人自办科学教育刊物始于 19 世纪末期。1898 年 3 月 13 日，朱开甲、王显理等创办的《格致新报》，被当作近代科学教育刊物发展的开端，其主要宗旨是传播西方科学知识。随着西方侵略的加剧，中国人的意识逐渐觉醒。一部分人开始认识到要改善中国人落后、愚昧的思想，就必须学习西方先进科学，进行科学教育，部分有识之士开始利用传播媒介的优势，创办报纸杂志普及科学文化知识，培养科学精神。于是，出现了中国人自办的教育科学刊物。

（二）科学教育刊物的发展

在当时，科学教育刊物主要有两种，一种是综合类刊物，另一种是专门性质的科学教育刊物。二者各有侧重，综合类刊物创办的宗旨，并不只

---

① 戈公振：《中国报学史》，中国和平出版社 2014 年版，第 341 页。
② 方汉奇：《中国近代报刊史》，山西人民出版社 1981 年版，第 12—13 页。
③ 方汉奇：《中国近代报刊史》，山西人民出版社 1981 年版，第 21 页。
④ 冯志杰：《中国近代科技出版史研究》，博士学位论文，南京农业大学，2007 年，第 105 页。

是科学教育，它涉及多个领域，比如政治理论类、妇女运动类、医学普及类、环境科学类等等，其中用设置科学专栏或不定时发表科普文章等方式，传播科学教育，例如《东方杂志》《晨报副刊》《妇女时报》等。而专门的科学教育刊物试图在普通民众中宣传科学知识、发扬科学精神、传播科学方法，例如《科学》《科学画报》《科学世界》等。针对民众的生活和知识水平，科学教育的范围也在扩大，涉及民众生活、生产等各方面。

据统计，1840—1949年，出现的刊登过科教类文章的综合类刊物达百余份。且科学教育刊物的创办地，大多集中于沿海或内陆发达城市。据不完全统计，包括《科学画报》《西风》《中华周刊》《科学》等在内的162份科学教育刊物的出版地，如表8-1所示。

表8-1　　　　　　　　162份科学教育期刊出版地统计

出版地	上海	北京	辽宁	四川	湖北	吉林	浙江	江苏	河北	河南
刊物数	11	80	7	3	5	1	5	18	1	1
出版地	广东	广西	陕西	香港	天津	重庆	江西	东京	大阪	
刊物数	6	1	1	2	4	9	1	4	1	

根据表8-1可以看出，这类刊物以开放的通商口岸为依托，出版地多数位于上海，少数位于南京、北京（北平）、杭州、重庆、沈阳（奉天）、大连、天津等城市，个别刊物创办于日本东京和大阪。

在科学教育刊物创刊之初，主要以综合类刊物为主。甲午中日战败掀起国人的爱国浪潮，要求实施"变法"以实现国家自强，农业科学化、机械化等主张开始被提出。洋务运动所提出的"中体西用"的主张，尽管强调洋为中用，但仍旧是我国国人开始重视西方科技文化的表现。维新变法运动在提倡科学、主张科学上更为激烈。

可以说，洋务运动及戊戌维新变法，在一定程度上为科学教育刊物的发展，奠定了政治文化基础。由此，《科学世界》《农学报》《算学报》等科学教育刊物相继问世。《科学世界》是早期科学教育刊物的代表性刊物之一，由上海科学仪器馆虞和钦主编，于1903年3月29日，在上海创刊，以发明科学，推动基础实业，使吾国国民的知识技能，日益增进为宗旨，开设了科学图片、科学小说等栏目。

《农学报》也是科学教育刊物发展初期的代表性刊物之一，1897年5月，由罗振玉于上海创刊，1907年1月停刊，历经十余年，发刊315期，主要发表农学、园艺、畜牧兽医、养蜂养殖等等，在"引进西方近代农业科技、传播普及农业知识、促进我国农业技术改进方面颇有贡献"[1]。值得一提的是，在《农学报》创刊以后，这一时期涌现了一大批农学类科学教育刊物，如《湖北农学报》（1901年1月创刊）、《蚕学月报》（1904年12月创刊）、《蚕丛》（1910年11月创刊）等等。

1910年后，综合类科学教育刊物数量与日俱增，所发表文章的质量和数量，也呈上升态势，为民众普及科学知识做出重大贡献。有识之士以及中国新一代知识分子，对科学技术的渴望，极大地推动了科学教育刊物的发展。与此同时，新文化运动和五四运动所高举的"科学"与"民主"的大旗，也为科学教育刊物的发展造势。据统计，1933年，全国各地出版的报纸杂志总量，超过250种，截至1935年6月，达1518种之多。[2]

面对全国报纸杂志的火热发展态势，科学教育刊物作为一个分支也获得较大发展。其间，先后出现了《气象月刊》（1914年7月创刊）、《学艺》（1917年4月）、《矿业杂志》（1917年3月）、《新医药》（1930年9月）、《科学世界》（1932年冬）等等。此时，中国人自办的综合类报纸杂志和传教士创办的宗教刊物，都在一定限度内，推动了我国近代科学教育发展的进程。传教士普及科学教育的主要方式，是在宣传教义的小册子中，开设专栏，发表科学文章。例如，在1916年发行的《教会公报》中，开设"益智录"板块，发表了《食物保存与微生物之关系》和《制果酱法》等文章，用通俗易懂的文字，为民众普及基本科学常识。

1915年1月，在上海，中国科学社《科学》杂志创刊，标志着我国出现了专门性的科学教育刊物，开启了系统介绍和普及西方科学的进程。随后，中国科学社又创办了浅显易懂的科学教育刊物和其他学术性刊物，如《科学画报》等。可以说，在创办科学教育刊物方面，中国科学社做出了巨大的贡献。

---

[1] 冯志杰：《中国近代科技出版史研究》，博士学位论文，南京农业大学，2007年，第110页。
[2] 陈江、李家治：《三十年代的"杂志年"——中国现代期刊史札记之四》，《编辑之友》1991年第3期。

二　主要的科学教育刊物

（一）《科学》（1915—1950）

《科学》杂志于 1915 年 1 月在上海创刊，1950 年停刊，是我国现代出版史上创刊最早、出版时间最长、影响最大的科学期刊。它与《新青年》一起，一文一理，文理互补，在五四运动期间共同树立起科学与民主这杆大旗。任鸿隽曾统计过，1915—1950 年的 35 年中，《科学》杂志共计出版了 32 卷，369 期，347 册，近万篇文章约计 3000 万字。[①]

1.《科学》杂志的创刊

在《科学》杂志发刊词中，对创办缘由和宗旨作了明确的表述，"同人不佞，赖父兄伯叔之力，得负笈远西，亲睹异邦文物之盛，日知所亡，坎然其不足也。引领东顾，眷然若有怀也。诚不自知其力之不副，则相与攫讲习之暇，抽日月所得，著为是报，将以激荡求是之心，引发致用之理，令海内外好学之士，欲有所教于同人者，得所藉焉。是则，同人所私愿而社稷尸祝之者也"[②]。

《科学》杂志的创始人，意识到科学的重要及关键，意识到欧美国家的强盛，就在于科学的发达，希望国人能给予科学足够的重视，提高整个中华民族的科学素养。因此，他们创办《科学》杂志，期望以其为阵地，传播科学知识，明确科学概念，发扬科学精神。以科学教育的方式，提高整个民族的科学知识，推动社会向前发展。

2.《科学》杂志的发展

1914 年 6 月，《科学》杂志开始筹办，在美国进行编辑出版工作，同时在上海设置经理部，委托过探先为部长，印刷工作则由上海商务印书馆负责。

从创刊开始，《科学》杂志就使用白话文、横排竖版和西式的标点符号，清晰准确地描述科学事实，大大提高了人们的阅读效率，强化了人们的观念，增加了民众对科学知识的阅读量，培养了民众的科学精神，推动了科学教育的发展。

[①] 李继高、姚远：《〈科学〉与其主办者中国科学社》，《西北大学学报》（自然科学版）2010 年第 5 期。

[②] 《发刊词》，《科学》，1915 年第 1 卷第 1 期，第 7 页。

纵观《科学》杂志的发展历程，可以从其两个不同的办刊目标中，窥见一斑，依据发展目标的不同，《科学》的发展历程，可划分为两个阶段，一是以"传播世界最新科学知识为职志"[1]的创刊初期，二是演变成为"发表新知创作之机关"的成熟时期。

《科学》创刊初期，发刊例言中说，"专以传播世界最新科学知识为帜志"，"为学之道，求真致用两方面当同时并重"。当时，中国的科学尚不发达，民众的科学素养不足。因此，《科学》杂志所刊登发表的文章，"不敢过求高深，致解人难索。每一题目皆源本卑近，详细解释，使读者由浅入深，渐得科学上智识"。对文章在取材方面的要求是，"玄谈虽佳不录，而科学原理之作必取，工械之小亦载，而社会政治之大不书，断以科学，不明其它"。其发刊例言的第一段话，也对此做出证明，"同人方在求学时代，发明创造，虽病未能，转输贩运，未遑多让，爰举所得就正有道。他日学问进步，蔚为发表新知创作之机关，是同人之所希望者也"[2]。由此可见，基于民众的科学素养水平和杂志主创人员的科学能力等，《科学》杂志在创办的初期，更为注重科学教育内容的通俗性，以科学知识的宣传为主。

1918年，由于中华科学社的迁回，《科学》杂志编辑部也迁回国内，先暂迁至南京，后定于上海。相较之前，国人的观念已经基本转变，《科学》杂志宣扬科学的目标基本达成。因此，进入下一发展阶段即使中国有自己的科学。最为显著的标志，是中国科学社在1922年南通年会之际，把宗旨由"提倡科学，鼓吹实业，审定名词，传播知识"改为"联络同志，研究学术，共图中国科学之发达"，学术研究成为明确关注的重点。[3]

此后，《科学》杂志开始致力于科学研究的宣扬，成为真正的"发表新知创作之机关"。此时，《科学》不再满足于常识的科学内容普及，还关注科学理论的研究。中国科学社于1922年，又创办《中国科学社论文专刊》(*The Transactions of the Science Society of China*，西文，出版至1947年，共9卷)、《研究丛刊》(西文，共3册)；1925年，创办《生物研究所论文丛刊》(动物组，西文，出版至1942年，共16卷)、《生物研究所论文

---

[1] 《〈科学〉例言》，《科学》1915年第1期。
[2] 《〈科学〉例言》，《科学》1915年第1期。
[3] 郭静：《〈科学〉杂志与近代中国科学观念的建构及传播》，《浙江传媒学院学报》2016年第2期。

丛刊》（植物组，西文，出版至1942年，共12卷）《生物研究所专刊》（森林植物志、药用植物志各1册）等专业的学术性科学期刊。

在《科学》杂志及其科学教育工作的发展过程中，中国科学社作为杂志强大的后盾支持，为杂志的正常、持续发行和科学教育的持续发展，提供了有力的人力及物力保障。① 在1915年1月至1950年12月，以月刊形式出版，每年一卷，每卷十二期。但由于战争影响、资金紧张、稿件不够、运输不便等，在1924年、1925年出现拖刊，1937年、1938年、1939年、1941年、1944年等出现合刊，整体而言，《科学》杂志一直持续发行。正如其在1940年第24卷"卷末赘言"中所强调，"社中经费无论如何困难，气压无论如何窒闷，本志生命务必维持，不致中断，俾在此大时期中，国人需要科学孔亟之秋，得尽绵薄，服务社会"②。

1949年10月1日，中华人民共和国成立。为中国科学事业的发展，创造了一个和谐、宽松的氛围。但在1950年12月，由于各种因素的影响，《科学》杂志停刊。任鸿隽在1950年发表的第三十二卷增刊号上提及，《科学》杂志的发行是为了普及科学，社中同人苦心经营，但国内同类期刊数量过剩，《科学》杂志继续存在就是浪费资源了，于是，《科学》杂志第一次停刊（1957年复刊，改为季刊，1960年停刊，1985年复刊）。

3.《科学》杂志的科学教育内容

《科学》杂志"内容非常丰富，有专业性的学术论文，也有科普性质的小短文，还有科学领域的报道，甚至浅显易懂、一目了然的图画。其行文方式也根据不同的对象，有不同的风格。面向专门人才的学术论文相对艰深，科普型的短文则浅显易懂，反映科学领域动态的报道则简洁明快"③。总体而言，《科学》杂志不仅重视普及科学知识，还注重培养和弘扬科学精神。

《科学》杂志刊登发表的科学知识，涉及众多学科，涵盖领域广泛。设置的栏目多样，主要有杂俎、调查、通论、新闻、科学常识、科学故事、来件、附录、书报评介、科学新闻等。在杂志的诸多栏目中，刊登发

---

① 曲铁华、袁媛：《〈科学〉月刊的创办及对科学教育的弘扬》，《西北师大学报》（社会科学版）2009年第3期。
② 《卷末赘言》，《科学》1940年第12期。
③ 曲铁华、袁媛：《〈科学〉月刊的创办及对科学教育的弘扬》，《西北师大学报》（社会科学版）2009年第3期。

表的文章内容，涉及生物学、心理学、化学、物理学、天文学等二十四个学科领域（表8-2）。在杂志刊登发表的近万篇文章中，生物学、化学、物理学、地学、医药卫生、农林、气象、天文等学科领域的文章数量居多。与当时人民生活和社会发展状况相结合分析，文章数量多的领域，和人们的生产生活、社会经济发展息息相关。

表8-2 《科学》1—32卷发表文章的学科分布情况①

学科类别	文章数量（篇）	学科类别	文章数量（篇）
生物学	1377	土木工程	194
化学	897	矿冶	180
物理学	784	教育科学	152
地学	644	人类学	140
医药/卫生	518	生理学	136
农林	432	无线电	132
气象	371	机械工程	121
哲学	15	工业	114
天文学	340	电机工程	112
化学工业	320	考古	105
算学	267	社会科学	82
航空（交通）	219	心理学	65

在数学、物理等基础学科领域中，研究内容多涉及基本原理和最新研究成果，以及国外在此领域的新发明和新应用。例如：在创刊号上刊登的《万有引力定律》和《欧姆定律》，在第2卷第1期、第4期连载的《代数学之基本理论》，在第5卷第11期刊载的介绍相对论的《爱因斯坦之重力学说》等等。在农林、矿冶、气象、医药卫生、土木工程、交通等应用学科领域中，文章内容更侧重于贴近国计民生，农业领域关注土壤的酸碱性和农作物的改造，工业领域关注矿产信息、采矿方法等，医药卫生领域关注疾病的治疗和防御、医学知识的普及等②，曾刊登的文章如下：《山东土

---

① 陈首、任元彪：《〈科学〉的科学——对〈科学〉的科学启蒙含义的考察》，《自然科学史研究》2003年第S1期。

② 刘思雨：《科学化运动时期〈科学〉杂志的科学传播》，《新闻传播》2013年第1期。

质之分析》(第1卷第1期),《灌溉旧法》(第1卷第8期),《最近除蝗法》(第2卷第9期),《田舍取水之研究》(第2卷第12期),《论早婚及姻属嫁娶之害》(第3卷第9期),《食荤与食素之利害论》(第3卷第12期)等。①

《科学》既注重科学知识的普及,更强调科学精神的培养和科学理念的树立。因此,《科学》采取了撰文的方式,清晰阐述科学精神的价值,彰显科学精神。例如,任鸿隽的《科学精神论》提出,"科学精神者何?求真理是已"②;再如,黄昌谷发表的《科学与知行》中,强调科学精神几重特性,一是要根据事实探求真理,二是认定求知求用的宗旨,强调行的重要性;还如,竺可桢在《利害与是非》中提出,科学的精神,就是"只问是非,不计利害"③;再如,《科学》转载的由美国奥伯林大学教授梅加夫著,任鸿隽翻译的《科学与近世文明》,文章强调传统主义和科学精神,是构成维持社会稳定和推动社会发展的动力④。此外,《科学》杂志刊登的具体科学知识,发扬了科学精神,增进了人民对科学知识的了解和学习,对于摆脱原有的封建愚昧思想,具有重大意义。

另外,《科学》杂志设置以科学整体为对象的"通论"专栏,讨论科学本质、方法、分类等问题,帮助民众从宏观上把握科学知识,理解科学内涵、树立科学观点,同时,也揭示了科学精神的重要地位。

任鸿隽在其《五十年自述》中这样说道,"所谓科学者,非指一化学一物理或一生物学,而为西方近三百年来用归纳方法研究天然与人为现象所得之总和。故所谓科学者,决不能视为奇技淫巧或艺成而下之事……欲效法西方而撷取其数理化,莫如介绍整个科学"⑤。因此,在帮助国人建立正确科学观念方面,这一专栏功不可没。美国曾有评论盛赞此"通论"文章,"通论文字,方之他邦科学杂志,如美之科学周刊、科学月报等,未遑多让"⑥。此外,《科学》杂志的"历史传记"等专栏刊登的内容,也对

---

① 曲铁华:《中国近现代〈科学〉杂志的特点及当代启示》,《教育文化论坛》2020年第5期。
② 任鸿隽:《科学精神论》,《科学》1916年第1期。
③ 竺可桢:《利害与是非》,《科学》1935年第11期。
④ 樊洪业:《〈科学〉杂志的历史功绩》,《科学》1995年第1期。
⑤ 任鸿隽:《五十年自述》,载樊洪业、张久春选编《科学救国之梦:任鸿隽文存》,上海科技教育出版社2002年版,第683页。
⑥ 任鸿隽:《初版弁言》,载《科学通论》,中国科学社1934年,第189页。

培养国人学习科学的兴趣,有很大的促进作用。

总之,1915—1950年,《科学》杂志通过调整刊发的内容和版块设置等,"传播具体的科学知识,为国人勾勒出一幅科学的整体图像"①,推动了科学教育事业的进步和发展。

(二)《新青年》

《新青年》创刊于1915年9月15日,由陈独秀担任主编,上海益群书社负责刊印发行,月刊,六卷为一期。第一卷名为《青年杂志》,第二卷第一期起更名为《新青年》,共计发行九卷。《新青年》以其独特的风格,成为五四运动的象征。

1.《新青年》的创刊

由于当时的国民深受封建思想的荼毒太久,因曾有在合肥办《安徽俗话报》和在日本与张士钊一起编辑《甲寅》的经验,陈独秀迫切地想要通过创办杂志,来唤醒国民的意识。又因1915年于日本回国的船上,亲眼看见国人麻木不仁的状态,陈独秀更加想要通过创办杂志来唤醒国民的决心。他曾说:"让我办十年杂志,全国思想都会有改观。"② 但由于资金有限,陈独秀无力承担创办杂志所需的各项费用。在好友汪孟邹的帮助下,陈独秀与当时经营群益书社的出版家陈子佩、陈子寿两兄弟结识。在陈子佩和陈子寿两兄弟的资助下,杂志创办所需的包括印刷、发行、稿费等在内的各项所需资金,都得到了解决。

于是,1915年9月,陈独秀主办且主编的《青年杂志》在上海创刊。杂志在创办之初名为《青年杂志》,后更名为《新青年》。

2.《新青年》的发展

《新青年》杂志自1915年9月创刊,至1926年7月停刊期间,以月刊、季刊、不定期期刊的形式共计出版63期。《新青年》杂志的发展,可以划分为两个阶段。

(1)第一阶段(1915年9月至1920年8月)

《新青年》的第一期卷名为《青年杂志》,在其"社告"中宣布了杂志的办刊宗旨,即"国势陵夷,道衰学弊,后来责任,端在青年,本志之

---

① 任媛媛:《民国时期科学启蒙背景下的中国科学史研究》,硕士学位论文,东华大学,2014年,第14页。

② 转引自唐宝林《陈独秀全传》,社会科学文献出版社2013年版,第139、189页。

作，盖欲于青年诸君商榷将来所以修身治国之道"①。第一卷由陈独秀主撰，出版完第一卷后，因故停刊6个月。1916年9月复刊，由第二卷起更名为《新青年》。

1917年1月起，《新青年》杂志随陈独秀迁往北京续办。因北京大学校长蔡元培举荐陈独秀，北京政府教育部任命陈独秀为北京大学文科学长。由此，《新青年》编辑部迁往北京，但印刷地点仍旧是上海。在《新青年》杂志创刊初期，每期发行1000多册，1917年，迁到北京大学之后，发行量猛增到15000多册。1917年8月，《新青年》出齐第三卷后因"不能广行，书肆拟终止"（鲁迅语）停刊。

1918年1月15日，《新青年》复刊出版第四卷第一号。随着《新青年》迁到北京，杂志从第四卷第一号开始改为由北大同事轮流编辑，不接受来稿，成为同人刊物，并且开始使用白话文，采用新式标点符号。北大同事一共轮流编辑了3卷18期，其中，编辑分别有陈独秀、钱玄同、刘半农、陶孟和、沈尹默、高一涵以及李大钊等。五四运动开始后，陈独秀被捕，出狱后，从《新青年》第七卷第一期起，陈独秀收回了《新青年》的编辑权。

在《新青年》的第一阶段，杂志的主要栏目，有读者论坛、国内大事记、国外大事记、通信、短篇名著、长篇名著、世界说苑、女子问题、随感录、诗等。

（2）第二阶段（1920年9月至1926年7月）

1920年9月《新青年》杂志编辑部随着陈独秀迁往上海。自1920年9月出版的第八卷第一号起，在实质上，《新青年》已经成为上海共产党小组的机关刊物。1921年2月，上海法租界巡捕查抄新青年社，处罚并勒令其迁移。从第八卷第六号起《新青年》杂志转入地下编辑，假托迁移广州，陈望道从《新青年》第八卷第五号起接替陈独秀担任主编。1921年7月，中国共产党成立，《新青年》成为理论刊物。1921年9月，陈独秀再任主编，只出一期后停刊。1922年7月后，《新青年》第三次停刊。1923年6月，《新青年》重新出版，迁往广州出版，由瞿秋白主编。1926年7月，最终停办。

---

① 中共中央马克思、恩格斯、列宁、斯大林著作编译局研究室编：《五四时期期刊介绍》第1集，生活·读书·新知三联书店1978年版，第382页。

在《新青年》的第二阶段，杂志的主要栏目，集中于通信、随感录、俄罗斯研究、诗、编辑室杂记等。

3.《新青年》的科学教育内容

《新青年》是民国时期高举民主与科学旗帜的最为著名的代表。无论是陈独秀主撰时期，还是后来北大同人轮流编辑时期，《新青年》都始终将民主与科学作为办刊所秉承的基本理念。

《新青年》积极传播科学知识，传播科学、弘扬科学。例如，在第一卷第三号刊登了《近世思想中之科学精神》，介绍了英国生物学家赫胥黎的一篇名为《进化论和伦理学》严复译为《天演论》(*On the Advisableness of Improving Natural Knowledge*) 的文章；在第一卷第四号刊登了《女性与科学》；在第二卷第一号和第三号刊登了《当代二大科学家之思想》，分别介绍了梅特尼廓甫和阿斯特瓦尔特两个科学家；在第四卷第一号刊登了《科学与基督教》，第四号刊登了《未有人类以前之地球》，第五号刊登了《辟"灵学"》；第六卷第一号刊登了《未有人类以前之生物》，第三号刊登了《何为科学家》，强调了科学家要知晓科学是一门学问而非艺术，科学的本质，是事实而不是文字，以及科学家的养成。即使从第八卷开始，《新青年》成为中共党刊，《新青年》也依旧不忘宣传科学之宗旨，例如，在第八卷第五号刊登了《达尔文主义》，详细介绍了达尔文的进化学说。

《新青年》杂志除了刊登大量有关于科学的文章，积极宣传科学，还将科学作为杂志的办刊宗旨，突出了科学的重要地位和价值。《新青年》在其创刊号的《社告》中，就开宗明义地强调："凡学术事情足以发扬青年志趣者，竭力阐述。冀青年诸君于研习科学之余，得精神上之援助。"① 陈独秀在其《敬告青年》中这样说："科学者何？吾人对于事物之概念，综合客观之现象，诉之主观之理性而不矛盾之谓也……近代欧洲之所以优越他族者，科学之兴，其功不在人权说下，若舟车之有两轮焉。今且日新月异，举凡一事之兴，一物之细，罔不诉之科学法则，以定其得失从违；其效将使人间之思想云为，一遵理性，而迷信斩焉，而无知妄作之风息焉。国人而欲脱蒙昧时代，羞为浅化之民也，则急起直追，当以科学与人权并重。"② 陈独秀这

---

① 中共中央马克思、恩格斯、列宁、斯大林著作编译局研究室编：《五四时期期刊介绍》第1集，生活·读书·新知三联书店1978年版，第382页。

② 陈独秀：《敬告青年》，《青年杂志》1915年第1期。

篇《敬告青年》一语中的，"欲根治之，厥维科学"，特别强调了科学的重要性，其中包含科学精神、科学技术知识和科学方法。

此外，以陈独秀为代表的《新青年》杂志的编辑团队，不循规蹈矩，坚持学术自由，坚持文学革命，坚持白话文运动。作为一个宣传媒介，《新青年》即使在广告的选择中，也坚持宣传科学类书籍，不仅宣传人文科学类的书籍，也宣传自然科学类的书籍。可以说，《新青年》这一杂志，从内容到形式、从理念到编辑团队无不以科学为基础。

（三）《东方杂志》

综合类报刊中最为著名和有影响力的报刊是《东方杂志》。作为大型的综合类刊物，《东方杂志》于1904年3月创刊，以"启导国民，联络东亚"为办刊宗旨。除了刊登本社自撰的社说，还选择性地刊登各种记事、要闻等，内容丰富，资料翔实，栏目众多。几十年间，历经三次休刊和多次"大改良"，内容、篇幅、栏目等经常有变动，但它始终坚持编辑出版，[①]是中国近代报刊史上持续时间最长的杂志之一。

1.《东方杂志》的创刊

清朝末年，帝国主义侵略中国。甲午中日战争失败，日俄战争爆发，民族危机空前强大，民众意识普遍觉醒，一群有识之士开始探索救亡图存的道路。在此过程中，随着帝国主义入侵程度的加剧，中西方文化开始碰撞交流。涌现出大批思想启蒙和变法图强的观点，政论报刊应运而生。

1903年，时任商务印书馆总经理的夏瑞芳，提出创办综合性质的《东亚杂志》，用于与社会各界沟通。以期用《东亚杂志》代表商务印书馆的品牌，同时，这也是商务印书馆的经营策略。张元济将经营策略转化为文化创意。后《东亚杂志》更名为《东方杂志》，以避免与德国驻沪领事馆创办的德文版的《东亚杂志》重名，1904年3月11日，以月刊形式创刊，以"启导国民，联络东亚"为办刊宗旨。

2.《东方杂志》的发展

《东方杂志》自1904年3月创刊至1948年12月终刊，40余年的发展历程，大致可以分为三个阶段，分别是草创期、黄金期和衰落期。

第一卷至第七卷（1904年3月—1911年2月）是草创期。《东方杂志》的体裁和形式，主要仿照日本的《太阳报》和英美两国的《而利费》

---

① 丁守和主编：《辛亥革命时期期刊介绍》，人民出版社1983年版，第178页。

（Review of Review）这两本杂志。杂志将选录各类报纸及来源丰富的稿件划分归类，具体设置了社论、谕旨、内务、军事、外交、教育、财政、实业、交通、商务、宗教、杂俎、小说、业谈、新书介绍十五个栏目，使得"有志之士欲检查时事者得此可免抄录之繁"，亦可使"内地人士无力遍阅各报者得此亦足周知中外近事"①。

因此，在杂志发行的初期阶段，《东方杂志》每期的主要内容，除了包括本社撰译的社论社说、广辑新闻，还精选各大报纸杂志的文章刊载，在当时看来，是一本名副其实的文摘类刊物。又因商务印书馆缘起于戊戌维新，故其身上带有鲜明的戊戌维新色彩，体现着戊戌变法的改良思想，一直到辛亥革命，《东方杂志》都是立场鲜明的立宪刊物。

第八卷至第三十八卷（1911年3月—1941年1月）是黄金期。杂志从草创期过渡到黄金时期的标志性事件，是1910年第十二期刊登的"辛亥年东方杂志大改良"通告，"兹于今春，扩充篇幅，增加图版，广征名家之撰述，博采东西之论著，萃世界政学文艺之精华，为国民研究讨论之资料，借以鼓吹东亚大陆之文明，大餍足读者诸君之希望"②。"渐进启蒙文化的思想"极大地推动了《东方杂志》的发展。这次的"大改良"，是《东方杂志》整个出版历程中变化幅度最大的一次。③

《东方杂志》在这一时间段内，进行过数次改革，由当初的文摘类刊物，逐渐过渡成大型综合读物，具有权威性和社会科学性质。《东方杂志》的发行量，跃居同期同类刊物之首。

第三十九卷至第四十四卷（1941年2月—1948年12月）是衰落期。1938年1月，《东方杂志》由上海迁长沙出版，11月再迁香港，1941年，日本侵占香港，政治经济形势严重影响了《东方杂志》的质量，使其整体出现下滑态势，在编辑水平、印刷质量、稿件水平等各方面，都与黄金时期相差甚远。进而逐渐走向衰亡，于1948年12月停刊。

《东方杂志》从1904年3月创刊至1948年12月终刊，历时约46年，其间经历了三次短暂的休刊（详见表8-3）。

---

① 《新出东方杂志简要章程》，《东方杂志》1904年第1期。
② 《辛亥年东方杂志大改良》，《东方杂志》1910年第12期。
③ 王运灵：《〈东方杂志〉（1904—1911）出版研究》，硕士学位论文，河北大学，2013年，第12页。

表 8-3　　　　　　　　《东方杂志》三次休刊情况

顺序	事件	起始时间	持续时间
第一次休刊	辛亥革命爆发，上海局势混乱，杂志宣传的君主立宪主张受到质疑	1911.11.15—1912.4.1	三个半月
第二次休刊	1932年"一二八事变"，商务印书馆遭轰炸，受重创	1932.2.1—1932.10.16	八个半月
第三次休刊	1941年太平洋战争爆发，日寇攻陷	1941.11.15—1943.3.15	十六个月

3. 《东方杂志》的科学教育内容

《东方杂志》在1910年的第六卷开始，在杂志内刊登科学类文章。从第六卷第五期（1910年6月）起，《东方杂志》开设"新知识"版块，主要介绍西方自然科学知识，但该版块并不固定，时有时无，通常放置于刊尾。如《理科小识》《电气之返老还童》等文章，以科普性、趣味性为主。从第八卷第一期（1911年3月）开始，专门增加《科学杂俎》一栏，以介绍西方的最新科技发明为主要内容。① 至1948年12月终刊，《东方杂志》一共出版了四十四卷，发表了科学普及类的文章百余篇，既传播了科学技术知识和方法，又弘扬了科学的态度和精神。

《东方杂志》刊登过的有关科学教育的文章，涉及的内容十分丰富，涵盖的范围，十分广泛，包括生物学、物理学、化学、天文学、医学等诸多领域，坚持所传播科学知识的实用性和可接受性。科学技术新发明层面的文章，有《新发明之地雷》（1915年第2期），介绍了地雷的功效和构造；《烟火为气艇之仇敌》（1910年第4期），介绍了烟火可以抵御汽艇的原理。此外，还包括《测定水下之机器》（1910年第4期）、《单线电话之新发明》（1911年第2期）、《瑞士之悬空铁路》（1910年第6期）等。医学生理卫生知识方面的文章有《奇怪的渴睡病》（1911年第1期），介绍了渴睡病的症状。还刊登有《近视远视治疗法之新发明》（1918年第6期）、《保存鲜果的新方法》（1925年第24期）、《食物养生法》（1911年第2期）、《用巴拉芬保存鸡蛋》（1910年第6期）等。

---

① 王运灵：《〈东方杂志〉（1904—1911）出版研究》，硕士学位论文，河北大学，2013年，第15页。

此外，除了介绍医学、电学等方面的科学知识外，《东方杂志》还刊登了其他新科学知识，例如，《鸽子为空气中之摄影家》（1910年第4期），称鸽子可携带微型摄影器具，在战时于空中摄影，对战争起到辅助的作用；《澳洲桉树林》（1910年第11期），介绍了澳洲桉树的形体、历史、生长、功用、特质及种法等。这些有关于科学教育的新知识，在杂志创办的初期，是转摘自其他的杂志，后期的文章，则大部分是撰稿人独立编写或翻译的。另外，《东方杂志》除刊登一般性的科学知识外，也注重对科学理论的介绍。并通过开辟专栏的形式，使民众更加系统地了解科学、认识科学。例如，在1922年第24期的《爱因斯坦》专号，集中介绍了爱因斯坦的一系列理论。①

《东方杂志》作为一份综合性杂志，持续时间长，涉猎范围广，受众影响大，在科学教育的推广过程中，发挥着至关重要的作用。长时间、不间断地为民众输送科学知识和科学理念，为中国近代国民民智的开启，贡献了巨大的力量。

（四）《科学画报》

《科学画报》是隶属于中国科学社的专门性科学教育杂志，于1933年8月1日创刊，由中国科学图书仪器公司负责发行。《科学画报》创刊时是半月刊，每期40页，后因时局变化，改为月刊，每期页数也时有变更，是我国历史上最悠久的一本综合性科普期刊。

1.《科学画报》的创刊

20世纪20年代，中国科学社社员发现研究科学的主体仅是科技人员，广大的人民群众对于科学知识，仍处于无知迷惘的状态。他们认识到，"要提倡中国科学化，单是提倡高深的科学研究，还远远不够，必须提倡科学普及化，把一般群众的科学知识提高才有可能"②。1933年1月，在科学社理事会举行的"民众科学化运动"中，时任中国科学社总干事、中国科学图书仪器公司（中国科学社创办）总经理的杨孝述提议创办通俗科学月刊，但因经费来源、编辑力量及出版发行问题等，未能获得通过。杨孝述并未放弃，而是与多位出版界同人共同谋划创刊事宜，在同年6月召

---

① 陶贤都、邱锐：《五四时期〈东方杂志〉的科学传播》，《科学技术哲学研究》2011年第6期。

② 程新国编著：《海上大师：中国现代科学奠基者萍踪》，上海科学普及出版社2007年版，第173页。

开的中国科学社第 108 次理事会上再次提议创办《科学画报》，并详述相关方案，得到了杨杏佛等不少中国科学社理事的大力支持，中国科学图书仪器公司董事会也通过了这一提案，《科学画报》最终于 1933 年 8 月 1 日得以创刊。

《科学画报》创刊之初，由杨孝述任主编，曹惠群、周仁、户于道等任常务编辑，《科学画报》坚持通俗化路线，将文字和图片结合，用简单的文字、图画、照片，以直观明了、浅显易懂的方式，将普通科学知识输送到民众中去。

2.《科学画报》的发展

《科学画报》的发展在近现代主要经历了奠基阶段（1933—1937）、困顿阶段（1938—1945）、恢复阶段（1946—1949）三个阶段。

（1）奠基阶段（1933—1937）

1933 年至 1937 年抗战全面爆发前是《科学画报》的奠定阶段。《科学画报》创刊之初，刊登的文章主要分为编译国外材料和自主编写两类。编译的文章数量较多，约占整个篇幅的 2/3 或 3/4，文章大部分由知名科学家撰写，有些是其独特见解的社论，有些是其有关科学的论文，有些是长期连载的通俗文章，内容丰富，科学家的执笔，保证了《科学画报》整体的质量和水平。

《科学画报》开设了科学新闻、科学实验和工艺制作、小玩意儿、化学游戏、物理游戏、科学杂俎等栏目，以各种渠道和方法为民众传播科技知识。在表现形式上，初期的《科学画报》遵循通俗化、形象化的指导方针，确保文字深入浅出，同时，配以清晰图片，辅助文字说明问题。此外，为较好地与民众沟通，画报还专门开设专栏——读者信箱，加强与民众联系，了解民众需求。

（2）困顿阶段（1938—1945）

1937 年冬，日军侵占苏南，上海租界沦为孤岛，这种局势对《科学画报》的发行带来极大影响：一方面，杂志与原执笔人联系时有中断，每期的第一篇文章，不再由知名科学家撰写，仅由在沪科学家编写简单的科学知识，读者信箱也不得不停顿；另一方面，海运不畅使得外来科学知识传入国内相当困难。因此，编辑部被迫对《科学画报》进行调整，1937 年 10 月起，《科学画报》将半月刊改为月刊，全年篇幅减少一半，1942 年起，逐渐缩减每期页数，直至抗战胜利前夕，每期页数减至 36 页。

这一时期的一些科学新知识和科学新闻仍旧保留，知名科学家撰写的长篇连载专栏也都保持下来。此外，除了保有《科学画报》原有风貌外，还增开了综合性专栏和军事特刊，发表抗战社论和报道等。这一时期，《科学画报》的显著特点是能够及时调整内容以顺应时局的发展。

（3）恢复阶段（1946—1949）

抗日战争胜利后，上海逐步恢复了与外界的联系，《科学画报》相关事项也得到陆续恢复，原有撰稿人数量、规模也得以恢复和提升。

总体而言，《科学画报》的发展备受时局的影响，但《科学画报》能在混乱的局势中生存，并且能够持续发展且不改画报的创刊初衷，仍旧力图最大限度地为民众输送科学知识，弘扬科学精神，是值得其他期刊借鉴和学习的。[①]《科学画报》宣传的诸多领域的科学知识、科学方法和科学精神，为中国科学教育的发展奠定了重要的基础，极大地促进了民众科学知识的开启。

3.《科学画报》的科学教育内容

《科学画报》内容丰富，重视对科学知识的普及，涉及的学科众多，包含化学、生物学、物理学、天文学、医学、军事等。《科学画报》在创刊之初，正值国内生物学的扎根时期，因此，尤其重视生物学知识的普及，从《科学画报》的第一卷开始，连续刊载了八期的《生理解剖图说》，细致介绍脑部如何控制人们的讲话、听声、触觉。考虑到儿童对天文学的兴趣，《科学画报》刊登了一些天文学的知识，来吸引儿童阅读，例如，在《科学画报》的第二期刊登了《日蚀》《天文台的骨骼》《太阳系如何产生》《神秘的宇宙线》《黄道十二宫的星座和记号》《冥王星的发现》等文章。不仅如此，《科学画报》还注重对科学观念和科学精神的弘扬。《科学画报》聘请了一些知名的科学家，借科学家的专业视角，为民众强调学习科学、了解科学的必要性。例如，画报曾刊登了《科学的误解》这篇文章，作者通过举例防空展览会和人造火油的无稽两件事，突出强调了解、认识并学习科学的重要性。这类的文章很多，不但帮助群众改变了腐朽陈旧的思想，还使得正确的科学观点和科学意识，在他们的思想中萌芽，进而促进其形成科学的思维和视角。此外，《科学画报》作为一种传播媒介，也刊登一些广告，但《科学画报》在广告的挑选上都是科学

---

① 成绳伯、饶忠华：《科学画报五十年》，《中国科技史料》1983年第4期。

书籍、科学期刊和科技产品类的，注重与科学的联系，体现出画报对于科学教育、科技宣传的不懈努力。①

《科学画报》诞生于民国时期，在办刊历程中，从形式到内容都在不断革新，对提高民众的科学水平，启发青年爱好科学、投身科学事业起了很大的作用，当今的不少著名学者、教授、科学家，青少年时代都曾受到它的熏陶和启发。

三 科学教育刊物的特点

（一）曲折中发展，专门性科学刊物较少

科学教育刊物在19世纪40年代以来动荡不安的社会环境中，历经曲折，举步维艰。科学教育刊物所需的资金、科学资料在内的各项条件，在当时的社会形态下，都很难得到完全满足。很多刊物都出现中途休刊，甚至不能按照既定的期限发行。比如，《东方杂志》出现三次休刊，《科学画报》也改半月刊为月刊，《中华教育界》也历经停刊、复刊。多数刊物由于资金等条件不能得到满足，发行的时间也较短。

抗日战争期间，国内局势更加严峻，外来的新思想、新知识和新资料，不能及时地输送到国内，刊物发展所需的文章数量和质量也不足。另一方面，根基深厚的封建腐朽思想，也是阻碍社会发展的毒瘤。在科学教育刊物发展的过程中，科学家及撰稿人仍需与提倡封建思想的保守势力做论争。

此外，民众在数千年深厚的封建思想的影响下，视科学为牛鬼蛇神。困顿的局面和保守的民众，使得科学教育刊物发展较为艰难。日渐加深的民族危机，日益传入的新知识和新理念，促使国人意识到科学的重要性。杜亚泉曾在《东方杂志》上指出："欧美事业所以有今日之势力者，非短时间之产物也，必经由科学之阐明，技术之进步，知识之增进。"②

专门性的科学教育刊物较少。由于当时动荡的社会背景，革命运动和挽救国家危局的改革迫在眉睫，各项工作的开展，都离不开新兴的人才，开启民智遂成为各项工作的第一要义。

---

① 陶贤都、于美娜：《〈科学画报〉与中国近代科学技术的传播和普及》，《中国科技期刊研究》2008年第5期。

② 杜亚泉：《消极之兴业谈》，《东方杂志》1915年第7期。

与此同时，我国的科技类人才较少，语言上精通并意识到科学教育之关键的人更是少之又少，科学资料也大多来自西方和日本。而一份专门性的以科学普及为主的刊物的创办，需要大量的人力、物力和财力。在当时纷乱的社会背景下，很多有识之士选择在原有的刊物中刊登科学类的文章，这样做一方面能够达到为民众进行科学教育的效果，另一方面也很大程度地节约了人力、物力和财力。

1915年1月，中国科学社在上海创办《科学》杂志，标志着我国专门性教育科学刊物的诞生，也开启了系统介绍和普及西方科学的进程。此后，中国科学社先后创办通俗类科学教育刊物和其他学术性科学刊物，科学教育刊物逐渐步入正轨。

(二) 科学教育刊物的内容丰富且广泛

无论是专门性的科学教育刊物，还是综合性的科学教育刊物，其中刊登发表的科学内容，都十分丰富和广泛，涉及的领域，从农作生产到医药卫生，从物理电学到生物化学等。以《科学》杂志为例，其发表的文章，内容涉及生物学、物理学、新闻学、化学等24种学科门类（详见表8—4），就当时社会的文化发展状况，《科学》杂志强调要"廓清传统儒家经典在各类教育中的势力，充实科学内容，拓宽科学课程的领域、范围；针砭清末新教育中盲目照搬西方科学课程而无科学思想基础的弊病"[1]。

表8-4　　《科学》1—32卷发表文章的学科分布情况[2]

学科类别	文章数量	学科类别	文章数量
生物学	1377	土木工程	194
化学	897	矿冶	180
物理学	784	教育科学	152
地学	644	人类学	140
医药/卫生	518	生理学	136
农林	432	无线电	132

[1] 吴洪成：《中国近代教育思潮新论》，知识产权出版社2016年版，第267页。
[2] 陈首、任元彪：《〈科学〉的科学——对〈科学〉的科学启蒙含义的考察》，《自然科学史研究》2003年第S1期。

续表

学科类别	文章数量	学科类别	文章数量
气象	371	机械工程	121
哲学	15	工业	114
天文学	340	电机工程	112
化学工业	320	考古	105
算学	267	社会科学	82
航空（交通）	219	心理学	65

再如，以"接载格致、算化、农工商艺诸科学"为办刊宗旨的《亚泉杂志》，内容广泛，以传播自然科学知识为主，涉及数学、物理学、天文学、地学、生物学等学科。

据统计，《东方杂志》在第8—16卷发表的科学教育文章达686篇之多[1]。仅杜亚泉主政期间发表的科学教育文章，就涉及科技发明、科技应用、心理医药卫生等诸多领域，如表8-5所示：

表8-5　杜亚泉主政期间《东方杂志》所刊登的科学教育文章[2]

科学教育论文类型/栏目	科学教育文章名称
科技哲学	宇宙连续论、佛教与科学、宇宙之大观
科技发明发现	空中飞行器之略说、动物与催眠术、干电池之制造法、一九一九年万国化学原子量表、说时针、液体空气、美国无线电之改良、陶瓷器之电镀法及其价值
科技应用	空中战术、南极探险之效果、煤油之新用途
气象矿产工程	地震之研究、最近世界石油产额之变化、中国西部植物志、巴拿马运河工程纪、津浦铁道之黄河大铁桥
心理医药卫生	笑之研究、梦之研究、各国之红十字事业、论鲜果之滋补力、土葬与公共卫生、鼠疫之预防及看护法、卫生之研究

---

[1] 阎乃胜：《杜亚泉与中国近代科学教育》，博士学位论文，华东师范大学，2011年，第113、114页。

[2] 阎乃胜：《杜亚泉与中国近代科学教育》，博士学位论文，华东师范大学，2011年，第113、114页。

续表

科学教育论文类型/栏目	科学教育文章名称
科技插图	人造之日光、最近之世界大飞行家、雷锭之研究、最新式之黎盎水雷、英德之空中战争、驾救伤车妇女整理机件图、意大利地震后之惨象、巴拿马运河之工程、甘肃壮族黄河铁桥、万国鼠疫研究会开会摄影
科学杂俎	蚁力可敬、发光之蛙及蟹、英人之食牛量
内外时报	金鱼之特种、运送火车之船、近代制纸法之变迁、晕船之原因、自流井产盐状况
理想（科幻）小说	新飞艇、元素大会
科学文稿	理科小识、食物之养生法、雷锭发明者居里夫人小传
科学著述	食物与卫生、雷锭

《东方杂志》在杜亚泉主政期间，所刊登的科学教育论文，涉及领域大至宇宙天文、小至食物养生，从化学、电学、生物学到医学、地理学等，涵盖诸多学科，科学教育内容丰富且广泛。

此外，在其他的综合类科学教育刊物上，还刊登了诸多科学教育文章。医药卫生类的，如《饮食小常识》，简单介绍了青菜、鸡蛋、鱼肝油、猪肉等不同事物的性质；《胃病之疗养及处方》介绍了胃痛的原因、鉴别特征和疗法以及几种简单易懂的处方；《人人常患的头疼症》介绍了头痛的种类和病症的几种不同的原因以及预防方法；生活类的，如《竹之用途及栽培法》分别介绍了苦竹、淡竹等几种不同的竹的用途及栽培方法；物理化学类的，如《人工合成的汽油》《可塑物的新用途》等。

除此以外，科学教育刊物还刊登发表了一些科学家的发展传记，如《炸药发明家——诺贝尔》，文章简单记述了诺贝尔发明炸药之后的一些经历，从不被大众认可到被政府采用，以及最后设立了诺贝尔奖奖金等；除了诺贝尔以外，其他的一些科学家，也都被介绍，如长篇连载《记独轨火车发明家卢镕轩》等。

（三）贴近读者，科学教育刊物注重科学教育的通俗性

首先，科学教育的通俗性体现在内容上贴合民生，关注读者民众的阅读水平和思想程度，强调消除杂志编者和读者之间的隔阂。我国是农业为主的人口大国，农村人口一直是我国人口的主要组成部分。向农民

传播科学教育知识是推进科学教育工作，发展科学教育刊物的关键。杜亚泉曾表示："世界日进之文明，则农村之娱乐，亦不能以旧有者为限，亟宜随时势之需要，寓教育于娱乐，使农民略有相当之知识，以应外界之潮流。"①

其次，科学教育刊物关注民众的阅读能力，采取民众能够接受的形式，以达到科学教育的目的。我国近代科学教育刊物的一个标志性的特征就是采用图文并茂的形式，生动形象为读者呈现科学知识。如《东方杂志》在第 8—16 卷刊登的科学教育文章，配图比例就占科学教育文章数量的 1/5。如表 8-6 所示。

表 8-6 《东方杂志》第 8—16 卷刊登的科学教育论文数量统计②

卷次	8	9	10	11	12	13	14	15	16	总计
文章（篇）	87	47	59	22	48	56	74	80	69	542
插图（幅）	26	14	16	5	23	27	21	10	2	144
总计	113	61	75	27	71	83	95	90	71	686

最后，科学教育刊物注重与民众的问答互动。"推崇互动是科学技术期刊传播的特点之一，也是其与别的传播媒体最大区别的地方。它是一种交互式的传播方式，借助这种方式，信息的提供者与接受者之间，经常性地进行角色的互换，或作者与读者之间的互换，或审稿者与供稿者之间的互换，或读者与审查者之间的互换，或编者与作者之间的互换。"③ 如《亚泉杂志》在第 1—10 期设有"问题答问"专栏，例如，化学问题，质学问题，算题答问。

（四）科学教育刊物的质量较高

一方面，科学教育刊物上刊登发表的文章质量颇高，撰稿人大多是各领域的知名人士。《科学》杂志和《科学画报》等杂志的编辑，都是极富科学精神和科学素养的，如舒新城、竺可桢、卢正道、任鸿隽、杨杏佛、胡明复、赵元任等。

---

① 杜亚泉：《农村之娱乐》，《东方杂志》1917 年第 3 期。

② 阎乃胜：《杜亚泉与中国近代科学教育》，博士学位论文，华东师范大学，2011 年，第 114 页。

③ 社利民、陶立方：《科技学术期刊传播特点研究》，《编辑学报》2006 年第 3 期。

此外，国外的作者也参与《科学》杂志的撰稿，如柏瑯（Browne, C. A.）、麻默利（Marmery, J. V.）、爱仑沃德（Ellencoood, F. D.）。同时，中外作者结合的形式，既提高了编辑队伍的素质，也保证了内容的质量，推动了《科学》杂志的高质量发展。

表 8-7 　　　　　《科学》杂志部分核心作者情况表[①]

姓名	留学国别	学校	学位	学术地位与影响
任鸿隽	美国 日本	康奈尔大学 哥伦比亚大学 日本高等工业学校	硕士	中央研究院总干事、四川大学校长、化学家、科学宣传家、中华教育基金董事会干事
赵元任	美国	康奈尔大学 哈佛大学	博士	中央研究院院士、中国现代语言学创始人之一
杨铨	美国	康奈尔大学 哈佛大学	硕士	中央研究院总干事、科学宣传家与政治活动家
竺可桢	美国	伊利诺大学	博士	中央研究院院士、中国近代地理学和气象学的奠基者、教育家
秉志	美国	康奈尔大学	博士	中央研究院院士、动物学家、中国近代生物学的主要奠基人、教育家
胡明复	美国	康奈尔大学 哈佛大学	博士	数学教育专家、美国 sigmaxi 科学荣誉会员
王琎	美国	里海大学 明尼苏达大学	硕士	分析化学家、教育家、中国近代分析化学和科学史研究的先驱者
翁文灏	比利时	鲁凡大学	博士	中央研究院院士、中国地质学奠基人之一
胡先骕	美国	加利福尼亚大学 哈佛大学	博士	中央研究院院士、植物分类学奠基人之一、教育家
过探先	美国	康奈尔大学	硕士	农学家、农业教育家、东南大学农科和金陵大学农林科创办人
钱宝琮	英国	伯明翰大学	学士	数学史家、数学教育家、中国古代数学史、天文学史研究的开拓者之一

---

① 陈首、任元彪:《〈科学〉的科学——对〈科学〉的科学启蒙含义的考察》,《自然科学史研究》2003 年第 S1 期。

续表

姓名	留学国别	学校	学位	学术地位与影响
胡刚复	美国	哈佛大学	博士	物理学家、教育家、中央研究院物理所及北平研究院创办人
叶企孙	美国	芝加哥大学 哈佛大学	博士	中央研究院院士、我国近代物理学奠基人之一、教育家
严济慈	法国	巴黎大学	博士	中央研究院院士、中国现代物理学研究工作开创者之一
李四光	英国	伯明翰大学	博士	中央研究院院士、中国地质学奠基人之一
唐钺	美国	哈佛大学	博士	心理学家、中央研究院心理研究所创办人
周仁	美国	康奈尔大学	硕士	中央研究院院士、冶金学家、中国古陶瓷科学研究的奠基人

另一方面，创办科学教育刊物的多为致力于拯救民族于危亡之中的有识之士。他们有着高度的民族责任感，积极投身于科学救国的事业中，对科学教育内容和质量，有着高度的要求，以期为民众提供高质量的科学教育，清除我国国民愚昧落后之"积弊"，实现救亡图存。

他们对文章的撰写和审阅非常严苛，认为文章的价值，在于文章中的文字、符号，能被人识别和区分，对应阅读层次的阅读者，能够理解。如果这些文字和符号，不能被人识别和理解，那就失去了刊物的传播功能。刊物编辑们严肃认真，一丝不苟，力求保证科学教育刊物的质量。

四 科学教育刊物的影响

（一）开启民智，推动中华民族觉醒

科学教育刊物通过门类丰富、涵盖领域广泛的科学教育文章，较好地传播了科学技术知识和科学方法，弘扬了科学精神，改变了当时民众的无知状态，帮助民众树立了科学的世界观，这些努力为我国的科学普及工作，做出了巨大的贡献，为我国今后的科学传播，打下了良好的基础。

科学观念的传入，逐渐把民众从封建迂腐、愚昧无知的传统观念中解脱出来。通俗易懂的文字和图画，拉近了科学与民众的距离，"逐渐地把科学变为他们生活的一部分，使他们看科学为容易接近、可以利用的资料，而并非神秘不可思议的幻术"①，让民众能切身、真实地了解、感受到科学，懂得科学能够使人更好地生活的道理。

科学教育刊物较好地完成了科学普及的任务。如《科学》杂志，通过集中介绍，使读者能够对某一领域有相对完整、系统地认识和了解，宣传了科学在社会生活中的重要作用，使得科学观念得以广泛深入地传播（详见表8-8）。

表8-8　　　　　　　　《科学》杂志专号统计②

类别	专号	卷	期
基础学科知识	科学教育专号	7	11
	理化专刊	9	9
	地质专刊	9	10
	经济专号	10	1
	地学专号	11	1
	有机化学百年进步号	13	12
	气象专号	17	8
	国药专号	17	9
重大科学发现与应用	战争号	1	4
	工程号	9	2
	无线电专号	10	7
	食物化学专号	11	8
	进化论专号	12	5
	青霉素专号	26	2
	营养专号	27	3
	青霉素研究专号	28	2
	原子能专号	29	1

---

① 陶贤都：《〈科学画报〉与中国近代科学技术的传播和普及》，《中国科技期刊研究》2008年第5期。
② 陶贤都、杨燕飞：《〈科学〉专号的内容与传播策略》，《科学》2016年第3期。

续表

类别	专号	卷	期
会议论文	泛太平洋学术会议号	12	4
	二十周年纪念专号	19	10
	七科学团体联合年会专号	20	10
	本社三十周年纪念会专号	28	1
	联合年会号	29	10
科学人物	赫胥黎专号	10	10
	胡明复博士纪念号	13	6
	爱迪生逝世周年纪念号	16	10
	纪念范旭东专号	28	5
	纪念葛利普专号	30	3
其他	通俗科学演讲号	8	6
	中国科学史料号	11	6

由上表可见，《科学》开设了多种专号。以"食品化学专号"为例，专号内收录多种类型和内容的食品类文章，较为全面地为读者呈现了食品化学的相关知识。"食品化学专号"内包含 8 篇学术性文章，从专业理论角度对食物成分、营养价值、饮食习惯、无机盐之重要、蛋白质之生理价值、食物热量、维生素等方面进行了介绍；7 篇"杂俎"类文章，对食品化学领域的常识性内容进行介绍，如第 11 卷第 8 期刊登的《雀麦面包与面包中之"刀克杀命"》英国皇家学会会员梅伦比将该有害物质命名为"刀克杀命"，认为其妨碍骨骼构造，并扰乱神经，且存在大量的谷类之中等。这种力求通过各种形式以保障科学教育刊物传播效果的做法，为民众呈现了完整、丰富的科学教育内容，为开启民众智识发挥巨大作用。

科学教育刊物推动了我国近代国民思想解放，促进了中华民族觉醒，为反帝反封建斗争提供了精神、思想、文化上的动力支持。科学教育刊物尽职尽责，对各类知识的宣传普及，使人们意识到科学技术和科学精神的巨大作用，帮助民众冲破旧有传统思想的桎梏，从物质上和精神上，促进了中华民族的觉醒，为政治变革提供了思想文化的支撑，推动了救亡图存运动和革命运动的发展，为革命事业的成功和新中国的成立，做出巨大的贡献。

(二) 推动科学学科自身发展，促进中国近代科学体系的形成

科学教育刊物的发行，推动了国内科学教育事业的发展：提供了文字载体和传播发展的媒介，推动了科学教育中各门学科的发展，促进我国近代科学体系的形成。

在对学科知识进行细致研究的同时，科学教育刊物注重科学学科发展、科学教育发展的基础，以及科学名词和科学知识的普及。一方面，在关于各项科学名词术语的审定中强调，"译述之事，定名为难，而在科学，新名尤多。名词不定，则科学无所依而立"①。将科学名词的审定，看作科学教育发展的基础，确立了科学发展的根基。如《科学画报》在1903年的第2—12期，刊登科学教育文章涉及793个化学名词。通过《化学语解》等确定了的化学名词术语，通过了系列化学定名规律和原则。"这些定名远比《亚泉杂志》更为全面，更为丰富，是自《六合丛谈》首次引入中文'化学'一词以来最系统、最权威的一次中文化学定名，对晚清以致民国年间西方化学的译介和我国化学的发展产生深远影响。"② 其中，一些名词至今依然在使用，如"反应""化合物""原子""电解质""饱和溶液""合金"等。

另一方面，各门学科的知识储存，都需要不断扩充和更新以适应和满足科学教育刊物的发展要求。科学教育刊物的一大特点，就是将科学信息以较快的速度发表出来，让读者及时、准确地把握科技动态，这样才是科学教育刊物传播科学知识的功能的体现。③《科学画报》"既为科学工作的报道者和传播科学的媒介，自当逐月将所得最新的情报传播给每位读者，不要使得我国的民众与欧美的生活在两个不同的时代里。"④ 科学教育刊物的编辑者们，要以敏锐的视角，把握世界发展的大势，力求以最短的时间，快速地向国人传递世界科技发展的最新动态和前沿。正如《科学》杂志在其发刊例言中强调，"专以传播世界最新智识为职志"，并且身体力

---

① 编者：《例言》，《科学》1915年第1期。
② 姚远：《〈科学世界〉及其物理学和化学知识传播》，《西北大学学报》（自然科学版）2010年第5期。
③ 范祥涛：《科学翻译影响下的文化变迁：20世纪初科学翻译与描写研究》，上海译文出版社2006年版，第127—128页。
④ 同庚：《从科学画报的编辑到发行》，《科学画报》1947年第9期。

行，在杂志的发展中，积极报道世界科技发展的成果，转载世界科学会议记录。

于是，伴随科学教育刊物的发展，国内各门学科获得一定程度的发展，开始形成系统、连贯的知识体系，包括物理学、化学、天文学、数学、地质学、生物学、医学、农业科学、海洋学、测绘学等学科领域的近代科学技术体系也得到确立。科学教育刊物成为各门科学学科发展的重要载体，促进了我国自然科学、社会科学的发展进程。

第三节 其他科学教育普及形式

科学教育在当时以科学教育刊物为主，但随着西方资本主义新知识、新技术的传入，如广播、电影等，又为科学教育创造了更多的发展机会。与此同时，图书馆和博物馆的兴起和发展，也为科学教育事业的发展，做出了很大的贡献。具体来讲，近代化图书馆博物馆，面向公众开放，以扎实的内容资料，在形式上和内容上，推进了科学教育的发展。科学教育电影以其独特优势，使得科学知识得以直观展现。科学教育图书则更具亲民性，价格较低且内容丰富，因而更具影响力。

一 科学教育图书的发展概况

科学教育图书在科学教育的发展过程中，发挥了至关重要的作用。科教图书是顺应社会发展的需求而产生的。

鸦片战争失败之后，国内的有识之士逐渐意识到科学的重要性，进而翻译图书，以求在国内传播科学知识和科学精神。近代科普图书的发展历程，以五四新文化运动为分界，大致可以分为两个阶段。

（一）第一阶段（1840—1919）

1. 科学教育图书的来源

1840—1919年，科教图书主要来源有三个方面：西方传教士、官方政府、民间出版机构。在这一时期，三个方面的出版机构共计出版科教图书249种。[①]

[①] 王春秋：《中国近代科普读物发展史》，硕士学位论文，华东师范大学，2007年，第9—12页。

随着西方殖民者的侵入，传教士作为西方国家文化入侵的"士兵"，逐渐来到中国。科学在我国即是由西方传教士传入的，传教士通过墨海书馆、宁波华花圣经书房等传教士出版机构，出版了大量的科学书籍，促进了西方科学的传入。

除了传教士以外，国内的洋务运动、维新变法以及京师同文馆。尤其是新式学堂的建立，科学课程被列入新式学校的教学任务之中，推动了科教图书的产生和发展。1868 年，江南制造总局翻译馆成立，在《再拟开办学馆事宜章程十六条》的引导下，江南制造总局翻译馆成为 19 世纪下半叶我国"译书最多、质量最高、影响最大"的科技著作编译机构。① 1904 年《奏定学堂章程》的颁布，对于科学课程的规定，侧面推动了科教图书的发展。

1897 年，商务印书馆成立，通过刊印出版书籍积极推动了科教图书的发展。商务印书馆的创始人之一张元济，一直倡导教材的重要性，强调图书是国家救亡图存的精神武器，强调学生是未来之星。可以说，商务印书馆在科教图书发展中的地位和作用，至关重要。

2. 科学教育图书的代表作家及其作品

傅兰雅（John Fryer，1839—1928）是晚清至 20 世纪初期科教图书发展中的关键人物。1861—1904 年，傅兰雅共译图书 145 种，其中既有傅兰雅个人独立翻译的书籍，也有与他人合译的书籍，现存可见的图书共有 137 种，其中，科教图书有 89 种，大多数是由江南制造总局翻译馆出版的。傅兰雅翻译的《化学卫生论》《居宅卫生论》《延年益寿论》和《治心免病法》，是介绍化学卫生、环境卫生、营养卫生和精神卫生开风气之先的著作。他还针对中国人一些不健康的生活习惯，翻译了《孩童卫生编》《幼童卫生编》和《初学卫生编》等卫生方面的科普图书。② 这些科普图书被一些教会学校和新式学校列为教科书。

傅兰雅翻译的这 89 种科教图书，向当时的中国人介绍了其闻所未闻的科学知识，为人们打开了科学世界的大门，帮助人们从迷信、愚昧、义理考据之中走出来，为科教图书的发展，奠定了良好的基础。

---

① 王扬宗：《傅兰雅与近代中国的科学启蒙》，科学出版社 2000 年版，第 33 页。
② 王春秋：《中国近代科普读物发展史》，硕士学位论文，华东师范大学，2007 年，第 9—12 页。

3. 科学教育图书的内容特点

第一，图书多以西译中述为主。西译中述是 19 世纪中后期国内普遍采用的一种译书方法，其具体操作为：西人将西书中的意思逐句读成汉语，中国学者用笔记之，若有各自不明白之处，可互相商量斟酌，最后由中国学者润色使其合乎汉语语法。因此，又称"口述笔译"①。从严复独立翻译《天演论》开始，随着留学运动的开展，留学生的出现，这种"西译中述"的方法，逐渐被淘汰，国人开始独立翻译科教图书。

第二，作者以传教士为主体。在这一阶段，中国的国门刚刚被打开，国内尚未完全意识到学习科学的重要性，传教士作为西方文化的传入者，负责传播教义和西方资产阶级的思想文化。这一时期的传教士共翻译、编写了 237 种科教图书。这些传教士主要有：祎理哲、蒙克利、麦嘉缔、胡德迈、合信、嘉约翰、潘慎文、狄考文、艾约瑟、求德生、慕维廉、赫士、卜舫济、李提摩太、伟烈亚力、欧礼斐、玛高温、傅兰雅、金凯理、林乐知、韦廉臣、卫理、秀耀春、罗亨利、傅少兰、哈巴安德等。在众多从事翻译的传教士中，傅兰雅译书最多，被友人趣称为"传科学之教的传教士"。

第三，内容以分科为主，具有较强的实用性和基础性。综合前人的研究，此时期的科教图书，主要涉及 12 个领域，分别是数学、物理、化学、生物、天文、地理、医学、农学、军事科学、工艺制造、船政工程、科学小说等。面对救亡图存的历史任务，国内在翻译和引进科教图书时，更注重知识的实用性，科学知识与国家富强紧密地联系在一起。这一时期的科教图书，主要介绍基础知识，其中影响最大的是《博物新编》和《谈天》这两本书，前者共三集，涉及物理、天文、地理、化学、生物等基础知识，后者主要介绍的是日、月、星、天、地等西方天文学方面的基础知识。

第四，大部分是教科书。这一时期的科教图书多以教科书为主，废除科举制后，学校数量大幅增加，在教学内容中增加科学课程势在必行，因此，科教图书的需求增大。这一时期的科教图书，起初多为教会学校的教科书，后又被作为新式学堂的教科书。

---

① 王春秋：《中国近代科普读物发展史》，硕士学位论文，华东师范大学，2007 年，第 9—12 页。

第五,科学小说的出现。这一时期,科教图书出现了新的体裁——科学小说。1900—1910年,作为科学文艺的一个分支,科学小说融合了科学与幻想,试图用小说的形式来描绘科学。在其传入中国之初,就展现了其强大的科普功能,正如鲁迅所言,科学小说能够使读者"获一斑知识,破遗传之迷信,改良思想,辅助文明"[1]。在尚处于封建、愚昧状态的中国,科学小说的出现,一定程度上帮助人们破除了迷信思想,培养了人们的科学意识。

第六,受众由知识分子逐渐扩展到学生。在西方科学传入中国之初,最先觉醒的是知识分子精英阶层,这些知识分子精英是最初科教图书的主要受众。随着教会学校和新式学堂的建立,1904年《奏定学堂章程》的颁布,科学教育真正被纳入教育体制内,科教图书的受众对象开始向学生群体扩展。

(二) 第二阶段(1919—1949)

1. 科学教育图书的来源

这一时期,科教图书进入到重要的发展阶段。1920年,教育部规定,各学校用白话文代替传统文言文,白话文运动为科教图书提供了语言上的便利条件。用白话文编写创作的科教图书,更适合于普通民众的阅读和理解。

在平民教育思潮中,平民学校、平民读书处、问字处等组织的设立,为科教图书在民众中的传播,创造了有利的条件。科学教育思潮中,人们逐渐意识到,在民众的现实生活中,民众对科学的认识,仍是比较表面和肤浅的。"巫卜星相仍旧是老祖宗传下来的巫卜星相,祭神祈祀仍旧是老祖宗留下来的祭神祈祀;胡大人的传单便传于人文荟萃的南北两京,取血诊断,疑贰于官厅与社会的言论。"[2] 因此,有识之士呼吁要将科学具体应用到人们的日常生活之中。

此外,1919—1949年,各种出版机构也如雨后春笋般涌现出来,江苏教育学院、中华书局、平教总会、开明书店等共计出版科教图书943种。在出版机构的发展中,中华书局发展迅速,1932—1949年,出版业甚至形成了商务印书馆、中华书局、中国科学图书仪器公司三足鼎立的局面。

---

[1] [日] 山田敬三:《鲁迅与儒勒·凡尔纳之间》,《鲁迅研究月刊》2003年第6期。
[2] 夏敬农:《科学之专研及其通俗——发展中国科学的两条路径》,《科学月刊》1930年第1期。

2. 科学教育图书的代表作家及其作品

这一时期,科教图书发展的代表人物是董纯才。他是最早投身于科教图书创作的中国人,翻译创作了大量科教图书,1931—1949 年,他一共翻译和创作了 16 种科教图书。详见表 8-9。

表 8-9　　1931—1949 年董纯才翻译和创作的科普图书[①]

书名	原著	出版时间	出版机构	丛书名称
《苍蝇与瘟疫》		1931 年	上海儿童书局	儿童科学丛书
《水族相养器》		1931 年	上海儿童书局	儿童科学丛书
《螳螂生活观察》		1931 年	上海儿童书局	儿童科学丛书
《鸟类迎宾馆》		1931 年	上海儿童书局	儿童科学丛书
《蚯蚓》		1931 年	上海儿童书局	儿童科学丛书
《奇异的光》(1—5 册)		1932 年	上海儿童书局	儿童科学丛书
《离心力的把戏》	董纯才编	1932 年 11 月	上海儿童书局	儿童科学丛书
《几点钟》	伊林著	1933 年 1 月	上海,正午书局	儿童科学故事,据英译本转译
《白纸黑字又名书的故事》	伊林著	1933 年 4 月	上海,良友图书印刷公司	儿童科学故事,据英译本转译
《十万个为什么》	伊林著	1934 年 12 月	开明书店	开明青年丛书
《走兽的故事》		1935 年 2 月		
《不夜天》	伊林著	1936 年 5 月	开明书店	开明青年丛书
《人和山》	伊林著	1936 年 8 月	开明书店	开明青年丛书
《鸟类珍话》	C. J. Patten 著	1937 年 9 月	上海中华书局	少年科学丛书
《凤蝶外传》	董纯才	1946 年	晋察冀新华书店	
《五年计划故事》	伊琳著	1947 年 8 月	华北新华书店	

董纯才强调要使科学平易近人,能为大众所接受、能消化,就一定要适合大众的需要和胃口,就像高士其、伊林、法布尔等用故事体裁讲述科学知识,一定要用群众易懂的通俗语言、生动的群众语言,写得深入浅出,生动有趣。因此,他在创作时坚持运用艺术形象和新鲜有趣的语言,

---

① 王春秋:《中国近代科普读物发展史》,硕士学位论文,华东师范大学,2007 年,第 30—31 页。

来介绍科学知识。他曾把苍蝇描写成"传播疫病的瘟神",称虾是"水底清道夫",蝙蝠是"杀虫健将",把螳螂比喻成"昆虫界的老虎"。

3. 科学教育图书的内容特点

第一,以科学家为主的首代教科作家出现。

这一时期的大多数科教图书的作者都是科学家。最为典型的是众多科学家参与翻译的四卷本高级科教巨著《科学大纲》。《科学大纲》中译本于1924年出版,胡明复、秉志、竺可桢、任鸿隽等22位科学家参与了该书的翻译。还有一些图书,如"少年自然科学丛书"的主编是科学家郑贞文,《植棉学》的作者是农业教育家章之汶,《显微镜的动物学实验》的作者是组织胚芽学家鲍鉴清,《中国数学大纲》是科学史家李俨,此外,科教图书作者还有化学家张子高、生物学家周太玄、鱼类学家陈兼善。但随着国外图书陆续被翻译和传入中国,国内出现了以董纯才为代表的科教图书作家。

第二,以丛书的形式出版,内容比较系统。

这一时期,新文化运动方兴未艾,民主与科学的思想广泛传播,科学不再续被束之高阁,而应走向广大民众,科普图书的受众群体开始细化,具体划分为普通民众和青少年。这一时期的科普图书在内容上变得系统,开始以丛书的形式出版,具体有常识丛书、科学小丛书、少年百科全书、中国科学社丛书、科学丛书、新时代科学丛书、少年自然科学丛书、自然科学丛书、儿童常识丛书、民众常识丛书、民众科学问答丛书等。详见表8-10、表8-11和表8-12。

表8-10　　　　　　　以"平民"和"民众"命名的丛书[①]

丛书名称	书名
平民小丛书	《活神仙》《我们的老祖宗》《哭和笑》《银饰》《农业和交通》《谈天》《有知识的草木》《瘟神和财神》《怎样养蜜蜂》《良友和仇敌》《冬天的卫士》《人类的暗杀者》《一般的卫生常识》《卫生常识》《叶绿精》《火车的故事》《一根火柴》《火灾与种树》《普通自然现象》《人类的恩人》《饮食的卫生》《养蜂法》《除虫菊》《养鸡法》《痔病去根简易法》《人类的仇敌》《澡堂里的发明》《天地间的怪产》《救命》《城里的鼻子》《喝水》《红十字会》《养牛》

[①] 王春秋:《中国近代科普读物发展史》,硕士学位论文,华东师范大学,2007年,第34页。

续表

丛书名称	书名
民众科学问答丛书	《雷和电》《生命离不了的东西》《我们穿的》《我们吃的》《我们住的》《电灯》《电报》《电话》《电影》《照相》《留声机》《火车》《汽车》《轮船》《飞机》《昆虫的生活》《植物的生活》《帮助眼力的东西》《陆和水》《煤炭》《动的力》《水的用途》《热和冷》
民众小丛书	《科学的生活》《文明的利器》《动物》《少男少女》《理化常识》《自然现象》《生物常识》《桑树》《养鸡大王》《养猪学》《流行性脊髓脑膜炎》《生物的误解与辨正》
平民教育丛书	《什么是表证农家》《重要庄家的选种》《玉蜀黍摘穗表证说明》《最简要的养蜂法》《改良定县猪种》《蜡姑的生活和驱除方法》《蝗虫驱除和利用法》《用碳酸铜防除谷类黑穗病的表证说明》《棉蚜的研究和用烟汁歼灭法的表证说明》《麦类黄疸病》《中国北部常见的植物病害及防除法》《改良定县鸡种》
民众农业丛书	《种稻浅说》《麦的栽培法》《种痘浅说》《植棉浅说》《果树栽培浅说》《土壤浅说》《肥料浅说》《农具浅说》
民众常识丛书	《化学浅说》《物理浅说》《生物现象浅说》《气象浅说》
民众工业丛书	《化学常识》《电器常识》

表 8-11　　　　　　　　　　民众常识/常识丛书[①]

《地震浅说》	《化学浅说》	《科学的家庭》	《气象浅说》	《梦》
《进化论浅说》	《遗传学浅说》	《细菌与人生》	《物理浅说》	
《生物学要览》	《近世之新发明》	《世界医药之新发明》	《生物现象浅说》	

表 8-12　　　　　　以"少年"和"儿童"命名的丛书[②]

丛书名称	书名
少年自然科学丛书	《太阳月星》《云雨风》《光电》《燃料食料》《地球生物人》《山川海》《根茎叶花》《虫鱼鸟兽》《空气水火》《物性力运动》《物质变化》《衣食住行》

[①] 王春秋：《中国近代科普读物发展史》，硕士学位论文，华东师范大学，2007 年，第 31—34 页。

[②] 王春秋：《中国近代科普读物发展史》，硕士学位论文，华东师范大学，2007 年，第 31—34 页。

续表

丛书名称	书名
少年百科全书	《奇象》《常见事物》《自然界》《地球》上下册、《生命现象》
儿童科学丛书	《苍蝇与瘟疫》《水族相养器》《螳螂生活观察》《鸟类迎宾馆》《蚯蚓》
少年中国学会丛书	《古生物学通论》

此外，这些丛书的涵盖范围十分广泛，从太阳、月亮、星星等天体到风、雨、雷、电、光这些最常见的自然现象，再到衣、食、住、行以及火车、汽车、轮船等，又到植物的根、茎、叶、花，各类动物形态特征、生活习性等，还涉及农业和工业中经常用到的物理、化学常识。①

第三，科学童话和科学小品出现。

1920年9月1日《新青年》第8卷第1期的《小雨点》，即现存可考的最早出现的科学童话，它以极强的想象力，运用拟人的表现手法，将枯燥乏味的科学知识生动形象地表现出来，使儿童乐于阅读并产生兴趣，最重要的是，它使儿童在获取知识的同时，激发儿童的创造力和想象力。1924年，《晨报副刊》刊登的《两条腿》则是最早成册发行的科学童话。

科学小品是中国人自己创造的本土词汇。1934年，在陈望道创办并主编的文艺性半月刊杂志《太白》的创刊号上，有一个"科学小品"的专栏。在此专栏里，刊登了《白果树》《萤火虫》《昨天在哪里》等科学教育的文章。截至1935年《太白》停刊，"科学小品"专栏共计发表科学小品66篇。

第四，受众下移，面向民众和儿童。

这一时期，科教图书的受众群体，开始向社会基层下移，逐渐地面向民众和儿童，以民众、平民、儿童、少年命名的大量丛书的出现，以"少年"或"儿童"命名的丛书共有23种，以"民众"或"平民"命名的丛书有94种。另外，属于"科学常识/常识丛书"的有13种。科教图书的出现，也是这一阶段科教图书受众群体转向民众和儿童的重要表现。

此外，科教图书开始以分册的形式出现，且价格便宜，十分利于民众

---

① 王春秋：《中国近代科普读物发展史》，硕士学位论文，华东师范大学，2007年，第31—34页。

阅读和购买，有力地促进科教图书的普及和发展。

第五，翻译大量伊林的作品。

苏联儿童读物作家伊林（M. Ilin，1895—1953），对苏联科普文学有一定贡献，对我国科普事业的发展影响巨大。1932年，从《五年计划故事》被翻译成中文版，直到1949年，伊林有8部作品被翻译成中文。这八部作品分别是《几点钟》、《书的故事》、《问题十万》、（又名《十万个为什么》）、《不夜天》、《人和山》、《人怎样变成巨人》、《五年计划故事》、《原子世界旅行记》。

二 科学教育电影的产生及发展

（一）电影及科学教育电影的产生

1895年12月28日，来自法国的卢米埃尔兄弟，首次公开放映他们拍摄的《工厂大门》等影片，这是电影真正诞生的标志性事件。1896年8月11日，电影进入中国，在上海徐园首次放映。1899年，西班牙人雷马斯带故事影片到中国放映，随后于1909年，在上海建立了中国的第一个专业性质的电影院——虹口大戏院①。1905年，北京丰台照相馆拍摄的《定军山》，是中国的第一部电影。随后，电影事业开始在中国缓慢发展。

科学教育电影出现于1918年，为推广科学教育做出了重要的贡献。"科学教育电影，简称科教电影或科片。它是运用电影的视听表现手段，以纪录片的再现方式解释自然现象和社会现象，传播科学文化知识的影片。科教电影的选题十分广泛，上至天文气象，下至地理风貌，大至宇宙太空，小到分子细胞，几乎无所不包。"②

有识之士认识到，电影是一种直观性的传播媒介，将其合理利用到普及科学教育事业中，能有效地推动科学教育的发展和普及。宗秉新强调，我们需要学习的是间接经验，"所谓间接的经验，最主要是从语言文字图书等得来。但是，传达这些经验的工具总没有电影的效率大，它把真实的经验照样复现于吾人之前，叫我们在尺幅之上获得一切我们不能直接经验的知识"③。

---

① 钟大丰、舒晓鸣：《中国电影史》，中国广播电视出版社1995年版，第6页。
② 赵慧康、贾磊磊：《中国科教电影史》，中国电影出版社2005年版，第8页。
③ 宗秉新：《中国电影教育的"昨""今""明"》，《教育杂志》1934年第11期。

在民间力量的大力推动下，国民政府也开始关注电影和科学教育电影的发展，1935 年，国民政府教育部设立"播音教育委员会"，1936 年，设立"电影教育委员会"为行文方便，社会教育司司长陈礼江将两委会简化为"电化教育委员会"。1941 年，教育部电化教育委员会拟定了教育电影的制片纲要，将教育电影细分为社会教育电影和学校教育电影两部分。其中，社会教育电影包括民族史迹、社交礼仪等，涉及生产建设、科学常识、医药常识、防护常识等科学教育内容。而且，"科学常识"类的电影，更强调"使观众得知科学之基本事实与原理及日常生活之关系，因而养成观察与实验之科学精神"。1942 年，政府又根据上述内容制定了更为详细的科学教育影片制片要目，详见表 8-13。

表 8-13　　　　　　　　　　　科学教育影片制片要目[①]

类别	内容	细目
生产建设	将各种作物之下种、栽培、施肥、灌溉、收割、牲畜之豢养，工业品之制造方法及程序，用参观方式，分门别类，列举要害，以培养国民应有之生产知识技能与兴趣并使之认识本国物产，从事研究	共 30 类：新农具、种稻新法、满树黄金、园艺指南、农场管理、养蚕术、养蜂术、家畜饲养法、家庭副业、畜产制造、农业制造、缫丝、制茶、渔捞新诠、渔具和渔船、淡水养殖法、水产制造、棉作、纺织工业、油蜡工业、制碱工业、火柴工业、电化工业、陶瓷工业、金属工业、土木工业、采矿、冶金、其他
科学常识	内容包含声光电生物地质天文等各自然科学之常识，用有趣味之故事表现之，使观众得知科学之基本事实与原理及与日常生活之关系，因而养成观察与实验之科学精神	共 12 类：天空景象、地面伟观、空气和水、晴雨和电、声的变化、光和色、电的妙用、禽兽世界、生存现象、奇花异木、见微知著、其他
医药常识	内容包括促进健康之方法，疾病之人士与预防，对国产特效之药品更予以有效之宣传，务使国民熟悉药物之利用	共 6 类：法定传染病、儿童传染病、疾病预防、病院、家庭药籍、其他

---

① 陈洪杰：《中国近代科普教育：社团、场馆和技术》，硕士学位论文，华东师范大学，2006 年，第 50 页。

续表

类别	内容	细目
防护常识	关于防空、防毒及救护常识，以及防空洞中卫生常识、秩序管理等项，均分别加以叙述，务使一般民众对于空袭之措施，悉能应付裕如	共6类：消防方法、防空常识、防毒常识、避灾演习、急救法、其他

总的来说，当时政府为科学教育电影的发展，制订了详细的计划和策略。但在实际的发展过程中，并不如预想的顺利，当时的科教影片主要还是依赖于进口。

(二) 科学教育电影的发展

1. 商务印书馆首当其冲，推动科教片发展

1917年秋，商务印书馆以不足3000元购买了百代旧式骆驼牌摄影机、放映机以及若干器具，并聘请留美学生叶向荣担任摄影师。在购置了数十盏炭精灯等一批先进的摄影器具后，上海商务印书馆设立活动影戏部（随后改称为影片部），用于专门拍摄艺术片和新闻片。在商务印书馆的几位董事看来，电影是一种科学教育的工具，曾给政府农商部的呈文中提到，当时上映的外国影片"轻薄险诈，甚为风俗人心之害，到处演行，毫无限制……分运各省省城商埠，择地开演，借以抵制外来有伤风化之品，冀为通俗教育之助"[1]。

1918年，商务印书馆开始电影拍摄工作，[2]拍摄了《驱灭蚊蝇》《盲童教育》《女子体育观》《养真幼稚园》《养蚕》等影片。这些科学教育类的影片，都是为了辅助当时的学校教育和社会教育，也为配合某些宣传讲演或报告，主要内容分为三类：教育类、风景类和新闻类。

教育类的《驱灭蚊蝇》，是为了配合卫生讲演而放映的，记录了一种有效灭蝇的方法，这种方法由南京东南大学附属的昆虫局创造。风景类的影片，记录了祖国壮丽山河、名山大川、民族风俗等内容，一定程度上激发了国人的爱国情感。这些影片包括《南京名胜》《长江名胜》《普陀风

---

[1] 程季华编：《中国电影发展史》，中国电影出版社1981年版，第30—40页。
[2] 杨力、高广元、朱建中：《中国科教电影发展史》，复旦大学出版社2010年版，第7页。

景》《西湖风景》《庐山风景》等。其中,《西湖风景》是无声电影时期的代表性作品,影片不仅展示了西湖的自然风光,还深入刻画了杭州西湖的市井面貌和社会风情,给人以美的享受的同时,增进了对祖国的热爱之情。新闻类的影片,主要涉及上海社会生活面貌,如《第五次远东运动会》《国民大会》《军舰下水》等,拓宽了民众的视野,提升了民众的智识。

1932年,淞沪会战,商务印书馆遭日军轰炸,厂房无一幸免,相关影片资料亦毁坏殆尽。虽然这些科教片一部也没有保存下来,[1] 但商务印书馆拍摄的这些影片,为科学的普及和传播、电影事业的发展,都奠定了较好的基础。

2. 金陵大学后来居上,为科教片发展做出很大贡献

与商务印书馆科教电影活动同步的还有金陵大学的科教活动。"1922年,金陵大学农学院开始引进并自制幻灯片和影片来辅助其农业推广事业,这是将电影技术明确用于教育事业的开端。"[2] 1923年,在美国专家郭凤仁的带领下,金陵大学拍摄了一部棉花良种科教片。在棉区放映后,对于棉花改种起了巨大的帮助。鉴于用电影的形式传播科学教育效果显著,科学教育电影。开始逐渐推广开来。

在当时的社会背景下,拍摄影片实属不易,"教育影片与之前的商业电影相比较,利润甚少,所以拍摄数量也相对较少,关于科学教育体裁的更是少之又少,多局限于卫生知识、医药、化工等几类"[3]。在科学教育电影这种艰难的发展过程中,中国教育电影协会、金陵大学、镇江民众教育馆等机构、明星影片公司、国民政府教育部、中华教育电影制片厂等等机构团体,均发挥了至关重要的作用,其中金陵大学助力最多。据统计,1936—1937年,金陵大学自拍的80余部科教电影,就占当时全国流通的科教电影的半数以上。[4]

在金陵大学拍摄的科教片中,金陵大学理学院紧跟时代的发展,既拍

---

[1] 杨力、高广元、朱建中:《中国科教电影发展史》,复旦大学出版社2010年版,第9页。
[2] 陈洪杰:《中国近代科普教育:社团、场馆和技术》,硕士学位论文,华东师范大学,2006年,第48页。
[3] 高玉娇:《民国时期民众科学教育探析》,硕士学位论文,兰州大学,2014年,第20页。
[4] 曹小晶、赵立诺:《回望金陵大学对中国科教电影之传播与贡献——以〈电影与播音〉杂志等为实证研究》,《西北大学学报》(哲学社会科学版)2010年第6期。

摄了工业常识科教片,也响应战时,拍摄了一系列国防科教片。如表 8-14 所示。

表 8-14　　　　　　　金陵大学拍摄的科普相关影片①

拍摄时间	影片名称
1934 年	《酱油》
1935 年	《陶瓷》《调味品》
1936 年	《民国二十五年之日食》《鸭鹅羽绒》《信鸽》《氯气》《防毒》《各种毒气解救法》《竹器》《灯泡制造》《电煅与气煅》《电机制造》
1937 年	《淮盐(苏北)》《开采煤矿》《绳索的使用》《防空》《乡村建设》
1938 年	《自贡盐井》《井盐工业》
1939 年	《金矿铁矿》
1942 年	《长寿水力发电》《灌县水利》《水泥》
1943 年	《肥皂》
1948 年	《交通工具的进展》
年代不详	《电光与电热》《健康运动》《地毯》《象牙器》

3. 中华教育电影制片厂以及其他组织也发挥了极大的作用

除了金陵大学理学院以外,中华教育电影制片厂,也积极响应了科学教育电影的发展诉求。如表 8-15 所示,不完全统计了中华教育电影制片厂拍摄的一些科学影片。

表 8-15　　　　　　中华教育电影制片厂拍摄的科学影片②

片名	内容	片长(尺)	备注
疟疾	略述疟疾病源、治疗及预防方法	800	
采煤	我国煤矿之分布及开采方法	800	

---

① 陈洪杰:《中国近代科普教育:社团、场馆和技术》,硕士学位论文,华东师范大学,2006 年,第 54 页。
② 陈洪杰:《中国近代科普教育:社团、场馆和技术》,硕士学位论文,华东师范大学,2006 年,第 54 页。

续表

片名	内容	片长（尺）	备注
中国教育新闻二辑	1944年资源委员会造无水酒精，长寿发电，改良制盐等	300	
水力发电	长寿水力发电工程及发电程序	500	与经济部资源委员会合作
制造酒精	普通酒精及无水酒精制造程序	500	
玻璃制造	玻璃制造程序	500	复制片
炼钢	战时后方炼钢设备及其制造过程	700	与经济部资源委员会合作
电灯泡制造	中央电工器材厂设备及电灯泡制造过程	400	与经济部资源委员会合作
水利工程	水利工程委员会在陪都迁建区一带水利工程及设备	400	与行政院水利委员会合作
造船	制造船只工作程序	400	与民生公司合作
常山	发明"常山"一药足以治疗疟疾及其研究经过	800	
常山	叙常山药剂之发现与研究	400	配音缩短为400尺
嘉兴蚕丝合作	蚕丝出产程序及嘉兴蚕丝合作概况	400	与社会部合作事业管理处合作
肥料	肥料种类及制造	400	
造碱	碱之制造法	400	
造纸	纸之原料及制造程序	400	

此外，在国际电影协会及教育电影使者萨尔狄（Sardi）的影响下，1932年7月8日，国内知识界人士在南京发起成立的中国教育电影协会，以及于1933年秋创办的全国教育电影推广处，也为科学教育电影工作做出了巨大的贡献。据统计，当时全国教育电影推广处，包含农业、工业、自然科学、生理卫生、地理风貌、体育运动等内容约有二百余部影片，例如《无烟煤》《空气的压力》《甜菜及甘蔗糖》《玻璃制法》《水果与蔬菜》《保护牙齿》《身体的构造》《血液循环》《微生物生活史》等。此机构为民间人士所筹办，制定《全国教育电影推广处推广准则》以规范自

身,推动科学教育电影的发展。

明星制片公司作为一个商业公司,也曾受江苏省教育厅委托,制作了大型科教片《饮水卫生》。镇江民众教育馆等则作为影片的播放机构,为民众播放了大量的来自国内外的科教影片,宣传科学知识,进行科学普及,进而达到科学教育的效果。

(三) 最具代表性的科学教育电影

金陵大学理学院拍摄科教片内容涉及的学科及领域众多,具体包括天文学、化学以及化工、制造、运输、电学、地质学等,在我国近代科学教育电影中占有重要地位。

《民国二十五年之日食》是我国第一部天文科考片和第一部彩色科教片,也是全世界第一部记录日食的彩色影片。影片中最宝贵之处在于纪录了日全食全过程,拍得极为清晰、流畅且有动感,日全食影像始终处于画幅中央,没有丝毫闪动。"而为了从不同地理位置角度来观察研究这次日食现象,当时还在中国甘肃省临洮县将摄影机架在军用飞机前面机关枪的位置"①,影片中还用画面交代的"日全食路径图",比较简洁,类似动画,这部影片也是我国第一部出国拍摄的科考片,担任此次航拍的摄影师,也是中国电影航拍第一人。《防毒》和《防空》是国防科教片的代表。在《防毒》这部影片中,通过模拟病人中毒事件和抢救过程,讲解了预防多种毒气的知识,教给人们如何使用防毒面具以及如何驱除毒气等。《防空》则详细介绍了炸弹的构造原理,以及爆炸后产生的巨大危害。②

金陵大学拍摄的科教影片,对于当时的科学教育工作,起到了巨大的推动作用。紧跟社会发展步伐,紧紧围绕社会存在的科学问题,既达到了普及科学的目的,又推动了中国社会发展。例如,《自贡井盐》和《井盐工业》这两部科教影片,是在当时日军侵占我国沿海各省,各省海盐运到内地困难,各地方盐价大涨的情况下拍摄的。③ 由中国教育电影协会和金陵大学理学院联手前往自贡拍摄而成。影片中拍摄了用天车采盐的情形,普及了井盐的科学知识,同时起到了安定人心的作用。

由上海明星影片公司拍摄的科学教育电影《饮水卫生》,是一部 35 毫

---

① 赵惠康、贾磊磊:《中国科教电影史》,中国电影出版社 2005 年版,第 23 页。
② 杨力、高广元、朱建中:《中国科教电影发展史》,复旦大学出版社 2010 年版,第 12—14 页。
③ 杨力、高广元、朱建中:《中国科教电影发展史》,复旦大学出版社 2010 年版,第 14 页。

米的黑白无声片。1935年,缩制成16毫米。这是一部由演员表演的科学教育故事片,以小学教师给学生讲卫生课做实验的方式,讲述了新河镇小学教师李志超发现居民因不懂卫生、不知保护饮水清洁以至于居民接连发病,相继死亡后为居民科普安全饮水,注重饮水卫生的故事,达到了向家庭以及向社会宣传科普的目的。

总体而言,首先,由于当时科学教育类影片数量较少,进口的科学教育电影,又不能契合中国的国情,科学家尚难理解外国的科学教育影片,更不能实现对民众的科学教育。其次,科学教育电影因其题材局限,缺少娱乐性,且需费力理解,民众对科学教育类的电影的热情,并不十分高涨。最后,科学教育电影没有巨大的利润空间。较高的制作成本和发展阻力,令不少投资人望而却步。李清悚指出,"电影工作,在中国人眼里,虽不是最下流的工作,至少也是一件牛鬼蛇神的事体"[①]。

基于以上几点原因,电影在科学教育事业的发展过程中的作用,并不如报纸杂志、图书馆、博物馆等的作用大,影响力广。但电影作为一种视听类的宣传方式,以其直观、明了的特有优势,也为科学教育事业的发展,做出了重要的贡献。而且在我国近代,国门始开,科学教育电影的发展,尚处于萌芽阶段,政府及有识之士能意识到,要以科学教育电影"使观众得知科学之基本事实与原理及与日常生活之关系"实为时代之进步。

三 近代化图书馆的产生及其科学教育的优势

(一) 近代化图书馆的产生

鸦片战争以后,外国传教士开始在国内兴建西方意义上的图书馆。1849年,上海租界的西方侨民成立书会,后因书会发展壮大,最后成为一所"公共图书馆",名为上海图书馆,体现了近代化西方图书馆理念,"这在晚清时创办的所有新式藏书楼或图书馆中都是绝无仅有的"[②]。此外,还有1871年创办的亚洲文会北中国支会图书馆,也是外国人创办的近代化图书馆。1894年,于上海创办的圣约翰大学罗氏图书馆,初具近代意义的图书馆的雏形。

[①] 李清悚:《中国教育电影制片工作回顾与前瞻》,《中华教育界》1947年第7期。
[②] 谢灼华主编:《中国图书和图书馆史》(修订本),武汉大学出版社2005年版,第282页。

而传统意义上只有藏书功能的"图书馆",在我国封建社会即存在,被称为"藏书楼"。近代化的图书馆与传统意义上的藏书楼的一个显著的区别,即在于收藏书籍的同时,民众享有阅读馆内书籍的权利。我国近代化图书馆萌发于甲午战后,一方面"图书馆"作为外来文化被传入中国,日益受到人们的重视;另一方面,战争失败所凸显的国力民智上的落后,迫使政府意识到提高民众知识文化水平的重要性。

1. 原有封建藏书楼走向没落,图书馆的近代化特征出现

鸦片战争之后,原有的封建藏书楼开始走向没落。当时,国内社会动乱,战争频繁,原有的社会基础文化建设,许多藏书或毁于兵火,或散落各地,或被盗走。原有的藏书楼,为近代化图书馆的产生奠定了重要基础,其没落又为近代化的图书馆的产生创造了契机。

甲午战后,图书馆的近代化特征开始显现。1896年,刑部侍郎李端棻在奏折中提及兴建藏书楼,由此,推动了新式藏书楼的建立,近代化意义上的图书馆开始出现萌芽。此时的藏书楼被赋予了社会性和公众性,已不单单只是为了收藏书籍,而是成为向外宣传资本主义思想和政治主张的工具,主要是为了与封建主义顽固派斗争。

2. 湖南长沙第一个公共图书馆建立

1896年,"图书馆"一词,由日本介绍到中国。清末新政也为我国近代化意义上的图书馆发展造势。1902年,清政府颁发"学堂章程"时,第一次在中国官方文书上出现"图书馆"一词。《奏定学堂章程》中对于大中小学堂的图书馆业务等内容,进行了比较具体的规定,其中提到"大学堂当附属图书馆一所"。1905年,当时的湖南巡抚庞鸿书,奏请建立我国第一个公共图书馆。为了缓解当时国内日益严重的阶级矛盾,清政府于1906年颁布的"新政"中规定,在京师及各省设立图书馆,又于1909年颁布《拟定京师及各省图书馆通行章程》,在湖南等省陆续兴建了在一定程度上面向公众开放的图书馆[①],自此,拉开了近代新式图书馆兴建的序幕。

(二) 近代化图书馆的发展

清末新政后,国民的文化观念有了很大进步,有识之士争相阅读时事新书新报,建图书馆已成为一种社会需要,这一时期,捐款捐书办图书

---

① 桑健编著:《图书馆学概论》,辽宁教育出版社1985年版,第93—94页。

馆，蔚为风气。

1. 地方官吏积极推动，各类图书馆得以大量兴建

地方官吏的上奏参与，直接推动了我国近代化图书馆的发展，在晚清历史上形成了一个创办近代图书馆的浪潮，推演出一场公共图书馆运动。具体地方官吏的参与情况，由表8-16可见。

表8-16　　　　晚清地方官吏上奏倡建图书馆的情况统计

时间	奏折名称
1906年	《湘抚庞鸿书奏建设图书馆折》
1907年	《安徽巡抚冯煦奏采访皖省遗书以存国粹折》
1908年	《奉天总督徐世昌等奏建设黑龙江图书馆折》
	《两江总督端方奏江南图书馆购买书价请分别筹给片》
1909年	《山东巡抚袁树勋奏山东省创设图书馆并附设金保存所折》
	《山西巡抚宝芬奏山西省建设图书馆折》
	《署归化城副都统三多奏创办归化图书馆片》
	《云南提学司叶尔恺详拟奏设云南图书馆请准备咨立案文》
	《浙江巡抚增韫奏创建浙江省图书馆归并扩充折》
1910年	《广西巡抚张鸣岐奏广西建设图书馆折》
1911年	《浙江提学使袁嘉谷请改杭州行宫为图书馆疏》

由上表可见，地方官吏直接参与，或说明创办的原因，或请求整改扩充，这些谏言直接推动我国近代化图书馆的发展。

2. 面向社会大众，新图书馆运动和政府力量协力推进

在近代新式图书馆的发展中，新图书馆运动作为新文化运动的组成部分，极大地促进了面向大众开放的近代化图书馆的兴建和发展。新图书馆运动兴起于1917年，倡导人是毕业于美国西蒙斯学院的韦棣华。这个运动的基本主张，就是反对封建藏书楼，强调要美国建立面向公众开放的新式图书馆。在新图书馆运动的影响下，据不完全统计，1925年，全国各类

型的图书馆已经有 502 所,藏书三百一十余万册。到 1930 年,当时全国共有 2935 所图书馆,较 1925 年有大幅度的增加。[①]

最初,图书馆并不是向普通民众开放的机构。随着辛亥革命的发展,各种书报阅览室、近代图书馆大量涌现,尤其通俗图书馆也大量出现,并且深入中小城市及县镇。政府相应的颁布章程推动向社会大众开放的通俗图书馆发展。如 1915 年,北洋政府教育部颁发了《通俗图书馆章程》,其中规定:"各省治、县应设通俗图书馆,储集各种通俗图书,供公众之阅览。"此后,包括 1922 年成立的上海总商会商业图书馆、东方图书馆先后向社会大众开放。1926 年,试行开放的上海商科大学图书馆,是上海第一个向社会大众开放的学校图书馆。

据统计,1918 年,全国有通俗图书馆 286 个,巡回文库 259 个,阅报所 1825 处。到 1930 年,全国已有普通图书馆 903 所、专门图书馆 58 所、民众图书馆 575 所、社教机关附设图书馆 331 所、专业团体附设图书馆 107 所、书报处(包含巡行文库)259 所、学校图书馆 654 所、私人藏书楼 8 所等,全国共有各种图书馆 2935 所。[②]

(三)近代化图书馆的科学教育优势

首先,图书馆的公众性,使得图书馆能够进行科学教育普及。蔡元培曾在《何谓文化》中提出,"教育并不专在学校,学校以外,还有许多机关,第一是图书馆"[③]。公众性就使得民众人人都具有参观阅览的资格,并且在图书馆事业的发展中,图书馆的建设者,为了推动图书馆事业的发展,采取各种手段来向社会宣传图书馆,以推动图书馆的建设和发展。如教育部颁布的《通俗图书馆规程》和《图书馆规程》,都开宗明义地强调,图书馆应该要"储集各种通俗图书,以供公众之阅览",强调中西书籍皆应收入,提供给社会大众阅览。

此后,1927 年 12 月,国民政府大学院公布《图书馆条例》,1930 年 5 月,教育部颁布新修订的《图书馆章程》,1944 年 3 月,教育部颁布《图书馆工作实施方法》,1946 年 10 月和 1947 年 4 月,颁布新修订的《图书馆规程》等文件,都指出图书馆应有允许社会大众阅览的功能。1947 年 4

[①] 桑健编著:《图书馆学概论》,辽宁教育出版社 1985 年版,第 101—107 页。
[②] 桑健编著:《图书馆学概论》,辽宁教育出版社 1985 年版,第 101—107 页。
[③] 洪治纲主编:《蔡元培经典文存》,上海出版社 2008 年版,第 316 页。

月颁布的教育部第17752号令《图书馆规程》，就在第一条明确提出，"图书馆应遵照中华民国教育宗旨及其实施方针与社会教育目标，储集各种图书及地方文献，供众阅览；并得举办各种社会教育事业，以提高文化水平……省市设立的图书馆的变更与停顿都必须咨请教育部核准备案"①。

由此可见，近代化的图书馆，对自然科学类图书的收藏，以及面向社会开放的公众性，利于科学教育的发展、推进科学教育工作的进行。此外，图书馆在发展中，数量众多，影响也颇大，为科学教育的发展，打下了坚实的基础。

其次，图书馆馆藏资料种类丰富，数量庞大、内容广泛且形式多样②。"西人政学及各种艺术图书皆旁搜购采，以广考镜而备研求……并购天球、地球、视远、显微镜，测量气象学各新器，皆博览兼收。"③ 种类丰富多样的藏书，能够为民众提供多种形式的阅读选择，涉及各门学科的广博性，也能够满足民众复杂多样的知识获取需求，推进科学教育工作的进行。图书馆的馆藏内容，主要划分为指导性文件、科学著作、文学艺术、技术性图书、通俗读物、教材、工具书、特种文献资料等。

其中，尤其是关于科学技术知识、科学方法和科学精神的书籍，数量众多，学科多样。图书馆较多购置科技图书，为民众提供阅读、浏览之便，也是其推进科学教育工作的主要方式。如北海图书馆的自然科学方面的藏书，在1929年9月，并入国立北平图书馆之前，共有杂志991种、3200册、中文书籍74600册（善本6000册）、日文书籍1000多册、西文书籍2.7万册、西文小册子33082册、地图71册又756幅、金石拓片1700余种。在各类专门图书馆中，实业部的中央地质调查所图书馆收藏有舆图和地质图2万余幅；中国科学社明复图书馆收藏有完整的外文自然及应用科学杂志；上海自然科学研究所图书馆收藏了比较丰富的日文图书。④ 丰富的科学类书籍资料，为科学教育的发展，提供了内容保证。

据悉，1915年，湖北有44所近代化图书馆，藏书约有1.8万册，读者每天约有7000人。1930年，有五十余万册藏书的东方图书馆，阅览人

---

① 《教育部教育法令》，中华书局1947年版，第316页。
② 桑健编著：《图书馆学概论》，辽宁教育出版社1985年版，第227页。
③ 汤志钧、陈祖恩编：《中国近代教育史资料汇编·戊戌时期教育》，上海教育出版社1993年版，第96页。
④ 来新夏：《中国近代图书事业史》，上海人民出版社2000年版，第304、309、310页。

数达36800人次之多，借阅图书四万余册。从自然科学到应用科学，从数学、天文到物理、化学，涵盖诸多学科。丰富的藏书资源和条件，扩大了图书馆的读者阶层，扩大了读者阅读的视野范围。

总而言之，开放性和公众性是图书馆发挥科学教育功能的前提，种类丰富多样的藏书，是图书馆更好地发挥科学教育功能的保证。例如，当时比较有名的图书馆上海通信图书馆、国立北平图书馆、东方图书馆、上海儿童宣讲团图书馆、蚂蚁图书馆等，都以藏书量大且丰富、影响深而著名。

四 近代化博物馆的产生及其科学教育的特点

（一）近代化博物馆的出现

1. 殖民入侵和国内充足的舆论准备

近代化博物馆的出现，与西方殖民者的入侵密不可分。在西方坚船利炮的影响下，我国的国门被迫开放。随着资本主义文化和思想的传播，有关外国博物馆的相关情况，也逐渐被介绍到国内来。国内的有识之士发表文章，如《漫游随录》《初使泰西记》《使美纪略》中，用"古物楼""积宝院"等名称，描述了外国博物馆的特点和情况，令人耳目一新。渐渐地，国内也开始产生了建立博物馆的诉求，在救亡图存的新政中，强学会明确提出了兴建博物馆的主张，"凡古今中外，兵农工商各种新器，如新式铁舰、轮船、水雷、火器及各种电学、化学、光学、重学、天文、地理、物理、医学诸图器。各种矿质及动植物，皆为备购、博览兼收"[①]，并将"开博物院"与"译印图书""刊布报纸""开大书藏"并列为学会的四大要事。

与此相关的一系列新主张接连被提出，为中国博物馆的建立做了充足的舆论宣传和准备。如1905年，张謇曾上书《上南皮相国请京师建设帝国博览馆议》和《上学部请设博览馆议》，提出建立与图书馆一体的博览馆，"且京师此馆成立以后，可渐推行各行省，而府而州而县必将继起，庶使莘莘学子，得有所观摩研究，以补益于学校"[②]。可以看出，张謇对发

---

① 汤志钧、陈祖恩：《中国近代教育史资料汇编·戊戌时期教育》，上海教育出版社1993年版，第77—79页。

② 《张季子九录》，中华书局1931年版，第73页。

展、兴建博物馆有独特见解,强调博物馆对于发展教育、科学教育的重要意义。

2. 外国人最先在中国创办近代博物馆

中国近代化的博物馆,最初是由外国人创办的。在半殖民地半封建的社会中,起初的近代化博物馆,带有浓厚的半殖民地半封建的色彩。在一定程度上,外国人创办的博物馆,是西方侵略者控制国人思想,掠夺中国资源的工具。

外国殖民主义者在中国创办博物馆,约始于19世纪中期。1868年,在上海徐家汇,法国神父韩伯禄(Rierre Heude,1836—1902)建立了以收藏中国、东南亚等地的植物标本和地产标本为主的震旦博物馆,但并不对外开放。

随后,亚洲文汇博物院、华北博物院、北疆博物院、华西协和大学博物馆、满蒙博物馆、中长铁路博物馆等陆续在我国建立[①]。其中,值得一提的是,亚洲文汇博物院和格致书院附设的博物展览室,内陈各类化石和动植物标本,还收入一些工艺器械和实验仪器,为民众拓宽了眼界。尽管外国人借助一系列不平等条约在中国创办博物馆,意图对我国的文化和物质侵略,但不得不强调的是,外国人在中国创办的博物馆,确实为我国博物馆事业的发展,提供了很好的借鉴和参考,促进了我国近代博物馆的产生和发展。

3. 南通博物院,国人自办第一所公共博物馆

1884年,张之洞以广州实学馆为基础建立博物馆,是我国国人自主创办博物馆的开端。但这一博物馆随后即改为广东水陆师学堂。

中国人自行创办的第一个公共博物馆,是张謇于1905年筹建的南通博物苑。1905年,张謇上奏建议修建融博物馆和图书馆为一体的博览馆,但这一建议未被清政府所采纳。于是,张謇自行筹措修建,"购民房、迁荒冢,征集文物2900余件,先后开辟建立起北馆、中馆和园圃,形成了一座综合性的博物馆"[②]。经过十年建设,分为自然、历史、美术三部分。张謇所建的南通博物院,是中国人自行创办综合性博物馆的开端,在我国

[①] 文化部文物局主编:《中国博物馆学概论》,文物出版社1985年版,第7—9页。
[②] 陈洪杰:《中国近代科普教育:社团、场馆和技术》,硕士学位论文,华东师范大学,2006年,第30页。

近现代博物馆发展史上,"在宣传现代自然科学和祖国优秀文化遗产方面",具有开风气之先的重要意义。①

(二) 近代化博物馆的发展

伴随着辛亥革命、新文化运动的兴起和发展,尤其是五四运动的爆发,促进了科学文化教育的发展。博物馆的社会作用,也逐渐受到重视,全国各地开始逐步兴建博物馆。

1912年,教育部在北京国子监旧址筹设历史博物馆,这是我国近代历史上第一个由国家建立的博物馆,最终选定清代故宫紫禁城外的端门至午门一带的房舍为馆址,历时15年,到1926年10月才正式开馆。② 1915年,在南京建立了古物保存所。1916年,北京农商部设立了陈列馆,直隶(河北)省成立了保定教育博物院。1918年,直隶省建立了天津博物院,伴随着新文化运动的兴起和高潮,民主与科学的思想逐步深入人心,兴建博物馆得以触发。据统计,到1921年全国已有13所博物馆。

20世纪30年代是中国近代博物馆显著发展的时期。1925年,故宫博物院建立,包括古物馆、图书馆、文献馆等。随后,河南博物馆筹备会、兰州市立博物馆、北平天然博物院、浙江省立西湖博物馆等也相继建立。30年代初,全国已有十七八个省市有了博物馆。1933年,南京设立"中央博物院筹备处",成立理事会,聘请蔡元培担任理事长,下设三馆,分别为自然馆、人文馆、工艺馆。同时,各地纷纷建立博物馆,如广西省立博物馆、北平静生生物调查所通俗博物馆、中国西部科学院公共图书馆、广州市立博物馆等。到1936年,仅列入《中国博物馆一览》的博物馆即达63个。③ 1937年,因抗日战争全面爆发,博物馆事业受到严重影响。北方及沿海地区的博物馆,或被摧毁或辗转迁至内地。博物馆至此陷入停滞。

(三) 近代化博物馆对于科学教育的贡献

1. 科学内容馆藏丰富,陈列展览发挥巨大作用

博物馆的种类多样,收藏展览的资料丰富,在科学教育的发展进程,

---

① 文化部文物局主编:《中国博物馆学概论》,文物出版社1985年版,第7—9页。
② 陈洪杰:《中国近代科普教育:社团、场馆和技术》,硕士学位论文,华东师范大学,2006年,第30页。
③ 中国博物馆协会:《中国博物馆一览》,中国博物馆协会1936年。

充当着非常重要的角色。从强学会明确提出博物院要备购自然科学和应用技术的各类图书、器具以及矿物、动植物标本起，博物馆就和科学教育事业发生了联系。张謇的南通博物苑，设有自然和教育两部，展出各种动植物和矿石，带有科学教育的功能。

在近代博物馆中有不少博物馆特意设置"科学部""物理、化学、生物组"之类的部门，收藏相应的图书、器具和标本加以陈列、展示和宣传。①《国立中央博物院筹备处组织规程》规定的设立国立中央博物院的两条原则，直接说明博物馆和科学教育间的联系。原则甲"国立中央博物院之宗旨为，提倡科学研究，辅助民众教育。其任务为系统的调查、采集、保管、陈列并说明一切自然科学、人文科学及现代工艺之材料与标本"，原则乙"国立中央博物院分自然、人文、工艺三馆。自然馆范围以地质学、植物学及动物学为主，其他关于自然历史之科学材料均陈列之"②。

由此可见，中国近代化的博物馆，以宣传、展览的形式，将科学以直观生动的形式，展现在民众的面前，拓宽了民众的科学视野，在整个社会中较好地普及传播了科学知识，弘扬了科学精神，帮助民众树立了科学理念。

2. 兴建科学教育类博物馆

据《第一次中国教育年鉴》统计，截至1931年，各省市县建立的博物馆有18所，其中和科学教育关系密切的主要有以下几所，详见表8-17。

表8-17　　　　　　　　　民国时期与科普相关的博物馆③

名称	类别	组织	设备及年费	成立时间	备注
云南省立博物馆	省立	设天产、历史、美术、科学、教育、工艺六部	约值5万余元；3456元/年	1911.7	1932年4月改为省立昆明华众教育馆陈列部

---

① 陈洪杰：《中国近代科普教育：社团、场馆和技术》，硕士学位论文，华东师范大学，2006年，第31页。

② 《国立中央博物院筹备处组织规程》，载教育部《教育法令》，中华书局1947年版，第11页。

③ 教育部：《第一次中国教育年鉴·丙编》，开明书店1934年版，第884—886页。

续表

名称	类别	组织	设备及年费	成立时间	备注
云南省立博物馆	私立	院长下设事物、妇女、文字、成人、展览、少年、书报、美术八股	各种标本模型、写真图片等 20 余组，1 万余件，分自然、实用、社会、美术、史地五大类。建筑设备 4 万余元；8006 元/年	1905	该馆注重科学常识、农林卫生及国有文化之介绍并推进其自制模型，尤不可多得
江西省立科学馆	省立	馆长下设物理、化学、生物三组，另设经济委员会和民众补习学校	建筑费 1.5 万元。有物理、化学室、生物标本剥制室等十余间。物理化学生物仪器 1408 件，化学药品 10628 件，标本模型 2819 件，图书 368 种，用具 400 余件，短波收音机 1 架	1925.9	
兰州市立博物馆	私立	馆长下设干事、司事、事务员兼会计共三人	房屋 55 间，有矿物植物地图各种照片等；1090 元/年	1928	经费由金陇希社拨给
浙江省立西湖博物馆	省立	分设总务处及历史文化与自然科学两部	价值共约 20 万元；38736 元/年	1929.11	
保定教育博物馆	公立	分天然、历史、国货、艺术四部	价值约 1 万余元；1680 元/年	1930.9	该馆由各中学校合立，馆长由各中学校长轮流担任

续表

名称	类别	组织	设备及年费	成立时间	备注
福建博物研究院	私立	分总务、研究、工务、模型、编辑、理化标本、生理、农业、药品、绘图、贩卖、采集十三部	约值5万元；15000元/年	1933.3	该馆制造动植物矿物标本出售，成绩尚著

由表8-17可见，众多带有科学教育功能的博物馆的建立，推动了科学教育得以在全社会大范围地推进，促进了科学教育的发展。更需注意的是，教育年鉴将科学馆列入博物馆的项目中，说明博物馆的科学教育功能，已经得到认可。此外，此时的博物馆，在教育功能上实现了专业化和功能化，表现为博物馆按照学科来进行组织设置。

总的来说，在科学教育事业的发展过程中，博物馆以其丰富的自然科学类的馆藏资源，通过陈列展览等形式为民众传播科学知识，扩大了民众的眼界。与其他科学教育形式相比，博物馆兼具图书馆公众性的特点，以其直观性的突出优势，能够让民众直观感受到科学的真实性，感受到具体的自然科学的魅力和奇妙。

五 其他科学教育形式

（一）民众教育馆与科学教育

民众教育馆于南京国民政府成立后出现，是实施社会教育的重要机构。与图书馆、博物馆一样，兼具有科学教育的功能。

1. 民众教育馆的产生及发展

民众教育馆的前身是通俗教育馆。南京国民政府成立后，正值民众教育的热潮，政府便在通俗教育观的基础上建立民众教育馆。1932年2月，教育部颁布《民众教育馆暂行规程》，强调"各省市及县市应分别设立民众教育馆，为实施社会教育之中心机关"[1]。由此，民众教育馆在名称上实现了从通俗教育馆的转变。该规程规定，省、市、县立的民众教育馆设下列各部：

---

[1] 教育部：《教育法令》，中华书局1947年版，第321页。

1. 阅览部：书籍、杂志、图表、报纸应公开阅览，巡回文库、民众书报、阅览所等隶属之。

2. 讲演部：固定讲演、临时讲演、巡回讲演、化妆讲演及其他宣传形式。

3. 健康部：关于体育者，如器械运动、球类、田径赛、国术、游泳及其他运动形式；关于卫生者，如生理、医药、防疫、清洁等。

4. 生计部：职业指导及介绍、农事改良、组织合作社等。

5. 游艺部：音乐、幻灯、电影、戏剧、评书、弈棋、各种杂技及民众茶园等含之。

6. 陈列部：标本、模型、古物、书画、照片、图标、雕刻、工艺、各种产物、博物馆及革命纪念馆等存之。

7. 教学部：民众学校、露天学校、民众识字处及职业补习学校等隶属之。

8. 出版部：日刊、用刊、画报、小册及其他关于社会教育刊物含之。

以上各部根据地方情形、斟酌设置。①

1939年4月和1947年4月，政府对《民众教育馆规程》做了进一步的修订，对民众教育观的结构设置进行了调整，要求更加精简，更强调电影、广播等新技术的民众教育，增设总务部等。至此，民众教育馆渐趋定型。由《民众教育馆规程》中提出的要求可见，科学教育并不属于民众教育馆的日常工作，但科学教育的内容和工作，渗透在民众教育馆的各项工作与活动之中。

2. 江苏省立南京民众教育馆的科学教育事业

江苏省立南京民众教育馆是影响较大的民众教育馆之一，以江苏省立南京民众教育馆为例，可以大致窥见我国近代民众教育馆为推广科学教育所做的努力。江苏省立南京民众教育馆，有非常丰富的科学教育材料，设生理卫生、生物、理化等展览室；收藏各类图表1702件，模型438件，标本359件，实物1282件，自然科学类图书196种、461册，应用科学类图书馆746种、1423册。此外，江苏省立南京民众教育馆专门设有科学

---

① 教育部：《教育法令》，中华书局1947年版，第321—323页。

部，开展包括生计教育、语文教育在内的六项教育，组织科学讲演和卫生讲习会，举办自然科学展览和卫生流动展览；通过编辑刊物《民众常识画报》以对民众进行科学常识传播。民众教育馆以其涉猎、涵盖领域的广泛性，对科学教育的工作，有重要推进意义，又因其"以最大部分之力量教育农工，失业民众，及失学青年"①，赋予科学教育工作更多的价值和效果。因此，尽管民众教育馆"施教区域广泛而不见效，又多在城市施教而少及农村"，一定程度上脱离了我国的实际情况，但总的来看，民众教育馆仍旧在我国近代科学教育的发展中，发挥了重要作用，对于科学知识的普及、科学精神的弘扬，起到了一定的推动作用。

(二) 广播与科学教育

20世纪20年代初期，我国开始出现外国人建立的无线广播电台。1935年，国民政府开始提倡播音教育。1935年10月，中央广播电台开始进行教育广播。广播作为一种新兴媒体，也对科学教育的发展，发挥了重要的推动作用。

1. 广播的产生及发展

20世纪20年代初，无线电广播电台开始在我国境内出现。美国KDKA广播电台是世界上最早的广播电台，于1920年11月2日开始在美国播音。美国人奥斯邦（E. G. Osborn）于1923年，在上海创办中国无线电公司，其与《大陆报》合作创办了中国境内第一座广播电台，即"大陆报中国无线电公司广播电台"。由此，外国人陆续在我国境内创办广播电台。其中，影响最大、延续时间较长的是美商开洛公司创办的广播电台。自1924年4月开始，一直持续播音至1929年10月。

国人自办广播电台始于1927年3月。上海新新公司为推销自己生产的矿石收音机而创办，专门播放唱片和戏曲。这是中国第一个民营广播电台。随后，1928年8月，国民党中央广播电台开始广播。这是我国第一个全国性的广播电台。此后，我国广播事业开始获得较大发展。

2. 广播的科学教育内容

1935年，民国时期广播教育开始发展。教育部与中央党部广播事业管理处于1935年5月，对如何利用中央广播电台来播送教育节目进行议定，同年6月通电全国，7月组织举办全国中等学校和民众教育馆收音指导员

---

① 教育部：《第一次中国教育年鉴·丙编》，开明书店1934年版，第699—705、799页。

培训班，10月10日，中央广播电台开广播教育之先，开始进行教育播音。

我国近代教育播音的主要对象，分别为中等学校学生和一般民众。对一般民众的播音时间，为每周一、三、五、七四次，每次三十分钟，全年的教育播音在时间安排上分为两期：第一期从8月1日到翌年的1月31日，第二期从2月1日到7月31日，一般民众的教育播音全年进行，教育部规定的播音内容和播音安排详见表8-18。

表8-18　　　关于一般民众的播音教育内容和次数安排①

项目	第一期播音（次）	第二期播音（次）
公民训练	36	40
科学常识	48	48
国语训练	10	10
时事训练	10	10

由表8-18可见，在对一般民众的播音教育中，科学常识是播音教育的主要内容，所占比例高达44.4%，播音教育在科学教育工作中所扮演的角色以及所发挥的作用。

为了扩大播音的影响力，国民政府还推出一系列政策文件加以支持。如1935年10月，教育部颁布的《各省市实施播音教育办法》，从行政、技术、事业等几个方面，对播音教育做了详细的规划和安排。除此之外，教育部还强调要各省市确立电教推行机构，提出要安排专人负责电化教育，并且为学校和民众教育馆提供器材补助，培养播音人才。尽管科学教育只是电化教育的一个部分，但从政府的态度上可以看出，国家对于电化教育、民众科学教育的重视。这有利于扩大科学教育的影响力，加强科学教育的效果。

总的来说，自鸦片战争以后，国门日开，各类新兴技术不断传入和发展，为科学教育的发展，创造了更多的机遇和挑战。简而言之，无论是科学教育图书、科学教育电影、近代化的图书馆、博物馆，还是民众教育

---

① 陈洪杰：《中国近代科普教育：社团、场馆和技术》，硕士学位论文，华东师范大学，2006年，第63页。

馆、广播技术等，各类宣传性的技术手段，都以其普及性、公众性的特点，促进了科学教育的传播和发展。在这些传播媒介的辅助下，科学教育的影响逐渐扩大，科学风气日开，民众的意识日醒，进而也推动了革命运动的开展，社会的进步。

第九章 科学教育的推动者

在中国近现代科学教育的发展过程中，无论是科学领域人员，如任鸿隽、杨杏佛、胡明复，还是教育领域人员，如蔡元培、陶行知、陈鹤琴，以及教育管理者及社会人士，如严复等，都提出了丰富而有创见的科学教育思想，推动了近现代科学教育的发展。

第一节 科学领域人员的科学教育思想及实践

一 任鸿隽的科学教育思想

（一）生平及主要教育活动

任鸿隽（1886—1961），中国近现代著名的科学家、教育家，《科学》杂志和中国科学社的主要创始人和建设者。1917年，获哥伦比亚大学化学硕士学位，1918年归国。曾任北京大学化学系教授、东南大学副校长、四川大学校长、中华教育基金会董事会干事长、中央研究院总干事、上海图书馆馆长、上海市科协副主席，连续两届当选全国政协委员。"对于科学的建设与推进"是任鸿隽"一生精神生命的中心点"。他开创了中国科学事业传播的新时代，打开了现代科学在中国"从无到有"的新世界的大门。主要著作有《科学概论》，译著有《教育论》《汉译科学大纲》《最近百年化学的进展》等。他在科学教育上的精辟见解及实践活动，奠定了他在中国科学教育史上的地位。

（二）宣扬科学价值的至高无上

任鸿隽认为，"科学是根据于自然现象，依论理方法的研究，发见其关系法则的有系统的知识"[1]。具体而言，科学是系统的知识。人类的片段

---

[1] 樊洪业、潘涛、王勇忠编：《任鸿隽卷》，中国人民大学出版社2014年版，第224页。

式的发明，如我国的指南针、火药等，虽然使用了科学知识，但不是科学循序渐进发展的结果。科学是依据一定的方法研究出来的结果，偶然的发现，如人类开始知道用火、冶金，虽然这一知识非常重要，但不是科学。科学是以依据自然现象而发现的自然规律为基础，在任鸿隽看来，科学就是自然科学，必须依据自然现象，通过严谨的方法，得出系统的规律性知识。

在任鸿隽的心目中，科学的价值至高无上。他说，"科学是20世纪文明之母，是现代文明国家之基础"。他认为，当时欧美各国实力之所以与日俱增，跃居世界前茅，是因为他们将科学发明广泛应用于实践，而且科学思想早已在不知不觉中深入人心，对西方国家的学术、思想、行为等方面，都起到了指导性的重要作用。如果没有科学，"西方人智犹沉沦于昏迷愚妄之中"，"西方社会犹呻吟于憔悴枯槁之途"，"西方事业犹扰攘于纷纭散乱之境"，因此，他认为，"东西文化及国势强弱之分界，一以科学定之"。中国要现代化，"首先就要科学化，抗战需要科学，建国亦需要科学"。任鸿隽将科学放到了关系国家危亡、关系民族生计的至高无上的地位。他提倡通过科学教育要修成实事求是、执因求果的"科学的心能"，"以此心能求学，而学术乃有进步之望。以此心能处世，而社会乃立稳固之基"[1]，并呼吁教育者对此多加注意。

（三）提倡高质量的科学教育

任鸿隽提出实现中国科学化。如何实现呢？"要促其实现，教育方面就是最重要的一条途径！亦是最切实的一条途径！"为什么呢？他从具体到宏观，从学校教育到社会影响，分析了三方面的原因："第一，因为科学教育可以养成科学的精神，教导科学的方法，与充实科学的知识……第二，因为科学教育可以培栽新进技术人才……第三，因为科学教育可以提高科学文化的水准。"[2]

任鸿隽还对各种原因进行了详细的分析阐述。学生学习了物理、化学、生物等科目，得到了自然科学知识；再通过实验室的一系列实验，验证了课本间接经验的真实性，无形中加强了科学方法的学习；在学习知

---

[1] 樊洪业、潘涛、王勇忠编：《任鸿隽卷》，中国人民大学出版社2014年版，第57、440—441页。

[2] 樊洪业、潘涛、王勇忠编：《任鸿隽卷》，中国人民大学出版社2014年版，第440—441页。

识、方法的过程中，养成了凡事不轻信、求精确的习惯，熏染了科学精神，将来不论从事何种行业、身处何种地位，都能够将所学到的科学知识、方法与精神应用到实践当中，在不同程度上为科学化运动的发展做出贡献。

总而言之，任鸿隽认为，实施科学教育可以"直接培养富有科学精神与知识的国民，间接即促进中国的科学化"。在他看来，"这是科学化运动的捷径，也是科学化运动的大道。教育家应赶紧负起责任，从速充实科学教育，促进科学教育之发展，以求中国之科学化"①。

关于科学教育的内容，任鸿隽认为有三种：第一种是"普通理科教程，如数学、物理、化学、生物之类"，将这些作为学生必须掌握的"基本科学知识"；第二种是"技术科目，这里面包括农、工、医、水产、水利、蚕桑、交通、无线电等专门学校，以及医院所附设之护士学校等"；第三种是"社会教育中之科学宣传"，如博物馆、科学馆，以及其他一些能够将科学常识普及给国民的宣传策略。任鸿隽作为筹划主力之一，于1914年6月，创办了中国科学社，并担任第一任社长。中国科学社是中国近代第一个科学教育组织，以传播科学知识和科学精神为宗旨。

任鸿隽不仅重视科学教育的施行，而且从科学教育的应有之义出发，重视科学教育的实施质量。就当时的科学教育实施情况而言，任鸿隽是不满意的，"问今之科学教育，何以大部分皆属失败，岂不曰讲演时间过多，依赖书本过甚，使学生虽习过科学课程，而于科学之精神与意义，仍茫未有得乎？"② 他认为，科学教育在方法上应该少讲授，少依赖书本，应该从科学的真义出发，多利用试验、观察等，从而不仅能够传授给学生科学知识，还能够使学生在习得科学知识的同时掌握科学方法，养成万事求真的科学精神。

他认为，当时科学教育方法不力的直接因素，是师资训练得不严格。虽然师范院校大规模创办，在培养供给各中学校理科教师方面是有计划有效率的，但是训练的标准要提高，既要重视教材内容，还要注意教授方法。任鸿隽很有先见地提出了科学教师在职培养深造理念，"现任的中学理科教师，希望其时时刻刻不忘自我教育"，也就是说，科学教师不仅要每天教学生科

---

① 樊洪业、潘涛、王勇忠编：《任鸿隽卷》，中国人民大学出版社2014年版，第210页。
② 樊洪业、潘涛、王勇忠编：《任鸿隽卷》，中国人民大学出版社2014年版，第210页。

学，还要"自己教自己，自己求长进"。具体而言，其一，紧跟科学不断发展的步伐，"本着'苟日新，日日新，又日新'之意"，不断更新自己的知识储备；其二，"忠实自己的教业，寻求'诲人不倦'的乐趣"，不断提升专业道德水准；其三，"尤其是对于教授法时时加以揣摩，使干燥无味的科学知识，讲授得活泼生动，使每个学生都会感兴趣才好"。

其时，科学本身在中国的发展十分有限。"则试问今之科学教师，何以只知照书本讲演，岂不以彼所从学之教师，其教之也，亦如是则已乎？如此递推，至于无穷，然后知无真正科学家以导其源，欲科学教育之适如其分，不可得之数也。换词言之，即有科学乃有所谓科学教育，而国内学者似于此点尚未大明了，此一事也。"在任鸿隽看来，有科学才有科学教育；同理，科学兴科学教育才兴。他提倡科学研究工作"应当更紧张更努力"[1]。

推进科学教育，提高科学教育质量，除了"训练好的师资""提倡科学研究"，他还提出"供给好的教材"。"每个学校都应当充实理科教材，因为科学教育是不能一刻离开标本仪器与实验室的。同时我们要准备供给这种需要，编好的教本，制好的标本，好的仪器，办好的实验室。没有这几样东西，根本就谈不上科学教育。"如何供给好的教材？一方面"赖科学教师自己的努力"，另一方面"有赖于科学专家的研究"。科学的特征之一是严谨，有些科目的讲授要因时因地而异。任鸿隽打比方，比如在四川教学生动植物，肯定要和广州、上海、北京等地教的不一样，因而教材就要不一样，所以"就需要动植物学家在四川先做一番研究工作"[2]。

（四）重视科学方法和科学精神

任鸿隽认为，"科学于教育上之重要，不在于物质上之知识，而在其研究事物之方法；尤不在研究事物之方法，而在其所与心能之训练。科学方法者，首分别事类，次乃辨明其关系，以发见其通律"。由此可见，在任鸿隽看来，科学方法的训练教育比科学知识、科学研究方法更为重要。因为"习于是者，其心尝注重事实，执因求果而不为感情所蔽、私见所移"[3]。经过科学方法的训练，学生可以养成注重事实、实事求是、不武断、不偏私的思维习惯。

---

[1] 樊洪业、潘涛、王勇忠编：《任鸿隽卷》，中国人民大学出版社2014年版，第210页。
[2] 樊洪业、潘涛、王勇忠编：《任鸿隽卷》，中国人民大学出版社2014年版，第57页。
[3] 樊洪业、潘涛、王勇忠编：《任鸿隽卷》，中国人民大学出版社2014年版，第57页。

1919年10月,任鸿隽在北京大学论理科讲演《科学方法讲义》,分析科学的方法有如下程序:观察、试验、分类、分析、归纳、假设、学说、定律。1926年,他出版《科学概论》,对上述步骤进行了整理、精确,修订为:观察、试验、比较、分类、概推、假设、证验、成律①,"把已经证明的事实关系综合起来,以最简单精确的文字或公式表出之"。("概推是有两个意思:一是发见事物的相似点;因为由一个事例推到他一个事例,至少总要两个事例有些相似的地方。二是由有限已经考察过的事例推到较多未经考察而在同样情境下的事例。")

他重视观察,认为"凡一切目之所接,耳之所听,鼻之所嗅,口之所尝,手之所触"皆是观察。因为我们对于外界事物的正确观念,都是从五官感觉开始的,因此,"观察为搜集事实第一种利器"。观察事实是科学方法的第一步,如果观察不正确,那么就得不到正确的事实;得不到正确的事实,后面的科学方法"就成了筑室沙土上"②,靠不住。任鸿隽同样重视试验,认为试验是人造情境下的观察,有观察不能及的优长。一则可以于天然现象之外扩大增广观察的范围,二则可以人为控制周围的情形以求所需结果。

对于科学精神,任鸿隽在1916年专门撰文《科学精神》进行了阐述,认为"科学精神者何?求真理是已"。谈到科学精神,有两个必需的要素,一是崇实,二是贵确。"吾所谓'实'者,凡立一说,当根据事实,归纳群象,而不以称颂陈言,凭虚构造为能。今夫事之是不是,然不然,于何知之,亦知之事实而已。"所谓崇实,就是本着科学精神,所有的观点学说,都是有事实依据的,不是过去人的陈言旧说,也不是凭空虚构。"吾所谓确,凡事当尽其详细底蕴,而不以模棱无畔岸之言自了是也。"所谓贵确,就是一切观点言论都是详细确定的,没有模棱两可的模糊。1926年,任鸿隽在《科学概论》中,对科学精神进行了充实,表示"最显著的科学精神,至少有五个特征",即除了崇实和贵确之外,还有察微、慎断、存疑。所谓察微就是一要看到"微小的、常人所不注意的"事物,二要看到"微渺的,常人所忽略的"地方。所谓慎断,就是不轻于下论断。所谓存疑,就是"把所有不可解决的问题,搁置起来,不去曲为解说,或妄费研究"③。具备了这

---

① 樊洪业、潘涛、王勇忠编:《任鸿隽卷》,中国人民大学出版社2014年版,第57、276页。
② 樊洪业、潘涛、王勇忠编:《任鸿隽卷》,中国人民大学出版社2014年版,第148页。
③ 樊洪业、潘涛、王勇忠编:《任鸿隽卷》,中国人民大学出版社2014年版,第253页。

五种特征，就具备了科学精神。

（五）宣传科学的人生观

任鸿隽提倡科学教育的目的，就社会而言是普及科学知识，推动中国科学化；就个人而言是养成科学的人生观，过科学的人生。他说，"科学自身可以发生各种伟大高尚的人生观"。他以科学家为例，生动详细地诠释科学的人生观的魅力。他说，"大多数的科学家，都是道德完备、人格高尚的人"。那么，"他们的人生观是从哪里得来的？原来他们的人生观，就在他们的科学研究里面"。任鸿隽从科学的性质方法中分析个中原因。

首先，科学之目的是探求真理，而真理是浩瀚无边的，所有科学研究者们"都具一种猛勇前进，尽瘁于真理的启瀹，不知老之将至的人生观"。其次，科学之精神是不偏不倚，不可存有私心，"所以心中一切偏见私意，都可以打破，使他和自然界高远的精神相接触"。最后，科学研究的是事物的关系，研究清楚了关系，才能发现公式定律。"这样关系的研究，公式的发见，都可以给人一种因果的观念。而且这个因果观念，在经验世界里面，是有绝对的普遍性的。"因此，研究科学的人，大都会将这种科学因果观念迁移到人生观上，对世事变迁形成"时时求关联，事事求合理"的观念。针对当时的科学论战中玄学派的观点，任鸿隽一针见血地指出，"因为不曾研究过科学，看不到这种人生观的景界"，故而有不科学的人生观或人生观不必科学的观点。他宣传，"我们应该多提倡科学以改良人生观，不当因为注重人生观而忽视科学"[1]。在《科学》杂志里，多有宣传科学人生观的文章。

总之，任鸿隽的科学教育思想是他科学救国思想的一部分，是建立在一定的知识观、教育观、科学观等基础之上的。其对科学的定义、科学与教育的关系、科学精神以及科学方法等许多观点的论述，仍然值得我们借鉴和深思。[2]

二 杨杏佛的科学教育思想及实践

杨杏佛是我国著名的爱国民主人士，经济管理学家，辛亥革命社会活动家，是中国人权运动和管理科学的先驱。早在留学期间，就本着"科学

---

[1] 樊洪业、潘涛、王勇忠编：《任鸿隽卷》，中国人民大学出版社2014年版，第206页。
[2] 曲铁华、李娟：《中国近代科学教育史》，人民教育出版社2010年版，第274页。

救国"的理想，创办了"中国科学社"和"科学"杂志，为先进科学知识的传播提供平台。他主张科学要与工业、教育和民主革命相结合，探索出一条具有中国特色的科学教育和民主革命之路。

（一）生平及主要教育活动

杨杏佛（1893—1933），字宏甫，号杏佛，本名铨，江西清江人（江西省樟树市），祖籍江西玉山。1908年，杨杏佛入上海吴淞中国公学就读，在校期间，他接受了孙中山倡导的民主革命思想，并在1910年加入同盟会。辛亥革命后，就任中华民国临时政府总统府秘书处的收发组长。1912年，南北议和后，袁世凯窃取了革命成果，杨杏佛对新政府感到怀疑，看到孙总理辞职从事实业后，选择放弃留任而到国外留学。1912年11月，经孙中山的批准，杨杏佛与任鸿隽等人于12月共同赴美。为了实现科学救国的理想，杨杏佛选择了康奈尔大学的机械工程专业。

1916年，杨杏佛获得学士学位后，进入哈佛大学商业管理学院攻读硕士学位，并于1918年获得哈佛大学工商管理硕士学位（MBA）。回国后，他曾先后担任南京高等师范学校教授、东南大学工学院院长。在美国期间，他深感西方国家科学的先进与中国的落后之间的巨大差距，认识到科学杂志和团体在科学进步方面的贡献。因此，他和同仁们决定创办科学杂志、建立科学团体以推动中国科学的发展，《科学》杂志由此创编，第一期于1915年1月在上海商务印书馆印刷发行。杨杏佛任编辑部长，他不仅约稿、组稿、审稿，还经常自己写稿、译稿。他积极将国外最先进的科学成果介绍到国内，翻译了大量的文章。

杨杏佛不仅注重宣传科学精神，同时他还将科学与实业、救国联系起来，他注重榜样的巨大作用，为此他撰写了大量科学家的传记，例如《詹天佑传》《牛顿传》。除了创编《科学》之外，他还与任鸿隽等人共同建立了中国第一个学术团体——中国科学社。在参与《科学》月刊工作的同时，他还积极参与到中国科学社的其他工作中，例如募集经费、办年会、举行科学演讲、科普系列讲座等等。杨杏佛毕生致力于革命与科学，直至被特务暗杀。他不仅是一名杰出的科学家，更是一名伟大的民主主义战士。

（二）杨杏佛的科学教育思想

1. 重视科学的社会功能，提倡普及科学

杨杏佛认为，科学对于推动社会进步有着巨大的作用，想要促进社会发展，就要提倡普及科学。他在美国康奈尔大学求学期间，深感欧美西方国家的科学之先进，社会之发达，反观中国科学落后，社会贫乏。因此，他认为中国需要迫切发展的是科学，科学有很强大的社会功能，他曾撰写多篇文章来论述这一观点。

第一，科学的发展是国家商业发展、经济发展的基础。在杨杏佛看来，商业与科学是相互促进的关系，二者密不可分，"自浅见者观之，二者分道而驰，若不相属，实则科学与商业相提并进"。一方面，商业发展的需求，催生了科学的进步，"分工则不能无交易，于是而有商，商之鹄在因时地之宜均其货产，以布易粟人欲得当其酬，而度量以起。度量者，一切科学之基也"。另一方面，科学的进步又会促进商业的繁荣，二者共同构建文明。"科学不仅与商业以交通之利器，故必工业发达之国而后商业可操必胜之券，然工业发达会恃科学。"① 所以，发展科学是发展商业与经济的必要前提。

第二，科学可以造福民生，提高人民的生活水平。身为《科学》杂志的主编，杨杏佛主张把《科学》办成可以为人民生计提供服务的刊物，他认为，机械的价值"在增进人类物质之幸福"②，他用浅显易懂的文字，向民众介绍各种西方的器物，他呼吁人们要开展有利于人类生活的发明，不要好高骛远。他自己以身作则，在《科学》上发表了多篇与人民生计息息相关的文章，如《盐之厉害》《灭火药水制法》等。

第三，科学的进步能够推动民主政治文明的建设。中国要实现共和政治，必须发展科学。杨杏佛曾在《科学与共和》一文中指出，"科学不永守一已成之世界学说，共和拒绝永远不变之律法"，在他看来，科学与共和都主张变化与发展，社会文明的进步，是由物质文明和精神文明共同推进的，科学能够"为社会各阶级开缚"，"易吾人对于世界万物之态度"③，塑造民主共和的观念，建设良好的精神文明，进而推动民主政治的建设。

2. 重视学习科学知识，掌握科学方法

杨杏佛认为，要在中国推动科学事业发展，那么必须让国人了解和学习科学知识，掌握科学方法并应用到实践中去。国内科学落后，要善于学

---

① 杨杏佛：《科学与商业》，《科学》1916年第4期。
② 杨杏佛：《科学与商业》，《科学》1916年第4期。
③ 杨杏佛：《科学与商业》，《科学》1916年第4期。

习西方发达的科学技术、科学思想、科学知识与科学经验。为了向国人普及发达的科学知识，他借助《科学》这一平台，发表大量介绍西方科学知识及科研成果的高品质文章，如《欧洲之水电业》《发明家之奖报》等等。

杨杏佛认为，科学的方法可以促进各项事业的有序进行，可以提高办事效率，例如，他在南洋商业专门学校发表名为"科学的工商管理法"的演说中就提到，工商业最为重要的两事就是自用和用人，归宿在增进个人的效率。施之国家，则为牺牲少数人之幸福，而得多数人之幸福；施之实业，则为消耗最少之资本，而得最大之赢利。施之个人，则为用最少之时力，而得最良之效果。为此，他主张将科学方法应用于社会各行各业、各个领域，借此推动社会的发展进步，为我国综合国力的提高，打好坚实的基础。

除了重视科学知识和科学方法的宣传外，杨杏佛还注重科学发明，他在《发见与发明》一文中，对于如何引起发明提出了自己的见解：（1）勿以事小而忽之；（2）细查深思；（3）持之以恒；（4）由一种而及他种。他强调发明是要为人民生活谋福利的，他在《勤无功，嬉有益》的演讲中，主张要多动脑筋，通过发明创造来减轻人们的劳作。

3. 提倡科学与工商业结合，发展经济

杨杏佛认为，中国主要的问题就是太贫困，要想发展经济实现富强，就必须兴办工商业，他主张将科学与工业商业联系起来，用科学的方法来促进工商业的发展，以此来促进社会进步，提高人民的生活水平。他认为，要想商业得到长足的发展，科学的经营方法是至关重要的。他在《科学与商业》一文中提到，"20世纪以能操之商人所纵一世富甲王侯者，其学识手腕有以使之然也"。从商者的素质，就直接关系到了交易的成功与否。当时许多欧美国家的从商者都是大学毕业的，在每次生意之前都会有调查活动，从商者的素质比较高，所以生意的成功率也就越高。

杨杏佛主张，将科学教育与实业教育相结合，以促进工业的发展。要发展实业，必须使用机械，但机械不是人人都能用的，"巧工必须有训练"，因此他主张兴办实业教育以振兴实业，但中国的实业教育，存在着重视社会青年教育而忽视工厂工人教育的问题。他认为对于工厂工人的教育十分重要，"教育社会之青年与教育工厂中之工人，其利益与重要均也"。并且"教育今日之青年，收益当在一二十年后，教育今日之工人，收益即在目前"。因此，要重视对工人的教育。杨杏佛认为，工人的受教育情况，直接影响国家经济的发展，工人的受教育水平低，生产力低，自然不利于经济的发展。杨杏佛将中国当时寻常工业界训练工人的方法分为五种：习徒、工头训练、职业学校或补习学校、厂中特设训练班、入厂学校。他对各种方法的利弊进行分析，并参考英国成人教育会的主张，提出为工人建立成人工业学校，以实现"与新工人以应用技能与国民常识，增进旧工人之工作效率与国民常识"①的目的。这种方法将工业学校的教育与工厂的生产活动联系起来，使工人既能将学到的科学知识应用于生产实践当中，学有所用，又能帮助工厂升级技术，提高效率。

实业的发展不能单单依靠技术，还要有科学的管理方式。所以，实业教育中的科学教育所传授的应该不仅是自然科学知识，还应该包括科学组织管理的知识。杨杏佛说："发展实业，光有机械、资金不行，重要的在于加强经营管理。经营管理分为工厂内部的微观管理，即生产的计划性与合理调度，和国家社会的宏观管理，即均衡调剂。在经营管理中，当事人的指挥、进退要随时注意把握时机，政府也要加强国家宏观调控。"②

4. 主张科学与民主革命相结合，实现救国理想

除了与工商业的发展密切相关，杨杏佛还将科学教育与民主革命关联起来，借此实现救国救民的伟大理想抱负。他认为，单纯的科学教育并不能解救中国于水深火热之中，"要救中国，只有一个办法，就是用科学的智识，革命的精神，精细的研究来计划一个理想的中国，要适合中国现在及将来之情形，要适合世界的潮流"。科学发展以来，虽然世界进化很快，但也存在许多问题，堕落、破坏、战争，而且人们的物质文明，并没有很好的结果，他认为，这是因为"科学家与革命家分道扬镳不能合作的缘故"。资本家用科学家的发明"行使他最后时期的帝国主义，堕落战争，连绵发生"，科学家却只能旁观，"这才是科学家的真罪恶"。

所以，革命家应时而生，解决一切科学家不能解决的问题，破解一切科学家不能破解的难题。他认为："革命家须有科学的知识，科学家须有革命的精神，共同努力去研究社会问题，以及人生一切的切身问题，中国才有救药，世界上才有光明！"③只有将革命与科学真正地结合到一起才是

---

① 《杨杏佛文存》，平凡书局1929年版，第132—136页。
② 曲铁华、李娟：《中国近代科学教育史》，人民教育出版社2010年版，第323—324页。
③ 《杨杏佛文存》，平凡书局1929年版，第77页。

救国的正确道路。杨杏佛自己也践行这一理念直到生命的最后一刻。

5. 培养科学的人生观，解决社会问题

自从国人开始接触科学以来，人们的精神生活并没有丰裕很多，反而开始追求物质的享受，对国家和人民的困苦视而不见，"年来中日感情日恶，顾日人不足畏也，所可畏者国人多不守本分，逾越范围，侥幸之心日甚，苟且之术日工，实效不求。虚声是务，卒至事业不举，学术扫地，亡无日矣"。"苟中国犹是旧日之中国，无进步，无改良，则终不能自立"①。为此，杨杏佛认为要培养人科学的人生观。

杨杏佛认为，人生观就像航海者所依赖的指南针一样，有了人生观才有人生的目的。人生观有很多种，宗教人生观、美术的人生观、战争的人生观、实利的人生观，这些人生观都各有各自的错误弊端，但科学的人生观不同，而且可以弥补上述人生观的不足。他认为，科学的人生观是"客观的，慈祥的，勤劳的，审慎的人生观也……不以一己之是非为是非，凡一切事物俱以客观态度观之……与宇宙之形形色色表有同情……以求真理为毕生之事……凡有所闻，必详其事之原委条件，无囫囵入耳之言，亦无轻率脱口之是非"。在杨杏佛看来，科学的人生观有以下三点特征：首先，科学的人生观是民主的，"科学的人生观颇具有德谟克拉西之精神，无强弱，有是非……非拥护真理也，无宗教，无阶级，无国家，惟知有真理而已"。其次，科学的人生观是实事求是的，像科学家一样"尊重真理，不怨天，不尤人，不以处境微贱而易其志"。最后，科学的人生观是淡泊名利的，"科学家之研究科学，其所希冀之报酬即在求科学之进步"。依据中国当时的情况，应该提倡科学的人生观，培养人科学的人生观，以此来解决中国的社会问题。

（三）杨杏佛的科学教育实践

1. 创办《科学》杂志与中国科学社

1912年末，杨杏佛赴美国康奈尔大学电机科学习，在留学期间深刻地感受到中西方科学的差距。1914年，欧洲大战爆发，杨杏佛与一些留学生讨论能为祖国做些什么，杨杏佛提出，中国所缺少的是科学，可以发行一本杂志向国内介绍科学。这一意见得到了广泛响应。杨杏佛、任鸿隽、胡明复等人发出《科学月刊缘起》，杨杏佛还发出了《科学社招股章程》，

---

① 杨杏佛：《科学的人生观》，《科学》1921年第11期。

章程中明确规定："本社发起《科学》（Science）月刊，以提倡科学，鼓吹实业，审定名词，传播知识为宗旨。"提倡科学教育，主张科学救国。章程发出后几个月招募到社员77名，筹集到股金500美金。1915年1月，第一期《科学》月刊在美国编辑，由上海商务印书馆出版发行。同年10月25日，中国科学社正式成立，杨杏佛担任编辑部长，在他担任编辑部长7年的时间里，经手主编共6卷69期杂志。除了审阅他人的稿件之外，杨杏佛自己还写了大量的文章发表在《科学》上，共计57篇，内容覆盖面广，有科学家传记《詹天佑传》等、科学与其他事业的关系如《科学与商业》等，以及实业问题如《中国实业之未来》等。

除此之外，他还翻译了大量国外的科学文章，如《爱因斯坦相对说》等，向国内宣传国外最新的科研成果。1916年2月，中国科学社分股委员会成立，杨杏佛被推举为机械工程股长。除了《科学》月刊的工作之外，杨杏佛还积极参与到其他科学书籍的出版工作当中。1923年，在中国科学社组织编译的《汉译科学大纲》中，参与编译"飞行"篇。

2. 为科学社筹集资金，参与科学社举办的各项活动

中国科学社是民间的科学团体，除了发行书刊外，还建立了图书馆和研究所，单单依靠发起时筹集的股金和社员交的会费，是不足以支撑科学社庞大的工作的，为此筹集资金便成了科学社至关重要的工作。1927年，在杨杏佛与蔡元培的共同努力下，科学社得到了南京国民政府拨款的40万元。[①] 杨杏佛虽然没有直接参与中国科学社的研究工作，但他为科学社筹集了大量的资金，保证了学术研究及其他工作的顺利进行。除了筹措资金外，杨杏佛还积极组织参与科学社的其他各项活动，在科学社年会上做工作报告，多次参加科学会举办的系列科学演讲和科普教育系列讲座。

3. 发表演讲，宣传科学

杨杏佛在各地以演讲的形式宣传科学，普及科学。早在1914年，杨杏佛就在美国留美中国学生康奈尔大学年会上发表演说《科学与中国》，阐述科学救国的主张，这次演说获得了全校华人演说第一名。1916年10月，在哈佛中国留学生组织的年会上作《中国之实业》的演讲，主张实业救国。回国后，他应邀四处做演讲，1918年11月2日，他在上海青年会

---

① 杨杏佛：《记"中国科学社"》，载何志平、尹恭成、张小梅主编《中国科学技术团体》，上海科学普及出版社1990年版，第95页。

进行名为《个人效率主义之原理》的演讲，同年 11 月 8 日，到南洋商业专门学校发表《科学的工商管理法》的演说，1920 年 12 月，在南京各校进步学生举行的马克思学说演讲会上作《教育与劳动问题》的演说；1921年，到南高附中补习班作《科学的人生观》的演讲。

4. 在大学内教书，于中央研究院任职

杨杏佛在 1919 年夏，辞去了汉阳铁厂会计处副处长的职务，应郭秉文的邀请，到南京高等师范学校任商科主任、经济学教授。1920 年，南京高等师范学校改名为东南大学，设立工科，由杨杏佛任主任。1923 年，因东南大学校长的排挤，杨杏佛辞职奔赴广州，投奔孙中山从事革命工作。1927 年，中华民国大学院正式成立，应蔡元培的邀请，杨杏佛出任大学院教育行政处主任兼中央研究院秘书长。同时他还担任了大学院最高权力机构大学委员会委员、大学院政治教育委员会委员、中央研究院社科所筹备委员等职。1928 年，杨杏佛被任命为大学院副院长，同年 3 月，中央研究院社会科学研究所正式成立，杨杏佛任经济组主任。

总之，杨杏佛毕生致力于宣传科学救国的思想，除了科学活动外，他还积极参与到革命中去，将他的科学教育思想与革命紧密结合起来，为中国现代科学实业的发展，起到了重大的推动作用。

三 胡明复的科学教育思想及实践

胡明复是第一位在国外获得数学博士学位的中国人，也是中国科学社最早的一批社员之一，是中国科学社和《科学》杂志的创办人之一。胡明复重视科学的作用，主张大力发展科学教育，重视科学方法与科学精神的宣传，在他短暂的一生中，为中国近代科学的发展，做出了杰出的贡献。

（一）生平及主要教育活动

胡明复（1891—1927），初名孔孙，后改名为达，字明复。1891 年，生于江苏省无锡县堰桥镇一个书香之家，家中兄弟九人排行第三，幼年在家塾读书。1910 年，胡明复考取了庚子赔款第二批留美生，于秋时从上海乘船赴美，入美后进入康奈尔大学文理学院学习。

1914 年夏，胡明复以优异成绩从康奈尔大学毕业，荣获文理学士学位，同年秋，他考入哈佛大学研究院潜心攻读数学专业，1917 年，他完成论文《具有边界条件的线性微积分方程》，这篇论文发表在 1918 年 10 月号的《美国数学会会刊》上。能在这样高水平的国际数学专业杂志上发表，充分证明了这篇论文已经达到了国际水平。胡明复顺利从哈佛大学毕业，成为第一位在国外获得博士学位的中国数学家。

在留学期间，胡明复以创始人的身份，创立了中国科学社和《科学》杂志。毕业后，胡明复回国，任教于其兄长胡刚复创办的大同大学，创办数学系，担任数学教授，他还历任国立东南大学、南洋大学、上海商科大学教授。1927年，北伐军抵达上海，胡明复被推举为上海政治分会教育委员会第一任教育委员，谋划上海的教育事业，不久辞职。1927年6月12日，胡明复不幸在无锡老家溺水身亡，时年36岁。

(二) 胡明复的科学教育思想

1. 重视科学的功能，提倡大力发展科学教育

胡明复认为，科学可以解决各类社会问题，通过科学调查可以了解社会上的种种实际状况，再借助科学知识宣传等措施来解决社会上所存在的问题。他还认为，科学能起到批判封建迷信，改良风俗道德的作用。如果能够普及科学，广泛发展科学教育，那么"不特科学自身之发展而已也，即风俗道德亦因之日进于纯粹，而愈趋于真境"。总的来说，科学"审于事理，不取臆断，而惟真理是从，故最适于教养国民之资格"。科学能够教养国民、提高国民素质，而国民素质的提高又关系到国家的文明富强，是国家发展强大的重要基础。胡明复认为，要宣传科学知识、普及科学教育，以此来促进国家社会的健康发展。胡明复重视科学的实用功能，但他认为科学的实用并非科学最本质的目的，"求真"才是科学最根本的目的，实用只是达到"求真"目的后的自然产物而已。"科学之最初，何尝以其有实用而致力焉，在'求真'而已。真理既明，实用自随，此自然之势，无庸勉强者也。是以'求真'为主体，而实用为自然之产物，此不可不辩者。"① 为此，我们不能仅仅以"实用"为目的宣传科学，在注重实用的同时，应该注重科学"求真"的本质，否则就是本末倒置，违背"自然之势"了。

2. 重视科学方法和科学精神的宣扬

胡明复重视科学的实用功能，主张大力发展科学教育。他认为，相比于具体的科学知识，更应该注重科学方法和科学精神的培养。他曾发表文章《科学方法论一》《科学方法论二》，在文章中专门宣传科学方法。认

---

① 胡明复：《科学方法论一》，《科学》1916年第7期。

为，归纳法和演绎法是具体的科学方法，而科学方法则为科学的实质。所谓的归纳法，就是"先观察事变，审其同违，比较而审查之，分析而类别之，求其变之常，理之通，然后综合会通而成律，反以释明事变之真理"，也就是说，根据大量的事实，分析比较，寻找其中的共同点，从而得出事物发展的一般通理；演绎法是"自一事或一理推及他事或他理，故其为根据之事理为已知，或假设为已知，而其推得之事理为已知事理之变体或属类"①，也就是用归纳法总结出的原理，来推导某一具体事物的具体特性。

因此，胡明复认为，归纳法是演绎法的基础，归纳法是演绎法的提升，甚至可以说归纳法比演绎法更为重要，"归纳之法，其首据之事理为实事，而其归纳之结果则为通理，即实事运行之常则也，自此性质上区别观之，科学之方法当然为归纳的……盖演绎必有所本，今所究为外界，则所本必不可为人造。是以演绎之先，必有归纳为之基"。即便如此重视归纳法，胡明复依然认为，归纳法是有缺陷和不足的，"事变不尽，则归纳之理不立"②，因为归纳法依据大量事物的共同点，如果事物变化没有尽头，那么就不是绝对的归纳，归纳所得出的规律是否成立就不得而知了。

归纳法存在自身不可弥补的缺点，所以"科学之方法，乃兼合归纳与演绎二者"，将两者结合起来运用，"先作观测，微有所得，乃设想一理以推演之，然后复做实验，以视其合否。不合则重创一新理，合而不尽精切则修补之，然后更试以实验，再演绎之；如是往返于归纳演绎之间……归纳与演绎相间而进，故归纳之性不失，而演绎之功可收，斯为科学方法之特点"③。先进行观测，用归纳法假设得出一个原理，再用演绎法验证，反复试验，看看是否符合事物的原理。不符合就重新假设提出新的原理，大体符合但不精确就对假设进行修补，然后再实验，再推演。这样综合运用归纳法和演绎法，既能保留归纳法的特性，又能吸收演绎法的功能，这样才是科学方法的特点。

针对国人当时的弊病，胡明复提出要大力宣扬科学精神。他认为，国人沉迷古文章句，盛行复古的潮流，带来了极大的问题，"今日'复古'之潮流，犹是此心理之毒流"，"重于章句而忽于真义，是以往往言不由

---

① 胡明复：《科学方法论一》，《科学》1916 年第 7 期。
② 胡明复：《科学方法论一》，《科学》1916 年第 7 期。
③ 胡明复：《科学方法论一》，《科学》1916 年第 7 期。

衷，言行相违，宛如两人。廉耻道丧，而文化亦日即衰落。学问道德政治社会，皆存其形仪而失其实际，可慨也已"。针对国人的这一问题，胡明复提倡科学精神，他认为科学的精神在于求真，"知'真'，则事理明，是非彰，而廉耻生。知'真'则不复妄从而逆行"。他还以西方国家为例，"其民族爱自然之至美。爱自然之至美，故乐于求真理"，认为西方国家的人民爱自然之美，乐于求真，所以西方科学发达，社会进步。

同时，他还认为科学方法和科学精神应该并重，二者密切相关。"精神为方法之髓，而方法则精神之郭也。是以科学之精神，即科学方法之精神"。"盖方法与精神本为一体，不有其精神而求通其方法，末由也。"[①]强调人们应该以科学精神为指导来学习科学方法，在运用科学方法时谨遵科学精神的要求。

（三）胡明复的科学教育实践

1. 创办《科学》杂志与中国科学社

胡明复在留学期间深刻地感受到中西方科学的差距，与许多中国留学生一样，他也抱有科学救国的理想。他曾在1912年于康奈尔大学求学之际，与中国留学生一起创办了"中国学生政治研究会"，专门研究租税制度。1914年6月，在康奈尔大学的留学生们讨论世界形势时，决定向中国发行介绍科学的杂志，因此胡明复和任鸿隽、杨杏佛等人一同创办了科学社，起草了《科学社招股章程》。1914年，胡明复为《科学》月刊的前三期撰写稿件多达10篇，例如《算学于科学中之地位》《近世科学的宇宙观》等等。除了撰写稿件外，他还负责稿件的审查、格式的统一、标点符号的修改等工作。

在所有社员的共同努力下，《科学》月刊于1915年1月在中国顺利发行。科学社的不少成员认为，仅发行一本杂志是远远不够的，于是，改组科学社提上日程，经科学社董事会大部分成员的同意，推举胡明复、任鸿隽、邹秉文三人共同起草新社章，这份新社章于1915年10月25日表决通过，科学社改组为中国科学社，胡明复被选举为第一届董事会董事，并任科学社会计一职。从1914年筹备《科学》发行开始，胡明复一直担任中国科学社的会计，直到1925年才卸任。中国科学社是民间的学术团体，经费时常会短缺，归功于在商业学校学习过财政和商业的原因，胡明复非

[①] 胡明复：《科学方法论一》，《科学》1916年第7期。

常善于理财，使得科学社的各项工作能够顺利进行下去。

除此之外，胡明复还与科学社的其他社员，积极为科学社筹集资金，建立图书馆和中国科学仪器公司。他认为，国人对待科学的态度存在问题，无论是在政界还是实业界都有许多人漠视科学，不重视学问，甚至在学界都有人持弃学救国的主张。他认为，要迫切地在中国宣传科学，呼吁各界人士支持和理解科学社。胡明复作为中国科学社的创始人之一，积极投身于科学社的各项工作中，为科学社的发展付出了巨大的努力。

2. 主持大同大学的各项工作

胡明复从美国学成归国后，国内许多大学都向他抛出了橄榄枝，但他都婉言谢绝了，因为他还在美国时就立志要将他兄长胡刚复主持的大同大学，办成一所高水平的学府。

他在大同大学创立数学系并担任数学教授，对待教学非常认真，兢兢业业，对学生循循善诱，用简单易懂的语言，向学生讲明深奥复杂的数学问题。他认为，学生不能死读书，只啃书本是不行的，学生必须形成独立思考和解决问题的能力。在1918年，他倡导、建立了大同大学数理研究会，积极为研究会作演讲，宣传科学的思想和方法，他的演讲深受学生们的欢迎，促进了学生们的成长。在大同大学，除了要教课之外，胡明复还担任了管理校务的职责。当时学校的基本建设任务很繁重，他亲自设计校舍，亲临现场监工。除此之外，为了解决办学资金短缺的问题，他还将自己的大量积蓄，都投入了学校。为了大学的发展，胡明复倾注了大量心血。

3. 审定数学名词、编写科学书籍及教科书

在宣传科学，推行科学教育方面，他的工作大多集中在科学社上。除此之外，他还参与过审定数学名词、编写科学书籍及教科书等工作。1918年7月，由于当时西方传来大量的学术名词翻译混乱，学术界因此成立"科学名词审查委员会"。中国科学社委托胡明复与姜立夫等多位数学家合作统一拟定数学名词，胡明复为这项工作提出了许多宝贵的意见，他与诸位数学家一起，审定了初等几何学、平面三角、解析几何学、空间几何、射影几何、代数学、微积分、函数论等数学分支的名词。

《算学名词汇编》于1938年出版，参与审定工作的许多数学家，都给予胡明复高度的赞扬。1924年，上海商务印书馆编译所所长王云五，聘请胡明复担任数学函授社主任，他联络了南京、上海的一批数学教师和印书馆内的一些编辑，一同编写了一批普及性数学书籍，推动现代数学在中国

的普及。胡明复还编写过微积分、数学分析方面的教材,与竺可桢等人合作翻译过《科学大纲》四卷本。

胡明复在他短暂的一生中兢兢业业,将自己奉献于中国的科学教育事业。在他去世后,他生前的许多亲友,纷纷撰写文章哀悼他。胡明复曾经说过:"我们不幸生在现在的中国,只可做点提倡和鼓吹科学研究的劳动。现在科学社的职员不过是开路的小工,哪里配称科学家。"[①] 正是他的这种精神,推动了中国近现代科学的发展。

第二节　教育领域人员的科学教育思想及实践

一　蔡元培的科学教育思想及实践

蔡元培是我国近代著名的革命家、教育家、政治家。蔡元培主张学术自由,科学民主,五育并举,重视美育的作用。他改革北大,筹建中央研究院,为发展中国新文化教育事业,建立中国资产阶级民主制度做出了重大的贡献,堪称"学界泰斗、人世楷模"。

(一) 生平及主要教育活动

蔡元培(1868—1940),字鹤卿,号子民。浙江绍兴山阴县(今浙江绍兴)人。蔡元培17岁考取秀才,青年时期授编修,1898年开始从事教育活动,先后担任绍兴中西学堂监督、嵊县剡山书院院长、南洋公学特班总教习。此后还组织了中国教育会,创立爱国学社和爱国女学,组织光复会,加入同盟会。1907年,赴德国留学,学习哲学、心理学、美术史等。

武昌起义后,蔡元培回国,出任南京临时政府教育总长一职,不久后因对袁世凯窃国不满而辞职,再次远赴德国、法国进行考察学习。1915年,蔡元培在法国组织勤工俭学会,1916年,组织华法教育会,同年回国,出任北京大学校长。在1924年和1926年召开的国民党第一、二次全国代表大会上,蔡元培两次入选中央监察委员组。此后,他倡导建立大学院、并担任院长职务。1928年后,任国立中央研究院院长,兼任交通大学、中法大学、国立西湖艺术学院等高校校长或院长,曾任北平图书馆馆长、故宫博物院理事长等职。晚年的蔡元培为实业抗日事业奔波,1940年在香港病逝。

蔡元培的教育实践,多集中在高等教育方面,他的教育模式新颖、不

---

① 杨铨:《我所认识的明复》,《科学》1928年第6期。

拘一格。他在任北大校长期间，提出了"思想自由，兼容并包"的理念，倡导学术自由、科学民主，北大形成了良好的学术风气；他主张教育独立；倡导五育并举，认为军国民教育、实利主义教育、公民道德教育、世界观教育和美育教育同等重要，不可偏废；他认为，大学是研究高深学问的地方，大学不仅要教学，更要展开科学研究，让学生有研究的兴趣；他主张在大学内教授治校，民主管理；他认为文理分科存在很大弊端，倡导沟通文理，废科设系。此外，他还关注平民教育、女子教育和劳动教育，并曾在北京大学开办平民夜校和校役班。蔡元培为近代中国教育的进步，做出了卓越的贡献。

（二）蔡元培的科学教育思想

1. 重视科学的作用

蔡元培出生时正值第二次鸦片战争后，当时的中国经历了多次战争的失败，已经开始提出要学习西方先进的科学知识和技术，如洋务派提出"中学为体，西学为用"，但是，他们仅仅是从维护封建统治这个角度考虑的，而蔡元培则是站在国家富强、社会进步发展的角度，去思考科学的作用，他认为，科学是一个民族富强、立于世界民族之林的基础。"中国欲求工商业发达，必须研究科学。"① 蔡元培曾说过："自人文进化，而国家之贫富强弱，与其国民学问之深浅为比例。彼欧美诸国，所以日辟百里，虎视一世者，实由其国中硕学专家，以理学工学之知识，开殖产兴业之端，锲而不已，成此实效"，他还强调说："一个民族或国家，要在世界上立得住脚——而且要光荣的立住——是要以学术为基础的。"②

除了对于社会进步的影响，蔡元培认为，科学也促进人民和民族的进步。他曾说过，"然人类历史，本充满着打破困难的事实，于困难之中觅得出路，正是科学家之任务"③，应利用科学来建立大同世界。所以必须重视科学，学习科学知识。

2. 大力提倡科学研究

蔡元培认为，科学不应该仅关注于知识的学习和传授，更应该注重科

---

① 中国蔡元培研究会编：《蔡元培全集·第6卷：1927—1930》，浙江教育出版社1997年版，第429、561页。
② 蔡元培：《国民修养二种》，上海文艺出版社1999年版，第20、205页。
③ 中国蔡元培研究会编：《蔡元培全集·第6卷：1927—1930》，浙江教育出版社1997年版，第429、561页。

学精神的培养，他主张不管是教师还是学生都应该注重学术研究。蔡元培认为，大学是研究高深学问的地方，学术研究可以避免"教员抄发讲义不求进步的陋习"，通过促进教师和学生的学术研究来形成良好的学风。他说："自入北大以后，乃计议整顿北大的办法：第一，我拟办的是设立研究院，为教授、留校毕业生与高年级学生的研究机关。"[①] 对于热爱研究的学生来说，如果他们能够通过导师的考核，蔡元培认为也可以给他们提供机会，让他们到研究院中继续从事学术研究，总之，就是创造各种便利条件鼓励师生进行学术研究。

除此之外，蔡元培还认为，学术研究对于社会的进步有着极大的贡献。"国民革命的完成，是以实现三民主义为目标，而三民主义包含的问题，极其博大，也极其繁复，没有一个问题不要以学术研究为基础的；心理上、物质上、社会上各种建设，也没有一件不有赖于学术研究的。"[②] 通过学术研究可以达成国民革命的目标，从而最终实现社会的进步。

蔡元培认为既然要进行科学研究，那就一定脱离不了实践和实验。他在绍兴五师、五中、女师联合大会上的演说中指出，实验固然需要仪器设备、教师指导和实验场地之类的硬件设施，但在硬件设备缺乏的情况下，依旧可以进行实验，因为最早国外的那些发明家也是没有这些设备的，"研究科学，并非要如何如何才能可以研究"[③]。研究科学，不能只依赖于仪器，最关键的是要靠自己去研究。

蔡元培主张人要养成科学的头脑，"余所谓养成科学头脑者，不但养成几许之科学家，而实希望教育家无论何地何时，对于任何事件，均以科学眼光观察之，思考之，断定之。余意任一事之结果，自己相信，绝不盲从，务以科学有条理的方法去应付，然后方能不说乱话，不做错事"[④]。养成科学的头脑，要时时刻刻以科学的眼光看待问题、解决问题，对事物要有自己的思考，做到不盲从。即使小学生还暂时没有研究高深学问的能

---

① 中国蔡元培研究会编：《蔡元培全集·第7卷：1931—1934》，浙江教育出版社1997年版，第21页。

② 中国蔡元培研究会编：《蔡元培全集·第7卷：1931—1934》，浙江教育出版社1997年版，第105页。

③ 中国蔡元培研究会编：《蔡元培全集·第5卷：1923—1926》，浙江教育出版社1997年版，第62页。

④ 中国蔡元培研究会编：《蔡元培全集·第6卷：1927—1930》，浙江教育出版社1997年版，第92页。

力，但也要从小养成他们科学的头脑，以便为将来发展打好基础。

蔡元培认为，即使是儿童也是有研究能力的，只是他们缺乏研究的环境罢了。他曾经说过："因为人类的创造力，经历代遗传的酝酿，虽在幼稚时期，也有跃跃欲试的气概；所患的是环境不适宜罢了。"[①] 蔡元培认为，科学给孩子的生活带来了很大的改变，"身体上康宁，精神上安宁"，孩子们享受着科学的赐予，就应该有所回报，尽一些应尽的义务，做一些科学的研究，"儿童是预支权利的时代，收养受教，暂可不说报酬；到年长后，多尽一倍的义务，就把儿童时代的债还清了。但有志的儿童却不肯专过预支的生活，而立刻要有点贡献"[②]。所以，蔡元培倡导在中国建立儿童研究所，让中国的儿童也去做科学研究。

3. 倡导科学的方法

蔡元培尤其强调科学方法的重要意义。他认为，科学的方法是研究的有效手段，只有运用科学的方法，才能得出科学的研究成果。"科学的结论，决不如介绍科学的方法重要；因为得了结论，不过趁人家的现成；得了方法，才可以引起研究的兴趣"[③]，他在给《中国思想研究法》作的序中，也提到"爱智之人，其欲得方法，远过于具体知识也"。由此可见，蔡元培对科学方法的重视。同时，他还认为，科学方法不仅仅是科学研究的方法，生活中一切事物的探索分析，都要依靠科学方法。"科学方法非仅仅应用于所研究学科而已，乃至一切事物，苟非凭借科学，明辨慎思，实地研究，详考博证，即有所得，亦为偶中；其师者无论矣。"[④]

另外，蔡元培批判旧教育对儿童的摧残，主张对儿童施以新教育，用科学的方法教育儿童。他认为，新教育以在欧美兴起的实验教育学为基础，"在深知儿童身心发达之程序，而择种种适当之方法以助之"[⑤]，他推崇托尔斯泰的自由学校、杜威的实用主义和蒙台梭利的儿童室，在《新教育与旧教育之歧点》一文中，提出了"知教育者，与其守成法，毋宁尚自

[①] 中国蔡元培研究会编：《蔡元培全集·第 8 卷：1935—1940》，浙江教育出版社 1997 年版，第 64、65 页。

[②] 中国蔡元培研究会编：《蔡元培全集·第 8 卷：1935—1940》，浙江教育出版社 1997 年版，第 96 页。

[③] 中国蔡元培研究会编：《蔡元培全集·第 4 卷：1920—1922》，浙江教育出版社 1997 年版，第 495 页。

[④] 周天度：《蔡元培传》，人民出版社 1984 年版，第 287 页。

[⑤] 蔡元培：《国民修养二种》，上海文艺出版社 1999 年版，第 348 页。

然；与其求划一，毋宁展个性"①的主张，认为教育儿童不必整齐划一，要尊重儿童的天性与个性，根据幼儿各自的特征进行教育。

4. 重视美育，强调科学与人文兼修

蔡元培强调科学与人文的融合，认为二者不应有所偏废。新文化运动高举科学和民主的大旗，其时学界发生科玄论战。科学派主张科学万能，认为科学可以解决人生中的所有问题。而蔡元培在这一点上有不同的认识，他在倡导科学的同时，也关注对人的人文关怀。蔡元培强调美育的作用，他曾说过："常常看见专治科学，不兼涉美术的人，难免有萧索无聊的状态。"为了改变这种状况，就要做到"知识以外，兼养感情，就是治科学以外，兼治美术"②。蔡元培认为，一定的人文修养可以培养人健康向上的人生观、世界观，能够培养人对社会的热情、对学术的创造精神。"一人的生死，国家的存亡，世界的成毁，都是机械作用，并没有自由的意志可以改变他的。抱了这种机械的人生观与世界观，不但对于自己竟无生趣，对于社会毫无爱情，就是对于所治的科学，也不过'依样画葫芦'，决没有创造的精神。"③因此，人文修养对于科学的发展，也是非常有必要的，科学精神和人文修养同等重要，二者不可偏废。

（三）蔡元培的科学教育实践

蔡元培的科学教育实践，主要集中在改革北大和中央研究院上。

1. 开北大科学研究的学术风气

蔡元培在任北大校长期间，对北大进行了改革，开北大科学研究的学术风气。蔡元培认为，大学是研究高深学问的地方，在大学内应该重视学术研究。因此，他在改革北京大学的过程中，第一，创办图书馆，扩充实验室。蔡元培认为，大学要广泛筹集资金，购买大量图书，做到"典籍满架，自可旁稽博采，无虞缺乏矣"，为师生的学术研究营造良好的物质环境。

第二，他在北大内大力兴办校报。他认为，校报能够激励学生的研究兴趣，并且为学生互相交流思想提供良好的平台。"有了校报，学生必要发布议论，断不能抄讲义，必要于人人所知的讲义以外求新材料，就不能

---

① 高平叔编：《蔡元培教育论著选》，人民教育出版社1991年版，第155页。
② 中国蔡元培研究会编：《蔡元培全集·第4卷：1920—1922》，浙江教育出版社1997年版，第33、34页。
③ 蔡元培：《美育与人生》，山东文艺出版社2019年版，第93页。

不研究学理了。"① 在蔡元培的支持和倡导下，北大于 1918 年发行了校报《理科大学月刊》，1919 年，又创办了《北京大学月刊》，这些月刊经常刊登一些学术报告的记录，是学术交流的平台。

第三，蔡元培还主张在校内建立各种学术研究团体，希望可以借助学术团体的力量，将学生的业余兴趣，转化为学术研究，促进学生的学术研究和交流。所以，在此期间内，北大各系纷纷建立了各种类型的学会，例如数学会、心理学会、文学会等等。除了系部学会之外，还有全校范围内的各种学会，例如，教育研究会、北大学术研究会。除了这类专门的学术研究会之外，还建立了各种兴趣会，例如音乐会、画法研究会、书法研究会等等。

第四，在蔡元培在任期间，北大的各类学术交流活动非常丰富，经常邀请中外知名学者来北大办讲座、讲学，像美国的杜威、印度的泰戈尔、英国的罗素等人，都曾来过北大讲学。当时来听报告的不仅有本校的师生，还有许多其他学校的学生和社会上的知识分子。蔡元培通过这种方式开阔学生的视野，发散学生的思维，以此来培养学生的研究兴趣，促进学生的学术研究。

蔡元培改革北大的各种措施。彼此相互促进，共同发挥作用，开北大学术研究的风气。

2. 筹建中央研究院

1928 年，蔡元培筹建中央研究院并担任研究院院长一职。中央研究院为中华民国最高科学研究机构，是专门学者的精研之地，注重"人才的培养，阐扬学术，贡献文化"②。蔡元培曾明确指出："本院为国府直隶之最高学术研究机关，各项工作，可以大别为二：（一）实现科学研究，（二）指导联络奖励学术之研究。"③ 蔡元培在任期间，广招各学科的人才到研究院，推进学术研究工作。

为了树立各个学科的学术研究风气，研究院设置了化学研究所、工程研究所、地质研究所、气象研究所、天文研究所、社会科学研究所、历史

---

① 中国蔡元培研究会编：《蔡元培全集·第 4 卷：1920—1922》，浙江教育出版社 1997 年版，第 227 页。

② 中国蔡元培研究会编：《蔡元培全集·第 7 卷：1931—1934》，浙江教育出版社 1997 年版，第 105 页。

③ 中国蔡元培研究会编：《蔡元培全集·第 7 卷：1931—1934》，浙江教育出版社 1997 年版，第 527 页。

语言研究所、心理及教育研究所、物理研究所、汉籍图书馆和自然历史博物馆。中央研究院竭力支持学术研究，为各个学科创设广阔的平台。并给予物质支持，为中国的学术研究培养了大量的人才，对中国科学事业的发展起了巨大的推动作用。

（四）担任中国科学社名誉领袖

蔡元培于1917年3月加入中国科学社，在1922年科学社改组之后，蔡元培成为新的董事会成员、科学社名誉领袖。在科学社迁回国后资金短缺时，蔡元培曾以北大校长的名义，每个月给科学社捐赠200元。蔡元培也曾多次为科学社筹集资金，并与杨杏佛共同努力为之争取到了南京国民政府拨款40万元。通过科学社，蔡元培团结到了一大批有才干的科学家，为中央研究院的发展，提供了人才的支持。

除了以上种种推进科学发展的实践外，蔡元培还积极给各类科学书籍，如《植物学大辞典》《中国新本草图志》《科学丛谈》《西洋科学史》《科学界的伟人》等作序。

总之，蔡元培倡导学术研究自由，注重培养科学精神，并将自己的科学教育理念，通过北大和中央研究院付诸实践，为中国的学术研究，提供了广阔的空间，极大地推动了我国近代科学事业的进步。

二 陶行知的科学教育思想及实践

陶行知是我国著名的人民教育家和伟大的共产主义战士。他批判吸取前人的教育思想精华，并结合其教育实践，形成了其著名的以生活教育为核心的教育理论。他的一生都奉行"捧着一颗心来，不带半根草去"的无私精神，为我国人民教育事业和革命事业的发展，做出了不朽的贡献。

（一）生平及主要教育活动

陶行知（1891—1946），原名文濬，后改名为知行，又改为行知。1891年10月18日，生于安徽省歙县。陶行知少年时期在旧式塾馆学习，1906年，进入歙县崇一学堂。1908年，考入杭州广济医学堂，后因不满学校对非教徒学生的歧视，毅然退学。1909年秋，考入南京汇文书院（后与宏育书院合并成金陵大学）。1914年，陶行知以优异的成绩毕业于金陵大学，并前往美国深造，1915年，荣获伊利诺大学政治硕士学位，同年秋考入哥伦比亚大学师范学院，师从杜威、孟禄，并于1917年取得"都市学务总监"资格文凭。

回国后，陶行知先后被聘为南京高等师范学校教育学教授、教务主任和东南大学教授、教务主任、教育科主任，兼任《新教育》主编。1924年7月到1926年7月，在陶行知的发起下，中华教育改进社联合清华大学合办了两期科学教员暑期研究会，以此来提高教员的科学教育水平。这是陶行知最早的科学教育实践。

此外，为全力地推行平民教育，他毅然辞去东南大学教育科主任一职，并于1926年成立乡村教育研究会，致力于探索平民教育发展之路。1927年，陶行知创办了晓庄师范学校，开展乡村教育运动。在此期间，他将杜威的教育理念与中国实际相结合，形成自己新的理论——"生活即教育""社会即学校""教学做合一"为核心的生活教育理论。1930年，晓庄学校被国民党武力封闭，陶行知也被通缉，无奈逃亡日本。

1931年春，陶行知回到上海，积极发起科学普及活动，先后创办了自然学园和儿童科学通讯学校，编辑《大众科学丛书》和《儿童科学丛书》，为工农大众的科学知识普及做出重要贡献。1932年，陶行知在上海先后创办了山海工学团、晨更工学团、流浪儿童工学团等，总结出著名的"小先生制"这一快速普及教育的方法。1934年，《生活半月刊》创立，陶行知任主编一职，该刊物设"科学新知"专栏，后又改为"科学生活"和"科学前线"，成为科学普及的有力武器之一，大力宣传新的科学知识。1939年7月，陶行知在四川创办了以"培养科学天才之幼苗"为目标的育才学校，大力支持全面教育运动和全面抗战。在今后的几年中，他一直为祖国的民主革命和教育事业而奋斗，但终因劳累过度，突发脑溢血，于1946年7月25日，逝世于上海，享年55岁。

（二）陶行知的科学教育思想

陶行知的一生致力于人民教育事业，在历经丰富的科学教育实践的同时，形成了一系列颇具影响的科学教育思想。

1. 重视科学的作用

陶行知说："新旧文明的区别，即在科学。中国欲谋经济、政治、国防各方面之发展，舍科学无由。"[1] 可见，陶行知认为，科学对于经济发展、社会进步、国家富强、民族独立和解放有着重要的意义。他认为：

---

[1] 华中师范学院教育科学研究所主编：《陶行知全集》第1卷，湖南教育出版社1984年版，第230页。

"现在的世界是一个科学的世界，整个中国必须受科学的洗礼，方能适于生存。抗战建国的大业，必须靠科学的力量完成。"[1] 可见，陶行知把科学看作是中华民族救亡图存的根本。教育界知名人士指出，"要救中华民族，必须民族具备科学的本领，成为科学的民族，才能适应现代生活，而生存于现代世界"[2]。他在《创设儿童科学通讯学校》一文中，也强调了科学教育的重要性，"该校创设的宗旨，在造就科学的儿童与科学的民众，使中华民族成为科学的民族，以适应科学的世界"。科学教育对国家的未来，有着不可替代的重要作用，陶行知认为必须重视科学教育。

2. 将科学融入生活中

陶行知认为，科学的生活是要实践的，不是呆板地重复试验，而是要亲身体验，全身心地投入，要把科学融入生活中，学以致用。

那么如何才能过着科学的生活呢？"科学以无知之行始，以能行之知终。"陶行知认为想要过科学的生活，必然就要依靠行动。杜威曾经分析反省思想过程，"列举了如下的步骤：（一）困难之感觉；（二）审定困难之所在；（三）设法解决；（四）在许多方法中选一最有效的试试看；（五）屡试屡验之后再下断语"。

陶行知认为，反省的思想过程，便是科学思想的过程，但他认为杜威并没有提及"思想的老祖宗"——行动。因此，在发现问题前要先有所行动，这才是完整的科学思想过程，科学家便是在行动中发现困难、解决困难。他以蒸汽机的发明和蚕疫的研究这两个故事，来证明想要过科学的生活，那就必须动手去做，就要行动。许多科学的问题就在我们周围，完全不必舍近求远，"一位朋友要研究蚂蚁，我问他为什么不立刻动手，他说我正等着美国来的书啊。他不知道在他身边就有蚂蚁够他研究一辈子！"陶行知认为，生活中有许多可以研究的科学内容，主张科学要与生活紧密相连。[3]

3. 注重幼儿科学教育

陶行知认为，要进行科学教育，必须从幼儿开始，注重培养幼儿对于

---

[1] 华中师范学院教育科学研究所主编：《陶行知全集》第3卷，湖南教育出版社1985年版，第513页。

[2] 华中师范学院教育科学研究所主编：《陶行知全集》第5卷，湖南教育出版社1985年版，第247页。

[3] 华中师范学院教育科学研究所主编：《陶行知全集》第2卷，湖南教育出版社1985年版，第360、361、366页。

科学的兴趣。他曾说过:"科学要从小教起。我们要造成一个科学的民族,必要在民族的嫩芽——儿童——上去加功夫培植。有了科学的儿童,自然会产生科学的中国和科学的中华民族。"①"要建设科学的中国,第一步是要使得中国人个个都知道科学,要使个个人对于科学上发生兴趣。年龄稍大的成人们,对于科学引不起他们的兴趣来。只有在小孩子身上,施以一种科学教育,培养他们科学的兴趣,发展他们科学上的天才。只要在孩子们中培养出像爱迪生那样的几个科学杰出人才,便不难使中国立刻科学化。"②

陶行知还强调"幼稚园要重视科学的训练",认为"幼儿园要开辟新路径,创造新材料"③。幼儿园目前所使用的许多内容,例如歌曲故事等都已经不合适了,需要改造,主张采用意大利教育家蒙台梭利和德国教育家福禄贝尔的教具。幼稚园里开展科学训练很重要,但一般的幼稚园科学教育却很少。他认为,中学以上的科学教育偏重课本,小学抹杀自然科学,"不能教导小孩用手与脑在大自然里去追求真知识"。所以他亲自试验,并将结果编成《儿童科学丛书》,作为幼儿观察操作的指南,引导家长及小学教师培养科学的儿童。

在科学中,陶行知尤其注重生物学,原因有四点:"乡村环境中,生物最为丰富,用之无尽,取之无穷,此其一;生物设备较理化各科省费,轻而易举,此其二;儿童本身实一生物,教师必须明了生物原则,方能尽其天职,此其三;儿童最喜接近生物,以生物为中心教材,必能引起学生兴趣,使其有求知之乐,而耐求知之苦,此其四。"④ 因此,陶行知认为,如果要实行生活教育,必须从提倡生物学开始。

4. 用"科学的把戏"实现科学教育

对于如何实施科学教育,陶行知也有自己的见解。陶行知认为,"行

---

① 华中师范学院教育科学研究所主编:《陶行知全集》第 5 卷,湖南教育出版社 1985 年版,第 247 页。
② 华中师范学院教育科学研究所主编:《陶行知全集》第 2 卷,湖南教育出版社 1985 年版,第 577 页。
③ 华中师范学院教育科学研究所主编:《陶行知全集》第 2 卷,湖南教育出版社 1985 年版,第 601 页。
④ 华中师范学院教育科学研究所主编:《陶行知全集》第 5 卷,湖南教育出版社 1985 年版,第 217 页。

是知之始","行动是思想的母亲,科学是从把戏中玩出来的"①。要勤于动手,这样才是真正的科学生活。陶行知认为,过去的教育太死板,完全是洋八股,只会将孩子变成书呆子。因此,中国没有什么科学,也不会产生像爱迪生一样的大科学家。他认为,科学的小孩子是从"科学的把戏"中产生的,要提倡科学教育,就是让小孩子玩"科学的把戏"。

他在写给自己两个孩子的信中提到,希望他们可以成为科学的孩子,攀登科学树,摘下科学的果子,并且要把摘下的科学果子分给别人,不要独享。既然要让小孩子玩"科学的把戏",那么大人就要先以身作则,先玩给小孩子看,并且不能禁止小孩子玩,要鼓励他们。

陶行知认为,小学教师应该负起造就科学儿童的责任。但造成科学的小孩子,向来教师是不注意的,普遍觉得科学是一门很高深精妙的学问,觉得负不起这种重大的责任,"殊不知科学并不是很难的东西,高深的科学,固然很难研究,但是浅显的科学,我们日常玩着的,人人都会做"②。浅显的科学,小学教师是可以教导幼儿的。"每个教师都变成小孩子,加入小孩子堆里玩把戏。"教师要和小孩子一起玩把戏,把自己知道的能做的都教给小孩子。要是教师不会可以去请别的教师来教。

陶行知举了小孩子从钟表匠那里学习如何修钟表的例子来证明这一点,我们可以学习的老师很多,不必局限,七十二行,行行都可以做科学的老师。同时他认为,小孩子父母也应该在培养小孩子的科学素养上提供一些帮助,他举了富兰克林的父亲和爱迪生母亲的例子,希望中国的父亲都学做富兰克林的父亲,母亲都学做爱迪生的母亲,提倡科学教育,鼓励孩子玩"科学的把戏",在小孩子玩"科学把戏"时提供支持与帮助,培养小孩子的科学精神,让他们爱玩"科学把戏"。

5. 办省钱的科学教育

对于科学教育的花费,大多数人都觉得要花许多钱,没有钱就办不了科学教育。但陶行知不这么认为,他主张就算没钱依然可以办科学教育,可以利用大自然已有的内容进行教育,也可以用生活中一些常见的物品,来替代实验用品,用现成的东西来玩科学把戏,"譬如一只杯子、一个面

---

① 华中师范学院教育科学研究所主编:《陶行知全集》第 2 卷,湖南教育出版社 1985 年版,第 404 页。

② 华中师范学院教育科学研究所主编:《陶行知全集》第 2 卷,湖南教育出版社 1985 年版,第 577、583 页。

盆、一根玻璃管、一张白纸，可以玩二十套科学把戏。其他校中所有的仪器，可以充分利用，火柴废纸都可做玩科学把戏的工具。我们没有玻璃管，便可用芦柴管通个孔来替代。内地如果买不到软木塞，可以用湿棉花来做瓶塞，破布烂纸，都可利用。从不花钱的地方干去，这是很有兴趣的"。这样既省钱又能玩"科学的把戏"，对儿童进行科学教育。

6. 强调科学教育中的道德教育

陶行知的科学教育思想也非常人性化，他重视科学教育中道德的培养。他认为，科学是把双刃剑，能为人所用，也能杀人。"应当用科学来养生，不当用科学来杀生。"[1] 他认为，这是提倡科学教育最要紧的一点。

（三）陶行知的科学教育实践——科学教育普及运动

1930 年，陶行知被迫逃亡日本。在此期间，他认真实地考察日本的教育和社会情况，他发现"日本之所以强，强在他的科学发达"[2]，从而坚定了他科学救国、教育救国的信念。因此，在 1931 年回国后，陶行知开展面向全社会的科学教育普及运动。他说："我们要使做工种田的人，拾垃圾的孩子，烧饭的老太婆，也要能享受近代科学知识。要把科学变得和日月空气一样普遍，人人都能享受。"通过这项运动，让全社会的人都知道科学，使每个人都对科学有兴趣。

同年，为了更好地宣传实施科学教育，陶行知在上海创办了"自然学园"，通过这所学园，进行科学实验以及科学普及等工作。学园的成员编写了大量关于科研研究的科普读物，并且陶行知亲自试验，并将结果编成《儿童科学丛书》，作为幼儿学习科学知识、玩科学把戏以及做科学小实验的教材，帮助幼儿把自己变成"科学的孩子"，引导家长及小学教师培养科学的儿童。

1932 年，为了进一步普及和推广科学教育，陶行知创办了儿童科学通讯学校，学校校长由他自己担任，其他成员包括丁柱中、陈鹤琴、胡宣明等人。该校创设的宗旨是，造就科学的儿童与科学的民众，使中华民族成为科学的民族，以适应科学的世界。该校的原则依据"社会即学校"与"教学做合一"，从事补充小学导师之科学知能；补充师范生之科学知能；

---

[1] 华中师范学院教育科学研究所主编：《陶行知全集》第 2 卷，湖南教育出版社 1985 年版，第 586 页。

[2] 戴伯韬：《陶行知的生平及其学说》，人民教育出版社 1982 年版，第 32 页。

补充儿童家长之科学知能；补充识字青年、儿童之科学知能。招收小学导师、师范生、幼童之家长以及识字青年、儿童能看懂浅显语体文者，这些人都可以入学。他还招聘各科指导员，从事编写《儿童科学活页指导》，具体的内容包括：时令科学工作之指导；非时令科学工作之指导；《儿童科学丛书》及其他参考书运用之指导；最近科学新知之介绍；儿童科学问题之解答。

儿童科学通讯学校的课程内容包括：儿童的生物、儿童的物理、儿童的化学、儿童的天文、儿童的气象、儿童的地球、儿童的工艺、儿童的农艺、儿童的生理卫生和儿童的科学指导这十项内容。共同工作的方法，为二三人共同承担费用一起"玩科学的把戏"，每个人都要亲自参与到合作中，并共同撰写合作报告。

为了进一步推广科学教育普及运动，使更多社会底层群众了解科学的成果，陶行知与广播电台一起创办了"空中学校"，由他的二儿子陶晓光担任主持，用易于理解的语言，对科学知识进行科普性的宣传。此外，陶行知还于新创的《生活教育》半月刊中开设的《科学的生活》和《科学新知》两大专栏，进行科普宣传，广泛传播新的科学技术知识和生活中的科学知识。

陶行知发现有许多孩子由于贫困得不到培养的机会，于是1939年，他在重庆创立育才学校。陶行知提出创办育才学校是"为了培养科学天才的幼苗"。育才学校重视科学教育，学校因地制宜，让学生观察农作物的生长并记录下来；还组织"天文会"向学生普及各类天文知识；还组织各种科学家纪念会，培养孩子尊重热爱科学的精神。同时，陶行知也非常注重在平时对孩子进行卫生科学知识的教育，教导他们过健康科学的生活。

总之，作为我国伟大的人民教育家和民主革命家，陶行知的一生兢兢业业、无私奉献，为人民教育事业的发展和民主革命的胜利做出巨大贡献，在中国现代教育史上留下不可磨灭的印记。

三 陈鹤琴的科学教育思想及实践

陈鹤琴是我国著名儿童教育家和儿童心理学家，中国现代幼儿教育的奠基人，被誉为"中国幼教之父""中国的福禄贝尔"。陈鹤琴的"活教育"理论，强调科学实验，主张儿童教育的发展应与国情相适应，与儿童身心发展规律相适应；呼吁师资培训体系的建立。他还从事编写幼儿读物、设计幼儿玩具、教育等工作。陈鹤琴的一生对于中国幼儿教育事业的发展，做出了重要贡献。

（一）生平及主要教育活动

陈鹤琴（1892—1982），生于浙江上虞百官镇茅家弄一个没落商人家庭，6岁丧父，8岁入私塾学习旧学。1906年，陈鹤琴考入杭州蕙兰中学，1911年春，考入上海圣约翰大学，同年秋，考入北京清华学堂高等科，1914年夏天毕业，并考取了公费留学美国，一度打算学医，但最后还是选择了学习教育，就读于约翰逊·霍普金斯大学，1917年毕业，荣获文学学士学位。同年秋，入哥伦比亚大学师范学院就学，攻读教育学和心理学。1918年，获得哥伦比亚大学教育硕士学位后转入心理学系，着手准备博士论文，并受邀回国任教，于1918年15日乘船到达上海。

1919年9月，陈鹤琴在南京高等师范学校教育科任心理学、儿童教育学教授。1920年春，参加新教育共进社。1921年，参加中华教育改进社。1923年秋，陈鹤琴在南京鼓楼自己家内开办鼓楼幼稚园，这是中国第一所实验幼儿园。1925年，新园舍建成后，鼓楼幼稚园更名为东南大学教育科学幼稚园，同年，陈鹤琴的《儿童心理之研究》和《家庭教育》出版。

1927年，陈鹤琴与陶行知等人发起幼稚教育研究会，创办杂志《幼稚教育》，并亲任主编，还与张宗麟合办乡村幼稚园——燕子矶幼稚园。同年6月，任南京市教育局教育课课长，并大力推行行政学术化改革，建立教育实验区。1929年，陈鹤琴创建中华儿童教育社。1934年，前往欧洲进行教育考察，回国后致力于世界先进教育经验的介绍和推广工作。

1940年，陈鹤琴创办了中国第一所公立幼稚师范学校——江西省立幼师，并出任校长。1941年，创办月刊《活教育》。此后，陈鹤琴又先后创办国立幼儿师范专科学校、上海市立幼稚师范学校。1952年，担任南京师范学院的第一任院长。1982年12月30日，陈鹤琴病逝，享年90岁。

（二）陈鹤琴的科学教育思想

1. 重视科学的研究方法

陈鹤琴重视测验的作用，他认为："测验是改进教学的一种良好工具；分析来说，测验可以辨别智愚，甄别班次，分别才能，估量成绩，改进教法，鼓励学业，诊断优劣，预测将来。"[①] 所以，教育测验可以解决一部分

[①] 北京市教育科学研究所编：《陈鹤琴全集》第5卷，江苏教育出版社1991年版，第661页。

教育上存在的问题，例如分班讲授、升学留学等等。除此之外，科学测验还可以了解部分儿童的心理特征，所以陈鹤琴大力倡导心理测验，使这种科学方法在中国盛行起来。他还强调，测验不能只照搬国外，要结合中国幼儿的实际，编适合中国幼儿的测验。

2. 重视儿童心理学

陈鹤琴重视儿童心理学在学前教育中发挥的重要作用，他认为，儿童心理学是学前教育的基础，只有了解儿童心理学，了解了儿童的心理之后，才能对幼儿实施相应的教育，这样的教育才能取得好的结果。"如何才能了解儿童呢？这不得不靠儿童心理学的帮助。"陈鹤琴认为，儿童心理学"是一种研究儿童心理发展规律的科学，它是以儿童为研究对象，以心理发展为研究主题的科学。研究儿童心理学，便可以知道儿童的感觉发展的情形，动作发展的程序，他的情绪的变化与发展，他的记忆与遗忘，他的习惯与思想。凡儿童的生活现象，儿童心理学都应予以严密的研究"[1]。

因此，陈鹤琴主张："我们要了解儿童，要教育儿童就得老老实实地来研究儿童心理学。"但是，当时的中国并没有自己的儿童心理学，有的只是照搬国外的经验而已，这样是不能从根本上促进中国幼儿教育的发展，"儿童心理学究竟要怎样去研究呢？是不是多看几眼儿童心理学的书籍，多读几家儿童心理学的理论，就算是研究儿童心理学了呢？"[2] 陈鹤琴充分肯定读书的重要，充分肯定间接经验的意义和价值。"自然，读书是必要的，但这是不够的。因为书本上得到的知识，都是间接的知识，它是别人的经验，而并非自己所有的经验，并非直接获得的知识。间接的知识，别人的经验我们固然要学，但是单凭读书所得知识与理论，往往是不够的。"陈鹤琴更加强调直接经验的重要，认为只有充分强调、重视直接经验才可能找到符合中国实际的儿童心理学。"研究任何一门学问，我们还是应当直接的去调查，去观察与实验，用事实来验证理论，这样的学问才算是真学问。所以，研究儿童心理学，首先要用辩证唯物的方法，经过调查、观察和实验，来探求儿童心理发展的客观规律。"[3]

---

[1] 北京市教育科学研究所编：《陈鹤琴全集》第1卷，江苏教育出版社1987年版，第564页。
[2] 北京市教育科学研究所编：《陈鹤琴全集》第1卷，江苏教育出版社1987年版，第564—565页。
[3] 北京市教育科学研究所编：《陈鹤琴全集》第1卷，江苏教育出版社1987年版，第564—565页。

陈鹤琴通过长期的观察、实验，经过研究、总结，将儿童期分为四个阶段，分别为新生儿期、乳儿期、步儿期和幼儿期。陈鹤琴认为，研究心理的目的是教育，他针对每一个阶段儿童的特点，提出了相对应的教育措施。

3. 关注小学算学和自然教育

除了关注幼儿园的科学教育之外，陈鹤琴还关注小学的算学和自然教育。陈鹤琴曾在1930年的一次讲话中，讨论过小学教育问题。

首先是算学，陈鹤琴重视算学，他认为，算学是科学的基础并且是很有趣的，但许多小孩子不喜欢算学。通过观察，陈鹤琴认为，主要的原因有四点："教材太深；教法太呆板；教法不合数目观念的发展；教师不顾到个别儿童的学习情形。"[1]

对于如何教算学，陈鹤琴主张：其一，教算学要因材施教，根据不同年龄段儿童数学观念发展的不同特点和儿童的个体差异进行教学。我们要因材施教，怎样的小孩子，就教他怎样的算学。"要把小孩子的数目观念，调查得清清楚楚，什么年龄有什么观念，应当学什么算学。这是从一般的儿童来讲，对于个别的儿童，我们也应当有一个适当的算学教材。有的儿童，对于某些数目观念有了相当的程度，我们方才教他一种算学。有的儿童，还没有得到某种数目观念，我们不必勉强他学习那种数目观念的算学。"其二，还可以用生活环境的教材，来教儿童抽象的数学。"比如我们要知道一棵树的高，我们何不用比例来算一算呢？我们只要量树的影子就可以知道了，一根竹竿插在树的前面，假定竹竿两尺长有4尺影子，树有16尺影子，就可以算出树的高度了。"其三，根据数目观念的发展步骤，对儿童实施算学教育。陈鹤琴认为："数目观念的发展是有一定的步骤的：1. 一与多的分别。2. 多与少的分别。3. 口头数数。4. 数实物。5. 认识图记——以符号或图来代表实物。6. 认识有组织的图记——从前要把图记一个一个数的，现在能把图记一组一组地数了。7. 以数目代图记。"[2] 因此，教师就要按照数目观念发展的步骤，来实施教育。其四，教师可以利用图记使小孩子明白，在明白之后就把图记转化成公式，使公式印在小孩子的

---

[1] 北京市教育科学研究所编：《陈鹤琴全集》第4卷，江苏教育出版社1991年版，第83—85页。

[2] 北京市教育科学研究所编：《陈鹤琴全集》第4卷，江苏教育出版社1991年版，第83—85页。

脑海里,至于记住公式的方法,"一种是给小孩子看这个公式,一种是教小孩子把公式念几遍"①。

陈鹤琴认为,在小学一二年级的时候,是可以不教算学的,归结起来原因有三点:"(一)算学太难,儿童非到可以学算数的相当时候,勉强他学也不能学会。(二)即使能够学算数,但没有学别的功课重要,同时成就比较学算数大。(三)儿童不能懂得算术题中的文字,因此算数也做不出。"如果在小孩子学不好算学的时候非要他学,很容易导致小孩子丧失学算学的兴味,以后就更学不好了,所以他主张在小学三四年级的时候再学算学。另外,教员如果觉得某个孩子在算学方面没有进步,需要仔细地去诊断原因所在,加以纠正和指导。然后是自然,许多小学校认为开展自然课最困难的,就是缺乏材料与设备,但陈鹤琴认为材料是到处都有的,只是教师们不会利用罢了。"自然科的教学法,最好用大自然间的东西来做教材,实在没有办法找到活的教材才去用书本。"陈鹤琴曾举过这样的例子,有一位小学教员对陈鹤琴说开展自然教育最大的难题是设备太简陋,但是,陈鹤琴认为,他们学校的自然科设备再好不过了,"贵校前面的小菜场不就是贵校的自然课设备么?一年四季,都有各种不同的自然材料供给你去研究,你们为什么不利用它呢?"许多自然科的设备资源,就在我们的生活周围,触手可及。"总之,小学校里并不必要有什么很完备的自然设备,自然课的材料也并不少,只要会因地制宜,随时利用就好了。"②

(三)陈鹤琴的科学教育实践

1. 开展教育测验运动

从美国回国之后,陈鹤琴与廖世承共同开展了"教育测验运动",并将这项运动推向了高潮。他们率先在南京师范学院开设了心理测验的课程,鼓励学生参与到心理测量的工作中。陈鹤琴还积极投入到测验的编制工作当中,他和廖世承先后合作翻译《比奈-西蒙智力测验法说明书》和《比奈-西蒙智力测量法》,并合著了《智力测验法》和《测验概要》这两本书,这两本书是在吸收国外心理测验最新理论的基础上,结合中国幼儿

---

① 北京市教育科学研究所编:《陈鹤琴全集》第5卷,江苏教育出版社1991年版,第28页。
② 北京市教育科学研究所编:《陈鹤琴全集》第4卷,江苏教育出版社1991年版,第65、66页。

的实际情况编写的，以便于能够更好地适应中国幼儿。就如陈鹤琴在《测验概要》中写的那样，"书中所举测验材料，大都专为适应我国儿童"①。

这两本书的面世，引领了当时教育科学研究的风气，郭秉文曾经在序中写道："一方引起国人之注意，俾然于其价值之所在，而一方又示明种种办法，俾用之者有所率循，将来纸贵一时，无可代言。"在陈鹤琴的推动下，心理测验在中国迅速盛行起来。

2. 研究儿童心理学

陈鹤琴主张用调查、观察和实验的方法，来研究儿童心理学，他自己也一直践行着这种研究方法。从长子陈一鸣出生之日起，陈鹤琴展开了长达808天的连续观察和记录，这种连续性的观察，非常有利于全面掌握儿童心理发展的特征。他对长子的身体、动作、模仿、暗示感受性、游戏、好奇心、惧怕、哭与动作的抑制、知识、言语、美感、道德、思想等多方面的发展，进行了全面系统的研究，并将研究结果汇编成《儿童心理之研究》一书中。

陈鹤琴不仅对儿童进行实地的观察和研究，还广泛吸收国外先进的儿童心理理论。他将自己对儿子的观察研究与国外的理论进行对比，以此对国外的理论进行批判式的反思。他先介绍国外的相关理论研究，再结合他对长子的观察记录进行参照分析。通过长期实地对儿童的观察分析，陈鹤琴对于中国儿童心理发展的特点，进行了全面科学的揭示。研究心理的目的是更好地教育。所以，陈鹤琴将心理研究与教育紧密地联系到一起，出版了著作《家庭教育》，用这本书来指导家长依据儿童心理发展的特点，对儿童施以教育。

3. 创办中国第一所实验幼稚园——南京鼓楼幼稚园

教育不仅仅是只有理论就够的，教育需要扎根于社会实践。只掌握儿童心理学是不够的，必须将心理学运用到实践当中，而实验学校则是实现这一目标的最佳途径。因此，陈鹤琴创办了中国第一所实验幼儿园——南京鼓楼幼稚园，通过这所幼儿园贯彻自己幼儿教育的理念。

结合幼儿园的实践，陈鹤琴提出了"五指课程"的方案。陈鹤琴列出了儿童科学活动实施的具体大纲："一、目标：（一）增进儿童科学知识；（二）培养儿童实验兴趣；（三）启迪儿童创造能力。二、范围：本组以

---

① 北京市教育科学研究所编：《陈鹤琴全集》第5卷，江苏教育出版社1991年版，第653页。

生物、理化工业及生产劳动为范围。三、活动事项：（一）关于各校本身方面：动物园——水族缸、飞禽笼、畜养舍、养蚕；植物园——蔬菜、植树；工场；气象台——风向计、寒暑表、雨量器；电器厂——水力发电机（二）关于幼师附小、正大附小、南昌实小联系方面：1.组织儿童科学社，各校设分社。2.编'科学之友'书报。3.举行科学演讲、科学测验。4.举行儿童科学大会。（三）关于向外请益方面：1.找科学朋友。2.参观工厂及科学研究机关。四、时间：各级每星期至少有两个半天作为研究时间，一分配在午前，一分配在午后。五、方法：（一）生物方面低年级以认识为主；中年级以饲养及培植为主；高年级以研究为主。理工方面归高年级作业。（二）活动过程大概分为（1）设计，（2）参加，（3）工作，(4)维持与开展。六、结果：（一）每校布置一科学室；（二）编印科学小册（三）三校联合举行儿童科学大会。"①

4. 编写儿童科学书籍

为了普及科学，陈鹤琴还积极参与到科学书籍的编撰工作当中。陈鹤琴曾主编《小学自然故事》，该书的"编辑大意"为：

  一、编辑旨趣（一）精选代表事物，切合课程标准；（二）丰富教材内容，提高教学效能。二、编辑体裁（一）用生动的"导言"，引起学生研究的动机；（二）用"观察""实验"的方法，灌输学生科学的知识；（三）用"问题式的讨论"，发展学生的思考力；（四）评述"参考材料"，补充讨论的不足；（五）附"测验题"，考查学生所获得的经验（六）附"参考书"，供给学生自修和参考之用。三、本书用法（一）本书各单元分册装订，俾使自由选用；（二）本书以"做"为中心，知道学生在哪里求真理；（三）另编指导书，详载本书的教学方法。四十册书名如下：第一组：1.空气的压力；2.火怎样会烧起来；3.为什么要呼吸；4.我们的呼吸器官；5.日常用的水；6.天气的变化；7.植物怎样生长；8.食物的来源；9.食物与营养；10.调味品；第二组：11.我们的消化器官；12.光的研究；13.怎样学照相；14.我们的眼睛；15.热的研究；16.我们的衣服；17.我们的房屋；

---

① 北京市教育科学研究所编：《陈鹤琴全集》第4卷，江苏教育出版社1991年版，第384—385页。

18. 机械之母；19. 太阳和星球；20. 我们的地球；第三组：21. 日蚀月蚀潮汐；22. 我们的身体；23. 常见的鸟兽；24. 奇怪的磁石；25. 伟大的电；26. 电铃和电话；27. 电光和电热；28. 声音的研究；29. 我们的耳朵；30. 文字的传达；第四组：31. 电话；32. 无线电；33. 筑路造桥；34. 各种车辆；35. 轮船；36. 飞机；37. 怎样预防传染病；38. 普通的疾病；39 常备的药品；40. 生物的进化。①

书中的具体内容涵盖的范围很广，并且贴近儿童的实际生活。陈鹤琴还编写了大量的儿童科学故事，以此向儿童普及科学，希望儿童在读了这些科学故事后，能够热爱科学并实行起来。除此之外，陈鹤琴还参与编辑过儿童科学丛书。

总之，陈鹤琴一生致力于幼儿教育的研究与实践，提出了许多开创性的观点，他的科学教育思想及实践也主要集中在幼儿身上，极大地推动了我国幼教事业的发展与进步。

第三节　教育管理者及社会人士的科学教育思想

一　严复的科学教育思想及实践

严复是中国近代维新派的代表人物之一，著名的资产阶级启蒙思想家、教育家、翻译家。严复主张维新变法，翻译了大量国外著作，将西方的民主与科学的思想系统地传入国内，大力宣传维新变法思想，致力于向统治者与民众普及西方的社会学、政治学、政治经济学、哲学和自然科学，是中国近代史上向西方国家寻找真理的"先进的中国人"之一。

（一）生平及主要教育活动

严复（1854—1921），字又陵，后名复，字几道，福建侯官人，生于一个世代儒医家庭。他年幼时十分聪慧，接受了严格的启蒙教育，在7岁的时候开始求学，11岁就学于"宿儒"黄少岩，这些为严复的旧学根底打下了坚实的基础。

严复14岁的时候，父亲去世，他因为家境贫困而不得不辍学结束了

---

① 北京市教育科学研究所编：《陈鹤琴全集》第4卷，江苏教育出版社1991年版，第211—212页。

他的旧学生涯。后来，严复凭借一篇《大孝终身慕父母论》博得了沈葆桢的赞赏，后又以第一名的成绩，考入福州船厂附设的船政学堂。在船政学堂里，严复不仅接受中学教育，还接受了大量的西学教育，例如英文、算术、几何、代数、解析几何、动静重学、水重学、电磁学、光学、音学、热学、化学、地质学、天文学、航海术等，为他的西学思想打下基础。1871 年，严复以最优等的成绩从船政学堂毕业。

1877 年，严复被派往英国留学，先入朴次茅斯学院，后来又转入格林尼茨海军大学继续深造。在英国，严复学习了高等算学、格致、海军战术、海战、公法及建筑海军炮台等诸多科目。除了关注英国发达的科学技术之外，他还关注西方社会的经济、政治、思想文化等等，并广泛阅读了这些方面的书籍。在英国的留学生活开阔了严复的视野，为他日后思想的形成奠定了基础。1879 年，由于福州船政学堂缺少教师，清政府召回了当时在英国还未毕业的严复。回国任福州船政学堂教习以后，严复将在英国学习到的各种知识毫无保留地教给学生。1880 年，严复被调至李鸿章创办的北洋水师学堂担任总教习，负责学校的筹办、招生、教学组织和管理，1890 年升为总办。

中日甲午战争后，严复深感社会危机加深，他的思想也随之转变，主张维新变法，大力宣传西学。他在天津《直报》上先后发表了大量政论文章，例如《论世变之亟》《辟韩》《救亡决论》《原强》等。1896 年，严复翻译了赫胥黎的《进化论与伦理学》一书，并将之命名为《天演论》发表，希望通过书中"物竞天择，适者生存"的生物学观点警醒世人。

除此之外，严复创办天津俄文馆来培养俄语的翻译人才；协助创办通艺学堂，在学堂开设英语和西学的课程；担任复旦公学监督，负责学校的教学工作；出任过安徽安庆高等学堂总监督和京师大学堂总监督。辛亥革命之后，严复还担任过北京大学的校长，后辞职。1921 年冬天，严复因哮喘去世，享年 69 岁。

严复的一生著书立作颇丰，先后翻译了大量的西方著作，像《天演论》《法意》《原富》《穆勒名学》《社会通诠》《群学肄言》等。严复学贯中西，思想内容极其丰富，作为中国第一位系统介绍西方资本主义思想的人，他的科学教育思想，对于改造中国旧教育，发展经济政治文化有很大的推动作用，对于今天的科学教育依旧有很大的启示。

（二）严复的科学教育思想

严复的思想深受东西方文化的共同影响：一方面，明清以来，李贽、黄宗羲、王夫之、顾炎武等人，对封建君主制及纲常伦理提出了批判，这些影响了严复对中国封建传统文化的态度。同时，儒家"经世致用"的思想，在近代也有了新的意义，出现了"开放的、淡化华夷观念的、主张重商求富为特色的实用主义取向的思想"①。另一方面，严复在英国留学期间，接触到了许多当时西方的主流思想，像达尔文的进化论、斯宾塞的科学教育课程体系、赫胥黎的科学教育思想，还有实证主义的思想。严复的科学教育思想遵循着当时社会救亡图存、富国强民的主旋律。

1. 重视科学的价值，大力倡导科学教育

严复认为，中国落后的关键就在于教育文化的落后，要改变中国现状最好的方法，就是办好教育，而在教育之中又要格外注重科学教育，他说"中国此后教育，在宜著意科学"②。

严复重视科学教育，是因为他认为科学有着很高的价值，他认为，科学一方面能够促进社会生产力的发展，实现科教救国，另一方面，还能够启蒙人的思想，发挥文化的作用，培养科学人才。

第一，他认为科学可以促进军事的发展。他在《救亡决论》中写道："即如行军必先知地，知地必资图绘，图绘必审测量，如是，则所谓三角、几何、推步诸学，不从事焉不可矣……且为将不知天时之大律，则暑寒风雨，将皆足以破军。乃至不知曲线力学之理，则无以尽炮准来复之用不知化学涨率之理，则无由审火棉火药之宜不讲载力、重学，又乌识桥梁营造不讲光、电、气、水，又何能为伏桩旱雷与通语探敌诸事也哉。"③ 十分重视科学在军事中发挥的巨大作用，而军事又关乎战争的胜败，对于当时屡战屡败的中国，有着很大的启迪作用。

第二，科学还能够促进生产生活的发展。他在《救亡决论》中还写道："救亡之道，非造铁道机器不为功，而造铁道用机器又非明西学格致必不可"，"追夫施之民生日用之间，则据理行术操必然之券，责未然之效，先天不违，如土委地而已矣"，"商政之盛衰视制造之精窳，农桑之优

---

① 田永秀、刘斌：《经世致用思想由传统向近代的转变》，《四川师范大学学报》（社会科学版）1994年第3期。
② 王栻主编：《严复集》第3册，中华书局1986年版，第565页。
③ 王栻主编：《严复集》第1册，中华书局1986年版，第646页。

劣，而农桑、制造，舍化学、格致之日讲，新理之日出，则断断乎莫能为也"①。通过科学的普及，可以促进生产力的发展，使人们的生活更加幸福，最终实现国家的富强。

第三，科学还能引起社会的变革。科学能够让人准确地把握社会发展的规律，并以此为依据制定适合社会发展的政策法规。所以，为了革新社会，就必须注重科学。严复积极宣传科学在社会政治中的作用，他认为，应对民众进行科学教育，来保证新法令出台实施的顺利。"议法之权公诸民庶者也，然民庶不能尽议法也，则于是乎有国会之设而乡邑有推举代表之权，地方有行政自知之设，凡此皆非不学之民所能胜也，而不识字者滋无论矣。"②

严复对于科学的理解，并不仅仅局限在某一具体的学科上。与洋务派单纯将科学作为工具的科学思想相比，严复更注重科学对于人思想的启蒙作用。他将科学与世界观、价值观等结合起来，将科学深化到哲学的层面。严复认为，科学能够启迪人的心智，提高国民的整体素质。只有每个人的素质提高了，国家才能实现富强。因此，科学教育要普及，不能只单独针对一部分人，要对全体国民进行教育。"但使吾国之民，人人皆具普通知识，即不然，亦略解书数，有以为自谋生计，翁受知识之始基，则聚四百兆之民，其气象自与今者迥异。"③严复曾说道："生民之大要三，而强弱存亡，莫不视此，一曰血气体力之强，二曰聪明智虑之强，三曰德行仁义之强。是以西洋观化言治之家，莫不以民力、民智、民德三者断民种之高下，未有三者备而民生不忧，亦未有三者备而国威不奋者也。"④

由此可见，严复注重德智体的全面发展，主张通过科学教育来实现"鼓民力""开民智""新民德"的目的。并且通过科学教育培养出"治学"和"治事"的人才。严复主张"治学治事宜分二途"，认为"治学之材与治事之材，恒不能相兼"⑤。"治学"的人才，即农业、商业、工业、军事等的专门人才，"治事"的人才，则是从事国家管理的人。通过培养不同的人才，来实现国家的兴旺发达。

---

① 王栻主编：《严复集》第1册，中华书局1986年版，第47页。
② 王栻主编：《严复集》第3册，中华书局1986年版，第592、593页。
③ 王栻主编：《严复集》第3册，中华书局1986年版，第593页。
④ 王栻主编：《严复集》第1册，中华书局1986年版，第18页。
⑤ 王栻主编：《严复集》第1册，中华书局1986年版，第89页。

2. 重视科学知识的传授

严复认为，科学是包含着自然科学和社会科学的完整的知识体系，他在《京师大学堂译书局章程》中提到，科学应该分为三个层次，"一曰统挈科学，二曰间立科学，三曰及事科学"[①]。

"统挈科学"包含"名数两大宗"，即逻辑学和数学；"间立科学"分为"力、质两门"，具体包括力学、声学、光学、电学、有机无机化学；"及事科学"则为"治天地人物之学也"，例如解剖学、心理学、历史学、动植物学，等等。严复认为，自然科学是探究自然规则的知识，要想改造自然，就必须了解自然，否则就会遭到自然的惩罚；社会科学包含的内容很多，例如经济学、政治学、法学、教育学，等等，研究社会发展的各种现象及规律。针对许多维新人士主张的"先政后艺"的思想，严复提出了不同的观点，他认为，应该是"艺本政末"，"政"是指学校、地理、度支、赋税、武备、律例、劝工、通商，"艺"是指算、绘、矿、医、声、光、电。严复曾说过："伟哉科学五洲政治之变，基于此矣……世变之成，虽曰天运，岂非学术也哉。"[②] 他认为，社会科学要想发挥作用要以自然科学为基础，科学的教育，就是以自然科学为基础而构建的全面的科学内容体系。

3. 倡导科学方法

严复认为，仅仅掌握科学知识是不够的，在学习科学知识的同时，更要注重科学方法。严复在科学教育中引入了以实证法和逻辑法为代表的西方科学方法。

第一是实证法，他认为，实证法包括三个层次，即考订、贯通和试验。"大抵学以穷理，常分三际。一曰考订，聚列同类事物而各著其实，二曰贯通，类异观同，道通为一"，"中西古学，其中穷理之家，其事或善或否，大致仅此两层。故所得之大法公例，往往多悮，于是近世格致家乃救之以第三层，谓之试验。试验愈周，理愈靠实矣，此其人要也。"[③] 考订就是观察，通过搜集各种资料掌握具体经验；贯通就是综合分析具体经验，然后上升到"公例"的高度；试验就是把得到的真理再重新放回实践

---

① 王栻主编：《严复集》第1册，中华书局1986年版，第130页。
② 王栻主编：《严复集》第5册，中华书局1986年版，第1241页。
③ 王栻主编：《严复集》第1册，中华书局1986年版，第93页。

中检验其真实性，严复十分重视试验法，他认为只有通过多次检验才能够得到正确的科学知识。

第二是逻辑法，严复十分重视逻辑法，曾经翻译过两部关于逻辑法的名作，《名学浅说》和《穆勒名学》。逻辑法中存在着归纳法和演绎法两种方法："及观西人名学，则见其于格物致知之事，有内籀之术焉，有外籀之术焉。内籀云者，察其曲而知其全者也，执其微以会其通者也。外籀云者，据公理以断众事者也，设定数以逆未然者也。二者即物穷理之最要涂术也。"① 他所说的"内籀"，是指归纳法，"外籀"是指演绎法。归纳法是从观察实际经验出发，透过现象看本质，提炼出一般规律的方法。严复重视归纳法，因为在他看来，归纳法提炼出来的结论能够提供新的知识，这是认识上的进步。演绎法是通过普遍的规律推断出具体事物的性质及发展变化。他认为，能够运用演绎法是科学成熟的标志，因为演绎是普遍的规律，能够指导人们的实践。对于二者的关系，严复认为，归纳和演绎是不可分割的，主张二者的结合使用。

4. 培养科学精神

科学精神是在获得科学知识、掌握科学方法的基础上，从科学中提炼、升华出来的科学理性成分，是科学的灵魂和统帅。严复认为，仅仅学习西方的工艺技巧是不够的，还必须学习科学精神。严复所阐述的科学精神，是超越了具体的学科内容和方法而抽象出的一种精神形态，具体包括四个方面：求知精神、求真精神、自由精神和怀疑精神。

其一：求知精神。

严复认为，知识是无穷尽的，他主张人的一生"宜励业益知"。他认为，人不能像其他生物一样盲目接受自然规律，而应该"与天争胜"，不断地探索新知识。"格致之家，孜孜焉以尽物之性为事，农工商之民，据其理以善术，而物产之出也，以之益多。"② 他主张科学家要投身于新知识的探索发现，为各行各业的发展，提供科学原理的支持，将科学运用到实际的生产生活中，促进生产力的发展和人民生活得幸福。

其二：求真精神。

严复认为，科学在于求真知。科学是从研究具体的事物出发，经过科

---

① 王栻主编：《严复集》第 5 册，中华书局 1986 年版，第 1319 页。
② 王栻主编：《严复集》第 5 册，中华书局 1986 年版，第 1326 页。

学实验的方法来寻求事物的本质真理，不需要额外的加工和修饰，"方其治之也，成见必不可居，饰词必不可用，不敢丝毫主张，不得稍行武断，必勤必耐，必公必虚，而后有以造其至精之域，践其至实之途"①。同时严复还认为，要有为真理奉献一切的精神。"当此之时，所谓自明而诚，虽有君父之严，责、育之勇，仪、秦之辩，岂能夺其是非故欧洲科学发明之日，如布卢奴布、葛理辽等，皆宁受牢狱焚杀之酷，虽与宗教龃龉，不肯取其公例而易之也。"②即使自己的观点不为世间所接受，但也要坚定真理，为真理奉献一切。

其三：自由精神。

严复认为，科学需要有自由探索的精神。在真理面前没有任何权威，人们必须自由地研究科学，不唯上，不唯书，只唯实，才能最终促进科学的发展。"须知言论自由，只是平实地说实话求真理，一不为古人所欺，二不为权势所屈而已，使理真事实，虽出之仇敌，不可废也；使理谬事诬，虽以君父，不可从也，此之谓自由。亚里士多德尝言'吾爱吾师柏拉图，胜于余物，然吾爱真理，胜于吾师'即此义耳。"③此外，为了保护科学自由的精神，严复还主张科学研究应当秉持中立的不偏不倚的精神，具体而言就是要政科分离。

其四：怀疑精神。

科学是从怀疑开始的，科学最强调的就是怀疑和创新。严复十分推崇笛卡儿的怀疑精神，认为在科学面前不存在究极的真理，反对认识上的独断与权威，严复十分重视培养怀疑的精神。他认为，西方人很注重教育他们的子弟形成怀疑的精神，所以他们能够做到创新。"其教子弟也，尤必使其竭其耳目，自致其心忍，贵自得而贱因人，喜善疑而慎信古。"④有了怀疑精神，就能够打破传统的桎梏。反之缺乏怀疑精神，就容易导致盲从盲信。而国人最缺乏怀疑精神，不考真伪，只崇圣尚书，缺乏创新，这就严重桎梏了中国科学的发展。所以，严复强调在科学教育中要注重国人怀疑精神的培养。

---

① 王栻主编：《严复集》第1册，中华书局1986年版，第52页。
② 王栻主编：《严复集》第2册，中华书局1986年版，第337页。
③ 王栻主编：《严复集》第1册，中华书局1986年版，第134页。
④ 王栻主编：《严复集》第1册，中华书局1986年版，第18页。

（三）严复的科学教育实践

1. 批判传统的封建教育和洋务教育

过去封建的教育，是为了维护地主阶级专制统治的愚民教育，统治阶级用纲常礼教来控制人民。严复尤其批判科举制度。科举制发展到清朝出现了许多弊端，严复认为主要有三点："锢智慧""坏心术""滋游手"。科举制作为选拔官员的考试，它的考试内容，决定了教育的内容和方向。若要顺利推行科学教育，必须废除八股取士的科举制，这样才能有科学教育发展的空间。

洋务派兴起的洋务运动，虽然也将科学技术纳入教育领域，传播科学技术，在一定程度上促进了新教育的发展，但他们主张"中学为体，西学为用"，对于科学的认识，仍停留在浅显的层面，只关注物质器具层面的学习，并没有上升到思想观念的层面，学习西学也只是为了维护封建统治，这样不可能发挥科学真正的作用，国家也就不能实现真正的富强。所以，要真正推行科学教育，就要创造适宜科学生长的社会环境，制定并推行与科学发展相适应的社会制度，社会各界学习科学的方法和精神，要直达深刻的思想层次，不能只停留于技术的学习。

2. 翻译西洋书，重视外语

为了让国人能够真正接触到西方资本主义的学说，严复翻译了大量的西书，内容涵盖非常广泛，经济、政治、哲学、法律等都有涉及。他翻译赫胥黎的《进化论与伦理学》，译为《天演论》，亚当·斯密的《国富论》译为《原富》，斯宾塞的《社会学研究》译为《群学肄言》，穆勒的《自由论》和《逻辑体系》分别译为《群己权界论》《穆勒名学》，甄克斯的《政治历史》译为《社会通诠》，孟德斯鸠的《论法的精神》译为《法意》，耶方斯的《逻辑入门》译为《名学浅说》。严复的翻译，不仅仅是将文字翻译过来，而是结合自己的理解，加以阐述解释，将这些著作的思想与中国的实际相联系，更好地对世人起到启蒙警示作用。

为了让人们更好地学习科学，严复强调掌握外语的重要性。学习掌握了外语，就等于拿到了开启国外各领域知识的钥匙，"欲通知外国事，则舍西学洋文不可……盖非西学洋文，则无以为耳目"[①]。他反对保守派不学英语的观点，他认为，学习英文与爱国没有关系。为了让人们更好地学习

---

① 王栻主编：《严复集》第 1 册，中华书局 1986 年版，第 47 页。

外语，严复特地编了《英文汉诂》供英文初学者使用。他还主张在中学堂里用70%的时间来教英语，高等学堂用全英文进行授课。

3. 撰写文章办报纸，开办学会并演讲讲学

1986年，严复帮助梁启超在上海创办《时务报》，1897年，又与王修直、夏曾佑等人在天津创办《国闻报》，这两份报纸是资产阶级维新派宣传思想的阵地，严复在这两份报纸上发表了大量文章，来宣传自己的思想，像他翻译的《天演论》《群学肄言》，就是在《国闻报》上首发的。他还在《直报》上发表了许多文章，像《论世变之堕》《原强》《辟韩》《救亡决论》等。除此之外，他还编辑出版了《国闻汇编》杂志，介绍国外的社会状况和学术著作。

1900年，严复在上海开办"名学会"，系统讲演西方逻辑学。他通过各种演讲、讲学，来宣传他的科学教育思想，传播普及科学。1898年9月，严复到通艺学堂讲学，主讲内容为"西学源流旨趣"和"中西政教之大原"。1905年，严复应上海青年会邀请，作了八场关于将逻辑学思想融入政治领域的演讲，吸引了许多人前去旁听。

4. 办学施教

严复认为，科学教育的实施，主要依靠学校教育来完成。严复非常重视学校的作用，强调应该普及基础教育，在学校教育中用科学的内容和方法来培养新式的人才。1879年8月，严复回国到福州船政学堂任教；1880年，在北洋水师学堂担任总教习；1889年，被任命为北洋水师学堂会办，次年升任总办；1896年在天津创办俄文馆，自任总办，同年，协助张元济在京师创办"通艺学堂"；1905年，主持复旦公学校政；1906年4月，任安徽高等学堂监督；1912年，任北京大学校长。

严复试图在学校内建立起合理的科学教育课程体系，根据学生的实际状况，来确定学习年限，制订教学计划，安排课程内容。比如，在安徽高等学堂期间，他发现学生的基础比较差，所以他将学制定为5年，前三年学习基础知识，学习数学、外语、天文、地理、物理、法律、财政等科目，同时安排一些选修课，如心理学、伦理学等开阔学生的视野。两年后以学生自学为主，保留月课，但不设讲席。

除此之外，他还注重社会实践和体育。严复对学生的学习要求非常严格，对于不通过考试的学生，给予退学，而对于成绩优异的学生，则给予奖金，以此来鼓励学生好好学习，提高他们学习的积极性，避免有学生蒙

混过关。关于教师，严复重视师资队伍的建设，对于无法胜任的教师，坚决淘汰，主张通过师范院校培养优秀教师。

总之，由于在英国研习了高等数学、海军战术等专业，考察过中西学术异同，研究西方社会科学之后，严复从科学知识、科学方法、科学精神，对科学进行了更深入地阐述，打破了以往人们对于科学认识的局限，大力推动了科学教育在中国的发展。

二 马相伯的科学教育思想及实践

马相伯，中国著名教育家、复旦大学创始人、震旦大学首任校长、著名爱国人士。杰出教育家蔡元培，民国高官于右任、邵力子均为其弟子。马相伯崇尚科学，主张科学救国，但反对科学万能论。除了投身于教育事业，马相伯还为救亡呼号奔走，被尊称为"救国领袖""爱国老人"。

（一）生平及主要教育活动

马相伯（1840—1939），原名志德，又名志常，后改名良，字相伯，别号"求在我者"，晚年称"华封老人"，江苏丹阳人。他是爱国主义教育家，中国现代高等教育的创始人。

1844年，马相伯于私塾习行儒家经典，1851年，至上海就读于法国天主教会创办的依纳爵公学，修行神学，并于1870年获神学博士学位。1879年，他投身政界，担任山东布政使余紫垣的幕僚，从事文案管理工作。次年，他被调往山东潍县机械局总办任职。1878年，马相伯奉李鸿章之命调查山东矿务。1881年，被派往日本公使馆任参赞，后改任驻神户领事，同年回国，探望兄长时被李鸿章带入天津，入驻直隶总督幕府，不久又被派往朝鲜，担任朝鲜国王的理政顾问，1883年回国。

1886年，马相伯为办海军到美国筹集款项，虽然谈判成功但借款一事却在朝廷引起非议，最终导致借款失败。这件事让马相伯对清政府感到失望并萌生脱离官场的想法。在从美国回国的途中，马相伯借机游历了英、法、德、意、美多个国家，考察的商务并且参观了多所知名大学，得出了大学是这些国家兴旺发达的结论，认为中国的落后是因为教育落后，马相伯萌生出要建立一所与这些西方大学齐头并进的新式大学的念头。

1898年，马相伯受邀至京办译学馆，后因政变而夭折。1900年，马相伯捐赠祖产用于江南司教作办学，但耶稣教会接受了捐赠却并没有履行办学之责。1902年，蔡元培为学西学而师从马相伯学习拉丁文，马相伯建议蔡元培从他任教的南洋公学中选一些青年来学习，因为成果非常好，很多有志之士长途跋涉来学习，所以马相伯认为有扩大组织的必要，再加上后来南洋公学的学生因不满当局的专制集体退学，部分学生跟随马相伯，震旦学院就此成立。

震旦学院成立之初既没有校舍也没有教师，马相伯等借校舍，请教士义务任教，讲授各国语言，培养翻译人才，研究近代科学。1905年，法国天主教会有人想用不光彩的手段，夺取震旦学院的领导权，让神父南从周管理学校，妄图改变学校的性质。此举引起了学生的不满，纷纷退学抗议，马相伯支持学生的行为，也从学校中辞职。

离开震旦后，马相伯召集离校学生讨论复校事宜，选举于右任、叶仲裕、邵力子等人协助他筹办复校，聘请社会名流担任校董，筹集复校基金，共同管理学校，复旦由此成立，马相伯任校长兼法文教授。

九一八事变后，马相伯多次通过发表演讲、写文章等手段，号召全国人民共同抗日，被尊称为"爱国老人"。马相伯就算在病重时依旧忧国忧民，曾说"我只是一只狗，只会叫，叫了一百年，还没有把中国叫醒！"得知湘北大捷后兴奋异常，夜不能寐，病势加重，于1939年11月4日病逝，享年99岁。

(二) 马相伯的科学教育思想

1. 崇尚科学，主张科学救国

马相伯认为"立足于20世纪科学之世界，必赖科学的发达，始足以自存。中国今日之危亡，实因于科学之落后"①。所以，马相伯非常重视科学，科学中又尤其重视数理。马相伯认为，数理是科学的灵魂，他借用徐光启的话来阐述数理与人的培养之间的关系，数理既能训练人的思维，又能左右人的有无用，"人具上资，而意理疏莽，则上资无用；人具中材，而心思缜密，即中材有用；能通几何之学，缜密甚矣"②。

马相伯主张科学救国，认为科学对于社会发展有巨大的作用，认为"欲科学救国，必自研究近代科学始"③。"今世何世，生存之竞争，不根

---

① 于右任：《为国家民族祝马先生寿》，《中央日报》1937年5月16日。
② 朱维铮主编：《马相伯集》，复旦大学出版社1996年版，第490页。
③ 于右任：《为国家民族祝马先生寿》，《中央日报》1937年5月16日。

于实业，实业之发生，不根于科学，可乎？"马相伯提出"拿科学知识，兴国民经济"的主张，倡导学习西方修建铁路，认为开通铁路后，运输便利，商业繁荣，以此开风气，进文明，实现国家富强。他还要求各种专门职业要学习这一职业的科学知识，主张"科学制器"，以增强中国的制造力。由于马相伯重视科学，所以他建立震旦学院时，第一信条便是"崇尚科学"。他说："盖科学之道，贵求其所以然；既得所以然，又贵执此所以然；以御其所以然，而微诸实事实用也。"① 他反对洋务派"中学为体，西学为用"的思想，认为西学有西学的"体"，如果只关注它的"用"，便只能学到科学皮毛。

2. 自由独立的科学精神

马相伯曾说过："西人科学，各有其所以然，问即问此所以然也。科学各有所征用，问即问此所征用也。或由问而致学，或由学而致问，谓之问学也可，学问也可。研究也者，即研究此问之所得也。"② 从追求科学精神的角度出发，马相伯反对从日本转译科学术语的做法，他认为，这样会导致原意的缺失，甚至是歪曲原意，不利于科学长久的发展，所以他曾在多次演讲中倡导学生要掌握科学的方法，"在校求学，必须手脑并用，研究与实验并重。能如是，然后才能求得'真的知识'与'活的学问'；必有'真的知识'与'活的学问'，乃能实际应用，以科学救国，以科学建国，以科学创造全人类之福利"③。马相伯主张研究科学需要手脑并用，研究与实验并重，只有这样才能真正求得科学知识，并以此实现科学救国的理想。

（三）马相伯的科学教育实践

1. 创办震旦学院、复旦公学，倡导建立辅仁大学

马相伯非常重视科学的作用，所以他为震旦学院制定了三个信条：一、崇尚科学；二、注重文艺；三、不谈教理。作为学院的创办者，学院最初的课程都是由马相伯亲自设定的，充分体现了他注重西学、文理并重的思想。他把学院的课程分为两类——文学（Literature）和质学（Science）。这两类课中每一类又分为正课和附课。文学类课中的正课为古

---

① 朱维铮主编：《马相伯集》，复旦大学出版社1996年版，第424、643页。
② 朱维铮主编：《马相伯集》，复旦大学出版社1996年版，第51页。
③ ［法］爱弥尔·涂尔干：《教育思想的演进》，李康译，上海人民出版社2006年版，第323页。

文拉丁文和希腊文（Dead Language），今文英语、法语、德语和意大利语（Living Language）和哲学（论理学、伦理学和性理学），附课包括历史，舆地和政治，政治具体又包括社会学、财政学和公法学。

马相伯非常重视数学，所以质学类课中，数学是重点，具体包括几何、代数、三角、解析几何等，除了这些以外，物理学、化学、天文学都包含在正课的范围之内，附课包含的范围非常广，动物学、植物学、地质学、农圃学、卫生学、簿记学、图绘、乐歌和体操均为辅课。这些课程内容的设置，体现了马相伯崇尚科学的理念。

同时，他非常注重教学方法，在讲授数学时他不仅教学生演算的技术，还讲授数学的原理，重视对学生的启迪，为学生以后的发展，打下坚实的基础。他在震旦学院所抱有的理念，也体现在后来他创办的复旦公学和辅仁大学中。为了学习科学，马相伯还非常重视外语的学习，他认为："欲革命救国，必自研究近代科学始；欲研究近代科学，必自通其语言文字始，有欲通其外国语言文字以研究近代科学而为革命救国之准备者，请归我。"[1]

2. 筹划建立函夏考文苑

马相伯对法兰西学院学术自由的风气十分向往，他认为，学院是研究高深学问的场所，他曾赞扬法兰西学院"一切制度，职务职权，上不属于政府，下不属于地方，岿然独立，唯以文教为己任"[2]。所以，他倡导以法兰西学院为范本，建立"函夏考文苑"，有意纳震旦学院课程于函夏考文苑之中。据他晚年对此段经历的回忆，函夏考文苑包含如此多的学院，已经拥有了西欧学院的性质。函夏考文苑自始至终奉行独立自主自由研究的原则，马相伯制定的考文苑的宗旨"苑中一切制度、职务、职权，上不属于政府，下不属于地方，巍然独立，惟以文化为己任"[3]，将学术研究与政治相分离。苑士人员定为40人，以研究成果作为入选的标准，他亲自拟定苑士名单19人，包括严复、梁启超、章太炎等人。函夏考文苑虽然最终没有筹建成功，但所提倡的理念和精神，在中央研究院中得到了实现。

---

[1] 宗有恒等：《马相伯与复旦大学》，山西教育出版社1996年版，第178页。
[2] 朱维铮主编：《马相伯集》，复旦大学出版社1996年版，第129、124页。
[3] 朱维铮主编：《马相伯集》，复旦大学出版社1996年版，第124页。

总之，马相伯的科学思想虽然有所局限，但在当时的社会，他的科学教育思想开创了中国学习近代科学的风气，他崇尚科学，强调科学的实际应用，主张自由独立的科学精神，但不主张科学万能。他将自己的理念融入所办的学校中，对中国的科学事业的进步，做出了重大的贡献。

第三卷 中国当代科学教育（上）

第十章 学校中科学教育的新发展

1949年10月1日，中华人民共和国成立，中国教育在中国共产党的领导下，进入一个崭新的发展阶段。从中华人民共和国成立至改革开放前，学校中的科学教育也获得了长足的发展。

第一节 学前教育阶段科学教育的尝试

1949—1977年，我国学前教育阶段的科学教育无论是在课程设置上，还是在教学教法的探索上，都做出了新的尝试。

一 全新课程模式的尝试

1949年12月下旬，教育部召开第一次全国教育工作会议。会议提出，建设新教育要以老解放区新的教育经验为基础，吸收旧教育某些有用的经验，借助苏联教育建设的先进经验。随后，中国逐渐兴起了学习苏联幼教理论与实践的风潮。可以说，中华人民共和国成立后第一次科学教育改革的尝试，是在全面借鉴苏联经验的基础上进行的。

在苏联学前教育专家的指导下，1952年3月，教育部制定并颁发了《幼儿园暂行规程（草案）》，该《暂行规程》将幼儿园教养活动项目分为六项：体育（包括日常生活、卫生习惯、体操、游戏、舞蹈和律动等），语言（包括谈话、讲述故事、歌谣、谜语），认识环境（包括日常生活环境、社会环境、自然环境）；图画与手工（包括图画、纸工、泥工、其他材料作业等），音乐（包括唱歌、表情唱歌、听音乐、乐器表演），计算（包括认识数目、心算、度量）[①]。随后，为保证课程的顺利实施，教育部

---

① 何东昌主编：《中华人民共和国重要教育文献（1949—1975）》，海南出版社1998年版，第144页。

印发《幼儿园暂行教学纲要（草案）》，该《教学纲要》详细制订了幼儿园的教学计划与六科课程的教学纲要，各科纲要从目标、教材大纲、教学要点、设备四个方面，对各科课程作了具体规定。

《教学纲要》指出，幼儿园的课程是通过"作业"[①]来完成的。作业时间，小班一次以15分钟到20分钟为原则，每天作业时数为30分钟；中班一次以20分钟到25分钟为原则，每天作业时数为60分钟；大班上午以30分钟、下午以15—20分钟为原则，每天作业时数为80分钟。小班每周为9课时，中班12课时，大班15课时[②]。在该《教学纲要》中，幼儿园所开设的科学教育科目，包含"认识环境""计算"两科，具体课程安排见表10-1。

表10-1　　　　幼儿园科学课程的设置及课时安排（次数）

班别 周课时 作业项目	认识环境	计算	合计
小班	——	——	0
中班	1	——	1
大班	1	1	2

注：此表根据《中华人民共和国幼儿教育重要文献汇编》第568页整理而成。

由上表可以看出，若以班别来区分，学前阶段小班暂未安排具体的科学类课程；中班科学类课程每周为1课时，占据中班周课时总数的8.3%；大班科学类课程每周为2课时，占据大班周课时总数的13.3%。科学课程的设置呈现出随年级升高而逐渐增多的趋势。若以科目来区分，其中"认识环境"在三学年的周课时次数分别为0、1、1，其周课时数占所有学科周课时总数的5.6%；"计算"在三学年的周课时次数分别是0、0、1，其周课时数占所有学科周课时总数的2.8%。由此可知，学前阶段的科学类

---

① 《幼儿园暂行教学纲要（草案）》中规定的"作业"即课程的表现形式。
② 中国学前教育研究会编：《中华人民共和国幼儿教育重要文献汇编》，北京师范大学出版社1999年版，第568—571页。

课程课时，占总课时的 8.4%，比例偏低。主要原因是，学前阶段的儿童心智，正处于发展之中，对科学类知识的学习，仅是初级阶段。因此，科学课程在学前阶段中所占比例较低。

这一时期，科学课程的设置，是以苏联幼儿园为蓝本，在一定程度上脱离了我国实际，如对师资、设备要求过高等。为了弥补这一缺陷，1954年，教育部在北京召开了北京、天津两市幼儿园教养员的经验交流会，以解决贯彻《暂行规程》与《暂行教学纲要》中存在的问题。① 1956年，教育部委托北京师范大学学前教育研究室，起草了《幼儿园教育工作指南（初稿）》，发至各地使用。该《工作指南》中所列的课程有体育、游戏、认识环境、发展语言、计算、音乐、美术七项。与 1952 年的《幼儿园暂行规程（草案）》相比，只是将"体育"中包含的"游戏"，抽出来单列一项，把"语言"和"认识环境"合并为"认识环境与发展语言"，基本上仍沿用了苏联幼儿园的框架。

1976 年后，我国进入社会主义建设发展的新时期，学前科学教育也进入振兴和发展的新阶段。

首先，恢复和建立学前科学管理机构和体制。1978 年教育部恢复后，在普教司恢复了幼儿教育处，负责对全国城乡各类幼儿园进行政策及业务上的指导。各省、市、县、乡镇的教育部门，也陆续设立了幼儿教育的专门机构。

其次，制定新的课程大纲并编写教材。党的十一届三中全会后，为使我国学前教育沿着规范化、科学化的道路健康发展，党和政府制定并颁发了一系列政策法规。如教育部制定并颁发的《城市幼儿园工作条例（初稿）》，规定幼儿园设置语言、常识（日常生活中幼儿可理解的、粗浅的自然科学常识）、计算、游戏、音乐、美术、体育等科。随后，委托上海市教育局幼儿园教材编写组及有关专业人员编写幼儿园 7 种教材（教师试用本），这是中华人民共和国成立以来第一次全国统编的幼儿教材，随后，由人民教育出版社出版，上海教育出版社又出版了配套的教学挂图。② 除此之外，还强调通过游戏、观察、劳动和日常生活等各种活动来进行教育。至此，幼儿园中的常识、计算等科学教育内容，恢复并获得发展，科

---

① 熊明安主编：《中国近现代教学改革史》，重庆出版社 1999 年版，第 164 页。
② 熊明安主编：《中国近现代教学改革史》，重庆出版社 1999 年版，第 165—166 页。

学方法得到运用，促进了儿童科学素养的培养。

综上，从中华人民共和国成立到改革开放前夕，我国在学前阶段，对科学教育课程进行了重要的尝试。首先，对分科教学的模式，进行了初步尝试。这一时期，我国学前阶段的科学教育，是采取分科教学的模式，各自按体系纵向进行的。其次，以实际"作业"的形式，取代封闭课堂，使得儿童不是被动地接受固有知识的灌输，而是通过主动探索获取科学常识。

同时，我们也应吸取历史教训，在学前阶段的科学教育中，既不能墨守成规，又不能脱离实际盲目改革。要兼收并蓄、遵循儿童身心发展特点，才能建立符合实际需要的科学教育模式，促进学前科学教育质量的提高。

二　灵活教学教法的尝试

探究科学课程设置是从宏观上研究学前阶段科学教育"教什么"，而探究各科学教育课程的具体内容和方法，则是从微观上对"教什么""怎么教"的关注。在中华人民共和国成立到改革开放前，这一时期我国学前阶段的科学教育，主要是通过"认识环境"和"计算"两门课程来实施的。此外，虽然学前阶段的小班，并没有设置具体的科学课程，但在日常活动中都注重对小班幼儿进行科学教育的普及，且与中班、大班的科学教育内容是一以贯之的。

（一）认识环境[①]

"认识环境"这门课程，主要是为了启发幼儿认识周围环境的兴趣、扩大眼界、丰富印象，使幼儿初步认识大自然的富源、社会建设、优秀人物及英雄，促进观察力、注意力和知觉的发展，并增进其爱自然、爱科学、爱劳动的优良习惯。这门科学课程又细分为日常生活环境、社会环境与自然环境三类。

在日常生活环境和社会环境教学中，小班的幼儿需要认识身体部位，如眼、口、耳、鼻、四肢等；认识本班活动室及作业室内的环境；认识幼儿园内环境；认识幼儿园附近地区和街道；培养时间观念；观察幼儿园工作人员及父母的劳动；认识国旗、党旗，简单了解时事等。中班的幼儿在

[①] 中国学前教育研究会编：《中华人民共和国幼儿教育重要文献汇编》，北京师范大学出版社1999年版，第599—602页。

巩固前者的基础上，提高程度，如观察农民劳动、工人工作等，了解战斗英雄和劳动模范的故事，在简单了解时事的基础上，知道主要邻国等。大班的儿童，在中班的基础上继续深入，如认识日常用品，了解器皿的使用与作业材料的性质等；更有系统、更深入地观察成人在幼儿园、缝衣店、制鞋店、作坊、田野及街市中日常接触的成人劳动等。

自然环境教学中，小班的幼儿需要饲养和观察常见的家畜家禽；观察常见的鸟类，区别麻雀、喜鹊、燕子等；观察常见的昆虫如蝴蝶、蜻蜓、青蛙、壁虎等的形状动作；从图画、幻灯及动作图中了解一些野外生物的生活、形状；饲养观察鱼类；观察常见的花，区别名称和颜色；观察常见的果实，按颜色、形状、味道加以区分；观察并区别常见的蔬菜；观察花草、树木的种植、出芽、生长、开花、结果和枯黄；参加植物的种植、灌溉及收获、贮藏等；观察日、月、风、雨、雪等；知道春、夏、秋、冬各季概况。中班的幼儿，在之前的基础上提高其程度，如区别家禽的雌雄；区别益鸟和害鸟、益虫和害虫等；介绍花和季节的关系；观察农作物并认识其果实；初步知道四季的特点，并配合季节进行观察、布置和游戏等等。大班的儿童，继续在中班的基础上，提高认识程度，如知道各类鸟的特性；利用花草；对动物、植物、泥沙等作简单分类，如家畜、野兽、蔬菜、五谷等；制作简单的自然标本；懂得人类怎样利用自然；认识各季的现象，并知道季节轮换顺序；观察农场、动物园、花圃等；观察附近地区的山河等地理形势。

在这一科学课程的教学中，要求采用直观教学，并与儿童的实际生活相联系，利用实际环境进行教学；同时遵循儿童年龄特点、兴趣与能力适时地进行教育。

（二）计算①

为培养幼儿认识物体大小、几何形体、空间、时间、度量等初步的数量观念，同时也为培养幼儿初步运用思考、分析的能力和爱科学的精神，"计算"这门课程安排了三学年的教学内容。

小班的幼儿，需要知道"多"与"少"的区别，认识5以内的数目并知道其顺序；认识圆、方、三角等形状；用实物演算2、3、5是怎样组成

---

① 中国学前教育研究会编：《中华人民共和国幼儿教育重要文献汇编》，北京师范大学出版社1999年版，第612页。

的。中班的幼儿，在小班的基础上，认识 10 以内的数目并认识序数（第一、第二、第三……），并用实物比较 7 以内数目的多少；认识圆、方、三角、长方、椭圆、菱形等形状；用实物演算 10 以内数目的组成。大班的儿童懂得计数，即会数 20 以内的数目、口头比较 10 以内数目的多少；从具体材料中学习 15 以内的加法、10 以内的减法；懂得大小、长短比例，认识斤、升等单位；利用日历认识日期；认识钟表上的时间。

在实际教学中，小班和中班的计算，在各作业项目中随机进行，不单独教学，大班每周有专门一节计算课。教学上，灵活运用各种方式，如结合游戏、儿童读物、歌谣、口诀歌等帮助教学；多采用实物教学法，通过多次重复和练习，巩固幼儿认识。

此外，在实际教学中，还注意到科学教育内容要与儿童的接受能力相切合，并利用环境、实物等多样化方法，启发儿童兴趣。如北京分司厅幼儿园，让幼儿参观"割稻子"和"摇煤球"的劳动，随机进行了爱劳动和爱劳动人民的教育。孩子们自动地给农民叔叔唱歌，给摇煤工行礼道谢，转变过去轻视摇煤工人，称他们为煤黑子的错误思想。①

由上可以看出，我国学前阶段的科学教育内容，在编排上注意遵循儿童的年龄特征，循序渐进地安排教学活动。本着由浅入深、由近及远、由个别到一般、由具体到抽象的原则进行编排，有助于儿童系统科学地掌握有关的知识和技能。在选材上注意与儿童的实际生活相联系，通过参观、观察、实验等实际操作和社会实践，来培养学生的科学素养，注重理论联系实际。

学前教育阶段的科学教育方法，尤其重视直观教学，通过观察、感知等引导学生形成表象，进而逐渐深入引导学生形成理性认识；注意巩固学生所学知识，通过反复练习，使其牢固掌握所学知识，并以此为基础，获取新知识；为避免单调枯燥，灵活运用各种方式方法，如游戏法、口诀法等等，培养儿童的科学兴趣与求知欲。

第二节　小学教育阶段科学教育的曲折发展

1949—1977 年，小学科学教育经历了一个曲折发展的过程，大致可分

---

① 张逸园：《新中国幼儿教育的基本情况和方针任务》，《人民教育》1952 年第 2 期。

为三个阶段：改造旧教育和学习苏联时期（1949—1956）；探索中国教育发展道路时期（1957—1965）；曲折发展及恢复正常秩序时期（1966—1977）。

一 改造旧教育与学习苏联时期（1949—1956）

1951年8月，教育部在北京召开了第一次全国初等教育及师范教育会议。马叙伦部长在开幕词中指出："根据人民民主专政的国家社会性质……吸收旧有的初等教育某些可用的经验，还要借助于苏联初等教育先进经验，来规定我国初等教育的方针和任务。"① 这一讲话，在中华人民共和国成立时发布的《共同纲领》中得到具体落实。

小学科学教育在长期的发展过程中，创造和保留了一些教学思想、教学方法和原则等。因此，这一阶段的小学科学教育，注意到了对传统的承袭与利用。此外，"学习苏联"口号的提出，以及苏联教育专家来华讲学，使得大批初等教育理论书刊、经验介绍到中国，其中有相当一部分是关于小学自然、地理等科学教育的内容，这对新中国的小学科学教育产生了深刻影响。

（一）科学课程的设置

1951年10月，中央人民政府政务院通过《关于改革学制的决定》，取消小学初、高两级的分段制，实行五年一贯制。新学制的确立，为科学课程的设置奠定了基础。但由于师资、教材等条件准备不足，1953年11月开始，又重新沿用"四二制"。

1949—1956年的七年间，国家先后颁布了四个小学教学计划②：1952年颁布的《小学暂行规程（草案）》；1953年颁布的《小学（四二制）教学计划（草案）》；1954年颁布的《小学"四二制"教学计划（修订草案）》；1955年颁布的《小学教学计划》。上述教学计划中，除1952年的是小学五年制教学计划，其余皆是六年制教学计划。

在上述各教学计划中，科学教育主要由算术、常识等科来完成。下面，我们将中华人民共和国成立后七年来的科学课程设置的基本情况列表

---

① 马叙伦：《第一次全国初等教育及师范教育会议开幕词》，《人民教育》1951年第6期。
② 课程教材研究所编：《20世纪中国中小学课程标准·教学大纲汇编——课程（教学）计划卷》，人民教育出版社2001年版，第200—234页。

比较，见表 10-2。

表 10-2　　　　　　　　小学科学课程的设置及课时安排①

科目 课时 年度	1952 年 课时			1953 年 课时			1954 年 课时			1955 年 课时		
	周	总	%	周	总	%	周	总	%	周	总	%
算术	32	1216	24.4	80	1520	25.6	80	1520	25.6	36	1224	24.3
自然	6	228	4.6	8	152	2.6	8	152	2.6	5	170	3.4
地理	4	152	3.1	8	152	2.6	8	152	2.6	4	136	2.7
总计	48	1596	32.1	108	1824	30.7	108	1824	30.7	49	1530	30.4

注：自然、地理同为"常识科"，均只在高级设置，初级常识科内容基本包括在语文阅读课中，其余各科亦应随机进行教学。

由表 10-2 可以看出，中华人民共和国成立后至 1956 年间，教学计划虽频繁调整，但科学课程的设置，并没有质的变化。较为明显的变化，是其课时比例呈连续下降的趋势。从科学课程总课时占小学全部课程的总课时的比重，由 32.1%降至 30.7%，又降至 30.4%。造成这一趋势的原因，大致有以下两个方面：

第一，减轻学生学业负担。1955 年 7 月，教育部发布《关于减轻中、小学学生过重负担的指示》，指出学生负担过重严重损害了其身心健康，影响教育质量的真正提高。随后，在 1955 年 9 月颁布的《小学教学计划》中，总课时由原来的 5928 个学时缩减为 5032 个学时。

第二，减少课程设置上的循环重复。"1957 年以前，历史、地理课有不必要的循环重复……这些课程的设置办法也过于分散。"② 因此，早在 1955 年制订《小学教学计划》时，就有意避免课程的重复。此计划中，地理减少了 16 学时。

（二）科学课程的内容

为推行"五年一贯制"，早在 1950 年 7 月，教育部就制定了《小学课

---

① 此表是根据七年间颁布的四个教学计划统计而成。其中，总课时指该门课程全部学年的总时数；百分比指该课程上课总时数与国家规定的全部课程的总时数之比。每课时均为 45 分钟。

② 中国教育年鉴编辑部编：《中国教育年鉴（1949—1981）》，中国大百科全书出版社 1984 年版，第 738 页。

程暂行标准（草案）》，主要包括语文、算术、历史、地理、自然、音乐、图画、体育 8 科。但小学"五年一贯制"停止推行后，上述《小学课程暂行标准（草案）》就失去了使用价值。因此，1956 年，教育部以苏联的小学教学大纲为蓝本，编订并颁发了"四二制"小学使用的各科教学大纲，仍是 8 科。这套教学大纲是中华人民共和国成立以后第一部小学各科教学大纲。

1. 算术

《小学算术教学大纲（修订草案）》中明确指出，小学"算术的学习应做到使数和量成为儿童认识周围现实的工具"[1]。因此，在小学算术教学中，儿童应获得整数、度量、几何、分数、小数、百分数，简单的统计图表和简单的簿记，应用题六个方面的知识。《教学大纲》对每学年每学期的算术的具体内容，都作详细规定。如第一学年第一学期，算术的教学内容为：10 以内数的读法和写法（39 课时）；10 以内的加法和减法（60 课时）；量度单位的认识和测量的练习（尺）（3 课时）；正方形、长方形、三角形和圆的认识；求和、求剩余的简单应用题。其余学年皆在已有知识的基础上，逐渐加深、拓宽。

除规定了算术的教学内容外，对这一学科的教学方法也有提及。如适当利用小学历史、地理、自然等科目中的材料；利用直观教具（数字卡片、几何形体、测量仪器等）；跟儿童生活密切结合；等等。

2. 自然

《小学自然教学大纲（草案）》开篇便指出，"小学讲授自然的目的，在教给儿童一些初步的自然科学知识，促进儿童的全面发展"[2]。《教学大纲》中规定，从一年级开始进行系统的自然教学。一至四年级结合语文进行教学，主要是学习生物界自然。到五、六年级单独设立自然科，主要学习无生物界自然。每一学年除规定的题目外，还额外设有实习作业等。具体内容可分为以下四部分：

第一，植物——农作物、工业原料植物、蔬菜、果树、造林树木、观赏植物、常见野草等。

---

[1] 课程教材研究所编：《20 世纪中国中小学课程标准·教学大纲汇编——数学卷》，人民教育出版社 2001 年版，第 70 页。

[2] 课程教材研究所编：《20 世纪中国中小学课程标准·教学大纲汇编——数学卷》，人民教育出版社 2001 年版，第 48 页。

第二，动物——家畜、家禽、野兽、野鸟、益虫害虫、益鸟害鸟的区分等。

第三，有关人体保健的生理卫生知识。

第四，有关水、空气、土壤、矿物、机械、电的知识。

为了能向学生描绘出自然界的粗略轮廓，客观上自然科学的教育内容较为广泛。其教育内容的选择具有以下特点：与工农业生产及日常生活关系密切；既注意典型性，又尽可能具有普遍性；与小学地理，中学的植物学、动物学、生理学及物理、化学等联系配合。①

3. 地理

《小学地理教学大纲》中指出，小学地理的任务主要是：使儿童从各种地理事物和各种地理现象的相互关系中（如气候与天然植物分布的关系），认识世界的物质性，认识地理事物和地理现象变化发展的规律性，初步培养儿童的辩证唯物主义世界观；同时使儿童认识祖国的自然界，认识祖国丰富的资源。

在初级小学，地理还没有独立设科。儿童主要通过教师组织的观察、远足参观、实物课、实习作业，并通过语文课本上故事和课文的阅读及教师的讲述，学习地理知识。

在高级小学，儿童主要学习三部分的地理知识：

第一部分，地球。主要包括地球的形状和大小；地球仪和两半球图；地球上的水陆分布；大洲和大洋；地球的五带。

第二部分，中国地理。主要讲解区域地理，包括地理位置、地形、农业、工业、交通等。

第三部分，世界地理。分为亚洲、欧洲、非洲、北美洲、南美洲、澳洲、南极洲、苏联八部分。

教师在教学过程中，应组织并指导学生从事地理模型制造、地图绘制、气象观测等课外活动。通过教学和实践培养学生的创造精神与科学素养。

（三）科学课程的教材

中华人民共和国成立后至1956年，出版的科学教材主要有两套。这些教材为稳定科学教育秩序、提高科学教育质量，发挥了重要作用。

---

① 田正平主编：《中国小学常识教学史》，山东教育出版社1996年版，第306—308页。

第一套全国通用的算术、自然、地理教材，是以苏联的教科书为蓝本编写的。这套教材于 1951 年秋季陆续出版，供教学之用。但是，由于时间紧迫、人手不足，这些科学教材实际上是在模仿苏联的基础上，从当时已经出版的一些课本中，选择较好的加以修订改编而成的。

以"自然"科为例，教材的编写遵循《教学大纲》的要求，突出基本的自然现象和生物等科学常识，用浅显的日常生活案例，具体说明科学上的原理。

虽然本书对科学原理的说明力求深入浅出，对于方法、程序、构造的记述，力求简单明了，但实际上仍以知识为中心，且较为深奥，远超出了小学生的接受水平。[1]

第二套全国通用的自然、历史、地理教材，于 1956 年前后陆续出版。此前，全套算术课本（包括珠算）也已在 1955 年出版。早在 1954 年，人民教育出版社就提出新编中小学教材的编辑方针。该方针强调，新编教材要贯彻理论联系实际，教育与生产劳动相结合原则；教学内容采用系统的科学基础知识，吸取先进的科学成果，要学习苏联的先进经验。[2] 和第一套通用教材相比，虽然仍是仿照苏联的科学内容，但它完全是新编的，在知识的科学性方面，有明显提高。但此套教材投入使用后，一些地区反映"要求高，分量重，内容深""教与学都过分紧张"。

科学教育的发展，在很大程度上是体现在教材的发展变化上的。它必须不断地把新的科学知识反映到教材中，被学生所接受、掌握。在新教材投入使用的过程中，往往出现新教材内容深奥、学生负担重的现象。究其原因，主要是受有师资水平、学校设备条件、学生原有基础等因素限制，但更深层次的原因，是过度强调统一标准、统一要求造成的。对于幅员广阔，各地经济、文化发展不平衡的新中国来说，过度统一的教材，是很难适应各地发展水平的，这必然会影响到科学教育的质量。

（四）科学教法的探索

在科学课程的实践教学中，虽仍是按照苏联的一些理论和方法进行的，但不少一线工作者积极探索，促进了科学教育方法的革新与发展。

---

[1] 谢恭芹：《中国近现代小学科学课程演变研究》，硕士学位论文，首都师范大学，2008 年，第 72—73 页。

[2] 田正平主编：《中国小学常识教学史》，山东教育出版社 1996 年版，第 316 页。

1. 直观教学法

以具体的事物、典型的形象，来丰富学生的感性知识，进而形成抽象的理性知识，这种直观教学法，在小学科学教育中被普遍使用。许多算术、自然、地理教师自己亲手制作直观教具，如动植物标本、地理挂图等等。这些教具虽然简陋，但它们能说明一定的科学原理，反映某些规律，使学生通过感官的感受，切实领会到教学内容。

如教师给学生讲授热空气比冷空气轻时，做了一个演示实验。教师先把碎纸屑撒在没有点着的煤油灯罩口上，纸屑纷纷落入灯罩中，随后把灯点着，再往灯罩口撒纸屑，学生们看到纸屑在灯罩上空飞舞。"为什么纸屑掉不进灯罩呢？"教师引导学生回忆热胀冷缩的原理，继而学生明白空气受热膨胀后变轻，向上升，纸屑便会随上升的热空气飞舞，不落在灯罩里了。[1] 在这堂课中，教师采用直观教学的方法，通过演示使学生获得最直接的认识，继而明白其中的科学原理，起到了很好的教学效果。

但是，由于对直观教学的方法认识不足，也存在演示与教学目的不符，或不能说明教材里的科学原理，以及滥用实物的现象。例如，有的教师讲授"冰"，为了说明冰能融化，将其放在酒精灯火焰上，看其滴水。[2] 这种经验，学生早已在生活中获得，教师应当引导学生做进一步的了解，而不是为了直观而直观。

2. 实习作业法[3]

这种教学方法包括：课堂观察，即教师在课堂上演示实物或直观教具，指导学生认识具体事物；远足参观，教师组织学生到自然环境中或工农业生产单位、博物馆、展览会等观察自然事物、人文景观，了解当地人民的生产活动、祖国建设的成就，认识人类对自然界的改造；学生的独立实验；采集和制作简单的动植矿物标本、教具模型。此外，苏联广泛应用的小学科学实习方法，也为我国小学教师吸收采用。如"记载自然历""自然角作业""教学实验园地作业""成立科学小组"等等。

"记载自然历"，是指在教师的指导下，在学生对自然界和人类活动进行长期系统的观察的基础上，将观察结果记录下来，定时总结，并与

---

[1] 郝葆谦：《我在自然教学中怎样运用直观教具》，《小学教师》1954 年第 4 期。
[2] 杨波：《自然教学中运用直观原则的一些缺点》，《小学教师》1954 年第 4 期。
[3] 田正平主编：《中国小学常识教学史》，山东教育出版社 1996 年版，第 344—345 页。

以往的进行比较，使学生在掌握自然现象的变化中，理解事物的内在联系。这种方法的采用，以五、六年级的学生进行气象观察、记载气象日志为主。

"自然角作业"，是指利用教室的空余位置，陈设供学生观察的动植物，代表各个季节的物体等，学生观察并做好记录工作。通过喂养蚕宝宝、放置春天最早开的花等，使学生获得生动具体的科学知识。

"教学实验园地作业"，是指学校利用校内外的空地，有计划地组织学生进行种养活动。在教师指导下，结合季节和科学内容，学生分组在实验园地完成实习作业。这种方法在农村小学开设农业常识课后，被普遍采用。

"成立科学小组"，是指学生自愿参加，在教师指导带领下积极参与实践活动。其活动既注意与课堂教学相呼应，又注意扩大教学大纲规定的科技知识；指导学生阅读科普读物，发展他们的科学研究兴趣，培养实践技能；组织各种竞赛和科技作品展览。如黑龙江鹤岗市第一完小的自然科学家小组，1953年11月成立，在教师的辅导下，不到两年的时间里，先后制作出了水轮机、电动机、幻灯机等各种模型教具108件[①]。

3. 地图图表法

地图、图表是在地理教学中经常运用的方法。它能简明、系统地帮助学生理解、记忆所学内容。

在地理教学中，教师经常运用行政区划分图、地形图、地形剖面图、图片填充地图等等。如在讲解某一地区物产分布情况时，就采用图片填充地图，学生从图上就可清晰看出物产的分布情况。

综上所述，中华人民共和国成立后的科学教育，正是在改造旧教育、模仿苏联科学教育的过程中，初步建立起我国的科学教育体系。无论是在课程的设置、内容的选择，还是教材的编写与科学教法的探索，都是我国众多教育工作者智慧的结晶。但是，在这一时期，我国主要是以苏联的科学教育为标杆，在与我国实际相结合的方面仍有欠缺。

二 探索中国教育发展道路时期（1957—1965）

从1957年开始，我国小学科学教育开始注重自我发展道路的探索。

---

① 胡景春：《我们的自然科学家小组》，《小学教师》1955年第9期。

其直接动因有二：其一，国际形势发生变化，中苏两国出现分歧，照搬苏联经验进行的课程改革，在教学中造成的许多问题，急需纠正；其二，毛泽东于1957年2月，提出了明确的教育方针，1958年9月，中共中央国务院发布的《关于教育工作的指示》中，又进一步强调"党的教育方针是教育为无产阶级的政治服务，教育与生产劳动相结合"，而课程改革必须以党的教育方针为指导思想。[1] 因此，在此教育方针指导下的课程改革势在必行。

（一）科学课程设置的变化

1957—1965年，我国颁布的小学教学计划等指令共五个：1957年颁布的《1957—1958学年度小学教学计划》，1959年颁布的《国务院关于全日制学校的教学、劳动和生活安排的规定》，1963年颁布的《全日制小学暂行工作条例（草案）》，1963年颁布的《全日制中小学新教学计划（草案）》，1964年颁布的《关于调整和精简中小学课程的通知》。

这一阶段小学科学课程的设置有明显变化，与这时期的社会背景密切相关，其后会详细论述。下面将其此阶段小学科学课程设置的演变列表比较，见表10-3。

表10-3　　　小学科学课程设置及课时安排的变化情况[2]

年度	1957年	1963年	1964年
算术	36	45	41
自然	4	4	3
地理	4	2	2
农业常识（农村小学专设）	2	2	2
总计	46	53	48

注："农业常识"在1963年后改为"生产常识"。

由上表可以看出，这一时期科学课程在设置的变化，主要有以下

---

[1] 熊明安主编：《中国近现代教学改革史》，重庆出版社1999年版，第176页。
[2] 此表根据《20世纪中国中小学课程标准·教学大纲汇编——课程（教学）计划卷》第250—301页整理而成。

几点：

第一，课程"教学计划"的制定，在 1957—1963 年出现"断层"。而正是在这六年中，小学科学课程经历了一次较大的波动。究其原因，主要是因这段时期内的曲折探索，造成了小学教育混乱的局面，课程设置任意删减，教学质量严重下滑。1958 年以后，各地小学地理总课时大量削减，由两年改为一年，分别在六年级和五年级开设，每周课时皆为 2 节。这一变动一直延续到 1962 年。另外，为学生增加了大量生产劳动的时间。1959 年颁布的《国务院关于全日制学校的教学、劳动和生活安排的规定》指出，学生应参加生产劳动，其基本形式有三种：一种是在学校举办的农场和工厂中参加劳动，一种是学校安排的下厂下乡的劳动，一种是参加社会公益劳动。

第二，新增了"农业常识"课。《1957—1958 学年度小学教学计划》较 1955 年的教学计划，最主要的变动，就是在农村小学（包括大、中城市的郊区和小城市的小学）的五、六年级增设农业常识。其后 1963 年颁布的《全日制小学教学计划（草案）》中，又开设"生产常识"课，它不仅仅是简单的课程名称的变化，而是体现了新教学计划的精神，要求无论农村小学还是城市小学的学生，都应掌握一定的生产知识和技能。

第三，"算术"课比重远远高于自然、地理等课。这是因为在 1963 年颁布的《全日制小学暂行工作条例（草案）》中，明确提出，"应该特别注意语文和算术课程的教学……算术课应该注意培养学生的计算、推理能力和解答应用问题的能力"[①]。因此，1963 年的《全日制小学教学计划（草案）》中，光"算术"一科就增加了 425 个学时，而自然、地理两科却减少了 58 个学时。

第四，所有科学课程在 1964 年得到精简，这是由于《关于调整和精简中小学课程的通知》的颁发。为减轻学生的课业负担，以及删减不必要的重复，高小地理、自然、生产常识三门课程，都由一学年完成，即五年级开设自然，每周三课时；地理每周二课时。六年级设生产常识，每周二课时。三至六年级的算术，每周上课时数各减 1 课时。这一调整后的教学计划，一直实行到 1966 年才中止。

---

① 课程教材研究所编：《20 世纪中国中小学课程标准·教学大纲汇编——课程（教学）计划卷》，人民教育出版社 2001 年版，第 275 页。

由此可以看出，这一时期，科学课程的设置"跌宕起伏"。为探索教育发展的道路，我国已逐渐摆脱苏联课程设置的影响，开始从我国的具体实际出发，制定适合我国国情的课程体系。但由于经验不足以及政治环境的影响，我国的科学课程演变过程中，仍存在较多问题：一方面，片面强调教育与生产劳动相结合。例如，"农业常识课"和"生产常识课"的设立，固然有助于学生联系生活实际，发展科学能力，但是，经常性的生产劳动，已经严重影响了正常的教学秩序。另一方面，学科课时比例严重倾斜。"算术"课在科学课程中比例，远远超过了自然、地理等课。虽然在1964年后"算术"课时稍有下降，但其他科学课程的比例，也大大下降，学科之间严重不平衡，这不利于学生自然科学素养的发展与提高。

（二）科学课程内容的变化

1958年10月，《人民日报》的一篇社论指出，"对教学计划、教学大纲、教材进行一次大改革，是目前教育工作中的迫切任务"。[①] 于是，1956年颁发的教学大纲在实际上停止实行了。随着"调整、巩固、充实、提高"方针的实施，教育部开始着手制定新的教学大纲，并于1963年5月颁发，包括语文、算术、地理、自然等科。各教学大纲都明确了本学科各学年的教学内容。

与1956年版的教学大纲相比，这一教学大纲在科学教育内容方面的变化主要如下。

第一，重新确立了各学科的性质和任务。如"算术"一科，指出算术在日常生活和生产劳动中、在学习自然科学和社会科学的时候都要用到，是从事生产劳动和学习科学技术的一种重要工具。因此，在内容的选择上，要注意基础知识在生产劳动和科学技术上的应用。又如"自然"课，教学大纲中着重指出，自然课要教给儿童初步的自然常识，培养儿童爱科学的品德。因此，在内容选择上，要与农业生产、工业生产及日常生活紧密联系。

第二，教学内容有所充实。在"算术"一科中，增加了大数目的计算和混合运算，加强了三步以上的应用题和特殊类型的应用题的学习，以培养学生初步的逻辑推理能力和分析能力。

"自然"一科中，对教学内容进行了重新编排并扩充。照顾到知识的

---

① 社论：《根据党的教育方针来改革教材》，《人民日报》1958年10月4日。

内在联系与儿童认知发展过程,并适当照顾季节性,1963年的教学大纲,将自然课的内容安排为:五年级上学期学习"水""空气""土壤",五年级下学期学习"动物""植物",六年级上学期学习"人体保健""矿物",六年级下学期学习"机械""电""宇宙"。由易到难,由简到繁。从具体内容来看,1963年的大纲和1956年的大纲相比,"土壤"变动不大;"水""空气"增加了"水的浮力""空气的传声""大气压力""天气预报";"动物"增加了"微小动物";"植物"增加了"观赏植物""微小的植物""植物的生活";"人体保健"增加了"排泄器官的卫生""神经系统的卫生""预防中毒"等;"矿物"增加了"砂岩、页岩、大理岩","搪瓷""水泥";"机械"变动不大;"电"增加了"安全用电""电炉""无线电""电影"。此外新增了"宇宙"这部分内容。[1]

"地理"一科中,主要改变了教学内容的比例。1956年的教学大纲中,中国地理约70%,世界地理约25%,地球和地图约5%;在1963年的大纲中,中国地理比例下降为55%,世界地理上升为40%,地球和地图比重不变。

(三) 科学教材的编订

这一时期,教材的改革比较频繁,经过不断的改革、试验、修改,最终完成了与1963年教学大纲相配套的教材。

1958年,全国城乡在"鼓足干劲,力争上游,多快好省地建设社会主义"的总路线的指引下,各地纷纷开展教育革命,改革教材、编写新教科书是其重要内容。教育部要求各地根据党中央和毛主席关于中小学地理、历史等科要讲授乡土教材的指示,小学着重以农业常识、地理、语文等科为主,编选乡土教材。如此,以编写乡土教材为起点的自编教材运动便开始了。

各地自编、选编的教材,从内容上看,较为贴近学生生活,反映了当地人文、物产及工农业生产的实际。如上海市在小学历史第三册介绍"中国机器工业的产生"时,增加了"上海最早的外商工厂及最早民族工业发生的情况"[2] 等乡土知识,提及的一些工厂就在学生熟悉的地方,通过参观访问使学生有了直观体验。但另一方面,这些自编的教材,整体上缺乏

---

[1] 课程教材研究所编:《20世纪中国中小学课程标准·教学大纲汇编——自然·社会·常识·卫生卷》,人民教育出版社2001年版,第61—69页。

[2] 田正平主编:《中国小学常识教学史》,山东教育出版社1996年版,第318—319页。

系统性,削弱了基础知识的学习;此外,违反客观规律的内容时有出现,影响了知识的科学性。

鉴于自编教材中存在的诸多问题。于1961年,中共中央文教小组指示,重编质量较好的全日制十二年制中小学教材。编写之前,人民教育出版社进行了大量调查研究。在调查研究及总结中华人民共和国成立十几年来教材编写经验的基础上,还专门聘请专家指导、审阅,如"自然"科的有高士其、周建人;"地理"科的有竺可桢等,历时两年才编写完成,于1963年秋季起供全国小学使用。

此套教材正式使用不久,一些地区的反馈意见指出,教材内容深、分量重,不易教学。因此,1964年,教育部通知修订该套教材。此后根据反馈意见及教学大纲的要求,相关部门对教材进行修订,最终于1965年完成。各地普遍认为,修订版的教材贯彻了"少而精"的原则,减轻了教师与学生的负担,同时在联系工农业生产实际方面有了较大改进。下面是修订版教材中比较典型的一课内容:

> 本套教材,对于科学原理讲解详细,插图得当,课后还设有"课堂提问",利于学生巩固知识。此套教材大致遵循这样的形式:先介绍定理定义,然后通过演示实验证明定理,最后留下复述定理定义的书面作业①。

这种以知识为中心的教学,确实适用于对学生科学成果的传授,但也容易导致学生死记硬背,且大纲中提及的发展学生的思维能力和观察能力,也难以体现。此后,这套教材于1965年8月再次修改,但最后并未使用。

纵观这一历史时期的科学教育,无论是课程的设置,还是内容的选择,抑或是教材的编写,我国都试图减少苏联的痕迹,力求与我国的生产生活相结合。虽然存在科学课程设置曲折起伏、内容选择较深较难、教材编写以知识为中心等问题,但这为我国科学教育的独立、创新迈出了重要一步。

---

① 谢恭芹:《中国近现代小学科学课程演变研究》,硕士学位论文,首都师范大学,2008年,第77页。

三　曲折发展及恢复正常秩序时期（1966—1977）

（一）科学课程大幅度缩减

1967年2月，中央颁布相关法案，小学一至四年级的学生学习一些算术和科学常识。至此，取消了小学阶段的自然、地理等科学课程。当时许多教师无法从事正常的教学工作，学生也很难谈得上学习科学常识。

1969年5月，《人民日报》发表吉林省梨树县的《农村中、小学教育大纲（草案）》，规定小学设政治语文、算术、革命文艺、军事体育、劳动5门课。[①] 此后，梨树县的课程设置作为典型经验向全国推广。由此可见，梨树县《大纲》作为农村中小学教育革命的指导纲要，整体上，课程设置随意，教学活动也无章可循。即便设有科学常识课，但也仅教授一些零星的工农业生产知识，并不注重科学文化知识的学习。

（二）非规范的教学内容与教学方式

20世纪70年代初，部分省市在小学开设农业常识课，教材各地自编，内容以粮、棉、麦等农作物为主。一些省市恢复了地理课，如北京市、辽宁、安徽、山西、河北、天津等。一般为每周2节课。1972年，这几个省市还合作编写了地理常识教材。[②]

在实际教学中，正常的教学秩序被打乱。片面强调教育与生产劳动相结合，学生纷纷到工厂、田地，学习摘棉花、捡麦穗、锄草等劳动技能，教师结合有关"空气""土壤"等知识进行解释。在这一过程中，学生虽掌握了一定的劳动技能与知识，但这些知识与技能缺乏系统性与规范性，导致学生无法形成完整的知识结构，科学素养也就无从培养了。

1966—1976年，在课程设置上，科学课程大规模缩减，仅剩算术与科学常识。此外，由于使用自编教材，各地的教学内容也差异甚大。学生学习的内容，也被一些并非完全科学的生产知识代替，无从接受系统的科学知识，进而造成了一代人科学启蒙知识的严重缺陷。

（三）恢复正常秩序时期

1977年9月，教育部组织编写全国通用的小学各科教学大纲，并于

[①] 吉林省梨树县革命委员会：《农村中、小学教育大纲（草案）》，《人民日报》1969年5月12日。

[②] 田正平主编：《中国小学常识教学史》，山东教育出版社1996年版，第364页。

1977年12月，颁发了《全日制十年制学校小学自然常识教学大纲（试行草案）》（以下简称《大纲（试行草案）》），《大纲（试行草案）》明确规定了小学自然课的教学原则，主要有：

（1）应结合教学内容进行政治思想教育。自然常识教学要处理好思想教育和知识教学的关系，要注意结合教材内容有机地进行政治思想教育，防止脱离教材内容空谈政治的偏向。例如，在《水的三态变化》一课的教学中，可以结合水的三态在温度变化时的相互转化，使学生知道其他物质和水一样，时刻不停地运动变化着，从而进行辩证唯物主义教育。

（2）加强观察和实验。观察和实验是传授自然常识的重要手段，是自然常识教学的重要组成部分，教学中要尽量采用观察和实验，避免单纯地讲解课文。

在观察、实验过程中，教师必须善于引导学生比较，分析在观察和实验中所看到的事物和现象，进行归纳、概括，得出结论，这不但可以使学生获得生动具体的知识，而且有助于培养学生观察问题和分析、解决问题的能力。要教好自然常识课，学校应该充实必需的教学设备。教师要发动学生，创造条件，自己动手，搜集和制作一些直观教具。教师要根据教学计划和教学内容，组织学生参观本地的自然环境和工厂、农村，参加学工、学农和保护自然、改造自然等活动。

（3）培养科学实验的初步技能。课堂上的实验，应该多让学生亲自动手做一做，课文后面的制作、实验、观察等方面的作业，应该辅导学生尽量创造条件去做。

（4）掌握教学内容的深度。小学自然常识是一门常识性学科，课文的综合性强，知识面广，但内容不深。教师要注意常识学科的特点，根据学生的年龄特征和知识水平，深入浅出地讲解科学道理，掌握知识的深度。

（5）注意地方性和季节性。《大纲》中的生物知识，具有地方性和季节性，教师要充分利用学校周围的自然环境，有选择地把有关生物知识组织到教学中来。同时，《大纲》中这部分教材的安排，教师可因时因地灵活掌握，既可以调动内容顺序，也可以选用本地常见的动物、植物来替换。但要注意扩大学生的知识面，不要局限于仅仅了解本地区的生物界。

（6）开展课外阅读和课外科技活动。课外阅读是一种有益的活动，教师要鼓励和指导学生课外阅读少年科技读物，以增长知识，开阔眼界，培养学生学习自然科学的兴趣。课外科技活动也是一种有益的活动，教师要组织学生课外开展各种科技活动，学习科学技术知识和科学实验技能，鼓舞学生立志向科学技术现代化进军，为工业学大庆、农业学大寨、实现四个现代化做出贡献。

1977年秋，教育部根据邓小平关于编写全国中小学通用教材的指示，集中人民教育出版社主要编辑人员和一批优秀教师，先编写了各科的教学大纲（即上文中提及的教学大纲），随后根据大纲编写了一套全国通用的十年制中小学教材，由人民教育出版社出版，1978年秋在全国投入使用。

纵观小学科学教育的发展历程，可谓曲折。从改造旧教育与效仿苏联，到探索我国教育发展的道路，又到经历"曲折发展"，再到"拨乱反正"恢复正常秩序，小学科学教育课程的设置、内容的编排、教材的编写、方法的探索，都经历了一个"跌宕起伏"的过程。梳理小学科学教育发展的曲折历程，我们可以发现，小学科学教育的发展，必须立足于我国的国情，同时与儿童的实际生活，保持密切联系，按照儿童身心发展规律进行教学。进而调动儿童探索科学的兴趣，培养儿童探究的能力，提高儿童的科学文化素养。

第三节　中等教育阶段科学教育的多样态实施

中华人民共和国成立至改革开放前，我国的中学科学教育，同样也经历了一个曲折、复杂的发展过程，但是，相比学前与小学科学教育，中等教育阶段的科学教育，明显呈现出多样化的特点，主要表现为课程设置的广泛与多样、教材的丰富与多元、教学方法的普适与创新。

一　科学课程的广泛与多样

较之小学阶段，中学的科学课程门类繁多，且在不同阶段的教学计划改革中，都有所增减。因此，总体上，中学科学课程的设置，呈现出广泛化与多样化的特点。

1949年12月，教育部召开第一次全国教育会议，提出改革旧的教育内容与教学方法。此会议揭开了课程改革的序幕。首先，取消了民国时期中学开设的"党义""公民"等课程。其次，于1950年8月，教育部颁发了《中学暂行教学计划（草案）》及《中等学校暂行校历（草案）》。规定中学开设政治、语文、数学、自然等14门课程。其中科学课程的安排如

表 10-4。

表 10-4　　　　　　　中学科学课程的设置及课时安排①

科目 课时 阶段	初中（三）			高中（三）		
	课时			课时		
	周	总	%	周	总	%
数学	14	560	15.6	15	600	16.7
自然	5	200	5.6			
生物				4	160	4.4
化学	4	160	4.4	6	240	6.7
物理	4	160	4.4	6	240	6.7
地理	6	240	6.7	6	240	6.7

注：初中设"自然"课，高中设"生物"课。前者在初中第一、二学年设立；后者仅在高中第一学年设立。

由表 10-4 可以看出，在中华人民共和国成立之初的教学计划中，中学科学课程的设置门类广泛，比重也大为增加。但不难发现，中学阶段的自然科学课程，要远多于社会科学的课程。究其原因，主要是因为对"科学教育"认识不足，而将"科学教育"等同于"科学技术教育"。而"科学技术"是一个外来词汇，将"科学"与"技术"相提并论，是为了突出二者之间的联系，这是与苏联社会工业化大生产的技术需求相匹配的，在对"科学教育"的理解上，我国已深受苏联的影响。

1951 年 3 月，教育部召开第一次全国中等教育会议，制定了《中学暂行规程（草案）》，并于 1952 年颁发试行。规程中提出，中学生应具备现代化科学的基础知识和技能，爱科学，养成科学的世界观②。且将中学的"自然"课改为"生物"课，具体又分为植物、动物、生理卫生、达尔文

---

① 此表根据《20 世纪中国中小学课程标准·教学大纲汇编——课程（教学）计划卷》第 196 页整理而成。其中，总课时指该门课程全部学年的总时数；百分比指该门课程上课总时数与国家规定的全部课程的总时数之比。此教学计划中初中、高中全部课程的总时数皆为 3600。

② 课程教材研究所编：《20 世纪中国中小学课程标准·教学大纲汇编——课程（教学）计划卷》，人民教育出版社 2001 年版，第 206 页。

理论基础；高中第一、二学年增设"社会科学基础知识"课程；"数学"课又细分为算术、代数、几何、三角、解析几何。总体来看，科学课程的课时较之前有所增加。

1953年，教育部修改了中华人民共和国成立之初的教学计划，并颁布《中学教学计划（修订草案）》，取消了"解析几何"；将"生物"中的生理卫生改为人体解剖生理学；将"社会科学基础知识"更名为"社会科学基本知识"；将"地理"细分为自然地理、世界地理、中国地理、中国经济地理、外国经济地理五部分。皆对每部分的课时作了详细规定。

1955年，教育部颁发《关于制发1955—1956学年度中学授课时数表的通知》，将"社会科学基本知识"改为"社会科学常识"。其课时安排也由原本的每周8课时，减少为每周2课时。其原因是，"社会科学基本知识"原用的教材，"各地普遍反映分量重，理论性的东西多，大部分材料和历史地理两科重复，在进行教学上感到很大困难，因此停止开设这一科。另设'社会科学常识'，教材内容为社会科学常识和辩证唯物主义与历史唯物主义基础知识"[①]。

为积极实施基本生产技术教育，提高教育质量，以适应社会主义建设迅速发展的需要，1956年6月，教育部通知对1955—1956学年度的教学计划进行调整。将"基本生产技术教育"和"工业常识"，分别列入高中和初中的教学计划。从此，打破了中华人民共和国成立以来，只设学术性科学课程的格局，加入生产技术知识的教育。

中学开设基本生产技术课程，是模仿苏联中学综合技术教育科目的直接结果。为开好这门课程，教育部于1955年10月至12月，组织中小学访苏代表团到苏联参观考察，主要学习其综合技术教育教学工作。此后，教育部于1956年7月，颁布《中学实验园地工作暂行条例（草案）》，规定每个中学都设立实验园地，以作为学生基本生产技术课的实习场所。此后，中学每周增加2课时的实习时间，初中进行教学工厂和实验园地两种实习；高中进行农业实习、机器学实习和电工实习。

1958年春，全国中学掀起了学生下厂下乡参加生产劳动的热潮，学校教学计划被打乱。3月18日，教育部颁发了《1958—1959学年度中学教

---

① 课程教材研究所编：《20世纪中国中小学课程标准·教学大纲汇编——课程（教学）计划卷》，人民教育出版社2001年版，第239页。

学计划》，规定中学生每年参加 14—18 天的劳动，同时在初、高中增设"生产劳动"课，每周 12 课时；科学课时的安排大为减少，数学、生物、物理、化学、地理等课时都做了调整，其中地理课课时最少，每周仅为 9 课时，每学年 306 课时①。

1966 年后全国中学相继停课。1969 年 1 月，《红旗》杂志发表兰州市第五中学的课程安排，即毛泽东思想、工业基础、农业基础、革命文艺、军事体育、劳动课。② 同年 5 月，《人民日报》发表吉林省梨树县《农村中、小学教育大纲（草案）》，规定中学设毛泽东思想教育、农业基础、革命文艺、军事体育、劳动课。③ 此后，广大城市与农村中学皆按上述大纲进行改革。科学教育可从"工业基础""农业基础"等课程中窥得一二。所谓的"工业基础知识"，主要内容是"三机一泵"（拖拉机、柴油机、电动机和农用水泵），"农业基础知识"主要是"三大作物"（稻、棉、麦）。

1972 年，周恩来会见杨振宁后，一再指出要加强自然科学基础理论研究。此外，教学方法强调"开门办学"。在科学教学中，由于片面强调联系生产、社会实际，采用组织学生下乡、进工厂，通过参与工农业生产等方式代替理论教学，虽然能锻炼学生的实际能力，但严重违背了科学的教学方法。过于强调实践的作用，忽略了系统科学知识的学习。

1978 年 1 月，教育部颁发《全日制十年制中小学教学计划试行草案》，对中学的课程结构做了调整。我国科学教育在此背景下开始恢复与发展。

有关科学课程的设置，在《教学计划》中规定，中学设置数学、物理、化学、地理、生物等科目。课程主要采取交错开设的方法："物理"在七至十年级开设，总时数为 492 课时；"化学"在八至十年级开设，总时数为 306 课时；"地理"在六至七年级开设，总时数为 160 课时；"生物"在六年级、十年级开设，总时数为 94 课时。

除此之外，《教学计划》还简单列出了各科课程的讲授内容，如

---

① 课程教材研究所编：《20 世纪中国中小学课程标准·教学大纲汇编——课程（教学）计划卷》，人民教育出版社 2001 年版，第 259 页。
② 甘肃省革命委员、兰州市革命委员会联合调查组：《"厂办校，两挂钩"——甘肃省兰州市关于城市中学走工厂办校道路的调查报告》，《红旗》1969 年第 2 期。
③ 吉林省梨树县革命委员会：《农村中、小学教育大纲（草案）》，《人民日报》1969 年 5 月 12 日。

"物理课要加强现代科学技术所需要的物理学基础知识的教学……加强物理实验技能的训练和科学态度、科学方法的培养"。"生物课,初中主要讲授植物、动物和生物进化的基础知识,高中主要讲授遗传变异等基础知识。"[①]

1949—1978年,我国中学的科学课程的设置,几经波折,经过反复修订与调整,逐渐适合我国国情,趋于稳定。在这一过程中,科学课程虽几经缩减与停设,但从其设置来看,整体上仍呈现出广泛与多样的特点。这主要体现在以下两个方面。

首先,科学课程门类繁多。中学阶段的科学教育,不再局限于"数学""自然""地理"三科,而是大大增设了自然科学类课程。而"物理""化学""生物"课程的增设,对学生实验技能的训练,科学素养、科学态度与科学方法的培养,都发挥了至关重要的作用。

其次,注重与生产劳动相结合。一直以来,我国中学阶段的科学课程设置,都偏重于学术性,对其实践性重视程度不够。一直到1956年,将"基本生产技术教育"与"工业常识",分别列入高中与初中的教学计划,才打破这一格局。而基本生产技术的设置,也大大有助于学生科学探索能力的提升。

二 科学教材的丰富与多元

从中华人民共和国成立后至改革开放前,我国中学阶段的科学教材反复编写与修订,前后共编写出版了5版教材。在这一时期,教学内容也逐渐合理化、科学化。

(一) 东北版教材

1949年12月召开的第一次全国教育会议,决定集中一批有经验的干部、教师编审中学教材。当年的东北人民政府教育部,以苏联十年制中学的自然科学为蓝本,编写了中学教科书。

此套教材具有如下优点:第一,编排具有系统性。它的编写总是以前面知识为基础,引申出新命题,再通过实验等方法了解新命题,学生容易得到系统的科学知识。第二,全部教材的分配是一贯的,没有重复。第

[①] 课程教材研究所编:《20世纪中国中小学课程标准·教学大纲汇编——课程(教学)计划卷》,人民教育出版社2001年版,第328页。

三，各章节的教材讲授，注重从实际出发。教师利于运用直观教具进行教学，学生也易于理解，形成正确认识。第四，各章节中设有很多问题和习题，利于引发学生思考，巩固所学知识。基于以上优点，中央人民政府教育部决定，自1952年秋季起，全国各地中学采用东北人民政府教育部所编译的教材。此前，中学历史是沿用老解放区的教材，数学、物理、化学、自然等选用民国时期的课本。

但在此版教材使用的过程中，也出现了诸多问题，现以其初中化学教材为例进行说明。

东北版初中化学教科书目录①：

第1章 物质及其变化
第2章 水
第3章 氧和氢
第4章 元素
第5章 物质不灭定律
第6章 空气
第7章 化合物的组成中各元素间的重量比
第8章 物质的构造
第9章 氧化物、碱、酸、盐
第10章 碳·燃烧
第11章 铁和其他金属结构
结语

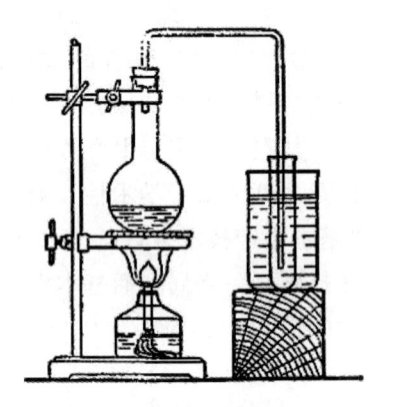

图10-1 水的蒸馏装置

此版化学教材在全国通用后，主要出现了两个问题，其一，教科书本身缺乏严谨性。如此版教材中，插图的错误屡见不鲜。

图10-1是东北版初中化学教材第7页中水的蒸馏装置，该图存在明显错误。在蒸馏水时，常用玻璃管代替冷凝管，必须注意这个当作蒸馏管的玻璃管，由蒸馏器至接收器的方向应逐渐倾斜。同时，管一端与接收器中的蒸馏液必须保持适当的距离，否则会使蒸馏液回流②。这类错误容易

---

① 《东北编中学化学教科书目录》，《化学通报》1952年第1期。
② 曹存启：《谈谈中学化学课本中实验装置插图存在的问题》，《化学通报》1954年第9期。

误导学生。

其二,教材与教学计划相矛盾。该教材共十一章,定为 90 学时。但中央政府教育部规定的教学计划中,初中化学课共 144 学时,教材与教学时数相差 54 学时。[1] 因此,只能将教学计划中规定的每周 4 学时,降为 3 学时,一学年讲完,否则相差太大。

(二) 1952 版教材

基于东北版教材存在的问题,教育部发文给人民教育出版社自然科学编辑室,重新编订新的科学教材。因此,以 1952 年的教学大纲为主要依据,于 1954 年出版新版本的中学教材。

就"生物"来说,1952 版的教材由方宗熙等人,根据苏联的生物教材改编而成。共 4 种课本,即《植物学》《动物学》《人体解剖生理学》《达尔文主义基础》,与教学大纲规定的课程完全相同。

"物理"教材,由陈同新、许南明等人,以苏联的初高中的物理课本为蓝本进行编写。上、下册分别于 1953 年秋季和 1954 年秋季在各中学投入使用。这套物理课程知识面较宽,教材分量较重。

与东北版教材相比,1952 年编写的教材,更为重视教学内容的系统性与严谨性,配有必要的实验和观察,符合学生的认知规律,利于学生辩证唯物主义世界观的培养。但此套教材也是"全面学习"苏联的结果,并没有从中国学生的实际出发,理论性较强,内容偏难。使得学生的负担过重。

因此,1954 年,教育部颁发《精简中学物理、化学、生物等三科教学大纲(草案)和课本的指示》,指出现行的教学大纲和课本中,内容分量较多,造成学生负担过重,影响学生的健康,不利于教学质量的提高。"为了减轻学生负担,使学生能集中力量学好基本的科学知识",应精简"较艰深的或较次要的超出基本科学知识范围的教材"[2]。因此,在指示中,明确列出了生物、物理、化学三科应精简的内容,以此减轻学生负担,剩下的时间进行必要的演示和实验。

---

[1] 北京市中等化学教师教研会编:《对东北版初高中化学教科书的讨论(一)》,《化学通报》1952 年第 1 期。

[2] 课程教材研究所编:《20 世纪中国中小学课程标准·教学大纲汇编——物理卷》,人民教育出版社 2001 年版,第 165 页。

(三) 1956 版教材

1955年5月，在国务院文教办公室召开的全国文化教育会议上，再次提出把编辑、修改中学教材作为中心任务之一。于是，1956年，教育部颁发了《中小学各科教学大纲（修订草案）》。在拟定大纲的同时，人民教育出版社也开始了第三套科学教材的编写工作，并随后出版。

因效仿苏联实施基本生产技术教育，这版教材中增加了大量相关内容。如生物中的《植物学》和《动物学》中，增加了我国主要栽培植物及常见动物种类[1]。化学课本中也增加了许多有关基本生产技术教育的材料，讲到利用水流冲洗把比重不同的物质从混合物中分开时，提到"这种原理在工业上还用来精选许多金属的矿石"[2]，使学生在学习之初就体会到科学与现代工农业生产的关系。

此版教材，按照教学大纲编写而成，虽仍以苏联的教材为蓝本，存在片面强调学生掌握系统的科学知识的倾向，但已开始注重在教材中加入符合我国实际的教学内容，有了一定自主性，也易于学生理解与接受。

(四) 1963 版教材

自1958年中共中央提出"教育必须为无产阶级的政治服务，教育必须与生产劳动相结合"的方针以后，不仅中学的教学计划多有改动，教学大纲与教材也作了多次修改与重新编写。

1958年1月，教育部发出通知，要求中学历史、地理等科教学都要讲授乡土教材。同年8月，国务院发布的《关于教育事业权限下放的规定》中，又提出"各地方根据因地制宜，因校制宜的原则，对教学大纲和教科书可以进行修订和补充，也可自编教材，印发教科书"[3]。在这个精神的指引下，为了实现"多快好省"，要求教材充实"高精尖"的内容。因此，许多省市都编出了补充教材。如湖南、福建编写了初中物理补充教材，北京、山西等地也自编了许多教材，从而打破了全国教材统一的局面。中共中央文教小组指出，这些自编教材程度偏高，内容偏深，在结合实际和政治方面有片面性，有些学科在科学体系构建方面也有缺点。但值得肯定的是，这些教材体现了我国自主探索教材编写工作的趋势。

---

[1] 曹道平、陈继贞：《生物教育学》，青岛海洋大学出版社2000年版，第11页。
[2] 郄禄和：《对新编初中化学课本的几点体会》，《化学通报》1956年第9期。
[3] 骆炳贤、何汝鑫编著：《中国物理教育简史》，湖南教育出版社1991年版，第189页。

鉴于1958年自编教材存在的问题，教育部从1959年6月起，组织力量开始编写新的中小学通用教材。1960年9月，中央文教小组组长提出：甲种教材将现行十二年制教材加以修改供十二年制学校使用；乙种教材将十二年学习内容按10年安排，供十年制学校使用。随后，人民教育出版社编写的十年制教材率先出版使用。1962年3月，重新编写的十二年制学校教材陆续出版，从秋季开始在北京、河北试用。1963年1月，教育部通知，从1963年秋季起，实行新教学计划的全日制十二年制学校使用新编教材。同时颁发了《全日制中小学（各科）教学大纲（草案）》。从此，全国中学又实行统一的教学大纲和教材。

在新编教材中，适当充实了科学基础知识，并增强了系统性，且注重理论联系实际，如在《植物学》课本中，在讲根系在土壤里的分布时，联系到根系分布与土壤的关系，阐述了在堤岸种树、在坡地和沙地造林，用来保持水土的原理。[①] 在物理、化学课本中增加了现代科学技术的重大成就，较好地联系了生产生活实际。此外，新版教材中最突出的特点是，增加了"实验指导"，这是以前课本中不曾出现的。其中，既包括使用仪器和试剂的技能、仪器连接和装配的技能，也包括实验操作的技能、实验的记录和设计。这对学生的实际操作能力、科学思维能力的培养大有助益。

（五）1978版教材

1977年，教育部从全国18个省区市选调了200多人组成编审小组，在编订教学大纲的同时，人民教育出版社也着手组织新教材的编写。1978年，教育部公布了《全日制十年制中学各科教学大纲（试行草案)》，全国中学于当年秋季，开始使用新编教材，从此结束了此前教材混乱的局面。

这套教材力求使学生获得为实现社会主义现代化所必需的基础知识和基本技能，为学生进一步学习现代科学技术、从事社会主义现代化建设，奠定基础。在教学内容的选择上，一是选取必需的基础知识，并适当增加了重大的科学成就；二是坚持理论联系实际，重视实验和演示。

三　教学方法的普适与创新

在中学阶段的科学教育教学中，一方面，对以往的科学教学方法，进行继承与推广，大大增强了教学方法的普适性；另一方面，引进新的教学

[①] 植培：《介绍新编植物学课本》，《人民教育》1963年第8期。

方法，并与我国实际相结合，实现了教学方法的创新。

（一）直观教学法

科学课程，大多需要通过实验等方式进行教学。因此，直观教学法在科学课程中的应用最为普遍，教师也普遍认识到直观教学的重要性，且不再局限于教师本人的直接演示，而是让更多的学生参与其中，获得最直观的体验。

一方面，在做课堂巩固和提问时，让学生在教师的指导下，参与实验和接触教具。如物理课上，教师进行提问时，叫学生上讲台演示空气有重量的实验，学生就要对抽氧机、天平进行操作，这样不但有力地巩固了学生的科学知识，同时也培养了他们操作科学仪器的技能。

另一方面，通过课外活动小组，组织学生协助教师自制教具。在制作教具的过程中，能够进一步理解教具的构造原理和操作方法。如旅顺第五初级中学的学生，就与教师一起做了十架电报机，用于电报教学。[①] 此外，还通过教具展览会的活动，将教具分类列出，由学生担任讲解员，其他同学按班进行参观。这种方法既调动了学生探索科学的兴趣，又使得学生系统地复习原有知识。

这种直观教学有效地克服了学生"只会讲，不会做"的缺陷，对学生科学技能的培养、科学知识的巩固，都具有关键作用。

（二）实践讲授法

此种方法是为配合基本生产技术教育而广泛运用的。主要是在中学开辟实验园地，教师带领学生在此上课、观察、实验研究等。将科学课程与实际生活紧密相连。

20世纪50年代，苏联专家就曾介绍过中学实验园地，将其比喻为"一个活的实验室"[②]。后来在实验园地进行教学的方法在我国普遍使用。如河北良乡中学的生物教师，组织学生利用实验园地讲授"冬小麦"这一课。教师在上课前做了大量的准备工作：了解当地农民播种冬小麦的情况、学生认知情况、访问农场了解冬小麦增产的措施、学习书中的有关知识、研究课题确定重点、按不同方法亲自播种冬小麦以作为对照。[③] 上课

---

① 沈家鼎：《我对在物理教学中使用直观教具的体会》，《物理通报》1955年第6期。
② 谢孔等：《中学生物实验园地的组织》，《生物学通报》1955年第9期。
③ 刘汉兴：《我们是怎样在生物实验园地讲"冬小麦"这一课的》，《生物学通报》1956年第2期。

时，教师通过提问、引导与适时总结，让学生了解到，通过密植并配合相应的管理措施，才能达到生产的目的。

这种实践讲授的方法，能够较好地满足学生的求知欲，提高其探索科学的积极性，培养学生热爱自然、热爱科学，并在这一过程中，教给学生劳动技能与方法。但这一方法对教师及学校的条件要求较高，且需要做大量的课前准备工作，对于教师来说，负担较重。

（三）启发式教学

在科学课程的教学方法上，众多一线教师纷纷展开探究与讨论，各学者求同存异，将科学课程的教学方法概括为应采用启发式，废止注入式。倡导由学生自己动手、动口、动脑，充分调动学生的积极性、主动性，让学生通过自己的实践来获得认知。除以往的运用直观教育、与实际生产生活相联系等进行启发教学的方法，这一时期，较为重视通过提问对学生进行启发。

首先通过提问进行启发。在过去的课堂里，提问大多局限于"什么是""什么叫"，学生为了应付提问，常常死记硬背。因此，学生的积极思维并没有被激发，知识的掌握也并不牢固。所以，在启发式教学中，要通过有效提问来实现。如物理教师在讲授惯性时，在学生易产生误解的地方，设置启发性问题"空气有惯性吗？"[1] 从而调动学生的积极性，引导学生思考。

其次针对学生疑难，联系实际加以解决。学生往往由于生活局限性而产生片面理解。因此，在解决学生提问时，教师通常会联系生活中的具体事务，通过实际事物的代入，激发学生的求知欲，促进其科学思维的发展。

启发式教学的提出与实践，也从侧面说明，我国开始从学生的实际情况出发，探索适合学生身心健康发展的教学方式方法，为学生科学兴趣的激发、科学思维的发展都奠定了良好基础。

（四）成立科学研究小组

为培养学生观察、动手等实际能力，许多学校成立科学研究小组，学生与教师自愿参加，通过小组活动发展科学思维与能力。科学研究小组的组织形式，主要有两种，一种是以班级为单位，选出组长负责各项事宜。另外一

---

[1] 钟瑞森：《在物理教学中启发学生思维》，《物理通报》1965年第6期。

种是以工作类别、学生兴趣为依据成立的专门小组。如模型设计组、农化组、实验组等。学生在教师的指导下，制作标本、进行栽植、举办展览会等。科研小组是集体学习的一种重要方式方法。集体活动的过程，不仅有利于学生集体意识的培养，也有利于学生探究能力和交流能力的发展。

（五）"发现法"与"掌握学习"教学法

20世纪六七十年代，各发达国家为适应科技、经济的发展，在教育方法上进行了不同程度的改革。这些教学方法陆续传入我国，对我国科学教育教学产生了重要影响。其中在我国影响较大且在科学课程中应用较广的，是布鲁纳的"发现法"和布卢姆的"掌握学习"教学法。

布鲁纳的教育理论，集中反映在其编著的《教育过程》一书中，早在1973年，上海人民出版社就出版了该书译本。1978年以后，布鲁纳的结构主义教育理论和发现教学方法，开始在我国广泛传播。他提倡发现式的教学方法，即以探究性的思维方法为目的，以基本教材为内容，让学生自己去发现。发现法的引入，对改进我国科学教育教学起了积极作用，有利于学生在经过自己的感知和思索的基础上形成概念、发现规律。许多教师也对发现教学法展开了研究，并在教学实践中，进一步提出实验式发现法、观察式发现法、讨论式发现法、自学式发现法，等等[1]。

布卢姆的"掌握学习"教学法，出发点是认为学生不及格不是学校不可避免的现象，他认为，"只要提供适当的先前与现时的条件，几乎所有人都能学会一个人在世上所能学会的东西"[2]。"掌握学习"的主要环节，一是对教学内容进行分类；二是对学生"掌握学习"的诊断性测验，使教师能够根据反馈信息，及时调节，提高教学质量。这种教学方法一传入我国，立刻引起广大教师的重视，并在教学实践中进行试验。

这一时期，除沿用固有的教学方法外，格外重视从国外引进的新式教学方法，且并非照搬，而是在结合我国实际的基础上，进行吸收与创新，对我国科学教育方法的改革发挥了重要作用。

纵观中华人民共和国成立至改革开放前的科学教育，无论是在学前教育阶段对科学教育的尝试，还是在小学阶段的曲折发展，抑或是在中学阶

---

[1] 丁栋：《高中学生的心理特点与发现式教学法的初探》，《人民教育》1985年第6期。
[2] [美]本杰明·S.布卢姆等：《布卢姆掌握学习论文集》，王钢等译，福建教育出版社1986年版，第43页。

段的多样化呈现与实施,都经历了一个波折发展的过程。这一过程,既是科学教育从模仿走向独立的过程,也是科学教育从薄弱走向成熟的过程。科学教育的曲折发展,也让我们认识到,任何改革,都要在立足我国国情的基础上,遵循教育发展与儿童身心发展规律,只有如此,科学教育才能健康快速地发展。

第十一章　科学教育普及的新发展

1949年10月1日，中华人民共和国成立，掀开了历史的新篇章。然而，刚刚成立的中华人民共和国，工农业不发达，科学技术水平低，生产力水平落后，经济几乎处于崩溃的边缘。与此同时，国际上第三次科学技术革命兴起，科学技术在发展生产力、提升国家综合国力与提高国家地位上的作用，越来越凸显。

党和国家也意识到，科学技术在社会生产力发展中的重要作用，把发展科学技术作为提高生产力水平的重要手段。要想在科学技术领域赶上世界水平，仅靠少数的科学技术工作者和教育工作者在学校中开展科学教育，是远远不够的，还必须重视社会的科学普及工作，对广大工农劳动人民进行科学知识和科学方法教育，培养其科学精神，使全体国民掌握必需的科学技术。

第一节　科学教育普及的使命与功能

《中国人民政治协商会议共同纲领》（简称《共同纲领》），在第五章"文化教育政策"部分，明确了中华人民共和国的文化教育的性质，是新民主主义文化教育，即"民族的、科学的、大众的文化教育"，并提出要"努力发展自然科学，以服务于工业农业和国防的建设。奖励科学的发现和发明，普及科学知识"。1954年，《宪法》总纲第二十条规定，明确"国家发展自然科学和社会科学事业，普及科学和技术知识，奖励科学研究成果和技术发明创造"。由此可见，国家十分重视科学教育的普及，把普及科学文化作为国家建设的一项急迫任务，并在制度层面给予了法律政策保障。新中国的科学教育普及事业，在继承历史的基础之上，积极探索、开拓创新，提高了全体人民的科学素质，为中国社会的发展，创造了良好的条件，打下了坚实的基础。

一 破除迷信，崇尚科学

中华人民共和国成立之初，对于广大普通民众而言，科学遥不可及。同时，由于长期的封建专制统治，封建迷信思想对人们的毒害，十分严重。新中国百废待兴，各项建设事业需要依靠群众，需要最充分地发动群众，需要最充分地调动亿万人民群众的积极性和创造性，发挥出人民群众的强大力量。因此，新中国成立后，政府始终高度重视科学技术的普及工作，注重通过开展科学教育，把人民群众从愚昧迷信中解放出来，使其具备基本的科学常识，掌握基本的科学方法，提高科学文化水平。

受封建迷信思想的影响，老百姓迷信鬼神，企图通过求神拜佛来赎罪免灾，如认为瘟疫是"天意"只能"听天由命"，生病"请神婆""跳神喝香灰""喝神水"等；在卫生方面，存在"粪坑不能动，动了犯土，不生病就遇灾""灶上灰、梁上草，不到腊月二十八不能扫"① 等迷信思想；在生产劳动方面，存在兴修水利会破坏"龙脉"、节日和忌日不能参加生产、"女人犁田长出的谷子连佛爷也不吃"② 等封建迷信思想。

为打破民众中普遍存在的迷信思想，纠正各种不卫生不科学的习惯，提高民众的生存和生产能力，各地政府部门积极开展普及科学教育的工作，取得了一定成效。如 1950 年入夏以来，广西部分地区遭受了严重的虫灾，各地政府随即派大批干部深入农村，宣传科学教育，打破农民认为害虫是"神虫"、虫灾是"天意"的封建迷信思想，开展捕虫育苗运动，使虫灾停止了蔓延。③ 1950 年 8 月，中央人民政府卫生部和军委卫生部，在京联合举行了全国卫生医药展览会，向参观者普及卫生医药常识，如我国各种地方病（血吸虫病、黑热病、克山病、大骨头节病等）、传染病（鼠疫、霍乱、伤寒、痢疾、沙眼、梅毒、流行性脑脊髓炎等）和其他常见病症的流行状况、传染过程和预防、治疗、护理的知识以及个人的、家庭的和公共的卫生保健常识。④ 此次展览会历时二十五天，参观人数达三

---

① 吕健军：《南京市开展爱国卫生运动的经验》，《人民日报》1952 年 12 月 13 日。
② 新华社：《天没神来地没仙 人民就是活神仙 少数民族打破迷信阔步前进》，《人民日报》1958 年 8 月 22 日。
③ 新华社：《广西虫灾停止蔓延 各地普遍展开度荒运动》，《人民日报》1950 年 8 月 14 日。
④ 《全国卫生医药展览会 两周中十五万人参观》，《人民日报》1950 年 8 月 20 日。

十四万人次。①

1952年4月开始，南京市组织了十五万多人开展爱国卫生运动，通过各种宣传形式，向群众宣传普及预防注射、饮食、饮水、卫生管理和卫生建设等方面的知识，并取得一定成绩。当年全市的发病率和死亡率，大为降低。与此同时，人们的生产热情，也得到了大大提高。例如，南京榨油厂在1951年，因为厂内的卫生工作做得不好，经常发生事故，耽误的工时平均占全月工时的20%，1952年，因清扫工作做得好，厂内很少发生事故，生产效率也就提高了。九区爱国卫生模范村东西林村，由于卫生工作结合了生产，全村1952年的产量比1951年增加了一倍。②

1956年，在"向科学进军"口号的号召下，全国上下在推进科学技术发展的同时，迅速形成了一个以提倡科学、破除迷信、崇尚革新、反对守旧为主题的群众性科学普及活动的高潮。1958年，党中央提出了鼓足干劲、力争上游、多快好省地建设社会主义的总路线，要求尽快地把我国建设成为一个具有现代工业、现代农业和现代科学文化的社会主义国家。实现总路线的关键，就在于破除迷信、解放思想、敢想敢说、敢作敢为。

因此，这一时期主要通过开展文化教育包括普及科学教育等，帮助人民群众破除迷信、移风易俗，扫除"科学盲"。初步扫除"科学盲"的标准和要求如下：(1) 结合自己的业务，熟悉一门或几门业务知识，能掌握一项或几项先进的操作方法，并懂得其中一些基本的道理；(2) 具有一定的与日常生产、生活有关的普通的自然常识（如自然现象中的风雨雷电、日月星辰，随着机械化电气化的发展，需要具有一些声、光、电、热以及机械方面的杠杆、滑车、虹吸管、摩擦滑动、风动等方面的普通常识），应该就这些方面编出课本来，作为教材；(3) 结合除四害讲卫生的斗争，要懂得一般的卫生常识及当地几种主要传染病的预防知识。③

例如，青海省农业地区的以除四害为中心的爱国卫生运动，取得了显著成效，截至1958年8月，全省农业区已基本上达到了"四无五洁"（"四无"指无鼠、无雀、无蚊、无蝇，"五洁"指街巷、室内外、厨房、

---

① 新华社：《全国卫生医药展览会 受广大群众热烈欢迎 展览期间观众共达三十四万》，《人民日报》1950年9月6日。
② 吕健军：《南京市开展爱国卫生运动的经验》，《人民日报》1952年12月13日。
③ 科学普及出版社编：《我国科学研究的方针和道路》，科学普及出版社1959年版，第12—13页。

厕所、个人清洁）。由于人人爱清洁，加上减少了蝇蚊等传播疾病的媒介，这些地区1958年上半年，各种传染病的发病率，比1957年同期下降了35.6%。①

需要注意的是，受当时政治局势的影响，当时倡导和普及的科学，是无产阶级的科学文化，宣传的外国科学文化，主要是苏联和东欧社会主义国家的科学文化知识。通过向人民群众普及无产阶级的科学文化知识，帮助他们形成唯物主义世界观。

二　推动社会主义建设

早在中华人民共和国成立之初的经济恢复时期，人民政府即开始组织科技人员下乡，开展以农业和卫生为主要内容的科普宣传活动。在农业方面，主要是通过普及育种、选种、病虫害的防治、先进的耕作与饲养方法、新农具和农用药品、水利灌溉技术等方面的知识，提高广大农民农业科学技术知识，提高农业生产效率。1950年初，文化部科学普及局明确提出了"科学普及工作也必须做到明确而深入地为当前的生产建设服务"的要求，还特别强调了"密切配合农业生产开展农村中的科学普及工作"②。

为推广农业科学技术，山西省农业厅在太原市、长治、翼城、兴县、临汾五地，同时举办了全省农业干部技术训练班，训练对象为专署农业科员、县农业科长、县农业科员、区农业助理员、村干部及劳动英雄等，训练内容以耕作、选种、施肥、防除病虫害为主。各训练区还因地制宜，根据当地气候与作物的不同，结合实际情况和群众要求，有重点地进行教育，如兴县区着重家畜防疫，临汾、翼城区以斯字棉、金字棉的栽培法为主。训练班的第一期学员分别于1950年1月中旬先后结业，经过训练，学员们纷纷表示"这次学的本事很多"，且大部分学员们的结业成绩都很好。③

1950年，华北地区开展了推广农业技术的群众性运动，在防治病虫害、评选和推广优良品种、提高耕作技术以及农场示范工作等方面，取得

---

① 新华社：《个个讲卫生 人人爱清洁 青海爱国卫生运动成绩大》，《人民日报》1958年8月22日。
② 沈其益等：《中国科学技术协会》，当代中国出版社1994年版，第263页。
③ 《推广农业科学技术 山西五百农业干部受训完毕 榆次专区将普遍开办训练班》，《人民日报》1950年2月12日。

了很大的成绩。通过科学地捕捉害虫，使华北地区一年内粮食的损失，大大降低。由于提高了种植技术，河北省的棉田，1950年每亩平均产皮棉三十二斤，较1949年增产五斤以上；石家庄农场帮助附近北社村农民改进生产技术，使该村1950年增产了五十万斤粮食。①

经过三年，国民经济基本恢复，随着农业科学技术的推广与普及，全国农业生产水平已基本恢复到抗日战争以前的水平，国家也即将开展大规模的经济建设。1952年，中共中央提出过渡时期的总路线，即"要在一个相当长的时期内，逐步实现国家的社会主义工业化，并逐步实现国家对农业、对手工业和对资本主义工商业的社会主义改造"。其中，要想实现社会主义工业化、完成农业改造和手工业改造，就要改革旧的技术装备，创造适合我国工业发展需要的新的技术装备，采用先进的耕作技术与手工业技术。这些都需要具备高度的科学技术水平。不仅需要技术人员和科学工作者提升自身研究水平，还要使广大群众的技术水平不断提高。因此，普及科学教育在实现过渡时期总路线的过程中，具有特殊的重要意义。

随后，全国各大城市广泛开展了以工人和干部为主要对象的科学技术普及工作。科学技术普及协会和各地工会组织，联合举办了系统科学技术讲座和技术培训班。如旅大市（今大连市）科学技术普及协会，先后为工人们举办了电学、电机、化学、工业化学、机械力学等工业领域的系统性讲座，工人把这些讲座叫作社会大学；上海市科学技术普及协会和上海市五金工会，联合为二十个国营机器制造业工厂举办了"机器制造厂生产知识讲座"，讲演对象以工人或地方转来的企业管理干部为主，讲演内容包括机械制图基本原理、金属材料、铸工、锻工、热处理等，许多干部经过一年的学习，提高了业务水平，并能运用这些科学知识解决一些生产上的实际问题；江苏省科学技术普及协会曾和南京市一区机械工会为十多家私营机器厂的车工、钳工举办"技工读图班"，经过九个月的学习，学员不仅能按图样施工，而且学会了齿轮和公差的计算，提高了产品质量。②

1956年1月，在中共中央召开的关于知识分子的会议上，提出了"向科学进军"的口号。同年，中共八大在关于政治报告的决议中指出，我国

---

① 新华社：《华北举行农业技术会议 开展改良技术运动保证完成增产任务》，《人民日报》1951年2月19日。

② 《工人中的科学技术宣传工作日益开展》，《人民日报》1954年7月16日。

基本上取得了社会主义革命的胜利，国内的主要矛盾，是先进的社会主义制度同落后的社会生产力之间的矛盾，即"人民对于建立先进的工业国的要求同落后的农业国的现实之间的矛盾；人民对于经济文化迅速发展的需要同当前经济文化不能满足人民需要的状况之间的矛盾"。无论是在数量上还是在质量上，我国的技术人员和技术工人，都还不能适应生产迅速发展的需要。要解决这一矛盾，关键就是要提高我国的科学技术水平，把现代化的科学技术成就，应用到社会主义建设事业中。这就要求把我国广大群众，培养成为具有高度文化、科学、技术水平的劳动者。

群众对学习科学技术知识、提高自身文化科学技术水平，也有着迫切需求。"我们再不学习科学技术就不能前进了"成了工农业生产战线上劳动人民普遍的呼声。[1] 各地厂矿企业的技术学校，几乎普遍存在招生一百，报名一千，旁听的人多得挤破门窗的现象。有不少基层单位的职工，自动组织了科学技术学习小组，或者自发地签订教学合同。[2] 1956年6月14日起，湖北省科普协会为江岸机车车辆厂的工人们，举办了不同工种的七个关于新技术标准的技术讲座。参加钳工技术讲座听讲的有二百人，从开课到结束，没有一个工人迟到或早退，每次上课不仅教室里挤满了人，连门口窗口也是拥挤不堪。课后不论是在车间还是在宿舍里，只要有空闲时间，工人们就把口袋里的新技术标准手册掏出来，聚精会神地阅读或互相研究。浙江杭县农场的农业科学技术讲座，受到当地干部、农民的普遍欢迎，学员们不管天气怎样，路有多远，都赶来听课，许多农业社干部说："学习科学技术就是再远一些，我们也愿意去。"[3]

开展群众性科学教育不仅有利于提高工人的科学技术知识水平，还能提高工人家属的科学技术知识水平。"特别是生产知识、自然科学和卫生常识的普及，帮助职工家属了解了她们的亲属们做的工作有什么意义，也帮助她们了解到怎样才能配合厂矿注意职工生产安全，并根据已学得的科学知识注意职工的饮食卫生和休息等，同时还帮助她们破除封建迷信

---

[1] 吴玉章：《用科学知识武装劳动人民——为纪念中华全国科学技术普及协会六周年而作》，《人民日报》1956年8月26日。

[2] 赖若愚：《积极地开展职工科学技术普及工作（在全国第一次职工科学技术普及工作积极分子大会上的报告）》，《人民日报》1956年10月30日。

[3] 吴玉章：《用科学知识武装劳动人民——为纪念中华全国科学技术普及协会六周年而作》，《人民日报》1956年8月26日。

想,也帮助她们懂得如何更好地抚育身心健康的后代等等。无疑的职工家属科学技术水平的提高,不但对职工和职工的家庭直接有利,而且也是对生产建设有利。"① 通过普及科学教育,把科学知识交给人民,不断地提高他们的生产技术,提升他们生产斗争和阶级斗争的科学知识水平,进而顺利地发展工农业生产,加快社会主义经济建设的速度,从而提高劳动人民的物质和文化生活水平,使人民生活得更好。

三 促进科学研究

要完成在科学技术方面接近世界先进水平这一艰巨的任务,主要还是要依靠科学工作者的努力。向广大劳动群众普及科学教育,与科学家的培养和科学研究水平,有着紧密联系。

1958年9月,时任国务院副总理的聂荣臻指出,许多发明创造是由群众干出来的,许多科研机关和高等学校的研究工作,是由青年而非老科学家干出来的,可见,科学研究并非一定要走专家路线,把群众路线运用到科学技术研究工作中是十分有必要的。② 著名学者茅以升在全国第一次职工科学技术普及工作积极分子大会上,也指出"科学研究工作,从课题的来源到研究的进行以至成果的推广,是和生产现场的职工有密切关系的"。只有生产现场中有关职工具备一定的科学技术知识并且密切合作,才能明确反映生产中遇到的问题,并且提供意见,帮助解决问题。"科学技术普及工作对职工群众的科学技术知识有不断提高的显著作用,因而对科学研究工作也有它极重要的意义。"③ 因此,只有广大劳动人民都掌握科学技术文化,科学技术文化才能得到真正无限度的发展和提高。

当群众主动向科学技术工作者请教和研究生产科学技术问题时,科学技术工作者从事科学研究和科学教育普及工作的积极性,将受到极大的鼓舞。为了提高生产,工人们普遍要求学习技术,机械工人更迫切要求学会看机械图。但由于工人生产任务紧,用于学习的时间较少,这就要求速

---

① 科学普及出版社编:《积极地开展职工科学技术普及工作·全国第一次职工科学技术普及工作积极分子大会主要文件汇编》,科学普及出版社1957年版,第18、34—35页。
② 新华社:《发展科学技术的社会主义道路——聂荣臻在科联科普全国代表大会上的报告摘要》,《人民日报》1958年9月19日。
③ 科学普及出版社编:《积极地开展职工科学技术普及工作·全国第一次职工科学技术普及工作积极分子大会主要文件汇编》,科学普及出版社1957年版,第34—35页。

成。武汉市科学技术普及协会会员、华中工学院的赵学田教授,在向工人讲授"如何看蓝图"时,创造了"机械工人速成看图法",只要二十个小时的讲授、讨论和练习,就可使一个普通工人看懂机械零件图和简单的机械装配图,迅速地提高了工人的技术水平。这一方法一经全国推广,效果很好,使广大机械工人提高了看图能力,消灭了80%的"图盲"[1]。正是"速成看图法"对于迅速提高机械工人的技术水平和提高工人的劳动效率起到了积极作用,因此深受工人欢迎。还有工人称是赵学田教授"授给了我们找窍门的钥匙"[2]。在工人们的鼓舞下,赵学田教授又编写了"速成制图法"讲稿,帮助工人学习制图。[3]

研究与生产是永远紧密联系着的,脱离了生产实际就没有科学研究。工农业生产中,劳动人民的科学技术知识,不但是发展生产的重要因素,同时也影响到科学研究成果的验证和推广。因为劳动人民在实际生产和生活中遇到的一些问题,可以启发科学工作者,帮助他们在科学研究、科学教育、科学行政工作中面向实际。此外,通过向人民群众普及科学知识,有助于挖掘被埋没的科学人才,开发智力资源。一些人在科普知识的启发下,走上了科学研究的道路。因此,科学教育普及还有助于培养大量的科学家和提高科学研究水平。

第二节 科学教育普及的措施

作为"大众的"科学教育,其普及对象十分广泛,包括广大青少年、广大在职干部以及广大的工农兵群众,再加上整体国民科学素质偏低,使得新中国的科普任务十分艰巨。同时,这也决定了新中国科学教育的普及,要灵活采取多种多样的开展措施。

一 建立科学组织,领导开展科学普及工作

中华人民共和国成立后,我国科普事业进入建制化发展时期。[4] 全国

---

[1] 科学普及出版社编:《积极地开展职工科学技术普及工作·全国第一次职工科学技术普及工作积极分子大会主要文件汇编》,科学普及出版社1957年版,第83页。

[2] 《工人欢迎速成看图法》,《人民日报》1955年1月15日。

[3] 赖若愚:《积极地开展职工科学技术普及工作(在全国第一次职工科学技术普及工作积极分子大会上的报告)》,《人民日报》1956年10月30日。

[4] 任福君、尹霖等:《科技传播与普及实践》,中国科学技术出版社2015年版,第2页。

的科学教育普及工作，先后由科学普及局、中华全国科学技术普及协会、中华人民共和国科学技术协会负责领导和管理。

(一) 科学普及局

为了更有效地向人民群众普及科学技术知识，1949年11月1日，中华人民共和国文化部下设科学普及局（简称"科普局"），主要职责是领导和管理全国的科学教育普及工作。

1950年2月17日至28日，科普局举办了中华人民共和国成立后的第一次科普活动——北京市春节科学知识展览会[1]，展览内容主要为"一般科学知识""从猿到人"和"妇婴卫生知识"三个部分。其中，一般科学知识包括人们日常生产、生活有关的物理、化学、地理、生物及心理等科学知识等；"从猿到人"的展览主要向群众普及说明人类的来历，以及与生产劳动的关系；妇幼卫生知识包括妇女月经、结婚、妊娠、生产、育婴、儿童教养及各种疾病的预防与治疗等。[2] 为了吸引、发动更多的群众前来参观，以期收到更大效果，展览会还在会场外组织了游艺表演。北京市文教局还致函各区文艺科，动员组织成人夜校、儿童识字班、妇女识字班学生集体参观，鼓励学生动员家长及亲戚前往参观。[3] 这次的展览会，取得了一定的成效，群众参与的热情十分高涨。十二天中，参观群众包括工、农、兵、学生、干部、一般市民、家庭妇女等，有一百五十多个单位集体参观，参观人数共计十万余人。[4]

随后，在科普局的领导下，各地科学普及工作者开展了科学展览会、讲演会、电影、幻灯等多种形式的科学普及活动，并创办月刊《科学普及通讯》，鼓舞自然科学工作者、青年学生和各地工农兵的文化干部，从事科学普及工作的热情，向各地人民大众传播生产技术知识、一般保健知识和妇婴卫生知识等方面的知识。此外，为普及科学教育事业，科普局于1950年4月，设立了电化教育工具制造所，专门制造宣传科学教育的工具——幻灯机和幻灯片。这些活动均受到了人民大众的热烈欢迎，并取得

---

[1] 张应吾主编：《中华人民共和国科学技术大事记1949—1988》，科学技术文献出版社1989年版，第8页。
[2] 逊运显：《京市春节举办科学知识展览 五区一年成绩展览延长日期》，《人民日报》1950年2月9日。
[3] 《京市将举办春节科学知识展览》，《人民日报》1950年1月28日。
[4] 《首都春节科展闭幕》，《人民日报》1950年3月1日。

了一定的成效。越来越多的群众，接触科学、相信科学，主动地学习科学知识。

1951年10月，国家将科普局并入社会文化管理局，推动和组织科学教育普及的工作，由中华全国科学技术普及协会接管。

(二) 中华全国科学技术普及协会

1950年8月18日至24日，第一次中华全国自然科学工作者代表会议在清华大学召开。22日，会议上成立了"中华全国自然科学专门学会联合会"（简称"科联协会"）和"中华全国科学技术普及协会"（简称"科普协会"）两个科学技术界群众性组织。其中，科普协会是群众性的普及科学技术知识的组织。

此次会议上通过的《中华全国科学技术普及协会暂行组织方案要点》，明确了科普协会的宗旨是普及自然科学知识，提高人民科学技术水平。科普协会的任务是组织会员，通过讲演、展览、出版及其他方法，进行自然科学的宣传，以期达到下列目的："第一，使劳动人民确实掌握科学的生产技术，促使生产方法科学化，在新民主主义的经济建设中，发挥力量；第二，以正确的观点解释自然现象与科学技术的成就，肃清迷信思想；第三，宣扬我国劳动人民对于科学技术的发明创造，借以在人民中培养新爱国主义精神；第四，普及医药卫生知识，以保卫人民的健康。"[①]

科普协会成立后，组织各方面专家成立了四个宣传委员会，分别开展工业技术、农业技术、医疗卫生和唯物世界观等四个方面的科普活动。另外，科普协会还根据"一面筹建组织，一面开展宣传工作"的方针，在全国各省区市普遍建立分会筹备机构。[②] 据统计，截至1952年，全国科普协会会员已发展到1.8万人，其中研究人员、高等院校和中专学校教师约占31%，工程、农业、医务技术人员约占35%，行政机关中的科技工作者约占24%，学生及其他成分约占10%。[③] 但是，由于各地党委和政府忽视对科普工作的领导，科普协会成立初期，各地科普工作都取得的成效十分有限。

因此，中共中央于1953年4月，发布了《关于加强对科学技术普及协会工作领导的指示》，要求各地党委和政府建立对于各地科普协会的领

---

① 何志平、尹恭成、张小梅主编：《中国科学技术团体》，上海科学普及出版社1990年版，第480—481页。
② 司有和主编：《中华人民共和国科技传播史》，重庆出版社2005年版，第364页。
③ 司有和主编：《中华人民共和国科技传播史》，重庆出版社2005年版，第365、368页。

导，加强对科普协会工作的支持。这一指示发布后，各地方中共委员会和政府普遍加强了对科普协会工作的领导和支持，省、自治区、直辖市科普分会相继正式成立，会员逐步编入会员工作组。科普宣传工作走上经常化，宣传质量也有所提高。[①] 1956 年 11 月，全国科普协会召开一届二次全委会议，在总结六年以来的工作经验的基础上，总结全国科学教育普及工作得以顺利开展的"四大关键"是"依靠党的领导，与有关方面合作，发挥会员的积极性，保证宣传工作的质量"[②]。会议还通过了《中华全国科学技术普及协会试行章程草案》，该草案进一步明确了科普协会的性质、宗旨、任务、会员和组织等。根据这一草案，科普协会主要通过以下几种方式普及科学教育："一是举办科学技术知识的讲演会、座谈会、科学问题解答会和其他形式的报告会；二是出版讲演速记稿、通俗科学读物、科学报刊、讲演方法资料、传播先进经验的快报等；三是供给报刊科学稿件，书面解答科学问题；四是在广播电台广播科学知识；五是举办展览会，组织展览品的供应；六是开办科学技术博物馆、科学技术馆、科学技术图书馆、天文馆等；七是编写科学电影剧本，设计幻灯片，放映科学电影片和科学幻灯片。"[③]

在各级党委和政府的支持，以及各有关方面的密切配合下，1956 年，科普协会的科学教育普及工作，获得了较大的发展。主要体现在以下几个方面：

第一，科普协会的组织系统，得到进一步发展壮大，除西藏和台湾外，全国各省区市都建立了科普协会分会，分会数量由 1955 年底的 110 个，发展到 1956 年的 1075 个。[④]

第二，科普协会聘请化学、纺织、林业、水利、农学、机械、矿冶燃料、医疗预防等各方面专家和政府有关部门负责人，组成了不同的专业性学组，以根据协会总的宣传方针，确定本门科学知识的宣传方针、选题和主要内容，讨论、审查讲稿和出版稿，研究群众意见，指导和帮助各地科普协会进行宣传工作。

[①] 沈其益等：《中国科学技术协会》，当代中国出版社 1994 年版，第 44、50 页。
[②] 沈其益等：《中国科学技术协会》，当代中国出版社 1994 年版，第 44、50 页。
[③] 何志平、尹恭成、张小梅主编：《中国科学技术团体》，上海科学普及出版社 1990 年版，第 670 页。
[④] 司有和主编：《中华人民共和国科技传播史》，重庆出版社 2005 年版，第 365、368 页。

第三，科普协会组织活动频繁，全年开展科普宣传讲演活动28万次，举办小型科普展览3000余次，放映科教电影、幻灯1.3万余场，出版科普小册子248种、发行890万册，出版科普挂图12套，试制科普箱30种，为配合宣传《全国农业发展纲要（草案）》，编写农业、林业、水利、卫生等方面的科普资料约100种。①

第四，发展一些附属机构，如成立科学普及出版社与科普形象资料厂、修建天文馆等。

第五，科普协会加强了同国内有关部门如全国总工会、中国人民解放军总政治部、青年团中央、林业部、电力部等单位的合作，联合发出关于开展科普工作的通知。

第六，科普协会加强了国际合作，如与劳动部、苏联《知识就是力量》编辑部合作，编辑发行中国版《知识就是力量》，派遣代表团参加波兰知识普及协会和民主德国科学知识普及协会的会员代表大会，还与罗马尼亚、匈牙利、南斯拉夫等国家的协会建立了初步联系等。1957年，有些省把县级科普协会组织机构撤销或与其他单位合并，或者将专职干部下放，以致使这些县的科普工作陷入困境。②

1950—1958年，科普协会在全国各地建立了五万多个基层组织，发展了一百多万会员，并通过各种方式向广大群众进行了科学知识的普及宣传教育工作；据统计，参加过各种讲演会、展览会和看过电影、幻灯的群众，达十亿八千多万人次。③ 由此可见，科普协会在推动我国科学教育普及事业上做出了重要的贡献。

但随着1958年后，科普协会和科联协会并存，将科学普及工作和科学提高工作机械地分开，已不能完全适应当时的局势。④ 因此，在1958年9月召开的中华全国专门学会联合会和中华全国科学普及协会全国代表大会上，决议通过将科联协会和科普协会合并，建立中华人民共和国科学技术协会。

（三）中华人民共和国科学技术协会

1958年9月18日至25日，科联协会与科普协会联合在北京召开全国

---

① 司有和主编：《中华人民共和国科技传播史》，重庆出版社2005年版，第368—369页。
② 司有和主编：《中华人民共和国科技传播史》，重庆出版社2005年版，第368—369页。
③ 《科学事业必须为社会主义建设服务》，《人民日报》1958年9月19日。
④ 《祝中国科学技术协会成立》，《人民日报》1958年9月27日。

代表大会。大会一致认为，科联协会与科普协会合并，有利于贯彻普及与提高相结合，农工群众与知识分子相结合，以及生产、教学与科研相结合的方针，有利于进一步克服科学技术界脱离生产、脱离实际、脱离群众的倾向。因此，大会通过决议将科联、科普两个团体合并为"中华人民共和国科学技术协会"（简称"中国科协"）。至此，我国建立了一个全国性的、统一的科学技术团体。

中国科协的宗旨是"团结和动员科学技术工作者，促进科学技术的繁荣和发展，促进科学技术的普及和推广"[1]；其基本任务是"在中国共产党领导下，密切结合生产积极开展群众性的技术革命运动"；[2] 其具体任务包括："一是要积极协助有关单位开展科学技术研究和技术改革的工作；二是总结交流和推广科学技术的发明创造和先进经验；三是大力普及科学技术知识；四是采取各种业余教育的方法，积极培养科学技术人才；五是经常开展学术讨论和学术批判，出版学术刊物，继续进行知识分子的团结和改造工作；六是加强与国际科学技术界的联系，促进国际学术交流和国际科学界保卫和平的斗争。"[3] 大会还将此次会议确定为中华人民共和国科学技术协会第一次全国代表大会。

为更有效地开展科学教育普及工作，根据中国科协第一次全国代表大会上通过的《关于建立中国科协的决议》规定，中国科协在各省区市、县成立科协的地方组织，并在群众需要的情况下，在工矿、企业、人民公社、学校、机关等单位建立科协组织。此外，原科联协会会员和科普协会会员，一律转为科协的会员。

作为我国科学普及事业的重要领导者和组织者，中国科协根据国家的要求和确定的工作任务，围绕群众性实验研究活动、先进技术总结推广、科学技术知识宣传普及、专业技术人才培训等内容，开展了技术上门、技术培训和群众性科学实验研究等一系列服务于生产建设的科学普及推广活动。[4]

---

[1] 任福君、翟杰全：《科技传播与普及概论》，中国科学技术出版社2014年版，第28页。
[2] 何志平、尹恭成、张小梅主编：《中国科学技术团体》，上海科学普及出版社1990年版，第743页。
[3] 何志平、尹恭成、张小梅主编：《中国科学技术团体》，上海科学普及出版社1990年版，第743—744页。
[4] 任福君、翟杰全：《科技传播与普及概论》，中国科学技术出版社2014年版，第28页。

但由于中国科协成立之时，受到时局影响，被大搞技术革命群众运动所取代。在《1959年全国科协工作规划要点（草案）》中，对各级科协在工业、农业、医药卫生、改造自然、尖端科学、基础科学等六方面的工作，都提出了不合实际的要求和目标，要求继续贯彻全面跃进的方针，进一步开展群众性技术革命运动。在《中国科协1960年工作计划要点》中，进而提出要努力完成和超额完成1960年国民经济计划和科学技术发展规划，就大力举办业余科学技术教育、广泛开展科学技术知识的普及工作等方面，亦提出了"更好速度"的要求。

1960年7月，中国科协在上海召开会议，在会议上提出协会现阶段的任务，是要在科学技术上大搞群众运动，实行大普及、大提高，以最高速度来发展中国的科学，为提前完成四个现代化而奋斗；在协会组织方面，主张以广大人民群众为主导，批判"以科技人员为主"；在协会工作方面，片面强调大搞"学术批判"，导致一些协会活动陷于停顿，更有甚者，个别地方科协组织一度被撤销。[①]

1961年1月，中共八届九中全会提出对国民经济实行"调整、巩固、充实、提高"。中国科协在这一"八字方针"的指导下，于1961年4月10日至23日，召开了全国工作会议。会议上再次明确了中国科协的任务，就是要学术活动与科学普及两手抓，一手抓学术活动，一手抓科学普及。科普工作在纠正大搞群众运动中的错误经验、汲取有效的经验的基础上，逐渐恢复到1958年以前的做法，并通过一系列的调整、提高，使科普工作得到稳步地发展。

但是，受国内政治形势的影响，1964年后，再次兴起了大搞群众运动。1966—1976年，中国科协亦受到影响被迫停止活动，科研人员和广大人民群众学习科学文化知识的积极性，受到严重的挫伤，国内各种科普活动几乎全部中止。直到1976年后，科学教育普及工作才得到全面恢复。1977年9月18日，中共中央发出《关于召开全国科学大会的通知》，明确要求中国科协和各专门学会积极开展工作，大力做好科学普及工作。

二　开展科学讲座

中华人民共和国成立初期，普及科学教育最主要的形式，是举办科学

---

① 沈其益等：《中国科学技术协会》，当代中国出版社1994年版，第65—66页。

讲座或讲演。因为这种形式简单，收效既大又快。

自1950年10月18日起，北京市科普协会每周举办一次"干部科学讲座"，由北京科普协会会员和国内各门学科专家担任教员，向中央一级和北京市一级的机关干部普及一般科学知识，以适应国家大规模经济建设的需要。此次系列讲座前面4讲，分别是由水利专家、中央人民政府水利部副部长张含英讲授的"新中国的水利建设"，由华北农业科学研究所所长陈凤桐讲授的"伟大的斯大林改造自然计划"，由钱三强讲授的"原子能与世界和平"，以及由中央人民政府卫生部副部长傅连暲讲授的"学习苏联的先进医学"。此外，在"中苏友好月"内，干部科学讲座还会介绍苏联先进的科学技术的成就，讲授"米丘林农业生物学的伟大胜利""巴甫洛夫学说的辉煌成就"及"苏联的地理"等。[1] 这一系列干部科学讲座受到听众的热烈欢迎。仅1950年一年，科普局就举办公开科学讲演约三百次，听众十万余人。[2]

科普协会成立后，在两年内，全国各地科普协会分会共举办了1.12万多次科学讲演，讲演的类型主要有：（1）为工人举办系统的技术讲座，普及先进工业生产经验，如"金属高速切削法""一九五一织布工作法""球墨铸铁"等；（2）为农民举办农业知识讲座，普及"庄稼病虫害""养猪积肥"等生产知识以及各种作物的丰产经验；（3）举办"天体的运行""地球的起源"的主题的讲演，向群众进行威武世界观的宣传；（4）以宣传新中国的科学与建设的成就为主题，如进行了七百余次的"伟大的治淮工程""成渝铁路""新中国工业、农业建设的成就""祖国地下宝藏的新发现"等主题的讲演。[3]

为加强对职工群众的科学教育普及，全国总工会率先响应"向科学进军"的号召，和科普协会于1956年1月，联合制定了《关于1956年对职工进行科学技术宣传工作的协作计划纲要》。在计划纲要中，要求"每一基层俱乐部每月应举办4次科学技术讲演（包括配有讲解的形象表演、科学技术问题解答等在内），每一地区俱乐部（文化宫）每月举办6次科学

---

[1] 《北京市科学技术普及协会举办"干部科学讲座"》，《人民日报》1952年11月17日。
[2] 中央人民政府文化部《一九五零年全国文化艺术工作报告与一九五一年计划要点》，《人民日报》1951年5月8日。
[3] 梁希：《把科学技术知识带到群众中去——为中华全国科学技术普及协会成立两周年而作》，《人民日报》1952年8月25日。

技术讲演"①。

1958—1960年,科普讲演的阵地主要分为两处:一是科普学校、俱乐部、民校等固定宣传点,这种讲演的对象大都是固定的,讲演的内容也较系统,根据当时的情况,运用这种阵地多是在下雨天;二是工地、田间地头,即利用社员休息时间进行,这种讲演的对象并不固定,讲演的内容多,做什么事讲什么,它的好处是既不影响生产,又学习了科学知识。在农村,每次讲演一般讲一个问题,15分钟左右。为了适应在田头讲演的特点,一般都采用活动小黑板进行授课。整个讲演分为三个教学过程,即开始时复习提问,中间讲解新题,结束时巩固新课,其目的是使学过的知识得到巩固。

三 举办科学展览会

科学展览会在形式上生动活泼,它通过实物证件的丰富形象向人民群众普及科学知识,具有较强的说服性,人民群众也易于理解。举办科学展览会有助于提高人民群众的科学知识水平、改进生产技术、破除迷信思想、增进人民健康等等。据统计,1949年11月至1950年10月一年内,全国24个主要省市共举办了65次科学展览会,拥有观众476万余人。②

1951年10月,科普局与科普协会联合发出了《关于举办大众科学巡回展览的通知》,通知中指出,要在华北地区举办科学巡回展览会,展览内容包括庄稼病虫害、妇婴卫生和天文知识三大部分;山西省文教厅和省科普协会联合组织了这一科普活动,在短短两个多月的时间里,使长治等6个县里的部分人口,接受了一次生动的科普教育;浙江省科普协会在1951—1952两年里,不但自己设计了《妇幼卫生》《怎样种棉花》《畜牧兽医》等3套展览,还协助嘉兴支会设计了防治血吸虫展览,配合浙江省人民出版社围绕农事季节,编印了《怎样种绿肥》等科普小册子15种,发行近15万册。③ 在中国科协的支持下,中国植物保护学会开展了植物保护知识展览,向广大群众普及植物保护的科学知识、推广先进技术,为农业生产服务。中国植物保护学会编辑设计了一套植物保护知识展览内容,

---

① 中华全国总工会宣传部编:《工会宣传工作手册》,工人出版社1957年版,第21页。
② 陆灏:《展览会是广泛联系群众的重要形式》,《人民日报》1951年4月12日。
③ 沈其益等:《中国科学技术协会》,当代中国出版社1994年版,第264、352页。

分为病害、虫害、检疫和农药四个部分，共四十五个专题。随后，还制作了大型、中型和小型的展品 784 套，印制彩色挂图 44 种、合计 25 万套，印制通俗小册子 8 种、合计 64 万册，供应各地方开办展览会需要。①

在 1963—1964 年的一年多时间内，全国就有 27 个省、自治区和直辖市，先后举办大型的植物保护知识展览，参观人次达一千万左右。全国有 12 个省建立了经常性的植物保护工作队，跋山涉水，上山下乡，深入各地农村开展巡回展览，将植物保护知识给农民送上门。由于这个展览的内容密切联系生产实际而又通俗易懂，人们在参观之后纷纷赞扬这个展览能够解决生产上的实际问题，对农业生产起了立竿见影的促进作用。

四　开展"技术上门"活动

"技术上门"活动是中国科协开展群众性科学教育活动的一种重要组织形式。它是由中国科协将科研机构的科研人员、高等学校师生以及有关生产部门的生产能手组织起来，组成考察团、调查团、普查队、先进技术推广队、促进团、服务队、讲师团、技术会诊队、医疗队、攻坚队、青年突击队等各式各样的专业队伍，总结先进的科学技术经验，推广新技术新经验，突破生产中的关键性科技问题，向民众普及科学技术知识，以达到支援工农业生产的目的。

"技术上门"活动的形式多种多样，时间长短、规模大小不一，一切皆视具体情况而定。它的优势在于目标明确、任务具体、力量集中、方式灵活、行动迅速、效果明显以及符合经济节约的原则。通过这些活动，不仅能使科学技术人员和学校师生深入生产、深入群众，做到理论密切联系实际，丰富、充实科学研究和学校教学的内容，促进知识分子的思想改造，还能使技术革命的群众运动深入发展。《人民日报》社论认为，这种"技术上门"活动的最大特色就是合乎多、快、好、省地发展科学技术、建设社会主义的要求。②

1959 年 1 月，中国科协在杭州召开了第一次全国科协工作会议，建议开展各种形式的"技术上门"活动。自 1959 年春开始，全国各地科协组织相继在推广，推动解决各地当前生产技术的关键问题，促进了各地生产

---

① 沈其益等：《中国科学技术协会》，当代中国出版社 1994 年版，第 264、352 页。
② 《"技术上门"一举多得》，《人民日报》1960 年 11 月 11 日。

的发展，深受被支援单位和群众的欢迎。例如，湖北省于1960年5月，组织了武汉地区7个科学技术研究单位、12所大专院校和中等专科学校，共一千多人的科学技术服务团，深入13个县35个农村人民公社和60个工厂、工地进行活动，协助工农业基层单位解决了亟待解决的关键性问题207个，推广应用了新技术17项，进行各种设备的安装、改装和建设工程的设计231项，总结各项先进技术、先进经验121项，这些均为贯彻当时湖北省委在农业方面提出的"麦收四块"、在工业方面提出的"夺取高产、优质、低成本"的目标，起到了良好的促进作用。①

尽管"技术上门"活动，对于普及科学技术知识、促进工农业生产起了重要作用，但由于历史局限性，其发展还存在一些不足，有待完善。

五 培训科学技术骨干

1961年4月，为深入贯彻中共八届九中全会提出的"八字方针"——"调整、巩固、充实、提高"，提高工作质量，中国科协召开全国工作会议。会议上分别就农业生产和工业生产问题讨论，拟订了《关于为农业生产服务的几点意见（草案）》和《关于为工业生产服务的几点意见（草案）》，明确各级科协的首要任务是为农业服务，要注重培训农村的科学技术骨干。

科学技术骨干主要指那些具有丰富经验的老农、生产能手、能工巧匠、下放干部以及回乡学生等等，他们亦是群众性科学技术活动的积极分子。通过各种形式的科研小组和专业小组把科学技术骨干组织起来，对他们进行业余技术教育，运用能者为师、互教互学的方法，向他们传授农业生产与工业生产的新技术和先进经验以及基础科学知识，使他们成为各行各业生产中的中坚力量，在工作上能够发挥出更有效的骨干作用，进而推动科学技术的普及。

1962年9月，党的八届十中全会在北京召开，会议上强调要加强对科学技术的研究，尤其是对农业科学技术的研究。1963年2月8日至3月底，全国农业科学技术工作会议在北京召开，其中包括中国科协召开的全国农业科普工作会议。在此次农业科普工作会议中，着重讨论了如何加强农村科普工作问题，强调应首先做好对中、初级技术人员、基层干部和农

---

① 《"技术上门"一举多得》，《人民日报》1960年11月11日。

民中的技术骨干的工作，以求在生产和技术改革中迅速见效，并依靠他们更好地向广大群众进一步普及。①

六 群众性科学实验活动

群众性科学实验活动是在农村开展普及科学教育的重要措施之一。它以促进农业增产、巩固集体经济、培养农村技术人才、提高群众科学技术水平和改变人们精神面貌为目的。其中，群众性科学实验小组是在农村开展群众性科学实验活动的一个良好的组织形式。

群众性科学实验小组由劳动模范、知识青年以及人民公社基层领导干部三方面人员组成。按照骨干人员的不同，实验小组可分为以下三种类型：第一种是以具有丰富生产经验并积极接受现代农业科学技术的劳动模范，或老农为骨干的小组，这类小组的特点，是密切结合当前生产，善于把实验成果及时推广到大面积生产上；第二种是以参加生产劳动，掌握了一些生产经验的知识青年为骨干的小组，这类小组的特点是接受新事物快，干劲足；第三种是以公社基层领导干部为骨干的结合小组，所占比例较小，主要作用是使基层干部能够更好地参加集体生产劳动，进而更好地领导生产。

农村群众性科学实验活动，早在1958年以前就已经出现。在中国科协的广泛号召和不断推动下，在1963年召开的全国农业科学技术工作会议的鼓舞下，全国各地农村普遍掀起了建立群众科学实验小组的热潮。②1963年，毛泽东提出阶级斗争、生产斗争和科学试验是建设社会主义强大国家的三大革命运动，三者互相联系，不能截然分开，要把三大革命运动一起抓。在此背景之下，全国各地农村群众纷纷建立群众科学实验小组，部分群众科学实验小组活动的开展卓有成效。例如，截至1964年3月，在吉林省延边朝鲜族自治州农村地区就有三百多个农村科学实验小组，这些实验小组在农业科学技术部门的指导帮助下，起着生产大队和生产队范围内的小试验站、小种子站、小技术推广站的"活样板"作用。

这些科学实验小组不仅能在较短的时间内，把先进生产技术推广到大面积生产中，促进农业生产的发展，还能够向广大农民群众普及农业科学

---

① 司有和主编：《中华人民共和国科技传播史》，重庆出版社2005年版，第387页。
② 任福君、翟杰全：《科技传播与普及概论》，中国科学技术出版社2014年版，第28页。

技术，培养了技术后备力量。通过群众性科学实验活动，越来越多的农民，懂得了农业科学技术的重要性，主动要求学科学、用科学。不少科学技术人员在群众的要求下，办起了技术夜校、技术训练班，普及科学教育。

为了巩固已有群众科学实验小组的成果，推动群众性科学实验活动的进一步发展，1964年4月，中国科协在北京召开了全国农村群众科学实验活动经验交流会。会议上总结了农村群众性科学实验活动的发展和群众性科学实验小组的作用，交流了各地先进典型的经验，并充分肯定了科学实验小组在促进农业增产、普及科学教育、培养农村技术人才，以及提高群众科学技术水平等方面的积极作用。

据不完全统计，截至1964年底，全国24个省、自治区、直辖市有农村群众科学实验小组40多万个，成员达到200多万人；到1965年底增加到100多万个，成员达到700万人。[①] 这些实验小组将试验研究和科学教育、业余教育结合，有力地推动了当时的农村科学教育普及工作。

七 筹建科技馆

科学技术博物馆，简称科技馆，是向群众开展科学教育普及活动的重要活动场所。中华人民共和国成立之初，根据科普局的不完全统计，全国只有山西、福建、上海、四川等7个省（市）立科学馆和国立甘肃科学教育馆、广西省立科学教育馆、湖北省立人民科学实验馆等10个科学馆。[②]

（一）人民科学馆

1950年4月，为配合国家建设事业开展科学教育普及工作，科普局决定在北京建立一所示范性的人民科学馆，成立了筹备处以指导全国各地人民科学馆事业的开展。该人民科学馆以广大工农兵为对象，其目标是："（1）使劳动人民掌握自然发展规律，掌握科学技术，能担负起新中国的生产与国防任务；（2）建立唯物主义的宇宙观，破除迷信和偏见；（3）宣传苏联和中国的科学技术成就，进行无产阶级的国际主义和爱国主义教育；（4）鼓励工农兵群众的创造发明，宣传爱劳动、爱科学的国民公德；（5）宣传卫生知

[①] 任福君、翟杰全：《科技传播与普及概论》，中国科学技术出版社2014年版，第28页。
[②] 司有和主编：《中华人民共和国科技传播史》，重庆出版社2005年版，第412、413页。

识，促进人民健康水平的提高。"[1]

筹备处成立当年，先后筹办了"大众机械""动物的进化""可爱的祖国""苏联的科学技术"等5个展览，开放了一个大众天文馆，并与青年团中央合办每周一次的大众科学系列讲座。随后，该馆几经变迁，最终演化成北京自然博物馆。该馆长期与中国科协保持密切协作关系，多次共同举办培训、展览等科普活动。

（二）中国科学技术馆

1955年，科普协会代表团赴苏联访问全苏政治与科学知识普及协会，在访问过程中，看到全苏科学技术博物馆所取得的巨大社会效益，深受启发。回国后，科普协会向中共中央提出了兴建中央科学技术博物馆的建议。中国科学技术馆的基本任务是：（1）举办科学性、知识性和趣味性相结合的科学技术展览，普及现代科学技术知识，反映国内外最新科技成就；（2）组织科学实验活动；（3）开展多种培训讲座活动；（4）开展国内外科技馆间的交流活动，推动科技馆事业的发展。科普协会的这一建议得到了社会各界的积极响应和支持。但因各种原因，筹备工作在1956年被迫中断。

1958年中国科协成立后，多名科学家再次提出兴建中国科学技术馆的建议，并得到了中共中央的批准。但由于财政问题，在基础工程完成后又被迫暂时停建。直到1976年后，中国科学技术馆的筹建工作，才得以再次启动，直到1999年9月，全馆二期得以竣工。中国科技馆的筹建工作，可谓一波三折。

（三）北京天文馆

1951年，第三届世界青年与学生和平友谊联欢会在柏林举行，中国派代表团前往参加。中国代表团在参观了德意志民主共和国的那拿天文馆后，深受启迪，回国后极力呼吁兴建天文馆。1954年9月，经中央文委批准，在中国科学院和北京市人民委员会的大力协助下，科普协会积极地筹建北京天文馆。这是中华人民共和国成立后最早修建的一座大型科普活动专用场所。[2]

科普协会修建北京天文馆的主要目的，是向我国人民群众普及关于日

---

[1] 司有和主编：《中华人民共和国科技传播史》，重庆出版社2005年版，第413页。
[2] 沈其益等：《中国科学技术协会》，当代中国出版社1994年版，第370页。

月星神和宇宙构造的科学知识，以唯物观点来解释天文现象，宣传科学无神论，破除人民群众的迷信思想观点，宣传我国古代天文学的伟大成就，启发群众的爱国主义思想。此外，由于当时我国天文机构还比较少，天文教育还不够普遍，从事天文普及工作的干部非常稀缺，北京天文馆成为我国天文普及工作的中心、天文爱好者的中心，以及天文教学的重要辅导机构。

（四）地方科技馆

20世纪50年代中期，就县级科普协会而言，除吉林省外，有类似科技馆设施的地方为数甚少，省级的仅有广东科学馆与山东科技馆两处。[①]地方类似科技馆的设施，即由部分高级农业合作社和后来的公社，以及科普协会建立的简易展览普及室或展览室，主要陈列标本、实物、挂图、简易的仪器等，目的是向当地群众普及有关农作物栽培技术、病虫害及其防治、良种培育、肥料等方面的科技知识。因其规模较小、内容单一、设备简陋，影响范围十分有限。直到改革开放以后，在国家计委与地方中共组织及政府领导的大力支持下，全国各地陆续建成200座科技馆。[②]

第三节 科学教育普及的主要载体

随着新中国建设事业的迅速发展，人民群众对学习科学技术产生了迫切的需求。但经常化、系统化的各项正规科学教育，尚不能很迅速、广泛地展开，因而需要采取灵活多样的形式，借助多种载体，如电影、幻灯、广播、报纸、图书、期刊等，将科学技术普及到群众当中去。

一 电影

科学教育影片简称科教电影或科教片，是运用电影的视听表现手段，阐明自然现象和社会现象，传播科学文化知识的影片。它可以通过在屏幕上呈现活的形象，将切合实际需要、适合一般群众水平的科学内容，变得通俗易懂，具有形象化和通俗化的特点。此外，它还能在较短时间内，以最经济的方法，对群众进行教育。因此，科教电影是向群众普及科学教育

[①] 沈其益等：《中国科学技术协会》，当代中国出版社1994年版，第369页。
[②] 沈其益等：《中国科学技术协会》，当代中国出版社1994年版，第369页。

的有力工具。根据宣传目的和观众对象的不同，科学教育影片可分为科学教学片、科学普及片、科学研究片、科学技术推广片、科学杂志片等。

受各种条件的限制，新中国的科教影片，以科普片为主，其目的是向人民大众进行基本科学知识的教育，介绍我国在科学与技术上的重要成就，帮助他们解决工农业科学技术问题，为社会主义生产建设服务。

（一）新中国科教电影的诞生（1949—1956）

中华人民共和国成立初期，我国科教电影主要是医疗卫生题材，这与当时的国情有关。当时新中国正处于贫穷落后的局面，人们还有许多不良的生活习惯，迫切需要宣传卫生常识，来养成爱清洁、讲卫生的良好习惯，减少传染病，增强民众体质。抗美援朝时期，美国对中国使用细菌战，现实的形势，也要求电影配合抗美援朝需要，向人民大众宣传卫生知识。为此，北京电影制片厂在1951年，拍摄了3部教育电影：《预防传染病》《农村卫生》《工厂安全卫生》，这三部电影可以说是新中国教育电影的开创之作。

1952年4月，文化部电影事业管理局（简称"电影局"）决定成立科教片组，后改称科教片总编室。这是新中国第一个科教片厂，即上海科学教育电影制片厂的前身。科教片总编室于成立当年共拍摄了12部科教短片，分别是：《扑灭细菌毒虫》《消灭蚊子》《消灭飞蝗》《怎样丰产棉花》《乡村卫生》《深耕增产》《煤矿安全生产》《先进砌砖法》《母子平安》《家庭安全用电》《郝建秀工作法》。这些科教短片因内容密切配合当时工农业生产实际，密切联系人民群众生活，深受群众喜爱，对于推广先进生产经验、传播科学知识等，起到了一定的促进作用。

1953年2月，上海科学教育电影制片厂正式成立。为使科教电影创作者能够在作品中尽可能准确、完好地体现科学意义，在科普协会的协助下，制片厂邀请了有关方面的专家和科学家，前来讲课、做报告，讲授内容涉及基本建设、水利、森林、农业丰产、医药卫生、地下宝藏等，并且还及时报道了有关我国和苏联的科学成果。当年，上海科影共拍摄了科教电影9部25本，影片题材在注重医疗卫生、工农业生产技术方面的同时，也开始关注基础科学知识，向观众普及基本的科学常识。此外，为了能够及时地在全国范围内普及我国最新的科技成就，上海科影还筹办了月刊片（又称杂志片）《科学与技术》。

尽管如此，当时我国电影出品的数量和质量，都还远不能满足广大群众的需要。为改善这一情况，中央人民政府政务院于 1953 年 12 月 24 日，举行第 199 次会议，通过了《关于加强电影制片工作的决定》。该决定明确了科学教育片的制片方针与任务，指出"科学教育片应以唯物主义世界观解释自然现象和社会现象，同时宣传和推广与群众日常生活和生产有关的，并适合一般群众水平的各种科学技术知识"，科教片的任务是向观众普及科学知识。

1954 年 4 月，电影局和科普协会联合在北京举办"科学教育影片展览"，放映我国自己摄制的 13 部科教电影。这些影片，有解释自然现象的，如《日食与月食》；有介绍工农业生产先进经验的，如《郝建秀工作法》《怎样丰产棉花》等。随后，为充分利用科教电影的宣传优势，向更多的群众普及科学知识，文化部和科普协会决定从 7 月 13 日至 19 日，率先在北京、天津、上海、沈阳、哈尔滨、武汉、广州、重庆、西安、乌鲁木齐等十个城市举行"科学教育影片展览"，继而在全国各地举办"科学教育影片展览"。此次展览共展出二十多部科学教育短片。群众通过观看这些影片，增长了科学知识，扩展了自己在科学技术上的眼界，学习到了一些先进的生产经验。

这一时期的科教电影事业，除了注重向人民群众普及工业、农业、卫生、天文、生物等各方面的科学知识外，还注重翻译苏联以及东欧社会主义国家的科教电影，在影片的创作上，具有明显的"苏联模式"痕迹。这一方面是受政治局势的影响，另一方面是由于国内电影制片厂的生产能力有限，需要借助译制经典和优秀的外国电影，尽可能地满足人民群众对科学知识的需要。

总之，在国家政策的支持与指导下，在电影工作者的努力下，新中国的科教电影事业，获得了迅速发展，极大地推动了我国科学教育的普及。

（二）科教电影在曲折中走向成熟（1957—1965）

1957 年上海科影仅拍摄科技片 36 部，杂志片《科学与技术》12 部。[①]随后，为了更好地贯彻社会主义建设总路线，电影局于 1958 年 5 月 25 日至 31 日，召开了电影事业跃进会议。会议上强调了电影事业"必须破除迷信，解放思想，调动一切积极因素；必须政治是统帅是灵魂，为政治服务，为社会主义服务；全面规划、改变体制、下放权限，以地方为主办电

[①] 司有和主编：《中华人民共和国科技传播史》，重庆出版社 2005 年版，第 301、302—303 页。

影事业；中央举办和地方举办相结合，大中小型同时并举，文化部门举办和其他部门、群众自办相结合；从六亿人民出发，面向群众，创造社会主义的民族形式的新电影"①。

这一时期的科教电影，主要是纪录性科教短片，就是关于某地某厂某项生产技术的发明创作过程的影像记录，只注重拍摄一些反映苦干的镜头，介绍一些与相关的生产知识。

1960年3月12日，北京科学教育电影制片厂（简称"北京科影"）正式成立。在为工农生产、技术革命等服务的方针指导下，北京科影在成立当年，就摄制了37部富有思想性、科学性的科教电影。

1961年，中共中央开始纠正1958年后的错误倾向，对国民经济实行"调整、巩固、充实、提高"的方针。同年在北京举行的全国文艺工作座谈会上，周恩来总理也提出，要保证艺术民主、按创作规律办事。根据中央的精神，电影局随即采取了一系列压缩战线、合理布局的调整措施，下令关闭条件不具备的省办厂。同年7月24日，中共中央就召开科学教育电影会议的批文中，明确"科学教育片为政治服务，主要表现在它是根据国家建设需要，根据国家发展科学和教育的需要，向群众提供为社会主义建设所必需的科学知识"。这也标志着我国的科教电影，进入了新的发展阶段，开始走向成熟。

1962年10月，文化部和国家科技委员会在北京联合召开全国科技短片会议。根据党的八届十中全会精神和"以农业为基础、以工业为主导"的发展国民经济的总方针，会议讨论决定将科教短片工作的重点，转移到以工农业为基础的轨道上来，为农业服务，为农民服务。

1963年，文化部和国家科技委员会的《关于加强科学教育电影工作的报告》中，指出科教电影的制作，必须贯彻以农业为基础、以工业为主导的发展国民经济的总方针，要面向农村，以广大农民为对象，要担负起向农民传播科学技术知识，为农业技术改革和发展农业生产服务的任务。同时还计划在今后，逐步提高科学普及片占科教电影的比重，为农业服务的题材（如关于种子、农田水利、植物保护、农药和化肥的使用、安全用电、农机农具的维修保养等）占全年总产量的半数以上。在译制外国科教电影方面，要以基础学科知识和尖端科学技术为重点。

---

① 司有和主编：《中华人民共和国科技传播史》，重庆出版社2005年版，第301、302—303页。

在正确方针的指导下，从 1961 年下半年到 1963 年上半年，科教影片的创作，呈现一派繁荣景象。上海科影拍摄的《知识老人》《带翅膀的媒人》《金小蜂与红铃虫》等影片，还在国内外获奖。北京科影也拍出了《花为谁开》《揭开棉蚜生活的秘密》等优秀影片。1963 年 6 月 8 日起，文化部、中国科协在全国十大城市举办了为期 5—7 天的"全国科教片展览"和"全国科教电影宣传周"宣传活动，向群众展映这一时期以来 20 部优秀的科教短片。

然而，正当科教电影事业呈欣欣向荣态势时，1964 年，文艺整风运动打断科教电影制片厂的正常秩序，我国的科教电影创作再次陷入停滞。

在 1965 年 3 月的全国科学教育电影工作会议上，讨论了 1965 年以及今后一段时期科学教育影片的创作题材、生产规划和领导体制等问题。会议认为，今后的科教电影，除了短片以外，还可以拍一些长片。在内容方面，除了要继续增加直接配合工农业生产的影片以外，还应该大大加强向广大人民群众普及诸如社会发展史、天体史、地球史、生物史、动物史以及原子能、物理、历史、地理、卫生等各方面科学基本知识的影片。这次会议看似为科教电影带来了一线生机，实际上会议精神还未实施。

（三）科教电影的中断与恢复（1966—1977）

1966—1976 年，电影局的建制被撤销，中国科教电影的创作、生产和队伍建设受到影响。直到 1970 年，在周恩来总理的直接干预下，各制片厂才先后抽调少数人员回厂，恢复生产，拍出了一些内容尊重科学、形式生动的影片，如《地震》《喜见光明——人工角膜治疗全白斑眼病》《熊猫》《室外养蚕》等，其中有些影片如《针刺麻醉》《西汉古尸研究》还获得国际奖项。[1]

20 世纪 70 年代末，我国科教电影事业也开启了新篇章，恢复了生机，呈现出一派欣欣向荣的景象。

二 幻灯

中华人民共和国成立之初，我国无论是城市还是乡村，电力尚未普及，无论在有电无电地区，幻灯都发挥其功效。相比电影，尽管幻灯显得简陋一些，但它也有自身的特点与功效。首先，幻灯制造容易，成本低

---

[1] 司有和主编：《中华人民共和国科技传播史》，重庆出版社 2005 年版，第 307 页。

廉；其次，幻灯设备简单，携带轻便；再次，幻灯制片快，可以及时收集材料，配合中心工作进行宣传，可以随时更换、增添新片，比电影灵活；最后，幻灯虽不如电影动人，但它取材通俗，好看易懂，有时还可按照观众接受程度，随意快慢，配合当地语言进行讲解或音乐、快板、口技等。

1950 年 10 月，科普局召开了以华北五省二市为主的幻灯工作讨论会。会议上确定了幻灯工作发展的总方向是普及为主，向人民群众普及科学知识和生产技术知识；幻灯工作的内容主要，是配合当前政治运动向广大人民进行爱国主义与国际主义教育，配合生产建设普及科学知识。

为了积极开展幻灯工作，科普局还于 1950 年 4 月，设立了专门制造幻灯机和幻灯片的电化教育工具制造所和南京仪器制造厂。经过电化教育工具制造所和南京仪器制造厂不断研究和改进，曾制造了一百多部幻灯片和各种适合农村条件的幻灯机。其中，最受群众欢迎的幻灯片有《美帝侵华百年史》《抗美援朝的怒火》《七个小英雄》等，以及一些有关妇婴卫生的片子。此外，各地有很多文化教育和宣传机关设有专人，绘制幻灯片。但是，幻灯机和幻灯片制造，还是供应不上实际需要。

1951 年 4 月，文化部在《1950 年全国文化艺术工作报告与 1951 年计划要点》中指出，在科学普及工作中，幻灯已证明是向广大群众，特别是农村群众进行时事政治宣传和文化普及工作的有力武器，今后必须大量地加以推广。仅 1950 年一年，我国城乡幻灯的观众达八千万人次，群众普遍反映，幻灯能够结合实际、就地取材，比电影更为轻便，容易看懂。

幻灯片在人民群众中起到了重大的普及科学教育作用，受到了全国广大群众的热烈欢迎。为加强对全国幻灯工作的推动和领导，使幻灯机、幻灯片的生产更有计划，逐步提高出品质量，文化部于 1952 年 8 月 20 日，正式成立了中国幻灯公司。至 1953 年底，中国幻灯公司除生产了大量新式的幻灯机外，还完成了幻灯片八十五部，印制了十万四千余套。

但随后几年，文化部并没有很好地对幻灯工作进行领导，使其长期处于无人管理的状态。许多文化工作干部对幻灯工作缺乏正确的认识而不予重视，严重影响了幻灯工作的发展。据统计，1953 年，全国约有幻灯机 4 万架，而到了 1956 年，只剩 2 万多架。许多地方的幻灯机，被束之高阁。

1956 年 12 月 20 日，文化部在北京召开全国幻灯工作会议。会议认为，今后要加强对幻灯工作的领导，贯彻在现有基础上整顿巩固、全面规划、加强领导、稳步发展的方针，强调幻灯的思想性和艺术性，以满足人民群众日益增长的需要。会议提出应以面向农村为主,积极在少数民族地区、工厂矿山和儿童中开展幻灯工作为任务,建议教育部门在各级学校开展幻灯工作。

随着有关部门加强了对幻灯工作的领导,越来越多作家、美术家、科学家和各种工作的专家们,为幻灯编写创作稿本,以幻灯为载体的科学教育普及活动,在许多地区逐渐恢复和发展起来。尤其是河北省的幻灯事业飞速发展,在全国都是较为突出的。如1965年,河北昌黎县毛道庄大队在春季播种时,普遍采用了幻灯介绍科学技术的方法,为村民放映了《玉米选种》《防止玉米灰疸》等科学教育幻灯片。

1966—1976年,幻灯工作亦受到影响,许多幻灯工作被迫停止,许多地方幻灯制片厂被迫关闭,已生产的幻灯片均被存入库内。直到1976年后,有些地方的幻灯工作才又有了新的发展。

三 广播

广播是最先出现的电子大众传媒,在信息传播方面有着巨大的优越性。与传统的纸质媒体相比,广播具有纸质媒体所不具有的优势。它传播速度快,不受空间、年龄、文化程度的限制,可以直接深入到受众,具有强大的感染力、广泛的群众性和显著的时效性。除此之外,相比电影、幻灯等电子大众传媒而言,广播经济成本更低,时效性更强。

对于幅员辽阔、交通不便、经济落后,以及国民科学文化素质偏低的新中国来说,广播有着其重要的意义。它不仅打破了地域和人员的限制,扩大了受教育群体,而且只需要设置一个收听工具,既节省了财力、人力,又能使群众不耽误生产地参加学习,做到学以致用,十分适合我国国情。

(一) 科技广播的起步(1949—1955年)

中华人民共和国成立前夕,北平新华广播电台(新中国成立后更名为中央人民广播电台)开设了科普节目《自然科学讲座》,由中央台和中华全国自然科学工作者代表会议筹委会宣传部合办。开设讲座的目的是普及科学教育,内容主要是配合生产建设和卫生方面的需要,系统讲解各种有关生理、医药卫生、工矿、农林、物理、化学等自然科学常识及科学家的故事。这是中央台历史上创办的第一个科普广播节目。节目播出后,有位陕西听众因听到其中一则治疗眼病的广播,竟千里迢迢从西安赶到北京寻求帮助,足见当时影响范围之大。

中华人民共和国成立后，党和政府十分重视借助广播这一科技手段，开展科学教育普及工作。我国的广播事业，在承担报道新闻、引导舆论、及时沟通政府与人民意见的同时，还积极有效地发挥和实现其传播科技知识的功能。

　　1950年2月27日，在中央人民政府政务院新闻总署召开的京津新闻工作会议上，确定了新中国广播电台的发展方向，明确广播电台的任务，要"以发布新闻、传达政令、社会教育及文化娱乐为主，市台则应着重社会教育"。其中，普及科学文化知识就是社会教育的重要内容之一。同年3月29日至4月16日，全国新闻工作会议在北京召开。会议建议在全国建立广播收音网，发挥广播应有的群众性宣传教育作用。4月22日，新闻总署发布《关于建立广播收音网的决定》，决定在全国各县市政府、机关、团体、工厂、学校等设置收音员一职。收音员除了收听或记录电台广播的新闻政令和其他重要内容外，还要向群众介绍和预告广播节目，组织听众收听。

　　1952年12月1日至11日，第一次全国广播工作会议在北京召开。会议把传播科学知识和先进经验列为五项任务之一。[①] 在1954年11月8日至20日召开的第二次全国广播工作会议上，将马克思列宁主义、有关生产建设列入广播的宣传内容，以帮助广大群众摆脱偏见、迷信和宗教的影响，并建立科学唯物主义宇宙观的科学技术知识。此后，广播成为向广大人民群众进行普及科学教育的有力工具。

　　1953年，中央人民广播电台创办了一档名为《科学常识》的节目，1954年3月起，更名为《科学知识讲话》，其目的是传播和普及自然科学和技术知识，内容包括各门自然学科知识。随后，全国各地相继有二十多个广播电台开办了此类节目。

　　1955年，中共中央发出指示，强调广播要向广大人民群众进行自然科学和无神论思想的通俗宣传。当时广播被视为政治宣传的重要组成手段，科普节目内容带有浓厚的政治色彩，注重思想意识的改造，而忽视实用科学传播的价值取向。科普栏目所占比重相对较少，如中央人民广播电台的《自然科学讲座》栏目，每天时长只有15分钟，其他各地方广播电台的节目分布也大致如此。

---

① 陶贤都、李浩鸣：《中国科技新闻简史》，湖南大学出版社2012年版，第243页。

由于经济发展的限制，直到1955年底，我国拥有收音机的用户，主要是城市家庭及单位。在中华人民共和国成立最初几年里，广播的主要对象是城市的工人、市民。针对这一受众群体，各地电台纷纷举办诸如医药卫生、科学技术知识等普及型广播节目。例如，中央台的《自然科学讲座》《无线电常识讲座》《中医针灸疗法的新发展讲座》，上海台的《卫生常识》《科学常识》等。① 随着国民经济恢复、社会主义制度的初步建立和农村收音机数量的增加，广播事业的又一重要任务，就是要向农民普及农业知识，以提高他们的生产技能和科学文化知识修养。1954年4月1日，中央广播事业局、科普协会发出了《关于举办农业科学知识广播的通知》，要求各省广播电台和科普协会分会配合春耕生产季节，联合举办农业科学知识的广播。②

除了宣传医疗卫生、基本科学常识和生产技术知识外，广播电台注重向人民群众普及天文气象知识。各广播电台和当地气象部门紧密合作，除了每天定期广播本地气象预报之外，还注意对大范围灾害性天气的预报、警报、预防方法及有关气象知识进行广泛宣传。当出现自然界的异常现象时，广播电台也积极地从科学角度进行宣传，向人民群众普及相关知识。

例如，1953年2月14日将要发生一次日食，于是早在1月，中央广播事业局就对此高度重视，特地向各地广播电台发出了关于宣传日食、月食科学知识的通知。2月5日，中央广播事业局又就举办观测日食广播讲解节目发出有关通知。2月14日，中央台对日食观测进行了直播，并邀请专家指导听众观测。③ 节目中，伴随着优美的音乐，专家向听众分析讲解日食的原理，说明了日食的发生时间是完全可以精确计算出来的，普及了观测日食的方法和应该注意的事项，同时还介绍了太阳、太阳系行星、月亮、古代神话传说和我国古代在文学上的卓越贡献。为提高听众的积极性，专家还在广播过程中不断预报，请听众根据天文预报的时间同实际相验证。这次特别节目播出后，听众们的反响很好。

---

① 司有和主编：《中华人民共和国科技传播史》，重庆出版社2005年版，第237、237—238、239页。

② 司有和主编：《中华人民共和国科技传播史》，重庆出版社2005年版，第237、237—238、239页。

③ 司有和主编：《中华人民共和国科技传播史》，重庆出版社2005年版，第237、237—238、239页。

（二）科技广播的发展（1956—1965 年）

1956 年，在"向科学进军"的号召下，广播的科普事业，进入一个新的发展阶段。1956 年 7 月 25 日至 8 月 16 日，第四次全国广播工作会议召开，会议上提出了广播电台应实行"百花齐放，百家争鸣"的办台原则。随后，全国各广播电台纷纷探索、改进节目，许多省级广播电台纷纷转播中央广播电台的《科学常识》节目，许多省级电台还尝试开办了自己的科普节目栏目。《科学常识》这一栏目的主要任务是，通过传播和普及各门自然学科知识和生产技术知识，培养听众对科学技术的兴趣，鼓励他们学习和钻研科学技术，提高他们的科学文化素质，为社会主义经济建设服务。

中央广播电台先后创办了很多科普栏目，对我国科学教育的普及，做出了重要贡献。例如，1957 年 5 月 10 日，举办了专题广播《生理常识讲座》；9 月举办《无线电常识讲座》；10 月开播《星期演讲会》节目。节目按专题分为自然科学、社会科学和文学艺术知识，介绍当前科学工作的动态以及科学技术的新成就，第一讲是由铁道科学研究院院长、桥梁专家茅以升讲授的《长江大桥》。

1958 年，又定期开播由国际组织主办的节目《科学为和平服务》，主要是由各国著名科学家介绍现代技术中的新成就和发展远景。1960 年 2 月，中央人民广播电台在 12 点新闻中，开设了《技术革命的新高潮》节目专题；同年 4 月，还举办了《全国技术革新和技术革命重庆现场会议》特别节目；5 月 4 日，增办了《农业科学技术讲座》节目，每周一次，每次半小时，半年当中一共举办了 26 次，深受听众欢迎。1961 年，把《科学常识》栏目进一步细分，将医学科技新闻部分单独设立了《讲卫生》栏目，主要介绍医疗卫生常识、医学成就、疾病知识等。

与此同时，各地广播电台的科普栏目，也得到了较快发展。例如，上海台开办了以大中学生、技术人员、教师等为对象的高层次科普节目《科学讲演》，每次 1 小时左右；1956 年 9 月，云南台开办了《科学卫生》；1957 年，黑龙江台开办《知识与生活》，围绕人们的日常生活，播讲科学、医药卫生、文化体育方面的知识；1960 年，西藏台以全区广大农牧民群众、中小学生兼顾城市居民等为对象开办了《你知道吗?》《科学试验》《科学常识》等节目；1962 年吉林台举办了《知识小宝库》，以青少年为主要对象。①

1963年11月，周恩来总理提出，要加强对农村知识青年进行农业科学技术方面的广播宣传，使全国700万农村知识青年在建设社会主义新农村中发挥出重要的作用。随后，遵照周总理的这一指示，农业部、广播事业局和中国科协，联合发出了《关于加强农业科学技术普及宣传工作》的通知，要求各级广播电台"努力办好宣传农业科学技术知识的广播节目"，围绕当前农业生产各个环节，因地制宜地宣传先进的农业生产技术经验、最新的农业科学研究成果和相关的农业基本知识。此外，各级农业行政部门和科协应加强与广播电台（或广播站）的合作，协助办好宣传农业科学技术知识的广播节目。

根据这一精神的指示，1963年11月，中央广播电台把《科学常识》节目里其中一个小栏目《农业科学技术》，划分出来办成独立节目，每周播出2次，重播2次，每次15分钟。1964年11月，该节目由原来每周2次增加到4次，每次15分钟，第二天重播。这相当于让听众每天都能收听这个节目。由于节目灵活运用讲话、对话、讲故事或讲课等多种形式，加上节目内容联系实际，播出后收效甚好，不少地方群众能够把从广播中学到的知识应用到生产上。

为更好地协助中央广播电台及时准确地开展农业科学技术宣传，1964年2月，农业部、广播事业局、中国科协联合成立了"农业科学技术广播工作小组"，并聘请了农、林、牧、副、渔等方面的8位农业科学技术专家，作为节目的顾问。农业科学技术广播工作小组的主要任务是，组织和审定每个季度的选题计划，提供选题、组织稿件，从科学技术方面参与审定稿件和处理一些技术性强的来信。该工作小组对推动中央和地方广播电台的农业科学技术宣传，起了非常重要的作用，各地也掀起了一股农业科技普及的热潮。

到1964年12月，已有15个省、自治区、直辖市成立了相应的工作小组，有28个省级广播电台举办了《农业科学技术》节目，或者增加了农业科技方面的宣传内容。许多专区和县的广播站，直接转播中央广播电台的《农业科学技术》节目，也有的自办了类似的节目。②除此之

---

① 司有和主编：《中华人民共和国科技传播史》，重庆出版社2005年版，第244—245页。
② 司有和主编：《中华人民共和国科技传播史》，重庆出版社2005年版，第246页。

外，各地方广播电台加大了对苏联等社会主义国家的重大科技发展情况的报道。

（三）科技广播的曲折发展（1966—1977年）

虽然1966—1976年我国的政治、经济、文化等各方面，遭受了严重挫折，但是，这一时期中国的广播事业，却得到了一定程度的发展，主要体现在硬件设施方面。到1976年，基本建成全国农村广播网。该网络以县广播站为中心、以公社广播放大站为基础，将全国农村众多居民连接起来。

1967年2月，中央人民广播电台撤销了《科学和生产》《农业科学技术》《讲卫生》等深受欢迎的科普节目，转而增加了配合形势的节目。直到1974年，在广大农民的迫切要求下，《农业科学技术》节目才得以恢复播出。节目虽然恢复了，在制作上却仍然面临重重困难。由于人力严重不足，《农业科学技术》支撑了半年就并入到《对农村广播》中成为一个小专栏，每周2次，每次15分钟。其他各地方广播电台的科普节目也遭遇了与之类似的命运。

这一时间段内，由于周恩来等人的努力，广播电台还能够及时地宣传这一时期我国在科技领域里所取得的重大科研成就。如我国第一颗氢弹爆炸成功、我国成功进行首次地下核试验等消息，中央和地方各广播电台均以高度的政治热情，向全国人民、向世界做了报道。

四 报纸

报纸是大众传媒的重要载体，也是重要的普及科学知识的媒介。报纸具有易保存、携带方便、信息容量大等特点。此外，读者可自由掌握和控制读报的时间和地点，在这一方面，读者具有很强的自主性。因此，报纸对普及科学教育，提高人民群众的科学文化水平，推动工农业生产，发挥着巨大作用。

中华人民共和国成立之初，国内还没有专门刊发科技新闻的报纸，全国报纸关于科技新闻的报道也很少，更多的是介绍国家的科技事业方针、政策、建设成就和工作成果以及少量的科技新闻。

新中国的第一份科技报纸，是由北京市科普学会于1954年3月7日开始创办的《科学小报》。这份报纸主要是向群众介绍包括博物、理化、天文、地理、地址、数学、生理、卫生、疾病预防、妇婴卫生、工农业生产的科学技术和先进生产经验等基础科学知识。

1957年8月1日，中国科学院院报《风讯台》正式创刊，主要是对国内外科技动态和科研成果进行报道。1959年1月1日，中国科学院主办的《科学报》，正式创刊。在其发刊词中，明确了《科学报》的三大任务，其中包括向群众普及国内外的科技信息。但由于受到当时一边倒地学习苏联的政策影响，针对西方科学技术比较先进国家的科技新闻的报道，少之又少。

1956年1月14日至20日，中共中央在北京召开了关于知识分子问题的会议。会议向全国人民发出了"向现代科学进军"的号召。科学教育普及工作进一步受到重视。全国各地的科技报纸，如雨后春笋般地发展起来。其他非科技报也都开始加大科技新闻的报道量。

1957—1960年，湖南的《湖南科技报》、河北的《科学技术报》、甘肃的《科学与技术》、山东的《山东科学小报》、河南的《河南科技报》、四川的《四川科技报》、黑龙江的《哈尔滨科学小报》、吉林的《吉林科学小报》、新疆的《新疆科技报》先后创刊。到1964年末，全国已有20余个省区市先后创办了科技报。这些科技报纸主要报道工农业生产中的先进经验和先进技术，以及面向青少年服务的数学、物理、化学、天文、地理、生物和医药卫生等各方面的科技知识，帮助广大工农群众学科学、用科学，破除封建迷信。

在全国科技报纸迅速发展的同时，其他非科技报也纷纷加大了对科技新闻的报道。部分报社还专门设立科技报道小组或人员，负责报道科技新闻。比如，《人民日报》1957年曾发表过《我国第一台粒子加速器即将建成》《杨振宁、李政道在核物理学研究中的重大发现——宇称不守恒》等科技消息，对1964年的北京科学讨论会、1965年的我国人工合成胰岛素、原子弹爆炸成功等也都做了报道。① 其他报纸也纷纷将国外的科技新闻，诸如人造卫星、登月火箭、原子能发电站、电子计算机、激光器、生物遗传密码等科技研究成果，及时地介绍给国内读者。

1966年以前，我国科技报纸的发展呈活跃态势，但从总体上，除了专门的科技报之外，其他类型报纸有关科技新闻的报道数量，还是不多，专门的科技记者和科技编辑人数少。

---

① 司有和主编：《中华人民共和国科技传播史》，重庆出版社2005年版，第8页。

1966—1976年，报纸传播科学技术知识被污蔑为"冲击阶级斗争""复辟资本主义"。许多科技报纸被勒令停刊，科技新闻报道陷于停滞状态。如《科学报》被迫于1966年8月13日，宣布暂时停止出版，后只在1966年10月24日、12月24日出过"号外""增刊"各1期。1967年1月30日，《科学报》被《革命造反》取而代之，在完成了315期的编辑出版任务后，《科学报》被迫停刊。

五　图书

科普图书是向人民群众普及现代科学技术的重要工具之一。它以非专业人员为阅读对象，以普及科学技术知识、倡导科学方法、传播科学思想、弘扬科学精神为目的。

中华人民共和国成立初期，国内的科普图书较少，其中较为畅销的一套书，是由天下图书公司出版的"人民科学丛书"，自中华人民共和国成立后到1950年5月已印行三版。"人民科学丛书"编译自苏联的通俗科普读物，内容涵盖天文学、气象学、物理学、化学、生物学、生理卫生与语言学等领域的知识，包括《宇宙的构造》《地球在宇宙间》《地球的历史》《空中世界》《人怎样征服自然》《物质的变化》《生命的起源》《水底世界》《植物的绿色》《人体的故事》《做母亲的指南》《人怎样开始讲话》，一共十二册。

此外，当时全国只有5家科技出版机构，且规模都较小，每年图书的出版数量亦不多。从1951年3月开始，科学技术出版社出版了第一批科技图书，分别是《最新晒图晒像法》《化铁炉操作法》《硬质合金刀具使用法》《原子弹是可以防御的》《冷天混凝土施工方法》《怎样组织工人技术学习》。1951年11月，中国科学院出版编译局出版了科学图书《自然科学讲座》和《1951年天文年历》。此外，出版编译局还就数学、物理学、化学、天文学、地学、生物学等自然科学基础学科，技术科学部分学科，以及社会科学各学科出版了相应的图书。

第一个五年计划期间，我国的科普图书出版，才初步呈现繁荣的景象。例如，燃料工业出版社，自1951年成立到1955年底，出版了一大批有关煤炭、电力、石油等方面的图书，其中，仅电力工业方面的新书就有272种，多数是俄文版图书和教材的译本，国内作者编著的图书较少；1956年初，新中国第一个地方科技出版社——上海科学技术出版社成立；

1957年，全国共出版科普图书5593种，超过旧中国40多年所出科普图书的总和。

在1961年中共中央提出"调整、巩固、充实、提高"的"八字方针"后，宣传部开始整顿和调整出版工作，将原有的出版社进行裁撤、合并，成立新的出版社，此外还对中央级出版社进行人员精减。整顿、调整后，科普图书的质量和学术水平得到显著提高，但是，新书的品种较少。1962年，全国出版的科普图书仅有1500余种。据不完全统计，1950—1962年底，包括大专学校理、工、农、医教材在内，全国共出版科技图书5.5万余种，平均每年4200多种，占全国新出图书的30%左右，远远不能满足社会的需要。[1]

为改变这一状况，文化部和国家科学技术委员会于1963年5月20日至6月6日，联合召开了新中国第一次全国科技出版工作会议。会议上讨论了科学出版工作的方针、任务、出版规划、调整图书定价、稿酬标准和改进发现工作等问题，对我国科技出版事业的恢复和发展，有着积极的促进作用。1965年，全国出版科普图书的种类达3828种。

1966年8月11日，文化部与国家科学技术委员会联合有关部门，向科技出版社发出通知，要求各出版社对已出版的科技书刊迅速重新审查，进行清理；初版新书，可出可不出的坚决不出；再版图书暂停印刷；性质相同的刊物可以考虑合并，有的可减少篇幅或延长刊期，有的可暂时停办，各出版社原定的1966年出版与用纸计划一律作废。[2] 据统计，1967—1969年，全国平均每年出版130种科技图书；1966—1976年出书总和仅有7234种。

在这期间，周恩来总理曾为恢复图书出版业务做出了努力。1971年，他曾亲自修改了《关于全国出版工作座谈会的报告》，文件明确提出：要把出版马克思、恩格斯、列宁、毛主席的著作放在首位，要大量出版普及读物，也要努力出版高级的作品，坚持唯物辩证法的两点论；要出版政治读物，也要出版文学艺术、科学技术、历史、地理等图书；坚持"百花齐放，百家争鸣"的方针，坚持"古为今用，洋为中用，推陈出新"的方针，对于民族文化遗产和外国文化，必须批判地继承和吸收，有选择地出

---

[1] 司有和主编：《中华人民共和国科技传播史》，重庆出版社2005年版，第62页。
[2] 司有和主编：《中华人民共和国科技传播史》，重庆出版社2005年版，第63页。

版，在反对崇洋复古的时候，也要防止盲目排外，一概否定和割断历史的倾向等。但出版业务的恢复仍困难重重。

尽管如此，在当时十分险恶的形势下，1971年的全国出版工作座谈会，仍给科普图书出版工作带来了生机活力，并使科普图书出版工作开始走出低谷。据相关统计，1971年12月，中直机关、国务院各部委所属出版社增加到31家；在年初开展业务工作的16家出版社中，有科学、农业、人民卫生、交通、燃料化工、国防、机械等科技出版社；在下半年恢复工作的15家出版社中，有铁道、邮电、冶金、石油化工、轻工、建工、水电、地质、原子能、技术标准等科技出版社。

六　期刊

期刊与报纸、图书相比，具有比报纸传播内容详细、比图书传播速度快的优点。在普及科学教育，提高全民族科学文化素质，推动社会发展进步方面具有重要作用。

中华人民共和国成立后，科技期刊的出版，随之进入了崭新的历史时期。1950年9月，出版总署通过了新中国第一个关于期刊的文件——《关于改进期刊工作的决议》，确定了我国期刊的发展方向。同年11月，出版总署下设图书期刊司，专门管理期刊工作。1952年，政务院颁布《期刊登记暂行办法》，确立了我国期刊管理的主要方式。此后，有关部门又相继颁布了一系列文件，分别就期刊出版、发行等工作的具体细节，做出了规定和指示，期刊事业的发展亦步入正轨。科技期刊的各项管理，亦逐步有章可循，出现初步繁荣的局面。

1950年5月，中国科学院创办了《科学通报》，其内容包括：关于政府科学工作政策的解释，科学院所属各研究单位工作进展情况的报道，以及国内外各种专门科学各种生产技术进步情况的报道；同年7月，中国科学院创办综合性学术期刊《中国科学》，用以专门发表各种有创造性的科学论文，各门科学工作的综合报道，以及国内外重要科学论文及书刊的介绍、摘录或批评。

1952年，中国科学院创办《科学纪事》季刊，主要目的是与国外进行学术交流。与此同时，中国科学院出版编译局扶持一些自然科学专门学会，恢复出版了中华人民共和国成立前陷于停顿状态的一批学术期刊，如《中国物理学报》《中国化学会志》《中国地球物理学报》等；继续出版了部分由中央研究院或前北平研究院编辑出版的学术期刊,如《中国实验生物学杂志》《中国水生生物学报集刊》和《考古学报》等。① 这些期刊大多专业性质较强。

此外,中央各部委及其所属专业出版社或有关团体,也创办了一批通俗科学普及读物,如《科学技术通讯》《科学大众》《科学画报》《电世界》《化学世界》《大众科学》《大众医学》《大众农业》《妇婴卫生》等。

其中,《科学技术通讯》是一本由三联书店于 1949 年 10 月 1 日,在北京创办的通俗科学月刊,主要内容包括生产技术经验的介绍、工厂或农场的介绍、各种基本科学知识和技术知识的通俗说明、生产模范或劳动英雄的详细介绍等等。主要目的是交流各地关于技术改进和发展生产的经验,帮助技术工人提高基本科学与技术知识的水平,使科学知识与生产劳动密切结合起来。

《科学大众》于 1947 年创刊,中华人民共和国成立后经过改造,逐渐成为广大群众喜爱的一本通俗科学期刊。该刊主要介绍苏联通俗科学知识,如介绍苏联关于生命的起源、地球和行星的起源等新学说,向读者正确地介绍天文、气象、地质等自然科学知识;介绍一些苏联和俄国的著名科学家,以鼓舞青年们学习科学知识的热情;根据我国的实际情况和读者的要求,对某些专门科学知识作了系统讲解,并且还组织了学习工业建设、学习地质工作、反对细菌战、新中国的科学成就、苏联的科学成就等特辑;1953 年,《科学大众》还连载了《物理知识》《化学知识》两个讲座,帮助一些学习基础科学知识的读者,解决进修和自学中的困难。

据统计,1949—1956 年,我国的科技期刊,无论是数量还是质量都有了很大提高。在数量上,从 1949 年中华人民共和国成立时的 80 种,发展到 1956 年的 173 种,年总印数达 3035 万册;在质量上,较之中华人民共和国成立前有了很大提高,所涵盖的学科范围较以前广泛,而且填补了某些领域的期刊空白。

随后,在"向科学进军"的号召下,科技期刊出版事业呈现健康的发展势头。1959 年,全国科技期刊增至 356 种,为 1952 年 87 种的 4.1 倍,年平均增长 22.17%;年总印数 5265 万册,是 1952 年 940 万册的 5.6 倍,年平均增长 32.06%。1960—1962 年,由于国民经济困难,这样的发展态势受到了

---

① 司有和主编:《中华人民共和国科技传播史》,重庆出版社 2005 年版,第 177 页。

抑制，大量科技类期刊被迫停刊。1960年，科技期刊种类骤降至150种，仅为1959年的42.1%，停刊比重高达57.9%。科技期刊出版事业一时陷入低谷。1963—1965年，随着整个国民经济的复苏，科技期刊重现良好的发展势头。原来停刊的大批科技类期刊纷纷复刊，还创办了一些新的科技刊物。三年间，科技期刊种数以平均每年29.1%的速度增长，年总印数以平均每年45.8%的高速度增加。至1965年，自然科学、技术类期刊达506种，年总印数4711万册。科技期刊种数占期刊总数的64.1%，其在整个期刊业中所占比重已超过了社会科学和文化艺术类期刊。[①]

1966年后，科技期刊的出版工作，也遭到了破坏，全国绝大多数期刊被迫停刊，科技期刊出版亦不可避免。中国科学院的全部期刊于1966年下半年相继被迫停刊，中华医学会系列杂志至1969年亦全部停刊，科技期刊所剩无几。1966—1971年，科技期刊领域甚至出现空白。直到1971年，全国出版工作座谈召开，科技期刊的出版工作，才出现了转机。

1971年，中共中央批发《关于出版工作座谈会的报告》，提出要"根据需要和可能，逐步恢复和创办一些理论、文学艺术、科学技术、学术研究、文教卫生、体育等期刊，首先要注意恢复和创办工农兵、青少年迫切需要的期刊"。随后，一些曾经停刊的期刊陆续复刊，如1973年5月复刊了《科学通报》《地球物理学报》《地质学报》《中华医学杂志》等11种为广大读者所熟悉、发行量较大的科技期刊，也创办了少量新的期刊。1971年，科技期刊出版种数回升至33种，年总印数731万册；1972年，科技期刊出版种数上升至105种，年总印数达到2392万册；1973年，科技期刊出版种数增至186种，年总印数达到3351万册；1974年起，科技期刊的数量逐年有所增加；到1976年底，中国科学院已恢复出版期刊44种。[②]

从整体上看，直到1977年，我国的科技期刊，一直处于恢复阶段。随着1978年党的十一届三中全会召开，科技期刊的出版事业，呈现出前所未有的繁荣景象。

---

① 司有和主编：《中华人民共和国科技传播史》，重庆出版社2005年版，第178、178、178—179页。

② 司有和主编：《中华人民共和国科技传播史》，重庆出版社2005年版，第179页。

第十二章　科学教育的"新"探索者

中华人民共和国成立至改革开放前，一些科学家和教育家如高士其、竺可桢、戴伯韬等科学教育的新探索者，提出了丰富而又系统的科学教育思想，对这一阶段的科学教育的发展，产生了重要而又深远的影响。

第一节　高士其的科学教育思想及实践

高士其是我国著名的科学家、科普作家和社会活动家，是我国科普事业的先驱和奠基人，一生创作了数百万字的科学小品文、科学诗、科普童话等多种形式的科普文章，是一位身残志坚的伟大"红色科学家"。

一　生平及主要教育活动

高士其（1905—1988），原名高仕錤，乳名贻甲，福建福州人。1912年，高士其进入福州北城小学，由于基础较好，直接插班上二年级。1918年8月，高士其以优异的成绩，考入清华留美预备学校，并破格插班到中等二年级就读，1925年，高士其结束了为期7年的留美预备学习。在读期间，他先后获得"英语优等奖章""国语优等奖章""化学优等奖章"和"博物优等奖章"等奖章，并深受"实业救国"和"科学救国"思想的影响，坚定了高士其学习化学的信念。

1925年9月，高士其进入威斯康星大学，经过考试，直接进入三年级化学系学习，由于精通英、德、法三门外语，在国外学习生活没有语言障碍，成绩超群。1926年，高士其转入芝加哥大学四年级学习。1927年，他从芝加哥大学化学系毕业，获得学士学位。1927年，姐姐病逝，受此事影响，高士其转入芝加哥大学医学研究院攻读细菌学，由"化学救国"转向"医学救国"。1927年，高士其成为芝加哥大学医学院的研究生，读医学博士功课。第二年，芝加哥大学细菌学系实验室聘请他为助理，为研究"食物毒细菌"，他亲自吞食了"B. AERTRYCKE"的病菌菌苗，并做了详细记录。同年，他开始研究脑炎病毒。一次实验失误，不小心感染了脑炎病毒，医生老师劝其回国休养，但高士其带病坚持学习。1929年，芝加哥大学聘请高士其为细菌标本管理员，还选其为芝加哥大学国际学生会年会中国代表，并加入美国化学学会和公共卫生学会。1930年，高士其完成了芝加哥大学研究院学业，回国后应邀担任南京中央医院检验科主任，后因不满旧中国医院腐败的官僚作风，愤然辞职。

辞职后，高士其翻译了《世界卫生事业的前景》，并在《医学评论》连载。此外，高士其还翻译了《细菌学发展史》《太平洋国际学会报告书》和《化学文献》等文章，编写了《微生物大观》《妇女手册》和《中学生手册》，并应邀为陶行知先生等创立的儿童科学通讯学校，编写《儿童生理卫生手册》和通俗科学文章《两个小水鬼的写真》。

1935年，高士其因在陈望道主编的《太白》中，读到《论科学小品文》和《白果树》《萤火虫》等一系列科学小品文，深受启发，决定写科学小品文，并在李公朴先生创办的《读书生活》半月刊第二期第二卷上，发表了第一篇名为《细菌的衣食住行》科学小品文，且第一次使用新笔名"高士其"，其意是"扔掉人旁不做官，扔掉金旁不要钱！"[①] 这也成为他一生奉行的准则。1935—1937年，高士其在《中学生》《读书生活》等刊物上，发表了近百篇科学小品文，并出版了《我们的抗敌英雄》（读书生活出版社1936年版）、《细菌的大菜馆》（通俗文化出版社1936年版）、《细菌与人》（开明书店出版社1936年版）、《抗战与防疫》（读书生活出版社1937年版）、《菌儿自传》（开明书店出版社1941年版）五本科学小品集。在此期间，他积极参加了抗日救亡游行等活动。

"八一三"事变后，高士其奔赴延安，受到热烈欢迎，被称为"红色科学家"。此后，高士其在陕北公学任教员，与董纯才等人发起组织了以"防空、防毒，普及国防科学知识"为宗旨的"国防科学社"，参加了"自然辩证法座谈会""陕甘宁边区国防座谈会""边区革命医学会议"等活动，写了《国防科学在陕北》《我在延安》等作品。1939年1月，高士其因病到香港治疗。

---

① 高士其：《高士其全集·5》，航空工业出版社2005年版，第172页。

1939—1949年，是高士其颠沛流离的十年，他先后在九龙、桂林、广州、上海等多地流动。在九龙时，他一面坚持科学小品文的创作，一面研究自然辩证法，发表《什么是古典自然哲学》《自然辩证法大纲》等文章。在桂林期间，高士其担任科学食品研究所所长和东南盟军服务处的技术顾问，开始研究数学和营养学，编写了《奇妙的数》，还制造了10多种科学食品。高士其病情恶化时科普创作只能转为口述。1945年后，高士其来到广州，并通过《我的原子也在爆炸》《电子》《长期的忍耐》《悼四烈士》《黑暗与光明》等诗歌，来揭露国民党的阴谋，并作了第一首科学长诗《天的进行曲》。在国民党先后杀害了李公朴和闻一多后，高士其以《七月的腥风吹不熄人民的怒火》表达了其悲愤之情，强烈谴责了国民党的暴行，也因此引起当局不满。考虑到高士其的安全，党中央将其转移到台北，直到1949年5月，高士其才回到北平。

1950年，中华全国科学技术普及协会（简称科普协会）成立，高士其明确提出，"科普工作是一种宣传工作，是一种集体工作，也是一种群众工作，更是一种政治工作"①。1952—1958年，高士其任中华全国科学技术普及协会顾问和文化部科学普及局顾问，陆续出版了《高士其科学小品甲集》《五年计划的科学故事》《和传染病作斗争》《时间伯伯》《生命的起源》《细菌世界探险记》《细菌和过滤性病毒》《细菌知识》等科普书籍，后又担任中国人民保卫儿童全国委员会委员，出版了《揭穿小人国的秘密》和《我们的土壤妈妈》两本通俗科学读物。其中，《我们的土壤妈妈》被评为1954年全国儿童文学评奖一等奖。

此外，作为人大代表，高士其还到全国各地视察，借此机会收集了大量创作素材。如科学小品文《石林》《锡的贡献》等，就以云南收集的素材为依据而写的。1959—1965年，高士其出版了诗集《科学诗》、科学小品文集《土壤的世界》等，在报纸、期刊上发表了大量科普作品。

1978年4月，高士其出席儿童文学家座谈会，号召文学家为儿童科普出力，多创作儿童科普读物。5月，他参加新中国成立以来全国第一次科普创作座谈会，在此次座谈会上成立了中国科普创作协会筹备委员会，各地也纷纷筹备地方科普协会的成立。9月，北京科普创作协会成立，邀请高士其担任顾问。同年底，他应邀担任《儿童科学画库》顾

---

① 高士其：《高士其全集·5》，航空工业出版社2005年版，第295—296页。

问。1979年，高士其与郑文光共同主编了《儿童文学·科学文艺作品选》，并当选为中国科普创作名誉会长。1980年，高士其给党中央写信，倡议成立科普创作研究所，很快得到邓小平批示。科普创作研究所成立后，中国科协任命高士其为名誉所长。4月和9月，《高士其科普创作选集》上集、第二集陆续出版。年末，在中国科协第二次代表大会上，高士其作了题为《繁荣科普创作，为极大地提高全民族的科学文化水平而奋斗》的发言。

1983年，高士其参加了《科普创作概论》的编写。1984年10月，《高士其科普创作选集》下集出版，12月21日，中国科协、作协和科普创作协会在北京人民大会堂举办了"高士其从事科普与文学创作50周年"座谈会。1986年，《菌儿自传》世界语译本由世界出版社出版。1988年12月19日，高士其与世长辞，享年83岁，党中央称其为"中华民族英雄"。1999年12月13日，国际小行星命名委员会将国际编号为3704号行星命名为"高士其星"。

二 提出科学普及的有效策略

作为我国科普事业的先驱，高士其曾提出很多的科普策略，将其概而言之，包括以下几点：多渠道培养科普人才；有关团体、组织和单位等积极参与科普；以政策法规保障科学普及事业的健康发展等。

（一）提倡多渠道培养科普人才

20世纪80年代，我国的科普工作广泛开展，各地纷纷建立科技馆，各种科普报纸、科普杂志期刊、科普广播、科普电影、电视和录像大量制作和发行，建立了从中央到地方的科普协会。随着科普工作的进一步推广，需要大批合格的科普编辑、科普电影编导、科普作家、组织工作者、管理工作者等，我国科普事业的发展，面临着专业科普人才缺乏的问题。为此，高士其提出多渠道培养科普人才的策略。

一方面，可以利用大专院校设置相应专业培养专业的科普人才。高士其认为，大学的课程设置，应该根据社会的需要，而不应墨守成规，与社会发展与需求脱节。所以，学校要走向社会，充分了解社会的市场需求，随着国家形势发展需要，培养出各种迫切需要的人才。因此，教育机构要为科技的发展和普及，培养各方面人才，为此就应该考虑在电影、美术、新闻、广播等专业院校和其他大学中设立科普系。① 另一方面，高士其提出各级科普作协和组织，利用各种有利条件创办各种形式的"科普讲习班"，邀请知名科普作家和教授，向科普工作者进行知识和理论的讲授。同时，各个专业科普组织和学会，也应该通过自己的专业活动培养人才，甚至可以招收研究生，培养他们从事科普工作。②

总之，高士其认为，通过各种渠道培养科普人才，才能确保我国科普事业的健康有序发展。

（二）有关团体、组织和单位积极参与科普

高士其认为，学会、研究团体以及科普相关部门，也应该积极参与科普工作。当学校深入社会了解社会需要时，以上各相关部门应采取开放政策，配备专业的科普工作者，设置对外宣传橱窗和对外关系联络部，向报社、电台和公众作广泛宣传。宣传本行业的知识和研究课题，向社会做详细介绍，介绍本部门的先进成果和所能解决的技术问题，还可以向公众和生产单位起到有关技术咨询作用，提供资料，答复来函。同时，还可以从社会所提出的大量问题和信息中，发现新的动态和工作趋势，从而制定出切合实际的科研项目和工作计划。③ 向社会开放的政策，不仅能使学会、科研单位和企业部门直接参与社会经济领域，把科学技术变为生产力，取得直接的经济效益，而且可以广泛地吸取社会的优秀人才，吸引大学生参加自己的学会和机构，并按照自己的需要预定毕业生……同时，还可以广泛地吸取社会的新型技术，不断地提高技术设备水平和生产研究能力，日益壮大自身的力量。④

（三）以政策法规保障科学普及事业的健康发展

自中华人民共和国成立以来，在党中央对科普工作的重视和支持，以及科普工作者的努力下，我国的科普事业持续发展。1966—1976 年，科普事业的发展严重受阻，科普协会工作停止，科普出版社也被迫关闭，许多优秀科普作家的作品无法发表，一批科普作家被扣上"反革命"的帽子。1976 年后，目睹这一切的高士其，听取多方意见后，向党中央提议，"我国科技人员有这样高的热情从事科普工作，应该受到爱护和支持……要制

---

① 高士其：《高士其全集·4》，航空工业出版社 2005 年版，第 398、397、398 页。
② 高士其：《高士其全集·4》，航空工业出版社 2005 年版，第 398、397、398 页。
③ 高士其：《高士其全集·4》，航空工业出版社 2005 年版，第 398、397、398 页。
④ 高士其：《高士其全集·4》，航空工业出版社 2005 年版，第 399 页。

定一些保证科技人员从事科普工作的政策"①，他认为，只有以一定的政策、法规为保障，才能确保科普事业的发展，确保科技人员的工作热情。

高士其的这一提议，历经多年终成现实。2002年6月29日，我国第一部关于科普的法规《中华人民共和国科学技术普及法》通过并开始实施，该法规从法律的角度，明确了科普的组织管理、社会责任、保障措施、法律责任等方面。2006年2月9日，国务院颁布了《国家中长期科学和技术发展规划纲要（2006—2020）》，明确了2006—2020年的科技发展的目标和任务，提出未来15年的科技指导方针"自主创新，重点跨越，支撑发展，引领未来"。

同年3月，国务院颁布《全民科学素质行动计划纲要（2006—2010—2020）》，明确未来15年，实施全民科学素质行动计划的方针是"政府推动，全民参与，提升素质，促进和谐"。2016年3月14日，国务院通过并实施《全民科学素质行动计划纲要实施方案（2016—2020）》，对"十三五"期间中国公民科学素质实现跨越提升作出总体部署。这些法规和文件的相继出台，从法律和政策两方面出发，为科普事业的发展提供有力保障。

三　提倡实事求是、艰苦奋斗的科学精神和归纳融合的科学思维

高士其一直以来都提倡实事求是的科学精神。在写《炼铁的故事》前，他亲自到钢铁公司体验炼铁的经过，并得出经验："为了了解生活，我们必须深入钻研科学；同样，在写作科学小品的时候，为了说明科学，我们必须深入体验工农群众的生活。"② 为了做到这一点，他利用视察的机会，到云南了解炼锡的情况，到大庆了解采油炼油的情况，到三门峡工地了解水力发电，到大兴安岭了解森林采伐的情况……他由衷地感叹："纸上得来终觉浅，绝知此事要躬行。"同时，高士其还提倡艰苦奋斗的科学精神。自走上科普创作之路，他一直勇往直前，不惧病痛，不怕牺牲。在1966—1976年，即使生活艰苦、作品无法发表也坚持创作。高士其以身作则，为后人树立淡泊名利、实事求是和艰苦奋斗的高大形象，这也是他一生所倡导的科学精神。

---

① 李宗浩编著：《走近高士其》，河南大学出版社1998年版，第72—73页。
② 李宗浩编著：《走近高士其》，河南大学出版社1998年版，第45页。

此外，高士其还提倡归纳融合的科学思维。他认为："科学的研究，就是要把从无限大到无限小的规律融合成一个统一的整体，建立起一套以人为中心的求知方法。只有这样，才能揭露大自然的无穷奥秘和整个世界的真实面貌。这套求知方法简而言之，就是在辩证唯物主义和历史唯物主义哲学思想指导下的科学思维。"① 青少年迫切需要培养这种归纳融合的科学思维，"因为单纯地进行知识和技术的灌输，而没有一种正确的思维方法予以归纳整理、指导、运用，是很容易形成头脑僵化、缺乏应变能力和创造力的一代人；只有具备了正确的思维方法，才能将所学到的知识和技术灵活地运用于生活实际和客观世界的改造之中"②。他还指出，为了适应新社会大发展，不仅青少年应该培养科学思维，而且全体社会成员都应该培养科学思维，从而促进科学的发展，推动科普事业的发展。

四　重视少年儿童的科学教育

高士其多次强调，儿童教育是基础教育，它往往决定了一代人的思想情操、学识才华。③ 他重视儿童的科学教育，提出在儿童的幼儿时期，就应该开始进行科学教育，让儿童置身于科学玩具、模型和各种科学活动中。④ 他认为，"凡一切在科学上对人类做出较大贡献的人，无不是经历这一过程：从小便接触科学、学习科学、熟悉科学，进而培养出浓厚的兴趣，钻研科学，突破科学的一些领域，以至登上科学的高峰"⑤。他呼吁科普讲座、科普活动、科普读物、电影、电视、广播、幻灯等，关注儿童科学教育事业，为儿童科学普及做出应有的贡献。⑥

中华人民共和国成立之初，我国幼儿科普读物奇缺，高士其的作品，无疑是儿童们最好的科学食粮。他不仅创作了大量青少年科普读物，还认真探索创作方法、总结创作经验，先后发表了《漫谈儿童早期的科学教育》《谈谈儿童科学读物的创作问题》等文章。他还找出我国科普读物缺乏的问题的"病根"——科学家对儿童事业不够关心；科学领导机关对于

---

① 高士其：《高士其全集·4》，航空工业出版社2005年版，第380、381、202、202页。
② 高士其：《高士其全集·4》，航空工业出版社2005年版，第380、381、202、202页。
③ 高士其：《高士其全集·4》，航空工业出版社2005年版，第380、381、202、202页。
④ 高士其：《高士其全集·4》，航空工业出版社2005年版，第380、381、202、202页。
⑤ 高士其：《高士其全集·4》，航空工业出版社2005年版，第207页。
⑥ 高士其：《高士其全集·4》，航空工业出版社2005年版，第202—207页。

儿童科学的不重视；作家对于儿童科学读物的写作不够努力；出版家们对于儿童科学读物的出版不够注意。①

他热烈呼吁科学家能挤出时间关注儿童事业。因为儿童是明天研究工作的接班人，应从小就培养儿童的科学思维，从小学习科学知识。他希望科学家、作家能共同努力，为我国少年儿童写出更多更好的科学通俗读物。希望出版家能制定出版计划，并努力完成。此外，他建议教师、辅导员和儿童工作者，应该与科学家、作家和出版家加强联系，为作家、科学家和出版家提供儿童的实际情况，以便科普读物更能满足儿童需求。

此外，高士其还经常参加少年儿童科技作品展览会、少年儿童科学讲座等活动，在报纸杂志上呼吁大家重视少年儿童科学教育，鼓励学校开展科学活动，引导少年儿童去攀登科学高峰。在科学活动中，首先应该培养儿童热爱劳动，劳动和创造密不可分，劳动是创造的源泉，创造是劳动的要素。其次，应该发展儿童的创造能性和主动性。辅导员、教师在组织活动时，既要考虑到理论与实践的结合，还要考虑到儿童的年龄、特点和发育程度。努力将少年儿童培养成既有科学知识又善于劳动的人。此外，教育工作者应努力学习科学知识，选择自己的专长，宣讲、编写、传授各种科学知识，为儿童科学教育贡献一份力。

总之，高士其作为我国科普事业的先驱，一生创作了数百万的科学小品文、科学诗，为科普事业的发展，多次向党中央建言献策，为科普协会的创立，做出重大贡献，是当之无愧的"中华民族的英雄"。高士其的教育思想以及他淡泊名利、艰苦奋斗的科学精神，仍值得我们学习。

第二节 竺可桢的科学教育思想及实践

竺可桢是我国卓越的教育家和科学家，历任浙江大学校长、中国科学院副院长等职，是当代著名的地理学家和气象学家，也是中国近代地理学的奠基人。他注重中小学地理教育，提倡科学的方法和精神，对我国科学教育事业的发展，做出突出贡献。其作品皆收录在《竺可桢全集》中，共24卷，2000多万字，是国内迄今为止第一部真正意义上的科学家全集。

---

① 高士其：《高士其全集·4》，航空工业出版社2005年版，第207、42—45页。

一　生平和主要教育活动

竺可桢（1890—1974），字藕舫，浙江绍兴人。竺可桢从小聪慧过人，两岁开始识字。家中设有私塾，大哥竺可材和私塾先生章镜尘是他的启蒙老师。1902 年，12 岁的竺可桢进入毓菁学堂，在此打下深厚的古典文学基础。1908 年，从澄衷学堂毕业后，竺可桢转入复旦公学，后又转至唐山路矿学校。他在学校非常认真刻苦，每次考试都是全班第一[①]。1909 年，竺可桢以第 28 名（共 70 名）的成绩，考取了第二批"庚款留学"。1910 年秋天，竺可桢前往美国伊利诺伊大学（Illinois University）农学院学习农业知识。1913 年，竺可桢从伊利诺伊大学毕业后，进入哈佛大学，学习与农学相近的气象专业。1915 年夏，他在哈佛大学获得硕士学位。同年，以"联络同志、研究学术，以共图中国科学之发达"为宗旨的中国科学社在康奈尔大学成立，竺可桢成为第一批社员，并担任《科学》月刊的编辑。

1916 年，他的论文《中国的雨量：1900—1911 年》（"Rainfall In China 1900—1911", *Monthly Weather Review*, No. 5, 1916），这是首篇发表在国际重要学术刊物上的论文，为我国降雨量分布、成因等研究，奠定了重要基础。硕士毕业后，竺可桢继续攻读博士学位。1917 年，他成为美国地理学会会员，获得哈佛大学埃默森奖学金。1918 年 2 月，竺可桢又发表《中国对于气象学的贡献》（"Some Chinese Contributions To Meteorology", *The Geographical Review*, No. 2, 1918），介绍了中国古代科技成就。这是其对中国气象学史研究的开端。同年 5 月 1 日，他以论文《远东台风的新分类》（"A New Classification of The Typhoons of The Far East"）[②]，获得哈佛大学博士学位。1918 年 9 月 4 日，竺可桢回国。

回国后，竺可桢在武昌高等师范学校任教，主讲博物地学部的地理课程和数学物理部毕业班的天文气象学课程。为更新教材中陈旧观点，竺可桢根据新观点自编讲义。此外，他还通过创办学术演讲、课外带学生参观实习等方式，丰富学生的学习生活。

1920 年，竺可桢应郭秉文校长之邀，到南京高等师范学校任教，主讲气象学、微积分和地质学等课程。东南大学地学系改组后，他主讲气象

---

① 《竺可桢全集》第 4 卷，上海科技教育出版社 2004 年版，第 88、90 页。
② 《竺可桢全集》第 5 卷，上海科技教育出版社 2005 年版，第 33—90 页。

学、世界气候、地学通论和世界地理等学科。1921年，竺可桢担任东南大学文理分科筹备员，他提出扩大充实东南大学原有的地理系，并将其改为"地学系"的建议。学校采纳他的建议，将"地学系"列入《东南大学组织大纲》中。"地学系"由气象、地文、古生物、地质、政治地理等组成，竺可桢任地学系主任，兼任气象学、地学通论、世界地理等课程的教师，主讲气象学和地文学。其间，他还编写了《地理学通论》和《气象学》两本教材，该教材内容丰富，资料翔实，图文并茂，深受教师和学生的喜爱，一直为学校所用。1925年，竺可桢因不满东南大学校风学风，毅然辞职。

辞职后，竺可桢来到上海，担任商务印书馆编译所史地部部长，主持翻译《不列颠百科全书》，主编"百科小丛书"。1926年，竺可桢被聘为南开大学教授，在校主讲气象和地理。1927年，他被中山大学张乃燕校长聘为第四筹备委员，并任地学系主任，主讲人生地理学、地学通论和气象学三门课程。1928年，竺可桢任中央研究院气象研究所所长，开始从事我国气象研究工作。1929年，竺可桢任教育部中小学课程标准委员会委员和教育部编审处译名委员会委员，负责中小学气象学和地理学的起草工作。

从1923年始，除担任第一届理事、编辑委员外，竺可桢在中国气象学会第二届到第五届一直担任理事会副会长，第六届到第十二届当选为会长。从留美时期开始，一直到回国之后，竺可桢一直关注着中国科学社的发展。从1916年，竺可桢开始参加中国科学社的历次年会，从第一届到第二十二届，分别担任董事或演讲委员会委员或论文委员会委员等，极大地促进了中国科学社的发展。

1933年开始，竺可桢、翁文灏和张其昀三人共同发出"中国地理学会发起旨趣书"，号召地理学界同仁共同组织中国地理学会，竺可桢任中国地理会理事。1933—1947年，竺可桢参加了1—6届地理学会年会，并任理事或监事。

1936年4月，竺可桢担任浙江大学校长，兼任气象研究所所长。他上任后改革学校管理、广纳贤才，聘任胡刚复、吴福桢为农学院院长、李寿恒为化工学院院长，并分别函请倪尚达、郑晓沧等为浙江大学年度招生委员会委员，郑晓沧兼任主任。1937—1946年，为保护浙江大学师生，躲避战乱，竺可桢带领全体师生辗转各地，途经浙江、江西、湖南、广东、广西、贵州、福建七个省，历经千辛万苦，始终坚持开展教学和科研工作，近两千箱的图书和仪器几乎没有损失。且浙江大学的规模在迁移中不减反增，从文理、农、工3个学院16个系的地方大学，发展到文、理、农、工、法、医、师范7个学院27个系的综合性大学，且很多专业在全国享有盛名。1949年，为拒绝蒋介石邀其前往台湾的请求，竺可桢辞去浙大校长职位并隐居上海。

1949年，竺可桢当选为中华人民共和国第一次自然科学工作者代表大会筹备委员会常务委员会委员。9月，被推举为中国政治协商会议第一届全体会议代表。10月，竺可桢当选为科学院副院长，包揽了建院的许多具体事务，竺可桢因曾是北平研究院和中央研究院的院士，对人才、机构等比较熟悉，对建院有其独到见解。此外，竺可桢还走访各大高校和研究所，接触各学科领域人才，征求多方意见。

1950年，竺可桢担任中科院计划局局长和中国地理学会理事会常务委员，同时兼任地理研究所筹备处主任，开始筹备中科院地理研究所。1951年，他被推举为中国气象学会理事长和中国气象学会常务理事，为中科院气象研究院的成立和发展，提出了诸多有益的意见和建议。1954年，他当选为中科院生物学地学部筹委会主任委员、中国自然科学史研究委员会主任委员，在筹备建立生物研究院和海洋生物研究院，以及中科院自然科学史研究室等方面，做出了重要贡献。1955年，竺可桢任生物学地学部常务委员会委员和生物学地学部主任，并兼任西藏展览工作委员会筹委会委员、中科院自然区划工作委员会主任委员、中科院综合考察工作委员会主任等多个职位。

1958年，竺可桢继续担任新一届中科院副院长，同时担任科学规划委员会综合考察小组组长、国家大地图集编纂委员会主任委员、中科院综合考察委员会主任等等。担任多种职务为竺可桢指导中科院生物研究院和地理研究院的发展，提供了保证。此外，他建立自然资源综合考察委员会，开始重点关注我国西北部地区的自然资源情况。他还提出并安排了中科院五年考察计划，参与编制国家12年科学技术规划，领导组建中科院地理研究所及十多个大型自然资源综合考察队，领导历次地理学发展规划和自然区划的编制，组织编纂中国《自然地图集》《自然地理》等。竺可桢作为各个部门学科的领导者，对相关学科领域产生了深远的影响。

于1972年发表了《中国近五千年来气候变迁的初步研究》，这是他数十年研究取得的重大成果，其理论深受国内外学术界的推崇。1974年2月7日，竺可桢病逝于北京，终年84岁。

二 注重中小学地理教育

竺可桢很关心中小学地理教育。早在1922年,他就在《科学》杂志第11期"科学教育专刊"上,发表了《地理教学法之商榷》一文。文中论及中小学地理教育的重要性,地理学的定义和地理教学的选材范围,中小学地理教学法的原理和教学方法等。同年,在《史地学报》第1期,发表了《改良地理教授法》一文,文中申明改良的理由和办法,明确中小学地理教育的内容。1929年,他对地理教学法再次归纳补充,并在《地理杂志》第2期上,发表了《地理教学法》一文,这对当时中小学地理教育有重要的指导作用。竺可桢对中小学地理教育的观点,可从地理教育的目的、内容、方法等方面进行概括。

(一) 地理教育目的

竺可桢认为,地理教学的目的,在于培养健全的国民,具体说来包括两方面:一是使学生能以世界眼光,推论时事。他明确指出,了解国情固然重要,了解世界各国发展也是必不可少的。要以世界的眼光,分析国内各种时事,才能明确其本质和问题所在。因此,地理教学要开阔学生的眼界,使其能以世界眼光看待时事。二是陶冶学生,使学生能以科学的眼光观察事物。这是针对我国当时"死记硬背"的落后教学方式而提出的,竺可桢认为,地理教学应注重人地关系,如温度与物产、雨量与人口等,都存在因果关系,而要弄清人地因果关系,学生进行实地考察尤为重要,通过学生亲身体验,还可以培养学生精确观察的习惯。[1]

(二) 地理教育内容

对于地理教育的内容,竺可桢针对当时地理教材内容繁杂问题,提出慎择教材,"限制地理之范围,组织各种地理上要素,成为系统,以人类为前提而使之贯成一气"[2] 的主张。他认为:"在中小学,地理虽无分类之必要,但所教授之材料,大抵可分为二大类,即生活状况与环境是也。环境方面,指山脉、河流、温度、雨量、天然物产而言;生活状况,则包含交通、工业、商务、政治及从各种人为之事业而言。二者须融会贯通,明

---

[1] 《竺可桢全集》第2卷,上海科技教育出版社2004年版,第4—5页。
[2] 《竺可桢全集》第2卷,上海科技教育出版社2004年版,第410—416页。

其因果，述其关系。"① 针对中小学地理中这两部分的比例问题，竺可桢认为，"山川、气候、都邑（即环境）应该合占十之四，生业、交通、社会状况（即生活状况）合占十之六"②。竺可桢的这一观点，对改变我国封建时代西方百科全书式和地志式单纯描述的繁杂的地理教科书，有其积极的进步意义。

（三）论地理教育方法原理

竺可桢认为，"地理之范围既广，而各国各地之情形又复不同，故断不能拘泥于一种方法"③，但有一些教学原理也适合于所有地理教学，竺可桢将其归纳为以下四条：④

第一，坚持由已知至未知的循序渐进教学原则。地理教学要始于儿童生活中常见之物，而推广至于未睹未闻，要始于个人受环境的影响，而推广到社会全体。因此地理教学，必须自本土地理着手。

第二，教学内容的选择要"以学生为本"。竺可桢认为："教授地理者，须洞悉儿童之能力，揣摩儿童之心理，而伸缩其所授之教材。"此外，他还提倡各科老师之间的交流合作。他认为，地理学科不仅内容广泛，而且与历史、数学、博物各科的关系极为密切。因此，作为地理教师，应加强与各学科的交流和合作，以达到教学中的共同进步。

第三，注重教学内容和方法的生活性和实用性。竺可桢认为，在国内外，地理学科的教学，历来都比较注重背诵记忆。但是，只牢记州县、山川、物产的名称，不但无益于实用，且不足引起儿童之兴趣，运用其个人思想之能力。因此，他提出，地理学科的教学，要多注意地理中环境对于人生的影响，要注重教学内容和方法的生活性和实用性。

第四，注重各种地理实验。"凡各种科学，非实验不为功。地理既为研究地形、气候对于人生影响之一种科学，则断不能专为恃教科书与地图。必须观察地形，实测气候，使儿童亲尝目睹。"⑤ 因此，他建议中小学应该多组织野外旅行，有条件的可以设立气象观测站，让儿童亲自参与各种地理实验，培养儿童观察、记录、测量等能力。

---

① 《竺可桢全集》第2卷，上海科技教育出版社2004年版，第4—5页。
② 《竺可桢全集》第1卷，上海科技教育出版社2004年版，第410—416页。
③ 《竺可桢全集》第2卷，上海科技教育出版社2004年版，第4—5页。
④ 《竺可桢全集》第2卷，上海科技教育出版社2004年版，第4—5页。
⑤ 《竺可桢全集》第2卷，上海科技教育出版社2004年版，第5、260、541页。

竺可桢所提出的坚持由已知至未知的循序渐进教学原则，教学内容的选择要"以学生为本"，注重教师之间的合作和各种地理实验等地理教学原理，对我们今天的地理教学仍具有重要指导意义，值得我们继续学习。

三　提倡科学方法与科学精神

竺可桢认为，科学精神与科学方法是科学研究中不可分割的两部分，近代科学之所以在中国不发达，原因有二：一是不晓得利用科学工具，即方法不当；二是缺乏科学精神。[①] 因此，他极力提倡科学方法与科学精神。

（一）提倡科学方法

竺可桢认为，所谓科学方法是科学研究的重要工具，只有正确使用科学工具，科学的发展进步才有可能。他采纳了皮尔逊的观点，"科学之所以为科学，并不在乎内容事实如何，而在乎入手方法如何。此则凡治科学者类能道之"。[②] 由此可见，竺可桢极为重视科学方法。科学方法，就是科学上推论事物的分类。只限于归纳法与演绎法。以大概而论，数学上用的多是演绎法。而实验科学如化学、生理等所用的多是归纳法……近世科学，须是归纳演绎二法并用，才能收相得益彰之效。至于有计划的实验，是归纳法最有效的工具。[③] 竺可桢在其科学研究中，十分注重科学方法的应用，注重"两只手的使用"，强调在实地考察中的地图制作，利于地图简化问题。此外，在随后的科学研究中，他又探索出一系列的科学方法，如历史气候法、物候现象法和旱涝比值法等。这些方法对当时气象学的研究，具有重要意义。

（二）提倡祈求真理的科学精神

竺可桢认为，提倡科学，既要提倡科学方法，也要有科学目标。而科学的目标在于祈求真理，这也是科学的精神。竺可桢的一生都在为"祈求真理"而奋斗，他认为，"祈求真理"就要求科学家具备以下科学态度：[④]

一是不盲从，不附和，以理智为依归。如遇横逆之境遇，则不屈不挠，不畏强御，只问是非，不计利害。竺可桢指出，科学的进步，都基于

[①] 《竺可桢全集》第 2 卷，上海科技教育出版社 2004 年版，第 5、260、541 页。
[②] 李醒民：《竺可桢 1950 年之前的科学观》，《山东科技大学大学学报》（社会科学版）2015 年第 1 期。
[③] 《竺可桢全集》第 2 卷，上海科技教育出版社 2004 年版，第 5、260、541 页。
[④] 《竺可桢全集》第 2 卷，上海科技教育出版社 2004 年版，第 541—543 页。

无数科学家的不断努力，有的甚至付出了生命的代价，如布鲁诺因公然承认哥白尼的太阳中心说，被烧死在十字架上；法拉第发现了电磁感应现象，为社会做出重大贡献，但安贫乐道，家徒四壁等等，这是近代科学先驱探索科学的代价，也完美诠释了"只问是非，不计利害"的科学精神。在当今社会，科学的发展进步，同样离不开这一精神。

二是虚怀若谷，不武断，不蛮横。竺可桢认为，科学家的态度是不畏强，不受传统思想的束缚，但同时也不武断，不凭主观，一无成见，所以有虚怀若谷的模样。杰出的科学家牛顿，在他人问及"在科学上，哪一个发明最有价值"时，他回答自然之大，他的发明只不过沧海一粟而已。他这一虚怀若谷的科学精神，也是科学家乃至世人在人生道路上所必不可缺的。竺可桢通过列举武断的科学家凯尔文妄下论断，后被后来者打破其言论的实例，以及清王朝闭关锁国、狂妄自大最后走向灭亡的史实，再次告诫科学家不要武断，不要蛮横。

三是专心一致，实事求是。科学家的态度，应该是知之为知之，不知为不知，丝毫不能苟且。科学研究要精益求精，只有这样才能树立真正的科学精神。

总之，在竺可桢看来，科学事业的发展，既离不开科学方法，也离不开科学精神。提倡在科学研究要和科学教育中的科学精神和科学方法。

四 筹建中国科学院

旧中国时期，国内就已成立了多个研究机构和学术团体，囊括我国各地优秀人才。中国共产党很重视联络和争取科学家的工作。因此，解放战争后，大批科学家都留在祖国大陆，为中国科学院的建立，提供了人才保障。

1949年6月19日，全国第一次科学工作者代表会议筹备委员会在北京召开，会议制定出一份给人民政治协商会议的提案，具体内容如下："设立国家科学院，统筹及领导全国自然科学、社会科学的研究专业，使与生产及科学教育密切配合，科学院并负责审议及奖励全国科学创作、著作及发明，科学院为适应特种需要得设立各种研究机构，此种研究机构发展至相当阶段时，为与生产取得进一步之配合得成立独立机构。"[①] 这一提

[①] 《建立人民科学院草案》，中国科学院档案，办公厅，永久，1950-1，第24页。

案也正是政府所考虑的问题。

1949年9月，全国政治协商会议在北京召开，会议拟定了共同纲领，其中第四十三条规定，"努力发展自然科学，以服务于工业、农业和国防建设，奖励科学的发明和发现，普及科学知识"。第四十四条规定，"提倡用科学的历史观点，研究和解释历史、经济、政治、文化及国际事务，奖励优秀的科学著作"。这就为中国科学院的发展，确定了基本宗旨，在日后也成为中科院的办院方针。

1949年10月19日，中央人民政府委员会任命郭沫若为第一任中科院院长，李四光、陶孟和、竺可桢等为第一任中科院副院长，负责建院具体事宜。10月23日，竺可桢主持召开了科学院建院后如何接管原有各科学研究机关的座谈会，会议商定原则：中央研究院、北平研究院由科学院接管；静生生物调查所、中国地理研究所、中央地质调查所等，以科学院准备接管为原则，其他私人机关暂缓接管。唐山交通技术研究所、杭州的雷达研究所等，拟向文化教育委员会及提出询问或讨论。①

在建院期间，竺可桢因曾是北平研究院和前"中央研究院"的院士，担任过中国科学社的董事，对人才、机构等比较熟悉。因此，对建院有其独到见解，参与建院的诸多具体事宜。他提出建院的三项原则："第一，是把调整的重点放在性质上有重复的研究所，明确如何归并的具体方针；第二，强调科学院科研工作的计划性和集体性；第三，是突出重点予以特别支持。"② 11月1日，中国科学院正式成立。

1950年，竺可桢担任中科院计划局局长和中国地理学会理事会常务委员，同时兼任地理研究所筹备处主任，开始筹备中科院地理研究所。1951年，他被推举为中国气象学会理事长和中国气象学会常务理事，为中科院气象研究院的成立和发展，提出了诸多有益的意见和建议。

1954年，他当选为中科院生物学地学部筹委会主任委员、中国自然科学史研究委员会主任委员，在筹备建立生物研究院、海洋生物研究院，以及中科院自然科学史研究室等方面，做出了重要贡献。1955年，竺可桢任生物学地学部常务委员会委员和生物学地学部主任，并兼任西藏展览工作

---

① 《科学院准备接管原有各科学研究机关座谈会》，中国科学院档案，办公厅，永久，1950-26，第19页。

② 李乡状：《名人青少年时代 中国近现代科学家》第15卷，内蒙古人民出版社2007年版，第75页。

委员会筹委会委员、中科院自然区划工作委员会主任委员、中科院综合考察工作委员会主任等多个职位。

1958年，竺可桢继续担任新一届中科院副院长，同时担任科学规划委员会综合考察小组组长、国家大地图集编纂委员会主任委员、中科院综合考察委员会主任等。担任多种职务积累下的工作经验，为竺可桢指导中科院生物研究院和地理研究院的发展，提供了保证。

此外，他建立自然资源综合考察委员会，开始重点关注我国西北部蒙古西藏新疆等地区的自然资源综合考察情况。他还提出并安排了中科院五年考察计划，参与编制国家12年科学技术规划，领导组建中科院地理研究所及十多个大型自然资源综合考察队，领导历次地理学发展规划和自然区划的编制，组织编纂中国《自然地图集》《自然地理》等。竺可桢作为各个部门学科的领导者，对相关学科领域产生了影响的深远，他在地理学、气象学、物候学、自然科学史、综合资源考察等关系国计民生的基础自然科学领域取得的成就众所周知，他参与的大量规划和组织协调工作，及其所表现出的远见卓识和敬业精神，影响重大且令人佩服。

竺可桢之所以一生辉煌，在于不管是在风风雨雨的军阀混战时期，还是在日本帝国主义疯狂践踏中国的时期，或是在中华人民共和国成立以后的社会主义时期，他都始终如一地艰苦奋斗，为中国的科学和教育事业，尤其是为中国地学的发展做出了不可估量的贡献。[①] 作为我国地理学、气象学的奠基人，竺可桢一丝不苟，谦虚谨慎，持之以恒的科学精神和态度，值得我们学习。

第三节　戴伯韬的科学教育思想及实践

戴伯韬是我国当代著名的教育家、科普作家、出版家和教育管理者，历任中共中央华中局宣传部国民教育科科长、盐阜行政公署文教处处长、地委宣传部副部长、苏北行政委员会委员兼第一厅厅长、苏皖边区教育厅副厅长、华中建设大学副校长、华中行政干部学校副校长、山东省教育厅厅长、上海市军管会文教管制委员会副主任、上海市市政教育处处长、人

[①] 叶笃正：《竺可桢先生——我国近代气象学、地理学的奠基人》，《大气科学》1990年第1期。

民教育出版社副社长等职,他一生都在为我国科学教育事业的恢复和发展而努力,为儿童科学教育开辟了一条新路。

一 生平及主要教育活动

戴伯韬(1907—1981),江苏丹阳人,曾用笔名戴白韬、白韬、白桃。1915 年,戴伯韬进入村中私塾学习,1918 年考入丹阳县第二高等小学。1922 年,进入江苏镇江省立第六中学学习。五卅运动期间,他与同学一起参与抵制日货的爱国运动,深受爱国主义思想的熏陶。

1925 年秋,在父亲的劝说下,戴伯韬考入商业专科学校,开始学习商科,两年后,在陶行知先生乡村教育的影响下,转而投考晓庄实验乡村师范学校,成为晓庄学校第一批学员之一。1928 年秋,戴伯韬从晓庄学校毕业,后到江苏省立民众教育学院工作,担任乡村教育指导员,积极开展乡村教育工作。1929 年,他又到无锡县立惠山实验小学担任校长。1930 年初,应陶行知之邀,戴伯韬与白阿、王洞若等人筹办蟠龙教育学院(民众教育学院)。

1931 年 2 月,戴伯韬回到上海创办《儿童》半月刊、《师范》杂志。同年春天,陶行知先生从日本回到上海,邀请戴伯韬、丁柱中、董纯才等人一同创办"自然学园",编写出版"儿童科学教育丛书"。1932 年,为了逐步推广自然科学的普及工作,应陶行知先生邀请,戴伯韬与董纯才一起创办"儿童科学通讯学校",内设物理、天文、农业、气象、物理生理卫生、化学等科目。后与董纯才一起为中华书局编写"小学自然课本"(未出版)、合编"农民常识读本"。为中山文化教育馆编写"大众科举丛书"(未出版)。此外,戴伯韬还与高士其一起,开始科普文章的创作。

1934 年 2 月 16 日,陶行知创办《生活教育》半月刊,戴伯韬应邀负责编辑出版工作。同年 2 月至 7 月,戴伯韬在《生活教育》第 1 期至第 9 期,连载了一篇名为《幼稚园和小学低年级的科学指导》的连载文章,总结了其在山海工学团幼儿班的儿童科学教育经验,提出 8 条切实可行的儿童科学教育方法。高士其先生曾评价这篇文章,"这份实验报告相当珍贵。它可以说是我国最早的一份向幼儿进行科技教育的教育大纲。尽管半个世纪过去了,今天重读这份报告,仍能使人感到每一节教育设计中闪烁着智慧的火花，它给孩子们以知识和启迪"①。据不完全统计，1934—1936 年，戴伯韬共编辑出版了《望远镜》《显微镜》等儿童科学丛书共 9 种 11 本，发表自然科学方面儿童作品 60 余篇，成为中国早期优秀的科普作家之一。

1937 年 10 月，《生活教育》改为《战时教育》，戴伯韬和刘季平负责该刊的编辑出版工作。戴伯韬在进行抗战宣传的同时，仍心系科学教育，对科技教育发展提出切实可行的建议。1938 年 4 月，戴伯韬在《战时教育》杂志发表了《对学校实施抗战教育的几个具体意见》，在该文章中，他明确提出要注重科学教育，因为"非提倡科学，不足以充实国力"，而要提倡科学就必须注重实践，"今后要提高科学，非到实验室和国防有关的工厂去实地研究不可"。他结合抗战的需要，对科学教育课程内容改革方面提出一些意见，例如，在数学方面，他认为，可根据报章杂志的数目字，例如敌人的军费、敌人所发行的公债、敌人的损失等数目字，编辑新的教材。地理课中，可以将重点放在交通、军事、工业、地形等方面。而自然课，应该从飞机、大炮、坦克等新型武器，及因战争发生的科学实际出发，向物理、化学、动植物、医药、气象等多方面发展。②

此外，戴伯韬对自然科学教育方法的改革，也有自己的看法，他认为，"自然科学的学习，必须注重实验"，主张"把科学实验室搬到国防工厂里去，这样，才可以真正实施国防科学"。③

1939 年 7 月，为了"培养人才之幼苗""为整个民族来造就人才"，陶行知在合川县古圣寺创办育才学校。在重庆期间，戴伯韬除主编《战时教育》杂志外，还为生活书店编写了妇女教材、儿童教材和民众识字课本。宣传抗日、民主和科学知识。他还通过史良、李德全等有影响人士的社会关系，以儿童教育专家的身份，为"儿童保育院"编辑了一套保育院教材。④ 1941—1949 年，戴伯韬先后担任中共中央华中局宣传部国民教育科科长、盐阜行政公署文教处处长、地委宣传部副部长、苏北行政委员会

---

① 上海科技教育出版社主编：《戴伯韬科技教育文集》，上海科技教育出版社 1988 年版，高士其"序"，第 2 页。
② 戴伯韬教育文选编组编：《戴伯韬教育文选》，人民教育出版社 1985 年版，第 19、23、24、26 页。
③ 戴伯韬教育文选编组编：《戴伯韬教育文选》，人民教育出版社 1985 年版，第 19、23、24、26 页。
④ 李隆庚：《著名教育家戴伯韬》，《文献》1982 年第 4 期。

委员兼第一厅厅长、苏皖边区教育厅副厅长、华中建设大学副校长、华中行政干部学校副校长、山东省人民政府教育厅厅长等职。他为盐阜地区、苏皖边区、山东省、上海市等地区教育的恢复和发展，做出了重大努力，在中小学科学教育教材编写、课程设置、师资培养等方面也做出了突出的贡献。1954年，为响应中央"从各地调大批干部，加强人民教育出版，以编出一套适合我国社会主义教育的教材"的号召，戴伯韬被调入人民教育出版社，任第一副社长兼总编辑。

1954年6月，戴伯韬等总结历来教材编写经验，经教育部批准后，作出《关于人民教育出版社当前任务、编辑方针、组织机构及组织领导的决定》，该决定指出，"中小学其他各科的教科书：数学及自然科学暂时以苏联最新版本为蓝本，结合我国情况做适当修改"[①]。根据决定，经过两年多的努力，一套新中国的通用教材陆续编成，并在全国中小学中使用。这有利于统一全国中小学教学内容，提高教学质量。1958年，在总结第一套教材经验的基础上，戴伯韬又领导编写了一套全国通用的中小学新教材，1963年后在全国陆续使用。1960—1966年，为适应新教学改革的需要，戴伯韬等又编成两套中小学新教材，一套是供十二年制学校使用，另一套是供试验十年制学校使用的。

党的十一届三中全会以后，戴伯韬为我国科学教育事业的恢复和发展，提出了一系列建设性意见。1979年11月，他在《中学科技》上发表了《实验是科学之父》一文，又一次重申实验对科学教育和科学技术发展的重要性。1979—1980年，他还与《中学科技》的编辑和少年儿童出版社编辑，通过书信沟通交流，对中小学生科学读物的编写和出版，提出可行性建议。这些建议和见解，是戴伯韬一生从事科学教育、科学杂志教材编辑的经验总结，对我国儿童科学教育和儿童科普读物具有重要意义。1981年3月6日，戴伯韬性心肌梗死与世长辞，终年74岁。

二　注重儿童科学教育

戴伯韬是我国幼儿科学教育的开拓者。早在1934年，他就提出幼稚园里的孩子，也能研究科学的主张，认为我们不应该看轻孩子们。他认为，每个孩子天生就是科学家，他们身上具有坚持不懈、追根问底的科学

---

① 戴伯韬教育文选编选组编：《戴伯韬教育文选》，人民教育出版社1985年版，第266页。

精神，他们好奇好问，充满求知的渴望，作为教师或者成人，应该保护这些科学幼苗，"尽量说他们可以听得懂的话，尽量把他们引入科学境地"①。戴伯韬等人通过在幼稚园和小学低年级阶段进行多年的科学教育实验，总结归纳了6条幼稚园和小学低年级阶段的科学指导的一般原则与方法，这些原则方法在我们今天的幼儿园和小学低年级的科学教育中，仍然适用，值得我们进一步学习和深究。

（一）注重培养儿童科学研究的兴趣

"兴趣是最好的老师"，在科学教育中，戴伯韬认为，教师对儿童研究进行科学的指导，一定要着重科学的趣味。要使得他们来研究科学，就犹如拍皮球唱歌一样有趣，一样高兴才行。因为科学是一个冷酷的，板着面孔的东西，它本身具有较强的逻辑性。教师的任务之一是激发孩子学习科学的兴趣，使科学活动变得有趣，而不是板起面孔来，煞有介事地谈科学，这非但不足以引起小孩子的科学兴趣，反而会把他们的科学幼苗扼杀在摇篮里。因此，在他们进行的科学教育中，往往都会设计一系列的科学游戏小实验，让儿童边玩边学，这些观点，也正是今天我们正在做的，也是我们继续努力的方向。

（二）充分发挥儿童在科学教育中的主动性

在科学教育中，要充分发挥儿童在科学教育中的主动性，首先应该明确教师在科学活动中的角色定位。戴伯韬对教师角色定位是送这把"钥匙"的人，即教师是科学游戏的引导者，教师只指导他们怎样用这柄钥匙，并不是贩卖知识。真知识真学问，要教他们自己拿这把钥匙，开神秘的箱子去寻找。明确教师主导，学生主体，充分发挥学生学习主动性的观点，这也是我们现代教育所倡导和鼓励的教育方式。

教师在明确自己角色定位后，就应该根据儿童身心发展的特点，进行科学活动的指导。在幼儿时期以直觉行动思维和形象思维为主。因此，孩子在玩科学游戏的时候，不必先对他们说什么道理，只要指导他们怎么做，怎么好玩，问他们这会得到怎样的结果，在玩的时候，可以一面玩一面说道理。这样久而久之，他们在做科学游戏的过程中，也就明白其中的奥妙。戴伯韬的这一做法，充分考虑到幼儿时期以直觉行动思维和形象思

---

① 上海科技教育出版社主编：《戴伯韬科技教育文集》，上海科技教育出版社1988年版，第16页。

维为主的思维发展特点,在今天的教育中仍值得我们学习。

此外,戴伯韬提醒教师不要使用"大人做示范,而小孩则只能袖手旁观"方法。他认为,用这样的方法来教小孩研究科学,小孩收获甚微甚至一无所获。他认为,教师要教小朋友自己亲自动手来做,做了之后才会产生疑问,才会引起思想,才会引起连续的动作,也才会懂得明白。年纪太小的孩子,教师可以在旁帮助他玩,但切切不能越俎代庖。①

总之,他的这些观点,正与我们现今倡导的儿童是学习的主体、注重儿童学习主动性发挥的观念是一致的。尊重幼儿身心发展和学习的规律,也与后来提倡的"做中教,做中学,做中求进步"思想相契合。

(三) 多渠道开发科学课程资源

戴伯韬一直认为,科学与实验、观察是密不可分的。那也就意味着学校和幼稚园必须配备必要的科学仪器。但由于当时国家局势动荡和经济发展不良,购买价值昂贵的科学仪器,成为学校和幼稚园的一大难题。面对这种情况,戴伯韬提出"替代法",即用不值钱的破铜烂铁,来代那些昂贵的仪器。"一只玻璃杯,一只墨水瓶,一枚铜子,一支蜡烛,一张纸,诸如此类的仪器,我想到处可以得到。厨房里,旷场上都是玩科学把戏的自由舞台。"② 这也正是我们现今提倡的课程资源开发。这一方法经济实惠,有利于各地区的推广。

(四) 以"游戏"为科学活动组织实施主要形式

在幼稚园和小学低年级阶段的科学教育中,戴伯韬提倡科学游戏,让孩子"玩懂"科学。他认为,科学游戏的价值应该得到重视,因为现代一切令人惊奇的科学大发明,都是从玩游戏玩出来的。科学把戏是什么?是一柄打开自然之谜的钥匙,用了这个钥匙,可以帮助儿童了解自然界的一切神秘现象。③ 因此,在科学教育中要多用科学游戏,多用科学小实验。戴伯韬为此还设计出许多适合儿童玩的科学游戏,为广大教师提供参考。在今天的幼儿教育中,我们也明确提出"游戏是幼儿教育的基本活动形

---

① 上海科技教育出版社主编:《戴伯韬科技教育文集》,上海科技教育出版社1988年版,第17页。

② 上海科技教育出版社主编:《戴伯韬科技教育文集》,上海科技教育出版社1988年版,第17页。

③ 上海科技教育出版社主编:《戴伯韬科技教育文集》,上海科技教育出版社1988年版,第17页。

式",这也与戴伯韬先生的观点是一致的。

(五)强调科学课程的连续性

戴伯韬提出,玩科学把戏的时候,教师应时常注意到连续的活动。玩了这个把戏之后,儿童会联想到另一个把戏,这样一个一个连续地玩下去,就是和本来的活动没有什么关系也不要紧。有了一贯连续的活动之后,才会有继续不断的新知识、新价值、新发明产生。[①] 在当今的幼儿教育中,我们也同样提倡教育活动的延伸,以及教师在教育活动中的引导。教育内容环环相扣、循序渐进,最终将促进幼儿全面和谐的发展。

(六)倡导科学教育与生活相联系

戴伯韬提出的最后一个儿童科学教育指导原则和做法就是:日常生活现象的解释。他认为,在玩了这些把戏之后,可以把日常生活中所遇到的,和这把戏有关的现象,解释给他们听,引导他们用这柄钥匙去攻破自然界的谜。[②] 与儿童生活经验相联系,是当今幼儿教育内容、方法选择的前提和依据,也是幼儿教育的出发点和落脚点。

三 重视科学实验

戴伯韬认为,除数学外,都要实验,有了实验,才能攀登科学高峰,才能打开自然界的奥秘,才能把人的聪明才智发挥起来,科学才能向前发展。[③] 他还列举了众多著名科学家实验研究案例,如意大利科学家伽利略通过自制望远镜的观察,才发现月球表面是凹凸不平的,他用望远镜观察木星才发现它有四颗卫星;居里夫人也是通过科学实验,才从数以吨计的沥青矿油中,提炼出放射性元素镭;美国著名科学家爱迪生,为了找到最适合做灯丝的材料,也历经了上千次的实验,进一步说明一切科学真理,都来自实验观察。

戴伯韬认为,我们学校里的师生教学自然科学,虽然和科学家的发明、创造不同,是在教师指导下,学习前人的科学结晶,或高度概括起来

[①] 上海科技教育出版社主编:《戴伯韬科技教育文集》,上海科技教育出版社1988年版,第18、18、3、4页。

[②] 上海科技教育出版社主编:《戴伯韬科技教育文集》,上海科技教育出版社1988年版,第18、18、3、4页。

[③] 上海科技教育出版社主编:《戴伯韬科技教育文集》,上海科技教育出版社1988年版,第18、18、3、4页。

的理论，但这些知识或理论是经过前人实验的，而我们没有实验过，所以我们也要经过实验才能真正认识它，运用它。① 具体做法是组织学生进行科学实验或课外科技活动。学生在实际操作中，既能更容易更好地理解相关概念，而且有利于学生科学思维、科学精神和科学方法技能的培养。因此，学习、实验、思考、判断，再学习、再实验、再思考、再判断，如此循序渐进，才是学生学习自然科学应有的过程，在这里培养学生做实验的操作技能，是至关重要的，使学生将来离开学校后可以亲自动手做各种实验，是实现四化的需要，也是发展科学的需要。②

针对当时各地区各学校缺乏实验室和实验仪器这一问题，戴伯韬指出各学校应该从本地区的实际出发，建立科学实验室，并对本地学校开放，让学生轮流到实验室进行科学实验。至于科学仪器问题，他认为，应该采取政府供给、学校自制和修复旧设备的"三合一"策略，即政府要拨一定经费用于实验仪器的购买，学校既要修复、整理已有设备，供学生使用，还可以发动师生自制仪器、教具。

总之，戴伯韬认为，各地区都应设法让学生进行科学实验，开展课外科学活动，通过科学实验，让学生在学习科学知识的同时，培养他们的科学精神、科学思维和科学实验技能。这是人民的需要，也是时代的需要。他还呼吁教育界、科技界、共育团、国家体委以及工商界有关人士予以大力支持和扶助，共同促进科学教育的发展。

四　强调农村中小学科学教育内容与生产劳动相结合

1963年，戴伯韬用时两个月，到丹阳县珥陵人民公社的农村教育情况进行调查，发现家长、学校、教师等一致认为，为了实现对江苏省农业的四化建设和农业技术改革，必须使中小学物理、生物、化学、数学等科学教育内容与生产劳动相结合。

在数学教育中，应该加强四个方面的内容：一是簿记和统计；二是计算，即算盘、计算器、算尺和算表等工具的使用方法的学习，以及在计算中用到的算术知识和代数知识的学习；三是识图和画图；四是测量，包括

---

① 上海科技教育出版社主编：《戴伯韬科技教育文集》，上海科技教育出版社1988年版，第18、18、3、4页。

② 上海科技教育出版社主编：《戴伯韬科技教育文集》，上海科技教育出版社1988年版，第5页。

度量和测量两方面。① 这些知识都与农业生产和生活息息相关，应该在中小学系统数学教育中，加强这些内容的学习。此外，数学教学还应与农业四化和农业技术改革相联系。

就物理方面而言，应加强三个方面的学习：一是力学方面，具体包括流体运动知识、流体静压强计算、各种材料的力学性质、各种简单机械和传动装置的运用知识等；二是电学方面，首先，应学习电动机的构造、原理、使用和维修，其次，要学会各种电器仪表的读数方法，最后，还应掌握变压器的原理、电灯泡的使用方法和安全用电知识等；三是热学方面，首先，应掌握内燃机的构造、原理、使用和维修，其次是学会测量和控制湿度、温度，最后，应学习冷却散热知识；四是水文气象方面，如学习测定地下水位、降雨量等。② 这些知识中，尤其是力学、热学和电学三方面，与农业四化和农业生产技术改革联系较大，应在中学和高中系统物理学习中，进一步加强这些内容的学习。

化学方面，主要包括两个方面，一方面是化学基础知识的学习，另一方面是化肥和农药相关知识的学习。③ 强化这两方面的知识有利于农业发展，促进粮食产量提高。另外，生物学方面有两点，一是必须在现有动植物教材的基础上，加强联系农业生产实际，适当讲授应用技术，二是必须教给学生进行农业科学实验的方法，④ 从而促进农业生产的发展。因此，加强农村教育中数学、物理、化学和生物的学习，是促进农业四化和农业技术改革的必由之路。戴伯韬在随后的《关于农村中小学教材问题的报告》和《各方面对农村教育的要求和改革的意见》中，也进一步明确提出，农村中学物理、化学、生物等教学内容，要密切联系农业生产的四化，为农业的发展指明了道路。

总之，作为当代著名的教育家、科普作家、出版家和教育管理者，戴伯韬为我国科学教育事业的恢复和发展无私奋斗了半个多世纪。在中小学

---

① 戴伯韬教育文选编选组编：《戴伯韬教育文选》，人民教育出版社1985年版，第333—336页。
② 戴伯韬教育文选编选组编：《戴伯韬教育文选》，人民教育出版社1985年版，第337—339、339—341页。
③ 戴伯韬教育文选编选组编：《戴伯韬教育文选》，人民教育出版社1985年版，第337—339、339—341页。
④ 戴伯韬教育文选编选组编：《戴伯韬教育文选》，人民教育出版社1985年版，第337—339、339—341页。

教材的出版、民主教育的改革和发展、编辑队伍和科学教育研究的培养、教育理论的编辑出版等方面，都做出了卓越的贡献，为党和人民的教育事业奋斗到了生命的最后一刻，为我们留下了丰富的科学教育指导方法和可贵的科学研究精神。

第四卷　中国当代科学教育（下）

第十三章　学校中科学教育的改革与发展

改革开放以来，随着社会的日益发展和层出不穷的科技产品的普及，越来越多的人都认识到，科学技术在人类社会发展中的重要地位和作用，这对推动科学技术发展以及科学教育的发展，无疑起到了积极的作用。

第一节　幼儿教育阶段科学教育的改革与发展

改革开放以来，随着经济、政治等各个领域的逐渐开明和发展，对教育领域也产生了深刻的影响。幼儿科学教育也随之受到关注，重新发展起来。幼儿科学教育在名称上，主要经历了由"常识"到"自然领域"再到"科学领域"的转变。同时在科学教育目标、科学教育内容及科学教育方法等方面，也经历着大大小小的转变。这些转变是符合时代发展要求的，是契合幼儿身心发展规律的，是幼儿科学教育存在和发展的必然趋势。恰是因为如此，梳理和探究这段转变的历史，就显得尤为必要。这既能让我们合理审视改革开放以来，幼儿科学教育的发展历史，又能让我们从这段历史中挖掘宝贵的教训和丰富的经验，为我国幼儿科学教育的持续改革及今后的发展，积淀深厚的基础。

一　恢复与探索阶段：常识课程时代（1978—1993）

1978 年，党的十一届三中全会召开，教育领域逐渐复苏，幼儿教育事业开始得到恢复和发展。1979 年 11 月，教育部颁发《城市幼儿园工作条例（试行草案）》，这是改革开放之后颁布的第一部幼教法规，在幼儿教育领域起到了拨乱反正的重要作用。

对于常识课程的目标，该条例指出："教给幼儿初浅的自然常识和社会常识，发展幼儿的智力（注意力、观察力、记忆力、想象力、思维能力、特别是口头语言的表达能力），培养他们对学习的兴趣和良好的学习习惯。"而且还要"教育幼儿爱科学，培养他们对科学的兴趣，启发他们的求知欲"①。

在此目标基础上，幼儿园设置了常识课程，在小班、中班、大班的各个学期都予以设立。并且，还要求幼儿园要"设置语言、常识（日常生活中幼儿可理解的、初浅的自然科学常识）、计算、音乐、美术、体育等科作业。作业是向幼儿有计划地传授初浅的知识、技能和发展智力等的主要教学形式，也是向幼儿进行全面发展教育的重要手段。作业时间要随幼儿的年龄而递增：小班每周作业6至8节，每节10至15分钟；中班每周作业10至12节，每节20至25分钟；大班每周作业12至14节，每节25至30分钟。大班末期适当延长5至10分钟。"②

对于各科的教学，条例要求重视游戏的运用。"游戏是幼儿的基本活动，是向幼儿进行初步的全面发展教育的重要手段。游戏包括创造性游戏（角色游戏、建筑游戏、表演游戏）、体育游戏、智力游戏、音乐游戏等。"③条例强调要积极开展各种游戏，加强对游戏的领导，使之具有教育意义，并且要善于发挥幼儿在游戏中的主动性和创造性。同时，条例还对教养员提出要认真备课、教学要面向全体幼儿等要求。

改革开放伊始的科学教育，没有足够的前期准备，所以在课程目标、课程内容等方面，都显得有所急促，一些要求生硬僵化，幼儿科学教育实施困难，没有得到足够的重视。但在第一个幼儿教育法规中能有一席之位，也至少显现出科学教育开始进入人们的视野之中。

1981年10月，教育部颁布了《幼儿园教育纲要（试行草案）》。纲要规定，幼儿园的教育内容与要求主要分为生活卫生习惯、体育活动、思想品德、语言、常识、计算、音乐、美术等八个方面，各项内容与要求按照小、中、大三个班提出。幼儿科学教育主要按"常识"内容来进行。④

---

① 中国学前教育研究会编：《中华人民共和国幼儿教育重要文献汇编》，北京师范大学出版社1999年版，第124、128、167、182—187页。
② 中国学前教育研究会编：《中华人民共和国幼儿教育重要文献汇编》，北京师范大学出版社1999年版，第124、128、167、182—187页。
③ 中国学前教育研究会编：《中华人民共和国幼儿教育重要文献汇编》，北京师范大学出版社1999年版，第124、128、167、182—187页。
④ 中国学前教育研究会编：《中华人民共和国幼儿教育重要文献汇编》，北京师范大学出版社1999年版，第124、128、167、182—187页。

对于常识课的目标,纲要规定:"丰富幼儿关于社会和自然方面粗浅的知识,扩大他们的眼界。培养他们对认识社会和自然的兴趣和求知欲望,逐步形成对待人们和周围事物的正确态度。发展幼儿的注意力、观察力、记忆力、想象力、思维力和语言表达的能力。"从中不难发现,对幼儿科学能力的培养并不是幼儿科学教育的重点,重点是通过培养幼儿的科学兴趣,引导他们形成对社会和自然的探索欲望。

针对常识课的内容与要求,纲要按照小班、中班、大班分阶段地列出了较为细致的要求。在幼儿园小班阶段,主要教会幼儿最为基本的生活常识,引导他们观察并认识世界,比如:知道自己的姓名、性别、年龄和家庭主要成员的姓名;认识并会正常使用日常接触的玩具、餐具及家具等;认识周边最常见的人、水果蔬菜、花草树木、交通工具、家禽家畜等。到了中班阶段,内容有所扩充,但仍然强调生活常识的积累,比如:知道父母的职业、家庭和幼儿园地址;认识一些常见的日用品、机器、动植物、自然风景等;知道一些交通规则、主要的节日、四季名称等。这个阶段,在认识事物的基础上,开始强调培养幼儿的操作能力,通过引导幼儿种植几种容易栽培的植物,让幼儿主动观察它们的生长变化,从而让幼儿知道植物的生长不可缺少土壤、阳光、空气和水,在动手操作与主动观察中获得科学知识。到了大班阶段,除了继续对上述内容进一步扩充之外,开始强调幼儿的探索归纳能力,比如:对常见的蔬菜、水果、干果、树木、花草、当地的主要农作物、家禽、家畜、鸟、昆虫、野生动物、海陆空交通工具等进行比较并分类;参加力所能及的田园劳动,进而学习一些简单的保存方法;观察风、雨、雪、雷、闪电等自然现象,培养幼儿对其他自然科学现象的兴趣等。

至于教法的问题,"幼儿园常识教育主要通过观察、种植、饲养、小实验、智力游戏和日常生活等活动来进行,在幼儿获得直接经验的基础上还可运用儿歌、谜语、故事等手段加以巩固"[①]。

(一) 观察

"观察是通过各种感觉器官,感知事物,获得关于事物或现象的感性认识。观察是幼儿认识世界、获得知识、发展智力的重要途径,是幼儿园

[①] 全国幼儿园教材编写组编:《幼儿园教材——常识(教师用书)》,人民教育出版社1982年版,第265页。

常识教育的主要方法。"[1] 形形色色、变幻万象的世界极易引起幼儿的兴趣，幼儿接触世界的主要方式之一就是观察，尤其是在幼儿语言系统未完善建构之前。幼儿在观察过程中，经常表现出他们对自然和社会的好奇以及浓烈的求知欲。教师应善于抓住这样的时机，充分利用各种条件，给予幼儿以正确的指导，丰富他们对自然和社会的知识，从而发展他们的智力。针对教师如何指导幼儿观察，大致可以分为个别物体观察、比较观察和长期系统观察。小班幼儿主要进行个别物体观察，中班和大班幼儿应进行比较观察和长期系统观察。

具体来说，在进行观察前，教师要充分做好准备工作。首先确定好观察目的，选好观察对象。在确定好观察对象和要求后，教师要结合本班幼儿的年龄特征、认识能力与观察水平，拟订好观察计划，必要时需制作好辅助教具。在具体观察中，教师首先要集中幼儿的注意力，启发幼儿观察的兴趣和愿望，明确观察的内容、要求与任务。教师要以极大的兴趣和幼儿共同观察，以感染幼儿的情绪，并且有步骤地对幼儿进行指导，不仅鼓励幼儿积极提问，还要不断提出启发性问题，以不断加深幼儿对观察对象的认识，引导幼儿深入观察。

同时，教师的语言，要简洁明了、简明生动，还要注意发展幼儿的语言，培养幼儿能独立运用完整的、生动的语言表达思想。观察结束后，小班、中班的幼儿，一般可由教师根据观察的要求进行小结，大班应该及时组织幼儿进行总结性谈话，加深幼儿观察获得的形象，使幼儿对事物有正确的认识和态度，同时引导幼儿学习围绕一个主题进行谈话，发展儿童的语言表达能力。

（二）种植与饲养

在对幼儿进行常识教育的过程中，可以组织幼儿参加一些力所能及的园地种植和饲养小动物的劳动，其目的在于能够"培养幼儿对观察动植物生长的兴趣，增长有关的知识和技能，体验劳动的愉快，珍惜劳动成果"[2]。

幼儿园要因地制宜地开辟一些小园地和饲养场地，种植和饲养一些本地区常见的且易于管理的花草蔬菜和小动物等，应根据不同年龄班，提出

---

[1] 全国幼儿教材编写组编：《幼儿园教材——常识（教师用书）》，人民教育出版社1982年版，第265页。

[2] 全国幼儿教材编写组编：《幼儿园教材——常识（教师用书）》，人民教育出版社1982年版，第270页。

不同的要求。以种植为例：种植前教师应制订好详细周密的种植计划，并准备好相应的种子、秧苗和工具，向幼儿介绍种子或秧苗的名称，观察其主要特征，使幼儿对种子或秧苗有深刻的印象。然后，教师通过示范种植的方法，让幼儿了解种植的基本步骤。在幼儿种植时，教师要巡回指导，发现幼儿在种植过程中的问题，并及时给予帮助。同时，教师要注意观察和引导幼儿之间的相互关系和劳动态度。幼儿完成种植后，教师应该简短评价幼儿在劳动中的表现，交代今后如何管理，启发幼儿经常关心和观察其生长变化的兴趣。

（三）小实验

小实验也是对幼儿进行常识教育的一种常用方法，但幼儿园里的小实验，是明显不同于中小学里的实验，"幼儿园的小实验带有游戏的性质，它是以幼儿日常生活所接触的事物与现象为内容，运用有关的材料，通过幼儿亲自操作，在一定的时间内，使一些事物或现象的某些特性或变化，明显地呈现在幼儿眼前，供幼儿观察"①。小实验的内容要浅显易懂，实验所用的材料要简单易操作，如水变成冰、冰变成水的实验。实验前，教师和幼儿要做好充分的功课，准备好实验所需要的各种材料和工具。实验时，教师要善于用游戏的口吻引出实验的内容，通过示范向幼儿提出观察的重点，提出启发性的问题。在幼儿具体操作时，教师应尽量做到巡回指导，及时发现问题并给予帮助，直到幼儿操作成功为止。

（四）智力游戏

智力游戏是一种重要的常识教育教学方法。"幼儿最喜爱游戏，寓教育于游戏之中，幼儿最易接受教育，尤其是对年龄小的和智力发展较迟缓的幼儿效果更好。"② 智力游戏灵活机动，可随时随地进行，可以全班一起玩，也可以分组或个人玩，可以在上课时进行，也可以在课外进行。教师要根据常识教育的内容和要求，选编适合不同年龄阶段幼儿的游戏，向幼儿介绍游戏的名称、玩法和规则，并做好示范，引导孩子遵守规则，在体验游戏的乐趣中达到教育的目的。

延续《城市幼儿园工作条例（试行草案）》重视游戏教学的精神，幼

---

① 全国幼儿园教材编写组编：《幼儿园教材——常识（教师用书）》，人民教育出版社1982年版，第272—273、274页。

② 全国幼儿园教材编写组编：《幼儿园教材——常识（教师用书）》，人民教育出版社1982年版，第272—273、274页。

儿园教育纲要仍然规定幼儿园的上课,要以游戏为主要形式。同时,纲要明确提出"观察"的教育手段。幼儿园的观察,是幼儿认识自然和社会取得直接经验的重要途径,幼儿园的各种活动都离不开观察,为了培养幼儿求知欲望,养成爱观察的习惯,在日常生活中教师要经常引导和观察某一事物和现象,可设立自然科学角等。可见,从这个时期开始,我国对幼儿科学教育的认识,迈上了一个新台阶。

1986年6月,国家教委颁布了《关于进一步办好幼儿学前班的意见》,进一步强调,"观察"作为一种幼儿教育手段的重要性,要求学前班的各项教育活动,应按照《幼儿园教育纲要》的精神进行,并提出需要特别注意"引导幼儿观察周围的事物,启发他们的求知欲望和兴趣,培养动手的能力","教幼儿知道10以内的数概念和加减运算,并能正确书写1—10的阿拉伯数字,培养对计算的兴趣"[①]。

值得一提的是,针对当时幼儿园课程实践中,重知识传授轻能力培养、重上课轻游戏、六大科目相互割裂等弊端,一些理论工作者和实践工作者通过合作,开展了课程改革试验。例如:1983年,南京师范大学和南京市实验幼儿园合作,率先开展了"幼儿园综合教育结构"的试验;1984年,中央教科所与北京市第五幼儿园、北京市崇文区第二幼儿园,共同开展了以常识教育为核心的综合教育课程研究;1985年,上海市长宁区教科所和愚园路第一幼儿园,合作进行了"幼儿园综合性主题教育"的试验。这三项试验开创了80年代幼儿园课程整体改革之先河。[②]

南京师范大学教科所与南京实验幼儿园,在20世纪80—90年代进行了幼儿园综合教育改革。该幼儿园以幼儿对自然、社会和自身的认识为主线,从情感教育入手,将幼儿教育内容、手段和教育过程三方面综合,并将主题活动、一日活动和个别活动整合,构成了指向幼儿整体发展的综合课程。[③]

幼儿园综合教育课程包括三个方面和三个层次的"综合"[④]。三个方面:第一,教育内容的综合以幼儿认识周围自然和社会生活的内容为基

---

① 中国学前教育研究会编:《中华人民共和国幼儿教育重要文献汇编》,北京师范大学出版社1999年版,第239—240页。
② 冯晓霞主编:《中国教育改革大系 学前教育卷》,湖北教育出版社2016年版,第393页。
③ 中国学前教育研究会编:《百年中国幼教(1903—2003)》,教育科学出版社2003年版,第161—162页。
④ 赵寄石:《赵寄石学前教育论稿》,南京师范大学出版社2001年版,第367—368页。

础，确定每一阶段的教育内容，以"主题"的形式出现，尽可能将语言、数学、音乐、美术、体育等方面的有关内容结合进去，但不强求综合，各个方面内容各自的系统性仍然保持。第二，教育手段的综合是指各种类别的游戏、上课、劳动、娱乐以及日常生活的活动各有其特殊的教育作用，在运用时尽可能互相配合，发挥各自的独特性。第三，教育过程的综合是指把认知、情感、行为、能力的培养结合在统一的过程中。这个过程以认识周围生活为基础，从情感教育切入，着重培养良好的行为习惯，发展语言和思维能力。三个层次：第一，主题活动的综合，是指每个阶段以某个主题综合各方面的教育，使有关的内容得到有机的组合。第二，一日活动的综合，是指把一日的各项活动组成连续的教育过程，不停留在互相分割的各个片段上。第三，个别活动的综合是指每项活动，尽可能在各个部分自然的有机联系中进行，既要防止割裂，也要防止强求拼合。这些课程改革试验积极探索幼儿园常识课程的教材教法问题，为幼儿科学教育的发展，提供了多种可能，注入了新鲜的动力，也为以后的幼儿科学教育改革，提供了有益的经验。

1989年6月，国家教委发布了《幼儿园工作规程（试行）》，吹响了我国幼教改革的号角。该规程是对我国幼儿园各项工作的规定和要求，对幼儿教育工作提出了一些原则性的要求，其中并未专门规划设置常识教育或科学教育的课程，但是，透过规程中的相关表述，如"发展幼儿正确运用感官和运用语言交往的基本能力，增进其对环境的认识，培养有益的兴趣和动手能力，发展智力"，并且指出"游戏是对幼儿进行全面发展教育的重要形式"，幼儿园教育工作要"以游戏为基本活动，寓教育于各项活动之中"[1]等，可以明显看出，常识课程的价值取向，已开始转向强调幼儿的兴趣和需要，注重课程要促进幼儿的全面发展。

1989年9月，国家教委发布《幼儿园管理条例》，这是中华人民共和国成立以来第一个经国务院批准颁布的有关幼儿教育的行政法规，标志着我国幼儿教育向法治化建设迈进。其中第三章第十六条明确指出："幼儿园应当以游戏为基本活动形式。"[2] 该条例凸显了游戏在幼儿学习中的重要

---

[1] 中国学前教育研究会编：《中华人民共和国幼儿教育重要文献汇编》，北京师范大学出版社1999年版，第288—292、301页。

[2] 中国学前教育研究会编：《中华人民共和国幼儿教育重要文献汇编》，北京师范大学出版社1999年版，第288—292、301页。

作用，使游戏成为对幼儿进行常识教育的一种重要手段。

在这个时期，幼儿科学教育主要以"常识"课程作为一种形态存在。因此，这就在本质上决定了这一时期的幼儿科学教育，主要体现出一种知识取向，因为常识也是知识的一种存在类别。当然，这也是改革开放初期经济发展仍显落后、各项教育理论与实践还不够丰富等原因造成的必然结果。

二 创新与规范阶段：自然领域时代（1994—2000）

在幼儿园综合教育课程研究的影响下，理论研究者和实践工作者开始转向用整体、系统、综合的观点，来研究幼儿园的科学课程。进入20世纪90年代，幼儿园课程被划分为五大领域，其中包括自然领域。1994年，人民教育出版社出版《幼儿园教育活动——自然领域》：指出"环境中可构成幼儿园教育内容的事物大致可分为五类，我们将这五个方面相应地称为幼儿园五大教育领域：自然，健康，社会，语言，艺术。必须强调的是，客观环境中的五类事物本身存在着千丝万缕的联系，教育实践中的五方面教育内容更应有机地结合在一起，共同承担实现幼儿园教育目标、促进幼儿身心和谐发展的任务。"[1]

人民教育出版社出版的《幼儿园教育活动》"自然领域"分册，与过去的"常识"相比，去除了有关社会常识的部分，而将数学部分纳入进来，整体包含了自然、科学以及数学等内容，"其意图在于改造幼儿园的常识教育，将常识教育从'去科学'、分科、注重上课、讲解和简单观察拉回到新的科学观、注重综合、注重科学探究上来"[2]。"自然领域"的课程目标是："增进幼儿对大自然的情感，萌发初步的环境意识；增进幼儿对自然界事物和现象的存在、关系以及它们的发展变化的认识，促进认知能力的发展；培养幼儿的求知欲、探究精神，以及勤学好问、积极动手动脑的习惯。"[3]

幼儿自然领域教育主要包括动物世界、植物世界、自然现象与自然事

---

[1] 人民教育出版社幼教室编：《幼儿园教育活动——自然领域》，人民教育出版社1994年版，《本套教材专用名词解释》第4页。

[2] 苏贵民：《幼儿园科学领域课程实施研究》，人民出版社2014年版，第31页。

[3] 人民教育出版社幼教室编：《幼儿园教育活动——自然领域》，人民教育出版社1994年版，第2—3页。

物、人类与环境、数学教育等部分,内容十分广泛,上至日月星辰、风雨雷电,下至花草鱼虫、土木沙石。因此,教师在选择内容时,务必要处理好深与浅、多与少、新与旧的关系,紧密切合幼儿的特点、兴趣与能力。在幼儿自然领域的教育过程中,强调要抓住三个基本方面:环境、活动、指导。即创设适合幼儿进行探索的自然环境,引导幼儿在活动中探索,教师在幼儿探索活动中扮演引路人的角色。

可以看出,重视幼儿主动探索开始在幼儿自然领域教育中凸显出来,幼儿自然教育开始由过去的注重灌输自然常识,转变到注重幼儿的主动探索上来。自然领域的课程,也去除了以往常识中的非科学成分,开始呈现综合化倾向,课程内容较之于过去也改进不少。在幼儿自然教育领域的教学过程中,教师的角色开始转向于引路人,而不是知识的灌输者,强调幼儿在探索中的主体地位,鼓励幼儿亲自动手操作,激发起幼儿探索的兴趣与热情。这些都是对以往常识教育的突破,具有明显的进步意义。

在自然领域教育的教学实施上,仍然十分重视游戏的方式。在此以"太阳和影子"为例,来审视是如何对幼儿进行科学教育的。

案例:游戏之"太阳和影子"①
目的:在游戏中观察太阳与影子,发现光与影的关系,激发幼儿的观察兴趣,培养创造能力。
准备:粉笔
方法:
(1)在户外找影子(如树影、房影、人影等)。
在阳光下和在阴暗处跑一跑,看看自己的影子,什么地方有影子,什么地方没有影子?
(2)想一想,还在什么地方,什么时候发现过影子?(如灯光下、月光下、手电光下、火把下等)
(3)讨论:为什么会有影子呢?
(4)画影子:早晨、中午、晚上站在同一地点,两人互相帮忙,把地上的影子画下来。

---

① 人民教育出版社幼儿教育室编:《幼儿园教育活动教师参考用书——自然领域》,人民教育出版社1996年版,第203页。

比一比，三个影子有什么不同？

想一想，影子为什么会变？

（5）做手影。教给幼儿几种手影的做法，鼓励幼儿创造各种手影与身影（如小鸟、小兔、孙悟空等）。

从这个教学案例中，明显可以看出，这一时期的自然领域教育，已然具有更多的科学因素，对幼儿的观察能力、动手操作能力、质疑精神、表达交流能力、思考问题能力、比较能力、反思精神等科学能力及科学精神，都有所涉及，并且在实际活动中，注意引导幼儿科学思维的形成，激发幼儿的探索欲望。

1996年3月，国家教委发布了《幼儿园工作规程》，主要涉及幼儿自然领域教育的目标是："发展幼儿智力，培养正确运用感官和运用语言交往的基本能力，增进对环境的认识，培养有益的兴趣和求知欲望，培养初步的动手能力。"[1]

20世纪90年代以来，随着市场经济的快速发展，科技产品研发加快，科学技术发展提速，"科学"一词开始加大频率出现在人们的视野之中，整个社会和民众对科学的认知不断加强。幼儿科学教育在此影响下，不断调整，从课程目标、课程内容、教学方式等各方面，进行更新调适，不断碰撞出新的理念。同时，在深层次上，也激发了幼儿科学教育从自然领域到科学领域的时代蜕变。

三 系统与完善阶段：科学领域时代（2001—2018）

在自然领域的课程实施之后，伴随着国外幼儿科学教育理论的提出、实践与传播，"科学教育"这个术语开始在幼儿教育界流行开来。研究者也开始在科学技术大发展的社会背景下，立足科技社会对于人才的需求，超越过去对于常识、自然的理解，重新界定幼儿园科学教育的内涵。

这一时期对幼儿园科学教育的理解，明显跳出了常识和自然的藩篱，站在科学哲学、认知心理学、发展心理学等立场，用新的科学观，重新审视和规范幼儿园科学教育的过程，强调科学知识、科学方法和科学精神的

---

[1] 中国学前教育研究会编：《中华人民共和国幼儿教育重要文献汇编》，北京师范大学出版社1999年版，第420页。

统一，相比较前述常识课程和自然领域课程对于科学及其科学教育过程的理解，具有很大的突破。在此影响下，2001年，国家出台了《幼儿园教育指导纲要（试行）》，其中融合了诸多科学教育理念，翻开了我国幼儿园科学课程改革新的一页。

教育部颁发的《幼儿园教育指导纲要（试行）》，对幼儿园课程重新进行了规划与设计，并明确提出，将幼儿园教育内容相对划分为健康、语言、社会、科学、艺术等五个领域。科学自此作为一种领域，开始全面贯彻在幼儿园科学教育的课程与教学之中。

针对21世纪以来的各种变化，纲要明确指出，幼儿科学教育领域的目标是：第一，对周围的事物、现象感兴趣，有好奇心和求知欲；第二，能运用各种感官，动手动脑，探究问题；第三，能用适当的方式表达、交流探索的过程和结果；第四，能从生活和游戏中感受事物的数量关系并体验到数学的重要和有趣；第五，爱护动植物，关心周围环境，亲近大自然，珍惜自然资源，有初步的环保意识。纵观21世纪幼儿科学教育目标的新表述，除了与20世纪在科学能力导向上的本质连续性之外，注重幼儿科学素质发展的导向，已开始显现出来。幼儿科学教育开始注意引导儿童科学整体素质的发展，包括观察能力、探究能力、实践操作能力、表达交流能力、生命意识、关怀意识、环保意识等。

在新的科学教育目标的指引下，"科学"领域内涵不断丰富，打破了之前的分科界限，科学变得越来越综合，例如：引导幼儿对周围环境中的数、量、形、时间和空间等现象产生兴趣，建构初步的数概念，并学习用简单的数学方法，解决生活和游戏中某些简单的问题；从生活或媒体中幼儿熟悉的科技成果入手，引导幼儿感受科学技术对生活的影响，培养他们对科学的兴趣和对科学家的崇敬；在幼儿生活经验的基础上，帮助幼儿了解自然、环境与人类生活的关系。从身边的小事入手，培养初步的环保意识和行为等。由此可见，幼儿科学领域的学习内容，不再明显地指向某一单方面，而是注重在多方面内容中，共同建构起幼儿对科学概念的理解能力。而且，科学与生活的联系紧密结合，针对幼儿阶段的身心发展特点，幼儿科学教育明显突出生活化倾向。

与此同时，针对教师在进行科学领域的教学和指导问题上，《纲要》也提出了一定的要求，明确了一些基本原则。首先，要求教师明确幼儿科学教育主要是科学启蒙教育，最主要的教学目标，是激发幼儿的认识兴趣和探究欲望，而不是灌输或者强加给幼儿繁多而复杂的科学知识。其次，要求教师尽可能地创造实际条件，让幼儿亲身参加科学活动，进而使幼儿能够切实感受到科学探究过程、方法和其中的乐趣所在，增强幼儿的获得感和满足感。最后，鉴于幼儿阶段的认知能力，科学教育不需要突出理论性，而要密切联系幼儿的实际生活进行，引导幼儿利用他们身边的事物与现象，作为科学探索的对象。

新的理论促进新的实践，在科学领域的理论指导下，幼儿科学教育全面实施，不断积累新的经验。为深入贯彻《国家中长期教育改革和发展规划纲要（2010—2020）》和《国务院关于当前发展学前教育的若干意见》，指导幼儿园和家庭实施科学的保育和教育，促进幼儿身心全面和谐发展，教育部制定并于2012年9月，颁发了《3—6岁儿童学习与发展指南》。《指南》从健康、语言、社会、科学、艺术五个领域，描述幼儿的学习与发展。

在科学领域，指南指出，幼儿的科学学习，是在探究具体事物和解决实际问题中，尝试发现事物间的异同和联系的过程。通过这个过程，使幼儿不仅获得丰富的感性经验，充分发展形象思维，而且初步尝试归类、排序、判断、推理，逐步发展逻辑思维能力，为其他领域的深入学习奠定基础。基于"探究具体事物"和"解决实际问题"这两个维度，指南把科学领域划分为"科学探究"和"数学认知"两个子领域。相对而言，儿童对自然界中事物和现象进行探索并形成解释的过程，可以称之为儿童的"科学探究"，儿童基于对自然环境中事物和现象的认识，进一步形成的对其逻辑关系的理解，可以称为"数学认知"。科学探究有助于儿童更好地认识和解释客观世界，数学认知则有助于儿童发现客观世界的规律性和有序性。[1] 这两个子领域既相互独立，又相互联系，并且是不可分割的，共同组成了幼儿科学学习领域。

科学领域一分为二，在科学教育目标上也出现了分别的要求。在"科学探究"这一子领域内，《指南》提出的目标是："亲近自然，喜欢探究"；"具有初步的探究能力"；"在探究中认识周围事物和现象"。在"数学认知"这一子领域内，具体目标是："初步感知生活中数学的有用和有趣"；"感知和理解数、量及数量关系"；"感知形状与空间关系"。在各个

---

[1] 李季湄、冯晓霞主编：《〈3—6岁儿童学习与发展指南〉解读》，人民教育出版社2013年版，第110页。

领域的各个目标下,《指南》又把3—6岁儿童详细划分为3—4岁、4—5岁、5—6岁三个阶段,在各个年龄阶段提出了更为具体的目标。自此,科学领域的目标变得愈加清晰,幼儿科学教育的轮廓更加明朗,也变得比以往更具有指导性。

针对科学教育方法问题,《指南》在各领域各目标之下,也都提出了相应的建议。如在"科学探究"领域,对于"具有初步的探究能力"这一目标,《指南》提出:(1)有意识地引导幼儿观察周围事物,学习观察的基本方法,培养观察与分类能力。(2)支持和鼓励幼儿在探究的过程中积极动手动脑寻找答案或解决问题。(3)鼓励和引导幼儿学习做简单的计划和记录,并与他人交流分享。(4)帮助幼儿回顾自己探究过程,讨论自己做了什么,怎么做的,结果与计划目标是否一致,分析一下原因以及下一步要怎样做等。

在"数学认知"领域,对于"初步感知生活中数学的有用和有趣"这一目标,《指南》指出:(1)引导幼儿注意事物的形状特征,尝试用表示形状的词来描述事物,体会描述的生动形象性和趣味性。(2)引导幼儿感知和体会生活中很多地方都用到数,关注周围与自己生活密切相关的数的信息,体会数可以代表不同的意义。(3)引导幼儿观察发现按照一定规律排列的事物,体会其中的排列特点与规律,并尝试自己创造出新的排列规律。(4)鼓励和支持幼儿发现、尝试解决日常生活中需要用到数学的问题,体会数学的用处。详尽的建议,为幼儿科学教育的实际开展,提供了明确的指导。

由此可见,幼儿科学教育在"科学探究"和"数学认知"两个领域的合理设置下,得到了充分的安排,最大化地考虑到了幼儿对科学的接受、理解以及掌握能力,并着重培养幼儿的科学素养、科学思维、科学精神以及科学能力等。

总体而言,改革开放以来,在持续发展的科学技术的刺激下,以及国际幼儿教育改革浪潮的推动下,幼儿科学教育突破了传统的"常识"与"自然"的认知界限,不断提升了对科学教育的本质理解,并立足于幼儿的认知、心理和生理发展特点,以激发幼儿对科学持续的主动探索的欲望为根本出发点,丰富幼儿科学知识,提高幼儿科学素养,发展幼儿运用科学思维解决生活实际问题的能力。也正是在这样的过程中,极大地丰富了我国幼儿科学教育的理论与经验,促进了我国幼儿科学教育的科学化发展以及本土化探索。

第二节　小学教育阶段科学教育的改革与发展

1978 年以来，我国小学教育阶段的科学教育，大致经历了以"自然常识"为名的科学教育时期（1978—1980）、以"自然"为名的科学教育时期（1981—2000）以及以"科学"为名的科学教育时期（2001—2018）的过渡与发展。

一　以"自然常识"为名的科学教育时期（1978—1980）

教育部于 1978 年 1 月 18 日，颁发了《全日制十年制中小学教学计划试行草案》，要求在具备条件的全日制十年制中小学试行。

该计划对小学学制重新统一规定："全日制中小学学制为十年制，小学五年、中学五年。"计划制定了全日制小学的课程设置：小学共开设 8 门课程，即政治、语文、数学、外语、自然常识、体育、音乐、美术。并开科目一、二年级 5 门，三年级 6 门，四、五年级 8 门。其中，自然常识课在四、五年级开设，每周 2 课时，内容主要包括自然常识、卫生常识等。计划要求各科教材和教学，都要用马列主义、毛泽东思想统帅起来。既要防止不问政治的倾向，又要反对取消科学基础知识的倾向。

1978 年 2 月 26 日，在第五届全国人民代表大会第一次会议的《政府工作报告》中，在"繁荣社会主义科学教育文化事业"部分提出："随着经济建设新高潮的到来，一定会出现一个文化建设的新高潮。我们必须极大地提高整个中华民族的科学文化水平，使广大劳动群众掌握现代生产技能和科学知识，同时造就一支宏大的工人阶级的知识分子队伍，才能胜利实现建设社会主义现代化强国的宏伟目标。"

为了使教育事业适应我国社会主义建设的需要，1978 年 4 月 22 日，在北京召开全国教育工作会议。在这次会议上，邓小平发表了重要讲话。他在谈到"提高教育质量，提高科学文化的教学水平，更好地为社会主义建设服务"时指出：学生负担太重是不好的，今后仍然要采取有效措施来防止和纠正。但是，同样明显的是，要极大地提高科学文化水平，没有"三老四严"的作风，没有"从难从严"的要求，没有严格训练，也不能达到目的。要在科学技术上赶超世界先进水平，首先要提高中小学的质量,按照中小学生所能接受的程度,用先进的科学知识来充实中小学的教育内容。

改革开放初期,各项教育事业有待恢复,小学科学教育主要是在延续已有的基础上,调整之前的错误。因此,仍然体现为一种传统知识倾向的自然常识教育,教育方式上,也偏重于死记硬背的灌输式教学。在语文、数学等主要科目的重视发展下,小学科学教育相对受到轻视,发展水平整体较低。

二 以"自然"为名的科学教育时期(1981—2000)

教育部于1978年1月颁发的《全日制十年制中小学教学计划试行草案》,对恢复中小学教育教学秩序起到了重要作用,但由于该文件只是一个"试行草案",尚需要通过试行,总结经验,发现问题,进一步予以修订完善。经过三年的试行,各地教育部门和学校确实总结了不少经验,同时也发现了一些问题。另外,由于该文件制定得比较早,随着形势的发展,试行中逐渐显现出了某些不相适应的问题。为此,教育部于1981年组织对《全日制十年制中小学教学计划试行草案》的小学部分进行了修订,并于1981年3月13日,颁布了《全日制五年制小学教学计划(修订草案)》。

该计划草案规定小学共开设11门课,即思想品德、语文、数学、外语、自然、地理、历史、体育、音乐、美术和劳动。并开科目一、二年级为6门,三年级为7门,四、五年级为9或10门。计划草案于1981年秋季开学到1982年秋季开学分步试行,其中草案规定:"根据四化需要,必须加强小学自然科学常识教育,培养少年儿童从小爱科学、学科学、用科学的志趣"。自然课由原来的四、五年级开设,改为三、四、五年级开设,每周各2课时(实验学校可以自订),共计216课时。小学的自然课,增加了80课时,小学的自然科学常识教育,将有所加强。同年,教育部发布《全日制小学自然教学大纲(征求意见稿)》,第一次提出自然课不但要对学生进行科学启蒙教育,还要发展儿童爱科学、学科学、用科学的志趣和能力。小学科学教育自此受到了一定程度上的重视,开始了全新发展的一个新时期。

1982年,教育部办公厅下发的《全日制五年制小学自然教学大纲(征求意见二稿)》(以下简称《大纲(征求意见二稿)》),从教学目的、要求到教学方法、内容各方面，都做了较大的变动，为彻底改革长期以来自然课"满堂灌"式的传统教学和"成人化""概念化"的教材，确定了方向和任务。如在教学目的和要求中，过去的大纲的提法，是"教给儿童一些浅近的自然科学知识"，《大纲（征求意见二稿）》的提法，是"指导儿童初步认识自然界和人类对自然界的探索、利用、改造、保护，从而使他们获得必要的自然科学知识"。前者是"灌输"式的，后者是"引导"式的，可使学生既获得了知识，又获得了索取知识的能力。

《大纲（征求意见二稿）》规定小学自然教学的目的是："指导儿童初步认识自然界和人类对自然界的探索、利用、改造、保护，从而使他们获得必要的自然科学知识，发展爱科学、学科学、用科学的志趣和能力，受到正确自然观、科学态度、爱家乡爱社会主义祖国等的思想熏陶，促进他们的身心健康发展。"

《大纲（征求意见二稿）》规定小学自然教学的教学要求是：第一，指导儿童直接认识周围常见的自然事物及其相互间的联系，获得生动具体的感性知识。在此基础上，由感性到理性，由个别到一般，由直接认识到间接认识，逐步深化，逐步扩大认识范围，达到对自然界及其变化发展的概貌获得初步的基本认识。第二，指导儿童认识人类探索自然、利用自然、改造自然、保护自然的一些重要方面，达到对人与自然的正确关系获得初步的基本认识。第三，在指导儿童进行上述两方面认识的过程中，不断增进他们对自然界和科学技术的兴趣爱好；着力培养、训练、发展他们学科学用科学的能力（主要是：观察能力、实验能力、逻辑思维能力、想象能力、创造能力，以及栽培、饲养、制作等动手能力）。第四，在指导儿童正确认识自然界的过程中，潜移默化地使他们受到辩证唯物主义的自然观、实事求是和尊重自然规律的科学态度、爱家乡爱社会主义祖国等方面的思想熏陶。第五，指导儿童获得必要的生理卫生知识，促进他们养成良好的卫生习惯。

《大纲（征求意见二稿）》确定教学内容的原则是：第一，自然教学内容必须具有科学性，应能反映自然的本来面目和科学态度；第二，自然教学内容必须具有广泛性，应能反映出自然界及其变化发展的概貌，以及人类探索、利用、改造、保护自然的重要方面；第三，自然教学内容必须具有基础性，应能起到以简驭繁、举一反三、提纲挈领的作用，可据以去认识新事物；第四，自然教学内容必须具有实践性，应能适合儿童亲自去实践科学的探究和应用，以利于发展他们学科学、用科学的能力；第五，自然教学内容必须具有趣味性，应能引起儿童对自然界、自然课和科学技术的兴趣爱好；第六，自然教学内容必须具有可接受性，应能适合儿童的接受能力。

在这些原则的基础上，《大纲（征求意见二稿）》规定了教学内容的知识体系结构（教材纲要），主要有：第一，地球上的四季（四季、节气、气温、温度、温度计、气温变化与太阳照射的关系、四季变化与生物、人类生产与生活的关系）；第二，地球上的水（水的存在、水的三态、降水、云雾、雷电、沉浮原理、溶解、行船原理、水的净化、水与生物的关系、水的地质作用、水的循环、人和水灾的斗争、水力的利用、蒸汽力的利用、水利建设、水域的污染与保护）；第三，地球上的空气（空气的存在、大气、风、风力的利用、人和风灾的斗争、风的地质作用、飞行原理、空气的成分、燃烧和氧化、空气与生物的关系、氧和二氧化碳的循环、空气的污染和保护）；第四，地球上的生物：植物（常见的不开花植物、常见开花植物、开花植物的器官、开花植物的生活、植物与环境的关系），动物（常见的无脊椎动物、常见的脊椎动物、动物的生活、对有益动物的保护、对有害动物的斗争），人体结构和生理（运动、消化、呼吸、血液循环、神经诸系统的构造、功能和卫生），生物的进化，生态平衡的保持，生物对人的启示；第五，地球上的岩石和土壤（地球的构造、岩石的种类、地层、古生物的化石、地球的年龄、地壳的运动、地下矿产、土壤的保护）；第六，太阳系（月球的一般情况、月球的自转公转、月相变化、日食和月食、登月考察、万有引力、人造卫星、地球的自转和公转、昼夜和四季的成因、太阳的一般情况、太阳的光和热、太阳的能源、太阳系的构造和运动）；第七，恒星、星系和无限宇宙（恒星、四季著名的星座、银河系、无限宇宙、人类对宇宙的探索）；第八，人类征服自然的武器：机械（利用机械做功、机械运动的基本形式、运动形式的转变、力的产生和传递、摩擦力和弹力、机器的构造），能量（能量的种类、能量的传播和转变），物质（天然物质、人造物质）。

从1982年起，全国除个别省市（如上海）使用自编教材外，绝大多数省市使用的教材，是人民教育出版社根据这个《大纲（征求意见二稿）》和教育部1981年颁布的《教学计划》，编写出版的《五年制小学课本（试用本）·自然》，全套共六册，三、四、五年级每学期一册。由于这一阶段小学五年制和六年制并存，所以这套教材在修订时更名为《小学课本（试用本）·自然》，六年制小学三、四年级每学期一册，五、六年级每学年一册。

这套教材同过去几套教材比较，在指导思想、教学内容和教材的表述方法等几方面，进行了较大的改革。教材注重了通过基础知识的教学，培养学生自行获取知识技能的兴趣和能力；教材选择学生较熟悉的和感兴趣的内容，根据儿童的认识规律，由浅入深地将各单元内容分别编排在几个学期，而不像过去那样，某一单元内容集中安排在某一学期；教材中留给学生回答的问题多，一般不直接给出科学概念的定义和实验的结论，而是指导儿童进行实际的观察、实验和独立思考，让他们尝试着自己去获得知识，从而在实践中发展锻炼他们学科学用科学的能力。教材选编的内容，基本遵循大纲的规定，仅删掉了"摩擦力和弹力""生物对人的启示"。具体安排如下：

第一册：水和空气（水的物理性质、水的三态变化、自然界里水的循环、空气的物理性质）；植物和动物（植物的根、茎、叶、果实，植物过冬的几种方式，哺乳动物和鸟类的特征，动物过冬的几种方式，植物传播种子的几种方式）；物理现象（热胀冷缩、温度表）；宇宙（太阳和影子、太阳高度）。

第二册：水和空气（溶解、水的净化、水域的污染和保护、气象知识）；植物和动物（种子和花的构造、昆虫、鱼、两栖动物、爬行动物的特征）；岩石矿物（土壤的成分）；自然日记（春、夏季天气、物候、太阳高度、日出日没）。

第三册：动物（动物的牙齿、口器和动物保护自己的方式、动物的运动方式）；生理卫生（人的骨骼、肌肉）；物理现象（力的作用、物体运动的方式、地球引力、水空气中的压力与浮力、轮船行驶的道理、水力和风力）；环境保护（水、土、植物、人之间的关系）；自然日记（秋、冬季的天气、物候、太阳高度、日出日没，整理一年的自然日记）；宇宙（冬季星座：大熊座、小熊座、猎户座、大犬座、金牛座、天狼星、北极星）。

第四册：空气（空气的成分、氧气、二氧化碳、空气的污染与保护）；岩石矿物（金属的性质、金属矿物的开采、土壤的保护）；机械（简单机械、传动装置、机器的组成）；植物（根的作用、植物的繁殖）；生理卫生

（营养、消化器官、呼吸器官、血液循环器官、排泄器官）；宇宙（星座在天空中的位置变化，春夏季星座：牧夫座、室女座、狮子座、天鹰座、天琴座、天鹅座、天蝎座、星等，认识11颗亮星，恒星，光年，流量）。

第五册：环境保护（生物和环境、食物链、食物网、池塘群落、森林群落、保护大自然）；物理现象（声音的产生和传播、耳朵、光源和光的传播、光的反射、凸透镜、近视眼的成因与预防、双耳双眼的作用）；宇宙（昼夜和四季的成因，月球的概况、月相变化、日月食的成因、秋季星座：仙后座、飞马座）；岩石矿物（地球的构造、火山和地震、岩石的种类和成因、花岗岩、玄武岩、砂岩、页岩、砾岩、石灰岩、板岩、大理岩、卵石的成因、化石的成因和作用、煤石油的天然气的成因和开采）。

第六册：生理卫生（神经系统、人的生长发育）；物理现象（摩擦起电、放电、电流、导体绝缘体和半导体、简单电路、磁铁和电磁铁、电的用途、安全用电、信息传递）；植物和动物（植物的分类、动物的分类、生物的进化）；宇宙（太阳的概况及其与人的关系、行星卫星和彗星、太阳系、无限宇宙等）；天然材料和人造材料。

为适应我国社会主义现代化建设，从小进行科学启蒙教育的需要，1982年以来，全国各地陆续有一些小学在一、二年级试设了自然课，各地迫切需要供低年级使用，与中高年级配套的自然教材。据此，人民教育出版社于1986年组织力量编写了小学一、二年级自然课本共四册。这四册教材在编写时，注意贯彻《小学自然教学大纲》的精神，在知识内容的编排上，选择生动、具体的内容，注意与中高年级的知识形成两个循环，为中高年级的自然教学准备感性知识。课文结合低年级学生的特点，图文并茂，以图为主，文字加汉语拼音。

其具体内容有：（1）动物和植物（常见的动物、常见的植物、我国珍贵的动物、有趣的植物、叶子和种子的形态、种大蒜）；（2）人体（怎样认东西、保护视力、保护牙齿、呼吸、身体检查）；（3）水和空气（纸风车、小水轮、风筝、船的故事、飞机的故事、沉和浮、壶嘴高低的科学、捕捉空气）；（4）四季和方向（四季现象、认方向）；（5）物理化学现象（对称、不倒翁、秤、小车、摩擦和阻力、纸、磁铁、反冲现象、彩虹、影子、光学仪器、太阳能热水器、鞭炮、变色游戏、搭纸桥游戏）。

1980年12月，中央、国务院颁发了《关于普及小学教育若干问题的决定》，提出了"城市小学可以先试行六年制"。1981年3月，教育部颁发了《关于在城市试行六年制小学问题》以后，全国城市小学，甚至一部分农村小学都逐步改行了六年制。由于没有统一的六年制小学教学计划，各地只得根据本地的情况，参照五年制教学计划来制订六年制教学计划或安排六年制的课程和教学。因此，课程安排和教学要求及进度都有所不同，有的安排也很不适当。

为此，教育部遵照邓小平"教育要面向现代化，面向世界，面向未来"的指示精神，以《全日制五年制小学教学计划（修订草案）》为基础，并吸收了当时部分小学教学改革的经验，拟订并于1984年8月，颁发了《关于全日制六年制小学教学计划的安排意见》，供各地拟订全日制六年制小学教学计划时研究参考。为适应城乡的不同需要，照顾农村小学的特点，在教学要求基本相同的前提下，城乡实行两种教学计划。1984年8月15日，颁布了《全日制六年制城市小学教学计划（草案）》和《全日制六年制农村小学教学计划（草案）》，对六年制城市和农村小学的课程设置规定和安排如下：

> 全日制六年制小学共开设12门课程（农村小学11门），即：思想品德、语文、数学、外语、自然常识、地理常识、历史常识、体育、唱游（城市小学开设）、农业常识（农村小学开设）、音乐、美术、劳动等。并开科目城市小学一至三年级为7门，四年级为8门，五、六年级为9至10门；农村小学一、二年级为6门，三年级为7门，四年级为8门，五、六年级为9门。

其中，对自然课的规定是：自然常识课一般从三年级开设，条件较好的学校也可以在一、二年级试设，每周1课时。农村小学六年级开设农业常识（或林、牧业常识等），教材由各省、自治区、直辖市编写。城市小学自然课三、四年级每周2课时，五、六年级每周1课时，每年按34周计算，共计204课时。农村小学三、四、五年级每周各2课时，每年按34周计算，共计204课时。

1986年12月，国家教委制定了《全日制小学自然教学大纲》（以下简称《大纲》）。《大纲》中规定的自然教学的目的和要求，与1982年大纲的规定比较，主要变动如下：

（1）教学目的改了两个词："从而使他们获得必要的自然科学知识"……改为"基本的自然科学知识";"正确自然观"改为"科学自然观"。

（2）教学要求第 2 条"指导儿童认识人类探索自然"改为"指导儿童了解人类探索自然"。

（3）教学要求原第 3 条分为两条：一条是兴趣爱好的培养，另一条是各方面能力的培养。

（4）教学要求原第 4 条中"辩证唯物主义的自然观"改为"科学自然观"。

（5）增加一条："在指导儿童认识自然界的过程中，对他们进行美的教育。"

《大纲》与 1982 年的《大纲（征求意见二稿）》比较，确定教学内容的原则基本未变，"教学内容"将原来的教材纲要，改为各学期的具体内容（包括知识、能力和思想教育），对知识内容做了一些删减，删掉的主要内容有：（1）宇宙部分的"小熊座、大犬座、金牛座、室女座、牧夫座、天鹅座、天鹰座、天琴座、飞马座及天狼星等 10 颗亮星（亮星只保留北极星、牛郎星和织女星）";（2）给大自然记日记中观察、记录、整理节气日，太阳高度和日出日没时间;（3）生理卫生部分的"排泄器官";（4）"天然材料和人造材料";（5）物理现象部分的"双眼双耳的作用"。根据大纲的要求，1989 年的教材，删掉了相应的内容。

《大纲》提出七条原则：（1）全面体现本学科的目的要求;（2）注重指导儿童自行探求知识和应用知识;（3）注重观察和实验;（4）力求把自然研究的实践活动化为儿童乐于从事的经常性活动;（5）密切联系当地的自然条件进行教学;（6）恰当掌握教学内容的重点和深度广度;（7）在自己动手的基础上不断充实教学设备。

1986 年 4 月，国家颁布了《义务教育法》，国家教委即着手组织制订九年制义务教育初中和小学的教学计划和各科教学大纲。1988 年 9 月 20 日，国家教委发出《关于印发〈义务教育全日制小学、初级中学教学计划（试行草案）〉和二十四个学科教学大纲（初审稿）的通知》。鉴于目前多种学制并存的实际，《义务教育全日制小学、初级中学教学计划（试行草案）》提出了"6—3""5—4"两套计划，这两套计划也适用于九年一贯制和小学五年、初中三年的过渡学制。根据《义务教育全日制小学教学计划（试行草案）》，小学共开设 9 门课程，即思想品德、语文、数学、社会、自然、体育、音乐、美术、劳动等，并开科目一、二年级 7 门，六年制三年级 8 门，五年制三至五年级、六年制四至六年级 9 门。其中，设置自然课是为了使学生初步认识周围自然界常见的事物和现象，获得基本的自然常识以及生理卫生常识，培养学生爱科学、学科学的志趣和初步的观察、动手能力。

1988 年 11 月，国家教委颁发的《九年制义务教育全日制小学自然教学大纲（初审稿）》（以下简称《大纲（初审稿）》）中，规定的教学目的和要求，与 1986 年的大纲比较，主要做了如下修改：

（1）教学目的将原来的"指导儿童初步认识自然界，初步了解人类对自然界的探索、利用和保护，从而使他们获得基本的自然科学常识"，改为"使学生获得一些生动具体的自然知识"。

（2）教学要求将原来的 7 条合并为 4 条：第 1 条是使学生获得的知识内容；第 2 条培养学生的能力，其中原来的"创造能力"改为"启发他们的创造精神"；第 3 条培养学生的兴趣爱好和科学态度；第 4 条使学生受到科学自然观、思想品德以及审美等方面的教育。每一条的具体内容，与 1986 年大纲的规定基本相同。

《大纲（初审稿）》"确定教学内容的原则"，是在 1982 年的教学大纲中六条原则的基础上修改的：其中第一条是将原来的"广泛性"和"基础性"合并为一条，并做了文字修改，这一条的内容是"教学内容应是学生周围常见的自然事物，以及人类与自然关系方面最基本的科学知识，应能起到举一反三、帮助学生学习新知识的作用。适当介绍一些学生能够接受的先进科学成果和科学发展前景"。第二条至第五条与原来的"科学性""实践性""趣味性""可接受性"基本上相同。

《大纲（初审稿）》规定从一年级起开设自然课，分低、中、高三个年级段规定了教学内容，与 1986 年的教学大纲相比，教学内容的变动主要如下：

（1）由于在低年级开设了自然课，因此原来有些基本的、简单的以及人体卫生常识放到了低年级，如"常见的动植物""植物各器官的形态""人体的感官和卫生常识""水和空气的物理性质""天气""简单的力热声光电磁现象""四季的特征""辨认方向"等。

（2）低年级开设自然课使总课时数增加了，因此中高年级增加了一些内容："植物体的构造""动物的驯化""仿生知识""摩擦力""弹力""反冲现象""热的传播""光的折射""光的色散""电热器""制作动物和植物标本"。

（3）删掉了一些较难的或与其他科重复的内容："植物传播种子的几种方式""植物的分类""动物的分类""力的作用""机械运动的几种方式""水的压力""空气的浮力""船行驶的道理""飞机飞行的道理""制取氧气的方法""金属矿物的开采、冶炼和加工""四季的成因"。

（4）对一些较难的内容和小学生不易做到的内容降低了要求，①记录、整理一年的自然日记降低为：低年级记录一周的天气现象（晴、阴、雨、雪），中年级记录一周的气温，高年级记录一周的风向、风力；②气象知识除以上内容，其余全部删掉了；③星座知识删掉了认识狮子座和天蝎座，只要求认识三个星座：大熊座、仙后座和猎户座；④生物的进化知识只保留动物的进化。

为了执行《中华人民共和国义务教育法》，国家教委于1992年8月6日，制订并颁发了《九年义务教育全日制小学课程方案（试行）》，由《九年义务教育全日制小学课程计划（试行）》（以下简称《课程计划》）和小学思想品德、语文、数学、自然、社会、音乐、美术、体育、劳动等9科教学大纲（试用）组成。

在课程计划中，规定小学自然课的要求，是使学生初步认识自然界常见的物体和现象，初步了解人类对自然的利用、改造、保护与探索，培养学生爱科学、学科学、用科学的志趣和初步的观察、动手能力，使学生受到爱家乡、爱祖国、爱大自然和相信科学、破除迷信的教育。

为了适应课程计划，1992年也颁布了《九年义务教育全日制小学自然教学大纲（试用）》，指明了自然课的知识内容，包括4个系统8个单元。4个系统分别是：生命科学、地球科学、物质科学、宇宙和空间科学。8个单元分别是：生物、人体、水和空气、地球、力和机械、声光热、电和磁、宇宙。

1992年制定的新大纲，在我国小学自然课程的内容和能力结构方面，做出了较为明确的划分，提出一个基本符合学生认知规律，同时又能反映科学知识间关系的课程内容整体结构模型。这一工作为后续小学自然课程的编制与评价，提供了较为可靠的科学依据和评价标准。[1]

概而论之，这一时期的小学科学教育，加快了发展步伐，加大了改革力度，注意改变了传统的知识倾向，无论是在课程教材的编写上，还是在课程教学的设计上，都注意引导激发小学生科学探究的兴趣，强调在实际的科学活动中培养小学生科学能力。并且将小学自然教育的目标，与智育、德育、美育、劳育等方面开始结合起来，注意打通小学自然教育与各科内容的结合，科学教育的内涵不断扩充，并不断刺激着科学教育新理念的形成。

三 以"科学"为名的科学教育时期（2001—2018）

1995年5月，江泽民在全国科技大会上的讲话中提出了实施"科教兴国"的战略，确立科技和教育是兴国的手段和基础的方针。这一战略的提出和落实，极大地提高人们对科学技术与教育的认识，推动了相关领域内的改革。21世纪以来，世界各国普遍认识到科学技术实力已成为衡量国家综合国力强弱的重要标志，科技进步越来越成为经济发展的决定性因素，教育在推动经济发展的过程中越来越凸显其重要作用。世界上大多数国家都在积极采取应对措施，我国也不例外，并不断加快发展科学和教育的步伐。

1999年6月，《中共中央国务院关于深化教育改革全面推进素质教育的决定》提出，要"调整和改革课程体系、结构、内容，建立新的基础教育课程体系"；2001年6月，《国务院关于基础教育改革与发展的决定》进一步明确了"加快构建符合素质教育要求的基础教育课程体系"的任务。于是，我国新一轮基础教育课程改革在世纪之交正式启动。经过国家、政府、学者、专家等组织的充分考虑与研究，教育部制定并颁发了《基础教育课程改革纲要（试行）》，确定了改革目标，研制了语文、数

---

[1] 李华:《中国小学科学课程改革的历史与现状》，载课程教材研究所编《课程教材改革之路》，人民教育出版社2000年版，第697页。

学、英语、日语、俄语、科学、物理、化学、生物、历史、地理等各门课程的课程标准或指导纲要。

在《全日制义务教育科学（3—6年级）课程标准（实验稿）》（以下简称《标准》）中，具体阐述了科学课程改革的背景、课程性质、基本理念、课程目标、内容标准、实施建议等内容。

首先，本次课程改革以培养小学生科学素养为宗旨，积极倡导让学生亲身经历以探究为主的学习活动，培养他们的好奇心和探究欲，发展他们对科学本质的理解，使他们学会探究解决问题的策略，为他们终身的学习和生活打好基础。小学科学课程的课程性质是以培养科学素养为宗旨的科学启蒙课程。《标准》特别强调早期的科学教育，因其对一个人科学素养的形成，具有决定性作用。对于这门课应秉持的基本理念，《标准》要求是科学课程要面向全体学生、学生是科学学习的主体、科学学习要以探究为核心、科学课程的内容要满足社会和学生双方面的需要、科学课程应具有开放性、科学课程的评价应能促进科学素养的形成与发展。

其次，针对科学课程应达到的目标，此次《标准》既列出了总目标，又列出了分目标。总目标是：通过科学课程的学习，知道与周围常见事物有关的浅显的科学知识，并能应用于日常生活，逐渐养成科学的行为习惯和生活习惯；了解科学探究的过程和方法，尝试应用于科学探究活动，逐步学会科学地看问题、想问题；保持和发展对周围世界的好奇心与求知欲，形成大胆想象、尊重证据、敢于创新的科学态度和爱科学、爱家乡、爱祖国的情感；亲近自然、欣赏自然、珍爱生命，积极参与资源和环境的保护，关心科技的新发展。分目标是在科学探究、情感态度与价值观、科学知识三方面分别展开叙述的。《标准》也指出了各部分目标的相互关系，并强调提出分目标绝不意味着在教学过程中各分目标的达成是单独进行的，鼓励在教学活动中达到多个教学目标。

最后，针对科学课程的内容标准，这部分作为此次《标准》的核心部分，主要叙述了科学探究、情感态度与价值观、生命世界、物质世界、地球与宇宙五个方面的内容标准及活动建议。如在科学探究内容标准上，主要包括：认识科学探究；提出问题；猜想与假设；制订计划；观察、实验、制作；搜集整理信息；思考与结论；表达与交流。这一系列过程更接近于21世纪以来科学活动的探索过程。

此次《标准》还在科学课程的学习、评价、课程资源的开发与利用、教材编写、教师队伍建设、关于科学教学设备和教室的配置等六部分，给出了实施建议。例如，对科学课程如何评价的问题，明确了既要充分明确评价的目的，又要准确把握评价的内容，还要灵活运用评价方法。这在相当程度上弥补了之前科学教育评价的空乏，对21世纪以来的科学教育评价问题，进行了有益探索。

需要注意的是，此次《标准》将3—6年级的科学课程，作为整个基础教育科学课程的一个相对完整的阶段，具体内容标准所表述的是六年级结束时绝大多数学生应达到的程度，不再划分年级或年段。这样做，给了教材编写者和教师更大的创造空间，激发他们的创造热情，提高科学课程的实效性。

为了迎接21世纪的挑战，落实科教兴国战略，全面实施素质教育，实现基础教育培养目标，全面提高儿童的科学素养水平，教育部和中国科学技术协会共同倡导和推动中国"做中学"科学教育实验项目（教育部"十五"规划课题），并在北京、上海、南京、汕头等地组织先期实验，在实验的基础上，形成了"做中学"科学教育实验项目方案。"做中学"科学教育实验项目是在了解国外科学教育的发展动态和趋势，总结我国中小学和幼儿科学教育取得的经验，吸收和借鉴国际科学教育的先进观念和教育方法的基础上提出来的。"做中学"科学教育的核心，是让孩子们充分体验科学研究、科学发现的过程：提出问题、猜想预测、动手操作、记录信息、解释讨论、得出结论、表达交流，发展孩子们探究解决问题的能力。"做中学"科学教育的开展，将为中小学科学课程注入新的活力，促进基础教育课程的持续发展。

"做中学"科学教育的目标，是让所有学前和小学阶段的儿童，有机会亲历探究自然奥秘的过程，使他们在观察、提问、设想、动手实验、表达、交流的探究活动中，体验科学探究的过程，建构基础性的科学知识、获得初步的科学探究能力，培养儿童的科学态度、科学精神和科学思维的方法，使儿童初步形成科学的世界观，为促进儿童的全面发展，成长为具有良好科学素养的未来公民，打下必要的基础。

"做中学"科学教育倡导的准则包括：面向每一个儿童、尊重儿童间的差异；为儿童终身的学习，更为儿童学会生活奠定基础；教学案例应来源于生活，从周围取材；引导儿童主动探究、亲历发现过程；教师是儿童学习科学的支持者和引导者；采用激励性评价；教育和科技工作者共同进行科学教育；充分动员社区、家庭和大学生志愿者的力量，支持科学教育；通过现代化的互联网络增进国内和国际的交流与合作。

"做中学"科学教育计划的实施分为三个阶段：第一阶段，2002年1月—2002年7月，探索阶段；第二阶段，2002年8月—2004年7月，深化实验阶段；第三阶段：2004年8月—2006年12月，推广阶段。通过三个阶段的实验探索，教育部门将与科协系统共同努力，精诚合作，通过"做中学"科学教育实验，提高幼儿园和小学科学教育的水平，促进科学教师的专业水平不断提高，为推进素质教育提供有益的经验，增进全社会对科学教育的关注和参与，为提高我国公民的科学素养水平做出贡献。

自2001年启动新一轮基础教育课程改革以来，经过十多年的理论与实践的探索，小学科学教育课程体系日益丰富，科学课程教学日益完善。但在实践中也存在课程适宜性、可操作性、时代性和整体性有待增强等问题。为进一步加强小学科学教育，提高小学科学教育质量，教育部组织专家对小学课程标准进行了两轮修订完善，最终于2017年2月6日，颁发了《义务教育小学科学课程标准》，要求于2017年秋季开始执行。该标准仍然明确了科学课程改革的背景、课程性质、基本理念、本次改革的设计思路、课程目标、课程内容、实施建议等内容，并提供了六个具体的教学案例。

首先，该标准把小学科学课程的性质，界定为一门基础性、实践性、综合性课程。在课程基本理念方面，该标准要求面向全体学生、倡导探究式学习、保护学生的好奇心和求知欲、突出学生的主体地位。此次《标准》强调小学科学课程要按照立德树人的要求，培养小学生的科学素养，为他们的继续学习和终身学习打好基础。

其次，科学课程的目标，仍分为总目标与分目标。科学课程的总目标是：培养学生的科学素养，并为他们继续学习、成为合格公民和终身发展，奠定良好的基础。学生通过科学课程的学习，保持和发展对自然的好奇心和探究热情；了解与认知水平相适应的科学知识；体验科学探究的基本过程，培养良好的学习习惯，发展科学探究能力；发展学习能力、思维能力、实践能力和创新能力，以及用科学语言与他人交流和沟通的能力；形成尊重事实、乐于探究、与他人合作的科学态度；了解科学、技术、社会和环境的关系，具有创新意识、保护环境的意识和社会责任感。另外，又在科学知识、科学探究、科学态度、科学、技术、社会与环境四个方面确立了分目标,每个方面分为总目标和学段目标,详尽而又全面,具有可操作性。

本次标准一个不同以往的地方在于,基于学生的年龄特征与认知规律,把小学六年学习时间划分为1—2年级、3—4年级、5—6年级三个学段。在四个分目标的阐述时,既有每个分目标的总目标,又根据不同学段提出了相应学段的目标。在科学知识方面,该标准在物质科学、生命科学、地球与宇宙科学、技术与工程四个领域内对不同学段,做出不同的目标要求;在科学探究方面,该标准在提出问题、做出假设、制订计划、搜集证据、处理信息、得出结论、表达交流、反思评价等要素对不同学段,提出了不同的目标要求;在科学态度方面,《标准》在探究兴趣、实事求是、追求创新、合作分享等维度对不同学段,做出不同的目标要求;在科学、技术、社会与环境方面,《标准》在科学技术与日常生活的联系、科学技术与社会发展的联系、人类与自然和谐相处等关系对不同学段,做出不同的目标要求。

再次,针对科学课程的具体内容而言,小学科学课程内容包含物质科学、生命科学、地球与宇宙科学、技术与工程四大领域。从这四大领域中选择适合小学生学习的18个主要概念,其中在物质科学领域选择了6个主要概念,在生命科学领域选择了6个主要概念,在地球与宇宙科学领域选择了3个主要概念,在技术与工程领域选择了3个主要概念。四大领域的18个主要概念构成了本课程的学习内容,并将科学、技术、社会与环境的内容融入其中。

最后,针对科学课程的具体实施,《标准》给出了一定的教学建议、评价建议、教材编写建议、课程资源的开发与利用建议等。在教学上,主要在教学目标方面、教材使用方面、教学活动方面、科学学习场所方面、学科关联方面、教学媒体方面提出了建议。在评价上,主要在学习评价的原则、学习评价的内容、学习评价的方式上提出了建议。这些建议使得小学科学课程有了更为高效的指导,有力地提高了小学科学教育的目标达成度。

综而述之,在科技改变时代的理念影响下,在"做中学"等各种科学教育理论与改革的推动下,小学科学教育大步向前发展。小学阶段的科学教育,在性质、目标、内容、评价等方面,得到了长足的发展,既体现了对以往知识能力取向的科学教育的继承，同时又不断地接受国际科学教育前沿发展的新理念与新方式，不断体现出科学教育的时代发展性，并且不断转向科学素养取向的科学教育方式，具体包括学生科学态度的养成、科学精神的培育、科学方法的训练、科学素养的形塑等方面，最终使得学生成长为具备 21 世纪科学素养的新公民。

第三节　中学教育阶段科学教育的改革与发展

中学教育阶段科学教育的改革与发展路径，明显不同于小学教育阶段科学教育的改革与发展路径。改革开放以来，小学教育阶段的科学课程形态，以自然常识课程向科学课程衔接转变呈现出来，虽然名称有变化，但其属于综合课程的实质没有变化。然而，中学教育阶段的科学教育，一直以分科课程的形态呈现着，直到 20 世纪七八十年代才开始探索综合科学课程，而且也几乎一直是在部分省市或地区进行试点，并未进行全国推广。即使在 2001 年《全日制义务教育科学（7—9 年级）课程标准（实验稿）》颁布后，综合科学课程实际上也并未得到全国各地区普遍的推行，其发展一直受到传统分科课程的挤压。但综合科学课程的研究与设置，已成为国际科学教育的共识，无论是在理论上抑或实践中得到了相应的检验。

1978 年以来，我国中学教育阶段的科学教育，大致经历了遵循传统分科课程的科学教育时期（1978—1984）、探索实践综合科学课程的科学教育时期（1985—2000）以及形成规范化、制度化的科学教育时期（2001—2020）的过渡与发展。

一　遵循传统分科课程的科学教育时期（1978—1984）

1978 年 1 月 18 日，教育部颁发了《全日制十年制中小学教学计划试行草案》，规定全日制中小学学制为十年制，小学五年、中学五年，中学五年按初中三年、高中两年分段。中学设课 14 门，科学教育主要通过物理、化学、生物、地理、生理卫生、农基课（注：初中主要讲授作物栽培、动物饲养的基础知识，高中主要讲授农业科研的一些初步知识）等分科科目进行的。科学课程教学安排如表 13-1 所示：

表 13-1　《全日制十年制中小学教学计划试行草案》科学课程教学安排表

科目周时数\年级	初中			高中		上课总时数
	六	七	八	九	十	
物理		3	3	5	5	492
化学			3	3	4	306
生物	2				2/	94
地理	3	2				160
生理卫生		1	1/			48
农基			1/2		/2	78
每周总时数	28	28	28	29	29	9160

1981年，教育部颁发了《全日制六年制重点中学教学计划试行草案》，规定中学学制为六年，初中三年，高中三年。中学科学课程设定为物理、化学、生物、生理卫生、地理等5门。科学教育主要通过这几门课程实施，其基本目标也分别遵照各门课程的不同规定，如物理课程主要为了使学生掌握物理基础知识和基本技能，初步了解这些知识的应用，注意能力的培养；化学课主要为了使学生掌握化学基础知识和基本技能，初步了解它们在工农业生产中的应用，注重能力的培养。生物课、生理卫生课和地理课，亦有不同的要求。

这一时期的科学教育，主要依托物理、化学、生物等分科课程实施，知识倾向的科学教育十分明显，重点考查学生对科学知识的掌握与记忆能力，而相对忽视对学生科学精神、科学思维的培养。

二　探索实践综合科学课程的科学教育时期（1985—2000）

20世纪六七十年代，国际课程设置史上发生的最重要变化之一，就是出现了综合理科课程。综合理科课程发展很快，取得了令人瞩目的成绩。很多国家经过探索和实验，发现其适合学生的学习特点和现实需要。因此，广泛应用于学校的课程教学中。综合理科课程愈加成为一种世界范围内的课程改革趋势。然而，我国由于长期受到苏联教育模式的影响，科学课程一直被学科中心课程统治着。直到20世纪七八十年代，我国的部分地区，才开始尝试科学课程改革实验，探索综合化的课程模式。国内率先做出行动的是东北师范大学附属中学，他们于1985年组织编写了四年制初级中学《自然科学基础》教材，共12册。

从1987年开始，这套教材就被试用于东北师范大学附属中学和其他几所学校。这套教材是中华人民共和国成立后国内第一套综合科学课程教材。1986年，上海市教育局教研室成立了综合理科研究小组，负责研究在上海地区设置初中综合理科课程的必要性和可行性。他们拟定了九年制义务教育初中理科课程纲要，编写了试验教材《理科》，共6册，并从1988年秋季开始在上海市第一中学、时代中学、新场中学等学校进行试验，以三年为一个试验周期。

浙江省自1988年启动了以综合理科性质的"自然科学"课程取代原来的物理、化学、生物和自然地理课程的改革，1991年秋开始试点，1993年秋在全省所有初中推广实验。浙江省的初中"自然科学"课程改革，因其实验时间长、范围广、效果好，被社会各界广泛认同，在全国范围内产生了很大的影响，他们的研究和试验，推动了国内其他地区对综合科学课程的探索。综合科学课程逐渐演变成科学教育的发展趋势，并且是得到实践检验的符合规律的趋势。

（一）东北师范大学附属中学的综合科学课程试验

1985年，东北师范大学附属中学与东北师范大学成立了教材编写组，编写了中华人民共和国成立后国内编制的第一个综合科学课程《自然科学基础》。编制该课程的指导思想是：《自然科学基础》的编写，应以辩证唯物主义和教育要面向现代化，面向世界，面向未来为指导思想，以现代教学论、心理学和自然科学方法论为理论依据，既要切实打好基础，又要重视开发智能，还要注意培养学生的科学态度和科学方法，对学生进行辩证唯物主义和爱国主义教育，以利于造就一代有理想、有道德、有文化、有纪律，德、智、体、美、劳全面发展的适应现代化建设需要的新型人才。教材编写组在"四年制初级中学《自然科学基础》编写纲要"中，也提出了对自然科学课程的定位：自然科学基础课程包括天文学、地学、生命科学、物理学、化学等科学知识，是一门对初中学生进行科学入门教育的基础课程。

在课程体系上，编写纲要规定：以自然界整体为研究对象，以物质、能量、物质的相互作用，物质、能量的变化为基本概念和基本规律，自始至终以自然科学方法论进行研究。具体的综合方法是：在综合的层次上，首先注意分科知识内容的综合，如动物、植物的综合，力、热的综合，无机、有机的综合；其次，在整体上采取以一科知识为主有机地综合——或两科知识，如分子和原子知识将化学和物理知识综合；最后，随着学生知识和年龄的增长，安排能量转换和环境保护这两部分内容的几科知识的大综合。最终形成的课程体系如表13-2所示：

表13-2　东北师范大学附属中学《自然科学基础》课程体系表

绪论	物质世界和自然科学
第一册	宇宙、地球
第二册	生物的结构
第三册	多样的生物
第四册	力和能
第五册	分子和原子
第六册	电流和电子
第七册	溶液和离子
第八册	声、光、电波
第九册	物质转化
第十册	人体和健康
第十一册	能量转化
第十二册	环境保护

对于教学内容的选择，编写纲要提出了以下要求：

第一，教学内容应选取那些从事社会主义建设、适应现代生活和继续学习所必需的基础的科学知识，删去一些陈旧内容，适当拓宽知识面和吸收新知识，增加一些宇宙和地球知识、生物遗传变异知识、有机化学知识以及电子知识等，使教材具有科学性、基础性和先进性。

第二，教材的内容必须面向大多数学校和大多数学生，也要照顾条件好的学校和基础好的学生。教材的主体应是统一的必学的基本内容，也适当设置一些选修内容、阅读材料、小实验、小制作、小采集和自由研究等，供学生选学选用。

第三，教材的内容，应该包括与科学知识密切联系的学生常见的自然现象，在科学技术上的应用和社会面临的重要问题等的实际知识，如能源问题、环境问题。还要注意选取一些便于学生观察和动手操作的实验内容，使教材具有实践性。

第四，非智力因素的培养，可通过科学发展史、科学人物的介绍，我国科学技术成就的介绍，培养学生的爱科学、爱社会主义祖国的思想。

总的来说，东北师范大学附属中学的《自然科学基础》这套教材，知识结构紧密，内容十分丰富，但也存在着内容过多、要求过高等问题，而这正成为其难以坚持和推广使用的重要原因。尽管如此，这套教材仍是中华人民共和国成立后国内编制的第一套初中综合科学课程教材，其敢为人先、勇于探索的精神，是值得我们在科学教育改革过程中学习和借鉴的。

（二）上海市教育局教研室的初中综合理科课程试验

上海市教育局教研室于1986年成立了综合理科研究小组，负责研究该地区设置初中综合理科课程的必要性和可行性。教研室拟定了九年制义务教育初中理科课程纲要，编写了试验教材《理科》，共6册，并从1988年秋季开始，在上海市第一中学、时代中学、新场中学进行试验，以三年为一个试验周期，进行了三轮试验。经过第一轮试验（1988—1991）、第二轮试验（1991—1994）与第三轮试验（1994—1997），从1997年秋季开始，该套教材开始在上海全市范围内初级中学使用。

在《关于上海义务教育阶段在初中设置综合理科课程的必要性和可行性第一轮（1988—1991）试验报告》中，上海市教育局教研室综合理科研究小组明确指出了试验的目的和概况：为了实施九年义务教育，改变初中理科教学的应试教育模式，减轻学生负担，全面提高学生素质，使学生在完成义务教育后，能适应现代社会的生活和工作，适应进一步学习的需要。

根据三轮试验成果，上海市教育局教研室初中综合理科研究小组在1996年《上海市教育委员会教学研究室工作报告》中，从理论与实践的角度，对在上海地区设置初中综合理科课程的必要性和可行性进行了分析和论证，提出两种对策：其一是在教材中增加现代科学知识，使学科内容更新;其二是在教学过程中重视知识的获得过程,突出最具普遍意义的基本概念、基本规律和研究方法,使学生了解现代生产和生活的同时,得到科学方法和思维的训练,后者便是综合理科的思路。

科学在不断分化的同时又不断综合,一些重要的科学观念,在不断地向社会的各个领域渗透,并成为现代公民必不可少的基本观念,如环境观、生态观、资源观、人口观等等。而在我国现行的教学体系中,此类教育往往采用微型课程形式进行。综合理科课程则将这些内容纳入学科体系,能有效地帮助学生建立上述观念,并从本质上正确认识人与自然的关系。

从九年制义务教育的性质和任务看,小学与初中是一个整体,就小学和初中理科教材的体系与教学内容而言,一方面应形成比较自然的阶梯,不造成宽阔的断裂层,另一方面又应立足于素质教育。初中综合理科既能与小学自然课程更好地衔接,又摆脱了各学科传统体系的严格约束,删繁就简、重新组合,不仅能减轻学生过重的学业负担,还能给予学生涉及面较为广泛的知识,增加综合能力训练和情意领域的教育。

初中学生的心理活动特点,仍倾向于直接的形象思维,习惯于从整体上观察事物。综合理科能使学生从整体上学习自然科学基础知识,并从整体上获得自然科学基本方法的训练,这样就有利于培养学生全面地、从多角度看问题的习惯和能力。此外,综合理科课程既与生产与生活联系密切,又往往与探索式教学法融为一体,学生实践活动多,容易激发学习兴趣,从认识的发展过程来看,比较符合学生实际。

从多年试验研究的实际情况看,初中综合理科能获得较多效益。表现在能较大面积提高教学质量,学生整体上具有较高的认知水平,并有较强的综合能力。其原因可能就是上述分析的各条优势的综合体现。[1]

1994—1997年,研究小组在前两轮试验的基础上,出版了第三版《理科》教材,共6册。

这次综合理科课程的试验,贯穿了科学教育的前沿趋势与内在要求,以初中生的身心发育特点、知识结构与理解能力为出发点,积极探索适合初中生学习的综合理科课程,对综合科学课程在我国的设立和推广,做了有益的探索,为我国的综合科学课程改革,提供了宝贵的经验。

---

[1] 参见1996年《上海市教育委员会教学研究室工作报告》,第155页。

(三) 上海市中小学课程教材改革委员会的初中"理科"课程试验

1987年5月,上海市成立了中小学课程教材改革委员会。1988年7月至12月,他们组织了对课程改革的专题调查。1989年4月,上海市中小学课程教材改革委员会确定颁布了《九年制义务教育课程改革试行方案》,其中对科学课程做出的安排是:1—5年级开设自然常识,6年级开设人体卫生常识,7—9年级开设理、化、生分科和综合理科两种类型的科学课程。综合理科定名为《理科》。1991年秋季,他们开始在原上海县题桥中学、七宝二中和闵行区的闵行五中进行了第一轮试验。

"理科"编委会在《上海〈九年制义务教育理科学科课程标准(草案)〉送审报告》中,对课程目标做了如下说明:"理科"所要达到的教学目标,在知识和能力要求上不低于分科教学,但又要在综合性、实用性上体现它的优势。并在科学、技术和社会的三者结合上有所发展。在情感领域,"理科"强调自然科学的综合,强调科学与社会生活的联系,强调自然界盛行的普遍联系的法则,有助于辩证唯物主义思想的渗透。加之通过人口、能源、资源、环境等与人类命运有关问题的学习,有利于学生了解我国的基本国情和有关国策,从而有效地培养学生热爱祖国、热爱社会主义的感情。

(四) 浙江省的初中"自然科学"课程试验

浙江省的初中"自然科学"课程试验,经历了一个不断验证的过程。1988年12月,浙江省义务教育教材编委会成立,并召开第一次编委会会议,讨论课程改革的方案。1988年9月—1989年7月,浙江省义务教育教材编委会、省教委教研室组织人员经过调查研究、反复讨论,酝酿起草了义务教育教学计划,确定设置初中自然科学课程,以取代原物理、化学、生物课程以及地理中的自然地理内容。

1989年11月,浙江省九年制义务教育教材编委会开始组织编写《自然科学》。1991年9月,新教材开始在慈溪市观城区、绍兴县柯桥区、诸暨市三都区等3个试验区试用(约5千多初一学生参加第一批试验)。9月5日—8日、9月17日—19日,省教委两次举行综合课程研讨会,请国内著名专家学者着重对"自然科学"课程的设置和教学指导纲要,进行研讨和论证。10月19日—25日,在杭州举行的全国中小学教材审定委员会二届一次会议,审查并通过了"自然科学"教学指导纲要。

1993年9月,全省初中从起始年级开始试行"自然科学"课程。1994

年8月，省教委确定对初中"自然科学"教材进行修订，1995年秋季起试用修订后的教材。

1997年8月5日，省教委发文，规定把继续使用《自然科学》合科教材或改用分册教材（具体分为物理、化学、生物和综合4个分册）的决定权，放给各县（市、区）教委。至当年11月，全省11个市（地）教委全部以书面报告的形式正式表态，赞同全部初中继续使用"自然科学"课程合科教材，实施综合理科教学。

1997年秋，新版16开本的"自然科学"教材，从初一年级起试用，标志着浙江省初中综合理科教材逐步走向成熟。2000年秋，新版16开本的"自然科学实验实习册"一、三、五册开始试用，二、四、六册在2001年春开始试用，标志着"自然科学"课程的实践活动改革，迈出了重要的一步。

在自然科学的课程目标上，《自然科学教学指导纲要》中，将其分为认知领域、技能和科学方法教育、认识科学技术的价值、思想情感等四个领域，如在思想情感方面，自然科学教育要培养学生学习自然科学的兴趣、实事求是的科学态度和正确的学习方法；使学生受到国情教育、爱国主义教育和辩证唯物主义自然观的教育。

在自然科学的课程内容上，浙江省初中"自然科学"课程的教材共分为六册。教材围绕人与自然的关系，按"人类认识自然，认识自身，利用自然，改造自然，保护自然，保护自身"的线索展开。

浙江省初中"自然科学"课程的改革，自1988年正式启动，1991年秋季开始试点，1993年秋季，在全省范围内所有初中推广试验，历经1993年、1995年、1996—2000年等几次修订，《自然科学》课程和教材日渐完善。浙江省的《自然科学》课程，是我国第一个通过教育部中小学教材审定委员会审定、在一个省范围内试用的初中综合理科课程，试验时间长、范围广、效果好，已被社会各界广泛认同，在全国产生了很大的影响。

浙江省"自然科学"课程改革的成功，是有多方面原因的。最根本的原因，在于这场改革是顺应科学教育改革潮流的，即设置综合科学课程。这场改革还离不开专家学者的理论支持、一线教师的实践支持与教育领导的支持，他们是这场改革成功的有力推动者。

当然，改革并不是一帆风顺的，也遇到了来自理论上和现实中的诸多难题，比如一个很突出的问题，就是来自我国分科教学的历史传统，与"自然科学"课程改革过程中综合化趋势的矛盾。但这些问题的出现和尝试解决，也从侧面反映出这次改革的不易与取得的成功。

总而言之，浙江省的初中"自然科学"课程改革，是我国科学课程改革历史中浓墨重彩的一笔，在中国科学教育改革进程中，具有举足轻重的历史性地位，为科学教育本土化探索做出了卓越贡献。

（五）广东省教育厅的"普通高中综合课程研究与实验"

1995年，广东省教育厅受国家教委基础教育司委托，成立了"普通高中综合课程研究与实验"课题组。双方于1996年7月联合在广州召开了"普通高中综合课程专题研讨会"。会上，与会代表分析并讨论了综合课程设置的背景、国内开设综合课程的经验教训，以及广东省设置综合课程的思路及方案等。1997年，在广州再次召开普通高中综合课程研讨会，广东省设计出了初步方案，广东省教育厅确定进行普通高中"综合理科"和"综合文科"课程的编制与试验。

1998年8月，在广州召开第三次普通高中综合课程研讨会，会上对广东省"普通高中综合理科教学大纲"进行了论证，并确定开设理科，不再开设物理、化学、生物三科。1998年秋至1999年夏，课题组在广东实验中学、广州师院附属中学、广州市21中、新会市一中等10所学校进行了试验。2001年2月，在第四次普通高中综合课程研讨会上，对试验工作进行了总结，课题组制定了广东省《普通高中综合理科教学大纲》。

首先，在课程目标上，综合理科教学主要要达到以下目标：使学生比较全面地掌握与现代社会生活关系密切的科学知识，增强对自身、社会和现代科技的了解；培养学生的科学态度和科学方法，培养学生的创造意识和创造精神；培养学生思考问题、分析问题和解决问题的能力，以及科学研究的初步能力和创造能力；增强学生适应现代社会和未来社会的基本能力。

其次，在课程设置方面，高一、高二年级开设"综合理科"，作为高中阶段教育中多元化理科教材的一员，为不同发展倾向或发展前途的学生，提供选择的可能。"综合理科"可以作为基础的理科课程设置，也可与分科课程配合使用，使高中阶段课程设置组合多样化。

（六）上海师范大学学科教育研究所的"普通高中模块式综合课程研究"

1995年，上海师范大学学科教育研究所受国家教委基础教育司委托，成立了"普通高中模块式综合课程研究"课题组。课题组在反复研究的基础上，提出并制定了上海市《普通高中模块式综合课程研究纲要》。

对于普通高中模块式综合课程的基本思想，《纲要》提出以下几点：(1) 从终身教育的课程理念出发，模块式综合课程强调课程的发展性与开放性；(2) 从社会和个人发展的角度出发，模块式综合课程强调课程的背景、主题和活动；(3) 根据课程发展的趋势，模块式综合课程注重学科课程与经验课程的相互融合，发挥两者各自的优势；(4) 根据综合课程类型的变化趋势，模块式综合课程强调各种综合思想、类型（相关课程、融合课程、广域课程、核心课程）的统一；(5) 根据现代认知心理学的发展，模块式综合课程强调学习的建构过程，充分发挥学习者的创造性、自主性和批判性。

对于普通高中模块式综合课程的定位，模块式综合课程以学科课程的发展和深化为基点，以人类的社会生活和环境为背景，与学科课程相辅相成。

在模块的组织上，首先，每个模块可以通过各种背景来组织（科学、经济、环境、技术、伦理、社会结构、文化等）；其次，每个模块为探索个人和社会所面临的挑战提供一种视角（观点）。

20世纪八九十年代以来，在国际科学教育改革的冲击下，面对世界科学技术革命的飞速发展，直接提升中学生科学素质能力的要求迫在眉睫。我国在上海、浙江、广东、长春等地的中学，实行了综合理科课程性质的科学教育改革，取得了丰硕的成果。综合理科课程被不断证明是有利于培养学生科学素质能力的，在科学精神与态度的形成、科学能力与知识的获得、科学方法的学习与运用等方面，均收获明显成绩，科学教育的综合化倾向，因此得到进一步巩固，中学科学教育改革不断生发新的界点。

三　形成规范化、制度化的科学教育时期（2001—2018）

2001年，新一轮基础教育课程改革全面开始，国家正式颁布《全日制义务教育科学（7—9年级）课程标准》，明确了科学课程改革的背景、课程的性质与价值、课程的基本理念、课程目标、课程的内容标准、实施建议等。

首先，在课程性质上，该标准将其界定为：科学课程是以培养学生科学素养为宗旨的科学入门课程；科学课程建立在以下对科学本质认识的基础上（自然界是有规律的，这种规律是可以被认识的；科学是以多样统一的自然界为研究对象的探究活动；科学是一个开放的系统；科学活动应当促进社会的进步，并将受到科学道德和社会一般道德的双重约束），并将引导学生逐步认识科学的本质。

而对于课程理念，该标准强调"全面提高每一个学生的科学素养是科学课程的核心理念"。初中科学课程的基本理念是：面向全体学生、立足学生发展、体现科学本质、突出科学探究、反映当代科学成果。

其次，该标准指出初中科学课程的总目标，是提高每个学生的科学素养。该标准又在"科学探究"（过程、方法与能力），"科学知识与技能"，"科学态度、情感与价值观"，"科学、技术与社会的关系"等四方面阐述了科学课程的分目标。以科学态度、情感与价值观方面为例，该标准指出科学态度、情感与价值观是科学精神的重要内容，是科学课程目标的重要方面，科学态度、情感与价值观的培养，应该贯穿在科学教育的全过程。科学课程的学习过程中，学生要始终保持较强的好奇心和求知欲，不断提高对科学的兴趣，关心科学技术的发展，逐步培养创新意识，初步养成善于与人交流、分享与协作的习惯，增强社会责任感，形成用科学技术知识为祖国和人民服务的意识。

最后，在课程内容上，该标准中所设计的课程内容，分为科学研究（过程、方法与能力），生命科学，物质科学，地球、宇宙和空间科学，科学、技术与社会的关系等五大部分。

21世纪以来，人类面对科学技术在社会生产和生活中的深刻影响，同时还面临着资源、环境等一系列新问题，这些都对科学教育提出了新的要求。因此，有必要设置一门整合的科学课程，以呈现各学科领域知识的相互渗透和联系，统筹科学研究的过程和方法，关注科学、技术、社会、环境之间的关系，以帮助学生从整体上认识自然和科学，深化对科学的理解，促进科学素养的发展，为认识和适应未来不断变化的世界做好准备。在此背景下，新的《义务教育初中科学课程标准》于2011年应运而生。

关于科学课程的性质，该标准的界定是：初中科学课程是以提高学生科学素养为宗旨的课程；初中科学课程是体现科学本质的课程；初中科学课程是一门综合性的科学课程。对于课程理念，该标准依然强调"提高每一个学生的科学素养是科学课程的核心理念"。为此，科学课程必须面向全体学生、立足学生发展、引导学生逐步认识科学的本质、体现科学探究的精神、反映当代科学成果。

在课程目标上，该标准提出初中科学课程的总目标，依然是提高每个学生的科学素养。该标准又在"科学探究""科学知识与技能""科学态度、情感与价值观""科学、技术、社会、环境"等四方面，阐述了科学课程的分目标。

在课程内容上，2011年颁布的《标准》，突出课程内容组织的"整合"与"探究"两个特点，强调科学课程要通过内容的整合，使学生从整体上认识自然和理解科学，并不刻意追求不同学科知识的综合程度。基于此，该标准将初中科学课程内容整合为"科学探究""生命科学""物质科学""地球和宇宙""科学、技术、社会、环境"五个部分。

改革开放以来，面对科技革命引发的一系列社会变革，科学教育越发受到多方的重视。作为学习志趣分流的重要影响时期，引发了上自国家政府、下自学者教师等多个组织团体的普遍关注。通过各方的积极参与反复研究，提出了不少的科学教育改革方案，并付诸实施，在实践中获得了丰富的科学教育改革经验，不断描摹出中学科学教育的新蓝图。

总体而言，中学阶段的科学教育，通过不断整合，力图超越学科界限，注重不同学科领域知识与技能之间的融通与连接。与此同时，科学教育努力将科学知识与技能，科学态度、情感与价值观，过程、方法与能力等不同方面，进行结合和渗透，并力求反映科学、技术、社会、环境的互动与关联，全面增强科学教育的整合性、系统性、综合性，从而使学生能够更加深刻、全面地理解科学，培育积极的科学态度，学习前沿的科学方法，锻炼严谨的科学思维，不断提高自身的科学素养。

第四节　学校中科学教育改革与发展的特点

改革开放以来，我国学校科学教育历经不同时期、不同程度的变革，形成了鲜明的特点：在学校科学教育目标上，由培养精英转向普及全体；在学校科学教育内容上，由分科课程转向综合课程；在学校科学教育方法上，由教师讲授转向学生探究；在学校科学教育师资上，由全部兼职转向专职为主；在学校科学教育评价上，由相对忽视转向重点推进。

一 科学教育目标：由培养精英转向普及全体

改革开放以来，随着现代社会科学技术的快速发展，科学技术与人类的生活日益联系紧密，科学越来越不再是科学家、发明家等科学技术工作者的垄断专利，而越来越成为人们生活中不可或缺的一部分，日益转变成为所有人服务的科学。科学素养也随之不再只是对科技工作者的专门要求，而转化成对每一个现代公民所要求具备的基本素养。

学校在这样的影响下，发生了同样的变化，科学素养转变成每一个学生所应掌握的基本素养之一，是新课改实施以来学生核心素养的一部分。当前，世界上越来越多的国家重视科学教育，不断提高对科学教育的战略地位的认识，强调对所有中小学生科学素养的培养。科学教育不再单纯指向于培养精英的传统，开始面向所有的学生，所有现代社会中的学生，无论将来从事什么职业，都要具备基本的科学素养。普及全体的科学教育，已在实施中不断得到落实，科学教育改革也只有在普及所有学生的基础上，才能产生深远的实效，才能为未来社会培养出合格的公民。

二 科学教育内容：由分科课程转向综合课程

长期以来，我国除幼小阶段实行相对综合的科学课程（常识、自然、科学）外，中学阶段一直实行分科科学课程，即物理、化学、生物、地理等分科科目。分科科学课程往往针对各自明确的研究对象开展教学，便于学生学习系统的科学知识，可以使学生在短时间内学习到各门科学的基础知识。然而，分科科学课程在长期的教学实践中，逐渐显露出弊端，如分科科学课程往往割断了学科间的联系，只重视本学科系统内的知识，忽视学科间的本质联系；分科科学课程只注重科学知识的传输，忽视对学生科学素养的培养等。

伴随着 STS、STEM 等先进科学教育理念的传入与渗透，综合科学课程的理念与实践传播开来，并成为我国目前课程改革中开始着力研究和建设的一种课程形态。综合科学课程打破了传统分科课程的知识界限，组合了两个及其以上的学科领域，强调各个学科之间的联系性与一致性，防止各学科之间彼此孤立、相互重复或脱节的隔离状态。

20 世纪 80 年代以来，东北师范大学附属中学、上海市、浙江省开始率先开发综合科学课程与教材，开展综合科学课程的教学实验，积累了丰富而又宝贵的经验。综合科学课程在实践中逐渐显示出一些优点：第一，综合科学课程的目标，通常指向学生的知识增广与统整、能力的培养和提高，以及情感态度的协调发展。第二，综合科学课程的内容，有着明显的跨学科性质，其内容的组织打破了原有的学科体系和学科界限，将各学科的知识有机地统整起来，使学生在学校所学到的知识是相互联系、融会贯通的。第三，综合科学课程的学习活动方式，是灵活多样的，有利于充分调动学生的学习积极性。综合科学课程已成为一种国际趋势，但在我国由于观念的阻碍、实践的薄弱等因素影响，还未得到广泛全面地贯彻实施，综合科学课程在我国依然还有很长的路要走。

三 科学教育方法：由教师讲授转向学生探究

进入20世纪80年代，我国急于恢复正常的政治秩序，经济发展水平较低。受其影响，我们对教育的本质与科学的本质问题缺乏全面深刻的认识，轻视科学作为一门学科所具备的学科特点，忽视新的时代发展背景下学生的发展需求，从而导致科学教育在方法上出现偏差，主要表现为中小学科学教育注重教师的单一讲授。经过四十多年的发展，我国中小学科学教育在信息技术革命、国外发展经验等影响下，科学教育方法发生明显的变化。

2016年12月至2017年2月，华中师范大学的崔鸿教授，展开了一项基于湖北省的小学科学教学现状调查研究。对教师常用的课堂教学形式进行调查，统计显示，50.73%的教师采取的主要教学形式是"教师引导与学生探究活动相结合"，11.89%的教师采取"以学生探究活动为主"的形式，[①] 由此可见，探究性教学成为越来越多的教师认可并采用的科学教育方法。

我国中小学科学教育方法的转变，主要体现在两个方面。

首先，科学教育由教师主体转向学生主体。过去，中小学科学教育主要是教师通过单纯的讲授，把科学知识传输给学生，学生只需要接受即可，并不需要分辨和检验知识的真实度和可信度。现在，教师不再是科学知识获取过程中的主体，而学生也需要通过查找资料、进行实验等多种手

---

① 朱家华、崔鸿：《小学科学教师专业化发展现状调查研究——以湖北省为例》，《中国考试》2018年第8期。

段主动获取科学知识。

其次，科学教育由单一讲授转向多元探究。在互联网高速发展的时代背景下，为了培养学生的科学精神和科学素养，科学教育绝不能再埋首于书本中所呈列的科学知识和单一反复的演练，学生必须在一定的知识和经验基础上，亲自认识、体验、探究，通过查找资料、实地考察、动手操作、参与实验等多元化手段，在主动的探究过程中，获取科学知识。科学教育方法必须符合科学学科的特点，符合新时代学生的发展需求，切实培养和提高学生的科学素养。

四 科学教育师资：由全部兼职转向专职为主

过去，由于对科学教育的不重视，以及对科学教育目标、方法、内容等认识的不准确，科学教师通常都是由数学、物理、化学等其他学科的教师兼任，并没有培养专门的科学教师。这一情况一直到 2001 年才有所改变。2001 年，重庆师范大学率先设立了我国第一个科学教育本科专业，开始了科学教师专业化的培养路途。

21 世纪以来，我国开始探索科学教师的专业化发展，科学教师的职前培养和在职培训，受到越来越多的重视。从 2001—2016 年 12 月，我国已有 76 所高等学校开设科学教育本科专业（其中有 7 所院校已撤销），2016 年，科学教育专业招生人数为 710 人。[1] 然而，科学教育专业招生数量严重不足，远远不及对科学教师的需求。不过，值得肯定的是，我国已开始注重对科学教师进行专业化培养培训，积极培养专职科学教师。目前，我国中小学科学教师主要有大学初等教育学院本科模式、大学教育学院"大理科"本科模式、大学理科院系科学教育本科模式、高等师范学校专科模式等四种职前培养模式。[2] 四种职前培养模式各有利弊，正在努力为我国不断培养专业化的科学课师资。同时，科学教师的在职培训也受到了关注。

当前，我国中小学科学教师主要有"国培"计划、省市培训计划、科学学科教研活动、科学教育年会与优秀课例观摩等多种在职培训方式，各种在职培训方式，都在一定程度上发挥了对科学教师专业化发展的作用。

---

[1] 王康友主编：《中国科学教育发展报告（2017）》，社会科学文献出版社 2017 年版，第 231、12 页。

[2] 丁邦平：《我国小学科学教师教育：现状、问题与思考》，《当代教师教育》2011 年第 2 期。

科学教师是实施科学教育的引导者，对学生科学素养的培养、科学能力的提高，具有至关重要的作用。我国目前正在积极培养专职中小学科学教师，未来要进一步探索研究科学教师的职前培养模式，丰富拓展科学教师的在职培训方式，加快培养足够数量和良好质量的专业化中小学科学教师队伍。

五 科学教育评价：由相对忽视转向重点推进

合理的科学教育评价制度，是推进科学教育改革的重要推动力。改革开放以来，我国一直在努力推进学校科学课程的主体改革，而对于课程实施后的评价问题，显得尴尬而又落后。在科学课程的评价方式上，重视书面形式考试，轻视日常活动表现；在科学课程的评价主体上，重视教师外部评价，轻视学生自我评价；在科学课程的评价功能上，重视评价的筛选功能，轻视评价的发展功能；在科学课程的评价内容上，重视最终考试成绩，轻视平时学习过程。可以说，由于相对忽视而造成的过分单一化的科学课程评价方式，以一种无形的力量始终在阻碍着科学课程的顺利发展，科学课程评价制度的落后，对科学教育改革带来负面的影响。

20世纪90年代中后期开始，全国开始提倡素质教育，科学课程的改革与科学课程评价制度的匹配性弊端，明显浮现出来，科学教育评价改革被提上日程，逐渐受到广泛关注。长期以来，以课程考试分数作为考核结果的评价方式，受到了人们的质疑，因为科学课程分数高并不代表科学能力行，这一观点逐渐被广为接受。学校科学教育改革也从这一时期开始，逐步加强对学生的科学态度的形成、科学精神的培育、科学思维的锻炼、科学方法的掌握等多方面的评价。

随着21世纪以来核心素养的提出，以及全面深化课程改革、落实立德树人根本任务的要求，科学课程评价问题受到更加广泛的探讨和研究，科学教育评价制度改革全面推进开来。科学课程的评价方式，不再以单一的书面考试为主，开始出现科学实验、用品制作等操作性考核方式等。科学课程的评价内容，也不再过度关注最终的结果，而是更加注重学生的过程性评价，加大学生在科学实践活动中的表现成绩比重。科学教育评价作为一个"温度计"，时刻调控着学校科学教育发展的温度，给学校科学课程改革始终提供一种预警，全力推动着我国学校科学教育的深化改革。

第十四章 科学教育的"社会化"发展

科学教育的场所不仅仅停留在学校,而且科学教育的对象也不仅单指学生,科学教育正逐渐由单一的学校教育向多元的社会化方向发展。科学传播可以分为三个层次:科学交流、科学教育、科学普及。所谓科学交流,是科学家之间互相交流科学成果、心得,其目的是获得知识产权;科学教育是指有科学专业训练的教师系统地向学生传播科学知识,培养专业人才或使其具备必要的科学素养;科学普及,又称为科学大众化,是以大众为对象,受过科学教育的人向其介绍科学知识和科学事业的发展,培养公众的科学意识,提高公众的科学素养。[①] 改革开放之后,科学传播的层次逐渐丰富,社会化的发展趋势成为科学教育发展的特点。

另外,关于"科学教育"的研究课题、文章、著作层出不穷,各种具有社会科学教育功能的场所在各地兴建并使用,科学教育的途径也随之有了更广泛而繁荣的扩展。

第一节 关于科学教育的研究和探讨

改革开放后,随着经济、文化的发展,无论是生产活动还是社会活动,对科学的信赖和利用日渐加深。国家对于科学教育的愈加重视,对科学教育的要求也随时代的发展不断发展更新。科学教育进入大发展时期,关于科学教育的探讨和研究成果,在一些科学教育机构团体的推动下,层出不穷,为科学教育的社会化,做出了重大的贡献。

---

① 周光召:《加强科学普及,弘扬科学精神》,《科协论坛》1996年第3期。

一 "科学教育"内涵的发展

改革开放初期,中国各个方面都处于百废待兴的状态,在文化领域,科学的普及工作是重要一部分。"科学教育"内涵的变化,与国家对科学教育的政策的变化息息相关,而"科学教育"内涵的发展,主要分为三个阶段:

第一阶段,"科学教育"仍旧是传统科学教育的概念,认为科学教育是狭义的数学和自然科学、技术科学等学科教育,"科学技术是第一生产力",此时的科学教育被视为发展科学技术的手段。

改革开放以后,科学教育事业的恢复与发展,成为文化领域的重点,特别是国家将工作中心转移到经济建设上来以后,强调科学技术是第一生产力,科学技术的重要性得到重视,要求全面发展科学技术。1978年召开的全国科学大会上,通过了《1978—1985年全国科学技术发展规划纲要(草案)》(又称为《八年规划纲要(草案)》),这是我国第三个科学技术发展长远规划。同年10月的《1978—1985年全国科学技术发展规划纲要》(简称《八年规划纲要》)提出了1978—1985年科技工作的四点奋斗目标。这次大会的召开和《八年规划纲要》的出台,是对之后八年之间科学技术发展的一个规划,促进了科学技术的恢复与发展。而《宪法》作为国家的基本大法,确立了科普的基本地位。1982年,《宪法》第20条规定:国家发展自然科学和社会科学事业,普及科学和技术知识,奖励科学研究成果和技术发明创造。

上述国家政策的颁发,表明科学教育的社会化在改革开放后,首先是从经济层面恢复与发展,国家将工作中心放在经济上,科学技术在提高社会生产力方面具有不可忽视的作用。因此,科学教育在这一阶段被视为提高生产力、促进经济发展的重要手段。

第二阶段,扩展"科学教育"的内涵,包括科学知识、科学方法和科学精神的教育。20世纪90年代到21世纪初,科学技术被视为第一生产力,在国家大力发展科学技术的同时,科学教育的发展,不再仅仅是科学家之间的科学理论的沟通与交流,而是在国内外理论的指导下,科普工作开始向社会化的方向发展。其内容则不仅包括科学知识的传播,还包括科学方法和科学精神的宣传。

在《关于加强科学技术普及工作的若干意见》(1994)中,指出"科学技术普及工作是普及科学知识、提高全民素质的关键措施,是社会主义物质文明和精神文明建设的重要内容，也是培养一代新人的必要措施"，"科学技术是第一生产力，是推动经济、社会发展的第一位变革力量"。并且，认为当今的科普工作的内容，"要从科学知识、科学方法和科学思想的教育普及三个方面推进科普工作"[①]。这个文件的发布，成为之后历次会议召开的重要内容。并且随着科教兴国战略的实施、全国科学大会（1995）和全国科普工作会议（1996）的召开，相关政策对传统科普的概念有了新的解读，开始将普及科学的知识、方法、思想、精神等共同纳入科普内容之中，进而更明确地引导人们认识和理解科学的目的和本质。并且在这种新的认识下展开新的科学教育。

科学教育以"科学技术是第一生产力"为口号，虽然将科学技术作为促进经济发展的手段和途径，进行宣传和发展。但是，"科教兴国战略"的提出，确定了科学技术在综合国力竞争中的地位，促进了之后的科技的发展与创新。在这一时期内，科学教育的社会化，在提高科学理论素质、传播科学知识的同时，更侧重于科学方法和科学精神的传播，旨在使他们能够在拥有一定的科学知识的同时，培养其用科学的方法和科学的态度，去解决现实问题。

第三阶段，"科学教育"的内涵，发展到全民科学素质教育，做到有法可依。21世纪以来，科学技术取得了飞速的发展和巨大的成就。但是，在国际竞争中，综合国力的提高成为关键，而教育在综合国力中处于基础地位。因此，21世纪的到来，对培养新世纪的人才，提出了迫切要求。在这一段时间内，中共中央国务院、科技部、教科委、中国科协各级机构，共同推动科学教育进入了有法可依的局面，并且，科学教育进入了全民素质教育阶段。

21世纪以来，各个机构颁发的一系列政策，均将全民科学素质教育作为科学教育的重中之重。如2002年颁布了中华人民共和国成立以来的第一部《中华人民共和国科学技术普及法》（以下简称《科普法》），其总纲中规定，该法"为了实施科教兴国战略和可持续发展战略，加强科学技术普及工作，提高公民的科学文化素质，推动经济发展和社会进步"，并且"适用于国家和社会普及科学技术知识、倡导科学方法、传播科学思想、

---

① 新华社：《中共中央、国务院关于加强科学技术普及工作的若干意见》，《人民日报》1994年12月14日。

弘扬科学精神的活动"①。

《科普法》的颁布实施，将科普工作纳入了法治化轨道，对于依法规范科学技术普及活动，保障相关主体的合法权益，促进科学技术普及工作的健康发展，加强国家行政机关依法行政，推动经济与社会发展，都具有重要意义。同时，《国家中长期科学和技术发展规划纲要（2006—2020）》（简称《中长期科技发展规划纲要》）、《全民科学素质行动计划纲要（2006—2010—2020）》（简称《科学素质纲要》）、《关于加强国家科普能力建设的若干意见》（简称《科普能力建设若干意见》）等文件的发布，均是将科学教育扩展为全民的科学素质教育，并且为全民科学素质教育的展开提出了一系列的政策建议。

二 科学教育社会化实施的演变

科学教育内涵的发展，必然影响科学教育社会化的实施，国家和各个科学教育机构或团体所采取的措施，也有所不同。

科学教育脱离学校式教育转战社会式教育后，其主体不再仅是学校学生，而是随着科学教育社会化的发展，科学教育的主体目标，也随之改变。改革开放之初，我国经济尚处于亟待发展阶段，在邓小平提出科学技术是第一生产力后，为科学技术的恢复与发展，提供了更好的契机和政策环境。

科学教育社会化的主体，首先针对的是专业科学技术工作者。在1978年的全国科学大会上通过了《八年规划纲要》，针对未来八年的工作目标，提出要培养一大批科技工作者，足可见专业科学技术工作者身负国家经济发展的使命，在推动自然科学的发展方面，做出了重大的贡献。

科学教育社会化的主体，在第二阶段转变为青少年和国家领导干部。1994年12月5日，《关于加强科学技术普及工作的若干意见》发布，"这是新中国成立以来，党中央和国务院共同发布的第一个全面论述科普工作的纲领性文件"②。《关于加强科学技术普及工作的若干意见》中，要求科普工作"要把重点继续放在青少年、农村干部群众和各级领导干

---

① 科学技术部政策法规司编：《中国科普法律法规与政策汇编》，科学技术文献出版社2013年版，第3页。

② 《70年，由科普爱上科学——记新中国科普出版70年》，《光明日报》2019年10月4日。

部身上"①。因此，科学教育社会化的程度逐渐加深，从专业领域的科技工作者，到青少年和国家领导干部，将科学教育从专业领域扩展到社会某些固定群体，是科学教育社会化主体演变的必经过程。

科学教育社会化的主体，在第三阶段转变为全体公民。科教兴国战略实施以来，随着经济的发展和素质教育的提倡，以及核心素养的提出，科学教育社会化的主体扩展为全体公民，要求提高全民科学素质培养。特别是在《科学素质纲要》中，提出"旨在全面推动我国公民科学素质建设，通过发展科学技术教育、传播与普及，尽快使全民科学素质在整体上有大幅度地提高，实现到21世纪中叶我国成年公民具备基本科学素质的长远目标"②。此次全民科学素质行动计划主要针对四大重点人群：未成年人、农民、城镇劳动人口、领导干部和公务员，针对不同人群，科学素质行动有不同的具体任务和实施措施。

三 科学教育社会化实施方式的演变

随着经济的发展、网络信息的发达，根据科学教育内涵、对象的不同，科学教育的方式，在不同的阶段所采取的措施有所不同。传统的科学教育，是停留在学校的自然学科教育，但是，改革开放后，面向社会的科学教育，脱离了固定的教学场所，其方式呈现出多元化的趋势。

在《八年规划纲要》（1978）中，对自然资源、农业、工业、国防、交通运输、海洋、环境保护、医药、财贸、文教等领域，以及基础科学、技术科学两大门类的科学技术研究任务，做了全面安排，从中确定了一批研究项目作为重点。《八年规划纲要》还要求把农业、能源、材料、电子计算机、激光、空间、高能物理、遗传工程8个影响全局的综合性科学技术领域、重大新兴技术领域和带头学科，放在突出的地位，集中力量，做出显著成绩，以推动整个科学技术和整个国民经济高速度发展。

由此可见，科学教育的内容，只涉及科学技术教育时，专业领域高深的科学技术教育，对领域之外的人而言，是具有一定深度的，没办法融入

---

① 新华社：《中共中央、国务院关于加强科学技术普及工作的若干意见》，《人民日报》1994年12月14日。

② 科学技术部政策法规司编：《中国科普法律法规与政策汇编》，科学技术文献出版社2013年版，第192页。

人们普通社会生活中。因此,这一时期的科学教育社会化主要是专业领域内的科学家内部之间的交流,其交流途径是专业科学期刊以及内部会议。

科学教育社会化发展到科学知识、科学方法、科学精神的层面时,科教兴国战略的实施,各类科学教育机构或团体登上历史舞台,开始发挥重要作用。在全国科学大会(1995)上,要求"动员全党、全国各族人民,全面落实邓小平同志科学技术是第一生产力的思想,认真贯彻《关于加速科学技术进步的决定》[①]的精神,在全国形成实施科教兴国战略的热潮,进一步解放和发展科技生产力,积极促进经济建设转入依靠科技进步和提高劳动者素质的轨道"[②]。会议要求各级党委和政府要认真贯彻《关于加速科学技术进步的决定》和《关于加强科学技术普及工作的若干意见》,实施好《中国教育改革和发展纲要》,结合各地、各部门的实际,真正把实施科教兴国战略落到实处。

为落实《关于加强科学技术普及工作的若干意见》(1994)文件精神,中宣部等再次发出了《关于加强科普宣传工作的通知》(1996),提出"加大科技知识普及和宣传的力度,提高全民族科学文化素质,加强社会主义精神文明建设","是当前和今后一个时期科普工作的重要任务","科学技术普及工作是关系到我国21世纪发展的根本性、战略性的工作"。在普及内容方面,"大力传播科技知识,宣传科学思想和科学方法,培养公众用科学的思想观察问题,用科学的方法处理问题的能力"。[③]

对于不同的对象(青少年和农村干部群众、各级领导干部),要有针对性地宣传,各级部门之间要相互配合。同年,为了贯彻落实《关于加强科学技术普及工作的若干意见》和党的十五大精神,明确2000—2005年我国科普工作的主要目标和任务,特制定《2000—2005年科学技术普及工

[①] 中共中央、国务院《关于加速科学技术进步的决定》,1995年5月6日发布,决定共分11个部分,主要内容是:全面落实科学技术是第一生产力的思想;大力推进农业和农村科技进步;依靠科技进步提高工业增长的质量和效益;发展高技术及其产业;推动社会发展领域的科技进步;切实加强基础性研究;深化科技体制改革,建立适应社会主义市场经济体制和科技自身发展规律的新型科技体制;建设高水平的科技队伍,提高全民族科技文化素质;多渠道、多层次地增加科技投入;进一步扩大对外开放,广泛开展国际科技合作与交流;切实加强党和政府对科技工作的领导。

[②] 江泽民:《江泽民同志在全国科学技术大会上的讲话》,《人民日报》1995年6月5日。

[③] 《中共中央宣传部、国家科委、中国科协关于加强科普宣传工作的通知》,《科协论坛》1996年第10期。

作纲要》。这是官方发布的第一个有关科普工作的规划纲要，为我国科普事业的开展，提供了具体的指导意见和实施细则，确立了以提高国民科技素质为宗旨的科学技术普及工作，是经济社会发展中一项长期的战略性工程的地位。

中共中央、国务院于1999年在北京召开的全国技术创新大会提出，在这个挑战与机遇并存的时期，要积极面对挑战，抓住机遇，全面实施科教兴国战略，大力推动科技进步，加强科技成果向生产力的转化。此间，"全面实施科教兴国战略，大力推动科技进步，加强科技创新，加速科技成果向现实生产力转化"。同时，"要把加速科技进步放在经济和社会发展的关键地位，实现我国技术发展的跨越"①。因此，此次会议的召开，确定了科教兴国战略思想的重要作用，要将科学技术的发展，转变成为生产力的提高，科学技术成为经济建设的手段和途径。在这种思想的指导下，科学教育的发展得到了国家政策的大力支持，并且在全国范围内推广。

科学教育发展到了全民科学素质培养阶段，则要求调动各种社会资源推动科学教育社会化发展。从其发布的文件上看，《中长期科技发展规划纲要》(2006)，要求提高全民族科学文化素质，营造有利于科技创新的社会环境。其中，具体思路包括：实施全民科学素质行动计划、加强国家科普能力建设和建立科普事业的良性运行机制，要以促进人的全民发展为目标，提高全民科学文化素质，并且，在全社会大力弘扬科学精神，宣传科学思想，推广科学方法，普及科学知识。

在加强国家科普能力建设的过程中，需要加强科普场馆建设，提高科普场馆运营质量。建立科研院所、大学定期向社会公众开放制度，同时，"繁荣科普创作，打造优秀科普品牌"。而科普事业的良好运作，则需要在"加强政府部门、社会团体、大型企业等各方面的优势集成，促进科技界、教育界和大众媒体之间的协作"的同时，"鼓励经营性科普文化产业发展……制定优惠政策，形成科普事业的多元化投入机制。推进公益性科普事业体制与机制改革，激发活力，提高服务意识，增强可持续发展能力"②。

针对实施全民科学素质行动计划和加强国家科普能力建设，根据《国

---

① 刘振英、秦杰、尹鸿祝等：《全国技术创新大会在京开幕》，《人民日报》1999年8月24日。
② 科学技术部政策法规司编：《中国科普法律法规与政策汇编》，科学技术文献出版社2013年版，第190页。

务院关于实施〈国家中长期科学和技术发展规划纲要（2006—2020）〉若干配套政策的通知》，国务院颁发了《科学素质纲要》（2006）、《科普能力建设若干意见》（2007），把加强国家科普能力建设，作为建设创新型国家的一项重大战略任务，部署了"十一五"期间加强国家科普能力建设的主要任务。国家科普能力建设是我国科普事业又好又快发展的有力保障。

其中，《科学素质纲要》"旨在全面推动我国公民科学素质建设，通过发展科学技术教育、传播与普及，尽快使全民科学素质在整体上有大幅度地提高，实现到21世纪中叶我国成年公民具备基本科学素质的长远目标"。全民科学素质行动计划的方针，是"政府推动，全民参与，提升素质，促进和谐"①。此次全民科学素质行动计划，主要针对四大重点人群：未成年人、农民、城镇劳动人口、领导干部和公务员。不同人群的科学素质行动，有不同的具体任务和实施措施。同时，为了保障全民科学素质行动的进行，针对政策法规、经费投入和队伍建设等三个方面，提出了具体的任务措施，而且就纲要实施的组织领导和监测评估作了部署。

2008年，新的《中华人民共和国科学技术进步法》（简称《科技进步法》）颁布，第五条规定：国家发展科学技术普及事业，普及科学技术知识，提高全体公民的科学文化素质。国家鼓励机关、企业事业组织、社会团体和公民参与和支持科学技术进步活动。《科普法》《科学素质纲要》以及新修订的《科技进步法》，从法律和国家层面上，对科普的性质、内容、组织管理、社会责任、保障措施等，做出了规范，并做出统一的部署和规划，强化了科普事业的资源动员能力和科普事业的统筹性、社会性，着眼于建立科普事业的良性运行机制。这对于调动社会力量和整合社会资源，形成全社会共同参与、支持、开展科普的良好局面，具有十分重要的推动作用。

2011年，科技部颁发了《国家"十二五"科学和技术发展规划》，为了全面落实科教兴国和人才强国战略，深入实施《中长期科技发展规划纲要》，充分发挥科技进步和创新对加快经济发展方式的重要支撑作用，并且对科普工作做出了明确的部署。《国家"十二五"科学和技术发展规

---

① 科学技术部政策法规司编：《中国科普法律法规与政策汇编》，科学技术文献出版社2013年版，第192—193页。

划》中提出，要深入落实《科学技术普及法》，研究制定实施条例及相关配套政策，制订实施《中国公民科学素质基准》。深入实施全民科学素质行动，动员多方力量参与科普工作，推动形成社会化科普工作格局。激励一线科研人员参与科普工作，开展院士科普行、博士科普行等活动。

加强国家科普能力建设，实施《科普基础设施发展规划》，推进科技博物馆建设，启动国家科普示范基地建设。加大科普宣传力度，继续组织好科技活动周等重大科普活动。加强农村基层科普队伍和科普能力建设。加强科普人才队伍建设，建立健全国家科学传播体系的评价机制与奖励制度。建立国家科普统计制度，开展科普监测工作。广泛开展面向基层的科普活动，在全社会营造尊重劳动、尊重知识、尊重人才、尊重创造的浓厚氛围。

同年，国务院印发了《全民科学素质行动计划纲要实施方案（2011—2015）》，这个方案是根据《中华人民共和国经济与社会发展第十二个五年规划纲要》和《国务院关于印发全民科学素质行动计划纲要（2006—2010—2020）的通知》制定，以实现全民科学素质工作在2020年的目标，进而为"十二五"期间的全民科学素质工作，安排具体的目标和实施措施。该方案确立了截至2015年的发展目标，同时对"十二五"期间的重点任务做了规划。

2016年7月，国务院印发了《"十三五"国家科技创新规划》，对"十三五"期间科技创新的发展目标、主要任务等做出了规划。同年，国务院办公厅印发了《全民科学素质行动计划纲要实施方案（2016—2020）》。

四 各级各类科学教育机构和团体涌现

随着社会经济的发展，科学教育事业逐渐恢复和发展，国家对科学教育的重视程度加深，科学教育的推广和社会化程度的加深，离不开各级各类科学教育机构和团体。在国家颁发的各项政策的支持下，一些科普机构团体纷纷成立，为科学教育的社会化发展，发挥了重要作用。这些科学教育机构和团体，可以分为以下几类。

一类是各级中国科学技术协会（简称中国科协），它是由全国学会、协会、研究会和地方科协组成，于1958年成立，而到改革开放后分布的范围更加广阔，形成了一个完善的网络体系，包括各级科协科普组织、各级学会科普组织和基层科普组织。其中各级科协有四级科协：中国科协、省级科协、地级科协和县级科协。学会科普组织也有四级，包括全国学会、省级学会、地级学会和县级学会。基层科普组织包括企业科协、大专院校科协、街道科普协会、乡镇科普协会、农村专业技术协会等。各级科协之间是业务指导关系，各级学会之间也是业务指导关系，各级科协和同级别的学会之间，是业务领导关系。这种层层递进和管理的科协组织，遍布全国各地，为促进科学教育社会化的发展，发挥了重大的作用。

另一类是专业性的科学教育机构和团体。科学教育的社会化方式，不仅仅停留在学校式的教科书教育，而是深入社会群体中，渗入到社会的方方面面。因此，针对科学教育社会化的专业性团体纷纷涌现，如科技报纸团体类：中国科技报纸研究会（1980）、中国科技新闻学会（1988）；科技出版团体及科研机构类：中国出版工作者协会科技出版工作委员会（1979）、中国出版科学研究所（1985）、中国编辑学会（1992）；音像、电子、网络出版团体类：中国出版工作者协会电子出版委员会（1992）、中国音像协会科技工作委员会（1996）；科技期刊团体类：中国科学院的期刊工作、中国科学院自然科学期刊编辑研究会（1986）、中国科学技术期刊编辑学会（1987）、中国期刊协会（1992）、北京科技期刊出版集团（1993）。科技广播电视团体类：中国科普报刊广播电视编辑记者协会（1981）、中国科教电影电视协会（1986）、中国农业电影电视协会（1989）；科技电影机构与团体类：中国科教电影电视协会（1986）、中国农业电影电视协会（1989）；科技写作团体类：中国科普作家协会（1979）、中国科普创作研究所（1980）、吉林省科技写作研究会（1987）、中国写作学会科技写作研究会（1987）、湖北省科技传播学会（1997）、河北省科技写作研究会（1994）；科技翻译团体类：中国翻译工作者协会（1982）、上海科技翻译学会（1985）、中国科学院翻译工作者协会（1986）。

上述科学教育机构或团体，对于科学教育的传播和社会化发展，具有重要意义，不同类型的科学教育团体，各司其职，为科普事业的发展和科学教育社会化，做出了重大的贡献，就各级科协而言，其分布范围从省会城市、各地级市、各县到基层的乡镇、企业、街道等皆有设立，其数量相当可观，其组织体系严密、环环相接。因此，在推动科学教育社会化的过程中，中国科协能够更好地将政策和要求上传下达，一步一步实现推动中央到地方的科学教育,促进其社会化的发展。

另外,一些专业性的科学教育机构或团体,则在推动科学教育如何在各个方面更好地深入研究,以及怎样推动科学教育社会化方面,有着不容忽视的作用。例如,从中国科普创作研究所成立开始,其研究领域主要集中在科普创作阶段。中国科普创作研究所1982年主办杂志《评论与研究》(1987年更名为《科普研究》),1982—1992年所刊载的文章关于科普创作的研究所占比例最高。20世纪80年代,《科普研究》侧重探讨科普创作的理念和方法等相关话题。1978—1992年,关于科普的研究集中在科学技术领域的恢复与发展,政府所出台的政策,以及大批科普机构团体的成立,为科普事业的复兴以及发展,产生了极大的作用。

这一时期,在科普事业的发展方面,主要集中在科普事业的创作方面,从科普书籍、科普电影电视等创作的话题来看,相关科普的内容涉及面很广。

第二节 科学教育基础设施的"社会化"发展

科学教育基础设施的"社会化"发展,在改革开放之后,呈现出不同的趋势。改革开放前的科学教育,大多是在学校完成的,通过科学课本,向学生传输科学知识。但随着经济的发展,人民的综合素质的提高成为时代的要求。因此,科学普及的要求越来越高,科学教育发展到普通人民群众中,呈现出"社会化"的趋势,其中特点之一,便是科普基础设施的"社会化"。

所谓科普基础设施,"是指由政府主导提供,旨在保障全体公民参与科普活动、提高科学素质基本需求,具备一定的科学技术教育、传播与普及功能的基础性物质工程设施,主要包括科普场馆、科普场所、科普宣传专用车辆及其内含的科普内容载体设施等。科普基础设施是保证国家和社会普及科学技术知识、倡导科学方法、传播科学思想、弘扬科学精神的活动正常开展的公共服务体系,是科普事业赖以生存发展的一般物质条件"[1]。目前的科普基础设施的形式包括:"科技馆(科学中心)、自然博

---

[1] 楼伟:《科普基础设施概念、分类及功能定位》,载任福君主编《科普基础设施发展报告(2012—2013)》,社会科学文献出版社2013年版,第45页。

物馆、天文馆、科技博物馆、科技文化活动中心、青少年科技活动中心（站）、社区（村）科普活动室（站）等科普场馆；动植物园、海洋公园、地质公园、森林公园、自然保护区等具有科普展教功能的自然、历史、旅游等社会公共场所；面向公众开放的实验室、陈列室或科研中心、天文台、气象台、野外观测站等教育和科研机构中的相关场馆和场所；面向公众开放的生产设施（或流程）、科技园区等企业和农村生产机构中的相关场馆或场所；科普宣传车、科普大篷车等流动科普设施"[1]。

在科普事业社会化的过程中，各项科普基础设施在逐渐增加，而为了更好地管理这些科学教育基础设施，1999 年，中国科学技术协会在全国将这些科普教育基地进行了命名，到现今，这些科普教育基地仍在不断申请、审核和命名中，因此，科普教育基地的数量也飞速增长中。在全国科普教育基地中，按照不同的功能划分，大致可以分为三种：一种是科技类博物馆，包括自然博物馆、各类专业科技博物馆、科技馆、天文馆、动物园、植物园、水族馆、自然保护区等；第二种是重点实验室，包括科研所、高等院校等单位的重点实验室或试验基地；第三种是企业，包括大型企业和高技术企业的研究中心、开发中心或实验基地。[2]

全国科普基地的建立，调动了全社会参与和兴办科普事业的积极性，使得社会上科学教育资源越来越丰富，这些社会科学教育资源内容丰富、形式多样，在科普事业的发展过程中，在科普宣传、教育活动中发挥了应有的作用，有效地促进了科教兴国战略和可持续发展战略的实施，积极推进了科普工作社会化、群众化、经常化，达到提高公众科学文化素质，促进社会经济进步的最终目标。这些科普基础设施是面向全体社会公众，通过向其宣传科普知识，提高公众的科学素养，弘扬科学精神，是科普事业发展的重要保障，下文将介绍几种重要的科学教育基础设施。

一　科普画廊

科普画廊是基层科普基础设施的一种类型，主要设置在公共场所，它是指"将科普知识以图文相结合的表现手法，直观展示给观众的科普设

---

[1] 楼伟：《科普基础设施概念、分类及功能定位》，载任福君主编《科普基础设施发展报告（2012—2013）》，社会科学文献出版社 2013 年版，第 45、46 页。

[2] 中国科普研究所编：《中国科普报告（2003）》，科学普及出版社 2003 年版，第 150 页。

施，是公众获取科学知识的重要渠道"①。科普画廊有三种形式：滚屏式、橱窗式和电子式。"滚屏式科普画廊是利用电子滚屏广告灯箱设备，将橱窗式科普画廊横向展示的宣传资料纵向按顺序一幅幅滚动播放的形式进行展示。""电子科普画廊是运用电子技术、视频技术、网络技术，将科普知识以生动活泼、图文并茂的形式展示给公众。"②

科普画廊起源于科普宣传栏，科普宣传栏往往通过通俗的语言、文字介绍科学知识，配上少量的插图，以板报、墙报的形式，向公众进行科普宣传。改革开放以来，科普画廊主要由中国科协组织修建，其形式主要是橱窗式科普画廊。随着科普工作的推进，1999 年，中国科协实施了"百城万米科普画廊工程"，即在全国确定 100 个城市，每个城市建设 10 米以上的橱窗式科普画廊不少于 4 处、总长度在 100 米以上。

由于科普画廊建设难度低、见效快，在推广科普工作的单位受到重视。2005 年，中国科协以命名"全国示范科普画廊"的形式，对其进行建设、运营和管理等工作加以指导。全国各地的科普画廊建设，在各级科协的组织指导下大量增加，根据中国科普统计，科普画廊的数量在逐年增加，具体数据见表 14-1。

表 14-1　　　　　2004—2014 年科普画廊的数量分布情况表③

地区	科普画廊数量（个）								
	2004	2006	2008	2009	2010	2011	2012	2013	2014
东部	35496	82623	98679	122753	142883	117802	135887	137268	142632
中部	14010	37444	56679	56255	62666	67547	70307	46045	46981
西部	12010	14458	31651	33520	31771	37625	43054	41756	44256
合计	61516	134525	187009	212528	237320	222974	249248	225069	233869

从上表中可以看出，我国科普画廊大量分布在东部地区，中部地区和西部地区科普画廊的数量，远远低于东部地区，但是，从全国整个科普画廊的数量看，2004—2010 年，科普画廊的数量，处于持续增长状

---

① 中国科普研究所编：《中国科普报告（2004）》，科学普及出版社 2004 年版，第 225 页。
② 中国科普研究所编：《中国科普报告（2004）》，科学普及出版社 2004 年版，第 226 页。
③ 表中数据来源于中华人民共和国科学技术部编的《中国科普统计》（2015 年版、2012 年版、2010 年版）。

态，2011—2014 年，科普画廊的数量有所起伏，在 23 万上下浮动。2009 年之后，科普画廊的数量，变化不大。由此可见，全国科普画廊的建设，达到了一定的限度。另外，根据对部门所拥有的科普画廊数量的统计分析，科协、教育部门、计生部门、科技管理部门和卫生部门，明显多于其他部门，可见，这五个部门的科普宣传设施，在科普画廊上的投入更多。

科普画廊以科普挂图（含科普宣传画）为主要展示内容，科普挂图的水平高低，直接影响科普宣传效果。由于科普画廊主要分布在城市的公共场所或社区内，科普挂图更加适合科普画廊，而传统科普挂图的形式，是大幅的纸制张贴图，但随着科技的进步，除了纸制载体之外，展板、画布已经成为重要的图片输出方式，电子形式输出的"挂图"，也大量出现。"各单位科普挂图内容的表现形式丰富多彩，大致分为 5 类：照片为主配少量文字说明、漫画配文字、卡通画配文字、写实绘图形式、照片和绘画组合。"[1] 这些形式图文并茂，生动形象，最容易吸引社会公众，是对公众进行科学教育最简单、时效最快、成本最低的方式。

二 自然类博物馆

自然类博物馆是科技类博物馆中的一类，是科普基础设施类型之一。关于科技博物馆的定义，国际博物馆协会认为："科技类博物馆是以自然界和人类认识、保护和改造自然为内容的博物馆。科技类博物馆包括自然博物馆、科学技术博物馆（包括科普馆、科学中心，在中国通称'科技馆'）、专业科技类博物馆（如航空、铁道、地质等行业）、天文馆、水族馆（海洋馆、海底世界）等，还包括动物园、植物园、生态园、热带雨林、自然保护区等。"[2]

根据我国实际情况，我国科技类博物馆，或称为自然科学博物馆，可以分为两大类：科学技术博物馆和自然博物馆。其中，科学技术博物馆包括科学技术史博物馆、现代科学技术博物馆、科学（中心）技术馆三类。其中，各行业科学技术博物馆，即专业科技博物馆，"是以记载和表达某一专业或行业领域内科学技术信息的实物或非实物证据作为收藏、保护、

---

[1] 中国科普研究所编：《中国科普报告（2007）》，科学普及出版社 2007 年版，第 208 页。
[2] 中国科学技术协会编：《中国科学技术协会年鉴》，中国科学技术出版社 2016 年版，第 53 页。

研究、传播、教育和展示对象的博物馆",其范畴包括"技术性较强的各行业类博物馆,包括能源方面的煤炭、石油、水利博物馆,材料方面的冶金、纺织博物馆,生活方面的红酒、盐业、电影、剪刀、消防博物馆,交通方面的航空、航天、铁道、航海、汽车博物馆,信息技术方面的电信、邮电、计算机博物馆,医药方面的中医、卫生博物馆,等等"①。自然博物馆包括一般自然史博物馆,如各地自然史博物馆;专门性自然博物馆;园囿性自然博物馆,如动物园、植物园、自然保护区等。②博物馆具有藏品、展出、教育活动的性质和特点,是科普事业发展必不可少的科普资源之一。

中国的博物馆,大多数都是中华人民共和国成立之后建立的,在改革开放后,中国博物馆进入了发展的高峰期,"1980—1985年,平均10天全国新建一座博物馆,到1990年很快增长到1013座。截至2005年底已迅速发展到2300座左右"③。

21世纪以来,中国科普理念的变化,致使博物馆的种类、数量大量增加,到"2007年,我国自然科学类博物馆数量为3212座,总体数量比去年增长9%,增加了292座。其中地质博物馆由于政策性的原因,有较大增长;而专业科技类博物馆无论从数量还是质量上,都有了很大发展,展示内容涉及国民经济和人民生活的各个方面,如航空、航天、汽车、核工业、印刷、茶叶、丝绸、气象、消防、地震、自来水、中医药、啤酒、电信、铁道、农业、盐业、建筑、石油、纺织、节水、交通等"④,其中,根据国家文物局的调查统计,截至2010年底,自然类博物馆除了动物园、地质院、自然保护区、地学类博物馆、科技馆和专业科技类博物馆外,共有176个,可以分为五大类:综合性自然史博物馆11个、自然科学专题博物馆(包括中药、生态、人类、生物类等)122个、地方综合性博物馆

---

① 齐贤德、马锋:《专业科技博物馆发展报告(2006—2010)》,载任福君主编《中国科普基础设施发展报告(2011)》,社会科学文献出版社2012年版,第142页。

② 此分类方法参看《科技类博物馆发展报告(2009)——全国科技类博物馆发展现状评估与动态监测研究》,载任福君主编《中国科普基础设施发展报告(2009)》,社会科学文献出版社2010年版,第57页。

③ 全国科普基础设施发展状况监测评估总体协调组:《科技类博物馆发展报告(2009)——全国科技类博物馆发展现状评估与动态监测研究》,载任福君主编《中国科普基础设施发展报告(2009)》,社会科学文献出版社2010年版,第60页。

④ 中国科普研究所编:《科普报告(2008)》,科学普及出版社2008年版,第218页。

自然部 9 个、天文馆 1 个、水族馆 33 个。① 这些场馆对普及科学知识、提高国民素质发挥了重要作用。

在科普教育过程中，自然类博物馆除了在数量上的增长外，综合性自然博物馆基本完成了重建，行业所属自然类博物馆也相继新建，地方博物馆自然部纷纷进行陈列改造或扩建，民办博物馆大幅增加。在自然类博物馆自身科普资源的建设外，这些博物馆社会综合服务的质量和效果，明显提高。2008 年，《全国博物馆、纪念馆向社会免费开放的通知》，由中宣部、财政部、文化部和国家文物局联合印发，此通知激发了社会公众参观自然类博物馆的积极性，并且促进了全社会对自然类博物馆建设的关心和支持。

另外，自然类博物馆在推动科学教育社会化的过程中，采取的科学教育活动内容丰富，形式多样，促进了科普事业发展的进程。自然博物馆的教育活动，所针对的对象广泛，这些科学教育活动可以分为四种类型："基本教育活动、辅助教育活动、学校教育活动、其他专题教育活动，具体内容包括科普讲座、知识竞赛、冬令营和夏令营、科普培训等活动。"②（具体参见表 14-2）

表 14-2　　　　　　　　　　博物馆教育活动类型表③

活动类型	活动类别	主要内容
基本教育活动	基本陈列 解说导览 影像播放 博物馆出版物	常设展览、专题展览等 定时讲解、参观导览 3D、4D、球幕、巨幕等 学术专著、科普读物、期刊、论文集等
辅助教育活动	临时展览 网站 研讨会 报告与讲座 咨询服务	巡回展览、特别展览等 网站科普信息、虚拟展览、调查、信息沟通等 专题研讨会、座谈会 专家报告、科普讲座、演讲、辩论等 参观咨询、问题解答、评审、论证等

---

① 孟庆金、饶成刚、花国红：《自然类博物馆发展报告（2006—2010）》，载任福君主编《中国科普基础设施发展报告（2011）》，社会科学文献出版社 2012 年版，第 99、109 页。

② 孟庆金、饶成刚、花国红：《自然类博物馆发展报告（2006—2010）》，载任福君主编《中国科普基础设施发展报告（2011）》，社会科学文献出版社 2012 年版，第 99、109 页。

③ 孟庆金等：《自然博物馆研究案例：热河生物群化石研究》，文物出版社 2011 年版，第 21 页。

续表

活动类型	活动类别	主要内容
学校教育活动	博物馆教室 学校课程设计 博物馆进校园 学校教育推广 教师培训	教室、实验室、剧场、探索角等 课程方案、教案、资源包、学习单等 讲课、辅助、讲座、课外兴趣小组、实验 馆校合作、课件、光盘 培训教师利用博物馆资源
其他专题教育活动	亲子活动 社区活动 野外活动 纪念活动	博物馆之夜、一起讲故事 社区专题宣传与科普活动 夏令营、冬令营、科学考察、探索 纪念日、节日等庆祝活动

由上表可知，这些教育活动针对的是社会各个年龄阶段的人群，丰富的教育活动，使得博物馆在推动科学教育社会化的过程中更加顺利，同时，不同的社会人群，可以根据自身的需求，选择不同的博物馆教育活动。博物馆的科学教育活动，并非只陈列展品供人参观，而是与学校教育、家庭教育、社会教育相结合，扩大了博物馆科学教育对象的范围，使得教育活动更加丰富，更有助于科学教育的社会化。

三 科学技术馆

科学技术馆"主要指以科技馆、科学中心、科学宫等命名的传播、普及科学的专门科普场馆。其开展科普教育的方式，主要是通过在场馆内布置经常性和短期的科普展览（参与、体验、互动性的展品及辅助性展示手段），举办科普教育讲座、演出和科学文化交流等活动。科技馆常年对全体社会公众开放，青少年是科技馆最主要的参观群体。科技馆一般位于大中城市中，属于城市公共文化服务基础设施"[①]。

科技馆是科技类博物馆的一种类型，它是"组织实施科普展览及其他社会化科普教育活动的机构，是实施科教兴国、人才强国战略、可持续发展战略和公民科学素质建设的基础性设施，是我国科普事业的重要组成部分。科技馆以提高公众科学文化素质为目的，为宣传和贯彻科学发展观、

---

① 楼伟：《科普基础设施概念、分类及功能定位》，载任福君主编《中国科普基础设施发展报告（2012—2013）》，社会科学文献出版社2013年版，第48页。

建设创新型国家和构建社会主义和谐社会提供服务"①。科技馆的任务是通过组织实施科普展览及其他社会化的科普教育活动，普及科学知识，弘扬科学精神，传播科学思想和科学方法，激发公众对科学技术的兴趣，满足公众了解和学习科学技术的需求；帮助公众提高获取、运用科技知识的能力和科学生活、享受现代文明成果的能力；促进公众理解科学技术与自然、社会、经济、文化的相互作用，培育公众的探索创新能力和科学观念，逐步树立科学的世界观，从而帮助公众提高科学文化素质和个人全面发展的能力。

20 世纪 80 年代，我国建成开放了第一批科技馆，但是，真正符合科技馆标准的场馆很少，"到 2000 年底，全国以'科技馆'为名的场馆达 320 余座，但其中以科普展教为主要功能的科技馆仅有 11 座"②。2000 年开始，关于科技馆建造的标准出台，中国科协在 12 月召开的首次全国科技馆建设工作会议上，发布了《科学技术馆建设标准》。此标准的颁发，规定了真正意义上的科技馆，并且将之前不达标的科技馆一律改造，使其达标。2007 年，建设部、国家发展和改革委员会，正式颁布了《科学技术馆建设标准》，新建设标准的颁发，使得科技馆建设的标准更加具体，内容更加丰富，对之后科技馆建设的指导意义更加明确。

从 20 世纪 80 年代科技馆建设开放以来，科技馆的数量，在科普事业的推动下，逐年增加。具体数据参见表 14-3。

表 14-3　　　　"达标科技馆"的建成年代与数量统计③　　　（单位：座）

建成年份	小型科技馆	中型科技馆	大型科技馆	特大型科技馆	面积不详	合计
1984—2000	1	6	2	2	1	12
2001—2005	18	2	4	4	0	28

---

① 《科学技术馆建设标准》，建设部、国家发展和改革委员会 2007 年颁布。
② 中国科技馆"全国科技馆现状与发展趋势研究"课题组：《科学技术馆发展报告（2006—2010）》，载任福君主编《中国科普基础设施发展报告（2011）》，社会科学文献出版社 2012 年版，第 53 页。
③ 中国科技馆"全国科技馆现状与发展趋势研究"课题组：《科学技术馆发展报告（2006—2010）》，载任福君主编《中国科普基础设施发展报告（2011）》，社会科学文献出版社 2012 年版，第 54 页。根据《科技馆建设标准》：建筑面积 8000m² 以下为小型科技馆，8000—15000m² 为中型科技馆，15000—30000m² 为大型科技馆，30000m² 以上为特大型科技馆。

续表

建成年份	小型科技馆	中型科技馆	大型科技馆	特大型科技馆	面积不详	合计
2006—2010	25	4	7	9	0	45
年份不详	2	1	1	0	0	4
总计	46	13	14	15	1	89

注：①大型、特大型中含中国科技馆一期、二期工程，故总数减1座。
②大型、特大型中含厦门科技新馆，故总数减2座。

从表14-3中可以看出，"十五"期间达标科技馆的建成数量，是20世纪的两倍有余，特别是在中国科协制定的《科学技术馆建设标准》发布后，大量不符合建馆标准的场馆经过改造，重新对外开放，这一时期的科技馆数量倍增。"十一五"期间，《全民科学素质行动计划纲要》的颁发，要求各省份都必须建造一座大中型科技馆。因此，全社会积极参与和建设科普事业，科技馆的数量明显增加。另外，从科技馆建造的面积看，小型科技馆的数量，明显多于大中型科技馆，甚至是特大型科技馆。

科技馆承担着科教功能，各地的科技馆在科普方面，往往通过加大常设展览和展品的投入、对现有常设展览进行更新改造、加大对于短期展览和科学教育活动的开发和引进力度、发掘具有地方特色或专业特色的展示资源、开拓科技馆科普教育新途径的方式增强其科教功能。就其对短期展览和科学教育活动的开发和引进力度而言，一般包括"一大批新开发的短期展览、巡回展览和学习单、科学实验、动手制作、科普剧、科普报告等教育活动"[1]。

科学教育活动一般是依托展览资源开展的教育活动，或者是科技竞赛、科技小实验、科技俱乐部等科普活动，这些活动形式多样，吸引了公众的注意力，从多方面满足公众的需求。科普剧和科普报告，则是在一些科普场馆均会有的科普活动。一些从事科普剧创作和表演的专业团队，通过科普剧的现场排演或者影视等向公众科普知识，这成为科教展示活动的一种独特的形式。科普报告，或称为科普讲座，一般是邀请相关专业士人

---

[1] 中国科技馆"全国科技馆现状与发展趋势研究"课题组：《科学技术馆发展报告（2006—2010）》，载任福君主编《中国科普基础设施发展报告（2011）》，社会科学文献出版社2012年版，第57页。

就高新技术、前沿科学、科技事件或公众关注的话题为主要内容,进行宣讲,向公众传播科学技术。

四 科普大篷车

科普大篷车是科普基础设施的重要一部分,在推动科普事业社会化的过程中,发挥了很大的作用。所谓"科普大篷车",是指"以车辆等为运输工具,通过车载设备、展品、活动项目等科普资源,为基层学校、城乡社区、厂矿企业、部队等提供流动式科普服务的公益性基础设施的总称"[1]。广义上的科普大篷车,也可称为流动科普设施,可以分为三类:"一是中国科协组织开发的科普大篷车,且正式命名为科普大篷车;其二是地方政府和科协开发的科普大篷车,多命名为科普车、科普宣传车等;其三是其他部门和机构开发的专用性车辆,如消防宣传车、卫生宣传车等。"[2]

在《科普法》颁发后,全国上下都开展科普事业。改革开放后,中东部优先发展起来,这些地方的经济水平和开放程度,远高于内陆西部地区。因此,由于经济水平差异和文化水平的差异,中国科普资源大多集中在中东部沿海地区。另外,由于城乡差异,科普事业推进过程中,大部分科普场地建设在大城市,这些科普资源基本上为场馆式的固定资源,无法顾及偏远乡村。因此,科普事业发展过程中出现明显的趋势,就是科普资源分布的不平衡,有限的科普资源,集中在东中部发达地区和大中城市,西部地区、贫困边远地区以及广大的农村科普基础设施严重匮乏,这也成为制约科学教育社会化的瓶颈。因此,为了更好地推动科普事业的发展,促进全国科普基础设施的建设,中国科协于2000年立项并委托安徽省科协研制出新型的多功能科普宣传车——"科普大篷车"。

科普大篷车从2000年研发以来,中国科协从全国各地科普资源的分布和需求出发,确定了科普大篷车的配发原则:"重点支持西部地区(特别是西部少数民族地区),兼顾中、东部地区。"[3] 科普大篷车的工

---

[1] 中国科学技术协会编:《中国科协"十二五"规划专题研究》,中国科学技术出版社2011年版,第287页。
[2] 全国科普大篷车发展状况监测评估专题组:《科普大篷车发展报告(2009)》,载任福君主编《中国科普基础设施发展报告(2009)》,社会科学文献出版社2010年版,第186、191页。
[3] 全国科普大篷车发展状况监测评估专题组:《科普大篷车发展报告(2009)》,载任福君主编《中国科普基础设施发展报告(2009)》,社会科学文献出版社2010年版,第186、191页。

作，在其发展过程中，由开始单纯的车辆配发，逐步发展成为集开发、配发、指导、服务于一体的科普项目。在科普过程中，所有的科普大篷车配车单位，除自身展品演示活动外，都不同程度地开展了展板展示、电影播放、资料发放、咨询、报告、培训、科普剧、动手做、有奖猜谜、知识竞赛、标本、义诊等活动，普及程度最低的义诊活动，其开展率也超过了10%。

除了这些活动外，还有不少单位开展了诸如航模表演、机器人表演、文艺表演和科技扶贫活动，现场进行技术指导，"这些新颖的活动形式提高了群众的参与兴趣，有效地拓宽了科普大篷车的服务功能和内涵"[1]。从2000年开始，科普大篷车的配发量逐年增加，具体详情参见表14-4。

表14-4　　　　　　2000—2008年科普大篷车配发数量表[2]

年度	2000	2001	2002	2003	2004	2005	2006	2007	2008
年配发辆数（辆）	2	9	14	13	28	26	33	31	32
累计配发辆数（辆）	2	11	25	38	66	92	125	156	188

从上表中，可以看出，科普大篷车的数量在逐年增加，2000—2008年，全国配发的科普大篷车有188辆。这些科普大篷车的分布范围，也逐年扩大，"据统计，在全国188辆科普大篷车的保有量上，西部地区118辆，占全国总量的63%；中部地区44辆，占全国总量的23%；东部地区26辆，占全国总量的14%"。其中，"省级27辆，占全国总量的14.4%；市（地）级152辆，占全国总量的80.9%；县级9辆，占全国总量的4.8%"[3]。科普大篷车配发数量分布，完全符合其配发原则。"十五"期间，科普大篷车的配发数量还不超过100辆，然而，"十一五"期间，几乎覆盖到了全国各个省份（如图14-1）。

科普大篷车的配发，不仅仅只有中国科协，还有其他部门的流动科普

---

[1] 全民科学素质纲要实施工作办公室编：《全民科学素质行动发展报告2006—2010》，科学普及出版社2011年版，第197页。

[2] 表中数据参看《科普大篷车发展报告（2009）》，载任福君主编《中国科普基础设施发展报告（2009）》，社会科学文献出版社2010年版，第191页。

[3] 全国科普大篷车发展状况监测评估专题组：《科普大篷车发展报告（2009）》，载任福君主编《中国科普基础设施发展报告（2009）》，社会科学文献出版社2010年版，第191页。

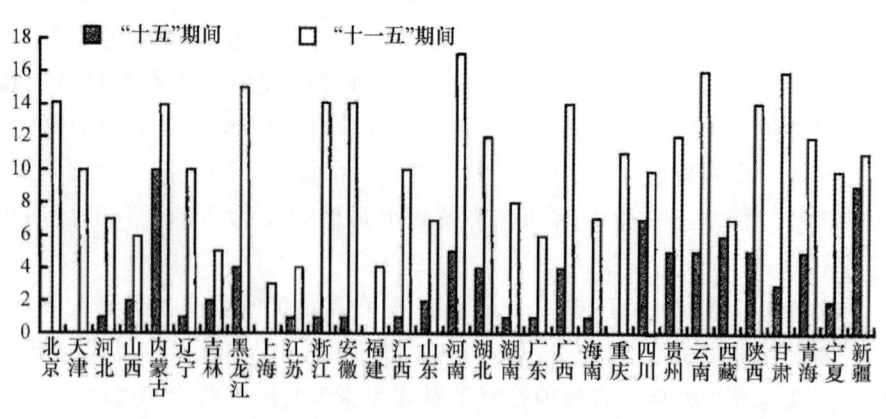

图 14-1 "十五"期间和"十一五"期间科普大篷车分布图①

设施，如消防、卫生、农业、教育等研制配发的科普宣传车、科普放映车、西部乡村流动图书车、农业科技入户直通车等。"十一五"期间，科普流动设施的发展情况见表 14-5。

表 14-5　　　　"十一五"期间流动科普设施发展情况②

时间	设施名称	总数量（辆）
2005 年年末	中国科协配发的科普大篷车	92
	其他部门的流动科普设施	900
2010 年年末	科普大篷车	386
	省、地、县三级科协配发的流动科普设施	243
	其他部门的流动科普设施	1000

由上表可见，广义上的科普大篷车的数量，在"十一五"期间大幅度增加，中国科协配发的科普大篷车，明显少于其他部门的流动科普设施，"中国科协配发的科普大篷车实行西部地区、少数民族地区、革命老区、边疆地区、贫困地区优先，配套条件落实的、科普工作开展较好的优先，重点向地（市、州）和有条件的县（市、区）倾斜，搭建省、地、县三级

---

① 佟贺丰、黄东流:《流动科普设施发展报告（2006—2010）》，载任福君主编《中国科普基础设施发展报告（2011）》，社会科学文献出版社 2012 年版，第 314 页。

② 李朝晖、任福君:《中国科普基础设施发展报告（2006—2010）》，载任福君主编《中国科普基础设施发展报告（2011）》，社会科学文献出版社 2012 年版，第 23 页。

服务梯形结构，使其活动覆盖全国城乡社区"①。科普大篷车相较之前的三种科普基础设施而言，正是由于其具有流动性的特征，使得科普大篷车这种科普设施，能够弥补固定科普设施的不足，使得边远乡村、少数民族地区都能得到科学教育。

第三节　科学教育途径的"社会化"发展

科学教育途径的"社会化"发展，在推动科普事业的发展和全社会科学教育社会化、提高全民科学素质方面起着重要作用。科学教育的途径，主要是通过科普传媒设施推动科普事业的发展。"科普传媒设施主要指运用现代传媒技术，以媒体为平台向公众开展科普教育与宣传活动的报刊、电视台（电台）栏目、网站等，可以分为传统科普媒体和新兴科普媒体两大类。传统科普媒体包括科普期刊、科普（技）类报纸等平面媒体和电视台科普（技）栏目、电台科普（技）栏目等；新兴科普媒体主要指以个人数码产品（电脑、手机）为传播终端的科普网站、移动电视平台、移动通信平台等。"② 科普传媒设施在普及科普知识、传播科学思想和科学方法、弘扬科学精神和提高全民科学素养方面发挥着重要的作用。

科普传媒设施在提倡科学素质之后发展更快，在 2006 年国务院颁发的《科学素质纲要》中就提出，要加强大众传媒科技传播能力建设，具体表现为："（1）加大各类媒体的科技传播力度。电视台、广播电台科技节目的播出时间，各类科普出版物的品种和发行量，综合性报纸科技专栏的数目和版面，科普网站和门户网站的科技专栏等大幅度增加。（2）打造科技传播媒体品牌。提高科技频道、专栏制作传播质量，培育一批读者量大、知名度高的综合性报纸科技专栏、专版和科普图书、报刊、音像制品、电子出版物，形成一批在业内有一定规模和影响力的科普出版机构。（3）发挥互联网等新型媒体的科技传播功能，培育、扶持若干对网民有较强吸引力的品牌科普网站和虚拟博物馆、科技馆。"③

随后，中宣部、教育部、科技部、中国科协等部委，共同制定了《大

---

① 李朝晖、任福君：《中国科普基础设施发展报告（2006—2010）》，载任福君主编《中国科普基础设施发展报告（2011）》，社会科学文献出版社 2012 年版，第 314 页。
② 任福君、尹霖等：《科技传播与普及实践》，中国科学技术出版社 2015 年版，第 184 页。
③ 熊鸣：《全民科学素质行动计划纲要图说》，湖南科学技术出版社 2008 年版，第 67—68 页。

众传媒科技传播能力建设工程实施方案》。此后，科普传媒设施在21世纪的发展速度很快，特别是在《科学素质纲要》和实施方案颁发后，具体数据参见表14-6。

表14-6　　　　　　　　科普传媒设施的发展情况表①

时间	设施名称		总数量
2005年年末	科普图书	出版种数	2800种
		年出版总册数	3400万册
	科普期刊	出版种数	580种
		年出版总册数	9740万册
	科普音像	出版种数	3000种
		光盘发行总量	3000万盘
		录音、录像带发行总量	180万盘
	科技类报纸	年发行总份数	3.38亿份
	电视台科普（技）栏目	播出总时长	9.4万小时
	电台科普（技）栏目	播出总时长	8.6万小时
	科普网站	个数	1200个
2010年年末	科普图书	出版种数	7300种
		年出版总册数	7400万册
	科普期刊	出版种数	700种
		年出版总册数	1.57亿册
	科普音像	出版种数	5500种
		光盘发行总量	1000万盘
		录音、录像带发行总量	60万盘
	科技类报纸	年发行总份数	3.78亿份
	电视台科普（技）栏目	播出总时长	26万小时
	电台科普（技）栏目	播出总时长	21万小时
	科普网站	个数	2100个

---

① 李朝晖、任福君：《中国科普基础设施发展报告（2006—2010）》，载任福君主编《中国科普基础设施发展报告（2011）》，社会科学文献出版社2012年版，第20—21页。

从表 14-6 可知，除了科普印象，各类科普传媒设施的数量，都有大幅度的增长，其中，随着现代科技的进步，通过电视、电台、网络等进行科普教育的设施的增幅，分别为 177%、144% 和 75%，从数据的变化中可见，电视和网络的大力发展，致使科普音像制品的发行量下降，而科普图书作为大众科普传媒设施，一直受到社会公众的关注。因此，科普图书的种类和出版册数，都大幅增加，增幅分别是 161%、118%。由此可见，这些科普传媒设施在科学教育社会化的过程中，起了重要作用，下文将具体介绍几种科普传媒设施。

一 科普图书

"科普图书指以非专业人员为阅读对象，以普及科学技术知识、倡导科学方法、传播科学思想、弘扬科学精神为目的，在新闻出版机构登记、有正式书号的科技类图书。"[1] 科普图书的统计中，科普图书的"种类"以年度为界限，一种图书在同一年度内无论印刷多少次，只在第一次印刷时计算种数。

改革开放后，随着经济水平和国家对科普事业重视程度的提高，科普图书的种类和出版数量，也在不断增长。"自 1979 年至 1988 年，十年来共出版了 2 万多种科学普及图书（含各类自然科学、应用技术和交叉学科普及读物的新版和重版书，不含社会科学普及图书）。其中基础学科约占 23%，工交科技约占 29%，农业科技约占 20%，医药卫生约占 12%，交叉学科和多学科综合图书约占 16%。按读者对象来分，以工人和厂矿企业管理人员为主要对象的约占 30%，以农民和农村干部为主要对象的约占 20%，以广大干部、青年学生和市民为主要对象的约占 35%，以少年儿童为主要对象的约占 15%。按品种和体裁来分，一般知识性读物约占 40%，自学和学习指导类图书约占 10%，技术培训、技术浅说和技术问答类图书约占 40%，科学文艺（含科普美术）读物及其他不到 10%。"[2]

改革开放前十年，科普图书的内容，主要围绕促进经济发展方向。1990 年出版 1269 种，发行 1025 万册，人均占有量不到 0.01 本；2001 年

---

[1] 中华人民共和国科学技术部：《中国科普统计（2010 年）》，科学技术文献出版社 2010 年版，第 82—83 页。

[2] 宋应离、袁喜生、刘小敏编：《中国当代出版史料》第 2 卷，大象出版社 1999 年版，第 681—682 页。

4377种，发行2780万册，人均占有量为0.02本。[1]

中国科普图书的出版种数，自2006年以后持续增长，具体数据见表14-7。

表14-7　　2006—2014年科普图书的种类及发行量数据统计表[2]

分类＼年度	2006	2007	2008	2009	2010	2011	2012	2013	2014
科普图书种类（种）	3162	3525	3888	6787	7297	7695	7521	8423	8507
科普图书发行量（亿册）	0.49	0.47	0.45	0.69	0.74	0.57	0.66	0.89	0.62

从表14-7中可知，中国科普图书的种类，自2009年开始大幅度增长，其发行量也大量增长。虽然有所起伏，但是，科普图书种类和发行量的大幅增加表明，科普图书的规模在不断扩大，市场需求量在科普事业发展的同时，也在增长。同时表明社会公众对科普图书的接受度，在不断提高，科普图书在科学教育社会化方面产生了重要作用。

中国科普图书的内容，随着时代的不同，相应地有所不同。改革开放之后的十年，中国处于经济的快速发展时期，这一时期的主要任务是发展经济，提高社会生产力。因此，在科普图书方面，主要是工交科技类和农业科技类科普图书，关于技术培训、技术浅说和技术问答类科普图书尤其受欢迎。

在20世纪末期，经过2002年全国科普图书调查结果显示，"各有关出版社出版的农村科普图书约占图书总数的10%。医药、保健、生活类图书共约占科普图书总量的23%"。进入21世纪，"位居前三的科普图书主题是医药卫生、工业技术和农业科学，分别占受调查科普图书出版种数的24.73%，18.01%和17.38%。综合全国科普图书销量排行榜的情况发现，销量居前的科普图书集中在医药、保健、生活类、少儿类及国外经典科普读物翻译类等板块当中"[3]。

---

[1] 中国科学技术协会编：《中国科协"十二五"规划专题研究》，中国科学技术出版社2011年版，第422页。

[2] 数据来源于《中国科普统计》（2015年版、2014年版、2013年版、2012年版）和《科普传媒设施发展报告（2006—2010）》（第266—267页）。

[3] 闫伟、吴晨生、尹霖等：《科普传媒设施发展报告（2006—2010）》，载任福君主编《中国科普基础设施发展报告（2011）》，社会科学文献出版社2012年版，第268—269页。

由此可见，在进入 21 世纪以来，中国科普图书越来越趋向生活化和实用性，尤其是应用科技类科普图书市场占有量更大。为了鼓励科普图书的发展，一些针对科普图书的奖项设立，如国家科学技术进步奖（二等奖）、中国出版政府奖、"三个一百"原创图书、国家图书馆文津图书奖等。其中，"三个一百"原创图书的评选，将原创性放在首位，"所收图书均为国内作者编著、国内出版社出版、确属精品力作的图书，大致分为 3 类，每类 100 种，包括：人文社科类原创图书 100 种，涉及人文社会科学的各个领域，如马克思主义经典、社会科学总论、经济、政治、法律、哲学、宗教、军事、语言文字、历史、地理等；自然科技类原创图书 100 种，涉及自然科学和工业技术的各个领域，如自然科学总论、数理化、医药卫生、农业科学、工业技术、电子电信、信息技术、建筑科学、环境科学、交通运输等；文艺与少儿类原创图书 100 种，涉及文学、艺术、少儿读物等"。首届"三个一百"原创图书的评选中，"人文社科类 87 种、科学技术类 96 种、文艺和少儿类 71 种"[①]。从这个奖项的评选标准中可见，中国科普图书的发展趋向生活化和实用性，表明中国科普教育已经深入到广大人民群众中，并且被社会公众广泛接受，中国科普图书在推动科学教育社会化方面，发挥了重要作用。

二　科普期刊

科普期刊是科普传媒设施其中的一种形式，以纸质为载体，它是"指面向社会发行并在新闻出版机构登记、有正式刊号或有内部准印证的具有科普性质的刊物"[②]。科普期刊是科技期刊的一种，根据《科学技术期刊管理办法》中对科技期刊的分类，将其分为五类"第一类是综合类期刊，指刊登党和国家的科技方针、政策和科技法律、法规，科技发展动态和科技管理为主要内容的期刊；第二类是学术性期刊，指刊登研究报告、学术论文、综合评述为主要内容的期刊；第三类是技术性期刊，指刊登新的技术、工艺、设计、设备和材料为主要内容的期刊；第四类是检索性期刊，指刊登原始科技文献经加工、浓缩、按照一定的著录规则编辑而成的目

---

① 中国科普研究所编：《中国科普报告（2008）》，科学普及出版社 2008 年版，第 146 页。
② 中华人民共和国科学技术部政策法规与体制改革司：《中国科普统计（2008 年版）》，科学普及出版社 2008 年版，第 68 页。

录、文摘、索引为主要内容的期刊；第五类则是科普性期刊，指以刊登科普知识为主要内容的期刊"[1]。科普期刊作为科学教育传播的途径之一，其发展历程也是随着科普事业的推进，而逐渐发展壮大。

1978年以后，中国期刊业快速发展。1980年，全国期刊总量为2191种，其中科技类期刊为1384种；到1987年，科技期刊达到2800种，其中科普期刊132种，占4.7%；到1996年，科技期刊增至4285种，其中科普期刊252种，占5.7%。2006年，全国科普类期刊出版种数和出版总册数分别为568种、1.33亿册，分别占自然科学类期刊出版种数和出版总册数的11.9%和30.1%。[2] 科普期刊在改革开放后进入了快速发展阶段，而进入21世纪之后，中国科普期刊的种类数量，也急剧增加，具体数据见表14-8。

表14-8　　　2004—2014年科普期刊种类、出版册数数量表[3]

年份	2004	2006	2008	2009	2010	2011	2012	2013	2014
种类（种）	584	568	561	644	822	892	1007	1036	984
出版册数（亿册）	0.62	1.33	1.43	1.46	1.55	1.57	1.39	1.70	1.08

从表14-8中的数据可以看到，进入21世纪以来，中国科普季刊的种类和出版总册数，在逐渐增加，2004—2008年，科普期刊的种类，虽然有所减少，但是，科普期刊出版的总册数，则相反有所增加，2004—2006年的科普期刊出版总册数的增幅，甚至达到了115%。2009年之后，科普期刊的种类飞速增长，其中，2010年的增幅最大为27.6%。2014年，虽然科普期刊的种类和出版册数有所减少，但是，相较于2012年之前的科普期刊的种类和出版册数数量而言，仍处于高水平状态。科普期刊种类和出版册数的增长，表明科普期刊在科学教育中发挥了重要作用，并且推动了科普事业的发展。

科普期刊的出版在我国东部、中部和西部并不平衡，科普期刊大多是集中在东部，中部和西部则明显少于东部地区，具体数据见表14-9和表14-10。

---

[1] 中国科普研究所编：《中国科普报告（2007）》，科学普及出版社2007年版，第134页。
[2] 万钢主编：《中国科技改革开放30年》，科学出版社2008年版，第677页。
[3] 表中数据来源于《中国科普统计》（2015年版、2014年版、2013年版、2012年版）。

表 14-9　　　　　　　2004—2014 年科普期刊在我国东部、
中部和西部的出版种数情况①

地区	出版种数（种）								
	2004	2006	2008	2009	2010	2011	2012	2013	2014
东部	388	349	334	362	482	523	462	511	527
中部	88	112	107	129	133	124	207	188	195
西部	108	107	120	153	207	245	338	337	262

表 14-10　　　　　　2004—2014 年科普期刊在我国东部、
中部和西部的出版册数情况②

地区	出版总册数（亿册）								
	2004	2006	2008	2009	2010	2011	2012	2013	2014
东部	0.39	0.96	1.02	1.12	1.07	1.05	1.13	1.13	0.83
中部	0.16	0.07	0.15	0.08	0.07	0.11	0.13	0.11	0.16
西部	0.06	0.30	0.26	0.26	0.42	0.42	0.13	0.45	0.09

从上面两个表中的数据足见东部地区的科普期刊出版数量，较之中部和西部地区而言明显处于优势。经济条件较好的中部地区科普期刊的出版情况，较之西部地区而言更差，科普期刊的种数，除了 2006 年略领先于西部外，2004—2014 年，均处于西部地区之下。科普期刊的出版总册数，中部地区也表现平平，除 2004 年和 2014 年中部地区高于西部地区外，其余年份均低于西部地区。特别是 2006—2013 年，除 2012 年外，西部地区科普期刊出版的总册数，比中部地区高出很多。可见，中部地区对科普期刊的出版不如东部地区和西部地区重视。

科普期刊同科普图书一样，作为科普传媒设施之一，同样承担着科学教育的职责，在推动科普事业发展方面发挥重要作用。每年科普期刊种数增加表明科学教育范围的扩大化和内容的细化，更多的科普知识包含其中，并且从事科普研究的人员增多。科普期刊出版总册数的增加，表明市场需求的扩大，同时还表明社会公众对科普期刊的需求的增加。因此，科

---

① 表中数据来源于《中国科普统计》（2015 年版、2014 年版、2013 年版、2012 年版）。
② 表中数据来源于《中国科普统计》（2015 年版、2014 年版、2013 年版、2012 年版）。

普期刊是社会公众获取科普知识、提高科学素养的重要手段和途径，也是推动科学教育社会化的重要组成部分。

三 科教电影

科教电影，即科学教育电影，包括科学普及影片、技术推广影片、教学影片、科学研究影片等多种片种。科教电影与科普图书、科普期刊不同的是，它用更加形象直观的影片传播科学知识，对观影者没有任何的限制和要求，它面对的可以是各种专业的技术人员和科研人员，也可以是不同阶段的学校学生，更可以是社会上广大的人民群众，科教电影是科学教育与电影艺术的结合体。因此，科教电影是科学教育的主要途径之一。

在20世纪六七十年代，中国科教电影、科学教育陷入了混乱之中。改革开放以后，"科教兴国"战略成为我国的一项基本国策。科教影视也伴随着时代的步伐，进入了繁荣兴旺的辉煌时期。改革开放后的科教电影的发展，可以分为三个阶段：第一个阶段是1978—1986年；第二个阶段是1987—1994年，第三个阶段是1995—2018年。

1978年，文化部召开了全国科教电影创作会议，在会议上提出了"科教电影要为提高全民族的科学文化服务"的口号。1979年3月，文化部、教育部、中国科协联合召开了科教电影事业规划会议。这次会议上进一步明确了"科教电影要为四个现代化建设服务，为提高整个民族科学文化水平服务"的方针。因此，在这些政策的支持和鼓励下，这一时期科教电影界创作热情和积极性高涨。20世纪50年代相继建立的中国专业从事科教电影生产的三大基地——上海科学教育电影制片厂、中国农业科学电影制片厂和北京科学教育电影制片厂纷纷开始科教电影的创作，还有一些故事片生产厂，如长春电影厂、珠影、西影等也投入到科教电影的生产中，另外，中央部委如机械部、化工部、国防科工委等的科教片制作单位和一些省级科教片制作单位如山东省农电影制片厂也拍摄了大量科教电影。"从1978年至1986年共生产科教片1395部，年平均155部"[①]，这一时期的科教影片的生产量，达到了历史新高，是科教电影史上发展最好的历史时期。

这一时期的科教影片，在科学教育上有很高的品质，在国内外电影节

---

① 中国科普研究所编：《中国科普报告（2003）》，科学普及出版社2003年版，第158、160页。

上获奖无数。这些影片大多以促进经济发展的农业、工业等主题为主要内容，其旨在运用电影手段普及科学知识，推广先进的生产技术，为四个现代化建设服务。而正是因为电视机在全国的普及率低，才使科教电影在农村和城市风靡一时。

1987—1994年，是科教电影的繁荣时期，在改革开放已经取得一定成果，国民经济水平逐渐提高，科教电影的传播，不再仅仅依靠放映机和幕布，而是通过走入社会公众生活中的电视机，来放映科教影片。因此，这一时期的科教电影与科教电视并存。电视的普及，并没有使科教影片的受到影响，相反，各行各业的科教电影仍旧活跃。"从1987—1994年，我国共生产了1297部科教片"[1]，这些科教影片仍旧以促进经济发展为主体，其中农业方面的科教影片深受重视。

由于"科教兴农"战略，农业部、林业部、广播电影电视部、文化部、国家科委、中国科协等部委，分别于1987年和1992年，先后两次举办全国性的"农林科教电影汇映"活动，反映实用性强的农村科教影片，两次分别放映148万场和364万场。

这两次活动的召开，使农民享受到了农业科教电影的益处，为农民传播了农业科学知识，促进了农业科学技术和农民科学意识的提高，这也是对农民进行的科学教育。1994年之前，中国科教电影属于计划经济体制之内，包产报销的体制，使得科教影片没有受到市场的影响，然而，随着计划经济体制走向市场经济体制，中国科教电影开始逐渐被市场影响，电影的生产开始萎缩，特别是国家决定改革科教电影的生产体制，于1995年全面实施。

1995年，科教电影的生产体制改革后，中国科教电影开始朝着多样化的方向发展，同时，"1995年以来，电视机成为人们家庭生活中必备的普通生活用品，到2002年，全国有电视机近3亿台，电视机家庭普及率已经达到91.0%左右"[2]。之后，科教电影走向影视合流，许多科学教育电影制片厂的生产体制改革，例如，北京科学教育电影制片厂划归了中央电视台，同时挂"中央电视台科教节目制作中心"的牌子；中国农业科学电影

---

[1] 中国科普研究所编：《中国科普报告（2003）》，科学普及出版社2003年版，第158、160页。

[2] 中国科普研究所编：《中国科普报告（2003）》，科学普及出版社2003年版，第163页。

制片厂转变为中央电视台第七频道制作农业科教节目的"中国农业电影电视制作中心";上海科学教育电影制片厂划归了东方电视台。目前北京科学教育电影制片厂、中国农业电影电视制作中心电影部是科教影片的主要产出单位,一些综合性电影制片厂、民营影视公司也制作或是参与制作科教片,比如河南电影制片厂、西安电影制片厂、北京星光视线影视传播有限公司等。

这一时期,科教电影的产量,明显没有前两个时期多,此时的科学教育的方式,开始通过制作电视台科教栏目的方式,向社会公众普及科学教育。因此,"逐渐形成了更多的科普节目在电视上播出、电视创作占主导地位,而主要制片单位集中优势资源创作的适应市场的长科教片进入影院、农村重点放映技术推广片的多样化发展的新局面"[1]。科学教育电影的发展方向就转变成为制作在影院具有科学性、艺术性和观赏性的大型科教影片。而进入21世纪以来,科教影片出现较大幅度下滑,2001—2007年科教电影生产情况的具体数据见表14-11。

表14-11　　　　　2001—2007年科教电影生产情况[2]

年份	2001	2002	2003	2004	2005	2006	2007
产量(部)	56	60	53	30	33	36	34

上述数据显示2001年以来,科教电影制片厂生产科教电影的数量远远低于20世纪的产量,并且基本上处于下降趋势。自2004年以后,科教电影的产量维持在30—40部,可见,对于电影市场而言,科教电影的市场容量大致就在于此。而在2007年以前,科教电影大多是以农业类为题材,其中最多的便是农业技术推广类的短片,这与"科教电影的生产采取政府差价补贴的形式"有关,而2007年以后,"国家广电总局调整对科教电影的管理方式,以政府采购制代替政府差价补贴,科教电影从此全面进入市场,接受市场的挑战和洗礼"[3]。之后,科教电影产量的降低,与科教

---

[1] 薛宁:《新中国科教电影60年》,载傅红星主编《社会变迁与国家形象——新中国电影六十年论坛论文集》,中国电影出版社2010年版,第418页。
[2] 中国科普研究所编:《中国科普报告(2008)》,科学普及出版社2008年版,第170页。
[3] 中国科普研究所编:《中国科普报告(2008)》,科学普及出版社2008年版,第170页。

电视栏目的普及有着密切关系。

无论是改革开放之后科教电影产量的剧增，还是进入 21 世纪后科教影片产量的减少，科教影片对于生产力的促进作用，都不容忽视，这些科教影片大多是以农业技术、工业技术等为题材，这些题材与人们的生活息息相关，在给社会公众传播科学方法的同时，也促进了科普事业的发展，另外，深入人心的科教影片主题，也促进了科学教育的社会化。

四 科教电视栏目

科教电视栏目是以电视为载体，通过制作节目播放向社会公众进行科学教育的一种方式。这种科教电视栏目是电视节目中不可或缺的一部分，通过新型传媒传播科学教育，推动科学教育的社会化发展。改革开放以来，在网络和新信息技术的快速发展下，电视的普及率越来越高，逐渐成为人们生活中不可缺少的生活用品。而电视台播出的节目中，主要涉及新闻、文艺和教育三大类型，其中，教育类型中的科学教育，"中央电视大学"栏目的开播，标志着科教电视栏目的开端，开创了科教栏目的先河。

科教电视栏目的发展，与电视机的普及率有关，1978—1986 年，电视机还属于奢侈品，并非家家户户都能拥有，此时的科教影视往往以科教电影为主，这一时期是电视台的创办时期，科教电视栏目则很少。1978 年 5 月 1 日，北京电视台更名为中国中央电视台，1979 年，北京市也开办了北京电视台。1983 年 3 月，广播电影电视部召开第十一次全国广播电视工作会议，提出了发展我国电视的"四级办电视、四级混合覆盖、卫星覆盖全国"的方针，电视"扬独家之优势、汇天下之精华"，在改革开放中迅速崛起。

同年 10 月，中共中央"对广播电视工作的指示"中明确指出：广播电视是教育鼓舞全党、全军和全国各族人民建设物质文明、精神文明的最有效的工具之一，并提出了"使我国的广播电视事业在 21 世纪末进入世界先进行列"的目标。在这一正确方针的指导下，我国科教电视节目随着国家电视事业的发展，走上了令人振奋的迅猛发展道路。

第二时期是 1987—1994 年科教电视栏目的创办时期，这一时期涌现了大量的科教电视栏目。"至 1991 年底，全国已有电视台 543 个，卫星地面接收站 2 万多个，电视覆盖人口 80.7%，约有 8 亿电视观众，有 2 亿多台电视机。"① 1987 年 2 月 2 日，经广电部、农业部、国家科委、国务院"电子振兴办"、财政部等 9 部门联合批文，《农业教育与科技》栏目正式播出。该栏目由农业部主办，中国农业电影电视中心负责节目创作，中央电视台负责播出。这是我国第一个向全国播出的规模较大的电视科技栏目，它标志着科教电视的发展进入了新阶段，科教电视从零星的、分散的节目向系统化、规模化和专栏化方向发展。随后一些地方电视台创办科教栏目，几乎各省级电视台都开办了科教类电视栏目。

第三时期是 1995 年以来的科教电视栏目的繁荣稳定发展阶段。1995 年之后，电视的普及程度越来越高，已经成为普通家庭的消费品，在电视机的高普及率下，电视科教栏目成为社会公众获取科学教育的主要途径之一。同时，在这一阶段中，原以创作科教电影为主体的制片厂纷纷改制，划归为中央电视台或其他电视台所属，并且，"中央电视台、地方各电视台也大力加强了科教电视节目的播出力度，电视已成为科学知识、科学技术、科学思想、科学精神的主传媒"②。特别是进入到 21 世纪以来，科教电视栏目才真正达到了社会化的程度。就以专业科教频道和科普栏目而言，一般为纪实频道和教育频道有相对较多的科教节目播出，少儿频道和公共频道，也有一定的科教节目播出。2005—2010 年，科教栏目播出的总时长，在不断增长，具体数据见表 14-12。

表 14-12　　　　2005—2010 年科教节目播出总时长数据表③

年份	2005	2006	2007	2008	2009	2010
时长（小时）	94300	113758	166463	219168	243094	261329

从上表中数据看，2005—2010 年，全国科教节目播出的时间在逐年增加，其中，2005 年，全国科教节目播出的总时长约 9 万小时，相较于 2010 年的 26 万小时而言，2010 年较 2005 年增长了 11 万小时，增幅约 177.1%。可见，科教节目总时长的增长，表明了对科教电视栏目的重视

---

① 中国科普研究所编：《中国科普报告（2003）》，科学普及出版社 2003 年版，第 161 页。
② 中国科普研究所编：《中国科普报告（2003）》，科学普及出版社 2003 年版，第 163 页。
③ 表中数据来源于《科普传媒设施发展报告（2006—2010）》，载任福君主编《中国科普基础设施发展报告（2011）》，社会科学文献出版社 2012 年版，第 275 页。

和对电视科学教育的肯定,也表明科教类节目在传播科学知识、方法,培养社会公众科学精神等方面,产生了积极的作用。

以中央电视台科教频道为例,它于2001年7月9日开播,是中国科教文化传播的第一电视平台,以科教文题材为主要内容。央视科教频道每天24小时不间断播出科教类节目,每年的科教栏目在不断变化。在开播之初,央视科教频道的主要科教栏目有《当代教育》《绿色空间》《探索·发现》《科学调查》《百家讲坛》《讲述》《人物》《科学历程》《教科文90′》等。2009年央视科教频道的主要科普栏目有9个:《走进科学》《探索·发现》《百科探秘》《科技之光》《绿色空间》《健康之路》《科技博览》《科学世界》《科技人生》。

而现今的科教频道的主要节目有《味道》《探索·发现》《健康之路》《百家讲坛》《地理中国》《文明密码》《人物》《讲述》《读书》《科技之光》《大家》《走近科学》《自然传奇》《我爱发明》等。从这些科教栏目的变化中,可以窥见,央视科教频道已经制作了一系列科教栏目,如《百家讲坛》《探索·发现》《走近科学》《讲述》《人物》等,这些科教栏目包括了自然科学和人文科学,在这些栏目中,通过简单、通俗易懂的讲述方式,向电视机前的观众,传播科学知识和科学方法,使社会公众提升科学精神,也推动了科普事业的发展和科学教育的社会化。

五 科普网站

科普网站是新兴科普传媒设施之一,它是在信息技术发展和互联网的广泛运用的基础上形成的,也是科学教育的主要途径之一。"科普网站是指由政府财政投资建设的专业科普网站,政府机关的电子政务网站不在统计范围之内。"[1] 我国的科普网络设施,从20世纪90年代中期开始建设,在随后的二十年中迅速发展,成为中国科普事业发展的重要组成部分。

"1995年,北京科技报开设了网络版,这不仅实现了传统媒体与网络媒体的融合,而且是科普信息资源利用互联网进行传播的有益尝试,迈出了网络科普网站建设的第一步。"[2] 而后,1996年,中宣部等部委出台的

---

[1] 中华人民共和国科学技术部政策法规与体制改革司:《中国科普统计(2008年版)》,科学技术文献出版社2008年版,第74页。

[2] 谢威主编:《创业、创新与科技情报发展》,北京邮电大学出版社2016年版,第278—279页。

《关于加强科普宣传工作的通知》强调要提高全民科学文化素质。2002年6月《科普法》的颁布，使新闻出版、广播影视、文化等机构和团体，应当发挥各自优势做好科普宣传工作……综合性互联网应当开设科普网页。

2006年，国务院颁发的《全民科学素质纲要》中，在关于科普资源开发与共享工程的任务和措施中，提出培育、扶持若干对网民有较强吸引力的品牌科普网站和虚拟博物馆、科技馆。同年，《大众传媒科技传播能力建设工程实施方案（2006）》再次强调，要充分利用网络媒介进行科普。2007年，《关于加强国家科普能力建设的若干意见》中指出，发挥网络等新兴媒体的科技传播作用，打造和扶持一批富有特色的、高水平的科普网站或栏目。

2008年，《科普基础设施发展规划》中，提出要研究制定数字科技馆建设的指导性工作规范，以及资源建设、运行服务和评价等方面的标准规范等。把数字科技馆的建设，列入重点任务之一，要求健全数字科技馆共建共享机制，集成社会现有科普资源并进行数字化开发和转化，加快支撑服务体系建设，重点建设科普基础设施资源门户系统和面向社会的展示服务系统，搭建功能完备、运行高效的科普传播平台。在这些政策的支持和互联网的便利条件下，各种科普网站纷纷建立，利用互联网的交互性和开放性，向社会公众传播科普知识，推动科学教育的社会化和科普事业的发展。

科普网站的发展，经历了四个时期，第一个时期是科普网站的兴起阶段，即1995—1998年。这一时期，中国科普网站处于起步阶段，共建设了65个网络科普设施[1]，这些网络科普设施的建设水平，仍处于对利用互联网对公众传播科学知识、进行科学教育的探索阶段，科普的内容，主要是发布一些围绕某个专业领域的科普信息。

第二阶段是科普网站的快速发展阶段，即1999—2004年。经过前几年的探索阶段，这一时期是网络科普设施快速发展的阶段，"截至2004年12月，网络科普设施总量达到了408个，比1998年增加了343个"[2]，此

---

[1] 网络科普设施是指运用现代信息技术，整合、开发相关网络科普资源，以互联网为平台向公众开展科普教育活动的科普基础设施，包括数字科技馆、科普网站、其他类型网站的科普频道或栏目等。

[2] 全国网络科普设施发展状况监测评估专题组：《网络科普设施发展报告（2009）》，载任福君主编《中国科普基础设施发展报告（2009）》，社会科学文献出版社2010年版，第222页。

时建立的网络科普设施,大多是综合性的,除了一些专门的科普网站外,还有一些社团学会,也开始在网络上建立自己的科普网站或科普栏目,包括各个省、市的科协,也开始重视网络科普的作用,在网络上建立各具特色的科普网站。另外,一些科普爱好者凭借个人的兴趣爱好和热情,也在互联网上建立个人科普网站,其内容大多是科普网站爱好者感兴趣的某一个领域。

第三阶段是科普网站的调整提高阶段,即2005—2009年。这一阶段"网络科普设施建设变化较大,早期的一部分资源少、更新慢、经费投入不足的科普网站,特别是地区性的小科普网站陆续关闭。同时中国数字科技馆、北京数字博物馆等一批内容丰富,学科覆盖面广,趣味性、互动性强,互联网技术应用水平高,深受公众欢迎的网络科普设施建设完成"[1]。

第四阶段是稳步发展阶段,即2010年至今。具体的网站数据见表14-13。

表 14-13　　2009—2014 年科普网站情况表[2]

年份	2009	2010	2011	2012	2013	2014
科普网站数量（个）	1978	2126	2137	2443	2430	2652
网民人数（亿）	3.84	4.57	4.85	5.64	6.18	6.49
互联网普及率（%）	28.9%	34.3%	36%	42.1%	45.8%	47.9%
东部科普网站数（个）	917	1003	1124	1117	1192	1432
中部科普网站数（个）	550	465	470	626	512	546
西部科普网站数（个）	511	658	543	700	726	674

从表14-13中可知,科普网站在2009年后发展稳定,科普网站的数量的增幅并不是很大,相反,这一时期的互联网普及率很高。随着网络便捷程度和经济水平的提高,网络逐渐成为社会公众生活中不可缺少的一部分,网络科普成为科学教育的主要手段。从数据中可以看出,互联网的普

---

[1] 刘如:《中国网络科普设施发展报告 2009—2012》,兵器工业出版社 2014 年版,第 14 页。
[2] 数据来源于中华人民共和国科学技术部著的《中国科普统计》(2015 年版、2014 年版、2013 年版、2012 年版、2011 年版、2010 年版)。

及率越来越高，在 2014 年已经达到 47.9%。因此，在这么高的网络普及率的情况下，科普网站的建立，则更加保证了网络科普事业的进行。

另外，从科普网站的地区分布看，东部地区的科普网站，远远多于中部地区和西部地区，甚至超过中西部地区科普网站的总和。2010—2014 年，西部地区的科普网站数量，一直领先于中部地区，可见，经济发展较快的中部地区，并没有西部地区重视科普网站的建设，使得中部地区科普网站数量低于西部地区。

无论是从科普网站的数量，还是从网民人数来看，都可以表明网络科普在科普事业发展过程中，不可或缺的重要地位，从其发展趋势看，科普网站所发挥的作用，越来越大，在科学教育过程中，科普网站也是重要的途径，科普网站在社会公众中的普及，也就推动了科学教育的社会化发展。

改革开放后，中国科普事业在不断地发展与推进，国家对于科学教育和科普事业的重视起着至关重要的作用。进入 20 世纪 80 年代，科学教育的恢复与复兴，国家开始重视科技对于国家经济能力的作用，认为科学技术是第一生产力，继而提出了科教兴国战略和人才强国战略，从对科学知识的传播到对科学方法和科学精神的培养，最终到对社会公众进行全民科学素质的提升，体现了科学教育的不同层次。在不同层次的科学教育，科学教育场所的种类和数量，以及科学教育的途径都有所不同。随着经济和信息技术的发展，大量的科学教育场所建立并投入使用，容纳更多的社会公众进行场馆类型的科学教育。

同时，科学教育的方式和途径，随着时代的不同发生着变化，有之前的科普图书、科普期刊、科普电影发展到现今的科普电视栏目、科普网络等，并且之前的科学教育方式开始变革，科普图书、科普期刊的种类和数量增多，科学教育的方式也更加贴近社会公众的生活，更加实用化。从历史的发展来看，接受科学教育的社会公众越来越多、科学教育的基础设施和科学教育的途径，越来越多样化和社会化，在社会化的过程中，促进了社会公众的科学知识的增长和科学方法、科学精神的培养，对全民科学素质的提升助益良多。

第十五章　新时期科学教育思想的"新"发展

第一节　杨叔子的科学教育思想及实践

杨叔子是我国当代著名的教育家、机械工程专家、科学家和诗人。1993—1997年，担任华中理工大学校长。他提出的科学教育、人文教育以及科学与人文相融合的绿色教育思想，对我国教育事业的改革和发展，影响深远，贡献很大，值得我们进一步研究和学习。

一　生平及主要教育活动

杨叔子（1933—2022），男，江西湖口人。1938年，杨叔子全家走上逃难之路。由于逃难四处奔波，杨叔子没有上小学的机会，父亲杨赓笙便担任杨叔子和哥哥杨仲子的老师，主要教《诗经》《唐诗三百首》《古文观止》《书经》等经典诗文。长达五年的经典文化学习和奔波的生活，造就了杨叔子坚持不懈、勇于实践、勤于思考的良好学习品质。辗转到江西东部黎川县，生活稍微稳定后，杨叔子就进入高小学习。新中国成立前夕，杨叔子进入南昌的一所教会学校学习高中课程。1949年秋天，杨叔子因对中国共产党的向往，毅然考入中国共产党的高中——南昌一中，并在此加入中国共产主义青年团。杨叔子学习刻苦认真，最后以优异的成绩毕业并留校工作。

1952年，杨叔子积极响应组织号召，以优异的成绩考入武汉大学机械工程系，1952年10月，转入当时新组建的华中科技大学机械工程系。1957年6月，杨叔子毕业后，在华中工学院并留校任教，从此踏上科学教育之路，从哈工大苦学俄语，第一次上课搞砸课堂，到站稳讲台，深受学生欢迎，杨叔子兢兢业业、刻苦学习，先后掌握了英、俄、德等多门外语，从新手教师逐渐成长为教育专家。1960 年，与徐碧辉女士结婚后，为了节省时间，一家人一直都在食堂用餐，直到 80 年代子女成家为止。1978 年 8 月，杨叔子晋升为副教授，1980 年 10 月，杨叔子晋升为教授，是当时湖北省最年轻的两位教授之一。

1981 年，杨叔子被公派到美国威斯康星大学机械系访学。在谢绝美国著名大学、公司的高薪聘请后，杨叔子毅然回国，并带回丰硕的研究成果《时序分析及其工程应用》讲义（与美籍华人教授合作，杨叔子执笔）。在此成果的基础上，杨叔子编写了《时间序列的工程应用》一书，该著作获得国家图书奖提名奖。1984 年，杨叔子、师汉民等接下一个世界难题——"钢丝绳断丝在线定量检测"。杨叔子、师汉民以及他们的同事和学生们，夜以继日，不断努力，仅用一年时间，研发了钢丝绳断丝第一代测量装置。随后，他们与中国有色金属工业总公司南昌公司合作，成功研制了第二代测量装置，其检测技术效果达到国际先进水平。随之而来的第三代测量装置、第四代测量装置均研制成功。杨叔子与他的同事和学生们，以其实际行动向国人证明：外国人能做到的，我们中国人能做到；外国人做不到的事，有些我们中国人也能做到。[①] 1986 年，杨叔子与师汉民及其教研室合作完成"金属切削机床颤振的非线性理论"项目的研究，并以此获得了国家自然科学四等奖，填补了华中理工大学在这方面的空白。1988 年，杨叔子被国家人事部批准为有突出贡献的中青年专家。1991 年，他又当选为中国科学院院士，成为华中理工大学的第一位院士。

1992 年 12 月，杨叔子当选为华中理工大学校长，他认为，没有科学的人文，是残缺的人文，没有人文的科学，是残缺的科学，科学与人文是相互交融、不可分割的。当代大学教育应加强学生的人文教育和科学教育。为此，他亲自主持制定了两个实施方案，一个是对理工科学生进行人文教育，另一个是对文科学生进行科技教育。[②] 1994 年 3 月 3 日，在杨叔子的支持和领导下，华中理工大学人文学院开始承办人文讲座，同时，华中理工大学开始创设培养学生全面素质的素质教育课程体系。

1995 年 6 月 27 日，华中理工大学制定并发布《关于提高我校学生人

[①] 杨叔子：《俯首甘为孺子牛》，《高等工程教育研究》1990 年第 4 期。
[②] 严赤卫：《科学家·诗人·教育家——记华中理工大学校长杨叔子》，《政策》1997 年第 2 期。

文素质和中国语文水平的决定》，明确指出：当前高等学校中，有少数学生的人文素养和语文水平较差，既不能正确运用中国语言、文字工具，更缺乏对中华民族历史与传统文化以及我国国情的了解，这在不同程度上影响了对民族和祖国的感情，严重地影响了人才培养的质量。因此，学校决定，从 1995 年入校的新生开始，每年对全校各类层次的学生（本科生、硕士研究生、博士研究生）举行一次"中国语文水平达标测试"，所有学生在校学习期间必须通过该项测试，对未能通过者，将不颁发学位证书。1995 年 9 月 17 日，华中理工大学 3800 多人参加了学校的首次"中国语文水平达标测试"，随后该测试正式列入华中理工大学文化素质教育，规定每年 6 月的第二个星期六上午，为举行年度"中国语文水平达标测试"的时间。①

此外，为了普及文科生的自然科学知识，对理科生进行跨学科的自然科学教育，杨叔子提出要培养学生的科学精神，向学生普及自然科学知识，学习著名科学家的研究方法、创新思想和治学精神的主张。学校决定举办自然科学讲座，并将其纳入文化素质教育体系。1996 年 3 月 13 日，物理系李元杰教授首次作了"宇宙与人类的求知"为题的自然科学讲座，拉开华中理工大学全校性的自然科学普及教育的序幕。

同年 10 月，在杨叔子的支持下，华中理工大学出版社出版了《中国大学人文启思录》第一卷。《启思录》主要汇集受学生欢迎的部分知名大学人文讲演录。《启思录》出版后，受到社会各界和青年学生的好评和欢迎，影响深远。它沟通了学术文化和大众文化，在出版界创造出一种新的图书类型。

1996 年底，为确保学校文化素质教育工作的持续深入，使文化素质教育工作形成制度，经学校研究，决定筹建文化素质教育基地，作为学校开展文化素质教育工作的常设机构，设立于学校图书馆内。1997 年 5 月 11 日，华中理工大学大学生文化素质教育基地正式成立，杨叔子当选为组长。② 1997 年 6 月，杨叔子为华中理工大学奉上累累硕果后，光荣退休。在其担任校长的四年多时间里，华中理工大学通过了"211 工程"部门预

---

① 华中科技大学、国家大学生文化素质教育基地：《春雨化育——华中科技大学文化素质教育十年》，华中科技大学出版社 2005 年版，第 7—8 页。
② 华中科技大学、国家大学生文化素质教育基地：《春雨化育——华中科技大学文化素质教育十年》，华中科技大学出版社 2005 年版，第 11 页。

审；研究生院评估进入全国十强；在本科教学优秀学校评价中反映良好；1993—1995年，连续三年在国内发表科技论文数居全国大学之一，等等。①

从校长职位上退下来以后，杨叔子院士为我国大学生文化素质教育奔走呼号的步伐，并没有停止，反而越发坚定。他先后担任华中科技大学校学术委员会主任、教育部文化素质教育指导委员会主任、中国高等教育学会副会长、中华诗词学会名誉会长等职，积极投身文化素质教育实践。

在文化素质教育实践中，杨叔子先后主持"在理工科大学加强文化素质教育的研究与实践（1997）""国家大学生文化素质教育基地建设评价研究（2001）""重点大学加强素质教育的理论与方法（2002）"等教育部科研项目，取得了众多丰硕的理论研究成果。其中，"在理工科大学加强文化素质教育的研究与实践"获国家级教学成果一等奖。同时，杨叔子先后发表《相互渗透协调发展——谈正确认识科技与人文的关系》《是"育人"非"制器"——再谈人文教育的基础地位》《现代高等教育：绿色·科学·人文》《科学人文和而不同》《绿色教育：科学教育与人文教育的交融》《科学人文不同而和》《"庖丁解牛"对科学教育的启迪》等论文近一百篇。对科学与人文的关系、"绿色教育"等都进行了论述，在全国产生了巨大的反响。

几十年来，杨叔子长期致力于新兴交叉学科的研究与教学工作，硕果累累，出版专著、教材12种，获国家级省部级重要教学和图书奖14项，其中国家教学优秀成果奖一等奖3项。基于以上成绩，他先后荣获国家级有突出贡献专家、全国教育系统劳动模范、全国高校先进科技工作者、全国优秀教师、全国五一劳动奖章获得者等称号，并被清华大学、复旦大学、浙江大学、南京大学等30余所高校聘为兼职教授、顾问、名誉教授。

二 明确科学教育的内容

杨叔子对科学、教育及科学教育，都有其独到的见解，他认为，科学主要指科学文化，追求的目标是研究、认识和掌握客观事物及其本质和规律，是求真和解决"是什么"的问题。就教育而言，应明确其定位是在文

---

① 严赤卫：《科学家·诗人·教育家——记华中理工大学校长杨叔子》，《政策》1997年第2期。

化领域中，教育对象是有思维、有感情的人，教育要使人的身心得到发展，使素质有所提高，这也正是教育的宗旨所在。基于此，杨叔子指出，科学教育应定位在科学文化领域，主要应传授科学知识、科学思维、科学方法和科学精神等，因此科学教育是由科学知识教育、科学思维教育、科学方法教育和科学精神教育等组成的整体。[①]

首先，科学知识是指人类在认识世界、改造世界过程中形成的关于客观事物及其本质和发展规律的知识。科学知识可分为自然科学知识和社会科学知识，也可分为理解性知识和应用性知识。科学知识是确定的、唯一的，即一元的。科学知识是科学文化中最基础的东西，没有科学知识就没有科学文化，没有科学知识的发展，就没有科学技术的发展，没有生产力的发展，也就没有社会的发展。

其次，科学思维是指符合客观事物规律的思维。科学思维可以归为知识，但又有别于一般的知识。在科学研究中，科学思维保证了科学知识的正确性，科学思维是逻辑思维，具有严密的推理性，因果分明，保证了思维前后的连贯性、一致性、无矛盾、无谬误。只要科学思维的前提正确，则科学思维的结果必然无误。

再次，科学方法，特别是近代科学所特有的数理实验方法。数学的方法，就是将一切都转化为数量化的，通过数学的方法，来计算、推理和预测，进而加以控制。实验的方法，就是通过观察、假设和验证，来发现事物的本质及其相互之间的联系和发展规律。

最后，科学的思维、方法和原则，最终凝聚为科学的精神。科学精神表现为求真的精神、理性的精神、探索的精神、怀疑的精神、批判的精神。换言之，人类任何的认识和行为，都必须建立在事实的基础上，都必须经过科学的论证，合乎逻辑，经得起实践的检验，而不是取决于个人的好恶、权威的观点和宗教的信仰。

同时，杨叔子强调科学教育的四个部分，相互交融、相互影响，是一个统一整体，是不可分割的。知识是科学活动的结晶，内在地蕴含着科学的思维、方法和精神。没有知识，所谓的思维、方法和精神也就没有了着落。反之，没有思维、方法和精神，知识也就便成为僵死的教条。因此，

---

① 杨叔子：《"庖丁解牛"对科学教育的启迪》，《天津大学学报》（社会科学版）2003年第3期。

他认为，系统的科学教育，知识是基础，没有知识的传授，科学教育就没有落笔之处。但仅有知识是不够的，还应该揭示出知识所包含的思维、方法和精神。没有思维和方法，知识就是教条，科学也不可能得到发展；没有原则和精神，科学就会偏离方向，甚至走向反科学。

此外，他强调，科学精神教育才是科学教育的核心。这不仅仅是因为科学精神是科学知识、思维、方法和原则的升华，还因为从本质上讲，任何教育，都是人的精神的塑造，而科学精神与人文精神是相通相融的。更为重要的是，科学精神不仅体现在科学活动中，而且也渗透在人们生活的方方面面。科学教育的目的，不仅仅是为了培养未来的科学家，其核心的目的，应该是使受教育者具有科学的精神。[1]

三 提倡科学与人文并重

科学与人文的关系，是关于科学与人文的关系，杨叔子将其归纳为：和而不同，不同而和。提倡科学与人文并重，把科学教育和人文教育各自作为一个整体看待。杨叔子从文化的四个层面，对科学与人文的异同进行了比较分析，得出科学与文化要相互交融，并进一步提出科学与文化交融的方法。

（一）科学与人文的"不同"

杨叔子认为，从总体上看，科学主要与左半脑活动有关，它遵循自然，是正确之基，是立世之基；而人文主要与右半脑活动有关，它高扬人性，是原创之源，是为人之本。科学所追求的目标或要解决的问题是：研究、认识与掌握客观事物及其本质、规律，是求真。因此，科学是主客二分的。人文所追求的目标或要解决的问题是，满足精神世界的需求，满足个人与社会需要的终极关怀，是求善。因此，人文是主客一体的。[2] 从教育的角度看，人性的开发与培育，主要靠人文教育；灵性的开发与培育，既要靠科学教育，也要靠人文教育。[3]

从文化的四个层面来看，科学与人文有所不同：首先，科学知识是关于客观事物及其本质、规律的知识，因此是一元的；而人文知识是关于精

---

[1] 杨叔子：《科学教育：整体把握，突出核心》，《科学与社会》2015 年第 3 期。
[2] 杨叔子：《科学人文 不同而和》，《高等教育研究》2003 年第 3 期。
[3] 杨叔子：《时代的必然趋势：科学文化与人文文化交融》，《中国高教研究》2004 年第 8 期。

神世界的、关于精神世界活动及其所产生的结果的知识，从而就是多元的。其次，为了确保科学知识是一元的，科学思维就应该是逻辑的；而人文思维往往是直觉的、顿悟的、灵感的、形象的。再次，为了确保科学知识的一元性，科学思维的逻辑性，科学方法就应该是实证的；而人文方法往往是心证的、体验的、感悟的。最后，贯穿于知识、思维、方法三者之中，科学精神是求真的精神；而人文精神则是求善的精神。当然，科学精神归根结底也是一种求真的人文精神。总之，科学是一个知识体系、认识体系；而人文不仅是一个知识、认识体系，还是一个伦理体系、价值体系。①

（二）科学与人文的"和"

杨叔子认为，科学与人文的联系，主要表现在以下几个方面：首先，人只有一个完整的大脑，大脑的各部分相互依赖。故科学与人文同源于人脑，都与精神世界不可分，都是精神世界所需而形成的产品。其次，人只生活在一个客观世界，只能在这个客观世界中进行各种实践。故科学与人文同源于实践，同源于人脑对实践的反映以及对反映的加工。② 因此，二者都蕴含着共同的追求，即都十分重视客观实际，尊重客观规律，努力探索客观存在的奥妙；都能透过现象，抓住本质，区分主次，掌握关键。③最后，科学求真，但科学本身不能保证其方向正确，需要人文为之导向；人文求善，但人文本身不能保证其基础正确，可能事与愿违，需要科学为其奠基。总之，没有科学的人文，是残缺的人文，人文中应有宝贵的科学基础与珍璞；而没有人文的科学，也是残缺的科学。④

科学与人文既有区别，又有联系，概括起来，二者的关系有三层：基层，即形而下的一层，是实践，是大脑对实践的反映，两者完全一致。中层，即知识层，包括思维、方法等在内，是作为科学文化与人文文化存在的形式这一层，两者不同。顶层，即形而上的一层，是精神层面，是情感与思维、人性与灵性交融的境界层面，两者又完全一致。相容相立、相异

---

① 杨叔子：《科学人文 不同而和》，《高等教育研究》2003年第3期。
② 杨叔子：《科学人文 和而不同》，《中国高教研究》2002年第7期。
③ 杨叔子：《相互渗透 协调发展——谈正确认识科技与人文的关系》，《高等教育研究》2000年第1期。
④ 杨叔子：《是"育人"非"制器"——再谈人文教育的基础地位》，《高等教育研究》2001年第2期。

互补、和而不同、不同而和、相融则利、相离则弊。①

(三) 科学与人文的交融

杨叔子指出,"一个国家,一个民族,如果没有现代科学,没有先进技术,就要落后,一打就垮,受人宰割。然而,一个国家,一个民族,如果没有民族传统,没有人文文化,就会异化,不打自垮,甘愿为人奴隶"②。他明确提出科学与人文的重要性,强调人文教育的基础地位。杨叔子在对科学与人文的异同,进行了对比分析以后,进一步指出:科学人文,本应交融,可以交融,务求交融。交融则两利,分离则两弊。交融不仅有利于两者的发展,而且根本在于有利于实现科学教育与人文教育的交融,有利于人的素质的提高。

科学与人文,交融则两利。具体说来,包括以下六方面:第一,科学精神与人文精神交融,有利于形成正确的人生追求;第二,科学知识与人文知识交融,有利于形成完备的知识基础;第三,科学思维与人文思维交融,有利于形成优秀的思维品质;第四,科学方法与人文方法交融,有利于形成有效的工作方法;第五,科学文化与人文文化交融,有利于形成和谐的相互关系;第六,科学文化与人文文化交融,有利于形成健康的身心状态。③

(四) 科学与人文交融的方法

科学与人文的交融,不仅是两种文化的相互交融、两种教育的相互交融,而且也要求文化所蕴含的知识、思维、方法与精神及其有关方面的相互交融。杨叔子指出,作为文化的四个方面,知识是基础。因此,要推动知识的交融,就必须善于学习。思维是关键。因此,要推动思维的交融,就必须勤于思考。方法是根本。因此,要推动方法的交融,就必须勇于实践。精神是灵魂,它贯穿于文化交融的方方面面。④

基于以上认识,杨叔子强调,要促成科学文化与人文文化的交融,最根本的一条,就是把学习、思考、实践三者紧密结合。首先,学习是基

---

① 杨叔子:《科学文化与人文文化交融——兼论全面素质教育》,《国家教育行政学院学报》2005 年第 10 期。
② 杨叔子:《科学与人文——相融则利 相离则弊》,《学位与研究生教育》2004 年第 5 期。
③ 杨叔子:《时代的必然趋势:科学文化与人文文化交融》,《中国高教研究》2004 年第 8 期。
④ 杨叔子:《科学文化与人文文化交融——兼论全面素质教育》,《国家教育行政学院学报》2005 年第 10 期。

础。这是由知识在文化中的基础地位决定的。学习，要善于向已有的知识学习、向活生生的现实学习、向自己学习。其次，思考是关键。这是由思维在文化中的关键作用所决定的。思考，既要善于分析问题、解决问题，更要善于发现问题、提出问题；思考，要善于超越，要善于从"形而下"到"形而上"，既善于抽象，善于抓住本质，也要善于从"形而上"到"形而下"，即善于联想，举一反三。最后，实践是根本。这是由方法在文化中根本要求所决定的。实践出认识、实践出能力、实践出品德、实践出创新，最重要的，实践是检验真理的唯一标准。①

总之，作为我国当代著名的教育家、机械工程专家、科学家和诗人。杨叔子不仅在科学领域取得了卓越的成就，而且在教育领域也颇有成效。

第二节 董纯才的科学教育思想及实践

董纯才是我国著名的教育家、无产阶级革命家，是国家优秀的教育领导者，也是科普事业的开拓者之一。曾任教育部党组织书记、副部长，中央教育科学研究所所长，中央教育行政学院院长，中国文字改革委员会主任委员，中国科普作家协会（原中国科普创作协会）第一届理事长、第二届名誉会长等职。一生致力于我国的教育事业和科普事业，为我国教育和科普事业的发展，做出了卓越的贡献。

一 生平及主要教育活动

董纯才（1905—1990），湖北大冶人。自幼受父亲爱国思想的熏陶以及母亲的教导，为其今后的发展奠定了基础。1912—1914 年，董纯才先后在家塾和私塾学习。1915—1919 年，先后进入武昌教会学校"三一堂"小学和中学学习，其间，因受"五四"时期反帝反封建爱国主义思想的影响，与同学一起发动了反对教会学校奴化教育的学潮，并愤然退学。1920年，进入上海浦东中学，再次开启了为期 4 年的中学学习。1925 年初，进入南方大学教育系学习，下半年转入国民大学教育系学习。1926—1927年，在上海光华大学教育系学习。

1928 年初，董纯才转入南京晓庄师范。因父亲去世，家境贫寒，开始

---

① 杨叔子：《时代的必然趋势：科学文化与人文文化交融》，《中国高教研究》2004 年第 8 期。

半工半读。他被聘为生活指导员的助手,管理全校教育活动,同时还组建了生物研究室,开始从事生物学研究及研究室的筹建工作,翻译生物研究短文。1929年初,他被派往浙江湘湖师范学习协助工作与教学。同年秋,又返回南京晓庄学校,继续主持生物研究室工作,并成立了标本陈列室、实验室、储藏室,既允许中、小学生和师范生参观学习,也对农民开放。1930年4月,晓庄师范被国民政府封闭,董纯才回武汉暂住。

1931年,董纯才重回南京,到中央大学生物系旁听学习,同时翻译了法国著名昆虫学家法布尔的《科学的故事》一书。同年夏,应陶行知之邀到上海协助创办"自然学园",编辑《儿童科学丛书》,编写其中的《苍蝇与瘟疫》《螳螂生活观察》《水族相养器》《蚯蚓》和《鸟类迎宾馆》共六册。1932年,与陶行知等共同创办了儿童科学通讯学校,编撰《儿童科学丛书》十册,翻译了苏联科普作家伊林的《几点钟》一书,并为世界书局编写了初级自然课本。

1933年,董纯才续编了《儿童科学丛书》七册,续编初级自然课本,翻译《书的故事》《十万个为什么》《怎样看鸟》《世界动物大观》等七本科普读物,编译《飞禽的故事》《走兽的故事》和《鸟类的性别》,并编写《动物研究》和《农民常识课本》。1934年,他编写了《农民常识指导书》两册、《农民常识》五册,撰写《动物大观》上、下册,编写《生活教育科学新知》《儿童生理卫生活页指导》《初级儿童科学》《初级自然指导书》三册。

1935年,董纯才编撰《游泳的故事》《攀岩动物的故事》《合群的昆虫》《四季的物候》《科学新知》《初级儿童科学活页指导》《初级自然(六册)》等20本著作。其后与戴伯韬等人加入上海学生游行示威队伍,加入上海文化界救亡协会。1936年,董纯才编写的《动物漫画》《虾和蟹》《蚯蚓》《河蚌和田螺》四本科普读物,在商务印书馆出版,他译著的科普读物《人和山》《几点钟》《黑白》《十万个为什么》《五年计划的故事》和《不夜天》,也先后在开明书店出版。

1937年上半年,他运用艺术笔法写了《凤蝶外传》《麝牛抗敌记》《狐狸的故事》等六篇科普文章。同年10月,在党的安排下,他到达延安,在陕甘宁边区教育厅工作,他坚持科学要为青年和工农大众服务,继续从事科普创作,并提出开展"科学大众化文化运动"。1938年,董纯才加入中国共产党,任陕甘宁边区文化协会常务委员,负责"爱科学"工作，同年，还与高士其等共同发起并组织以"防空、防毒，普及国防科学知识"为宗旨的延安国防科学社，编写农民识字课本。随后6年，董纯才先后担任陕甘宁边区师范学校副校长、中央宣传部国民教育科副科长、西北局国民教育科科长等职，为我国的边区干部及群众青年教育做出卓越贡献，为我国培养了一批优秀的科普人才。此外，他还一直坚持科学小品创作，先后在《解放日报》上发表了《马兰纸》《一碗生水的故事》《消灭蛇谷虫的斗争》《鼠疫和人》等科学小品文。

1945年，董纯才带领干部第五大队赴东北工作，于1946年6月抵沈阳，出任东北教育委员会委员兼任教材编写委员会主任委员。1948年，东北教育委员会改为东北人民政府教育部，董纯才任副部长、党组书记。1949年9月，董纯才撰写了《学习苏联》《旅大普及教育的成绩》等文章，提出"引进苏联中学的课程、自然科学多科教材，实验苏联的教学方法"的主张，推动东北地区教育的发展。1950年，主持召开"东北区中学生物教学研究会议"，并在会上作了题为《改进我们的中学生物教学》的总结报告。1951年3月，参加中央教育部召开的全国中等会议，分享了东北区初中试用苏联中学自然科学教材的经验，随后还在《人民日报》上，发表了《试用新编译的自然科学教材的经验》一文。

1952年9月，董纯才率团考察东欧六国（波兰、民主德国、捷克、匈牙利、罗马尼亚和保加利亚）的文化教育，并草拟考察报告。11月，当选为中央人民政府教育部副部长、党组书记，并于1953年3月到北京就职。1954年，他在北京创办中央教育行政学院，兼任该学院院长，培训中学、师范校长及地市教育局局长，并在《人民日报》上，发表了一篇题为《为培养社会主义全面发展的成员而努力》的文章，在我国教育领域产生了广泛而积极的影响。

1958年，在第一届全国人大第五次会议上，他做了题为《加强思想教育、劳动教育，提倡群众办学、勤工俭学》的发言。他提出，贯彻党和国家的教育方针应该从四方面出发：加强思想政治教育、加强生产劳动教育、改进科学文化知识教育、培养工人阶级自己的教师队伍。1961年，应党中央的号召，教育部起草《全日制中学暂行工作条例》和《全日制小学暂行工作条例》，董纯才主持了初期阶段的工作。1962年，董纯才因病离职休养。1978年，党的十一届三中全会以后，他又回到工作岗位，任中华人民共和国教育部副部长，向党组织提出两项建议：一是重编中小学教材；二是重建中央教育科学研究所。国务院批准后，他负责中央教育科学研究所的重建工作，并任所长。

董纯才十分重视办实验学校，长期研究学制改革，提出"五、四、三"学制的改革设想。晚年仍坚持组织总结老解放区教育经验的工作，研究如何建设中国特色的社会主义现代化教育问题。1985年，他主编并出版了大型工具书《中国大百科全书·教育卷》，出版《董纯才科普文稿》，发表《论中国社会主义现代化教育》《中小学思想品德和政治理论教育的原则和方法》《中小学教学必须改革》《积极改革和发展师范教育》等重要论文。1986年6月，他参加中国科学技术协会第三届常委会，任荣誉委员。10月，任中国科协普及工作委员会顾问及中央教育科学研究所名誉所长，出版《论中国社会主义现代化教育》一书。

1989年12月，北京市教育局、中央教育科学研究所等五个单位在北京联合召开"五四学制首轮实验汇报研讨会"。在大会上，董纯才概括总结了辽宁四合城中学十年探索农村办学新路的经验。1990年1月，他继续审阅《中国革命根据地教育史》书稿。2月1日，他召集编审会议，讨论《中国革命根据地》第一卷的"出版说明"。1990年5月22日，他的心脏停止跳动，享年85岁。董纯才为人民教育事业奋斗到最后一刻。

二 中小学科学教育思想

董纯才认为，中小学科学教育"是中小学教育中一个很重要的组成部分，是实施全面发展的教育不可缺少的重要组成部分"[1]。自中华人民共和国成立以来，中小学科学教育一直备受重视。1950年，我国颁布的临时教学计划中，就明确规定中小学数学、自然科学应占的比例，在随后几年的教学计划改进中，中学数学、自然科学的比例，呈逐渐上升趋势，而小学阶段，虽然自然课时没有增加，但从1953年起，教学计划中明确规定语文课中要编入自然常识。

此外，1952年新编的中学数学、物理、生物、化学和小学数学、自然等的教学大纲和教材，在思想性、科学性方面有了极大的改进。各中学还有计划地配备了科学实验设备，提倡积极开展课外科技活动……总之，在中华人民共和国成立后的十七年，我国中小学科学教育不断改进，不断提

---

[1] 董纯才：《论中国社会主义现代化教育》，湖南教育出版社1980年版，第83页。

高，并取得一定的成绩。但历经十年的曲折发展，我国教育元气大伤。1978年后，中小学科学教育有所恢复和改善，但还不足以满足我国四化建设的需求，与发达国家的中小学科学教育还存在一定的差距。为此，董纯才提出了要切实加强中小学科学教育的主张，明确了中小学科学教育的内容，并阐明要通过继续研究和制定中小学科学教育教学计划及教育大纲、培养教师及提高其水平、改进教学方法等途径，加强我国中小学教育。

（一）明确中小学科学教育的内容

中小学科学教育是丰富多彩，范围广阔的。董纯才认为，它至少应包括科学知识教育、科学态度教育、科学方法教育和科学思维教育四个方面。

1. 科学知识教育

科学知识范围广泛，它来源于人类对自然的认识和改造活动，是人类几千年的历史发展过程中，人们通过科学实验和生产实践。人类在认识自然方面积累了越来越丰富的经验，逐步形成了数学、物理科学、地球科学和生命科学等各自的系统知识，这些系统知识都反映了物质世界运动变化的客观规律。

科学教育中，最首要的任务，是对学生进行科学知识的教育，使其掌握事物变化发展的客观规律，以便进一步改造物质世界，适应社会发展的要求。董纯才认为，就中小学阶段而言，科学知识教育就是教授给学生迄今为止所积累的数学、物理科学、地球科学、生命科学的全部知识中最基础的知识，[1] 为其进一步学习科学知识奠定基础。

2. 科学态度教育

科学教育中，对学生进行科学知识教育的同时，科学态度的培养，也是必不可少的。在中小学时期，他认为，科学态度的培养，主要包括四个方面[2]：

一是要培养他们热爱科学，对探索大自然的奥秘具有强烈的兴趣。常言道："兴趣是最好的老师"，在中小学科学教育中，应着眼于社会主义现代化建设，培养学生对科学的兴趣和爱好，激发起科学探索的欲望，进而促进其科学知识的学习和进一步的科学探究。

---

[1] 董纯才：《论中国社会主义现代化教育》，湖南教育出版社1980年版，第85页。
[2] 董纯才：《论中国社会主义现代化教育》，湖南教育出版社1980年版，第85—86页。

二是要培养学生实事求是，独立思考，勇于创造的科学精神。就科学家而言，独立思考、实事求是、勇于创造等，都是基本的科学态度。应该让学生认识到科学是不能有半点掺假，必须实事求是的，在科学探索中，要独立思考，注重创新，科学事业的发展才有可能。

三是要培养学生以百折不挠的坚忍精神追求真理，对失败采取积极的态度。自古以来，各科学伟人在取得不凡成绩前，大多历经了多次的观察、分析、实验和研究，甚至付出生命的代价。如爱迪生经过六千多次的尝试，才找到适合做灯丝的材料——钨丝。因此，教育中小学学生学习科学家不怕困难、不怕失败的坚忍不拔的积极态度，是必不可少的。

四是要教育学生勤学好问，既要重视前人科学研究的成果，又不墨守成规而勇于探索，不断追求新知。

3. 科学方法教育

科学知识教育的同时，还应向学生传授相应的科学方法。科学家在科学研究过程中，逐渐形成一套完整的科学方法，如实验、观察、归纳、演绎等等。董纯才指出，在中小学自然科学各科中，实验应贯穿于自然科学教学的始终，根据各科和各年级学生的特点，逐步培养学生的实验技能，使其想学会观察、分类、度量、整理和分析数据，并从中得出结论、处理误差。同时，还要培养学生根据科学的定律、原理，能对具体问题进行分析，并找到解决办法的能力。而在中学的物理教学中，还要尽可能地培养学生学会提出假说或模型，然后用实验来加以验证的方法。① 总之，在中小学科学教育中，既要使学生掌握丰富科学的知识，也要学会科学方法的运用。

4. 科学思维教育

科学教育中，既要传授科学知识、科学方法，培养科学态度，还要培养学生的科学思维，这也是尤为关键的一部分。董纯才提出，中小学科学教育中要密切结合各科的教学内容，从小学起就注意培养学生逻辑思维的能力，并在形式逻辑思维的基础上，逐步发展学生的辩证逻辑思维。即着重培养学生掌握对立统一的规律，从事物的发展和相互联系中，客观地全面地看问题，透过现象探索出事物的本质。

针对科学教育中科学方法、科学知识、科学态度和科学思维四者的关

---

① 董纯才：《论中国社会主义现代化教育》，湖南教育出版社 1980 年版，第 85—86 页。

系，董纯才强调，它们是不可分割的一个整体，相互影响、相互渗透。在中小学科学教育中，必须合理安排教学内容，恰如其分地对学生进行全面的科学教育，使其在智力、知识、能力、思维等维度，得到不断提升和发展，为树立辩证唯物主义世界观奠定基础。

（二）中小学科学教育质量的提升策略

董纯才曾多次强调，中小学科学教育是中小学教育的重要组成部分，是实施全面发展教育不可缺少的部分，加强中小学科学教育刻不容缓。为此，他提出应合理制订教学计划、教育大纲，发展教师专业能力，改进教学方法等策略。

1. 合理制订教学计划、教育大纲

在中小学科学教育中，主要包括数学、物理科学、地球科学和生命科学四部分，在中小学教学计划中，科学教育应占怎样的地位，如何设置中小学的课程，这是加强中小学科学教育应解决的首要问题。为此，董纯才提出两点意见[①]：

一是科学教育和其他学科的教育，应该根据它们各自的特点和教学目的，在教学计划中作适当的安排。以科学教育与语文教学为例，他认为，科学教育要以语文为工具，而语文要以科学知识来充实它的内容。在教学计划中课时的安排，也应根据不同年级而有所不同，在小学低年级阶段，语文应当大于数学和自然，而在小学高年级，数学和自然之和应稍大于语文。到了中学，数学、化学、物理等各科之和就应当更大。

二是科学教育中数学、物理科学、地球科学和生命科学四部分之间的关系，也应当按照各自的特点和教学目的，在课程设置上互相协调，各得其所。小学阶段的科学教育，包括数学和自然两门，他认为，数学的比重应大于自然，此外，自然课程中，也应该从一年级起就教授学生最浅近的物理科学、生命科学、地球科学的知识及最初级的科学训练。就课程设置而言，可以从三年级起开设自然课，并在一、三年级的语文课本中，编入有关自然常识的内容。到了中学阶段，科学教育内容更广，包括物理、化学、地理、生物、数学等科目，涵盖了科学教育四方面的内容，中学的课程结构也更为复杂。如就数学而言，它包括代数、三角、平面几何、解析几何、立体几何等，它是中学课程中一门基础学科，是学习其他学科的

---

① 董纯才：《论中国社会主义现代化教育》，湖南教育出版社1980年版，第89页。

工具。

在中学阶段，物理科学分设物理和化学。物理是一门探讨物质运动最普遍规律的自然科学，也是中学一门重要的课程，是学习化学和其他自然科学的基础，而与数学的关系最为密切。为了开阔学生的眼界，中学还应该开设"地球科学基础知识"一课，讲授有关地球、地质、天文、气象、海洋等最基础的知识。生命科学对工农业生产、医学和科学技术的发展影响很大。中学应该进一步调整植物、动物和生理卫生的内容，增设现代生物学基础知识，并在生物课程中增加环境与生态学以及新人口论的知识。

这样，中学的科学教育就包括数学、物理、化学、地球科学基础知识、生命科学基础等课程。在中学教学计划中，怎样安排好这几门课程，需要根据各学科本身的特点和它们之间的相互联系，做到密切配合，前后呼应，彼此加强，共同发挥科学教育的整体作用。但究竟谁先谁后，同一年级开几门，同一学科初高中怎样体现连续性，各门课程的课时究竟多少最为合适，这是需要通过科学的教育实验才能妥善解决的。

同时，他认为，研究和制定中小学教育大纲也十分重要。中小学教育大纲的总目标和各科目的要求，都要体现科学教育的四项任务。教学内容是大纲的主体，不仅要规定讲授知识的内容，而且要提出课内课外开展哪些活动，以全面贯彻四项任务。在确定知识内容时，要系统地讲授各门学科的基础知识，也要适当介绍各科新发展的重大成果，使学生能初步理解这门学科的一些重要概念、定律、原理是怎样形成的，它的发展趋势大体将是怎样的。[①] 此外，他还提出，大纲还要规定一些适合学生阅读的课外科技读物，以开阔学生的眼界。教育大纲及按大纲编写的教材，应该通过教育实验得来，做到来源于实践并应用于实践。

最后，董纯才还倡言，应制定各学科仪器配备的标准，科学教育中逐步引入科学电影等现代教育手段，逐步实现教育的现代化。

2. 加强教师职前培养和职后培训

提高中小学科学教育的质量，其关键在于教师专业水平和能力。根据我国改革开放初期教师水平普遍偏低的实际情况，董纯才主张加强教师职前培养和职后培训。就职后培训方面而言，他认为：首先，应根据加强中小学科学教育的要求，更有目的地挑选确有培养前途的中小学有关教师，

---

① 董纯才：《论中国社会主义现代化教育》，湖南教育出版社1980年版，第90页。

予以培养，并要求其要在一定时期内，在专业训练方面达到大学本科毕业或中等师范毕业的水平；其次，为适应科学技术的快速发展，还应积极创造条件，使原有大专毕业或师范毕业的中年教师得到进修的机会，更新知识，不断提高专业水平；再次，要积极开展各科的教学研究，发挥有经验教师的骨干作用，在改革教学的过程中，使更多的教师，在专业和教学上不断有所提高；最后，学校还可以聘请高校教师或研究人员到校兼课，而研究院或高校也应该配合教育行政部门，为中学理科教师开展学术报告会、学术讨论会及其他科技活动。

此外，他认为，中小学科学教师的培养，应从职前培养抓起，各高等师范院校和大学应"按照中学加强科学教育的要求，对学生在掌握专业知识和进行实验操作等方面，给予严格的训练。师范学校应当按照小学加强科学教育的要求，改进有关学科的教学"①，使培养出来的学生，能更好地胜任中小学科学教育有关课程课的教学。这一策略，从加强和改善各级师范学校的科学教育方面入手，加强培养科学教育方面的合格教师，这是加强中小学科学教育的根本策略。

董纯才在改革开放初期提出的这一系列措施，在几十年后的今天，对我国教师教育的改革和发展，仍具有重大的意义和影响。

3. 改进教学方法

教学方法也是影响教育质量的重要因素，要加强中小学科学教育，就必须改进教学方法。董纯才称，"首先要改进课堂教学的组织形式，要为学生提供更好的学习环境。把课堂变成探讨科学的场所。既能进行班级教学，又能适合分组活动或个人活动。其次，要根据教材内容的要求，有目的地指导学生进行观察、实验、采集和制作标本，并在教师的引导下作出结论，使学生既学到知识，又掌握取得知识的方法。再次，要改进教师的讲解和提问。学生学习知识不应该是被动地接受，而应该是主动地探求。要充分发挥学生学习的主动性、积极性和创造性……复次，要充分利用幻灯、电影等现代化教育手段……另一个重要方面是加强课外科技活动"②。这些策略对当时中小学科学教育质量的提高，具有重要的意义，即使在今天，也值得我们借鉴和学习。

---

① 董纯才：《论中国社会主义现代化教育》，湖南教育出版社1980年版，第92页。
② 董纯才：《论中国社会主义现代化教育》，湖南教育出版社1980年版，第92—93页。

此外，他还告诫教师，教学方法不应该是千篇一律的。不同学科、年级、教材，都应采用不同的教学方法，教师应该根据从实际出发，根据科学教育的要求，不断分析教学中的问题，研究改进的办法，使教学方法能更好地适应科学教育的要求。

总之，作为我国著名的教育家、无产阶级革命家以及国家教育的优秀领导者，董纯才在中小学科学教育中的独到见解，是不可忽视的。他为我国教育事业及科普事业的发展，做出了重大的贡献，值得我们学习和借鉴。

第十六章　中国科学教育发展追问

20世纪中叶以后，科学与技术的迅猛发展将人类社会由农业经济时代、工业经济时代推向知识经济时代。进入21世纪，新科技更是如浪潮般涌现，其重要性越发凸显。从国家层面来看，科学技术的实力和科技人才储备是衡量一个国家综合实力的重要指标，进而影响其国际竞争力和国际地位。从个人层面来看，科学技术影响到个人的就业机会和能力，乃至每个人的日常生活。随着科技发展日益受到重视，公民科学素养的提升就愈发重要。而提升公众科学素养的重任需要科学教育来完成。

由此可见，科学教育与一个国家的繁荣、公民的个人发展都有着密切的联系，承担的历史使命，也重于以往任何历史时期，自20世纪50年代始，科学教育成为各个国家教育改革的热点与重点，许多国家都把科学教育作为提升国民的科学素养、培养科学技术人才的重要手段。许多国家甚至把科学教育与本国科学技术事业的发展、人力资源的培养等结合在一起，通过政策倾斜、学校设立、项目成立、财政投入等系列措施来培养科学技术人才。

第一节　科学教育发展的动力

一　课程地位

课程改革是科学教育改革的重要组成部分，特别是基础教育科学课程，是科学教育改革寻求突破的首选目标。而科学教育课程改革的不断深化，主要表现为世界各国对科学教育课程标准的屡次修订之上。就我国而言，科学课程的地位，也是渐渐获得提升的。以小学科学课程标准为例，1949年以后，我国陆续颁布了《小学自然教学大纲（草案）》(1956)、《全日制小学自然教学大纲（草案）》(1963)和《全日制十年制学校小学自然常识教学大纲（试行草案）》（1977）等教学大纲，提出小学课程要以知识为中心，培养学生热爱科学的品德。

1986年颁布的《全日制小学自然教学大纲》，更加强调能力的培养，并提出进行科学启蒙教育。1988年，国家教委将两地（浙江省和上海市）确定为中小学改革试验区，开始有关科学课程的探索。1992年，《九年义务教育全日制小学自然教学大纲（试用）》颁布，将小学自然课的开设时间修订为高、中、低三阶段，科学课程的比例更趋合理，这也是中华人民共和国成立以来，在国家教学大纲中，自然课第一次被确定为小学阶段的"基础学科"，在小学整体课程计划中，自然课的地位得到了明显的提升。

1995年，我国开始实施"科教兴国"战略，其根本在于"科技"和"教育"，重视科技和教育发展，以此提高我国的综合国力。科学教育很好地把二者结合在一起，是实施"科教兴国"战略的有效途径。所以，在落实"科教兴国"基本国策时，科学教育受到格外重视。由于国家政策的引领，政府的大力倡导和支持，我国科学教育平稳进行。

2001年6月，国务院颁发《基础教育课程改革纲要（试行）》，我国基础教育课程改革全面启动，科学教育作为其中一个亮点而广泛受到关注，最引人注意的就是基于STS（Science，Technology，Society）视野下的课程发展和综合科学课程实践。同年7月，中华人民共和国教育部《全日制义务教育科学（3—6年级）课程标准（实验稿）》颁布，科学课取代自然课。从名称的变化，我们可以判断，这次课程改革，带着改革者对社会发展、时代进步和科学技术更深刻的认识，这份课程标准以培养科学素养为宗旨，并强调了科学探究的重要性，提出把培养学生科学素养作为各学科与综合科学课程的宗旨，并结合各学科领域的特点，提出了培养学生科学素养的内容目标，是我国开启大众科学教育的转折点。

在中学，同期开始注重科学教育的人文性和社会价值，试行综合科学课程，并通过多种方式，建设高素质科学教师队伍，如国家级科学骨干教师培训、现代远程教育、科普讲座等。

自2001年基础教育课程改革以来，经过近二十年的实践探求，我国科学教育取得了一定的进展。从数据上看，根据中国科普研究所2015年对中国公民科学素质进行抽样调查的结果显示，"2015年我国具备科学素质的公民比例达到了6.2%，比2010年的3.27%提高了2.93个百分点"[①]。相较以前，我国公民的科学素质水平，业已步入快速发展进程。

不仅如此，科学教学逐渐凸显核心概念；科学教师的职前职后培养受到更多重视；我国学生在PISA2015测试中，得分处在前列；校外科学教育场地蓬勃发展。STEM（Science, Technology, Engineering, Mathematics）教育在我国非常热门，发展较快。然则"国际比较表明，2015年我国公民科学素质的总体水平相当于美国1991年（6.9%）、欧盟1992年（5%）和日本2001年（5%）等的水平"[②]，由此可见，我国公民科学素质水平与发达国家相比差距较大。

见微知著，基础教育阶段的科学教育，是下一代公民的科学素质的定音之鼓，是培育科学技术创新预备英才和未来社会人力资源必不可少的基础。截至目前，国家尚未给科学教育制定出完善的支持和保障机制，即尚未从法律的角度，保证科学教育在学校教育中的顺利开展。

在这样的背景下，为进一步加强科学教育，确立并传播正确的科学教育理念和科学教学目的，推动我国科学教育的前进，保障公民科学素养的养成根基，教育部组织专家对小学科学课程标准进行了修订和完善，并于2017年2月，正式颁布《义务教育小学科学课程标准》，这个课标的颁布，标志着我国的小学科学教育迈进了一个崭新时段，对小学科学教育的开展，具有至关重要的作用，也令科学教育界感到振奋和鼓舞。

尽管如此，由于当前我国小学阶段的科学课成绩，并未纳入"小升初"考试范围，也不是衡量一所学校办学水平的评价指标。所以，在教学实践中，科学课的地位不仅没有语、数、外三门主科重要，有时甚至还没有体、音、美等科目重要。因此，我国的科学教育，在未来仍面临着较大的挑战：一是《义务教育小学科学课程标准》等课程标准如何落实到位，二是科学教师极度缺乏的问题如何解决，三是校外科学教育与学校科学教育如何进一步协调融合。

---

① 何薇、张超、任磊：《中国公民的科学素质及对科学技术的态度——2015年中国公民科学素质抽样调查结果》，《科普研究》2016年第3期。

② 何薇、张超、任磊：《中国公民的科学素质及对科学技术的态度——2015年中国公民科学素质抽样调查结果》，《科普研究》2016年第3期。

二 学科发展

2001年，重庆师范学院设置了我国第一个"科学教育"本科专业，"科学教育专业"方始获得名称，属于一个新兴师范专业，尚处实验性设立阶段。2001年，教育部颁发《基础教育课程改革纲要（试行）》，倡导学科综合和整合，比如"小学阶段以综合课程为主"，"小学中高年级开设……科学……等课程"，"初中阶段设置分科与综合相结合的课程，主要包括……科学（或物理、化学、生物）"①。当前，世界上许多教育发达国家普遍打破分科课程，也是基础教育的未来发展趋势，紧随其后的就是对师资的大量需求，综合科学课程教师不仅需要掌握综合科学知识，具备综合科学课程教学能力，还要具有较高科学素质和较强的课外活动组织能力。

比较而言，我国传统的科学教师教育培养模式，是典型的单学科型，如传统理科师范专业培养化学教师，只对学生进行化学学科的教育，对其他学科（如物理、生物等）则不涉及。这种强调学科本位化、专业化的传统单学科教师培养模式，不符合综合科学课程对师资的要求。据此，应鼓励高校（尤其是师范院校）开设培养综合科学课程教师的专业，《基础教育课程改革纲要（试行）》明确提出，"师范院校和其他承担基础教育师资培养和培训任务的高等学校和培训机构应根据基础教育课程改革的目标与内容，调整培养目标、专业设置、课程结构，改革教学方法"②。科学教育专业应运而生。

科学教育专业在创立之初，就有着非常明确的责任和使命，那就是为中小学培养综合的科学教师。因此，科学教育专业的发展，直接关系到课程改革的成效。科学教育专业与传统的理科师范专业既有联系，也有区别，从课程设置上来说，与科学教育专业相比，传统理科师范专业开设的课程，往往更注重学科内部的逻辑性和统一性，容易导致培养的学生知识面狭窄，难以胜任综合科学课程的教学。与此相比，科学教育专业的培养目标，是具有综合素质的复合型人才，综合各院校科学教育专业的培养目

---

① 《教育部基础教育课程改革纲要（试行）》，2001年6月8日，http://oldmoegovcn/publicfiles/business/htmlfiles/moe/moe_309/200412/4672html。

② 《教育部基础教育课程改革纲要（试行）》，2001年6月8日，http://oldmoegovcn/publicfiles/business/htmlfiles/moe/moe_309/200412/4672html。

标，有鉴于此，科学教育专业学生不仅要学习物理知识，还要学习化学、生物等知识，并且还要培养其在综合科学的环境下，发现问题和解决问题的能力。因此，科学教育专业所培养的学生，是能胜任新的基础教育课程改革课程标准下的中、小学科学课程、综合实践活动课程，以及研究性学习等课程的教学，并能在课程改革中引领课改的潮流，是科学教育健康发展的人才保障。

"自 2001 年教育部正式批准重庆师范大学设立科学教育专业至今，已有将近 73 所高校（包含已撤销 7 所）设置了科学教育专业。"① 在目前已批准设立科学教育专业的 76 所高校（已撤销 7 所）中，在学位授予上有教育学和理学两种学士学位，授予理学学位的学校有 37 所，授予教育学学位的学校合计 39 所。科学教育专业及其相关专业的研究生点，承担着培养学术型、研究型科学教师的重任，同时，也是高校和科研机构培养科学教育学术人才的重要来源。在我国，目前开设科学教育硕士和博士点的高校，主要分布于华东和华北地区，西部地区开设科学教育专业的学校很少，院校地域分布不均，这与我国经济发展区域不均衡直接相关。

三　物质与人力投入

教育的发展离不开经济的支持，一般而言，科学教育发展的规模和速度，是由国家教育经费投入决定的。中华人民共和国成立初期，我国总体经济水平较低，预算内的教育经费，与科学教育发展一直存有差距，科学教育无法获取足够的经费投入。根据相关数据统计，1950 年，我国教育事业费支出占国家财政总支出的 5.52%，占文教事业费支出的 74.9%。② 在我国教育经费投入不足的情况下，国家采取鼓励民办学校自主筹资的方法，有选择地拨付给部分学校进行科学教育的发展，并且制定了"两条腿走路"的方针，公办学校与"民办"学校相结合、政府办学与工商企业办学相结合。这种多样化、灵活化的办学形式，对"民办"学校中的科学教育发展助力良多。随着社会经济发展的逐步稳定，国家对科学教育事业的经费投入逐渐增多，科学教育逐步走上良性发展轨道。

---

① 王康友主编：《中国科学教育发展报告（2017）》，社会科学文献出版社 2017 年版，第 11 页。

② 中国教育年鉴编辑部编：《中国教育年鉴（1949—1981）》，中国大百科全书出版社 1984 年版，第 98 页。

20 世纪六七十年代，由于国民经济遭受重创，教育经费投入一落千丈，直到 1978 年，国家预算内的教育经费，才有了较大幅度的增长。改革开放 40 年来，我国经济快速发展，也为科学教育的发展，带来了机遇，经费投入不断增加，科学教育教学设施不断改善，1999 年，我国小学理科实验设备达标率为 44.4%，初中为 71.5%，普通高中为 64.62%，职业高中仅为 38.27%。① 值得一提的是，当时我国农村中小学科学教育经费投入不足，针对此问题，2001 年，国家及时调整教育经费支出结构，实施"贫困地区义务教育工程"，采取对农村中小学危房改造给予补助等多项措施，努力缩小城乡教育差距。

总的来说，科学教育是基础教育的组成部分，而我国十分重视中小学科学教育事业的发展，这也是社会发展对教育提出的新要求。国家教育经费足额投入，是对科学教育的大力支持，充足的经费来源和人才供给，是科学教育发展的重要支撑。

第二节　科学教育发展的实践者

一　科学教育师资

科学教师是中小学科学教育的重要实施者，是使科学知识能够最大限度地应用在实际生活中，并转化为科学技能的推动者。科学教师本身的科学技术素养、科学实践能力、教学能力水平等，都会影响科学教育的效果与未来发展。尤其是对于处在科学启蒙期的中小学生，专业科学教师的引导，是培养学生科学兴趣的关键因素。然而，尽管我国目前已经有 6 所大学设立了科学教育专业博士点，且科学教育本科在校生也逐年增加，但是，受传统影响，科学教师素来受重视程度不够，学校与教育部门并未真正意识到科学教育的重要性，仍将教学重点放在语文、数学以及外语等基础学科上。我国的科学教育在很长一段时间都没有受到应有的重视，科学教师的教学工作，连同他们所执教的科学课程，长期被置于边缘状态。

科学教师专业发展具有一定特殊性，在学科内容上，它是以往化学、

---

① 《教育部 1999 年全国教育事业发展统计公报》，2000 年 5 月 30 日，http://oldmoegovcn//publicfiles/business/htmlfiles/moe/moe_ 633/200407/841html。

物理、地理、生物等学科的融合，教学技能上，侧重科学探究向科学实践的延伸。基于此，科学课程需要吸纳当代科技发展的大批新成果，直视自然科学与社会科学的关系，关心科学、技术与社会之间的互动，勾勒出的是一个综合的、变化无穷的自然图景，这是很难用一个简单的思维模式进行推理的，对科学教师来说是一个很大的挑战。"有资料显示，我国中小学科学教师在学历教育、学科背景、任职意向等方面还有很多问题，加强中小学科学教师的培养工作刻不容缓。"[1]

然而，现实是我国缺乏专门针对科学教师的岗前培训和在职培训。有的科学教师在入职前，不知道自己的任教学科是科学，有的科学教师，在大学期间所学的专业与科学毫无关系，也有的科学教师，虽然大学时学习的是与科学有关的专业，但由于近年来科学技术的迅猛发展，科学教师在职培训的缺乏，导致这些教师难以跟上时代的步伐。在我国，"'国培计划'具有一定的倾向性，偏重于语文、数学、英语等课程的教师。在调查中发现：从各地遴选参加'国培计划'小学科学培训的教师的学科背景来看，具备科学教育专业学历的教师仍在少数"[2]。

科学教师与其他学科教师不同，在掌握教法类的专业知识基础上，还需具备科学背景。但是，由于科学学科未获得相应的重视，很多小学科学课程通常是由学校内无法胜任其他课程的教师担任，这种做法严重影响了小学科学教学质量，阻碍了小学科学课程改革的进程。中学科学课程教师相对而言要好一些，科学学科的任课教师所学专业一般都与科学相关。不过，由于许多教师对新课程理念的理解有偏差，难以将新课程理念落实在实际教学中。故而科学教育的师资培养和培训，仍有待进一步加强，特别是在教师专业素养方面。

二 科学领域人员

（一）科学史中的科学家

"许多人由于目睹高科技战争、使用声呐追踪捕鲸、使用凝固汽油弹攻击等事件对科学与技术产生了反感，一些历史性的研究可以帮助人们消

---

[1] 关松林：《发达国家中小学科学教育的经验与启示》，《教育研究》2016 年第 12 期。
[2] 罗晖、王康友主编：《中国科学教育发展报告（2015）》，社会科学文献出版社 2015 年版，第 25 页。

除这些反感。"① 而且,"科学史与基础科学教育相结合,推进基础科学教育的改革,已成为当前的世界潮流和趋向"②。特别是科学史中的科学家,在大众心目中的形象往往是神圣的,是学生崇拜的榜样和模仿的对象,也是家长和社会期望孩子们成长的样子。科学史中的科学家,能够使学生既了解科学家是怎么做到的,也学会了自己应该如何去做,能够更进一步促进学生对科学本质的了解。

可以说,在科学史的发展历程中,有关科学家和科学发现中的奇闻逸事,逐渐成为科学教育中必不可少的内容和素材。从儿时的科普读物,到中学上课时的教材,结合教师的讲解,可以说,这些科学家陪伴着我们的学习和成长。然而,故事与真实的历史,是有很大出入的,需要教师和学生分辨一番。

首先,在科学史中科学发现大多被简单化、被戏剧化,科学家在此过程中的艰辛和努力,却容易被忽视。其次,将科学史上的科学家们,单纯地分为正面和反面人物来看待,用"好人一切都好,坏人一切都坏"的预设立场去理解科学,得到的印象,也只是被科学故事的描写所误导和固化的。再次,科学史往往记录成功的科学发现,却把科学家的无结果的探索归纳成错误。师生应客观面对这些"错误",科学史上的某些错误(或者说失误)是科学发展必经的阶段,是客观规律,却并无成败之说。

科学教师应正确引导学生,在科学家所处历史条件背景下,分析问题产生的主观原因和客观原因。"毫无疑问,我们应当摒弃绝对真理的知识观,在向学生进行科学教育时,应当阐明科学理论的这些特点,即尽管科学上的多数主要概念已经经过了大量的实验和观察的证实,这些概念在未来似乎不可能发生重大变化,但所有的科学理论都不是最终的真理,原则上要接受变更和改进。"③ 当实验数据与已有理论不同时,科学家们或许会调整相关概念,当知识不再以绝对真理的姿态呈现,无疑是学生怀疑态度和科学精神的最佳时机。

概括来说,"提出问题建立假说—实验验证—得出结论"不仅是近代自然科学研究的一般程序,也是科学研究的过程。事实上,每一个重大科

---

① [澳]迈克尔·马修斯:《科学教学——科学史和科学哲学的贡献(20周年增扩版)》,刘恩山等译,外语教学与研究出版社 2017 年版,第 119 页。
② 蔡铁权:《科学史在基础科学教育中的角色》,《全球教育展望》2009 年第 1 期。
③ 刘兵、江洋:《科学史与教育》,上海交通大学出版社 2008 年版,第 32 页。

学发现的过程，都需要科学家坚忍不拔的努力，需要经过千百次的实验验证，才能最终获得成功；每一个科学结论的获得，都浸透了前人对真理的信仰，对可操作程序的坚持以及求实精神。

科学史可以向学生展示这些科学研究的方法。比如，科学家是如何选择和把握问题，从而发现科学规律？他们是如何设计实验，得到怎样的实验结果？他们是如何面对困难，从矛盾中寻找突破口的？有鉴于此，会使学生形成尊重事实、实事求是、一丝不苟等科学态度；会培养学生的怀疑精神、批判意识、实证能力、证伪验真的科学精神。具备这样的科学态度和科学精神，就会避免成为教条主义和胡言乱语的骗子们的牺牲品，用简单方法解决复杂问题，在面对各种思潮、迷信、邪谈时，就能分得清正误、扛得住歪理。

(二) 学校科学教育实践中的科学家

学校科学教育的顺利进行，端赖学校科学教育教师的努力，也离不开科学家、科学研究人员与学校科学教育教师的合作。而且，科学家的"做科学"和科学教育教师的"教科学"之间，容易建立联系并进行有效沟通。尤其是在教学改革情境中，科学家的介入，无疑会创新学校科学教育的教学模式。因此，为了学校科学教育的健康发展，科技工作者深入学校，直接参与学校的科学教育，或是在学校开展专门讲座、报告，把自己的研究经历和实践经验，渗透在学校的科学教育教学中，无疑会对学生的学习、生涯规划，甚至未来科学家的培养，形成良好的影响。

在理想的课堂互动中，科学家和学校科学教育教师一起与学生互动，在活泼的气氛中进行着严肃的实验，学生直观感受科学家的工作场景。其间，科学家要把学生放在与自己的研究同等重要的地位，根据自己科学研究中的方法、模式等，研发出有效的科学教育教学资料，如此，科学家不再只是被动地等待别人来开启自己未挖掘的资源，他们的科学研究，已经融入学校的科学教育中，这也是一名科学家在自身科学研究之外，传递科学人生最有效的方式了。

(三) 科学传播中的科学家

"科学普及作为科学教育的重要组成部分，是以公众为对象进行的社会的科学教育活动，相对学校科学教育而言，其规范程度较低，是一个更复杂的系统工程。充分认识科学普及和更深层次的科学传播，对于增强科普工作的开拓创新能力,全面提升公众的科学素养具有非常的现实意义。"① 在我国,当前社会的科普现状,还是"上边热、中间躲、底下凉"的局面。

我国著名科普作家高士其说过:"科学普及是科学工作的重要任务之一。只有把科学研究和科学普及相互结合,才是一个完整的科学工作者。"② 科学传播追求通俗易懂,但仍要符合科学研究的严谨、准确,不过,由于科学家很少面对公众,有些科学家又缺乏开展科学传播的技巧,加之有些媒体会误读或夸大科学传播,使得原本具有科学传播热情的科学家望而却步。所以,虽然科学家们都承认科学传播的重要性,但还是有一部分人认为,科学家就应该专心科研,热心科学传播的行为属于不务正业。

然而,科学传播其实是科学家应尽的责任和义务,尤其是身居一线的科学家,应该成为科学传播的主力军。其实,从科技自身发展需求来讲,也需要公众对科学技术的理解和支持。有时,科普开展的情况,直接影响科技活动的开展,如果科学传播到位,就可促进社会对科学研究的重视,形成科学研究和科学传播的顺从其美。

三　设施与机构

我国《全民科学素质行动计划纲要实施方案(2016—2020)》中明确提出,要"充分发挥科技社团、高等院校、科研机构等作用,搭建科学传播服务平台,发展壮大科学传播专家团队,深入开展科学传播活动"③。

(一) 科协、学会

1958年9月,中国科学技术协会(以下简称中国科协)成立,由全国学会、协会、研究会(以下简称学会)和地方科协组成。迄今为止,先后召开九次全国代表大会。中国科协作为全国科技工作者的统一组织,形成了有效能的科研群体,加强了中国科学技术工作者之间的交流与合作,大大推动了科学研究的发展。

---

① 廖伯琴主编:《科学教育学》,科学出版社2013年版,第257页。
② 朱光亚:《弘扬光荣传统肩负历史使命推进科普大业——在全国科普工作会议上的讲话》,《科协论坛》1996年第3期。
③ 《国务院办公厅关于印发全民科学素质行动计划纲要实施方案(2016—2020)的通知》,2016年3月25日,http://wwwgovcn/zhengce/content/2016—03/14/content_ 5053247htm。

随着科学技术的变革，对经济发展和社会进步的影响，越来越显著，科技人才对国家发展和民族富强，也变得越发重要。科协作为我国发展科技事业的重要社会力量，有责任和义务推动我国的科学教育改革，让公众从小就懂科学，拥有科学精神，具备科学态度，进而塑造世界观和人生观。从《中国科学技术协会章程》中规定的科协任务，可见科协在中国科学教育发展过程中所起到的作用，其中有这样的规定："开展学术交流……组织科学技术工作者开展科技创新……弘扬科学精神……注重激发青少年科技兴趣。"①

比如，为了贯彻落实国务院办公厅印发《全民科学素质行动计划纲要（2006—2010—2020）》的方针和目标，中国科协、教育部自2012年开始，共同主办青少年高校科学营活动。承办单位有60多所知名高校，以暑假短期学习项目的形式，采用常规营、专题营、西部营等模式，旨在给在校高中生提供了解高校、了解科学家、了解科研活动、参与前沿科学技术研究的机会。

目前，青少年高校科学营已发展成社会动员面广、品牌影响力大的青少年项目，是中国科协推动青少年科技教育的重要方法之一，并且取得了显著成效。对高校而言，设计出具有行业和学科特点的活动内容，不仅丰富了科学营的活动内涵，也探索了自身面向社会开放和开发优质科普资源的途径和方式。

（二）科普场馆

科学教育除了可以在校内传统的课堂里进行，学校之外的科普教育基地，也是青少年学生进行科学教育的重要组成部分。"校外科普场馆包括各类科技馆、自然博物馆、专业博物馆、动物园、植物园、水族馆、天文馆等。上述科普场馆中，有相当数量被国家、省（区、市）或地方相应行政区域命名为各级科普教育基地。"科普场馆是重要的课外学习场所，体现在，一方面，学生通过技术手段参与动手活动，利用交互式展品等完成科学学习，另一方面，学生也可通过对静态展品的观察，完成科学学习。我国近年大力加强了科普基础设施的建设，各级各类科普基础设施建设、各级各类科普场馆逐年增加。很多研究表明，一些很重要的科学学习，通常是发生在学校之外的环境中，有很多人将科学作为终身职业，或是终身

---

① 《中国科学技术协会章程》，2016年6月1日，https://www.cast.org.cn/col/col13/。

爱好甚至家庭经常开展的活动。

值得一提的是，青少年科技竞赛，已经成为我国科学教育的重要组成部分，在提升青少年科学素养方面，发挥了很重要的作用。以全国青少年科技创新大赛为例，其前身为1979年举办的"全国青少年科技作品展览"，大赛具有广泛的参与基础，深受广大师生、家长的欢迎。根据网站公布的结果，每年有近1500万人次的青少年，参加不同层次的青少年科技创新大赛，每年选拔出500多名青少年科技后备人才。全国青少年创新大赛系列赛事，是我国中小学优秀科技创新成果展示的重要平台，也是挖掘和培养我国青少年科技后备人才的重要平台。

（三）科研实验室机构

科研实验室机构与其他的科普机构的区别在于，科研实验室机构具有丰富的人力物力等资源优势和专业领域权威，在科普工作中收效甚巨。在科研实验室这样真实的科研场所，进行科普活动，学生身临其境地感受科学家的工作情境，无论是其工作状态，还是工作内容都是真实的。这种科学家真实工作的冲击力，不仅能够拉近学生与科学的距离，也方便科学家和学生进行交流，以及更深层次的互动。就这点来说，高校的科研机构，在科普工作方面具有得天独厚的优势。因为高等院校不仅遍布全国，拥有丰富的专业门类，而且在自身专业领域拥有较多的人力物力资源，如果对其加以利用，开发其科学教育的功能，必定成为我国科学教育的巨大助推力。

四 媒体

科学传播离不开媒体，对于生活在信息时代的中小学生，置身于"信息海洋"之中，文字、图像、声音载着信息穿越时空涌现出来，如何帮助他们选择媒体信息，指导其掌握收集、获取、甄别、发布、交换、分享信息的方法，培养儿童的信息素养，使儿童成为信息社会中的高效健康的消费者和富有创造性的开发者，是科学教育在开发媒体资源时应注意的首要条件。

（一）电视、广播

电视作为科学传播媒体的使用比起报纸、杂志、广播、电影等要晚得多，但是它一经出现，便以形象化的、与事件同步传播的独特优势，以及声画结合的信息传播形式受到青睐，成为科学传播的主要形式，在目前的各大媒体中，具有无可比拟的优势。许多拥有科学教育资源的个人和机构,越来越具有为教育服务的意识。各类教学教育资源在不断地参与学校教育,许多广播电视节目,就是为学校教育服务、为学生发展服务的,特别是能够与学校课程和学生学习有机地结合。

很多学校已安装闭路电视系统,丰富多彩的科学技术宣传节目,可以让学生了解许多科学知识、科学现象以及科学热点问题。如中央电视台的第 10 频道是科教频道,专门对大众进行科学普及教育,其他频道还经常开办科学技术普及宣传栏目,学生经常观看"科技苑""科技之光""走近科学""科技博览""青少年之光"等栏目,会增长不少见闻。

(二)科普(学)图书

阅读科普图书是青少年校外获取科学知识的重要途径之一。依据《中国科技统计年鉴2015》的数据,2015 年,我国有 3487 种,总印数 2468 万册,[①] 但是,很遗憾,这个数据是针对所有科普图书而言的,并不是专门针对青少年的科普图书。即便如此,在科普图书中,青少年科普图书占的份额仍然较大,总量的增加,意味着青少年科普图书的种类和册数,也会有较大的提升。

我国科普图书的数量增加较快,但图书质量并不让人满意,幼儿科学图书对幼儿科学启蒙有着重要作用,是家长图书消费中比例较高的一类。有学者在 2016 年,对三大图书网络平台当当、京东和亚马逊近三年的 3—6 岁童书销售榜前 20 位图书进行统计,并对图书的出版信息和内容等进行了分析,发现我国的幼儿科学图书。存在一些不足,如幼儿科学图书在畅销书中占比例低;国产幼儿科学图书品类较少,存在同质化倾向;幼儿科学图书的年龄分段不清晰;科技类出版社对幼儿科学图书的关注度及影响力均不足;科学主题分布不均衡等。[②]

(三)报纸、期刊

"从 1954 年 3 月第一张科技报纸《科学小报》创刊,到 20 世纪 80 年代初,各省市自治区科技报社达 160 多家,发行量约 1200 万份。"[③] 近年

[①] 国家统计局科学技术部编:《中国科技统计年鉴2015》,中国统计出版社 2015 年版,第 236—237 页。

[②] 刘晓晔、孙璐、王苗苗:《幼儿科学图书出版现状与发展方向——基于3—6岁童书畅销榜的分析》,《科普研究》2016 年第 5 期。

[③] 中华人民共和国科学技术部政策法规与体制改革司编:《中国科学技术普及发展报告(1978—2002)》,科学技术文献出版社 2002 年版,第 64、65 页。

来，由于资源整合和市场竞争，科技报纸数量减少，但是，这些报纸有的是由中央和地方有关部门主办，有的是科研单位和群众团体主办，发行遍布全国，已形成了相对稳定的读者群，他们都设有科普专栏。

此外，人民日报、光明日报、经济日报、科技日报等，都设有科技版、科技类栏目，这些栏目对于提高大众的科学素养，有很大帮助。改革开放以来，我国科普和科技类期刊，不论从数量和质量上都得到了迅猛地发展。1980 年，科普期刊约 100 种，科技期刊为 1384 种。[①] 到 2015 年，科技期刊达到 2575 种，总印数 13574 万册，科技报纸 220 种，总印数 13328 万份，[②] 科学技术期刊可分为知识类、实用类、教育类、启迪类、生活娱乐类、文摘史料类等。科学技术普及文章的内容，主要有科学知识、实用技术、科学思想、科学方法、翻译文章等。于学生而言，由于兴趣、爱好不同，许多学生有自己喜爱看的报纸、杂志，个体差异很大，尊重他们的爱好，引导他们阅读科技类报纸、期刊，培养他们科学兴趣。

（四）互联网

1994 年，中国第一次实现与国际互联网互联，互联网飞速发展，利用互联网良好的开放性、交互性和传播媒体的多样性，进行科学知识的传播和普及至关重要。因此，基于"互联网+"开展科学教育，已成为近年来中国科学教育工作的一个新方向。

依据《中国科技统计年鉴 2015》的数据，截至 2015 年，中国的互联网有大大小小的科学技术普及网站 2523 个，浏览人数 228445 万人次[③]，其中有一定影响力的有几十个。中国科普网站评审委员会评审出的《2018 中国科普网站排行榜》显示，最受欢迎的科普网站有：果壳网、科学网、中国数字科技馆、科普中国网、央视网科教频道、科学松鼠会、中国科普博览、中国国家地理网、天之文科普网、蝌蚪五线谱、中国科普网、微科普等。[④]

中国数字科技馆（www.cdstm.cn）由中国科协、教育部、中国科学院

[①] 中华人民共和国科学技术部政策法规与体制改革司编：《中国科学技术普及发展报告（1978—2002）》，科学技术文献出版社 2002 年版，第 64、65 页。

[②] 国家统计局科学技术部编：《中国科技统计年鉴 2015》，中国统计出版社 2015 年版，第 236—237 页。

[③] 国家统计局科学技术部编：《中国科技统计年鉴 2015》，中国统计出版社 2015 年版，第 236—237 页。

[④] 中国科普网站评审委员：《2018 中国科普网站排行榜》，2018 年 6 月 16 日，https://wwwwkepucom/top/。

共同建设,汇集了丰富的图片、动漫、音像、报告、展品等数字化科普资源。"中国科普网"(www.kepu.gov.cn/www)由科技部政策法规司主办,科技日报社和中国科技网承办,开设"科普资讯""科普视频""科普大家""科幻世界""品牌活动""科普产业"等栏目。"中国科普博览"(kepu.net.cn)成立于1999年,是我国最早启动的大型综合性科普网站之一,是国内最早以虚拟博物馆传播科学知识的网站。科普中国网(www.kepuchina.cn/)隶属于中国科学技术出版社,以"让科技知识在网上和生活中流行"为理念,网站内容分为前沿科技、健康生活、科普乐园、V视快递、实用技术、玩转科学等24个频道。

此外,一些商业性网站,如新浪、搜狐、网易等也都开设了相关科技栏目,促进了科学技术的普及。网络的出现,为科学教育提供了全新的工具,"互联网+科学教育"的教学模式,使学生的科学学习活动更接近真实的科学探索过程。

综上所述,各种媒体在科学教育中,发挥了和正在发挥着重要作用,如何在已有的基础上,扬长避短,采用新技术、新手段、新方法传播科学技术知识,是当今科学教育工作的需要,也是摆在科学教育工作者面前的新问题、新任务。

第三节 科学教育发展的路向

一 现实问题

2016年5月,中共中央国务院印发《国家创新驱动发展战略纲要》,提出我国科技发展战略目标分三步走:第一步,到2020年进入创新型国家行列,第二步,到2030年跻身创新型国家前列,第三步,到2050年建成世界科技创新强国。[1] 随后,习近平总书记以"为建设世界科技强国而奋斗"为题,在全国科技创新大会、两院院士大会、中国科协第九次全国代表大会上的讲话中,再次提到三步走,并强调"把科技创新摆在更加重要位置,吹响建设世界科技强国的号角"[2]。这也对科技创新人才培养提出

---

[1] 《中共中央国务院印发〈国家创新驱动发展战略纲要〉》,2016年5月19日,http://wwwgovcn/xinwen/2016—05/19/content_ 5074812htm。

[2] 习近平:《为建设世界科技强国而奋斗——在全国科技创新大会、两院院士大会、中国科协第九次全国代表大会上的讲话》,《光明日报》2016年6月1日。

了一个更高要求，作为培养科技创新人才主要途径的科学教育，尤其是我国的中小学科学教育，与发达国家相比，目前尚处于起步阶段，有很多问题值得关注：科学教育基础设施不完善、科学教师培训缺乏长效机制、学生科学实验操作及创新能力不够等。在国家科技战略发展大趋势下，科学教育存在的这些问题，倒逼我们重新审视科学教育的实施与规划，加强科学教育——尤其是中小学科学教育——势在必行。

（一）科学教育基础设施不完善

科学教育基础设施是实施科学教育的基础，也是提高科学教育质量、提升公民科学素养的保障。现有常见的科学教育基础设施，主要有学科实验室、学科教室、移动实验室、科技创新实验室、专题实验室、科技校园景观、科技场馆所、科技教育基地、家庭实验室和科学学习网络空间等。

经过多年发展，我国科学教育的基础设施条件，得到了较大改善，然而，从总体来看，还是存在普遍不足的问题，并且受我国地区发展、城乡发展不平衡影响，科学教育的基础设施建设，在地区之间、城乡之间存在明显差异。据《中国科普统计2015》，截至2014年，我国共有各类科普场馆1820个，[①] 而且科普场馆地域分布不均。以科技馆为例，《中国科技统计年鉴2015》记载我国科技馆数量为410个，[②] 无论是从科技馆数量还是规模来看，东部发达地区都占绝大多数。场馆在数量、面积和分布上，都无法有效满足我国科学教育的需求。

另外，学校科学实验室达标率地区差异较大，"以2014年为例，在小学阶段，城区比农村高出30个百分点；初中和高中阶段，城区、镇区和农村各个区域学校实验仪器达标率差别较小；在城镇区域，小学、初中和高中学校实验仪器达标率差别不大；在农村区域，小学、初中和高中学校实验仪器达标率差别最大，其中小学实验仪器达标率为53.4%，高中达标率为84.7%"[③]。

因此，农村科学教育也成为我国科学教育事业的重难点问题，以"农村校外青少年非正规教育项目"为例，自1982年起已持续开展30余年，

---

① 中华人民共和国科学技术部：《中国科普统计2015年版》，科学技术文献出版社2015年版，第3页。

② 国家统计局科学技术部编：《中国科技统计年鉴2015》，中国统计出版社2015年版，第236页。

③ 王康友主编：《中国科学教育发展报告（2017）》，社会科学文献出版社2017年版，第51页。

每五年一个周期,通过国家级、省级、县级三级项目管理办公室工作模式推进。该项目开展了校外教育课程培训和青少年科普活动,并且取得了相当成效,但仍然还是有一些弱势群体没被包含在内,最边缘的弱势群体,是那些教育程度和技能低下的农村女孩,她们比男孩更早离开学校,在流动过程中所面临的风险也更加显著。虽然一些政策或实践项目,也鼓励这些弱势群体参加,可能已经吸引了一些青少年参与,然而,对于这些弱势群体来说,还远远不够。

(二) 科学教育课程标准实施难

我国《初中科学课程标准》课程目标中提到,"科学课程以提高每个学生的科学素养为总目标"。《义务教育小学科学课程标准》课程目标部分,也强调"小学科学课程的总目标是培养学生的科学素养"。突破基础知识和基本技能的模式,把科学素养作为核心,构建课程目标和内容,这是我国科学教育从注重知识向注重学生发展的重大转变。"教育部组织的义务教育课程标准修订意见调查结果显示,广大科学教师认同和支持这一重大变革,科学素养已经成为我国科学教育界的共同目标。"①

但是,在实际教学中,由于我国地域广大,各地区经济发展水平差异比较大,教育发展水平也参差不齐,在科学课程标准的落实上,也存在较大差异。很多教师没有充足的时间和资源,带领学生在科学课堂上完成比较完整的探究活动;教学方式也多以传统的讲授式为主,学生学习科学的方式,主要是运用背诵记忆;教材不是教学资源,而是工具书。可以说,尽管我国的新课程标准,已经实施了十几年,第八次基础教育课程改革后,科学课程标准中提出科学课的目标,是培养全体学生的科学素养,在课堂教学中,更加强调探究式教学方法。但是,从课程标准的颁布实施,到科学课堂的落实,还存在一定的距离,这可以说是阻碍我国科学教育发展的客观原因。

科学情感态度与价值观是科学素养的最关键部分,如果缺少正确的科学情感态度与价值观,拥有再多的科学知识,具备再强的探究能力,也不能说这个人是具备科学养的人。因此,各类科学课程标准在课程目标中,都会提出科学情感态度与价值观,但在课程内容中却很少提及,这导致许

① 罗晖、王康友主编:《中国科学教育发展报告 (2015)》,社会科学文献出版社 2015 年版,第 38 页。

多教师将科学情感态度与价值观处理成隐性课程目标，在一堂课的设计中，往往将科学情感态度与价值观形式化地书写在教学目标中，在具体的教学内容设计中，却并未落实，这也是受到科学教育评价的影响。

教师的教学以考试评价为指向，考什么就教什么，教学内容和教学情境单纯从科学理论和科学实验出发，甚至教学形式习题化，学生在这样的学习中收获的是试卷中的科学，而非现实情境中的科学。一些分科科学课程设置选修模块，其本意是为学生提供自主学习机会，但受高考影响，选修课基本上成为摆设。部分科学相关学科（如物理、化学和生物等）在高中结业考试中设置实验操作考核，但其占考试比重渺不足道，考核的方式，多以机械操作为主，根本无法检验出学生的探究能力。因此，纸笔考试难以量化的学生科学情感态度与价值观，这一维度的目标培养，完全依靠教师的自发自觉，并逐渐沦为缄默性教学目标，在教研活动时，教师们往往对此避而不谈，或者泛泛点评、不做研讨，缺乏关注和研究。

（三）科学教育中科学实践存在缺失

各类科学课程标准均提倡教材编写和教学实践应密切联系生产、生活实际，以学生已有经验作为出发点。然而，在把握学生科学学习方面的已有经验时，由于缺乏对学生科学学习规律的实证研究，我国的科学及其相关学科教材编写和教学实践中，诸多应与生产、生活实际联系的环节，却未能以适当的方式，将学生学习准确切入。加之我国科学教育课堂教学中，大多数教师仍以传授科学知识为主，重理论轻实践，缺少对学生科学能力的培养和科学方法的训练。结果导致学生在科学学习过程中生出陌生感、距离感，对科学理论的本原、科学理论对实际生活的影响等，缺乏认知，很难将所学和生活实际关联和内化，这既违背了科学教育的初衷，也不符合学生科学学习的认知规律。

教育作为一种手段"为个体提供终身的技能"[①]，与真实世界的实践互动本身，就是教育应有之义。作为科学教育者，更需要为学生创造机会和经验，让他们发现和建构自己对世界的概念。缺乏对科学教育本质的理解的应试教育，让"科学实践"在科学教育中身处尴尬境地。"在我国现在

---

① ［美］米歇尔·本特利等：《科学的探索者：小学与中学科学教育新取向》，洪秀敏等译，北京师范大学出版社 2008 年版，第 226 页。

多数的科学课堂中,应试教育下的'探究'已经逐渐成为模式化和教条化的程序步骤执行,如执行教师提前准备好的探究方案,收集数据后得出确定的结论,在全班交流分享等。"[1] 这样的科学课堂,与科学教育课标预期的差距较大,我国科学教育的改革,还需关注理论与实践之间的联系。

(四)科学教师师资水平参差不齐

没有高素质的科学教育教师队伍,就谈不上科学教育改革目标的实现。作为第八次基础教育课程改革亮点之一的综合科学课程改革的实践证明,综合科学课程实施中最大的障碍,就是师资配置不齐,这已经成为我国中小学综合科学课程改革的瓶颈。当前,我国科学教师专业化发展中存在的问题,主要表现在职前培养和教师培训中,科学教师职前培养存在数量不足、质量参差不齐等方面的问题,在职科学教师的培训,存在培训人数少、重视不够、"国培计划"落实不到位等问题。

1. 科学教师职前培养存在的问题

科学教师培养数量不足。我国高师院校科学教育专业存在开设时间短、开设学校数量少、招生规模小等特点,由此导致该专业毕业人数寥寥无几。综合2009年以来的调查数据不难发现,科学教育专业在高校中的发展停滞不前,虽然近两年新增科学教育本科专业的高校数量在增加,但增幅并不明显。基本每所学校的科学教育专业招生计划都呈递减趋势,如"重庆师范大学从2010年的60人降低到2012年的28人","2009年科学教育专业不但没有新增,反而出现撤销的现象"[2]。

科学教师培养质量参差不齐。科学教育专业开设时间短,属于新兴专业,没有完备的专业体系可借鉴,一直处于探索状态,因而其人才培养模式本身存在缺陷,据此培养出的毕业生,自然并不完全合格。科学教育及其相关专业的硕士、博士点,承担着为科学教育领域培养科学教育学术人才的重任,也是学术型、研究型科学教师的重要来源。然而,设有科学教育硕士和博士点的高校数量少,且大多分布在华东和华北地区,区域分布不均衡。因此,现有科学教育专业及其相关专业硕士、博士培养,无法满足科学教育对高层次人才的需求。

---

[1] 唐小为、丁邦平:《"科学探究"缘何变身"科学实践"?——解读美国科学教育框架理念的首位关键词之变》,《教育研究》2012年第11期。

[2] 王康友主编:《中国科学教育发展报告(2017)》,社会科学文献出版社2017年版,第17—18页。

2. 科学教师培训中存在的问题

培训人数少。"2010—2015年，中央财政投入85.5亿元，培训中小学及幼儿园教师900多万人次。但是从教育部答复全国人大提案的数据来看，2010—2015年'国培计划'示范性项目共培训与科学有关学科的教师7000余人。"对比两组数据，很容易看出差距，"国培计划"中安排给科学及相关学科（小学科学，中学物理、化学、生物、地理）的教师，培训数量过少，虽然"中国科协在过去的5年中培训了各级各类科技教师近10万人"，但这与全国科技教师的总量相比，仍有大幅度提升空间。重视程度不够。在职科学教师培训人数少的原因之一，就是长期以来科学教师培训，都没有被教育部门摆放在重要位置上，这也是科学教师培训中存在的问题之一。"'十二五'期间，'国培计划'示范性项目共培训与科学学科有关的教师7000人，对比'国培计划'培训教师总量为900多万人可见一斑。"[①] 而且，在具体落实培训人选时，许多专门为科学教师设计的国培课程，却不是直接学科或相关学科的教师参加，更多是由学校的校长、教导主任或是语文老师参加，这一方面是因为一些学校将国培看作一种福利，另一方面，则是一些学校由于没有科学教师而随意派出。

《"国培计划"课程标准（试行）》落实不到位。为规范"国培计划"项目管理，提高培训质量，教育部于2012年发布《"国培计划"课程标准（试行）》，按学科（领域）分学段、分项目设置，共计67个课程标准，其中包括了物理、化学、科学、通用技术等了包括物理、化学、科学、通用技术等的学科。然而，从"国培计划"课程开展实际情况来看，落实很不到位。许多省级行政机构将"国培计划"的课程组织实施，委托给当地师范大学，由于各地师范大学在办学水平和师资方面的差异较大。

因此，"国培计划"课程落实的情况，也参差不齐。许多地方安排的课程模块中，与科学相关内容过少，无法提升科学教师对科学内容及科学探究的理解和认识，也无法提升专业技能。这种情况与承接"国培计划"机构的师资水平直接相关，一种情况是"国培计划"承接方师资水平较低，没有能力实施"国培计划"课程标准，一种情况是"国培计划"承接方不重视，造成实施不到位。无论哪种情况，"国培计划"课程标准落实

[①] 王康友主编：《中国科学教育发展报告（2017）》，社会科学文献出版社2017年版，第19、18页。

不到位，都会影响"国培计划"效果。

二 理想蓝图

法国物理学家朗之万在《思想与行动》一书中说："科学的教育价值，事实上，一方面在于发现，一方面在于能够达到这种发现的努力；是在于对定律的说明，同时却也在于那些定律的历史；是在于那些定律的总体给予现实世界的远景，在于与事实的密切接触；同时却也在于借以获得以上一切的科学训练。"[1] 在我国，传统的科学教育，就是相对于人文学科、社会学科、技艺类学科而言，是物理、化学、生物等自然科学学科教育的统称。20世纪50年代以后，由于科学技术的飞速发展，科学教育的重要性凸显，它不断打破传统学科边界，与社会、政治、经济、文化的联系越加紧密。科学素养越来越成为现代人必需的基本素质之一，科学教育的目的，已经逐渐成为培养合格公民的基本要求之一，肩负着提高公民科学素养、培养科学探究的精神等任务。

（一）科学教育的价值与功能

随着科学在整个人类社会中地位作用的变化，科学教育的内涵，不断地发生着变化。当前我们将科学教育定义为"一种通过现代科技知识及其社会价值的教学，让学生掌握科学概念，学会科学方法，培养科学态度，且懂得如何面对现实中的科学与社会有关问题作出明智抉择，以培养科技专业人才，提高全民科学素养为目的的教育活动"[2]。"科学教育的最大特点，就是使心智直接与事实联系，并且以最完善的归纳方法来训练心智；换言之，从对自然界的直接观察而获知的一些个别实施中得出结论。由于科学教育具有这样重要的特点，其他任何教育是无法代替它的。"[3]

国务院于2006年，颁布《全民科学素质行动计划纲要（2006—2010—2020）》，提出完善基础教育阶段的科学教育，提高学校科学教育质量，是全民科学素养提高最重要、最基础性的工作。

1. 科学教育是促进社会发展的重要保障

知识经济时代，科学技术作为第一生产力在推动社会发展，其中的每个

---

[1] [法] 郎之万：《思想与行动》，何理路译，生活·读书·新知三联书店1957年版，第167页。

[2] 顾志跃主编：《科学教育概论》，科学出版社1999年版，第16页。

[3] [英] 托·亨·赫胥黎：《科学与教育》，单中惠等译，人民教育出版社2005年版，第90页。

人，都需要掌握基本的科学知识和技能，具备最基本的科学素养。科学教育是公众适应经济社会的重要途径，随着社会的发展，人类对资源的过度开发和过度消耗，引起环境恶化、资源短缺等威胁人类生存的问题，促使人们认识到人与自然和谐相处无比重要，从此窥见科学的本质，就是人与自然的和谐发展、可持续发展。拥有可持续发展意识的人，不仅能够正确认识到科学技术的先进性、科学技术发展的必要性和掌握科学知识、方法的重要性，同时，也能认识到人类社会的先进性，而接受科学技术发展有着不可超越的界限。这种意识需要在科学教育的过程中，获取对科学本质的认识。

因此，科学教育不仅帮助人掌握适应现代社会的科学知识和技能，同时使人正确认识人类社会发展，正确运用科学技术，推动社会发展。

2. 科学教育是建设创新型国家的重要途径

世界范围内经历着由科学技术带来的巨大变革，尤其是计算机科学和生命科学，正在推动人类社会不断前进。就目前来讲，科学技术的实力就是国家的实力。科学教育至关重要，培养出大量高水平科技精英，成为国家发展的动力之一，科学教育同时也关注广大普通劳动者，提升公民科学素质，则是国家整体实力提升的基础。

总之，引导下一代进行科学探究，培养其正确的科学态度、创新能力和实践能力，在新时期，推进科学教育发展，对于深入实施创新驱动发展战略、建设创新型国家和世界科技强国助益良多。

3. 科学教育是提升公众科学素养的基础

我国在第八次基础教育课程改革中提出，科学课程旨在通过科学探究活动，使学生学会在生活中运用科学思维方式解决问题，探索自然的科学方法，培养学生积极的科学态度，养成创新精神和实践能力，促进全体学生提升科学素养。可以说，科学教育是青少年和公众科学素养水平提升的基础。国务院办公厅印发的《全民科学素质行动计划纲要实施方案（2016—2020）》提到："到 2020 年，科技教育、传播与普及长足发展，建成适应创新型国家建设需求的现代公民科学素质组织实施、基础设施、条件保障、监测评估等体系，公民科学素质建设的公共服务能力显著增强，公民具备科学素质的比例超过 10%。"[①] 作为明天的公民，青少年的科学素

---

① 《国务院办公厅关于印发全民科学素质行动计划纲要实施方案（2016—2020）的通知》，2016 年 3 月 14 日，http//wwwgovcn/zhengce/content/2016—03/14/content_ 5053247htm。

养水平,就是将来公民的科学素养水平。因此,科学教育,尤其是基础教育阶段的科学教育,是提升全民科学素养的源泉。

(二) 科学教育理念

用现代科学教育理念指导实践,是提升我国科学教育质量的重要保证。1999年6月13日,中共中央、国务院颁布《关于深化教育改革全面推进素质教育的决定》,强调"当今世界,科学技术突飞猛进,知识经济已见端倪,国力竞争日趋激烈。教育在综合国力的形成中处于基础地位,国力的强弱越来越取决于劳动者的素质,取决于各类人才的质量和数量","全面推进素质教育,要面向现代化、面向世界、面向未来","要坚持面向全体学生,为学生的全面发展创造相应的条件,依法保障适龄儿童和青少年学习的基本权利,尊重学生身心发展特点和教育规律,使学生生动活泼,积极主动地得到发展"[1]。"21世纪以来,我国先后实行三次科学教育改革,尤其是第三次科学教育改革,从多方面借鉴了科技先行国家,特别是美国的先进科学教育理念,在教育理念方面逐渐与国际科学教育接轨。"[2]

我国的科学教育理念,逐步由培养少数专门人才,转变为提高公民科学素养;科学教育从学术意境转变成为大众服务;科学的学科门类属性,从知识性转变为发展性,开始倡导科学与人文的结合,促进科学教育的人文化和社会化。

1. 大概念

科学教育的发展表明,"少而精的科学教育理念对全世界的科学教育发展都有重要影响。少而精的科学教育理念有助于帮助学生建构核心概念和大概念,帮助学生在浩如烟海的科学知识海洋中抓住最核心的内容,从而促进科学素养的提升"[3]。尤其是在基础教育阶段,科学课程的教学和学习,应该尝试通过利用少数大概念教学来整合学科知识,引导学生对科学知识、科学概念和原理的真正理解。

根据儿童对概念的认知,一方面,科学教育需要围绕核心概念和大概念

---

[1] 《中共中央国务院关于深化教育改革,全面推进素质教育的决定》,1999年6月13日,http://oldmoegovcn/publicfiles/business/htmlfiles/moe/moe_ 177/200407/2478html。

[2] 王康友主编:《中国科学教育发展报告 (2017)》,社会科学文献出版社2017年版,第6页。

[3] 罗晖、王康友主编:《中国科学教育发展报告 (2015)》,社会科学文献出版社2015年版,第29页。

组织教学,另一方面,同样的概念,在不同的年龄阶段应该学习到不同的深度,引导学生的科学素养水平,随着科学学习的加深不断发展。《科学教育的原则和大概念》序,是对全书核心理念和思想进行的总结,其中提到:"科学教育不应该传授给孩子支离破碎、脱离生活的抽象理论和事实,而是应当慎重选择一些重要的科学观念。"美国国家研究委员会最新出版的《K—12 科学教育框架》,在理念上也是围绕核心概念和大概念组织教学。

2. 学习进阶理论

《科学教育的原则与大概念》中在大概念的基础上,提到了学习进阶理论,"科学教育中的大概念及其进阶过程能帮助学生理解生活中的事件和现象,并在其结束学业、迈入社会后持续发生影响"。在大概念基础上,学习进阶理论将科学教育的发展推向一个新的台阶。美国国家研究委员会将学习进阶界定为:"为孩子们在一个较长时间段内学习和研究某一主题,所遵循的连贯逐渐深入的思维路径的描述。"

2004 年,学习进阶第一次在科学教育领域正式提出,在《K—12 科学教育框架》中,学习进阶已经成为其核心表述方式,该书的出版,也标志着学习进阶已经从研究阶段迈向实践阶段。学习进阶关注学生已有的经验和对概念的理解,促进学生从"广而浅"走向"少而精",是设计少而精且连续一致的基础教育阶段科学课程的必然需求。

3. STEAM 教育

还有 STEAM（Science、Technology、Engineering、Arts、Mathematics）教育,包括两层含义:一是代表科学、技术、工程、艺术和数学五个学科领域,二是代表这五门学科是融合的。因此,它较传统的分科课程相比,更能激发学生的学习积极性、培养学生的认知水平、培养学生的科学素养。"科学教育的改革是为了培养公民的科学素养,从而提升他们的科学态度、价值观和实践能力。STEM 教育关注科学、技术的应用与创新,充分体现出对学生创新精神和实践能力的培养,必将成为科学教育改革的新方向。"[①]

(三)科学教育培养目标

培养具有科学素质的公民,已经成为我国科学教育的目标。2006 年,

[①] 张伟达等:《STEAM 教育对我国科学教育改革的启示》,《东南大学学报》(哲学社会科学版)2017 年第 S2 期。

国务院先后颁布了《国家中长期科学和技术发展规划纲要（2006—2020）》（以下简称《规划纲要》）和《全民科学素质行动计划纲要（2006—2010—2020）》（以下简称《全民科学素质纲要》）。《规划纲要》提出"实施全民科学素质行动计划"，"以促进人的全面发展为目标，提高全民科学文化素质"，"组织开展多种形式和系统性的校内外科学探索和科学体验活动，加强创新教育，培养青少年创新意识和能力"。

《全民科学素质纲要》对"科学素质"概念做了界定。指出"科学素质是公民素质的重要组成部分。公民具备基本科学素质，一般指了解必要的科学技术知识，掌握基本的科学方法，树立科学思想，崇尚科学精神，并具有一定的应用它们处理实际问题、参与公共事务的能力"；提出到2020 年"公民科学素质在整体上有大幅度地提高，达到世界主要发达国家21 世纪初的水平"的目标。

科学素质的内涵。国际公众科学素养促进中心主任乔恩·米勒教授曾定义，科学素养是指，对科学术语和观点有一定程度的理解，从而能够理解媒体杂志中关于科学相关事宜的报道或讨论。并提出了科学素养的三维度模型：一是理解基本的科学概念和科学观点，二是理解科学探究的本质和过程，三是具有日常的信息消费模式。这一模型，是诸多国家进行科学素养研究和测量的主要依据。我国科学教育界借鉴美国"2061 计划"与各国科学教育标准中对科学素养的界定，结合我国具体国情，采纳米勒的分维度概念，以多维度定义科学家素养培养目标，"我国研究者将科学素质从器物层次、技艺层次、制度层次和价值观念层次调整为：生存科学素质→生活科学素质→参与公共事务的科学素质→文化科学素质"[①]。

（四）面向未来的中国科学教育

1. 系统化规划

我国科学教育需要进行整体规划。第一，建立从幼儿园到高中一贯制科学教育体系。从幼儿到高中构建一个统一体系，以统一的教育目标和理念，统领分科科学教育和综合科学教育，保持中小学科学课程发展规划上的连续性，避免内容的重复。第二，以现代科学的视野，规划整合科学教育内容。借鉴STEAM 教育理念，在科学教育中开展工程和技术教育。现

---

① 罗晖、王康友主编：《中国科学教育发展报告（2015）》，社会科学文献出版社2015 年版，第34 页。

代科技是科学与技术的融合体,二者互助互利、不能分离。第三,结合信息技术开展科学教育。在发挥信息技术特点促进学生学习方式的变革的同时,培养学生的信息技术素养等。第四,在科学情感态度与价值观的培养上,以国际视野将科学素养与我国社会主义核心价值观进行整合,强调中国经典文化传统,从而培养具有科学素养、全球视野、具备竞争力的现代中国公民。

2. 综合化课程

纵观全球,绝大多数国家实施综合科学课程,有的国家在高中阶段也开设综合科学课程。虽然综合课程和分科课程各有利弊,但从提升科学素养角度来说,综合课程更具优势。在我国,科学教育采取分科形式。因此,我国科学教育改革应重视幼儿和小学阶段的科学启蒙,在初中推行综合科学课程改革,以科学大概念融合物理、化学、生物等学科领域的内容,无论是在课程标准制定还是教材编写上,注重科学知识、科学探究、科学情感态度价值观的融合。

3. 标准化实施

"教育是有目的、有组织、有计划的育人活动。我国中小学科学教育的实施,应该有一套可评价的标准给予目的、组织、计划方面的引导和实施结果的考核。"[①] 第一,根据学生不同年阶段,制定关于学生科学素养的实施标准,为中小学科学教育提供可操作的目标,以此确定科学教育努力方向。第二,制定科学教学的标准,明确科学课堂教学的合格、优秀标准,以此保证科学教育教学质量。第三,制定科学教师标准,包括科学教师入职标准、科学教师评价标准,规定优秀科学教师所应具备的知识、技能等,以此保障师资水平。

4. 多元化评价

"各类科学课程标准提出要以评价促进学生的发展,这种发展性评价观就需要教师开展诸多的过程性评价,将过程性评价嵌入学生的学习过程中。"[②] 科学教师可以采取观察法、档案法等过程性评价方法。也可结合具体学习过程,采取多元评价促进学生科学学习,我国有些地区已经

---

① 罗晖、王康友主编:《中国科学教育发展报告(2015)》,社会科学文献出版社2015年版,第65页。

② 罗晖、王康友主编:《中国科学教育发展报告(2015)》,社会科学文献出版社2015年版,第65页。

以学生作业本为切入点,开展学生课外作业的研究和改进工作。

此外,有待加强和改进的是科学的实作评价。实作评价强调以真实的任务,来考查实际情境下学生实验探究过程中的具体表现、探究能力及存在的问题。因此,要求科学教师需要创设真实的探究情境、轻松的探究氛围、开放的探究空间和时间,评价结果多元,鼓励学生自主创新。所以,虽然实作评价费时费力,评价时观察包含主观性成分,但是,实作评价是考查学生科学素养的最恰切方式。

三　可行策略

(一) 坚持科学教育课程的优先地位,构建科学教育综合课程体系

经济合作与发展组织(OECD)在世界范围内开展的评测,包括阅读素养、数学素养和科学素养,科学素养赫然其中。纵观全球,世界上的科技发达国家,都把科学课放在核心课程的位置。以美国为例,作为世界科技最为发达的国家,美国在科学教育领域开展的两次改革,每一次都是举全国之力,获得科技界和教育界广泛响应,足见其对科学教育的重视程度。

在我国,科学教育却并未受到应有的重视,在学校课程中属于"副科"。结合我国科学教育的发展历程,借鉴发达国家科学教育发展的经验,我们不难发现,必须将科学课程作为中小学课程体系的中心。推动中小学科学教育的发展,早已成为各发达国家教育发展的优先命题,英、美、德三国是实施科学教育较早的国家,科学教育模式比较完善。

为了保证中小学科学课程的核心地位,美国曾经在20世纪90年代,先后颁布了五部法律法规,用以确立科学教育在中小学各类教育中的优先地位。英国政府每隔几年,就会针对实际的教育状况,对中小学科学教育课程标准进行修订与调整,以保证科学教育在中小学教学实践中,始终受到关注与重视。英国和德国,曾将数学、英语及科学三科并列,从小学一年级开始,作为义务教育阶段为学生开设的国家统一课程。而且科学课程的设置,不只局限在某一方面,社会、经济、生物等学科都有所涉及。

由此可见,我国应该将科学课程列为基础教育阶段的核心课程,并在课时安排、考试评价和教师培养等方面,给予核心地位,将科学教育贯穿于整个基础教育阶段,以此确保科学教育的连贯性。基于此,"我国需要建立包含课程目标、学习内容、学习活动、学习方式、评价标准等各要素在内的一体化的课程体系"①。在熟悉科学相关知识和充分了解青少年学生认知发展规律的基础上，由科学家和教育学家共同确定适合的学习内容和学习进程。将科学课程列为核心课程，用以提升中小学科学课程的地位，坚持科学教育课程的优先地位，构建科学教育课程体系，是实施中小学科学教育的前提与基础。

改善科学教育的评估体系。科学教育的实施，不仅需要严格的标准，也需要在执行过程中的专业测评。评测方法落后也是制约我国科学教育发展的一个重要因素；不仅需要明确严格地执行准则，也需要在执行过程中的有力监管与专业评测。《科学课程标准》就是我国开展科学教育多方面监管与评测的重要依据。但具体的执行、细节等处还存在一些问题，科学技能、科学思想、科学方法和科学态度等科学素养中的重要维度，很容易被忽略。在这种评价方式下，学生只重视短暂的科学知识记忆，对科学知识内容不理解，也难以激发其对科学课程的兴趣。

因此，应借鉴发达国家的成功经验，制定关于科学素养的全面评价标准，并与科学教育目标相一致，构建有利于提高我国中小学科学课程的合理评价体系，包括校内与校外的学习、长期与短期的课程，过程与结果的评价，以及知识与技能、态度的综合评价。各中小学开展科学教育活动的同时，应从自身实际出发，制定、完善适合本校教学实际的评估体系与监察体系，并成立专门的组织、监督、评估机构，推进科学教育。人工智能和脑科学的发展，为开展全面的科学测评带来了充分可能。例如，人工智能在学习中的应用，让更多的学习行为和结果，可以被记录下来，并获得全面分析，使得科学、精准的测评成为可能。而脑神经科学的发展，促使人们对科学思维等高阶认知能力的显性表现获得更多理解，提供了包括脑电波扫描、眼动、体表温度变化等可数据化记录的指标。

(二) 建立科学教育研究和管理机构，开展本土科学教育理论研究

科学教育的顺利实施，需要科学管理来落实。因此，成立专门的研究和管理机构建设显得尤为重要。只有组织专门的研究人员和管理人员，对中小学科学教育进行宏观管理和规划，进而加强对中小学科学教育课程改革、教师培养、资源开发、教材建设、教学方法等方面的理论研究，做好

---

① 严晓梅、裴新宁、郑永和：《我国科学教育发展问题的思考与建议》，《科学与社会》2018年第3期。

中小学科学教师培训、科学基金筹集、学生课外科学活动组织、中小学科学教育实验室建设、实验器材标准制定等管理和指导工作。

我国成立了全国科学教育专业建设协作组工作委员会，由重庆师范大学等 20 余所院校为委员单位，负责筹备和协调全国科学教育专业学术组织和科学教育专业建设工作。2009 年，中国教育学会科学教育分会成立，具有确立科学教育研究的新起点、推动科学教育深入改革的象征性意义。最近的第九届全国科学教育与专业建设研讨会于 2017 年 7 月在兰州举行，会议主题是"STEM 理念下的科学教育学科建设与专业改革发展"，会议主要讨论了：国内外科学教育改革及研究动态与趋势；科学教育学的学科理论与实践研究；科学教师的专业发展与职业标准；科学教育研究生培养等，并取得了一定的成绩。国内与国际科学教育的有关会议，为科学教育事业的研究发展，提供了动力，同时也为我国科学教育专业的改革与发展，指明了方向。

此外，受制于我国传统的学科设置，我国的科学教育研究，长期分散在各学科教育研究中，系统化的综合科学教育研究，相对薄弱。根据我国国情，开展科学教育基础理论研究，引领我国科学教育实践和创新发展，迫在眉睫。我国的三次科学教育改革（第一次，从 1978 年开始至 20 世纪 80 年代中期；第二次，从 20 世纪 80 年代中期至 90 年代；第三次，始于世纪之交，至今仍在进行之中），"都存在一个共同的问题，即每次科学教育改革在理论准备上都明显不足，原因在于缺乏有计划、有组织、系统而深入的科学教育研究"[1]。

我国拥有悠久的历史文化传统，讲究道德行为规范；历史上的科技成果，多以发明和应用为主；近代科技发展，与富国强民紧紧相连。这些都造就了我国与西方不同的社会历史文化环境。相比之下，我国的科学技术，往往更注重实用性，这为我国培养学生科学素养带来独特挑战。然而，我国学校科学教育多以西方科学成果和思维方法为基础，与西方国家青年相比，我国学生缺乏社会历史文化层面的认同和基础。

因此，必须开展更多我国本土的实证研究，批判性地学习和借鉴西方科学教育的经验。近年来，计算机技术和生物技术的快速发展，正在深刻地影响着科学教育，产生了许多新的教育理念。这些刻有时代特征和创新

---

[1] 丁邦平、罗星凯：《论科学教育研究与科学教育改革》，《教育研究》2008 年第 2 期。

思维的科学教育理念,在发达国家备受推崇,许多国家科学教育政策、研究与实践因此而重建,科学教育系统也发生了巨大变革。

据此,在谋划我国科学教育的未来发展时,应注重学科融合,建设适合我国本土科学教育发展的科学教育理论体系,引领我国科学教育实践和创新发展。"在科学哲学的研究中,东方哲学是失落的瑰宝。融会东西方科学哲学精华的创新正成为科学素养理论研究发展的新方向。"[①] 我国许多优秀科学家在多年实践中对此达成共识,呼吁寻找东西方融合的科学思维基础,为我国科学教育提供新方法和新思维,建立丰富而强大的思想库。

(三) 加大科学教师培养培训力度,建设高素质科学教育教师队伍

科学教师的素质,直接决定着科学教育的质量。科学教师不足,尤其是一年级和二年级开设科学课所需的师资缺乏。目前,我国的小学科学教师存在大量缺口,也存在质量参差不齐等诸多问题。立足现实,改善我国科学教师的队伍现状,促进科学教师的专业化发展迫在眉睫。

第一,应严格科学师资的选用。当前,由于科学课程对科学教师的高要求,造成我国合格科学教师大量缺口,直接影响科学课程的正常实施。严格科学师资的选用是振兴科学师资的有效途径。教师专业标准的出台,不仅是科学教育师资的诉求,也是提升我国教师专业地位的重要举措。

第二,从教师培养角度来说看,可以采取两种方式,提高科学教师的培养数量和质量。一是增加师范大学理、化、生、地四个专业学生的培养数量,二是面向非师范生开设教学论、心理学等选修课,使对此有兴趣的非师范生,有机会成为中小学科学教师。

第三,从在职教师培训之前的数据看,现在对科学教师的国家培训还较为匮乏。建议"国培计划"开设专门针对科学教师的培训项目,为科学教育发展输送最直接的实践者。在此基础上,科学教师在职培训最好分类培训,即科学教师和教研组长,或者主管科学教育的领导,要分别培训,不能混在一起。

第四,提高科学教师探究式教学水平。"科学教师就是科学界在教育领域的代表,科学教师要参与科学探究活动,使探索成为一种生活方式,

---

[①] 严晓梅、裴新宁、郑永和:《我国科学教育发展问题的思考与建议》,《科学与社会》2018年第3期。

为学生树立榜样。"① 因此，在科学教育师资培养上，除注重其科学专业知识的掌握，还要培养其热爱科学、尊重科学的意识和兴趣，以及设计、组织、指导科学实验和实践活动等能力，尤其注重探究式教学能力的培养。科学教师教育归根到底是要让科学教师能够真正担任科学课程的教学，推动科学教育的发展。提高科学教师探究式教学水平，"强调研究的实效性和可持续性，把教学研究和教师的日常教学实践以及在职研修融为一体，从而促进教师的专业化发展"②。

此外，以教师评价作为切入点，通过奖惩性评价模式和发展性评价模式的有机结合，加强科学教师队伍建设。首先，应该重视教师评价发展性，引导教师自觉提升教育教学水平。以奖惩甄别为目的的评价观不能适应现代教学，评价应该以教师成长为前提，立足教师发展，而不应该成为"筛子"。其次，评价标准应该体现实践能力和创新精神。教师评价应该与时俱进，体现时代精神，我国正在建设创新型社会，实践能力和创新意识等，可以作为教师评价的重要内容。再次，应采用多元动态的综合评价模式。在对科学教师进行测量和评价时，不管开展教师评价的主观意图怎样，它都会影响教师的工作目标和行为，甚至会影响到教师的心态以及他们之间的关系。因此，实施动态性的过程评价，将心态、行为方式作为变量，有助于科学教师保持高质量的工作状态，促进教师队伍建设，提高学校的教育教学质量。

（四）普及科学教育基础设施，提高实验室和实验设备的使用率

我国大部分中小学校，都已经配备了辅助科学教育课程的相应设备，但科学教育设施的使用率，严重不足。中小学实验仪器配备呈现以下特点：达标情况明显改善，但整体缺口较大，小学阶段问题尤为突出；学段差异显著，学段间达标率差距在缩小；全面改革取得成效，但后一阶段攻坚任务更加艰巨。③

随着科学教育的发展，以整合理念引导的科学教育基础设施建设，催生出新的形态。在中小学，科学教育配套的硬件设施，是用以辅助学生对课堂知识的消化与理解的，然而，对于小学生来说，过于精密庞大的仪器

---

① 刘德华：《让学生像科学家一样探索》，《中小学管理》2016年第5期。
② 吴银银、陈志伟：《在校本教研中促进科学教师PCK的发展》，《现代教育科学》2009年第2期。
③ 李正福：《科学教育基础设施建设的现状与发展》，《中国现代教育装备》2015年第22期。

的规范操作与使用,都成为问题,更不要说利用这些设施引起小学生对于科学技术的兴趣。特别是在科学教育综合化的进程中,课程资源的开发与整合、科学教师的能力提升、科学课程的研制等,都面临巨大的挑战,需要专业的力量参与、专门的平台来支撑、专司的机构来服务。

因此,中小学科学教育所配备的基础设施,应针对不同教学对象进行筛选,满足不同年龄阶段的学生的需要。科学教育综合实验室的建设,主体应由区域教育装备部门担任,负责区域内的科学教育基础设施的规划、研制、监管、使用等业务。各级教育行政部门要结合中小学布局调整工作,为区域科学教育提供综合资源,不只局限于科学教育实施平台、课程资源开发交流平台、师资培训平台、科教力量汇聚平台的打造与运营,还应在政策允许范围内,动员各方力量,拓宽设施建设资金渠道,重点解决农村中小学薄弱校的实验室建设问题。

建设科学教育基础设施的意义,在于发挥其功能,只有提高实验室和实验设备的使用率、促进了科学教育质量的提高,科学教育基础设施的建设,才算不辱使命。如果只是建设实验室、配备实验器材,却没有使用,那么,科学教育基础设施的建设,就是徒劳无功的。为此,《国务院关于基础教育改革与发展的决定》明确要求,"各级人民政府和教育行政部门要重视常规实验教学,因地制宜地加强中小学实验、图书馆(室)及体育、艺术、劳动技术等教育设施的建设,并充分向学生开放,提高教学仪器设备、图书的使用效益。鼓励各地乡(镇)中小学建立中心实验室、图书馆等,辐射周边学校"[①]。同时,"还应该积极鼓励和提倡社会团体及个人捐助实验室建设,并借助社会资源实现中小学科学教育资源的全面覆盖"[②]。

(五) 引进 STEAM 教育理念,倡导科学探究学习

STEAM 教育起源于美国,该理念的发展之初,是为了加强科学、技术、工程和数学的教育,称为 STEM 教育,而"A"的加入,则使得科学教育更加具有人文气息,更为人性化,教学理念更加全面。"当前,我国在基础教育阶段,特别是中等教育阶段科学教育仍以分科教学作为主要的教学模式……STEM 课程关注科学、技术的应用与创新,充分体现出对学

[①] 《国务院关于基础教育改革与发展的决定》,2001 年 5 月 29 日,http://oldmoegovcn/publicfiles/business/htmlfiles/moe/moe_ 16/200105/132html。

[②] 关松林:《发达国家中小学科学教育的经验与启示》,《教育研究》2016 年第 12 期。

生创新精神和实践能力的培养,必将成为科学教育改革的新方向。"①

我国的中小学科学教育,仍以分科教学的形式进行,虽然在基础知识的传授上,有其优越性,但在创造性人才培养上,却暴露出了诸多弊端。全球化时代带来的诸多关于自然问题、社会问题,都需要我们借助科学、技术、工程手段来解决,在解决问题的过程中,我们发现具备STEAM能力的高素质人才的作用,举足轻重。只有培养更多具备良好STEAM科学素养的人才,才可以使问题的解决,既科学又便捷。作为学生科学启蒙的中小学教育阶段,更应重视科学、技术、工程、艺术、数学的全面发展。

新一轮课改中,我们可以吸收借鉴STEAM教育的优势,加以利用。可以从以下几个方面寻找突破口,第一,促进跨学科教学,明确科学课程融合。第二,应深化科学探究教学,重视工程与实践。第三,建构科学概念与模型,重视科学师资建设。第四,培养科学素养,提升科学思维与能力。②

科学探究作为科学的本质特征,"是目前被一致认同的重要的科学教育目标、内容和方式。科学探究能促进学生对科学知识的理解、科学方法的运用,有利于学生体会科学精神,培养科学情感态度与价值观,从而更好地提高学生科学素养"③。那么,什么是科学探究呢?美国《国家科学教育标准》中,将"科学探究"界定为"科学家们用以研究自然界并基于此种研究获得的证据指出种种解释的多种不同途径"④。

科学探究也指学生们用以获取知识,领悟科学思想观念,领悟科学家们研究自然界所用方法而进行的各种活动。科学探究作为教或学的方法,更强调学生是自主能动的学习者,具有学习活动的主体性,由于我国中小学一直以来惯用的是讲授法,导致科学探究在我国中小学课堂上运用时,产生水土不服。还有部分教师认为,科学探究只适合少部分精英,将学生的探究拔高,等同于科学家的探究,也有教师僵化地理解和组织学生科学

---

① 张伟达等:《STEAM教育对我国科学教育改革的启示》,《东南大学学报》(哲学社会科学版)2017年第S2期。

② 张伟达等:《STEAM教育对我国科学教育改革的启示》,《东南大学学报》(哲学社会科学版)2017年第S2期。

③ 罗晖、王康友主编:《中国科学教育发展报告(2015)》,社会科学文献出版社2015年版,第40页。

④ [美]国家研究理事:《美国国家科学教育标准》,戢守志等译,科学技术文献出版社1999年版,第30、41页。

探究。其实,"学生在课堂上进行的科学探究包括一系列的活动。有些活动是为观察事物、收集数据、发表见解和对所观察到的现象进行分析打基础。有些活动则是鼓励对辅助性信息源,包括各种媒体、书籍和图书馆的期刊,进行严格的分析"[1]。科学探究就是为学生提供自主建构学习的机会,并通过同伴之间的交流讨论,加深和完善对知识的理解。

因此,不应该存在以牺牲知识为代价、只求过程不重结果的所谓的探究。"进行科学探究教学活动要结合学校和课堂的具体情况,没有什么灵丹妙药或现成的公式可用。成功的科学探究教学活动要求教师具备创造性,并能够对特定的教学情境和教学目标保持高度的敏感性。"[2]

科学探究仍是我国中小学科学教育的重点,建议广大教师打破对探究的僵化理解,可以先在各类科学课外活动中,尝试组织学生探究,之后在学科课堂教学中开展探究,取得一些经验。如利用科学史作为教学资源,经过精心设计,可以为学生提供思维探究的机会,锻炼学生的科学思维和探究技能,理解科学是不断修正、完善及发展的本质,还能让学生体会到科学探索的艰难和执着,转变学生被动接受的学习习惯,提高学生主动学习的积极性。还可以发挥信息技术的优势,将一些现实问题和情境,较为生动地引入到课堂中,供学生开展科学探究,如建立主题资源网,学生可对该主题内容展开探究式学习,或者利用互联网的互动特点,为学生创造一个自由、平等、民主的交流平台,指导学生在网上展开探究学习结果交流。

(六)整合校内外科学教育资源,建设多样化的科学教育开放平台

校外科学教育作为校内科学教育的重要补充,是提高学生科学素养的重要途径。整合校内外科学教育资源,建设多样化的科学教育平台,通过多途径、多渠道、多方式、多角度的培养模式,培养学生掌握科学知识和科学方法,提高学生实践能力和创新能力,培养学生严谨求实的科学精神,全面提高学生科学素养。新一代信息技术应用促进了科学教育的变革,为新的教学方式和策略,带来了机遇和挑战,促使教师对科学教育本质进行反思,如何顺应科学教育内容的不断变化和拓展,让更多人以更新

---

[1] [美]国家研究理事:《美国国家科学教育标准》,戢守志等译,科学技术文献出版社1999年版,第30、41页。

[2] [美]科学探究附属读物编委会:《科学探究与国家科学教育标准——教与学的指南》,罗星凯等译,科学普及出版社2004年版,第140页。

的方式学习科学知识,是当今世界科学教育改革的一大趋势。

政府、学校和相关部门应制定相关政策,利用科技馆、博物馆等科学教育资源,"创建更多的科学教育实验基地,组建各种各样的科技兴趣小组和社团,开展相关的知识讲座,组织丰富多彩的科技竞赛、小发明竞赛、知识竞赛等活动"①。只有将校内外科学教育资源有机结合起来,才能发挥科学教育的整体合力,不仅使学校科学教育受益匪浅,也可以提升全民科学素养。

目前,我国科学教育研究者和实践者通过各种方式,尝试为学生创造合适的学习环境,使其体验创造,通达其对科学的理解。"为学生提供更多的在不同生活场景中接触科技的机会,可以帮助学生树立对科学和科学本质更丰富多元的认识。更重要的是,多样化的教育方式正逐步链接与融合传统中泾渭分明的正式学习与非正式学习、课内与课外学习。"②

在非正式环境中的学习,会有比课堂更让学习者体验兴奋的学习,这种体验能激发学习者的自主学习,这种体验对于培养科学学习的兴趣,有很好的效果。研究表明:"即使只参观一次博物馆,也可以增强参观者对科学概念、科学争论、科学解释、科学模式和科学事实的理解。"③ 如2016年12月,教育部联合11部委发布《关于推进中小学生研学旅行的意见》,研学计划要求学生走进自然,在实践中学习,注重知识性和科学性的统一。

同时,要求各地积极兴建研学基地,并要求基地有针对性地开发自然类、历史类、地理类、科技类、人文类、体验类等多种类型的活动课程。研学旅行的实质,是实地考察学习的一种形式,科学教育正好可以充分利用好中小学研学计划,使学生体验到真实的科学,而不是仅存于"教室中的科学"或"课本上的科学",积极促进学生科学素养的培养。

此外,建立开放的科学教育平台,还应动员社会一切可以动员的力量,丰富科学教育的内容和形式,让学生对科学的学习体验更多彩、更深入。信息技术为科学教育变革带来了更多的机会。凭借信息化平台,建设

---

① 关松林:《发达国家中小学科学教育的经验与启示》,《教育研究》2016年第12期。
② 严晓梅、裴新宁、郑永和:《我国科学教育发展问题的思考与建议》,《科学与社会》2018年第3期。
③ 罗晖、王康友主编:《中国科学教育发展报告(2015)》,社会科学文献出版社2015年版,第30页。

现代化教育资源库，可适度解决科学教育资源配置不足和质量参差不齐的问题，让更多一线科学教师可以方便地获取优质资源。建立校内外融合的科学教育体系，还应该在国家层面的科学课程标准中有所体现，在科学教学中安排相应的课时，并设计一定的校内外结合开展的科学教学内容。还需要科学教师和从事科学教育活动的人员，共同努力、互相配合，共同提高科学教育的质量。

参考文献

专著

《陈独秀文章选编》，生活·读书·新知三联书店1984年版。
《独秀文存》，安徽人民出版社1987年版。
《高士其全集》，航空工业出版社2005年版。
《李大钊文集》，人民出版社1984年版。
《李泽厚哲学美学文选》，湖南人民出版社1985年版。
《马克思恩格斯选集》，人民出版社1972年版。
《竺可桢全集》，上海科技教育出版社2004年版。
北京市教育科学研究所编：《陈鹤琴教育文集》，北京出版社1985年版。
北京市教育科学研究所编：《陈鹤琴全集》，江苏教育出版社1991年版。
曹道平、陈继贞：《生物教育学》，青岛海洋大学出版社2000年版。
陈山榜、邓子平编：《颜李学派文库：颜李学派研究文选》，河北教育出版社2009年版。
陈学恂主编：《中国近代教育史教学参考资料》，人民教育出版社1987年版。
陈学恂主编：《中国近代教育文选》，人民教育出版社1983年版。
陈元晖主编：《中国近代教育史资料汇编》，上海教育出版社2007年版。
程季华主编：《中国电影发展史》，中国电影出版社1963年版。
程新国编著：《海上大师：中国现代科学奠基者萍踪》，上海科学普及出版社2007年版。
戴伯韬：《陶行知的生平及其学说》，人民教育出版社1982年版。
戴伯韬教育文选编选组编：《戴伯韬教育文选》，人民教育出版社1985年版。
戴自俺主编：《张雪门幼儿教育文集》，北京少年儿童出版社1994年版。

丁守和主编：《辛亥革命时期期刊介绍》，人民出版社1983年版。
董纯才：《论中国社会主义现代化教育》，湖南教育出版社1986年版。
杜成宪、丁钢主编：《20世纪中国教育的现代化研究》，上海教育出版社2004年版。
杜石然主编：《中国古代科学家传记》（上集），科学出版社1997年版。
段治文：《中国现代科学文化的兴起：1919—1936》，上海人民出版社2001年版。
樊洪业、潘涛、王勇忠编：《任鸿隽卷》，中国人民大学出版社2014年版。
樊洪业、张久春选编：《科学救国之梦——任鸿隽文存》，上海科技教育出版社2002年版。
范祥涛：《科学翻译影响下的文化变迁》，上海译文出版社2006年版。
方汉奇：《中国近代报刊史》，山西人民出版社1981年版。
冯晓霞主编：《中国教育改革大系·学前教育卷》，湖北教育出版社2016年版。
傅红星主编：《社会变迁与国家形象——新中国电影六十年论坛论文集》，中国电影出版社2010年版。
高时良编：《中国近代教育史资料汇编·洋务运动时期教育》，上海教育出版社1992年版。
高天明：《20世纪我国中小学教学方法变革》，广东教育出版社2006年版。
戈公振：《中国报学史》，中国和平出版社2014年版。
葛荣晋、王俊才：《陆世仪评传》，南京大学出版社2011年版。
顾志跃：《科学教育概论》，科学出版社1999年版。
郭文韬：《中国传统农业思想研究》，中国农业科技出版社2001年版。
国家统计局科学技术部编：《中国科技统计年鉴2015》，中国统计出版社2015年版。
何东昌主编：《中华人民共和国重要教育文献（1949—1975）》，海南出版社1998年版。
何志平、尹恭成、张小梅主编：《中国科学技术团体》，上海科学普及出版社1990年版。
胡明编选：《陈独秀选集》，天津人民出版社1990年版。
华中科技大学国家大学生文化素质教育基地：《春雨化育——华中科技大

学文化素质教育十年》，华中科技大学出版社2005年版。

华中师范学院教育科学研究所主编：《陶行知全集》，湖南教育出版社1985年版。

黄世瑞：《中国古代科学技术史纲（农学卷）》，辽宁教育出版社1996年版。

教育部：《第一次教育年鉴·丙编》，开明书店1934年版。

教育部：《教育法令》，中华书局1947年版。

金秋鹏主编：《中国科学技术史（人物卷）》，科学出版社1998年版。

金以林：《近代中国大学研究》，中央文献出版社2000年版。

璩鑫圭、唐良炎编：《中国近代教育史资料汇编·学制演变》，上海教育出版社2007年版。

璩鑫圭、童富勇编：《中国近代教育史资料汇编·教育思想》，上海教育出版社1997年版。

科学技术部政策法规司编：《中国科普法律法规与政策汇编》，科学技术文献出版社2013年版。

科学普及出版社编：《我国科学研究的方针和道路》，科学普及出版社1959年版。

科学普及出版社编：《积极地开展职工科学技术普及工作：全国第一次职工科学技术普及工作积极分子大会主要文件汇编》，科学普及出版社1957年版。

课程教材研究所编：《20世纪中国中小学课程标准·教学大纲汇编——课程（教学）计划卷》，人民教育出版社2001年版。

课程教材研究所编：《课程教材改革之路》，人民教育出版社2000年版。

来新夏：《中国近代图书事业史》，上海人民出版社2000年版。

雷震清编：《幼稚园的自然》，海豚出版社2012年版。

李桂林、戚名琇、钱曼倩编：《中国近代教育史资料汇编·普通教育》，上海教育出版社2007年版。

李华兴主编：《民国教育史》，上海教育出版社1997年版。

李季湄、冯晓霞主编：《〈3—6岁儿童学习与发展指南〉解读》，人民教育出版社2013年版。

李立锋：《悲凉绝唱——关于晚清改革的历史沉思》，南京大学出版社2000年版。

李罗力等编著：《中华历史通鉴》（第4部），国际文化出版公司1997年版。

李申：《中国古代哲学和自然科学》，上海人民出版社2002年版。

李俨：《中国古代数学史料》，科学技术出版社1956年版。

李宗浩编著：《走近高士其》，河南大学出版社1998年版。

梁川主编：《辛亥革命与当代中国社会发展》，宁夏人民出版社2006年版。

梁启超：《饮冰室合集》，中华书局1936年版。

梁启超：《中国近三百年学术史》，湖南人民出版社2010年版。

梁士杰：《幼稚园教材研究》，海豚出版社2012年版。

廖伯琴主编：《科学教育学》，科学出版社2013年版。

林丽成、章立言、张剑编著：《发展历程史料》，上海科学技术出版社2015年版。

刘兵、江洋：《科学史与教育》，上海交通大学出版社2008年版。

刘桂云、孙承蕊选编：《国家图书馆藏国立中央研究院史料丛编》，国家图书馆出版社2008年版。

刘墨：《乾嘉学术十论》，生活·读书·新知三联书店2006年版。

鲁迅：《鲁迅全集》，人民文学出版社1981年版。

路宝利：《中国古代职业教育史》，经济科学出版社2011年版。

吕达：《中国近代课程史论》，人民教育出版社1994年版。

罗炽：《方以智评传》，南京大学出版社2001年版。

罗晖、王康友主编：《中国科学教育发展报告（2015）》，社会科学文献出版社2015年版。

骆炳贤、何汝鑫编著：《中国物理教育简史》，湖南教育出版社1991年版。

马忠林等：《数学教育史》，广西教育出版社2001年版。

毛礼锐、沈灌群主编：《中国教育通史》，山东教育出版社1986年版。

冒荣：《科学的播火者——科学社述评》，南京大学出版社2002年版。

梅汝莉、李生荣：《中国科技教育史》，湖南教育出版社1992年版。

孟庆金等：《自然博物馆研究案例：热河生物群化石研究》，文物出版社2011年版。

孟森：《明史讲义》，中国三峡出版社2009年版。

牛兵占等编著：《黄帝内经》，河北科学技术出版社1994年版。

庞丽娟主编：《中国教育改革30年（学前教育卷）》，北京师范大学出版社

2009年版。

钱宝琮主编：《中国数学史》，科学出版社1964年版。

钱玉林、黄丽丽主编：《中华传统文化辞典》，上海大学出版社2009年版。

曲铁华：《中外教育思想史专题》，东北师范大学出版社2017年版。

曲铁华、李娟：《中国近代科学教育史》，人民教育出版社2010年版。

曲铁华主编：《新编中国教育史》（第二版），东北师范大学出版社2016年版。

曲铁华主编：《中国教育史》，武汉大学出版社2011年版。

全国幼儿园教材编写组编：《幼儿园教材——常识（教师用书）》，人民教育出版社1982年版。

人民教育出版社幼儿教育室编：《幼儿园教育活动教师参考用书——自然领域》，人民教育出版社1996年版。

人民教育出版社幼儿教育室编：《幼儿园教育活动——自然领域》，人民教育出版社1994年版。

任福君、尹霖：《科技传播与普及实践》，中国科学技术出版社2015年版。

任福君主编：《中国科普基础设施发展报告（2009）》，社会科学文献出版社2010年版。

任福君主编：《中国科普基础设施发展报告（2011）》，社会科学文献出版社2012年版。

任鸿隽：《任鸿隽谈教育》，辽宁人民出版社2015年版。

任继愈主编：《中国哲学史》第3册，人民出版社1964年版。

桑健编著：《图书馆学概论》，辽宁教育出版社1985年版。

陕西师范大学教育科学研究所编辑：《陕甘宁边区教育资料·小学教育部分》，教育科学出版社1981年版。

商聚德、张圣洁、李金善主编：《燕赵思想家研究·宋辽金元卷》下，河北人民出版社2014年版。

上海科技教育出版社编：《戴伯韬科技教育文集》，上海科技教育出版社1988年版。

沈百英：《养真幼稚园概况》，商务印书馆1926年版。

沈康身主编：《中国数学史大系》第5卷，北京师范学院出版社2000年版。

沈其益等主编：《中国科学技术协会》，当代中国出版社1994年版。

石训等：《中国宋代哲学》，河南人民出版社1992年版。
史应勇：《郑玄通学及郑王之争研究》，巴蜀书社2007年版。
舒新城编：《中国近代教育史资料》，人民教育出版社1961年版。
司有和主编：《中华人民共和国科技传播史》，重庆出版社2005年版。
宋恩荣、章咸主编：《中华民国教育法规选编（1912—1949）》，江苏教育出版社1990年版。
宋荐戈：《中华近世通鉴·教育专卷》，中国广播电视出版社2000年版。
宋应离、袁喜生、刘小敏编：《中国当代出版史料》第2卷，大象出版社1999年版。
苏贵民：《幼儿园科学领域课程实施研究》，人民出版社2014年版。
苏精：《清季同文馆及其师生》，福建教育出版社2018年版。
孙宏安：《中国近现代科学教育史》，辽宁教育出版社2006年版。
孙培青主编：《中国教育史》，华东师范大学出版社2008年版。
汤才伯主编：《廖世承教育论著选》，人民教育出版社1992年版。
汤志钧、陈祖恩编：《中国近代教育史资料汇编（戊戌时期教育）》，上海教育出版社1993年版。
汤志钧编：《康有为政论集》，中华书局1981年版。
唐宝林：《陈独秀全传》，社会科学文献出版社2013年版。
唐兰：《中国文字学》，上海古籍出版社2001年版。
唐淑、何晓夏主编：《学前教育史》，辽宁师范大学出版社2001年版。
陶贤都、李浩鸣：《中国科技新闻简史》，湖南大学出版社2012年版。
田正平主编：《中国小学常识教学史》，山东教育出版社1996年版。
佟健华、杨春宏、崔建勤：《中国古代数学教育史》，科学出版社2007年版。
万钢主编：《中国科技改革开放30年》，科学出版社2008年版。
汪家熔：《民族魂——教科书变迁》，商务印书馆2008年版。
王兵：《科学之灵——论科学精神》，东南大学出版社2009年版。
王德昭：《清代科举制度研究》，中华书局1984年版。
王康友主编：《中国科学教育发展报告（2017）》，社会科学文献出版社2017年版。
王栻主编：《严复集》，中华书局1986年版。
王宪章编著：《孙思邈》，中国国际广播出版社1998年版。

王永祥：《研究汉代大儒的新视角：董仲舒自然观》，海天出版社2014年版。

王振国主编：《中国古代医学教育与考试制度研究》，齐鲁书社2006年版。

文化部文物局主编：《中国博物馆学概论》，文物出版社1985年版。

吴光：《天下为主——黄宗羲传》，浙江人民出版社2008年版。

吴雁南等主编：《中国近代社会思潮》，湖南教育出版社1998年版。

席泽宗主编：《中国科学技术史·科学思想卷》，科学出版社2001年版。

谢灼华主编：《中国图书和图书馆史》（修订本），武汉大学出版社2005年版。

熊明安主编：《中国近现代教学改革史》，重庆出版社1999年版。

徐朝华：《尔雅今注》，南开大学出版社1987年版。

徐定宝：《黄宗羲评传》，南京大学出版社2002年版。

徐梓、王雪梅编：《蒙学须知》，山西教育出版社1991年版。

许总：《宋明理学与中国文学》，百花洲文艺出版社1999年版。

颜品忠等：《中华文化制度辞典》，中国国际广播出版社1998年版。

杨浪明、沈其益：《民国时期的科学技术团体》，上海社会出版社1989年版。

杨力、高广元、朱建中：《中国科教电影发展史》，复旦大学出版社2010年版。

杨向奎：《绎史斋学术文集》，上海人民出版社1983年版。

姚春鹏：《黄帝内经》，中华书局2017年版。

姚孝遂主编：《中国文字学史》，吉林教育出版社1995年版。

余自强：《科学课程论》，教育科学出版社2002年版。

袁文兴、潘寅生主编：《唐六典全译》，甘肃人民出版社1997年版。

张岱年主编：《中国文史百科》，浙江人民出版社1998年版。

张沪编：《张宗麟幼儿教育论集》，湖南教育出版社1985年版。

张家治等：《化学教育史》，广西教育出版社1996年版。

张静庐：《中国近代出版史料二编》，群联出版社1954年版。

张君劢、丁文江等：《科学与人生观》，山东人民出版社1997年版。

张应吾主编：《中华人民共和国科学技术大事记1949—1988》，科学技术文献出版社1989年版。

张云昌等译：《白话黄帝内经》，河北人民出版社1995年版。

赵惠康、贾磊磊：《中国科教电影史》，中国电影出版社2005年版。
赵寄石：《赵寄石学前教育论稿》，南京师范大学出版社2001年版。
赵元任：《从家乡到美国——赵元任早年回忆》，学林出版社1997年版。
郑振铎编：《晚清文选》，中国社会科学出版社2002年版。
中国蔡元培研究会编：《蔡元培全集》，浙江教育出版社1997年版。
中国第二历史档案馆编：《中华民国史档案资料汇编》，江苏古籍出版社1997年版。
中国第一历史档案馆编：《光绪宣统两朝上谕档》第27册，广西师范大学出版社1996年版。
中国教育年鉴编辑部编：《中国教育年鉴（1949—1981）》，中国大百科全书出版社1984年版。
中国近现代史大典编委会：《中国近现代史大典》，中共党史出版社1992年版。
中国科普研究所：《中国科普报告（2007）》，科学普及出版社2007年版。
中国科学技术协会编：《中国科学技术专家传略（理学编·地学卷）》，中国科学技术出版社2001年版。
中国史学会主编：《戊戌变法》，上海人民出版社1957年版。
中国学前教育史编写组编：《中国学前教育史资料选》，人民教育出版社1989年版。
中国学前教育研究会编：《百年中国幼教（1903—2003）》，教育科学出版社2003年版。
中国学前教育研究会编：《中华人民共和国幼儿教育重要文献汇编》，北京师范大学出版社1999年版。
中华全国总工会办公厅编：《中国工运资料汇编1956年第1辑》，工人出版社1956年版。
中华人民共和国科学技术部：《中国科普统计（2010年版）》，科学技术文献出版社2010年版。
中华人民共和国科学技术部政策法规与体制改革司：《中国科普统计（2008年版）》，科学技术文献出版社2008年版。
中华人民共和国科学技术部政策法规与体制改革司编：《中国科学技术普及发展报告（1978—2002年）》，科学技术文献出版社2002年版。
中华自然科学社编：《中华自然科学社西康科学考察团报告书》，中华自然科学社出版 1940 年版。

钟大丰、舒晓鸣：《中国电影史》，中国广播电视出版社 1995 年版。

钟叔河主编：《走向世界丛书》，岳麓书社 1985 年版。

周绍良主编：《全唐文新编》，吉林文史出版社 2000 年版。

周淑萍：《郑玄》，陕西师范大学出版社 2017 年版。

周天度：《蔡元培传》，人民出版社 1984 年版。

朱维铮主编：《马相伯集》，复旦大学出版社 1996 年版。

朱有瓛主编：《中国近代学制史料》，华东师范大学出版社 1983 年版。

自然科学史研究所主编：《中国古代科技成就》，中国青年出版社 1978 年版。

宗有恒等：《马相伯与复旦大学》，山西教育出版社 1996 年版。

译著

［澳］迈克尔·马修斯：《科学教学——科学史和科学哲学的贡献》，刘恩山等译，外语教学与研究出版社 2017 年版。

［德］薛凤：《工开万物——17 世纪中国的知识与技术》，吴秀杰等译，江苏人民出版社 2015 年版。

［法］爱弥尔·涂尔干：《教育思想的演进》，李康译，上海人民出版社 2003 年版。

［法］保罗·郎之万：《思想与行动》，何理路译，生活·读书·新知三联书店 1957 年版。

［美］国家研究理事会：《美国国家科学教育标准》，戢守志等译，科学技术文献出版社 1999 年版。

［美］米歇尔·本特利等：《科学的探索者——小学与中学科学教育新取向》，洪秀敏等译，北京师范大学出版社 2008 年版。

［英］托·亨·赫胥黎：《科学与教育》，单中惠等译，人民教育出版社 2005 年版。